U0921983

珍藏本
纪念版

汉译世界学术名著丛书

往年纪事

（古罗斯第一部编年史）

〔俄〕拉夫连季 编

朱寰 胡敦伟 译

2017年·北京

ПОВЕСТЬ ВРЕМЕННЫХ ЛЕТ
По Лаврентьевской летописи 1377г;
Подгот. текста Д. С. Лихачева;
Пер. Д. С. Лихачева и Б. А. Романова
Издательство Академии Наук СССР,
М. —Л. ,1950
根据莫斯科-列宁格勒“苏联科学院出版社”1950 年版译出
（原著：1377 年《拉夫连季编年史》抄本；整理：Д. С. 利哈乔夫；
现代俄语译文：Д. С. 利哈乔夫和 Б. А. 罗曼诺夫）

汉译世界学术名著丛书
（120年纪念版·珍藏本）
出版说明

2017年2月11日，商务印书馆迎来120岁的生日。120年前，商务印书馆前贤怀揣文化救国的理想，抱持“昌明教育，开启民智”的使命，立足本土，放眼寰宇，以出版为津梁，沟通中西，为中国、为世界提供最富智慧的思想文化成果。无论世事白云苍狗，潮流左右激荡，甚至战火硝烟弥漫，始终践行学术报国之志，无改初心。

迻译世界各国学术名著，即其一端。早在20世纪初年便出版《原富》《天演论》等影响至今的代表性著作，1950年代后更致力于外国哲学和社会科学经典的译介，及至1980年代，辑为“汉译世界学术名著丛书”，汇涓为流，蔚为大观。丛书自1981年开始出版，历时三十余年，迄今已推出七百种，是我国现代出版史上规模最大、最为重要的学术翻译工程。

丛书所选之书，立场观点不囿于一派，学科领域不限于一门，皆为文明开启以来，各时代、各国家、各民族的思想与文化精粹，代表着人类已经到达过的精神境界。丛书系统译介世界学术经典，引领时代思想，为本土原创学术的发展提供丰富的文化滋养，为推动中国现代学术和现代化进程做出了突出的贡献。

为纪念商务印书馆成立120周年，我们整体推出“汉译世界学术名著丛书”120年纪念版的珍藏本，寄望既利于文化积累，又便于研读查考，同时向长期支持丛书出版的译者、编者和读者致以敬意。

两甲子后的今天，商务印书馆又站在了一个新的历史时间节点上。我们不仅要铭记先辈的身影和足迹，更须让我们的步伐充满新的时代精神。这是商务人代代相传的事业，更是与国家和民族的命运始终紧密相连的事业。我们责无旁贷，必须做好我们这代人的传承与创造，让我们的努力和成果不仅凝聚成民族文化的记忆，还能成为后来人可以接续的事业。唯此，才能不负前贤，无愧来者。

商务印书馆编辑部

2017年10月

译者前言

《往年纪事》是古罗斯国留传下来的第一部编年史，是以东斯拉夫人为主体的东欧平原各族人民的一份重要文化遗产。在这部基本上按年代顺序编写的历史著作中，着重讲述了9世纪中叶至12世纪初的东斯拉夫人和古罗斯国家的历史。对于9世纪中叶以前东斯拉夫人的起源则根据拜占庭的历史资料和《圣经》上的传说予以追述。从这部书中大致可以看出，在9世纪中叶前后东斯拉夫人各部落在东欧平原上定居和分布的情况、社会生产和风俗习惯，以及斯拉夫人之间及其与非斯拉夫人之间的关系；书中着重记述了古罗斯国是如何产生的，古罗斯建国后在国内外发生的一些重大事件，罗斯人各代王公为建立统一国家所作的努力和实行的政策；古罗斯国与邻近国家，特别是与拜占庭、波兰之间的政治、经济和文化联系，与草原游牧民族之间的交往和冲突；书中还叙述了古罗斯皈依东正教的经过和基督教在俄国的传播与发展，等等。这是一部研究9世纪至12世纪初古罗斯国家历史、东欧国际关系史和俄国东正教历史的珍贵资料。

这部《往年纪事》是从1377年成书的《拉夫连季编年史》中抽取下来的。苏兹达尔的弗拉季米尔修士拉夫连季，根据一份破旧的手抄本，把《往年纪事》抄进编年史里。19世纪俄国的学者们发现各种编年史前头部分基本相同，判定它们来自同一部书的不同手抄本，这样就把已经失传的《往年纪事》发掘出来。根据学者们的长期研究断定，拉夫连季抄写的这部《往年纪事》，实际上是《往年纪事》第二版和第三版的结合。《往年纪事》第一版是在1113年前后由基辅佩切拉（山洞）修道院修士涅斯托尔编写的，只写到1110年。在1113年弗拉季米尔·摩诺马赫入主基辅以后，他委托维杜比次修道院院长西尔维斯特重新修订《往年纪事》，到1118年修订完成，把它的结尾续写到1116年。这就是《往年纪事》的第二版，西尔维斯特版。基辅王公弗拉季米尔·摩诺马赫于1125年逝世，其子姆斯提斯拉夫继位（1125—1132年）。他下令再次修订《往年纪事》，结尾写到1118年，就是这一年摩诺马赫的三篇著作："训诫"、"致奥列格的信"和"祈祷文"被收进了《往年纪事》。这就是《往年纪事》的第三版。1950年苏联科学院重新出版的《往年纪事》，是按照1377年《拉夫连季编年史》的版本印刷的，并由 Д. С. 利哈乔夫和 Б. А. 罗曼诺夫把古俄语译成现代俄语，同时还做了详细注释。（载《苏联科学院文学文献汇编》，苏联科学院通讯院士 В. П. 阿德里亚诺娃—佩列茨主编，苏联科学院出版社，莫斯科—列宁格勒，1950年版，《往年纪事》正文部分第9—202页，译文和注释部分第203—484页。）

《往年纪事》第一版是否是古罗斯最早的编年史？对此问题，学术界众说纷纭。有人认为在《往年纪事》以前还有一本《原始编年史》，《往年纪事》是从那里脱胎出来的；也有人不同意这种观点，认为没有可靠的证据证明确实存在这种更古老的编年史，但在《往年纪事》之前确实存在一些大事记和人物传记之类的文字记载，如基辅佩切拉修道院的《圣僧传》、《初始汇编》等，后者未能传下来，只是它的部分内容在《诺夫哥罗德第一编年史》里有所反映。可以肯定，《往年纪事》参考了当时已经存在的一些文字资料，但这些资料还没有形成一部完整的编年史。

翻译《往年纪事》是东北师范大学世界历史学科在20世纪80年代确定下来的任务。当时大家综合分析了我国世界史学科的发展现状，认为对各国历史的研究极不平衡。因而确定了“填补学科空白，加强薄弱环节”的任务：在上古史方面着重抓埃及学、亚述学、赫梯学的建设；在中古史方面要重视对东欧拜占庭学和斯拉夫学的研究。因而选派人去希腊留学，学习和研究拜占庭史；同时派人去莫斯科大学学习古俄语，为加强斯拉夫学的研究准备力量。胡敦伟教授就是被学校选派到莫斯科大学进修古俄语的。在此之前，我们已经开始翻译《往年纪事》，但因涉及古俄语的问题太多，进展缓慢，而且在一些问题上译文质量没有把握。尽管翻译了不少，但始终未能定稿付梓。我们认为必须尽到最大努力，通过既懂现代俄语又懂古俄语的专家参加译校，敲定书稿后方可考虑出版问题。这样就把《往年纪事》的译校工作一直拖到今天。

从现代历史科学的角度来评价这部编年史，我们认为它基本上反映了当时的历史实际，但也夹杂了一些不符合事实的民间传说和宗教故事；在时间的推算上也有一些错误。这些问题是各国古代史书所共有的现象，是不可避免的。读者不能对书上记的每件事都认为是信史，要以分析的眼光阅读编年史。但说实在的，编年史里鱼目混珠，如果不是专门的研究人员也是真假难辨。《往年纪事》重新问世，迄今已一个多世纪了。国际学术界，特别是俄国学术界对它的研究和讨论十分热烈，许多问题都已基本解决。这方面的研究成果主要反映在利哈乔夫和罗曼诺夫的注释里。注释不仅介绍一些历史知识，介绍各种不同的讨论意见，而且还考证其史料来源，并尽量检验其准确性，此外还补充其他编年史上对同一问题的不同说法。我们认为原书的注释对理解编年史的原文很有帮助，因此将原书一千多条注释全部译出来，以飨读者。原著没有划分章节。为了使读者阅读方便，我们根据内容做了章节划分，编制了章节划分。

本书在翻译和校订过程中，曾得到陈旭晟、于庆和同志的大力帮助，他们试译和抄写了部分稿件；此外还得到陈孔伦、王钢、白玉等同志在各方面的帮助，谨在此一并表示由衷的感谢。在本书的译校过程中，尽管我们尽到最大努力，但由于水平所限，对原文理解不正确和译文错误之处在所难免，敬祈读者不吝赐教。

译　者

2009 年 10 月于长春

目　录

往　年　纪　事

一、罗斯国家的起源

这就是往年纪事[1]，罗斯人源自何处[2]，是谁成为基辅第一任王公，而罗斯国家又是如何产生的。

本纪事就是从此开始的。

洪水过后，挪亚的三个儿子——闪、含、雅弗瓜分了土地[3]。东方地区分给了闪：波斯，巴克特里亚[4]，甚至远到印度，宽至里诺科鲁尔[5]，即从东方到南方地区；有叙利亚、直到幼发拉底河为止的米底、巴比伦、科尔杜纳[6]、亚述、美索不达米亚、古阿拉伯[7]、叶利马伊斯、英底亚[8]，大阿拉伯[9]，基利西里亚[10]，科马基纳[11]及整个腓尼基。

南方地区分给了含：埃及、与印度接壤的埃塞俄比亚[12]和另一个埃塞俄比亚，红河从那里流出而流向东方[13]，菲瓦伊达[14]、与基里尼亚[15]接壤的利比亚[16]、马尔马里亚[17]、西尔西斯[18]、另一个利比亚[19]、努米底亚、马苏里亚[20]、位于加迪尔对岸的毛里塔尼亚[21]。(含领有的)东部地区有：基利基亚[22]、帕姆菲利亚[23]、皮西底亚[24]、米西亚[25]、利卡奥尼亚[26]、弗里基亚[27]、卡瓦利亚[28]、利基亚[29]、卡里亚[30]、吕底亚[31]，另一个米西亚[32]、特罗阿达[33]、叶奥利达[34]、维菲尼亚[35]、老弗里基亚[36]；还有一些岛屿：撒丁岛、克里特岛、塞浦路斯岛和格奥纳河，后者又称尼罗河。

北方和西方地区分给了雅弗：米底亚、阿尔巴尼亚、小亚美尼亚和大亚美尼亚[37]，卡帕多基亚[38]、帕弗拉戈尼亚[39]、加拉提亚[40]、科尔希斯[41]、博斯普鲁斯[42]、麦奥提[43],杰烈维亚[44],萨尔马提亚、塔弗里亚居民[45]、斯基泰、色雷斯[46]、马其顿、达尔马提亚[47]、马洛西亚[48]、帖萨利亚[49]、洛克里达[50]、佩列尼亚(又称伯罗奔尼撒)、阿尔卡底亚[51]、伊皮罗提亚[52]、伊利里亚[53]、斯拉夫人居住地区[54]、利赫尼季亚[55]、亚得里亚、亚得里亚海。雅弗分到的还有一些岛屿:不列颠岛、西西里岛、埃沃亚岛、罗得岛、开俄斯岛[56]、列斯博斯岛、基费拉[57]、扎金弗[58]、克法洛尼亚[59]、伊塔卡[60]、科尔西卡[61]称为伊奥尼亚的亚洲部分[62]、流经米底亚和巴比伦之间的底格里斯河;往北到庞特海(黑海)[63]还有多瑙河、德涅斯特河、高加索山脉,即匈牙利山脉[64]。从那里到达第聂伯河那个山脉,以及其他河流:捷斯纳河、普里皮亚特河、德维纳河、沃尔霍夫河以及往东流向闪的国土的伏尔加河。在雅弗国土上居住的有罗斯人、楚德人[65]以及其他部族:麦里亚人[66]、穆罗马人[67]、维西人[68]、莫尔多瓦人、连水陆路地区的楚德人[69]、彼尔姆人、佩切拉人[70]、耶米人[71]、乌果尔人[72]、立陶宛人、齐米戈拉人[73]、科尔西人[74]、列特戈拉人[75]、利比人[76]。而波兰人和普鲁士人[77]、楚德人则定居在瓦兰海一带。该海沿岸居住着瓦兰人:从此往东一直到闪的边境[78],从该海往西一直到英国人和沃洛赫人[79]居住的地区,都住着瓦兰人。雅弗的后裔有:瓦兰人、瑞典人、诺曼人、哥特人[80]、罗斯人[81]、盎格人[82]、加利人[83]、沃格赫人、罗马人、德国人、科尔利亚齐人[84]、威尼斯人、热那亚人等——在西面他们与南方各国邻接,并与含的部落相毗连。

闪、含和雅弗抛签分了土地后,约定谁也不进入兄弟的地域[85],各自生活在自己那份领地上。人们都是同宗同族。当人们

在大地上传宗接代、繁衍越来越多时,大家就想建一座通天塔——这是约坍和法勒时期的事。于是大家聚集在示拿田野的地方修建通天塔,并在塔的附近修建一座巴比伦城;而那塔修建了40年,仍未竣工。上帝下凡看到了这座城市和塔,就说:看啊,他们全是同族同宗。于是上帝打乱了他们的种族,把他们重分成72个部族[86],遣散到世界各地。上帝把人们打乱重分后,刮起了一阵飓风,摧毁了通天塔。该塔的残迹仍遗留在亚述和巴比伦之间,它高为……,宽为5433肘尺[87],这些残迹一直保存了很多年。

在通天塔遭毁和部族重分后,闪的儿子们占据了东方各国,而含的儿子们则占有了南方各国,雅弗家族则占据了西方和北方各国。斯拉夫部族也来自这72种语言,它属于雅弗的部落——被称为诺里基人,也就是斯拉夫人[88]。

过了许多年,斯拉夫人在多瑙河流域,即现今匈牙利人和保加利亚人的国土上定居下来。各支斯拉夫人就是从这些斯拉夫人那里迁移到各地的,各自以其定居地而得名。例如,来到名叫莫拉瓦河定居的一支,称为莫拉瓦人,而另一支就称为捷克人。还有一支也同是斯拉夫人:即白霍尔瓦提人[89]、塞尔维亚人和霍鲁坦人[90]。当沃洛赫人进犯多瑙河斯拉夫人[91],且定居在那里并把他们挤走时,而这些斯拉夫人就迁到维斯瓦河流域居住,称为良霍人,就是那支良霍人发展成波兰人,另一支良霍人发展成卢季奇人,还有一支发展成马佐维亚人,再有一支发展成波美拉尼亚人[92]。

还是这支斯拉夫人来到第聂伯河流域定居,称为波利安人,而另一支因为居住在林区,被称为德列夫利安人;还有一支定居在普里皮亚特河和德维纳河之间的地区而称为德列戈维奇人[93];再有一支定居在德维纳河流域，并按一条注入德维纳河名为波洛特小河而称为波洛昌人。而那些定居在伊尔明湖周围的斯拉夫人，还保持原有的称呼——斯拉夫人，他们建立了一座城市，命名为诺夫哥罗德[94]。而另一些定居在捷斯纳河、谢姆河[95]和苏拉河[96]流域的斯拉夫人，称为谢维里安人。斯拉夫人就这样分居各处，而文字则根据他们的种族称为“斯拉夫文”[97]。

在波利安人沿这些山脉独自定居时，这里曾通行一条从瓦兰人到希腊人[98]之路，即从希腊沿第聂伯河而上，在第聂伯河上游拖船上岸到洛沃奇河，再沿洛沃奇河驶进大伊尔明湖；沃尔霍夫河就是从该湖流出而注入大涅瓦湖[99]，这个湖的出口通向瓦兰海[100]。经瓦兰海可以航行到罗马，而从罗马可以经海路驶抵帝都，从帝都可以航行到庞特海，第聂伯河就流入此海。第聂伯河发源于奥科夫森林[101]，向南流出，而德维纳河的源头也出自该森林，一直往北流，注入瓦兰海。伏尔加河也发源于该森林，向东流出，通过 70 条河口，注入赫瓦利斯海。这样，从罗斯可以乘船沿伏尔加河到保加尔人和赫瓦利斯人居住的地区[102]，再往东可到达闪的领地；而沿德维纳河可达瓦兰人地区，从瓦兰人那里可到罗马，从罗马可到含的部落住地。而第聂伯河的河口通往庞特海；此海以罗斯海而闻名——据说，彼得的弟弟圣安德烈曾在沿海一带传教。

当安德烈[103]在锡诺普[104]传教，来到科尔松[105]时，他得知第聂伯河的河口离科尔松不远，于是他想去罗马，乘船通过第聂伯河河口，并从那里沿第聂伯河溯流而上。结果他来到一处山峦前停泊上岸。翌日早晨起来他对自己以前的学生说：“你们看见这些山峦了吗？在此群山中闪耀出神赐的灵光，这里将会出现一座大城市，上帝还会兴建起许多教堂。”他上了山，为群山祝福，竖起十字架，并向上帝作了祈祷，然后下山，这里后来真兴建了基辅城。他又继续沿第聂伯河溯水而上，来到斯拉夫人居住的现在是诺夫哥罗德城所在的地方，他看见了生活在那里的人们——他们的生活习俗，他们如何在洗澡时用树条抽打自己，对此深感诧异。从此他登程前往瓦兰人的国土，并来到罗马。他讲述自己如何传经布道，介绍沿途的见闻，他说：“在来此的途中，在斯拉夫国土上，我看见过一桩怪事，那是座木结构的澡堂，把澡堂炉砖烧得通红，洗澡的人脱光衣服，全身浇上制革用的葛瓦斯[106]，举起嫩绿的枝条，往自己身上抽打，把自己打得半死不活，好容易才从浴池里爬了出来，然后用冰冷的水冲洗身子，人才恢复了活力。并且他们天天这么干，谁也没有折磨他们，但他们却自己折磨自己。他们如此来洗净身子，却并不感到痛苦。”凡听过这种事的人都惊诧不已。安德烈在罗马住了一段时间后，回到了锡诺普。

那时，波利安人独自居住[107]，管理着自己的氏族[108]；因为在三兄弟（下文会谈到——利哈乔夫注）出现之前就已有波利安人，他们生活在自己地区的氏族里，各自管理着自己的氏族。三兄弟是：一个名叫基伊，另一个叫塞克，第三个叫霍里夫[109]，他们的姐妹是雷别奇。基伊住在山上，即现在的鲍里切夫上坡道处[110]，塞克居住在现今称为塞科维查的山上，而霍里夫居住在第三座因他而得名的霍里维查山上。他们为自己的长兄修建了一座城堡，称之为基辅。城市的四周都是森林和高大的松树，在那里可以狩猎。那里的人都很有智慧，明白事理，被称为波利安人，从此波利安人在基辅一直生活到今天[111]。

有的人不了解情况说基伊是个摆渡人[112]，他们说那时在基辅附近的第聂伯河彼岸有一渡口，因此人们常说："上渡口去基辅。"但是，如果基伊是个摆渡人，那他又怎会去帝都[113]？然而基伊是自己氏族的首领，去见过皇帝——我们只是不知道去见的是哪一位皇帝。我们只知道，据说他去觐见的皇帝给予他极其隆重的接待。他在归国途中，来到多瑙河畔，看中了一个地方，建了一座不大的城市，想和自己的氏族一起在此定居，但附近居民没让他实现这个愿望，直至如今多瑙河一带的居民还把那座古城的遗址称作小基辅[114]。基伊回到了自己的城市基辅，在此死去；他的兄弟塞克和霍里夫以及他们的姐妹雷别奇也都终老于此。

在这几个兄弟死后，他们的后裔当上波利安人的王公，而德列夫利安人有自己的王公，德列戈维奇人也有自己的王公，诺夫哥罗德的斯拉夫人也有自己的王公，而波洛昌人所在的波洛特河流域也有自己的王公。从后者分化出来克里维奇人，他们居住在伏尔加河、德维纳河和第聂伯河的上游地区，他们的城市是斯摩棱斯克[115]。正是在此地居住着克里维奇人，从他们那里又分化出谢维里安人。而在别洛奥泽罗（白湖）地区居住的是维西人，在罗斯托夫湖地区居住着麦里亚人，在克列希诺湖[116]地区也有麦里亚人。而在奥卡河流域——在奥卡河注入伏尔加河的地方是各操自己语言的穆罗马人和操不同语言的切列米西人，还有讲不同语言的莫尔多瓦人。在罗斯只讲斯拉夫语的人有：波利安人、德列夫利安人、诺夫哥罗德人、波洛昌人、德列戈维奇人、谢维里安人、布格人，后者其所以如此称呼，是因为他们住在布格河流域，后来才开始称沃伦人[117]。下面列举的是给罗斯纳贡的其他部族:楚德人、麦里亚人、维西人、穆罗马人、切列米西人、莫尔多瓦人、彼尔姆人、佩切拉人、雅米人、立陶宛人、齐米戈拉人、科尔西人、纳罗瓦人[118]、立沃人——这些人都有自己的语言,他们是居住在北方各国的雅弗的后裔。

正如我们已经提及,当斯拉夫人要居住在多瑙河流域时,所谓保加利亚人从斯基泰人即可萨人[119]那里迁徙过来,并定居在多瑙河沿岸,他们对斯拉夫人来说是暴虐者。后来又来了白乌果尔人,他们驱逐了沃洛赫人,继承了斯拉夫人的土地,沃洛赫人在他们之前就抢占了斯拉夫人的土地[120]。要知道这些乌果尔人的出现是在希拉克略皇帝执政时期,他曾出兵攻打波斯国王赫兹洛伊[121]。那时有一支奥勃尔人,曾和希拉克略皇帝交战,并差点将其俘虏[122]。这些奥勃尔人也和斯拉夫人交战,折磨杜列勃人(也是斯拉夫人)[123],凌辱杜列勃人的妻室:如果有哪个奥勃尔人要出门,他不让套马或套牛拉车,而是命令套上三四个或五个杜列勃人的妻子,拉他一个人。他们就是这样折磨杜列勃人。而这些奥勃尔人身材魁梧,高傲自大,于是上帝将其灭绝,所有人都死光,未留下一个奥勃尔人。罗斯至今还流传这样一句谚语:“像奥勃尔人那样消失得无影无踪。”——既没有他们的部落,也没有他们的后代。继这些奥勃尔人之后来的是佩彻涅格人,其后是乌果尔人路经基辅,不过这是后事——在奥列格执政时期。

如前所述,独自生活的波利安人,来自斯拉夫氏族,只是后来才被称为波利安人;而德列夫利安人也起源于斯拉夫人,而且也不是立即就称为德列大利安人的;而拉迪米奇人和维亚提奇人属于

良霍氏族。他们本来是良霍人中的两兄弟——一个叫拉迪姆,另一个叫维亚特科[124]。他们到来后就定居了下来:拉迪姆居住在索日河流域,由此被称为拉迪米奇人,而维亚特科同自己的氏族居住在奥卡河流域,由此获得了维亚提奇人的称谓[125]。波利安人、德列夫利安人、谢维里安人、拉迪米奇人、维亚提奇人[126]和霍尔瓦提人[127]彼此和平相处。杜列勃人也生活在布格河流域,现在那里居住着沃伦人,而乌利奇人和提维尔人定居在德涅斯特河流域[128]和邻近多瑙河地区。他们人数众多,最先定居德涅斯特河沿岸,直到海边,他们的城市一直保留至今;这就是为什么希腊人称其为“大斯基泰人”。[129]

他们所有的人(这些部落)都有自己祖先传下来的习俗和法律,都有自己的传说,并且每个部落都有自己的风尚。波利安人具有自己祖先传下来的温顺平和的性格,在自己的儿媳、姐妹、父母面前腼腆羞怯,在婆婆和丈夫的兄弟面前更是羞羞答答;他们还有这样的婚嫁习俗:新郎不来迎亲,而是别人在前一天把新娘送过来,到第二天又把嫁妆送过来——还有所收的礼物。而德列夫利安人的生活习俗则如禽兽,居住如牲畜,互相残杀,所有不净之物都吃,他们那里没有婚娶之说,而是在水边强抢姑娘为妻。拉迪米奇人、维亚提奇人和谢维里安人有着共同的习俗:他们像野兽一样住在森林里,吃所有不净之物,在父辈和儿媳面前都满口脏话。他们那里也没有婚娶之说,但是各村之间一般举行联欢会,大家都来参加这些聚会、跳舞、唱各种情歌,在这里经和女方谈妥后,把女的抢回成亲。他们可以有 2—3 个妻子。如果谁死了,就为他举行追荐亡魂的酒宴,然后做一个大木槽,把遗体放进槽内[130],点火焚烧，而后收敛残骨，把它放进一个不大的容器内，安放在道旁的路桩上[131]，就像维亚提奇人现在还做的那样。克里维奇人及其他信多神教的人都还保持着这种习俗，他们不懂上帝的戒律，但他们也有为自己制定的法规。

格奥尔格(哈马托罗斯)在自己的编年史中[132]写道："每个部族不是有成文法律，就是有风俗习惯，那些不知有法律的人们，遵循着祖辈传下来的风俗习惯。在后者这种人中首推住在极远地方的叙利亚人。他们有作为法律的自己祖辈的习俗：不准淫乱和通奸，不许偷盗，不得诽谤中伤，不可杀人，特别是不得干坏事。巴克特里亚人也有如此之法律；巴克特里亚人，又名拉赫曼人或奥斯特罗夫人[133]。这些人根据祖先的遗训，由于笃信宗教不吃肉，不喝酒，不荒淫，不干任何坏事，对神保持崇高的敬畏。与他们为邻的印度人就迥然不同，他们是些杀人犯，干坏事者，生起气来啥事都干得出来，或者在他们国家内地，连人都吃，还杀旅行者，甚至像狗一样吞食。迦勒底人和巴比伦人也有自己的法规：强暴母亲，与侄女偷欢，杀无赦。他们干尽无耻勾当，却认为是其美德，甚至远离自己国土时还这么干。基利人有另外一种法律：在他们那里妇女耕地犁田，建造神庙，做男人所做之事，可是也乱搞男女关系，不受丈夫的约束，不知羞耻。他们当中有的女人十分勇敢，成了猎兽的能手。这些妻子对丈夫发号施令，并像他们一样参加战斗。在不列颠则几个男人共有一个妻子，并且很多妻子与一个男人发生关系。他们没受到任何人的指责，也不受任何人约束，做出这种不法行为却看成是祖先的规矩。亚马孙女人[134]没有丈夫，但一年一度在春季即将来临之际，走出家门，像不会说话的牲畜一样和邻近

地区的男子交配。她们把这个季节当成某种最值得喜庆的伟大的节日。当她们发现自己怀孕，就从那些地方各自又跑回故里。当产期来临时，如果生个男孩则杀之，如果是个女孩，就精心喂养，并将其教育成人。”

就是在咱们时代，波洛韦次人[135]现在还奉行祖传的法律：流血厮杀，甚至以此为荣，吃死兽肉及各种不洁之物——仓鼠和黄鼠，娶自己的继母、儿媳[136]为妻，还奉行祖传的其他习俗。而我们是各国的基督徒，这些国家都信仰神圣的三位一体，奉行同样的洗礼，信奉统一的宗教，具有统一的法律，因为我们都领受基督的祝福，都是基督精神的体现者。

随后，在这几个兄弟[137]死后，波利安人被德列夫利安人及其他邻近的人所排挤。可萨人碰上他们[138]时，正值他们坐在这些山上的树林中，就说：“给我们纳贡吧！”波利安人商量后决定一大户缴纳一把剑[139]。可萨人就把它送交给自己的王公和自己的长老，并告诉他们说：“这就是我们新到手的贡物。”他们问道：“从什么地方收来的？”下面人回答道：“在第聂伯河岸边山上的林子里。”又问道：“都交来什么东西？”下面人献上剑，可萨长老们进言道：“王公啊！这是些不吉利的贡物：我们是用一面锋刃的兵器即马刀来获取贡物的，而他们有双刃的即剑这样的兵器[140]。他们有朝一日会向我们及其他国土上的人征收贡物的。”这一席话全应验了，因为他们并不是说自己的想法，而是表达上帝的旨意。这样的事情在埃及国王法老时期也发生过，当时摩西被带到法老跟前[141]时，法老的长老们就说：“这孩子将来会使埃及受辱的。”果真如此：许多埃及人由于摩西而死亡，而在以前犹太人是为埃及人当牛做马的。这些人也是如此：先是发号施令，到后来别人对他们发号施令起来；同样如此：罗斯王公统治可萨人一直至今。

6360年(852年)[142]。"印吉克特"[143]纪年15年。当米哈依尔开始执政时，罗斯国的名称开始出现。我们得知此事是由于在这个皇帝执政时，罗斯发兵到达帝都，在希腊编年史中对此事有所记述[144]。这就是为什么我们能从此开始推定出日期[145]。从亚当到洪水灭世为2242年，从洪水灭世到亚伯拉罕为1082年[146]，从亚伯拉罕到摩西出走[147]为430年，从摩西出走到大卫为601年，从大卫[148]和所罗门登基称王[149]到耶路撒冷沦陷[150]为448年，从耶路撒冷沦陷到马其顿的亚历山大为318年。从亚历山大到基督降生为333年，从基督降生到君士坦丁[151]为318年，从君士坦丁到前已提及的米哈依尔为542年[152]。从米哈依尔统治第一年到罗斯王公奥列格执政第一年为29年，从奥列格执政的第一年(因为他在基辅当政)[153]到伊戈尔执政第一年为31年，而从伊戈尔执政第一年到斯维亚托斯拉夫第一年为33年，从斯维亚托斯拉夫执政的第一年到雅罗波尔克第一年为28年；而雅罗波尔克执政了8年，弗拉季米尔执政了37年，雅罗斯拉夫执政了40年。因此自斯维亚托斯拉夫去世到雅罗斯拉夫去世为85年；而从雅罗斯拉夫去世到斯维亚托波尔克去世为60年[154]。

然后，我们还是回到原先的地方，讲一讲这些年来都曾发生过什么事情——像已开头的那样：从米哈依尔执政元年开始，按年代顺序依次说来。

6361年(853年)。

6362年(854年)。

6363年(855年)。

6364年(856年)。

6365年(857年)。

6366年(858年)。米哈依尔皇帝率领军队从陆海两路进击保加利亚人。保加利亚人得知此举难以抵抗,就去请求洗礼,答应降服希腊人。皇帝为保加利亚的王公和全体大臣洗礼,并和保加利亚人缔结了和约。

6367年(859年)。来自海外的瓦兰人[155]向楚德人、斯拉夫人、麦里亚人和所有的克里维奇人征收贡物,而可萨人则向波利安人、谢维利安人和维亚提奇人收取贡物:每户一块银币和一张灰鼠皮[156]。

6368年(860年)。

6369年(861年)。

6370年(862年)。瓦兰人被逐出海外,不再向他们纳贡,开始管理自己的政务。然而当时他们没有一部法典,这个氏族开始反对那个氏族,他们内讧不已,相互攻伐。于是他们彼此商议:“咱们还是给自己物色一位能秉公办事、管理我们的王公吧[157]。”他们就去找海外的瓦兰人,找罗斯人。那些瓦兰人被称为罗斯人,就像一些人被称为斯维伊人(瑞典人),而另一些人被称为诺曼人、盎格鲁人,还有一些人被称为哥特人一样,这些人就是这么称呼的。楚德人、斯拉夫人、克里维奇人和维西人对罗斯人说:“我们那里土地辽阔富庶[158],可就是没有秩序,你们来治理和统管我们吧。”于是选出了三位兄弟带领其氏族以及所有罗斯人,来到斯拉夫人的地方。长兄留里克坐镇诺夫哥罗德[159],二哥西涅乌斯坐镇别洛奥泽罗区,三弟特鲁沃坐镇伊兹鲍尔斯克。由于那些瓦兰人而称为罗斯国家[160]。诺夫哥罗德人也就是那些属于瓦兰族的人，而原先是斯拉夫人[161]。两年后，西涅乌斯及其弟弟特鲁沃相继去世，全部权力统归留里克一人掌管。他开始把各个城市分封给手下的将领：波洛茨克给那个人，罗斯托夫给这个人，别洛奥泽罗则给另外一个人。瓦兰人在这些城市里是外来者，而诺夫哥罗德的土著居民是斯拉夫人，波洛茨克的土著居民是克里维奇人，罗斯托夫的土著居民是麦里亚人，别洛奥泽罗的土著居民是维西人，穆罗姆的土著居民是穆罗马人，而统治所有这些人的是留里克。留里克手下有两位官吏，他们不是他的同族，但是贵族[162]。他们要求带自己的族人去帝都。他们乘船沿第聂伯河出发，在航行途中看见山上有一座不大的城就问道："这是谁的城寨？"当地居民回答说："以前有三兄弟——基伊、塞克和霍里夫，他们修建了这座城寨，后来人走了，而我们在那里居住，是他们的后裔。我们向可萨人纳贡。"阿斯科尔德和迪尔就在这座城市住下，为自己招募很多瓦兰人，开始治理波利安人的国土。此刻，留里克掌管诺夫哥罗德的大权。

6371 年(863 年)。

6372 年(864 年)[163]。

6373 年(865 年)[164]。

6374 年(866 年)。阿斯科尔德和迪尔对希腊人开战，那是米哈依尔在位的第 14 年。此时，皇帝正在讨伐阿拉伯人[165]，已进军到黑河。[166]一位城市长官[167]忽来报信说，罗斯军队已进逼帝都。[167]皇帝决定班师回返。那些人已攻进舒特湾[168]，杀死了很多基督徒，并用 200 艘战船围住了帝都。皇帝好不容易才得以进城。他和大牧首佛提乌斯在弗拉赫尔圣母教堂[169]彻夜祈祷。他们唱着赞歌，拿出圣母的神衣，走到海边，把神衣的底边浸入海水，当时大海本是风平浪静，但突然狂风大作，巨浪滔天，冲击罗斯异教徒的船只，推向岸边，撞得粉碎。只有几艘船得以幸免于难，逃回故土。

6375 年(867 年)[170]。

6376 年(868 年)。瓦西里即位[171]。

6377 年(869 年)。保加利亚全国接受洗礼[172]。

6378 年(870 年)。

6379 年(871 年)。

6380 年(872 年)。

6381 年(873 年)。

6382 年(874 年)。

6383 年(875 年)。

6384 年(876 年)。

6385 年(877 年)。

6386 年(878 年)。

6387 年(879 年)。留里克去世，他把王位交给自己的族人奥列格，把儿子伊戈尔托付给奥列格，因为当时孩子还很小[174]。

6388 年(880 年)。

6389 年(881 年)。

6390 年(882 年)。奥列格出征，率领一支庞大的军队：瓦兰人、楚德人、斯拉夫人、麦里亚人、维西人和克里维奇人。他和克里维奇人一起来到斯摩棱斯克，接管了该城的政权[175]，任命自己部下管理这座城市。奥列格从那里顺流而下，夺取了柳别奇，也安排了自己的部属掌管城市[176]。然后他们来到基辅山麓[177]，奥列格得知，此处当政的是阿斯科尔德和迪尔[178]。奥列格让一部分军队埋伏在船舱里，另一部分留在后面，而自己抱着婴孩伊戈尔，走向前面的群山，当他乘船驶近乌果尔山时，把部队隐藏好[179]，派人去见阿斯科尔德和迪尔，对他们说："我们是商人，从奥列格和小王公伊戈尔那里来，前往希腊。请去看看我们这些同胞吧[180]。"当阿斯科尔德和迪尔到来时，埋伏好的所有士兵从各船上一齐冲出，奥列格对阿斯科尔德和迪尔说："你们可不是王公，不是王族出身，而我才是王族的人。"当把伊戈尔抱出来时，又补加一句说："这就是留里克的儿子。"他们杀死了阿斯科尔德和迪尔，把尸体运到山上埋葬：阿斯科尔德被埋在山上，该山现称为乌果尔山，也就是现在奥尔玛邸宅[181]所在的地方，奥尔玛在那墓上修建了圣尼古拉教堂[182]。而迪尔的坟墓在圣伊丽娜教堂后面[183]。奥列格坐镇基辅，执掌王公权位。奥列格说："让本城成为罗斯诸城之母。"[184]瓦兰人、斯拉夫人以及其他人都来觐见，他们取得了罗斯人的称号[185]。那位奥列格开始建设城市，给斯拉夫人、克里维奇人、麦里亚人确定应交的贡物[186]，还规定缴纳给瓦兰人的贡物，从诺夫哥罗德每年征收300格里夫纳，以维护和平，这是雅罗斯拉夫逝世前向瓦兰人缴纳的数目[187]。

6391年(883年)。奥列格发兵攻打德列夫利安人，征服他们，向他们每人征收一张黑貂皮。

6392年(884年)。奥列格发兵攻打谢维里安人，打败他们后，向他们征收轻微的贡物，但不许他们再向可萨人纳贡，对他们说："我是他们的敌人，你们再没有必要向他们纳贡了。"

6393年(885年)[188]。奥列格派使者去见拉迪米奇人，问道："你们给谁纳贡？"他们回答说："给可萨人。"奥列格对他们说："别给可萨人纳贡，给我纳贡。"于是像从前向可萨人交的一样，每人交一个希利亚格钱给奥列格[189]。这样,奥列格就拥有统治波利安人、德列夫利安人、谢维里安人和拉迪米奇人的权力,并与乌利奇人和提维尔人交战。

6394 年(886 年)。

6395 年(887 年)。被称为狮子的瓦西里之子立奥和他的弟弟亚历山大即位,执政 26 年[190]。

6396 年(888 年)。

6397 年(889 年)。

6398 年(890 年)。

6399 年(891 年)。

6400 年(892 年)。

6401 年(893 年)。

6402 年(894 年)。

6403 年(895 年)。

6404 年(896 年)。

6405 年(897 年)。

6406 年(898 年)。乌果尔人(匈牙利人)沿现今称为乌果尔山的山道,从基辅旁通过[191],来到第聂伯河畔,扎寨安营,他们也像现今的波洛韦次人[192]一样过着流动生活。他们从东方过来,奋力翻越名为乌果尔山脉(喀尔巴阡山脉)的崇山峻岭,开始和住在那里的沃洛赫人和斯拉夫人交战。斯拉夫人本来早就住在那里,后来沃洛赫人强占了斯拉夫人的土地,然后乌果尔人赶走了沃洛赫人,接管了那片土地,他们在征服了斯拉夫人后,和斯拉夫人共同居住在这个地区,从此时起这个地方被称为乌果尔国。乌果尔人开始与希腊人交战,占领了色雷斯和马其顿的土地,直到塞卢尼。

后来他们又与莫拉瓦人和捷克人开战。斯拉夫人民是一个整体[193]：他们包括那些住在多瑙河流域，后被乌果尔人征服的斯拉夫人、莫拉瓦人、捷克人、波兰人，以及现在称为罗斯人的波利安人。要知道，对他们来说，是莫拉瓦人最早创立了斯拉夫文的字母表，这种文字又为俄罗斯人和多瑙河流域的保加利亚人所采用[194]。

当斯拉夫人接受了洗礼后，他们的王公罗斯提斯拉夫、斯维亚托波尔克和科采尔[195]派使者去觐见米哈依尔皇帝说："我们国家已受洗礼，但我们没有老师来指导和教育我们，给我们讲解圣经，因为我们既不懂希腊语，又不懂拉丁语。一些人教我们这样，而另一些人又教我们那样，结果我们既不认识字母，也不懂得它们的意义。请给我们派些老师，能给我们讲解书中文字及其意义吧。"米哈依尔皇帝听完这一席话，就召集全体智囊团，向他们传达了斯拉夫王公们所说的话。智囊们说："在塞卢尼有一位名叫列夫的人[196]，他有几个儿子都懂斯拉夫语；他的两个儿子都是精明的思想家。"皇帝听到这些话，决定派人到塞卢尼人列夫那里为他们传旨："让你的儿子美多德和君士坦丁火速前来见我。"列夫接旨后，立刻送他们进京。他们朝见皇帝，皇帝对他们说："事情是这样，斯拉夫国派使者来见我，请我给他们派一位老师讲解圣经，因为这是他们所希望的。"皇帝说服了他们[197]，派他们到斯拉夫国去见罗斯提斯拉夫、斯维亚托波尔克和科采尔。当兄弟俩到达后，他们就开始编写斯拉夫字母表，翻译《使徒行传》和《福音书》[198]。斯拉夫人非常高兴，因为他们听到了用自己语言讲解上帝的庄严伟大。后来，他们又翻译了《圣诗集》、《八重赞美诗集》[199]以及其他著作。于是某些人群起而攻之，抱怨说："除了犹太人、希腊人和拉丁人之外，任何一个民族都不应该再有自己的字母表，因为彼拉多书

写在主的十字架上的题词只用了上述三种语言。"[200]罗马教皇听到这种议论，谴责那些对斯拉夫经书有怨气的人[201]，说："愿纸上的圣言兑现吧：'让所有民族都来赞颂上帝'还有'既然圣灵让所有民族说话，那就让所有民族都来赞颂上帝的伟大'。如果有谁咒骂斯拉夫文字，那就让他离开教堂，直到悔悟为止；这是狼，而不是羊，应根据他们的行为去识别他们，提防他们。孩子们，你们要听从上帝的教诲，不能不听教会的告诫，这是你们导师美多德对你们的教导。"君士坦丁归来，去做保加利亚人的宣教工作[202]，而美多德仍留在莫拉维亚。后来，科采尔王公任命美多德为潘诺尼亚的主教，接替圣安德罗尼克之位，安德罗尼克是70使徒之一、圣徒保罗的弟子。美多德安排了二位擅长速写的神父，用了6个月的时间，把全部经书完完全全地从希腊文译成斯拉夫文，从3月开始，于10月26日结束。他完成任务后，给上帝应有的赞颂，是上帝给了美多德主教这种殊荣，成为使徒安德罗尼克的继承人；因为斯拉夫人的导师是使徒安德罗尼克。使徒保罗曾到过莫拉瓦人那里传教。那边还有个伊利里亚，使徒保罗也曾到过伊利里亚，那是斯拉夫人最早居住的地方。这就是为什么斯拉夫的传教士是使徒保罗，正是从那些斯拉夫人中发展成我们罗斯；因此，保罗也是我们罗斯的导师，因为他教导过斯拉夫人民，在其后又为斯拉夫人任命安德罗尼克为主教和副主持。而斯拉夫人民和罗斯人民是一个整体，罗斯本来是从瓦兰人而得名，从前是斯拉夫人；虽然曾一度称为波利安人，但讲的是斯拉夫语。他们所以被称为波利安人，是因为定居在田野(поле 音"波列"，田地)里，他们的语言是共同的，都是斯拉夫语。

6407 年(899 年)。

6408 年(900 年)。

6409 年(901 年)。

6410 年(902 年)。立奥皇帝雇用乌果尔人攻打保加利亚人[203]。乌果尔人在进击中占领了全部保加利亚领土。保加利亚国王西蒙得知此事,回兵攻打乌果尔人,乌果尔人也前来迎战,保加利亚人大败,西蒙好不容易才逃到德列斯特尔。

6411 年(903 年)。伊戈尔长大成人,接替奥列格征收贡物,大家都接受他的领导,并为他从普斯科夫迎娶一位名叫奥尔加的女子为妻[204]。

6412 年(904 年)。

6413 年(905 年)。

6414 年(906 年)。

6415 年(907 年)。奥列格把伊戈尔留在基辅,自己出征希腊人[205]。他率领大批瓦兰人、斯拉夫人、楚德人、克里维奇人、麦里亚人、德列夫利安人、拉迪米奇人、波利安人、谢维里安人、维亚提奇人、霍尔瓦提人、杜列勃人及以翻译而闻名的提维尔人[206]:希腊人把所有这些人统称为"大斯基泰人"。奥列格率领所有这些人骑马或乘船出发,有战船 2000 艘。奥列格进抵帝都城下,希腊人封锁了舒特湾[207],城门紧闭。奥列格离船上岸,开始战斗,在城郊杀戮大批希腊人,毁坏许多宫殿,焚烧教堂。抓来的那些俘虏,有的被杀,有的受虐待,有的被射死,还有些被抛进海中,就像一般仇人的所作所为,罗斯人对希腊人还犯下了其他的种种罪行。

奥列格命令自己的战士制造车轮,把它安装在战船上,他们顺风升起所有的布帆,从野外直逼城下[208]。希腊人见此情景,大惊

失色，急遣使节向奥列格求和："请不要毁坏城池，我们一定听从你的愿望，如数纳贡。"奥列格停止军队的进攻。希腊人给他送来食物和美酒，但他谢绝了，因为酒里下了毒。希腊人大为惊诧，说道："这不可能是奥列格，而是圣德米特里[209]，他是上帝派到我们这里来的。"奥列格命令缴纳 2000 艘战船的贡物：每人 12 格里夫纳，而每船是 40 人[210]。

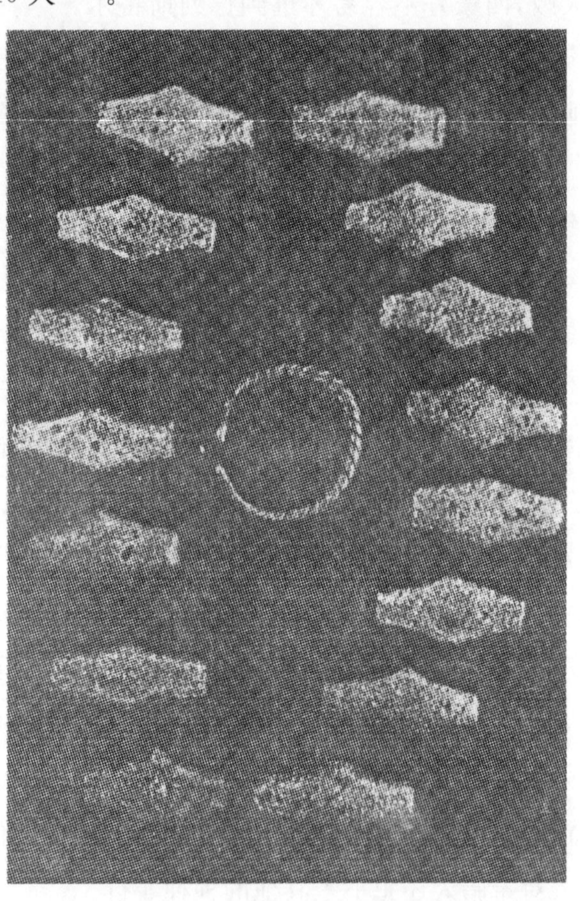

古罗斯的货币格里夫纳。中间是手镯("发箍")。
1940 年出土

拜占庭织物(修复品)

希腊人对此表示同意，为了保全希腊的国土，开始言和。奥列格把军队从首都稍加后撤，和希腊皇帝立奥和亚历山大开始和平谈判[211]。他派遣卡尔、法尔拉弗、维尔穆德、鲁拉弗和斯捷米德去首都会见他们，带话说："给我缴纳贡物。"希腊人回答："你所要的，我们都给。"奥列格命令发给自己的士兵按 2000 艘战船份额，每支桨架[212]为 12 格里夫纳，然后把贡物分给罗斯各城市：首先是基辅，然后是切尔尼戈夫、佩列亚斯拉夫利、波洛茨克、罗斯托夫、柳别奇及其他城市[213]，因为这些城市的大公都臣属于奥列格[214]。

"当罗斯人到来时，使节可以随意领取生活费用，但如果来的是商人，他可以领取 6 个月的月粮[215]：面包、酒、肉、鱼和水果。还要为他们开放澡堂——次数不限。当罗斯人回国时，他们可以向皇帝索取途中的食物、锚、缆绳、帆以及所需要的物品[216]。希腊人愿尽职责，然而皇帝和所有大臣说：'如果来的罗斯人不是经商的[217]，那他们不能领取月粮。希望罗斯王公也发布命令，别让来此的罗斯人做出有损于村社和我国的事；希望来此的罗斯人都住在圣猛犸教堂附近。当我国派人来见他们，登记完名字后，他们才能领取月粮。先发给来自基辅的人，其次是来自切尔尼戈夫的人，来自佩列亚斯拉夫利的人以及来自其他城市的人。来的人只能从同一座城门由帝国官员护送进城，不准携带武器，50 人一批。他们可以任意从事贸易，不用缴纳任何税款。"

就这样，立奥皇帝和亚历山大与奥列格缔结和约，保证缴纳贡物，并相互发誓：皇帝亲吻十字架，而奥列格及其侍从则按罗斯的习俗发誓，他们以自己的武器、以雷神佩伦和畜牧神沃洛斯的名义[218]宣誓，确立了和约。奥列格说："为罗斯人缝制锦帆，为斯拉夫人缝制亚麻布帆。”事情经过就是这样。奥列格把自己的盾牌高挂在城门上以示胜利[219]，然后，军队开始撤出帝都。罗斯人扬起锦帆，斯拉夫人扬起亚麻布帆[220]，可风把船帆撕破了。斯拉夫人说：“我们还是用自己的普通风帆吧，斯拉夫人使不好锦帆。”奥列格回到了基辅，带回大批黄金、锦缎、水果、酒及各种贵重物品。奥列格被称为先知者，因为这些人都是些多神教徒，愚昧无知[221]。

6416年(908年)。

6417年(909年)。

6418年(910年)。

6419年(911年)。西方上空出现一颗巨星，形似长矛[222]。

二、罗斯人与希腊人条约(一)

6420年(912年)[223]。奥列格派遣自己部下去缔结和平，签订希腊—罗斯条约，条约这样写道：“这是立奥(六世)和亚历山大(二世)皇帝[224]执政时期签订的另一条约副本[225]。我们都属于罗斯族的人——卡尔、伊涅格尔德、法尔拉弗、维列穆德、鲁拉弗、古德、鲁阿尔德、卡尔恩、弗列拉夫、鲁阿尔、阿克捷武、特鲁安、利杜尔、福斯特、斯捷米德——受罗斯大公奥列格及其属下的所有高贵的王公和大臣们的派遣，遵照我们大公们的意愿[226]，承蒙他属下的所有罗斯人的重托，来到你们这里，谒见受上帝庇护的专制大君主、希腊皇帝立奥(六世)、亚历山大(二世)和君士坦丁(七世)，以便巩固和确认基督徒和罗斯人之间[227]存在的多年友谊。我们的大公殿下最大的愿望是遵循上帝的意旨，巩固和确认基督徒和罗斯人之间不止一次存在过的友谊，我们应理智地考虑，不仅在口头上，而且要在书面上以忠诚的誓言，以自己的武器来宣誓，确立这种友谊，并按自己的信仰和我们的法规加以证实。

我们本着上帝的意旨和友好的情谊，承担条约的义务，各条实质如下：

我们在条约的开头就表示我们要和你们——希腊人实现和解的态度，从此本着我们的良好愿望，相互真心实意地友好相处。只要在我们的权力范围之内，我们绝不允许麾下的那些现任高贵的王公们有任何欺骗行为或做坏事；在未来的岁月中，我们将竭尽全力永远维护这永恒不变、永不背叛的友谊，它经誓言所确认，忠诚于书面签订的条约，并公布于世。你们——希腊人也是同样，在今后永久的岁月里永远维护对我们英明的罗斯王公，对我们英明王公麾下的所有人的牢不可破的永恒的友好关系。

关于可能发生的行凶作恶行为的相关章节，条约规定如下：凡证据确凿的罪行，均应认为是案情清楚[228]，不应诉争的罪行；而对情节有所怀疑的罪行，那就让强烈要求的一方发誓，使大家别相信这种罪行；当该方发誓后，就其罪行给予应得的处罚。

为此商定：如若谁杀人——罗斯人杀基督徒，或基督徒杀罗斯人——那该凶犯应在杀人现场被处死[229]。如若凶犯逃跑，而他留有财产，那受害者的亲属可以按法律规定得到应赔偿给受害者的那份财产，而凶犯的妻子也可按法律规定保留[230]她可得到的那份财产；如若逃犯没有财产，那就等抓获后再进行审判，捕后他应被处死。

如若有谁用剑砍人，或用别的什么凶器砸人，那按罗斯法律为此砍砸行为应支付 5 升银子[231]；如若犯此过失者没有财产，那就让他交出尽其所有的东西，甚至脱下身上的衣服，不足部分让他按自己的信仰发誓没有别人能帮他支付，这不足部分就可不再予以索赔。

为此商定：如若罗斯人偷窃基督徒的财物，或反之——基督徒偷窃罗斯人的财物，窃贼被受害者当场抓住或正准备偷时就被抓住而打死(不管何种情况)，他的死无论基督徒或罗斯人都不得追究[232]；但受害者可以拿回自己丢失的财物。如若偷盗者自动俯首就擒，那就让失主把他抓住捆起，偷盗者应以高于被盗财物价值三倍的数目偿还。

为此商定：如若基督徒中或罗斯人中有人以殴打的办法企图(抢劫)[233]，并明显地强行拿走别人的[234]什么财物，那他应以三倍的价值偿还。

如果船舶遭遇风暴而漂泊到[235]异域，而那里有我们的罗斯人，(船主)想把船装上自己的货物重返希腊，那我们应帮助把船送过一切危险地点，一直送到安全地段；如果这条船被暴风雨或逆风阻隔而不能回到自己的地方，那我们——罗斯人应帮助该船的桨手，好好地陪他们采购；如果是罗斯的船舶在希腊国土的附近遭遇这种不幸，我们想把船驶回罗斯的国土，(在希腊时)就应准许(自由地)出售那船上的货物，凡那船上可以出售的东西，都应允许我们——罗斯人(畅通无阻地)把货物运上(希腊海岸)。当(我们，罗斯人)来希腊经商或出使贵国皇帝时，那(我们，希腊人)对他们船上出售的货物要客气地放行。如果我们随船来的罗斯人有人被杀或船上的什么财物被抢[236]，那犯罪者应受到前面提过的惩处。

为此商定：如果某一方的俘虏为罗斯人或希腊人所强行扣留，

被卖到他们的国家，如果该人确是罗斯人或希腊人，那就可以允许把售出的人赎回，使他返回他的国家，而买主可要回钱款，或者交付出相当一个切良金[237]身价的款项。同样，如果他是在战争中被那些希腊人俘获的，还是可让他返回自己的国家，付出他值的身价，如上文所述，按通常商业上的计算支付。

如果要招募军队，而这些人（罗斯人）想要效忠你们的皇帝，无论他们有多少人，也无论在什么时候，他们按自己的志愿想留在你们皇帝这里服役，那就让他们能实现自己的愿望[238]。

再谈罗斯人的俘虏。从某个国家来到罗斯的（被俘基督徒），又被（罗斯人）卖回到希腊，或者从某个国家被带到罗斯的被俘的基督徒——所有这些人都应该按每人可以卖 20 佐洛特尼克的价钱，让他们返回希腊国土。

为此商定：如果罗斯人的切良金被窃，或者潜逃，或者被胁迫出售，罗斯人如若提出控告，就应该能证明自己的切良金确实发生了这种情况，允许把他带回罗斯。商人也是这样，如果丢失了切良金并提出申诉，法庭可接受他们的诉状，当找到时——就可领取[239]。如果诉讼某方[240]不让调查，那该方就将被认为无理而败诉。

关于在希腊国土上为希腊皇帝供职的罗斯人。如果（他们中）某人死了，没有说如何处理自己的财产，而在他身边（在希腊）又没有自己的亲人，那他的财产可以转给他在罗斯的最亲近的年幼的亲属。如果死者留有遗嘱，那就让他遗嘱中写的那个继承财产的人领取并继承他的财产[241]。

拜占庭锦缎,出自安德烈·鲍戈柳勃斯基墓(修复品)

贵重织物(修复品)

关于从事采购的罗斯人……

关于来到希腊国土的拖欠债务的各种人,如果恶人没有返回罗斯,那罗斯人可以向希腊王国起诉,恶人将被捕获并强行遣返回罗斯[242]。罗斯人也可同样对待希腊人,如果发生同类事件。

我们缔结本和平条约,以资证明你们基督教徒和罗斯人之间的理所当然和始终不渝的关系,它由伊万诺夫[243]写在两个羊皮纸手抄本上——贵国皇帝及自己手笔[244]。我们面对虔诚的十字架和你们统一的符合真理的上帝的神圣三位一体的誓言来巩固它,并把它交给我们的使者。我们也按照我们的信仰和风俗[245],向受命于上帝作为神灵造物的贵国皇帝宣誓,我们和我们国家的任何人绝不破坏和平条约中任何一项签订的条款和友谊。此文本呈交给贵国皇帝批准,以便本条约成为存在于我们之间[246]的和平的确认和信守的基础。创世纪纪年 6420 年 9 月 2 日,米兰敕令纪年 15 年。"

皇帝立奥以黄金、丝绸和贵重织品[247]作为礼物赏赐给罗斯的使者,并派自己的壮士带他们参观华丽的教堂[248]、金碧辉煌的殿堂以及存放在那里的财宝:大量黄金、绫罗绸缎、宝石和主蒙难的遗物——木冠、钉子、染血的衣袍和圣徒的干尸,向他们传播自己的信仰,向他们展示真正的教义,就这样隆重地欢送他们返回自己的国土。奥列格派来的使者返回后向奥列格禀告了两位皇帝的所有谈话,如何媾和和缔结了希腊与罗斯之间的条约,并确定了无论希腊还是罗斯都绝不违背誓言。

奥列格在基辅执政,与各国和平相处。秋天又来了[249],奥列格想起了当初曾决定再也不骑,只让喂养的那匹马来[250]。因为当时他曾问过星相家和巫师:"我会怎么死?"一位巫师对他说:"王公,你会由于你心爱的坐骑而死——你会因它而死!"这些话深深地印入了奥列格的心,于是他说:"我再也不骑它,也不想再看到它。"并吩咐把马喂养起来,再也不要把马拉到他面前来。这样过了几年,一直到去远征希腊之前,再也没见过那匹马。当他返回基辅,已过了四年,到第五年时,他想起了当时星相家曾预言会使他丧命的那匹马。于是他召见饲马长说:“我吩咐好好饲养的我的那匹马在哪里?”饲马长回答:“死了。”奥列格笑了,嘲弄地笑那巫师说:“这些巫师都是瞎说,全是些谎言:马死了,可我不是活着吗?”于是下令为自己备马:“我倒要看看这死马的遗骸。”他来到了葬马的地方,那里躺着光秃秃的马骨,和光秃秃的头盖骨。他下了马,笑笑说:“难道这头盖骨还能杀我不成?”接着他用脚去踩那头盖骨,一条蛇从头盖骨里窜出来,咬了一口他的脚。他因此病倒而丧了命。所有人都为他失声痛哭,抬着他,把他安葬在称为塞科维查的山上;迄今他的陵墓还在,以奥列格陵墓而闻名。他统治公国长达 33 年之久。

妖术靠占卜来实现,这没什么好奇怪的[251]。多缅季安[252]在位时也有过这种情况。当时有一个闻名的巫师阿尔波罗尼奥斯(提亚纳的)[253],他到处遍游城市与乡村,施展奇异的妖术。有一次,他由罗马来到拜占庭(帝都)时,那里的人求他做了如下事情:他从城市赶走众多的蛇和蝎子,使它们不再伤害人们;并在好多贵族那里制服了狂马。同样,他应那些苦于蝎子和蚊子折磨的安条克人的请求,来到安条克,做了一个铜蝎子,把它埋在地里,并在其上面立了一个不高的大理石柱子,而后让人们拿起棍子在城里走来走去,摇晃棍子高呼:“让城里不再有蚊子!”蝎子和蚊子就这样从城里消失了。他还被问及有关威胁城市的地震情况,他叹口气在一块木板上写了下面的话:“哀哉,不幸的城市!大地将多次把你震动,你将被火烧尽,奥伦特[254]的人们将在岸上为你哭泣。”关于阿波罗尼奥斯,伟大的耶路撒冷的阿纳斯塔修斯说过:“阿波罗尼奥斯创造的奇迹,至今在某些地方还继续显示:他所创造的奇迹之中，有些是为了驱赶会对人类造成危害的四蹄动物和鸟类，另一些是为了疏浚从两岸冲溢出来的河水，但是有的尽管对人类也造成损失和死亡，然而其目的也是为了加以遏制。要知道，不仅在他活着的时候，鬼怪做出了这样的奇迹，就是在他死后，鬼怪还在他的棺墓旁，以他的名义做出了奇迹，以便吸引那些常被恶魔捉弄的可怜的人们。”这样，大家对于施展巫术的人们都会说些什么呢？要知道，这个人擅长于巫术的诱惑，从不计较在感情冲动时就会施展富有才略的巧计；他本应该只是说说他想干什么，而不是付诸行动。这一切正是神灵的姑息和魔鬼的妖术而产生的。我们东正教的信仰经受着所有类似事情的考验，说明它的忠贞不渝，它在上帝旁，不被人类敌人以及恶奴所制造的恶魔般虚幻的奇迹和撒旦行动所迷惑。有些人有时以上帝的名义作预言，犹如巴兰、扫罗以及该亚法，他们甚至驱逐魔鬼[255]，如犹大和士基瓦的儿子。因为神的恩惠屡次落到不该受到恩赐的人的身上，如很多人为之所证实的那样。由于巴兰不过虔诚的生活，也没有信仰，但为了规劝他人，神的恩惠还是落在他的身上。法拉奥也是这样，但他也有广阔的前途。尼布甲尼撒是个犯法者，[256]但他同样也有很多代人的未来，用以证明很多有错误见解的人们早在基督出现之前，就按个人意愿搞征兆，去诱惑那些不懂行善的人们。这种人还有魔法师西门和米南德[257]，其他一些人也是这样，实际上由于他们才说：“不要用奇迹来引诱……”

三、伊戈尔执政时期

6421年(913年)。奥列格死后，伊戈尔继位。也正在此时，立奥(六世)之子君士坦丁[258]加冕为皇帝。因奥列格已死,德列夫利安人与伊戈尔断绝了关系。

6422 年(914 年)。伊戈尔发兵进攻德列夫利安人,战胜后,让他们负担比奥列格时期更重的贡物[259]。同年,保加利亚的西蒙率兵来到帝都,媾和后返回老家[260]。

6423 年(915 年)。佩彻涅格人初次来到罗斯的土地[261],同伊戈尔媾和后,转往多瑙河。与此同时西蒙来攻打色雷斯[262];希腊人也派人向佩彻涅格人求援。当佩彻涅格人的援兵来到,并准备出击西蒙时,希腊的将军却发生了内讧。佩彻涅格人看到他们自己都互相争吵,就引军返回了,保加利亚人同希腊人开战,希腊人惨败。西蒙占领了亚得里亚堡,该城原名为俄瑞斯忒斯城,俄瑞斯忒斯是阿伽门农的儿子[263]。俄瑞斯忒斯从前曾在三条河里洗过澡并立刻治好了病——所以这个城市就以自己的名字命名。后来亚得里亚皇帝又把它重建修复,并以自己的名字命名,所以我们称它为亚得里亚堡。

6424 年(916 年)。

6425 年(917 年)。

6426 年(918 年)。

6427 年(919 年)。

6428 年(920 年)。希腊人新立罗曼努斯为帝[264]。伊戈尔发动了反对佩彻涅格人的战争。

6429 年(921 年)。

6430 年(922 年)。

6431 年(923 年)。

6432 年(924 年)。

6433 年(925 年)。

6434 年(926 年)。

6435 年(927 年)。

6436 年(928 年)。

6437 年(929 年)。西蒙向帝都进发[265],征服了色雷斯和马其顿,他以强大的兵力耀武扬威地直逼帝都。西蒙同罗曼努斯皇帝缔结了和约,返回家园。

6438 年(930 年)。

6439 年(931 年)。

6440 年(932 年)。

6441 年(933 年)。

6442 年(934 年)。乌果尔人首次进军帝都,征服了整个色雷斯。罗曼努斯同乌果尔人媾和。[266]

6443 年(935 年)。

6444 年(936 年)。

6445 年(937 年)。

6446 年(938 年)。

6447 年(939 年)。

6448 年(940 年)。

6449 年(941 年)。伊戈尔远征希腊人[267]。保加利亚人给皇帝送信[268],说罗斯人率船一万艘[269]驶向帝都。船队开来[270],在维菲尼亚开战,征服了庞特海沿岸直到伊拉克利亚和帕弗拉戈尼亚一带土地,还占领了整个尼科米底亚地区,并烧毁了整个舒特湾区。有人被抓住:一些人被钉死在十字架上,另一些人排上队被当靶子射击,或抓过来反绑双手,用铁钉钉进头顶。他们把很多神圣的教堂、修道院和村庄都付之一炬，并在舒特湾两岸掠夺了不少财物。后来从东方开来了军队：潘菲尔率领的四万皇家卫队[271]；大贵族福卡斯的马其顿人；总督费多尔率领的色雷斯人；同他们一起的还有显赫的贵族，他们一起包围了罗斯人。罗斯人经商议后对希腊人武装迎击，经一场恶战希腊人勉强占了上风。傍晚时分罗斯人撤回到自己的军队驻地[273]，晚上乘船离去。狄奥法内斯即刻驾船带着火种进行拦阻，用发射管筒往罗斯人的船上喷火[274]。海上出现了一派可怕的战斗奇观。罗斯人看见一片熊熊烈焰，纷纷跳入海中，争先逃命。就这样罗斯人的残部返回了家园。他们回到自己的家园后，(每人向自己的人)讲述经过和那船上的烈火。他们说："希腊人好像取来了天上的闪电，他们用它轰击我们，烧死我们，因此我们没能打倒他们。"伊戈尔回国后，开始大批招募军队，并派人渡海找瓦兰人，请他们出征希腊，重整旗鼓，准备再次远征希腊。

6450 年(942 年)。西蒙攻打霍尔瓦提人，霍尔瓦提人战胜了他。他把保加利亚的王位传给自己的儿子彼得后死去[275]。

6451 年(943 年)。乌果尔人又发兵进攻帝都，同罗曼努斯媾和后返回故里。[276]

6452 年(944 年)。伊戈尔又募集了大批军队[277]：瓦兰人、罗斯人、波利安人、斯拉夫人、克里维奇人以及提维尔人，还雇用佩彻涅格人，并从他们那里索取了人质，兵分水陆两路进犯希腊，决心为自己报仇雪恨。有关此事，科尔松人得到消息，派人给罗曼努斯报信："罗斯人来了，他们的战船不可胜数，船都遮盖了整个海面。"保加利亚人也传信来说："罗斯人打来了，他们还雇用了佩彻涅格人。”皇帝得知这一情况后，派最得力的大臣向伊戈尔恳求说：“别进军了，你可收取奥列格取过的贡物，我还可增加数额。”同时也给佩彻涅格人送去贵重织物和很多黄金。伊戈尔这时已到达多瑙河河畔，把亲兵召在一起，同他们商议，并把皇帝的话告诉他们。伊戈尔的亲兵说：“如果皇帝那样说，不打就能拿到金银和上等进口织物，那咱们还等什么呢？况且又有谁能知道——胜利属谁：是我们，还是他们？并且谁又能同大海结盟？要知道我们不是在陆地上，而是在深海上作战：大家都有死亡的危险。”伊戈尔听从了他们的话，命令佩彻涅格人去征服保加利亚土地，而自己从希腊人那里收得黄金和供全体将士享用的贵重织物，返回基辅。

四、罗斯人与希腊人条约(二)

6453年(945年)(上)。罗曼努斯、君士坦丁和斯杰凡派遣使者到伊戈尔那里，以恢复从前的和约。伊戈尔也同他们谈了有关和约的问题。伊戈尔还派了自己的大臣到罗曼努斯那里。罗曼努斯召见了贵族和大臣，并请求罗斯使者把双方的谈判记在羊皮纸上[278]。

“在皇帝罗曼努斯、君士坦丁、斯杰凡这些笃信基督教的统帅执政时期[279]签订的条约副本。我们是罗斯氏族[280]的使者和商人，罗斯大公伊戈尔的使臣伊沃尔及其他成员[281]：伊戈尔的儿子——斯维亚托斯拉夫的使臣武叶法斯特；大公夫人奥尔加的使臣伊斯库谢维；伊戈尔的侄儿伊戈尔的使臣斯卢迪；沃洛季斯拉夫的使臣乌列勃；普列德斯拉夫的使臣卡尼查尔；乌列勃夫人的使臣希赫别伦·斯凡德尔[282]；普拉斯坚·图罗多夫；利比阿尔·法斯托夫；格里姆·斯菲里科夫；伊戈尔的侄儿普拉斯坚·阿孔；卡雷·图德科夫；卡尔舍夫·图罗多夫；叶格里·叶夫利斯科夫；沃伊斯特·沃伊科夫；伊斯特尔·阿米诺多夫；普拉斯坚·别尔诺夫；亚夫佳格·古那列夫；希勃利德·阿尔丹；科尔·克列科夫；斯捷基·叶托诺夫；斯菲尔卡……阿尔瓦德·古多夫；富德里·图阿多夫；穆图尔·乌钦；商人阿杜恩、阿杜尔勃、伊格基夫拉德、乌列勃、弗鲁坦、戈莫尔、库齐、叶米格、图罗比德、富罗斯坚、勃鲁内、罗阿利德、古那斯特尔、弗拉斯坚、伊格尔德、图尔别尔恩、莫涅、鲁阿利德、斯维尼、斯季尔、阿尔丹、提连、阿普别克萨尔、武兹列夫、辛科、鲍里奇[283]，他们均由罗斯大公伊戈尔派遣，也是受所有王公及罗斯国家所有人们[284]的派遣。正是他们这些人身受重托恢复昔日的和平，这种和平多年来已被憎善喜恶的魔鬼给破坏了，他们奉命来确立希腊人与罗斯人之间的友好关系。

我们的大公伊戈尔，其他王公、大公的贵族以及全体罗斯人民派我们来会见伟大的希腊皇帝罗曼努斯、君士坦丁和斯杰凡，同皇帝陛下及全体贵族和所有希腊人民永结友好同盟，只要太阳还在发光，和平必将永存。而罗斯方面若有谁想破坏这一友好关系，如果他们是受过洗礼的人，必将受到万物之主上帝的惩罚，在阴间也会被判处死罪，如若他们不是基督教徒，那他们不会得到上帝和雷神的庇护，他们也得不到自己盾牌的护卫，会死于他们自己的利剑、箭或自己的其他兵器之下[285]，而自己在整个阴间的一生都将成为奴隶。

罗斯大公及其贵族如同为他们所规定的那样[286]，可向希腊大帝的希腊国土任意派遣载有使臣和商人的船只。从前使者携带金印，而商人携带银印，如今你们的大公吩咐带文书给我们皇帝；那些将被派遣来的使者和客商应携带写明情况的文书，上面写清：

派来多少船只,以便我们从中了解[287]他们是抱着和平的意图而来。如果不带文书而来并落到我们手里,那我们将对他们拘留监护,直到通知到你们的大公。如果对我们不服,并进行反抗,就把他们处死,但愿你们的大公对他们的死不予追究。如果他们逃跑返回罗斯,我们就函告你们的大公,由你们大公自行处理。假如罗斯人不是为了贸易而来,那他们就别领月粮。希望大公能惩处自己的使臣以及来到这里的罗斯人,以便他们在我们的国家和乡村不会胡作非为。当他们到达时,他们可住在圣母教堂附近,我们皇帝会派人登记你们的名字,可以让他们领取月粮——使节领取使者月粮,而客商领客商的月粮;依次最先是由基辅城来的人,然后是切尔尼戈夫来的,佩列亚斯拉夫利以及其他城市来的。他们由同一座城门进城,在皇帝武士陪同下不得携带武器。一次可进城50人,他们可随意买卖,然后出城;而我们皇帝的武士负责保护他们。如果罗斯人或希腊人中有人作出不正当的行为,武士就来判断那事情的是非。当罗斯人进入城市时,但愿不做坏事。他们无权购买贵于50佐洛特尼科的珍贵织物;如果有人买了那种织物,那他得呈交给皇帝武士过目,武士盖上印后交还给他们。从此地离开的罗斯人,可从我们这里取得一切必需品、旅途中的食物以及船上必备的东西,如同从前所规定的那样,以便他们能安全地返回自己的国家,但他们再无权在圣母教堂附近过冬。

如果罗斯人的奴仆潜逃[288],为了找他可以到我们国家,如果他真在圣母教堂一带,那他们可以将他捕获;如果找不到,那就让我们罗斯的基督教徒按照他们的信仰发誓,如若不是基督教徒,则按其自己的规矩,然后就可从我们这里像从前规定的那样领取自

己的价额——每个奴仆两匹织物。

如果从我们的皇族或是从我们的城市或其他城市有奴仆潜逃到你们那里，并随身带走什么东西，那就再遣送他回来；而如果他带的东西完整无损，可从他那里得到2个佐洛特尼克的捕获费。

如果罗斯人中有人企图从我们帝国的人那里取走[290]什么钱财，图谋的人就要受到严厉的惩罚；如果他已经得手，他就得加倍偿还；如果这样的事是希腊人对罗斯人干的，那他也要受到罗斯人所受的同样的惩罚。

如果发生希腊人对罗斯人或者罗斯人对希腊人的偷盗行为，那不仅应该交回被偷的东西，而且还需偿付被偷东西所值的钱款[291]；如果偷的东西已被卖掉，那就要按其价值加倍偿还，并将依据希腊的法律[292]和罗斯的法律和条例给予惩罚。

不管罗斯人带来多少我们臣属的基教徒俘虏，他们若是精壮的小伙子或少女，赎取时我们可以付给10个佐洛特尼克，并把他们领回[293]，如果是中年人，可付给他们8个佐洛特尼克领回他，如果是老人或小孩，那为他可付5个佐洛特尼克。

如果罗斯人做希腊人的奴隶，倘若他们是俘虏，罗斯人可用10个佐洛特尼克将他们赎回；倘若他们是被希腊人买来的，那希腊人应对十字架发誓，再取回自己的钱：他买那个俘虏时所花的价钱。

关于科尔松国家[294]。罗斯大公无权在那个地区与那些国家及其一切城市进行战争，那个国家也不向你们屈服，如果另一方面罗斯王公为了打仗请求我们军队支援，那我们就给他需要的军队。

为此商定：如果罗斯人发现因遭遇风暴被抛到岸上的希腊船

只,不得使船只再遭受损失。如果有人从船上偷盗什么财物或者把船上的人沦为奴隶或加以杀害,那就要按罗斯和希腊的法律予以治罪。

如果罗斯人遇到科尔松人在第聂伯河河口捕鱼,不得做任何为难他们的事情[295]。

罗斯人无权在第聂伯河河口,别洛别列日耶和圣叶尔费里岛[296]附近过冬;当秋天来临时,就让他们各自回到罗斯老家。

为此商定:如果黑保加利亚人到科尔松国土进行战争,我们命令(велим)罗斯王公——不要放过他们,不然的话也会给他的国家带来损失[297]。

如果某希腊人——我们皇帝的臣民——犯了罪,你们无权惩罚他们,但他会根据我们皇帝的旨意,受到与其罪行相应的惩罚[298]。

如果我们的臣民杀死了罗斯人,或是罗斯人杀死了我们的臣民,那被杀害者的亲属可以捕捉凶手并杀之[299]。

如果杀人犯逃跑并隐藏起来,而他拥有财产,那就让被害者的亲属占有他的财产;如果杀人犯没有财产并隐藏起来,那就寻找他,直到找到为止。当找到他时,他将被处死。

如果罗斯人对希腊人或者希腊人对罗斯人用剑或是矛或是别的什么武器击人,那为这种违法行为,犯罪者按照罗斯法律需交付5升白银;如果他是无产者,那就让他卖掉所能卖的一切;甚至连他身上穿的衣服,也让人从他身上脱下来;而对不足部分则让他按自己的信仰发誓说,他再没有别的东西了,只有在这时候,他才能被放过。

如果我们皇帝希望你们出兵帮我们打敌人，为此我们给你们的大公写信，你们大公应派出我们所要的军队；以此告示天下，希腊人和罗斯人之间有着怎样的友好关系。

我们把此条约写在两本羊皮纸上，一本保存在我们皇帝手里，上面有十字架和我们的签名；在另一本上有你们使者和商人的签名。而当我们皇帝的使者去的时候，让他们把条约呈给罗斯大公伊戈尔及其臣僚；他们接受条约文本后，要真诚发誓恪守我们达成的协议，遵守那签有我们名字的文本上所写的内容。

我们是受过洗礼的，在大教堂上以神圣的伊利亚教堂的名义，在放着真诚的十字架和羊皮纸文本的面前，宣誓恪守文本中所记载的一切，不违背其任何事项；而如果我们国家中有人——无论大公，还是别的什么人，受过洗礼的或没有受过洗礼的——违反了它，就不会得到上帝的帮助，在阴间将沦为奴隶，并将成为自己武器的牺牲品。

而未受过洗礼的罗斯人整齐地放下自己的盾牌、出鞘的剑[300]、腕箍[301]及其他武器，以便宣誓：在这个文本中所记载的一切内容将被伊戈尔、全体贵族以及罗斯国家所有人，永生永世、永远恪守。

如果某王公或罗斯人，无论基督徒或非基督徒，违背这个文本所写的规定——那就要受到以自己武器处死的惩罚，并因违背自己的誓言而受到上帝和雷神的诅咒。

如果伊戈尔大公以誓言确认了这个条约，那就希望他永葆这片真正的爱心，永不违背条约，此友好之情，将与日月同辉，与天地常存，直到永远的将来。”

伊戈尔派遣的使者同希腊的使者一起回来见伊戈尔，向他转达了罗曼努斯皇帝所说的一切话。伊戈尔召见了希腊的使者，问道："请谈谈皇帝对你们有何吩咐？"皇帝的使者说："皇帝为和平而高兴，派我们来希望同罗斯大公建立和平和友好的关系。你们的使者让我们皇帝宣誓，我们也被派来参加你和你的臣僚们的宣誓。"伊戈尔应允这样做。次日，伊戈尔召来使者，一起来到雷神所在的小丘，放下自己的兵器、盾牌和黄金，伊戈尔和他的人——罗斯人中的多神教徒——宣了誓。而罗斯的基督徒集合在圣伊利亚教堂宣誓，该教堂在帕申奇会议街末端的鲁契耶上：这是个大教堂，因为有很多基督徒——瓦兰人和可萨人。伊戈尔批准了同希腊人的和约，赠送给使者毛皮、奴隶和蜂蜡，送走了使者。使者回到皇帝那里，并把伊戈尔所有讲话和对希腊人的友好之情奏明皇上。

伊戈尔和所有国家建立了和平关系，开始了在基辅的统治。秋天来了，他打算对德列夫利安人进行远征，希望从他们那里取得更多的贡物[302]。

五、奥尔加摄政时期

6453年(945年)(下)。这一年亲兵队对伊戈尔说："斯维涅尔德的少年卫士[303]都添加了武器和衣服，而我们则袒胸露体。大公啊，同我们一起去收取贡物吧，你和我们大家都会有所收获[304]。"伊戈尔听从了他们的建议——就到德列夫利安人那里收取贡物，并在从前贡物的基础上又增加了新的数额，他的武士对德列夫利安人横征暴敛。伊戈尔收取贡物后，动身返回自己的城市。当他往回走时，经自己仔细考虑之后，对自己亲兵队说："你们先把贡物运回家,我还要回去再收一些。”于是他让自己的亲兵队先走,自己只带小部分队伍返回,想得到更多的财富。德列夫利安人听说他们又回来了,就和自己的王公马尔商量:“如果狼要吃羊,在没把狼打死以前,狼会拖走所有的羊。这个人也是一样:如果不消灭他,他会整死我们所有的人。”于是派人向伊戈尔说:“为什么又来了?你已经把全部贡物都收走了。”伊戈尔没听他们的话;于是德列夫利安人走出伊斯科罗斯坦城,迎战伊戈尔,他们杀死了伊戈尔及其随从亲兵[305],因为伊戈尔随从的人数很少。伊戈尔被埋葬在伊斯科罗斯坦城附近的德列夫利安人的土地上,其墓至今犹在。

奥尔加同自己年幼的儿子斯维亚托斯拉夫住在基辅,他的养育者[306]是阿斯穆德,而军事长官斯维湟尔德是姆斯提沙的父亲[307]。德列夫利安人说:“我们杀死了罗斯的王公;我们把他的妻子奥尔加娶来做我们王公马尔的夫人吧,把斯维亚托斯拉夫也带过来,我们可以随便来安排他。”于是德列夫利安人派出自己的亲信二十名左右,乘船前去见奥尔加,他们的船在鲍里切夫高坡附近停泊。因为河水当时流经基辅山附近,人们不是居住在平原上,而是住在山上。而基辅城也建在那里,即现在的戈尔佳塔和尼基福尔私邸所在地,至于王公的官邸则在城里,即如今的沃罗季斯拉夫和丘金[308]私邸的所在地。而捕鸟场(перевесище)[309]在城外,城外还有一所官邸,它在什一圣母教堂后面,即现今的乌斯塔夫谢克私邸所在地;山上有一座房顶很高可远眺风景的宅邸——是石砌的楼房(терем)[310]。下面通报奥尔加说德列夫利安人来了。奥尔加召见了他们,并对他们说:“贵客来啦。”德列夫利安人回答:“来了,大公夫人。”于是奥尔加对他们说:“说吧,有何贵干?”德列夫利安人回答:“德列夫利安国派我们来,带来了这样的口信:我们杀死了你的丈夫,因为你的丈夫像狼一样,侵吞和抢掠,而我们的王公是好人,因为他把德列夫利安国治理得国泰民安,你就嫁给我们的马尔王公吧[311]!"要记住德列夫利安王公,他的名字是马尔。奥尔加对他们说:"我从你们的谈话中领会了你们的好意——我的丈夫对我而言已经不能复生;我想明天在我的臣民面前向你们表示一下敬意;现在请回到自己的船上,高兴地安歇,早晨我派人去接你们时,你们可说:'我们不骑马,不步行,你们要用船抬我们去。'他们就会用船把你们抬来的。"[312]这样,就放他们回船了。奥尔加命令在城外尖塔楼的院内挖一个很深的大坑。第二天早上,奥尔加坐在塔楼上派人去请客人。来人到了客人那里说:"奥尔加盛情邀请你们去。"他们回答道:"我们既不骑马,也不坐车,也不步行,而要坐在船里抬着我们走。"基辅人回答:"我们没有办法!我们的大公被杀,而我们的王公夫人却想嫁给你们的王公。"于是用船抬着他们。他们歪着身体、单手叉腰,神气十足地半坐着,胸前有几个金属大扣子("сутути"[313])。当把他们抬到奥尔加所在的官邸的院子里时,连人带船都一起扔进了坑里[314]。奥尔加靠近坑边,向他们问道:"这种礼遇你们觉得好吗?"[315]他们回答:"对我们来说,这比伊戈尔的死还惨。"奥尔加下令将他们活埋;于是就活埋了他们。

奥尔加派使节到德列夫利安人那里,对他们说:"如果你们是真心实意请我去的话,那就派最显赫的官员来,以便我能荣耀地嫁给你们的王公,否则基辅人是不会放我走的。"[316]德列夫利安人听了这番话后,就选拔出管理德列夫利安国家最优秀的官员[317],把他们派去迎娶奥尔加。当德列夫利安人来到时,奥尔加下令准备好澡堂，并这样对他们说："洗好澡后，再来见我。"他们烧热了澡堂（истопка[318]），德列夫利安人走进澡堂开始洗澡，随后他们就被锁在澡堂里，奥尔加命令从门那儿开始点火把澡堂烧着，他们全都被烧死在那里。

奥尔加派人到德列夫利安人那里说："我已经动身到你们那里去，请在杀死我丈夫的那个城市多准备些蜜酒，我要在他的坟前哭祭，并为我亡夫举行追荐的酒宴"（"тризна[319]"）。他们听到这话以后，运去大量的蜂蜜并酿成蜜酒。而奥尔加带上少数亲兵，轻装出发，来到了自己丈夫的墓（гроб[320]）前哭泣为他祭悼。她命令自己手下人堆起个大墓，当墓堆成后，就命令举行追悼竞技酒宴。此后，德列夫利安人坐下来喝酒，奥尔加吩咐她的少年卫兵在他们身旁侍候。德列夫利安人对奥尔加说："我们派去接你的卫兵在哪里？"她当即回答："他们在我后边，同我丈夫的卫兵一起走。"当德列夫利安人喝得酩酊大醉时，她吩咐自己的少年卫兵为他们的荣誉而饮，而她自己则暗中走开，命令卫队砍杀德列夫利安人，砍杀了他们5000人。奥尔加回到了基辅，募集军队去征讨其余的德列夫利安人。

六、斯维亚托斯拉夫统治时期

6454年（946年）。奥尔加同自己的儿子斯维亚托斯拉夫一起募集了大批精兵强将向德列夫利安人的土地进发。德列夫利安人也奋起迎战。当两军对峙准备一战时，斯维亚托斯拉夫把矛投向德列夫利安人[321]，矛在马的两耳间飞过，击落在那匹马的腿上，因为斯维亚托斯拉夫还是个孩子。斯维涅尔德和阿斯穆德说："王公已经下手了；亲兵们跟随王公冲啊！"他们战胜了德列夫利安人[322]。德列夫利安人败阵逃跑，紧闭城门躲进城里。奥尔加同自己的儿子急速转向伊斯科罗斯坦城，因为是该城的居民杀死了她的丈夫，她同自己的儿子在城郊扎营，而德列夫利安人坚守城池，顽强抵抗，因为他们很清楚，他们杀死了大公，即使投降也不会有什么好结果。奥尔加围城围了整个夏季，也未能攻克，于是就想了这样一个计策：她派人靠近城池放话说："你们还想死守到何时？要知道你们所有的城市都已归顺我了，承担了缴纳贡物的义务，他们现在已经耕种自己的田地[323]；可是你们却还在拒绝缴纳贡物，这不是等着饿死自己吗？"德列夫利安人回答说："我们倒是愿意缴纳贡物，但是你不是想要为自己丈夫报仇吗？"奥尔加就对他们说："在你们的人第一次和第二次来基辅时，我已经为我丈夫报仇雪恨了，而当我为丈夫举行追悼酒宴时，我又第三次报了仇。更多的报仇我已经不想了——现在想的只是从你们这儿获取不多的贡物，并同你们媾和，然后就班师回家。"德列夫利安人又问："你们想从我们这里要些什么呢？我们愿意给你蜂蜜和毛皮。"而奥尔加说："你们现在已经既没有蜂蜜，也没有毛皮了，所以也就向你们要得不多，每户给我三只鸽子和三只麻雀。要知道，我不想像往年纪事我丈夫那样，把沉重的贡物加在你们的身上，因此向你们要得很少[324]。你们也都被围得疲惫不堪，也就向你们要这么一点就可以了。"德列夫利安人十分高兴，从每户收了三只鸽子和三只麻雀，恭恭敬敬地呈交给奥尔加。奥尔加对他们说："你们看，你们已经归顺了我和我的孩子——回城去吧，而我明天就从此城撤离，回到自己的城市。"德列夫利安人很高兴地进了城，并把所有情况告诉人们，城里的人也都十分欣喜。而奥尔加分配给每个士兵——有

的是一只鸽子，有的是一只麻雀，命令他们把包在小手帕里的火绒（църъ）[325]用线拴在每只鸟的身上。当暮色降临时，奥尔加命令士兵把鸽子和麻雀放出去。鸽子和麻雀飞回自己的老巢：鸽子飞回鸽子窝，而麻雀飞到房檐下，这样，鸽子窝、储藏室、板棚以及干草房都燃烧起来，没有一家不着火的，并且也难以扑灭，因为是立即户户起火。人们纷纷从城里逃出，奥尔加命令自己士兵把他们都抓起来。她就这样夺下了城市，并放火烧毁它，城里的长老们做了俘虏，另一部分人被处死，第三部分人交给自己的武士当奴隶，而剩下的其他人留下，让他们缴纳贡物。

奥尔加给他们加上沉重的贡物负担[326]。三分之二的贡物运往基辅，三分之一运往维什戈罗德给奥尔加，因为维什戈罗德是奥尔加的城堡。奥尔加同自己的儿子率领亲兵队由此巡视德列夫利安人各处，并建立贡物和征收的规章制度。这里至今仍保留着奥尔加的驻跸地和猎场。她同自己的儿子斯维亚托斯拉夫回到自己的基辅城，并在那里居住了一年。

6455 年（947 年）。奥尔加出巡诺夫哥罗德，在姆斯塔一带建立乡村营地，并确定了贡物额度，对卢加一带也规定了代役租制和贡物额度，到处留下她的狩猎地，她住过的许多地点和乡村营地，这些都是她到过的见证。她的雪橇于普斯科夫至今犹在，第聂伯河流域有不少是她捕过鸟的场地，在捷斯纳河一带也是如此，至今还有她住过的村落——奥尔日奇村[327]。就这样，她把一切整顿好后，返回基辅她儿子那里，在那里同儿子过着和睦的生活。

6456 年（948 年）。

6457年(949年)。

6458年(950年)。

6459年(951年)。

6460年(952年)。

6461年(953年)。

6462年(954年)。

6463年(955年)。奥尔加出访希腊国家,抵达帝都[328]。这时执政的是立奥(哲学家)的儿子君士坦丁(皇亲的)[329]。奥尔加来到皇帝那里,他见她容颜秀丽,智慧敏捷。皇帝在和她交谈时,为她的才智所折服,对她说:“你完全有资格在我们的都城和我们共同执政。”而她体会到这话的内在含义报道,回答皇帝道[330]:“我是多神教教徒,如果你想给我施行洗礼,那你本人来给我洗礼吧——否则我就不受洗礼。”于是皇帝和大牧首一起为她洗礼。奥尔加受洗礼后,身心都充满喜悦。总主教给她布道说:“你是罗斯女人中唯一参加祝福仪式的人,因为你弃暗投明。在你未来的罗斯子孙后代都将为你祝福称颂。”总主教并把基督教的教规、祈祷、斋戒、施舍以及洁身的圣训传授给她。她低着头站着,像吸水的海绵一样,谛听教义,她向大牧首俯首膜拜道:“大主教啊,愿托福于您的祈祷,使我能摆脱恶魔的罗网,永保太平。”在受洗礼时,她像古皇太后——君士坦丁大帝的母亲那样,被命名为叶列娜。总主教赐福给她后,就让她走了。在她洗礼后,皇帝召见了她并对他说:“我想娶你为妻。”而她回答说:“你怎么能娶我呢?是你为我洗了礼,并称我为女儿。对基督教徒来讲,这是不允许的[331]——你自己也明白。”皇帝于是对她说:“奥尔加,你把我骗了。”皇帝给她

很多礼物：黄金、白银、贵重的织物以及各种各样的器皿；并称她为自己的女儿，把她放走了[332]。她回国的事准备停当后，来向总主教辞行，并请他为自己归程祝福，她对他说："我国的人以及我的儿子都是多神教教徒——但愿上帝能保佑我，免除一切祸端。"总主教说："忠诚的孩子！你面对基督举行了洗礼，你笃信了基督，基督必将保佑你，就像他在古代保佑以诺，后来保护方舟里的挪亚，保佑亚伯拉罕对付亚比米勒，保佑罗得对付所多玛人，保佑摩西对付法老，保佑大卫对付扫罗，保护炉中的三少年，保佑但以理免遭野兽的吞食——他同样会拯救你免遭恶魔的阴谋诡计及其罗网。"总主教为她祝福。她带着和约启程回国，回到了基辅。这事像在所罗门时代发生的一样：埃塞俄比亚女皇来到所罗门处，很想听听所罗门的那充满智慧的深奥的论述，她目睹了他的真实的聪明才智。同样的，这位高贵虔诚的奥尔加也寻求真正的上帝的智慧，不过，那位(埃塞俄比亚女皇)探求的是人的智慧，而这位则探求的是上帝的智慧。"因为有心者一定能找到智慧。""绝顶的智慧在十字街头大声宣布，在路上高声呼喊，在城墙上公开宣讲，在城门口大声宣告：不学无术的人到什么时候都喜欢愚昧。"这位高贵虔诚的奥尔加自幼就寻求智慧——这世上最美好的东西，终于找到了无价珍宝——基督。因为所罗门说过："夫妻恩爱才能心旷神怡。""用你的心去思索"；"爱我之人为我所爱，觅我之人必能找到我。"上帝说："凡来投我之人我不会赶走他。"

奥尔加回到了基辅，希腊皇帝派来使臣给她捎话说："我赠送你很多礼物。还记得吗？你曾对我说：'等我回到罗斯，会给你送上很多礼物：奴仆、蜂蜡、毛皮和士兵，以示援助。'"奥尔加通过使臣回答说:“如果你也在我们这里的波恰伊纳河住一段,像我在舒特湾那样,那我就把礼物奉送给你[333]。”然后就让捎这些话的使者回国了。奥尔加同自己的儿子斯维亚托斯拉夫在一起生活,母亲劝他接受洗礼,但他既不想也不愿听这些;但如果别人要接受洗礼,他也不阻止,而只是嘲笑这种行为。“因为对于不信教的人说来,基督教的信仰是愚蠢已极的行为”;“因为在黑暗中行走的人不会知道,也不会理解,也体会不到主的声誉”;“他们的心变得冷酷,对许多事情都视而不见,充耳不闻。”因为所罗门说过:“渎神的行为与理智相距遥远”;“因为召唤你们而你们不听我的,用话来开导,而你们不理睬我,并拒绝了我的劝告,也不接受我的直言”;“憎恨才智,不以上帝畏惧之事为己惧,不接受我的忠告,轻视我的直言。”奥尔加也经常说:“我的儿子,我信奉上帝,因而我很快活;假如你也信的话,那你也会快活的。”可是他对这些听不进去,说:“我怎么能独自一个人接受异邦的信仰呢?我的亲兵将会耻笑我的。”她又对他说:“假如你能接受洗礼,那么大家也会这样做的。”他还是没听他母亲的话,仍然按照多神教的习俗生活。正像俗话所说的那样:“不听父母言,死亡在眼前。”他哪里知道,不听母亲的话,灾祸就会降临[334]。斯维亚托斯拉夫反而生了他母亲的气。所罗门说:“教诲坏人,会给自己蒙受委屈,揭露罪人会遭受恶意的抨击;因为揭发恶人是祸根。为了不使恶人憎恶你,你就不要去揭露他们。”然而,奥尔加爱自己的儿子斯维亚托斯拉夫,还是多次说:“那就听凭上帝的安排吧;如果上帝愿意宽恕我族和罗斯人民,那么愿主也将赐福于我的爱主之心,降

福于他们。”她一面这样说，一面昼夜为儿子和人们祈祷，教导孩子，一直把他抚养成人。

6464 年(956 年)。

6465 年(957 年)。

6466 年(958 年)。

6467 年(959 年)。

6468 年(960 年)。

6469 年(961 年)。

6470 年(962 年)。

6471 年(963 年)。

6472 年(964 年)。当斯维亚托斯拉夫长成壮年，他开始招募众多勇猛的战士。斯维亚托斯拉夫都是轻装出征，敏捷如豹[335]，东征西讨。他出征既不带辎重车，也不带行军锅，肉不煮食，但把马肉、兽肉或牛肉细切后，放火上烤着吃；他没有帐幕，夜宿铺上毡垫，枕鞍而卧，他的所有兵士也皆如此。他派人到异域通知对方说：“我要讨伐你们。”他出兵奥卡河和伏尔加河流域，在那里遇到了维亚提奇人[336]，他问维亚提奇人说：“你们给谁纳贡？”他们回答说：“我们向可萨人纳贡——每犁得交一个谢利亚格。”[337]

6473 年(965 年)。斯维亚托斯拉夫出兵征讨可萨人[338]。可萨人得知后，在其王公可汗的率领下出师迎敌，双方交火，在这场血战中斯维亚托斯拉夫打败了可萨人，并占领了他们的城市白维扎[339]。他还战胜了亚瑟人和卡索格人[340]。

6474 年(966 年)。斯维亚托斯拉夫战胜了维亚提奇人并向他们征收贡物。

天 鹅 绒

6 世纪科尔松城堡的墙壁残迹(A. A. 亚科布松摄)

6475年(967年)。斯维亚托斯拉夫出兵多瑙河征讨保加利亚人[341]。于是双方展开激战,斯维亚托斯拉夫降服了保加利亚人,攻占了他们在多瑙河流域的80座城市[342],并在佩列亚斯拉维茨城建立政权[343],同时向希腊人征收贡物。

6476年(968年)。佩彻涅格人首次进攻罗斯领土[344],而斯维亚托斯拉夫当时正留在佩列亚斯拉维茨城。奥尔加和她的几个孙子:雅罗波尔克、奥列格和弗拉季米尔在基辅城闭门坚守。佩彻涅格人用重兵包围:城的四周有数不清的兵马,城里的人既不能出城,又无法派人送信;人们又饥又渴,疲惫不堪。第聂伯河对岸的人们集结在船上,停在彼岸。彼岸的人无法进入基辅,此岸的人也无力投奔对方。城里的人开始担忧起来[345],他们说:"有谁能设法渡到对岸去告诉他们:假如明天早上你们还不能靠近都城,我们就得投降佩彻涅格人了。"于是一位少年武士站出来说:"我能设法渡过去。"人们回答他说:"去吧。"他出了城,手里拿着一副马笼头,一面问:"谁看见一匹马没有?"一面跑过了佩彻涅格人的驻地。因为他会讲佩彻涅格话[346],对方便把他当作自己人了。当他来到河边,甩掉衣服,纵身跳入第聂伯河,游向对岸。佩彻涅格人见到这种情景,便赶忙追捕,向他射箭,但对他已毫无办法。对岸的人见此,马上驾船向他划去,把他救上船,带他见亲兵队。少年武士对他们说:"假若你们明天还不能靠近都城,人们就要向佩彻涅格人投降了。"一位名叫普列季奇的将领对此说道:"咱们明天就坐船过去,把女主公和大公的儿子们救出,快速地渡过岸来。如果咱们做不到这一点,斯维亚托斯拉夫会把咱们都处死的。"于是第二天早上将近拂晓时,他们上了船,响亮地吹起了号角,而此时城里的人们也喊声大作。佩彻涅格人以为大公本人回来了,便纷纷离城

而逃。奥尔加带着孙子和人们出城上船。佩彻涅格大公见此情景,只身返回,问将领普列季奇说:“是谁回来了?”普列季奇回答说:“(第聂伯河)对岸的人们。”佩彻涅格大公又问:“莫不是你就是斯维亚托斯拉夫大公?”普列季奇回答说:“我是他的部将,率领先头部队到达,而大公本人率领大军随后就到:那是千军万马。”他之所以这样说,目的是想恫吓他们一下。而佩彻涅格大公对普列季奇说:“让我和你交个朋友吧。”普列季奇回答说:“就这么办。”于是他们相互握手,佩彻涅格大公赠给普列季奇一匹战马、一把马刀和几支箭,普列季奇回赠给他一件锁子甲、一个盾牌和一把宝剑[347]。佩彻涅格人从城下撤兵,但城里人仍无法出城去饮马:佩彻涅格人还屯兵于雷别季[348]。于是基辅派人去对斯维亚托斯拉夫说:“大公,你总是谋取别人的土地,费尽苦心,却抛弃了自己的本土,我们,还有你的母亲和孩子却险些被佩彻涅格人所俘。假若你再不来保护我们,那他们一定还会把我们掳走的。难道你就不可怜自己的国家,不怜惜年迈的母亲和孩子们吗?”斯维亚托斯拉夫听了这一席话,便立即带领亲兵队上马奔回基辅;他问候了自己的母亲和孩子,并为他们由于佩彻涅格人侵犯而发生的事痛心疾首。于是他调集兵力把佩彻涅格人从战场上赶走,这才出现了和平。

6477 年(969 年)。斯维亚托斯拉夫对自己的母亲和大臣们说:“我不愿意坐在基辅城里,我想住在多瑙河畔的佩列亚斯拉维茨城——那才是我国领土的中心,所有的财富都汇集到那里:[349]来自希腊的黄金、彩缎、葡萄酒和各种水果;来自捷克、匈牙利的白银和马匹;来自罗斯的毛皮、蜂蜡、蜂蜜和奴隶。”奥尔加回答说:“你没看看,我有病;你还想丢下我到哪里去呢?”——因为她已病入膏肓。她又接着说:“等把我埋葬了以后,你愿意上哪儿就上哪儿。”时过三天[350]奥尔加就与世长辞了。她的儿孙和全体臣民都为之号啕痛哭。他们抬着她并把她安葬在一处开阔的地方。奥尔加临终时嘱咐说,不要为她开斋宴竞技赛,因为她自己有司祭,也就是这位司祭安葬了高贵的奥尔加[351]。

像太阳喷薄欲出的朝霞,像白昼来临前的曙光,她是信奉基督之邦的先驱者[352]。因为她迸发出光芒;像黑夜里的月亮一样,在多神教徒中照亮,犹如污泥中的一颗珍珠;当时的人们都被各种邪恶所玷污,没有接受圣洁的洗礼。而奥尔加曾在圣水盘中接受过洗礼,从自己身上抛弃了人类始祖亚当的罪衣,穿了新亚当,即基督的圣装。我们向她欢呼:“高兴吧,罗斯认识了上帝;我们开始顺从他。”她是第一个进入天国的罗斯女性,她也受到了罗斯子孙们的赞誉,称她是自己的先驱,因为她死后还为罗斯向上帝祈祷。要知道对主虔诚者的灵魂是不灭的;正如所罗门所说:“义人增多,民人喜乐。”虔诚者名垂千古,因为他被上帝和人们所承认。在这里人们都赞颂她,他们看到,奥尔加在那里安息多年而不腐,因为先知说过:“尊重我者,我必为其增光。”关于这样的人大卫也曾说过:“虔诚者定将万古流芳,他不惧谗言,一心期待上帝;心坚石穿,毫不动摇。”所罗门又说:“义人必将永生,他们有主的奖励和至高无上的庇护。因此,义人进入天国,从主的手里接受善的桂冠。主用右手覆盖他们,用力量庇护他们。”上帝也保护了这位高贵的奥尔加,使她不受敌人和仇人——魔鬼的伤害。

6478年(970年)。斯维亚托斯拉夫派雅罗波尔克驻守基辅,而让奥列格去德列夫利安地区。在此同时,诺夫哥罗德人来为自

己寻求一位王公:“如果你们不给我们派人做王公,那么我们自己就要为自己寻求王公了。”斯维亚托斯拉夫对他们说:“看谁到你们那里去好呢?”雅罗波尔克和奥列格都拒绝了。这时多勃雷尼亚说:“可以请弗拉季米尔去。”弗拉季米尔为奥尔加的管家玛卢莎所生。玛卢莎是多勃雷尼亚的妹妹;他们的父亲是马尔克·柳别恰宁,所以多勃雷尼亚是弗拉季米尔的舅父。于是诺夫哥罗德人对斯维亚托斯拉夫说:“那就把弗拉季米尔给我们吧!”斯维亚托斯拉夫回答说:“那就把他给你们。”诺夫哥罗德人接走了弗拉季米尔,弗拉季米尔与自己舅父多勃雷尼亚一起奔赴诺夫哥罗德,而斯维亚托斯拉夫前往佩列亚斯拉维茨(在多瑙河畔)。

6479 年(971 年)。斯维亚托斯拉夫来到佩列亚斯拉维茨城下,保加利亚人闭门坚守。保加利亚人出城抗击斯维亚托斯拉夫,双方展开激战,保加利亚人渐渐占了上风。斯维亚托斯拉夫激励自己的战士们说:“我们要在这里死拼到底!兄弟和亲兵们要英勇地守住阵地!”傍晚时分,斯维亚托斯拉夫已转危为安,他举起长矛,发起冲锋,攻下了城市[353]。他又派人去对希腊人说:“我要出兵征讨你们,夺取你们的国都,就像夺取这个城市一样。”希腊人说:“我们无力和你们对抗,你们可以从我们这里为你们的亲兵队索取相应的贡礼。说说你们的人数有多少,我们好按照你们亲兵队的人数计算缴纳贡物。”希腊人这样说,为的是欺骗罗斯人,因为希腊人至今还爱撒谎[354]。斯维亚托斯拉夫对他们说:“我们有两万人。”他多说了一万人:因为罗斯人一共只有一万。希腊人并没有纳贡,而出动了十万大军迎战斯维亚托斯拉夫[355],于是斯维亚托斯拉夫向希腊人进军,对方也出兵抵抗罗斯人。当罗斯人一看对方时，无不为如此众多之兵力而震惊，然而斯维亚托斯拉夫说："我们已经无法摆脱[356]，无论我们是否愿意，都得一战高低，即使暴尸疆场，也不能使罗斯国家受辱，因为死人才不会接受耻辱，假若临阵脱逃，那我们必将蒙受耻辱。既然我们不逃跑，那就要坚决迎战，我冲杀在你们的前面：如果我的脑袋掉了，你们就自己关心关心自己的吧！"战士们回答说："你在何处捐躯，我们也就在那里献出自己的头颅。"于是罗斯人重展军威，展开了一场残酷的肉搏战。斯维亚托斯拉夫取得胜利，希腊人溃逃。斯维亚托斯拉夫率兵杀奔希腊国都，一路作战一路毁坏城市[357]，这些城市至今仍是一片废墟。希腊皇帝把自己的大臣们召入宫中，对他们说："我们该怎么办呢？我们已难以抵抗他的进攻了。"大臣们对他说："我们给他送礼，可以试探一下，看他是否喜爱黄金或是贵重织品？"于是皇帝派遣一位聪明的谋士去向斯维亚托斯拉夫呈献黄金和贵重织品[358]，并嘱咐谋士说："你要善于察言观色，注意他的表情、脸色和内心的意图。"谋士带着礼品来见斯维亚托斯拉夫。部下向斯维亚托斯拉夫禀报说，希腊人前来请安求见。斯维亚托斯拉夫说："把他们带进来。"使臣进来向斯维亚托斯拉夫参拜，在他面前献上黄金和贵重织品。斯维亚托斯拉夫看也不看，吩咐自己的年轻卫士说："收下吧。"希腊人回来向皇帝复命，皇帝召集群臣。使臣们说："我们见到了斯维亚托斯拉夫，献上礼品，可他一眼都没看，就命令收下了。"这时有一位说："再试探他一次：给他送兵器。"他们采纳了他的意见，派人给斯维亚托斯拉夫送去一把宝剑和一件别的兵器。斯维亚托斯拉夫马上拿起兵器端详，夸奖起皇帝来，并向他表示了感激和爱慕之情。被派人员再次回见皇帝，并向他叙说

了全部事情的经过。大臣们说:“这条汉子会很野,因为他轻视钱财,而珍视兵器,向他纳贡吧。”于是皇帝派人到他那里说:“你们只要不进攻首都,要多少贡物都可以。”因为斯维亚托斯拉夫已经逼近帝都了。希腊人给他送了贡礼;斯维亚托斯拉夫还为死者领取了贡物,他说:“死者的亲属会为死者领取的。”他又索取了许多礼品,满载荣誉凯旋返回佩列亚斯拉维茨。斯维亚托斯拉夫看到自己的亲兵队所剩无几,便自言自语地说:“可别中了什么诡计把我和我的亲兵都杀死!因为许多人已战死在战场。”于是说:“我得回罗斯去,增补亲兵队再带出来。”[359]

于是,斯维亚托斯拉夫遣使去多罗斯托尔,当时希腊皇帝在那里,让使者转达说:“我希望和你建立持久的和平和友好关系。”皇帝听说以后很高兴,给斯维亚托斯拉夫送去比以前更多的礼品。斯维亚托斯拉夫接受了礼品,开始与自己的亲兵队商议,他说:“假如我们不同希腊皇帝缔结和约,他一旦发现我们人少,就会出兵把我们围困在城里。而罗斯土地又远离我们,佩彻涅格人和我们又处于交战状态,到那时有谁能来解救我们呢?我们一定要与希腊皇帝缔结和约;他们不是已经答应向我们纳贡了吗?这对我们来说也就足够了。假如他们中止向我们纳贡,那时我们从罗斯重整更多的军队再来进攻帝都。”这一席话很合亲兵队的心意,就派出得力臣僚去见希腊皇帝。他们来到多罗斯托尔,向皇帝说明了来意。第二天早朝,皇帝召见他们进宫,皇帝说:“让罗斯使者来禀告。”于是使者陈述说:“我们的大公说:‘我愿同希腊皇帝在未来的整个时期建立全面的友好关系’。”皇帝大喜,吩咐司书把斯维亚托斯拉夫说的话全都记在羊皮纸上。使者开始述说斯维亚托斯拉夫的整个讲话，司书在一边记录。使者这么说：

“条约副本，此条约的立约人是罗斯大公斯维亚托斯拉夫和斯维涅尔德，录事的是大臣狄奥斐鲁斯，呈交给被称为齐米西斯的希腊皇帝约翰，时在 6479 年，“米兰敕令纪年”（印吉克特）14 年 7 月[360]，签于多罗斯托尔城。我——罗斯大公斯维亚托斯拉夫，如发誓那样，以此条约来确认我的誓言[361]；我要同所有属于我的罗斯人臣民和贵族及其他人一起，与希腊每一位大帝[362]，与瓦西里和君士坦丁，与诸位神明的皇帝及你们所有人缔结和约。我将永远不再图谋侵犯你们的国家，不再集结军队征讨你们，也不怂恿外族攻打你们的国土，既不觊觎希腊管辖下的地区，不攻打科尔松国及那里的所有城市，也不进攻保加利亚国土。假若有人图谋反对你们的国家，那么我也是他的敌手，并将与他开战。正如我向希腊皇帝发誓过的那样，我的贵族、所有罗斯人和我都将恪守前约；倘有食言，违反上述条款，就让我与我的随从和部下受到我们所信奉的神灵——雷神和畜神的惩罚，让我们像黄金一样发黄[363]，就让我们死于自己武器之下。请不要怀疑我们现在向你们所许诺的，并写在这张羊皮纸上，盖上自己印章的这些真诚的话语。”

七、斯维亚托斯拉夫诸子内讧

斯维亚托斯拉夫同希腊人缔结和约之后，乘船向第聂伯河险滩进发，他父亲的将军斯维涅尔德对他说：“王公，你应该骑马绕过险滩，因为险滩附近有佩彻涅格人活动。”斯维亚托斯拉夫没听他的劝告，还是乘船直上。而佩列亚斯拉维茨人已派人报信给佩彻涅格人说：“斯维亚托斯拉夫正返回罗斯，要经过你们那里，他部队人数已不多，他从希腊人那里得到了数不尽的财富和俘虏。”佩彻涅格人得此消息后，便在险滩挡住了去路。斯维亚托斯拉夫临近石滩时，已无法过去。于是他们便在别洛别列日耶过冬，他们（罗斯人）没有吃的，发生了严重的饥荒，买一个马头就得付半个格里夫纳，斯维亚托斯拉夫就在那里过了冬天。

6480 年（972 年）。春天来临，斯维亚托斯拉夫向险滩进发。佩彻涅格汗库里亚向他发起进攻，杀死了斯维亚托斯拉夫[364]，取下他的首级，并把他的头盖骨制成杯子，包钉加固后作为饮器[365]。斯维涅尔德回到基辅，投奔雅罗波尔克。斯维亚托斯拉夫一共在位 28 年。[366]

6481 年（973 年）。雅罗波尔克继承大公位。

6482 年（974 年）。

6483 年（975 年）。有一天斯维涅尔德的儿子柳特出基辅城打猎，在林中追捕野兽。奥列格看见了他，问自己的部下："这人是谁？"下面回答说："斯维涅尔季奇。"奥列格上去把他杀了，因为他本人也正在那里打猎。雅罗波尔克与奥列格从此相互视为仇敌。斯维涅尔德总想为自己儿子报仇，经常怂恿雅罗波尔克说："出兵讨伐你的弟弟吧，占领他的领地。"

6484 年（976 年）。

6485 年（977 年）。雅罗波尔克出兵到德列夫利安人地域，讨伐其弟奥列格。奥列格出阵抵抗，双方混战在一起。雅罗波尔克首战告捷，奥列格和自己军队逃往称为弗鲁奇（奥弗鲁奇）的城市。进城门要走护城河上的吊桥，人们在放下的吊桥上互相碰撞而被挤掉到桥下，奥列格也从桥上被撞到护城河里，许多人连马一起掉了下去，马踩压着人。雅罗波尔克进入奥列格的城市，夺取了政权，派人寻找自己的弟弟。人们找来找去，但没见他的踪影。一位德列夫利安人说："我看见他昨天在吊桥上被挤下去了。"于是雅罗波尔克派人去找弟弟，从清晨一直到中午，从护城河里搬运尸体，才在一些尸体下找到了奥列格；人们把他抬出来，放在毯子上。雅罗波尔克来到，俯尸痛哭，他对斯维涅尔德说："看看吧，这就是你所期望的！"奥列格被埋葬在奥弗鲁奇城郊的田野上，在奥弗鲁奇城郊至今还有他的坟墓[367]。雅罗波尔克就继承了他的政权。雅罗波尔克有一位希腊妻子，以前她曾是一名修女，雅罗波尔克的父亲斯维亚托斯拉夫在世时把她带来的，由于她的美貌，把她许配给雅罗波尔克。当弗拉季米尔听说雅罗波尔克杀死了奥列格，他惊恐万分，逃往海外。雅罗波尔克就派遣自己的地方行政长官治理诺夫哥罗德，于是他独自一人掌管了整个罗斯国家。

6486 年(978 年)。

6487 年(979 年)[368]。

6488 年(980 年)。弗拉季米尔率瓦兰人的军队回到诺夫哥罗德，他对雅罗波尔克的行政官员说："你们去见我的哥哥，告诉他：弗拉季米尔要向他发兵了，让他准备同我决一死战。"[369]弗拉季米尔坐镇在诺夫哥罗德。

弗拉季米尔派人前往波洛茨克去见罗格沃洛德[370]说："我想娶你的女儿为妻。"罗格沃洛德问自己的女儿："你愿不愿意嫁给弗拉季米尔？"可她回答说："我可不愿意去给奴婢的儿子脱鞋[371]，不过倒想嫁给雅罗波尔克。"这位罗格沃洛德来自海外，在波洛茨克掌权，而图雷在图罗夫城掌权，图罗夫人也就由此得名[372]。弗拉季米尔的使臣回来，向他转述了罗格沃洛德之女罗格涅达的全部话语。弗拉季米尔就集合许多部队：瓦兰人、斯拉夫人、楚德人和克里维奇人，出兵攻打罗格沃洛德。罗格沃洛德此时正准备把罗格涅达许配给雅罗波尔克。弗拉季米尔进军波洛茨克，杀死了罗格沃洛德和他的两个儿子，并强占了他的女儿为妻。

弗拉季米尔出兵攻打雅罗波尔克。他率大批军队杀奔基辅城，而雅罗波尔克无力向他迎战，便与勃卢德和自己人一起困守基辅城。弗拉季米尔在多罗戈日奇[373]——即在多罗戈日奇和卡皮奇之间扎营，挖掘壕沟，至今还保留着战壕。弗拉季米尔派人去见勃卢德（雅罗波尔克的将军），谎骗说："希望你做我的朋友，假如你能杀掉我的哥哥，我会像尊敬父亲一样来敬重你，你在我这里将会得到崇高的荣誉；要知道，并非我先动手杀害弟兄，而是他先动手。我是由于担心也遭厄运才起兵反抗他的。"勃卢德对弗拉季米尔的使者说："我会同你们和睦友好相处。"啊，多么丑恶的人间虚伪呀！如大卫所说："吃我食粮的人竟然对我以谎言相骗。"这位将军也以蒙骗的手段对自己主公施展诡计。大卫又说："他们靠自己的舌头献媚，上帝啊，惩罚他们吧，使他们放弃自己的阴谋；主啊！由于他们作孽多端，抛弃他们吧！因为他们触怒了你。"这个大卫还说过："嗜血成性和奸诈阴险之徒必将夭亡。"鼓吹策划流血事件者的主意是邪恶的；从自己主公那里接受了荣华富贵，反过来又谋害自己主公的人是一群忘恩负义之徒，他们连魔鬼都不如。勃卢德就是这种人，他从主公那里接受了很多封赏和荣誉之后又背叛了他：所以勃卢德是这次流血事件的罪人。勃卢德同雅罗波尔克一起困守城池，却常常背着雅罗波尔克，派人去和弗拉季米尔联系，让他前来攻城，以便趁机谋杀雅罗波尔克。因为勃卢德害怕城里人，在众目睽睽之下不敢轻易下手。勃卢德自己怎么也无法杀害雅罗波尔

克，于是他就施展诡计，暗中劝说雅罗波尔克不要出城交战。勃卢德对雅罗波尔克说："基辅人派人去见弗拉季米尔说：'去攻城吧，我们将把雅罗波尔克献给你。'你还是从城里逃走吧。"雅罗波尔克听信了他的话，逃出基辅，困守在位于罗斯河口的罗德尼亚城。弗拉季米尔进入基辅城[374]，并把雅罗波尔克困在罗德尼亚。罗德尼亚发生了大饥荒，以致至今仍然流传着一句谚语："像在罗德尼亚的灾难。"[375]勃卢德又对雅罗波尔克说："你没看你弟弟有那么多军队？我们是打不过他们的。你与自己的弟弟讲和吧。"他这样蒙骗雅罗波尔克。雅罗波尔克说："那就这样办吧！"勃卢德就派人去见弗拉季米尔说："你的想法实现了，我将把雅罗波尔克给你带去：做好杀死他的准备吧。"弗拉季米尔听了这个禀报后便走进了我们已经提到过的他父亲的内宫，与武士和自己的亲兵队一起埋伏好。勃卢德对雅罗波尔克说："到你弟弟那里去对他说：'任凭你发落'。"雅罗波尔克起身要走，可瓦里亚日科对他说："主公，你不能去，他们会杀你的；你可以去投奔佩彻涅格人，带军队回来，"[376]雅罗波尔克没听他的话，来见弗拉季米尔；当他一进门，两名瓦兰人就把剑插入他的腹部，把他挑了起来。而勃卢德随即把门关上，不让自己人跟他进来。雅罗波尔克就这样被杀害了。瓦里亚日科看见雅罗波尔克被杀，逃出了内宫大院，投奔佩彻涅格人去了。他后来经常带领佩彻涅格人抗击弗拉季米尔。只是当弗拉季米尔用发誓作了允诺以后，才勉强地把瓦里亚日科拉过来。弗拉季米尔开始同他的嫂嫂——希腊女人同居。当时她已怀孕，生下斯维亚托波尔克。常常是毒根结恶果：首先，他的母亲是一名修女；其次，弗拉季米尔并没和她结婚，而是和她私通。因此，父亲并不喜欢斯维亚托

波尔克，他有两个父亲：雅罗波尔克和弗拉季米尔。

有一天，这已经是后来的事了，瓦兰人对弗拉季米尔说[377]：“这是我们的城市，是我们夺取了它——我们想向市民收取赎金，每人交两个格里夫纳。”弗拉季米尔对他们说：“那你们得等上一个来月，好给你们收齐库纳。”他们等待了一个月，可是弗拉季米尔并没有给他们赎金，于是瓦兰人说：“你骗了我们，还是放我们去希腊吧。”弗拉季米尔回答说：“去吧。”于是弗拉季米尔从他们当中挑选出一些善良、聪明而又勇敢的壮士，分给了他们一些城市；其余的瓦兰人去了帝都，投奔希腊人。然而，弗拉季米尔还在他们之前就派出使者去见希腊皇帝，转达了他的这样一番话：“瓦兰人正前去投奔你们，别把他们留在都城，否则他们会像在这里一样给你闹出乱子来，要把他们分散到各地，一个也不要再放回来。”

八、弗拉季米尔开始执政

弗拉季米尔独自一人开始在基辅做王公，并在内宫大院后面的小山岗上供奉起神像：有银首、金髭和木身的雷神佩伦，然后是霍尔斯、达日季神、斯特里神、西马尔格和马科什[378]。人们为他们供献祭品，奉之为神明，他们把自己的子女领来顶礼膜拜，而这些祭品却被魔鬼取走，以自己的祭祀亵渎了大地，罗斯土地和那座小山都被血所玷污。但是，无限仁慈的上帝并不想置罪人于死地，就像以后我们为此要谈的那样，在那座小山上现今屹立着一座圣瓦西里教堂。现在让我们再回到我们的往事上来。

弗拉季米尔委派自己的舅舅多勃雷尼亚镇守诺夫哥罗德。多勃雷尼亚来到诺夫哥罗德后，在沃尔霍夫河畔建了一座神像[379]，诺夫哥罗德人像对待上帝一样给神像供献祭品。

弗拉季米尔是个纵欲好色之人，他有那么多的妻妾：罗格涅达被他贬到雷别季居住，那里现今是一个叫做普列德斯拉维诺的小村子[380]。罗格涅达为他生了四个儿子（伊兹亚斯拉夫、姆斯提斯拉夫、雅罗斯拉夫、弗谢沃洛德）和两个女儿；他的希腊妻子生了斯维亚托波尔克；他的捷克妻子生了维舍斯拉夫；另一个希腊妻子生了斯维亚托斯拉夫和姆斯提斯拉夫；他的保加利亚妻子生了鲍里斯和格列勃[381]；弗拉季米尔在维什戈罗德有 300 名妾，在别尔戈罗德有妾 300 名，他在别列斯托夫有一个小庄养妾 200 名，该庄现称别列斯托沃耶。就是这样他的淫欲还没有得到满足，还经常强占有夫之妇，奸淫少女。他同所罗门一样，是一个贪恋女色之徒，因为传说所罗门有妻子 700 名，有妾 300 名。他很聪明，但最终不免一死。而弗拉季米尔是一个不学无术的人，但最终得到了彻底的超脱。“天主是伟大的，他忠实可靠，智慧无穷！”女人的诱惑——是一种灾祸；正像所罗门悔悟之后谈到女子时所说的那样：“不要听信恶女人的话，因为从一个淫妇口中流出的蜜汁，瞬间使你的喉头感到甜意，而过后你就会发现，它比胆汁还要苦……和这样的女子卿卿我我，死后都要下地狱。在生活的道路上，她不会与你同路，她过的是骄奢淫逸、放荡不羁的生活。”这便是所罗门关于淫荡女人的论述；而对于贤惠之女他是这样说的：“她比贵重的宝石还要珍贵。她的丈夫会因为有她而快乐。因为她使他的生活变得幸福。她取得毛和麻，就能用自己的双手织出需要的一切。她像一艘从事贸易的商船，从远方为自己收取财富。她天还没亮就起床，给全屋分送食物，给奴婢分派任务。她见到田地，收买下来：

把自己亲手采集的果实种在地上。她勒紧自己的裤带，固实筋肉好干活。她以劳动为荣，彻夜灯火通明，随时做好事，抬肘不离纺车。她救济穷人，把果实送给乞丐。丈夫可以不用为家操心，因为不管他在哪里，她的家人都有衣穿。她为自己的丈夫缝制双倍的衣服，把深红色和紫红色的服装留给自己。当她的丈夫坐下与长老们和乡亲们聚会时，他会引起门旁的所有人的注目。她能织盖布卖钱。当需要开口时，她说的话充满智慧，她的穿着典雅优美而生动。子女们高度称颂她的仁慈并尽力使她感到欢心；她的丈夫夸奖她。聪慧的妻子是极其幸福的，因为她称颂上帝的神威。愿她说到做到，自得其愿，愿人们在门前赞誉她的丈夫吧。”

6489 年(981 年)。弗拉季米尔出兵讨伐波兰人并占领了他们的一些城市：佩列梅什利、切尔文和其他一些城市，这些城市至今仍在罗斯的控制之下[382]。同年，弗拉季米尔战胜了维亚提奇人，向他们收取贡物——同他父亲在位时一样，按每犁地征收贡物。

6490 年(982 年)。维亚提奇人发动战争，弗拉季米尔出兵征讨，再次打败了维亚提奇人。

6491 年(983 年)。弗拉季米尔出兵征讨雅特维亚格人，战胜了他们，夺取了他们的土地。弗拉季米尔接近基辅，率领部下去祭奠神像。长老和贵族们说：“让我们往童男童女身上抛签，签落到谁的身上，就把谁杀死祭神。”当时有一名瓦兰人，他的家就在现今圣母教堂(什一教堂)所在的地方[383]，该教堂是弗拉季米尔建造的。这位瓦兰人来自希腊，信奉基督教。他有一个儿子，德貌兼备，由于魔王的嫉妒之心，签也就落到了这个孩子的身上。因为具有一切权力的魔王不能容他，他成了魔王的眼中钉，这位可恶的魔王极欲整死他，于是唆使人们加害于他。派来见瓦兰人的人们说："签已落到了你儿子的身上，诸神为自己选中了他，让我们把他带走祭神。"瓦兰人说："这不是神祇，只不过是一块木头：今天存在，明天就会腐朽。它们不会吃不会喝，也不会说话，而是人的双手用木头把它制成的[384]。神只有一个，那就是希腊人信奉和崇拜的上帝；是他创造了天、地、星辰、日、月和人，并教人生活在大地上。可是这些神却干了些什么呢？它们本身还是制作出来的。我不能把自己的儿子交给魔鬼。"派来的人走了，并把这一切都告诉了人们。那些人拿起武器，来打瓦兰人，捣毁了他的庭院。瓦兰人和自己的儿子站在前廊。来人对他说："交出你的儿子，让我们把他带走祭神。"瓦兰人回答说："假如他们是神，就让他们派一位神来把我儿子带走好了，为啥还要有劳你们来为他们办祭品呢？"人们大声吼叫着，并捣毁了他们的前廊[385]，就这样把他们杀害了。谁也不知道把他们埋在哪里。因为当时人们都是一些没有文化、没有良知的异教徒。魔鬼为此而高兴，岂不知他的末日已经临头。这样，他企图把整个基督教族毁灭，但是他却已被真诚的十字架从一些其他国家赶走。而在这里万恶的家伙原想可以为自己获得安身之处，因为圣徒们没有在这里传教，先知也没有在这里作过任何预言，岂不知先知已经说过："本非我民者，我必对他说，你是我的民。"他在谈到圣徒时说："整个大地都传遍了他们的话，天涯海角都有他们的话。"即使在这里还没有圣徒本人，然而他们的教义如同号声一样响彻全世界的教堂：我们将用他们的教义战胜敌人——魔鬼，就像他们蹂躏这两名信教者一样，把他踩在脚下，同神圣的殉教者和信守教规者一道去接受上

天的桂冠。

6492年(984年)。弗拉季米尔出兵讨伐拉迪米奇人[386]。他手下有一名将领,名叫沃尔奇·赫沃斯特;弗拉季米尔派他为先锋,他在皮尚河畔与拉迪米奇人遭遇并战胜了他们。罗斯人因而挑逗拉迪米奇人说:"皮尚人见狼尾就跑。"[387]拉迪米奇人源于波兰族,他们来到这里定居下来,向罗斯纳贡,至今仍缴纳贡物。

6493年(985年)。弗拉基米尔同舅舅多勃雷尼亚一起驾船兵伐保加尔人[388],让托尔克人骑马从岸上走[389],终于打败了保加尔人。多勃雷尼亚对弗拉季米尔说:"我查看了带足枷的俘虏:他们都穿着靴子。这种人是不会给我们纳贡的——我们还是走吧,去寻找穿树皮鞋的人。"弗拉季米尔与保加利亚人缔结了和约,彼此又发了誓,保加利亚人说:"我们永结和好,除非啤酒花能沉,石头能漂起。"于是弗拉季米尔回兵基辅。

6494年(986年)。信奉伊斯兰教的保加利亚人来说[390]:"你是一位英明而富有理智的王公,但是你不懂宗教,请信奉我们的教规和膜拜穆罕默德吧。"弗拉季米尔问道:"你们是什么信仰?"他们回答说:"我们信仰真主,穆罕默德这样教化我们:实行割礼、忌食猪肉,不得饮酒;他说,然而死后即可和许多妻妾淫乐。穆罕默德将赐予每人70名美女,从中选出一名最美的,再把其余女子的美色都加在她的身上,那个美女便将成为该人的妻子。他说,在那里可以毫无约束地沉溺于各种淫乐。假如谁在阳间受穷,在阴间也同样。"他们还说了其他种种耻于记载的谎言。而弗拉季米尔一直听着他们说,因为他本人就喜欢女人和那些淫乱的行为,所以对他们的话听得出神。但是,他所不满的是:行割礼,忌食猪肉,不饮酒,于是他说:“罗斯人喜欢吃喝,没有这些是不行的。”后来又从罗马来了一些外国人说:“我们受罗马教皇的派遣来到这里。”并对弗拉季米尔说:“教皇对你说:‘你们的土地同我们的一样,而我们的信仰与你们的不同,因为我们的信仰是光明;我们崇拜上帝,是他创造了天、地、星、月和呼吸的万物,而你们的诸神——只不过是些木头’。”弗拉季米尔问他们:“你们有哪些戒律?”他们回答说:“斋戒是力所能及的,正如我们的先师保罗[391]所说的那样:‘如果谁有喝的或有吃的,那全归功于上帝’。”弗拉季米尔对德意志人说:“你们从哪儿来就回哪儿去吧,因为我们的先辈就没有接受过这种宗教。”可萨犹太人听说了这些情况之后,来说:“我们听说保加利亚人和基督徒们都曾经来过,他们各自向你宣讲自己的信仰。基督徒所信仰的是被我们钉死在十字架上的那个人,而我们信仰亚伯拉罕、以撒和雅各的统一之神。”[392]弗拉季米尔问道:“你们的教规是什么?”他们回答说:“实行割礼,不吃猪肉和兔肉,信守安息日。”他又问道:“你们的国土在哪里?”他们说:“在耶路撒冷。”他又追问:“你们国土真在那里吗?”他们回答说:“上帝怪罪了我们的先辈,由于我们的罪孽便把我们驱散到各国,而把我们的土地给了基督徒。”[393]弗拉季米尔对此说道:“你们怎么还有资格向别人宣教呢,连自己都已被上帝抛弃而分散到各地:假如上帝喜欢你们和你们的教规,你们就不会被驱散到异国他乡了。难道你们想让我们也落到这样的下场吗?”

随后,希腊人派一位哲学家[394]来见弗拉季米尔,作了如下叙述[395]:“我们听说保加利亚人来过,教化你接受他们的信仰;他们的信仰玷污了天地,他们比所有人都可恶,类似已被天主灼石惩罚和淹没的所多玛人和蛾摩拉人，当上帝来审判人民，消灭所有那些无法无天、干尽坏事的人们时，所多玛人和蛾摩拉人的末日也将到来。因为他们洗完胯下，把这水倒进口里，并用这水刷洗胡须，一面还为穆罕默德的安息而祈祷。他们的女人也干这些可恶的事，甚至比男人更甚……”弗拉季米尔听了这些话之后，往地上唾了一口说：“这事办得太肮脏了。”哲学家又说：“我们还听说，罗马也派人来见过你们，劝导你们接受他们的信仰。他们的信仰与我们的略有出入：他们用上帝未曾训谕过的硬面薄饼，即圣饼，做仪式，上帝是让用面包举行仪式，他拿起面包教谕圣徒们说：‘这是我的身体，舍给你们的……’随后又拿起杯子说：‘这杯是用我血所立的新约。’那些不这样做的人，信仰也是不正确的。”而弗拉季米尔说：“犹太人来到我这里说过，德意志人和希腊人所信仰的正是被他们钉死在十字架上的那个人。”哲学家回答说：“我们确实信仰那个人；但是他们自己的预言家就曾预言，上帝将要降生，而另一些预言家说，他的手脚将被钉在十字架上，然后被埋葬，但他在第三天就将复活和升天。他们把一些预言家杀害了，对另一些预言家进行了残酷的折磨。当他们的预言实现时，上帝降临大地，他被钉死在十字架上，复活之后升天。上帝期待他们能够忏悔，等了46年，但是他们并没有忏悔，上帝这才派罗马人讨伐他们，罗马人摧毁了他们的城市，并把他们驱逐到异国他乡充当奴隶。”弗拉季米尔问道：“那么，上帝为什么要降临大地，忍受如此之苦难呢？”哲学家回答说：“假如你想听的话，我就从头一五一十地给你讲述，为什么上帝要降临大地。”弗拉季米尔说：“我很高兴听听。”于是哲学家就开始讲述：

“起初，第一天上帝创造了天和地。第二天他在水的中间创造了苍天(我们见到的天)。同一天他把水一分为二：一半升上天空，另一半降到地上。第三天他创造了海洋、河流、泉源和种子[396]。第四天他创造了太阳、月亮、星辰，并点缀了天空[397]。首位大天使——天使长看到这一切，心想：‘我还是下凡去，占有它，那时我将和上帝平起平坐，并把自己的御座设在北方的云端。’他马上被贬下天庭，随之下来的还有他手下的那些人——第十等天使。这位敌对者的名字叫撒旦，上帝委派另一位头领米迦勒取代他。撒旦受自己的意图所迷惑而失掉了自己往日的荣誉，被称之为上帝的仇敌。然后，第五天上帝创造了鲸类、鱼类、爬虫类和羽毛丰满的鸟类。第六天上帝创造了野兽、牲畜和陆地上的爬虫，还创造了人。第七天，即在礼拜六上帝完事之后尽情地休息。上帝又在东方伊甸设置了一座乐园，并把他造的人带到那里，训谕他可以采食各棵树上的果实，但有一棵树(识别善恶之树)的果实不得食用。亚当在乐园里，看到上帝，他和天使们共同赞颂上帝[398]。上帝让亚当睡觉，当亚当睡熟时，上帝从他身上取下一条肋骨，为他造出了一个妻子，把她带进乐园来到亚当身边，亚当说：‘这是我骨中之骨，肉中之肉。她可称为妻子。’亚当又为牲畜、鸟类、野兽和爬虫取了名，他甚至给天使们也取了名字。上帝命野兽和牲畜都服从于亚当，于是他拥有了一切，一切都听从于他。而魔鬼看到上帝如此恩宠人，便开始嫉妒他，变作一条蛇来见夏娃并对她说：‘你们为什么不吃生长在园子中间那棵树上的果子呢？’夏娃对蛇说：‘上帝吩咐过：你们不要吃，假如你们吃了，就会死于非命。’蛇又对夏娃说：‘你们不会死于非命；因为上帝知道，当你们吃了这棵树上的果子之日，你们的双眼就会睁开，像上帝一样能分辨善恶。'于是妻子看到树上的果子是可以吃的，便摘了果实给自己的丈夫；两个人都吃了起来，他们的眼睛便明亮了，他们发现自己都赤身裸体，就用无花果的树叶为自己缝制了围腰裙。这时上帝说：'大地必为你受诅咒，你必终身劳苦，才能从地里得到吃的。'天主又说：'你们再伸出双手，摘取生命之树的果实时——你们将会永生。'于是天主把亚当赶出天堂。他在对着天堂的地方住下来，他哭泣着，耕种土地，而撒旦却为受到诅咒的人间遭遇而高兴[399]。这是我们第一次堕落，一次痛苦的报应，失去了天使的生活。亚当生了该隐和亚伯；该隐种地，亚伯放牧。该隐把地里生产的物品供奉给上帝，可上帝没有接受他的供礼。亚伯把第一只羔羊奉献给上帝，上帝接受了他的供礼。撒旦进入该隐体内，开始唆使他去杀死亚伯。该隐对亚伯说：'咱们下地去。'亚伯听从了他的话，当他们走到地里，该隐便逼向亚伯，想要杀死他，但是他不知道如何下手。撒旦就对他说：'拿石头砸他。'[400]他拾起一块石头，打死了亚伯。上帝对该隐说：'你弟弟在哪？'他回答说：'难道我是我弟弟的保镖吗？'上帝说：'你兄弟的血向我哀告，你终身将痛苦呻吟和颤抖着。'亚当和夏娃哭泣，而魔鬼却高兴万分地说：'上帝宠谁，我就迫使他离开上帝，你看，现在我就做到了，为他哭泣吧。'他们为亚伯哭了30年，他的尸体还没有完全腐烂，他们不知道该把他埋葬。于是按上帝旨意飞来两只小鸟，其中一只死了，另一只便掘了一个坑，把死鸟放进坑里埋葬[401]。亚当和夏娃看到这情景，也挖了一个坑，把亚伯放进坑内，哭着把他埋了。当亚当活到230岁时，他又生了塞特和两个女儿，一个被该隐娶之为妻，另一个被塞特娶为妻子，人类便从此生儿育女，在大地上繁衍起来。人们也不知道自己的创造者，充满了淫乱、各种卑鄙龌龊之事、残杀和嫉妒，人们像牲畜般生活。在世人中只有挪亚一位是正派虔诚的人。他生了三个儿子——闪、含和雅弗。上帝说：'我的灵魂不愿再留在人间；'又说：'我将毁灭我所创造的一切，从人直至牲畜。'天主又对挪亚说：'你要建造一只方舟，舟长 300 肘，宽 80 肘，高 30 肘；'埃及人称俄丈为肘[402]。挪亚花了 100 年造自己的方舟，当他告诉人们洪水即将来临时，人们都嘲笑他。当挪亚造好方舟，天主对他说：'你和你的妻子、你的儿子和儿媳都坐进方舟，并带上各种野兽、飞禽和爬虫各一对。'挪亚把上帝吩咐他的一切都带进了方舟。上帝把洪水引到大地，淹没了所有生灵，而方舟漂流在水上。当洪水退后，挪亚、他的儿子们和妻子走出方舟。他们由于自己的繁衍而布满了这片大地。他们人口众多，都说同样的话，他们彼此商量说：'让咱们建造一座通天高塔吧。'人们开始兴建，他们的长老叫涅夫罗德[403]。上帝说：'人越来越多了，要让他们的意图徒劳无益。'于是上帝下凡，把他们的话分为 72 种语言。只有亚当的语言没有从亚伯那里分出来[404]；这是所有人中唯一的一位与他们的蠢事不相干的人，他这样说：'正像上帝创造天、地、海洋、一切可见和不可见的东西那样，假若是他命令人们建造通天塔，那么这件事他也会亲口吩咐的。'这就是他的语言没有被变更的原因，犹太人就是他的后裔。这样，人们分化成 71 种语言并分散到各个国家，并且每个部族都有自己的风俗习惯。由于魔鬼的蛊惑，他们给小树林、水井、河流供献祭品[405]，而不认真正的上帝。从亚当到大洪水是 2242 年，从大洪水到部族的分化一共是 529 年。后来，魔鬼又使人们更加误

入迷途，他们开始制作神像，有的用木头作，有的用铜铸，有的用大理石刻造，有的还用金子和银子浇铸。他们向神像顶礼膜拜，还把自己的子女也带来朝拜，他们在神像前刺杀子女作祭品，玷污了整个大地。第一个开始制作神像的人是西鹿，他制作神像的目的是为了纪念死者：一些是为已故的皇帝供立的，另一些是为壮士、术士和私通情妇树立的。西鹿生了他拉[406]，他拉又生三子：亚伯拉罕、拿鹤和哈兰。他拉也制作神像，他是从自己父亲那里继承了这个手艺。而亚伯拉罕开始领悟真谛，仰望苍天，凝视星辰和天空说：开天辟地的确实是上帝，而我的父亲是在骗人。亚伯拉罕说：‘我要检验一下我父亲的诸神。’于是他对父亲说：‘父亲！你为啥要做这些木头偶像来骗人呢？开天辟地的是上帝。’亚伯拉罕取火烧着了神殿里的神像。亚伯拉罕的弟弟哈兰崇拜偶像，见此情景想把神像抢救出来，自己却葬身火海，死在父亲的前头。在此以前儿子是没有死在父亲之前的，而是父亲死在儿子的前面；从那以后儿子才开始死在父亲的前头。上帝因此十分钟爱亚伯拉罕，对他说[407]：‘你要离开你父亲的家，到我指给你的地方去，我将会使你开始建立一个伟大的民族，人们将世世代代为你祝福。’亚伯拉罕就按照上帝的吩咐做了。亚伯拉罕带上了自己的侄儿罗得，该罗得既是他的侄儿，又是他的内弟，因为亚伯拉罕娶他弟弟哈兰的女儿撒拉为妻。亚伯拉罕来到迦南地区的一棵大橡树前，上帝对亚伯拉罕说：‘我把这块地方赏赐给你的子孙后代。’亚伯拉罕向上帝鞠躬膜拜。当亚伯拉罕从哈朗出走时，就已经 75 岁了。撒拉不能生育，患有不育症。撒拉对亚伯拉罕说：‘我去给你找一个女仆吧。’于是撒拉叫来夏甲，把她献给了自己的丈夫，于是亚伯拉罕与夏甲结合。夏甲怀孕生得一子，亚伯拉罕给他取名为以实玛利；当以实玛利出生时，亚伯拉罕已经86岁了，后来撒拉也怀了孕，生了一个儿子，取名为以撒。上帝命令亚伯拉罕给小孩施行割礼，第8天便给他施了割礼。上帝十分宠爱亚伯拉罕及其部落，并称之为自己的子民。把该部落这么称呼后，就把它与其他部落分隔开来。以撒逐渐长大，亚伯拉罕活了175岁才死，死后被安葬。当以撒60岁时，他生了两个儿子：以扫和雅各。以扫为人狡诈，而雅各为人耿直。雅各为了娶舅父的小女儿，在舅父家干了7年活，他的舅父拉班却不肯把小女儿嫁给他，他说：'娶我的大女儿吧。'他把大女儿利亚嫁给了雅各，同时又对雅各说，要想娶我的另一个女儿，你还得干上7年活。他为了拉结又干了7年活。就这样他先后娶了姊妹俩，她们一共生下8个儿子：流便、西缅、利未、犹大、以萨迦、西布伦、约瑟和便雅悯，两个奴婢又为他生下孩子：但、拿弗他利、迦得、亚设。犹太人就来源于他们。当雅各130岁时，他带着自己的家族，一共65人迁往埃及。他在埃及又活了17年才死。他的后裔做了400年的奴隶。在这些年间，犹太人的势力逐渐壮大，人越来越多，而埃及人却仍然把他们当作奴隶。在此期间摩西在犹太人中间诞生了，术士们对埃及法老说：'犹太人生了一个小孩，他将会毁灭埃及。'法老当即下令把当时出生的所有犹太婴儿全部抛进河里。摩西的母亲害怕这一赶尽杀绝的暴行，抱起孩子把他放进筐内，拿去放到河湾水淹的草地里。这时法老的女儿费尔姆菲到此沐浴，看到了一个正在啼哭的婴儿，她可怜这个孩子，就把他带回喂养，取名为摩西。那个孩子长得十分好看，当孩子年满4岁时，法老的女儿带他去见自己的父亲，法老一见摩西，也爱

上了这个小男孩。而摩西也不知怎的，搂住法老的脖子，把法老头上的王冠碰落在地，并踩上一脚。一位术士见此情景对法老说：‘噢，法老啊！您一定要把这个孩子处死，假如您不杀他，他将会亲自毁灭整个埃及。’[408]法老不仅不听术士的劝告，反而下令不许杀害犹太儿童。摩西逐渐长大成人，成了法老家族中一位体魄魁梧的男子汉。当另一位法老在埃及登基后，贵族们开始嫉妒摩西。而摩西杀死一名欺凌犹太人的埃及人之后，从埃及逃到米甸地区。当他穿越沙漠时，他从天使加百利那里了解了全世界的生活状况，了解了人类始祖及其以后和大洪水以后的情况，了解了语言上的混乱状态、谁活了多少年、星辰的运行及其数量、土地单位及其他各种深奥的知识[409]。后来，上帝在燃烧着的荆棘丛中向摩西显灵并对他说：‘我看到了我的子民在埃及遭受的苦难，所以我下凡要把他们从埃及政权下解放出来，把他们从这块土地上搭救出来。你去面见法老，埃及的皇帝，对他说：‘把以色列人放出来，让他们去祭祀上帝三天。’假如埃及皇帝不听你的话，我将用我的所有妙术制裁他’。当摩西见到法老，法老并没有听他的话，于是上帝对法老进行了十项制裁：1)血污河流；2)癞蛤蟆成灾；3)闹蚊灾；4)闹蝇灾；5)畜疫之灾；6)脓疮之灾；7)雹灾；8)蝗灾；9)三昼夜暗无天日；10)人遭瘟疫。上帝之所以进行十项制裁，是因为他们对犹太儿童淹杀达十个月。当瘟疫在埃及开始蔓延时，法老对摩西和他的弟弟亚伦说：‘你们快滚吧！’摩西集合了犹太人便从埃及出发了。天主带领他们穿过沙漠奔向红海。夜间，在他们前面总有一根火柱，在白天则有一根云柱。法老听说人们在出逃，便来追赶他们，把他们逼近大海。当犹太人看到自己身逢绝境，便向摩西狂喊哭叫起来:'你为什么把我们带上绝路?'摩西就向上帝哭诉,天主说:'你向我哭求什么?你用手杖去击海水就可以了。'摩西照办了,海水便退作两半,以色列的儿女们走进大海。法老看见这种情景便紧追在后面,以色列的孩子们沿着水退的旱路越过了海洋。当他们上了岸后,海水在法老及其武士的头上又合拢了。上帝宠爱以色列人,他们离开大海又沿沙漠走了三天,来到玛拉。这里的水苦涩,人们就抱怨起上帝来了,天主向他们指点一棵树,摩西把这棵树放到水里,水变甜了。人们后来又对摩西和亚伦抱怨说:'我们还是在埃及的日子好过,在那里我们有肉、有葱、有足够的粮食吃。'这时天主对摩西说:'我听到了以色列孩子们的怨言。'于是把天降食物(吗哪)赐给他们吃。后来天主又在西奈山上赐给他们一部法典。当摩西登山去见上帝时,人们铸成一尊牛犊头像[410],并像崇拜上帝一样向它膜拜。摩西砍杀了3000个做那件事的人。后来人们由于没水又对摩西和亚伦抱怨起来。天主对摩西说:'用杖去敲击石头。'摩西却反问道:'如果不出水,那又怎么办呢?'天主对摩西恼怒万分,因为他没能尊崇天主。他由于人们的抱怨而没能进入天国乐土,但上帝还是把他引上了尼波山,并指给他看那片乐土。摩西死在那座山上。嫩的儿子约书亚接管了权力;此人穿过沙漠来到迦南,屠杀了迦南部落,把以色列的子孙迁到他们的土地上。约书亚死后,士师犹大接替他的职位;另外还有14名士师。在他们执政期间,犹太人忘记了把他们从埃及搭救出来的上帝,开始朝拜魔鬼。上帝大为震怒,让他们任意受异族人的掠夺。当他们开始忏悔时,上帝宽恕了他们;而当上帝拯救他们之时,他们又重新信奉起魔鬼来。后来继任的是士师以利亚祭司,然后是

先知撒母耳。人们对撒母耳说:‘给我们立位皇帝吧。’天主对以色列人非常生气,便立扫罗为他们的皇帝。然而扫罗不愿屈从天主的教义,于是天主又转立大卫 ,让他来担任以色列的皇帝,大卫迎合上帝的欢心。上帝向大卫许诺,上帝降生在他的部落。他第一个开始预言上帝的化身说:‘我要叫你在晨星之前自娘胎出生。’如此他预言了 40 年而逝世。他的儿子所罗门随之继续预言,他为上帝建造了神殿,称上帝为圣中之圣。他很有才略,但最终还是违犯了教规。他在位 40 年而卒。所罗门死后,他的儿子罗波安继承王位。他在位期间犹太王国一分为二:一个王国的都城设在耶路撒冷,另一个都城设在撒玛利亚。所罗门的一位奴仆耶罗波安在撒玛利亚执政;他铸造了两头金牛犊,一头供在伯特利的小山上,另一头供在但城[411]。他说:‘以色列人,这才是你们的神。’于是人们便膜拜起来,而忘记了上帝。在耶路撒冷人们也同样逐渐忘掉了上帝而崇拜起巴力,即战争之神,换言之即阿瑞斯[412],忘却了自己先辈所信仰的神。于是上帝向他们派遣预言家。预言家开始揭露他们违犯教规和谴责他们崇拜偶像。可是受到谴责的他们动手杀害了预言家。上帝对以色列人极为愤怒,他说:‘我要抛弃你们,召来别的人,他们能听我的话。即使他们违犯教规,我也不追究他们的违法行为。’于是上帝开始派预言家对他们说:‘你们可以预言:犹太人将遭摒弃,召来其他新部族。’

何西阿首先预言,主说:‘我将结束以色列王朝的统治……毁灭以色列人的弓箭……我再也不会宽恕以色列王朝,而是清除和抛弃他们。’‘他们将在各族间流浪漂泊。’耶利米则说:‘即使撒母耳和摩西出现在我的面前,我也不会怜悯他们。’耶利米还说:‘天主这样说：'我以我的伟大名字发誓，我的名字将永远不再从犹太人的口里说出。'以西结也说：'天主阿多纳伊这样说：我将驱散你们，把你们的全部残余让风吹散到四面八方……因为你们所有卑鄙龌龊的行径玷污了我的圣地；我将拒绝你们的要求……对你们绝不宽容。'玛拉基也说：'主这样说：我对你们已不再青睐……因为我从东方到西方已在各民族之间传颂，到处都将为我烧香和供奉洁净的祭品，因为我将在各民族中间享有盛名。为此，我将让你们受到各族的痛骂，让你们在各民族间流离漂泊。'伟大的以赛亚也说：'主如此说：我要用手附在你的身上，使你腐朽，使你分散，使你再不能聚集。'这位预言家又说：'我憎恶你们的节日和月朔，就连你们的安息日我也不能接受。'预言家阿摩司也说：'你们听听主的话吧：我将为你们哭泣，以色列人的王朝垮台了，并再也不会复兴。'玛拉基说：'天主这样说：我将诅咒你们，诅咒你们的祝福仪式……我破坏这种仪式并不许你们再搞。'预言家们还作了许多关于排斥、抛弃他们的预言。

上帝还吩咐那些预言家说将召唤其他民族来取代他们的地位。于是以赛亚起来呼吁，他这样说：'我将制订一部法规，我将向各族人民公开我的裁判。我的真理已很近，并正在兴起……各民族都在期待着我的援助之手。'耶利米也说：'天主这样说：我将与犹太族缔结一项新约……赐给他们一些能够理解的教规，并把它写在他们的心灵上，我将是他们的上帝，而他们将是我的子民。'以塞亚又说：'旧的已经过去，新的我将宣告，在宣布之前它已指点给你们。用新的颂歌来赞美上帝吧。''我将赐给我的奴隶们新的名字，这一称呼将在整个人间受到祝福。''我的家将被称之为诸民族祈祷之家。'预言家以赛亚说:'天主将在众人面前露出自己的圣手——人间的一切角落都将看到他的超升。'大卫也说:'各族人都来赞美天主吧,所有人都来颂扬他吧。'

上帝就是如此宠爱新人,向他们公开阐明,他将亲自降临到人们中间,化身为有血有肉的凡人,以自己的受苦受难来为亚当赎罪。于是人们开始预言上帝的化身,大卫最先出来预言说:'天主对我的主人说:你在我的右边坐下,直到我把你的那些敌人放在你的脚下。'又说:'天主对我说:你是我的儿子,我现在生了你。以赛亚也说:既不是使者,也不是报信者,而是上帝亲自来拯救我们。'他又说:'有一个婴儿正在为我们而生,统治权就落在他的肩上,他将被称为大千世界的天使……他的权力很大,他的世界是无限的。'他又说:'有位童贞女已怀孕,婴儿将被称之为以马内利。'弥迦也说:'你,伯利恒城——叶弗兰特河畔之宫,难道你在千百座犹太城市中不够重要吗?从你那里将会出生一位成为以色列主宰的人,他来自远古。因此他把那些时间放在那些现生的人还没生之前,在这种情况下,他们现存的兄弟才会回归为以色列的子孙。'耶利米又说:'这个人就是我们的上帝,其他任何人都不能与他相提并论。是他发现了绝大智慧的全部道路,并把这些智慧赐给了自己的使者雅各……此后他便出现在大地上,生活在人世间。'他又说:'他是人,有谁会知道他就是上帝呢?因为他和人一样也会死亡。'撒迦利亚也说:'天主说,他们不听我儿子的话,而我也听不见他们的话。'何西阿也说:'天主这样说:我的肉体离开他们。'

他们还预言了他的苦难,说正如以赛亚所说的:'他们的灵魂将遭苦难!因为他们出坏主意说:咱们把信守教规的人捆绑起

来。'这位预言家又说:'天主这样说:……我不反对,也不反抗。我的脊背甘愿伤痕累累,我的面颊甘愿任人击打,我的脸面甘愿受唾吐辱骂。'耶利米则说:'来吧,让我们把树木放进他的食物,使他的生命离开人间。'摩西在谈到他被钉上十字架时说:'将会看到你们的生命悬挂在你们的眼前。'大卫说:'人民为此会慌乱不安。'以赛亚又说:'他会像绵羊一样被牵去当牺牲品。'以斯拉也说:'上帝受到了颂扬,他伸出了自己的双手,拯救了耶路撒冷。'

大卫在谈到复活时说:'起来吧,上帝,你来审判人间万事,因为你将得到所有人民。'他又说:'天主仿佛从梦中醒来。'他还说:'愿上帝复活,使他的敌人四散奔逃。'他又说:'我的天主上帝啊,你复活吧,愿你的手高高举起。'以赛亚又说:'下到阴死之地的人们,阳光将重新向你们照耀。'撒迦利亚又说:'你为了遗训而流血,把自己的囚徒从无水的坑中解救出来。'"

关于他做出的许多预言,全部都得以实现。

弗拉季米尔问道:"这些事情是在什么时候实现的?是否全都实现了?还是目前才将实现?"哲学家回答他说:"当上帝现身之后,这一切都已经实现了。正如我已经说过的那样,当犹太人屠杀预言家,他们的皇帝又违犯律法,他们由于自己的罪孽而任人劫掠,被俘虏到亚述,在那里当了70年的奴隶。后来他们返回自己的国土,这时他们没有国王,而由总主教统治,一直到异族人希罗德开始统治他们为止。"

最后这位统治者的执政时间,是5500年,在他统治时期加百列受差遣到拿撒勒城来见出生于大卫族系的童贞女马利亚说:"高兴吧,快乐的马利亚,上帝与你同在!"她听了这些话就把上帝的话纳进腹中怀上身孕，生了一个儿子，给他取名为耶稣。这时从东方来的一些星相家说："诞生的犹太王在哪里？因为我们在东方看到了他的星宿，于是前来朝拜他。"国王希罗德听后大为不安，整个耶路撒冷也和他一样。国王召集学者和长老，向他们问道："基督降生在哪里？"他们回答他说："在犹太的伯利恒。"希罗德听到这禀报后，派人传旨说："把两岁以下的婴儿全部杀掉。"他们就出发去处死所有小孩。马利亚惊慌失措，把孩子藏了起来。后来约瑟和马利亚抱着孩子逃往埃及，他们在那里一直住到希罗德去世。天使到埃及对约瑟显灵说："动身吧，带着孩子和他的母亲到以色列国土去。"他们返回以色列，住在拿撒勒城。当耶稣长大成人，到了30岁时，便开始创造奇迹宣传天国。他挑选了12个人，收为自己的门徒[413]，他开始创造伟大的奇迹——让死者复活、洁净麻风病人、治愈瘸腿，使盲人重见光明等等许多非凡的奇迹。对此，以前那些预言家这样谈到他："他治愈了我们的疾病，而我们的病痛由他自己来承担。"他在约旦河接受了约翰的洗礼，指教新的人们从事革新。当他受洗之后，天空洞开，圣灵扮作一只鸽子飞下来，有个声音说："这就是我所宠爱的儿子，我很赏识他。"于是耶稣派他的门徒去宣传天国，宣传要为消除罪孽而忏悔。他着手实现那些预言，并着手布道：人类之子该如何遭受苦难，手脚被钉在十字架上，但在第三天复活。当他在教堂里传道，大祭司和学者们内心里充满了嫉妒，于是他们寻衅要把他杀死。他们把他抓住后带到总督彼拉多那里。彼拉多查明他是无罪被抓来以后，本想把他释放，可他们对彼拉多说："倘若你把他放掉，你就不再是(罗马)恺撒的朋友。"彼拉多这才命令把耶稣钉在十字架上，他们抓住耶稣，押解

到死刑台，当即把他的手脚钉在十字架上。从5点多钟到8点多钟，整个大地一片黑暗，8点多钟耶稣断了气！圣殿里的幔帐裂开成为两半，许多死者苏醒起身，他们被吩咐进入天堂。犹太人把耶稣从十字架上接下来，放进灵柩，把灵柩加上印记，安排卫兵看守，并说："千万别让他的门徒把尸首盗走。"而他在第三天复活了。他从死亡中复活以后，显灵来见自己的门徒，对他们说："到各民族那里去，教化他们，为了圣父、圣子和圣灵，给他们施洗。"他在自己复活后来到门徒那里，和他们一起过了40天。40天过后，他吩咐门徒上橄榄山。他出现在他们面前，给他们祝福，并说："在我父亲的许诺下达给你们以前，你们就住在耶路撒冷城。"他说完后就升天了。大家向他顶礼膜拜，回到了耶路撒冷，经常集聚在教堂里。50天过后，圣灵下界来见使徒。当他们接受了圣灵的许诺后，便各自东西分散到全世界，传经布道，用圣水施洗。

弗拉季米尔又问："他为什么由女人所生，被钉在木头十字架上，又用水来施洗呢？"哲学家向他回答说："事情是这样！起初人类是因为女人才作孽：魔鬼利用夏娃迷惑了亚当，于是亚当从天堂被贬了下来，上帝也就这样向魔鬼复了仇：魔鬼的首次胜利是通过女人来实现的，因为亚当当初由于女人才被赶出天堂；上帝也通过女人来体现，只让那些忠实的信徒进入天堂。耶稣之所以被钉在木十字架上，是因为亚当偷吃了树上的果实，因此被赶出了天堂；上帝在木架上承受苦难，为的是以木降魔，并用这生命之树拯救那些信守教规者。至于用水来实现再生，那是因为在挪亚时代，当人们的罪恶越来越多时，上帝便把大洪水引向人间，用水把人淹没，因此上帝说：'我以水来毁灭人类以惩罚其罪孽，现在我也用水来洗涤人类的罪孽——通过水来实现新生’;因为犹太人是在大海中摆脱掉埃及人的暴行,还因为水是最先创造的;诚如所说:圣灵徘徊于水上,所以现在以水和灵气来施洗。第一次显灵也是通过水来实现的,当时基甸以下面方式作出榜样:有一天,天使前来见他,吩咐他去米甸,而他想验证一下,对上帝说:‘我把一团羊毛放在打谷场上,如果所有地方都有露水,而羊毛却仍是干的……’结果事情果然如此。这就是显灵的榜样,早先所有其他国家都没有露水,而犹太人用了羊毛后,在其他国家也开始普降露水,它就是神圣的洗礼,而犹太人却依然没有露水。于是预言家预言说,将通过水来实现新生。”

“就在圣徒们在全世界传道信奉上帝时,我们希腊人接受了他们的教义,全世界也都信仰他们的教义。上帝定了一个统一的日子,在那一天上帝将下到人间,审判生者和死者,按其所作所为进行赏罚:让信守教规者进入天国,赐给他们尽善尽美的无穷欢乐的生活,长生不老;而让罪孽之人身受火刑之苦,永无休止地受虫子叮咬和无穷的苦难。那些不信我主耶稣基督者都会遭受这样的苦难:不行洗礼者将会受到火刑的折磨。”[414]说完之后,哲学家把一幅帷幔取出来给弗拉季米尔看,上面画有天主的审判,他指给弗拉季米尔看:右面是快乐地走向天国的虔诚的信徒,左边是走向苦难的罪孽之人。弗拉季米尔叹了一口气说:“右边的人享福,左边的人受苦。”哲学家说:“假如你愿意和右边的信守教规的人在一起,那你就要接受洗礼。”弗拉季米尔心里已经有了这一念头,但他说:“让我再想一想。”他想广泛地了解一下所有的宗教信仰。弗拉季米尔给哲学家送上厚礼,非常体面地把他送走了。

九、罗斯国皈依基督教

6495年(987年)。弗拉季米尔召集群臣和全城长老,对他们说:“先是保加利亚人前来见我说:‘请接受我们的信仰吧’。接着来了德国人,他们夸耀一通自己的信仰。在他们之后来了犹太人。最后来了希腊人,他们诋毁所有的信仰,极力赞扬自己的信仰,他们说了很多很多,从世界的起源说起,一直谈到全世界的现状。他们谈吐明哲,引人入胜,谁都喜欢听他们的讲解。他们讲到另外的世界:他们说谁要改信他们的信仰,即使死了也会复活,他将获得永生;如果谁要信奉异教,在阴间将会遭受火刑之苦。你们有何高见?该怎么去答复呢?”大臣和长老们说:“大公,要知道,谁也不会说自己的坏话,对自己的东西只会夸奖。假如你真想弄清楚,那你身边不是有谋士吗?你就把他们派出去,广泛了解一下,他们都举行什么宗教仪式,如何供奉神祇?”大公和所有人都相中这个主意,选拔出十名精干聪明的谋士,对他们说:“你们先去保加利亚人那里,好好了解一下他们的信仰。”于是他们出发了。他们到了那里,目睹了他们干的一些坏事和在清真寺里做礼拜,就返回自己的国家。弗拉季米尔对他们说:“你们再去德国,仔细观察他们那里的一切,再从那里去希腊。”他们来到德国,看了他们教堂的宗教仪式,然后去帝都并拜见希腊皇帝。皇帝问他们:“你们来做什么?”他们向皇帝禀报了一切。皇帝听了他们的陈述后,十分高兴,当天就给予他们很高的礼遇。第二天皇帝派人去见大牧首并转告总主教说:“罗斯人前来了解我们的信仰,你要安排好教堂的仪式,动员全体教士,你自己也要穿上大牧首的法衣,以便让他们领略一下我主的荣光。”大牧首奉旨后,便吩咐召集全体教士,按惯例安排了一

场节日仪式，点燃了手提香炉，设置了唱诗班和合唱队。皇帝陪同罗斯人来到教堂，把他们安排在雅座上，让他们参观富丽堂皇的教堂，听歌，看大牧首亲自主持的仪式和前排的助祭举行的祭祀活动，还给他们介绍了向上帝祈祷的仪式。客人们都为之赞叹不已，称赞他们的宗教仪式。皇帝瓦西里和君士坦丁[415]召见了他们，对他们说："你们可以回国了"，并以厚礼盛情相送。他们回到自己的国家。弗拉季米尔大公召集群臣和长老，对他们说："我们派去的谋士们回来了，让我们听听他们的全部见闻吧。"——于是他对使节们说："你们在群臣面前谈谈吧。"他们说："我们到过保加利亚人处，观看了他们如何在寺庙，即清真寺里祈祷，他们不系腰带站在那里，膜拜后坐下，像走了魂似的，东张西望，在他们中间没有欢乐，有的只是忧伤和一股极其难闻的臭味。他们的宗教不好。我们还去了德国，在他们的教堂里参观了各种礼拜仪式，但没有见到任何美妙动人之处。于是我们来到希腊国土，他们把我们领到他们向上帝祭祀的场所，当时我们不知道是在天上还是在人间：因为在人间从没见过有这种奇观，如此美妙的场所，真不知道如何形容这一切。我们只知道在那里上帝是和人们融合在一起，他们的宗教仪式也比其他所有国家的都好。我们无法忘怀那种美妙景色，因为任何人如果尝过甜的，就再也不会去吃苦的了，所以我们已经再也不能在这里过多神教的生活了。"大臣们回答说[416]："如果希腊宗教不好的话，你那位祖母奥尔加也就不会接受它了，奥尔加乃是人中之圣贤也。"弗拉季米尔问："我们将在哪里行洗礼呢？"他们回答说："你喜欢在哪就在哪。"

一年过去了，6496年(988年)，弗拉季米尔率兵攻打希腊城市科尔松[417]，科尔松人闭城坚守。于是弗拉季米尔在该城靠近码头(лиман)[418]的一侧扎营,离城只有一箭之地[419],城里人顽强抵抗。弗拉季米尔包围了这座城市。城里人逐渐疲惫,弗拉季米尔向城里人宣布说:“你们要是不投降,我就在此围上三年。”城里人置之不理。弗拉季米尔准备好军队,下令往城墙堆土。当他们堆土时,科尔松人便在城墙底下挖洞,把他们的积土盗走,运往城内,倒在城市的中心。士兵们不断地更多地堆土,弗拉季米尔按兵不动。这时有一名叫阿纳斯塔斯的科尔松人[420],从城上射下一支箭,他在箭上写道[421]:“挖出并引走水流,水是沿管道来自东面,从你们背后的那些井里汲出的。”弗拉季米尔听此话后,仰望苍天说道:“倘若此事得以实现,我就接受洗礼!”他立即吩咐拦腰挖出诸条管道,切断水源。城里人由于没水干渴难当,只得投降。弗拉季米尔率领自己的亲兵队进城,并遣使去见瓦西里和君士坦丁皇帝说:“我已夺取了你们这座可爱的城市;听说你们有一位未婚的妹妹。如若你们不肯把她嫁给我,那我将像攻占这座城市一样拿下你们的国都。”两位皇帝听了之后十分发愁,于是派人向弗拉季米尔转达这样一条信息:“基督徒是不许嫁给多神教徒的。假如你能接受洗礼,那你就可以娶她,将来还可以领受天堂之乐,并与我们共奉一个信仰。如果你做不到这一点,那么我们就不会把妹妹嫁给你。”弗拉季米尔听完之后,对皇帝的使臣说:“你们去告诉你们的皇帝,我接受洗礼,因为我早就考察过你们的宗教,我喜欢你们的信仰和宗教仪式,我们派遣的人已经向我介绍过了。”皇帝们听了这番话后都很高兴[422],他们征得名叫安娜的妹妹的同意,派人去见弗拉季米尔说:“你接受洗礼吧,那时我们会把自己的妹妹给你送去。”而弗拉季米尔回话说:“你们把自己的妹妹带来,到那

时你们才可为我施洗。”皇帝听从了他的要求，派大臣和神父一起送公主前往。可是安娜不愿走，她说：“我好像是俘虏一样前去出嫁，还不如我现在就死在这里。”兄长们劝她说：“可能这是上帝派你去让罗斯国土忏悔，而你能使希腊土地免遭可怕的战争之祸。你不是看到罗斯给希腊人造成了多少灾祸？现在，你倘若不走，那他们也会像在科尔松做的那样，来对付我们。”他们勉强说服了她。安娜上了船，哭着告别了自己的亲人，从海路出发了。当她来到科尔松时，科尔松人出城躬身相迎，把她接进城里，让她入宫下榻。那时本着天意，弗拉季米尔正患严重眼疾，什么也看不见，他束手无策，痛苦万状。公主派人去对他说：“如果你想摆脱这场病痛，就尽快受洗；如若不接受洗礼，你的病痛就永远不会解除。”弗拉季米尔听后说：“如果这真能应验，那么上帝基督可真是伟大极了。”于是他下令为自己举行洗礼。科尔松的主教同公主的神父一起主持给弗拉季米尔施洗。当主教把手放在弗拉季米尔身上时，他的双目立即复明[423]。当弗拉季米尔察觉自己顿时重见光明时，不禁高声赞扬上帝说：“现在我才了解真正的上帝。”许多亲兵队员见此情景，也纷纷接受了洗礼。弗拉季米尔在圣瓦西里教堂受洗[424]，该教堂位于科尔松城的中心，那里是科尔松人经常集中做买卖的地方；弗拉季米尔的行宫至今仍坐落在教堂的旁边。而公主的行宫在祭坛的后面。弗拉季米尔受洗后，他们把公主领来举行婚礼[425]。不知实情的人说，弗拉季米尔受洗于基辅，也有的人说是在瓦西里耶夫，另一些则有另外的说法。他们为弗拉季米尔受洗后，向他讲解了基督的教义，他们这样告诉他说：“希望任何异教徒都无法把你诱惑，而你要恪守信仰，要这样说[426]：

我信仰主宰一切、开天辟地的独一无二的圣父上帝[427]，这是永恒的信条。还有：我信仰独一无二的超人所生的圣父上帝，独一无二的人所生的圣子和独一无二的无处不在的圣灵：三种所能想象的完美的本性，为数和质所区分，但不是神的本质；因为神是不分而分，不合而合。圣父，即圣父上帝，是永存的，处于父亲的身份，他是超人所生，无极无限，他是开端，乃万物之源，仅以其超人所生而为圣子和圣灵之长；是他生下先于一切时代的圣子，圣灵则游离于时间和肉体之外；圣父、圣子、圣灵本系一体。圣子也和圣父一样，只是出生有别于圣父和圣灵。圣灵也和圣父、圣子一样，永远同他们并存。因为圣父在父位，圣子在子位，而圣灵则漫游各处。圣父不会转变成圣子或圣灵，圣子也不会转变成圣父或圣灵，圣灵也不会转变成圣父或圣子：因为他们的本性是不能改变的……不是三位上帝，而是一位上帝，因为神性在三者身上都是统一的。本着圣父和圣灵拯救自己创造的生灵的愿望，在不改变人种的情况下，作为一颗神种下凡并进入童贞女圣洁的卧榻，形成了通灵性、会说话、有智慧而又非同以往的肉体，于是上帝的化身出现了，他是通过难以言表的途径而诞生的，完全保持了母亲的童贞，没有慌乱，没有混合，没有变化，而他还是他，并成为另一种样子，实际上而不是想象地变成一副奴隶的外貌，在所有方面，除了罪孽外，就和我们（人们）一样出现……他按自己的意愿降生了，按自己的意愿感受饥饿，按自己的意愿感受干渴，按自己的意愿感受忧伤，按自己的意愿感受恐怖，按自己的意愿去死亡——真正的而不是虚幻的死亡。他经受了人世间所固有的一切真正的苦难。当他的手脚被钉在十字架上时，他问心无愧地品尝了死难的苦

痛——他借自己的尸体复活，未经腐烂便升上天堂，坐在圣父的右侧，再次光荣地降临，审判生者和死者；他就像连同自己肉体一起升天那样，同样地下凡……我坚信水和灵气的唯一洗礼，开始接受纯洁的圣礼，真心信仰圣体和圣血……我接受宗教的传说，崇拜忠贞不渝的圣像，崇拜贞洁的圣家族谱系和各种十字架、圣徒干尸及神器。我相信神父的七次宗教会议[428]，其中第一次宗教会议在尼西亚城举行，有神父318名与会，他们把阿里乌斯派革出教门，宣传圣洁正确之信仰。第二次宗教会议在君士坦丁堡举行，有神父150名出席，他们把否认正教仪式的教徒马其顿尼革出教门，他宣传三位一体是不可分的。第三次宗教会议在以弗所举行，有神父200名参加，他们反对聂斯脱利派，把他革出教门，宣传圣母地位。第四次宗教会议在卡尔西顿举行，与会神父630名，他们反对优迪克和狄奥斯科鲁斯，神父们把这两位革出教门，宣布我主耶稣·基督为完美之神和完美之人。第五次宗教会议在帝都举行。出席神父165名，他们反对奥立金的学说和反对埃瓦格里乌斯，神父们把这两个人革出教门。第六次宗教会议也在帝都举行，参加会议的神父170名，他们反对塞尔吉乌斯和居鲁士，神父们把这两个人革出教门。第七次宗教会议在尼西亚举行，有神父350名出席会议，他们诅咒了那些不崇拜圣像者。

不要接受罗马天主教的教义[429]，他们的教义离经叛道：他们进入教堂，不跪拜圣像，而是站着行礼，礼毕在地上画十字和亲吻，起来后又双脚踏上十字——这样一来，趴下而吻之，起立则踏之。这可不是使徒们所教导的，使徒们教导亲吻摆着的十字架和崇拜圣像。因为《福音书》的编述者路加第一个画出了圣像，并把它送往罗马[430]。正像巴西利奥斯所说的那样:对圣像的庆贺转为对其原型的庆贺[431]。更有甚者他们把大地称为母亲。如果大地是他们的母亲,那么苍天便成了他们的父亲了[432]——自古以来是上帝创造了天,也创造了地。他们这样说:我们的父亲已在天上。假如按着他们的说法,大地是母亲,那为什么还往自己的母亲身上吐唾呢?为什么你们又亲吻又污辱她呢?罗马人早先并没有这样做,而是他们从罗马城及各教区聚到一起,在所有会议上做出正确的决议。罗马(教皇)西尔维斯特派一些主教和神父到尼西亚参加第一次反对阿里乌斯的宗教会议,(总主教)阿法纳西从亚历山大城,总主教梅特罗法内斯从帝都也派出了自己的神父,于是改正了信仰。参加第二次宗教会议的有来自罗马的(教皇)达马苏斯,来自亚历山大城的(大牧首)提谟修斯,来自安条克的(大牧首)梅里特奥斯,来自耶路撒冷的西里尔和神学家格列高利。参加第三次宗教会议的有罗马(教皇)切莱斯廷、耶路撒冷的(大牧首)西里尔、耶路撒冷的(大牧首)朱韦纳尔。参加第四次宗教会议的有罗马(教皇)立奥、君士坦丁堡(大牧首)阿纳托利奥斯和耶路撒冷的朱韦纳尔。参加第五次宗教会议的有罗马(教皇)维吉里、君士坦丁堡(大牧首)优迪克奥斯、亚历山大(大牧首)阿波利那里奥斯和安条克(大牧首)汤姆努斯。参加第六次宗教会议的有来自罗马的(教皇)阿迦同,来自君士坦丁堡的(大牧首)格奥尔格,来自安条克的(大牧首)提奥法内斯,来自亚历山大的修道士彼得。参加第七次宗教会议的有来自罗马的(教皇)哈德良努斯,来自君士坦丁堡的(大牧首)达拉希奥斯,来自亚历山大的(大牧首)波利特阿努斯,来自安条克的(大牧首)特奥多罗斯,来自耶路撒冷的(大牧首)埃

里亚。所有这些人都带上自己的主教一起来参加会议,以便坚定信仰。在这最后一次宗教会议以后,鼻音很重的彼得[433]和其他一些人进入罗马,夺取了教皇的高位,败坏了信仰,断绝了和耶路撒冷、亚历山大、君士坦丁堡和安条克诸教区大牧首的关系。他们散布敌对的教义,扰乱了整个意大利。一些教士供职期间只娶一房妻子,而另一些结婚达七次之多;因此必须提防他们的教义。更坏的是,他们甚至饶恕贿赂罪。愿上帝保佑你不做这些坏事。"

在这一切之后,弗拉季米尔带上王后、阿纳斯塔斯和科尔松的一些神父,及圣克利缅特干尸,他的弟子菲夫,还拿走了一些教堂器皿和圣像好为自己祝福。(弗拉季米尔)还在科尔松城中央用从土堤上挖出来的土堆成一座小山,在山上建了一座教堂,该教堂留存至今。临走时,他还强行拿走了两尊铜像和四匹铜马[434],这些铜像和铜马现在仍摆在圣母教堂(什一教堂)的后面,有些无知的人还以为它们是大理石的。(弗拉季米尔)把科尔松城作为娶王后的彩礼[435]还给了希腊人,而自己回到了基辅。当他回到基辅以后,便下令捣毁原有神像——有的砸碎,有的烧掉。他下令把雷神佩伦拴在马尾上,从山上沿鲍里切夫山坡道拖往鲁奇亚,并指派十二名壮士用铁钎敲碎它。这样做并非因为木头有什么知觉,而是为了凌辱以这种形象来骗人的鬼神,以使鬼神受到人们的报复。"主啊,你是伟大的,但与我们格格不入!"昨天雷神还受到人们的崇敬,而今天却受尽凌辱。当人们把雷神佩伦像经鲁奇亚拖往第聂伯河时,异教徒们都为之痛哭,因为他们尚未接受神圣的洗礼。人们把雷神像拖来后,把它抛进第聂伯河。这时,弗拉季米尔责令一些人跟随漂流的雷神像,对他们说:"假如雷神像漂靠到岸边你

们就把它推开,如果它能漂过石滩,那你们就让它去吧。”他们按照指示的命令办了。当他们把雷神像扔进河中,雷神像漂过石滩,被风卷到了浅滩上,因此那地方就以“雷神浅滩”[436]而闻名于世,并一直称呼到现在。然后弗拉季米尔派人到全城传达他的旨意说:“无论是富人还是穷人,无论是乞丐还是奴隶,假如谁要明天不到河边,那他将会是我的敌人。”人们听说以后,高兴地去了,他们兴高采烈地说:“假如这不是件好事,那我们的大公和贵族老爷们也不会信的了。”翌日,弗拉季米尔带领王后和科尔松的神父来到第聂伯河河边,无数的人已聚集在那里。人们进入水中,一些人站在水里,水深到脖子;另一些人站在水里,水浸到胸;而年轻人靠近岸边站在浸泡到胸部的水中;有些人还抱着婴儿;已成年的人徘徊着;神父们站在原地举行祈祷仪式。有这么多人的灵魂得到拯救,真是普天同庆,皆大欢喜;而魔鬼却痛苦地呻吟道:“呜呼哀哉!他们正要把我从这里赶走!我本想在这里找到自己的归宿,因为在这里从来都听不到圣徒的布道[437],这里的人不知道上帝,而我高兴那些奉我之人的殷勤侍奉。我就是这样被一群无知者,而不是被圣徒和殉教者所战胜;我不能再继续统治这些国家了。”人们接受了洗礼之后,各自回家。弗拉季米尔很高兴,因为他本人和他的臣民认识了上帝,他仰望苍天说:“开天辟地的上帝基督啊!看一看这些新的子民吧!主啊,让他们也像那些基督教国家一样认识你——真正的上帝。主啊,让他们能坚定一种正确的始终不渝的信仰,并帮我反抗魔鬼,愿我能依靠你和你的力量战胜他的阴谋诡计。”他说完这些话之后,便下令拆毁神庙,并在原先供奉神像的那些地方建造教堂。在曾供奉过雷神及其他神像,大公和臣民曾为

之祭祀过的山上，他修建了一座纪念圣瓦西里的教堂。于是在其他城市也开始修建教堂，在教堂中设立神父，并在所有城市和乡村引导人们接受洗礼。他派人从优秀的家族中挑选一些孩子，送他们去读经书。这些孩子的母亲却为孩子而哭泣；因为她们尚未坚定信仰，她们就像为死人送葬一样为自己的孩子而痛哭流涕。

就在这些孩子被送去攻读经书之际，在罗斯实现了这样一条预言，即："在那时，聋子将会听见书上的话，那些吐字不清的人说起话来，将清楚易懂。"他们从前没有听过书面的布道，但是上帝本着自己的安排和自己的仁慈之心宽恕了他们；如预言家所说的那样："我宽恕我想宽恕之人。"因为他用神圣的洗礼和灵魂的升华宽恕了我们，这是按照上帝的旨意，而不是根据我们的行为。歌颂主耶稣基督，他热爱罗斯的土地，并以神圣的洗礼使它大放光彩。这就是为什么我们崇拜他，我们说："主耶稣基督啊！我们用什么才能报答你赐予我们这些有罪之人的一切呢？我们不知道用什么来酬谢你的恩赐。""因为你是伟大的，你的事业是美好的；你的伟业是无限的。人们将世世代代颂扬你的业绩。"我将同大卫一起赞颂："来吧，让我们为主而高兴吧，为上帝和我们的救世主而欢呼吧。让我们站在他的面前忏悔；""颂扬他，因为他慈善为怀，因为他的仁慈是永恒的，"因为"他使我们摆脱了我们的敌人"，即摆脱了多神教的偶像们。我们还将同大卫一起说："为主唱新的赞美歌吧，全世界都为主歌唱；歌唱天主，颂扬他的英名，天天传颂他的拯救之恩。在人们中间大力传颂他的光荣，在所有人中间传颂他创造的奇迹，因为主是伟大而值得称颂的，""他的伟业是无限的。"何等的快乐啊！不是一两个人得到拯救。主说："哪怕有一个肯忏悔

的罪人，上天也会高兴的。”而在这里可不是一个人或两个人，而是很多很多的人接近了上帝，他们受到神圣的洗礼而清醒过来。正如预言家所说的：“我将把甘露洒在你们身上，清洗你们对偶像的崇拜和罪恶。”另一位预言家也曾说：“上帝，有谁能像你那样去宽恕罪恶和不计较罪过呢？因为要这样做的人是仁慈的。他转向我们并怜悯我们，把我们的罪孽抛进了大海的深渊。”因为圣徒保罗说：“弟兄们，我们大家受洗后归入耶稣基督，又受洗而归入他的死；于是我们受洗归入死而与他一同安葬。为的是能像耶稣那样以圣父的荣耀死而复活，从而我们获得新生。”他又说：“旧的已经过去，现在一切都是新的。”“救星现已临近……黑夜已经过去，白昼即将到来。”“凭借他，我们以信仰赢得了我们赞誉和捍卫的通往美好之路。”“现在，当你们从罪孽中解脱出来，成为上帝的奴仆时，你们的成果就是成圣。”这就是我们为什么应该信奉上帝，喜欢上帝的原因所在。因为大卫说过：“要以敬畏之心来侍奉主，要以战战兢兢之心来喜欢主。”我们向我主上帝高呼：“主是值得称颂的，是他不使我们成为猎物交给他们咀嚼！……罗网已被冲破，我们‘摆脱了魔鬼的骗局’。‘对魔鬼的记忆连同喧嚣嘈杂声一道消失，而主即永世长存’，他受到罗斯儿女的赞颂，他在三位一体中被歌唱，而魔鬼遭到善男信女们的诅咒，这些人接受了洗礼和忏悔，以求赦免罪孽——成了上帝选中的基督徒的新人。”

弗拉季米尔本人受到了教化，他的儿子和他的国家都受到了教育。他有 12 个儿子[438]：维舍斯拉夫、伊兹亚斯拉夫、雅罗斯拉夫、斯维亚托波尔克、弗谢沃洛德、斯维亚托斯拉夫、姆斯提斯拉夫、鲍里斯、格列勃、斯塔尼斯拉夫、波兹维兹德、苏季斯拉夫。他派维舍斯拉夫镇守诺夫哥罗德，派伊兹亚斯拉夫镇守波洛茨克，派斯维亚托波尔克镇守图罗夫，而让雅罗斯拉夫镇守罗斯托夫。当长子维舍斯拉夫死于诺夫哥罗德后，他把雅罗斯拉夫派到那里，而把鲍里斯派往罗斯托夫，把格列勃派往穆罗姆，把斯维亚托斯拉夫派往德列夫利安人的地域，把弗谢沃洛德派往弗拉基米尔城，把姆斯提斯拉夫派往特穆托罗干[439]。弗拉季米尔说："基辅附近的城市太少，这不好。"于是他着手沿捷斯纳河、奥斯特尔河、特鲁别日河、苏拉河及斯图格纳河流域建造城市[440]。他又从斯拉夫人、克里维奇人、楚德人、维亚提奇人中选拔出一些精壮的男子，让他们定居在这些城市，因为当时正和佩彻涅格人进行战争。弗拉季米尔同他们作战，并战胜了他们[441]。

6497 年(989 年)[442]。从此以后弗拉季米尔按基督教规生活。他想建造一座至圣的圣母教堂[443]，派人从希腊请来了工匠。这座教堂就这样开始动工了，教堂竣工之后，他用圣像装点了教堂，并把该教堂交给科尔松人阿纳斯塔斯主持，他又把许多科尔松神父安排在这座教堂供职，把以前从科尔松城掠来的所有东西给了教堂：圣像、器皿和十字架[444]。

6499 年(991 年)[445]。弗拉季米尔建成了别尔戈罗德城[446]，并为它从其他城市招募了一批人，让他们搬迁到这座城市居住，因为他很喜欢这座城市。

6500 年(992 年)[447]。弗拉季米尔出兵攻打霍尔瓦提人[448]。当他从霍尔瓦提战场上返回之后，佩彻涅格人已兵临苏拉河这面的第聂伯河彼岸；弗拉季米尔出兵抗击，两军在特鲁别日河畔——

现今的佩列雅斯拉夫利的浅滩附近遭遇[449]。弗拉季米尔驻扎在河这边,佩彻涅格人驻扎在河那边;我们的人不打算打过去,佩彻涅格人也不想打过来。佩彻涅格王公来到河边,呼喊弗拉季米尔出来相见,他对弗拉季米尔说:“你派出你的勇士,我也派出我的勇士——让他们来决斗。假如你的勇士把我的勇士摔倒在地,那我们就休战三年;假如我的勇士把你的勇士摔倒在地,那我们就将使你们三年不得安宁。”说完各自回营。弗拉季米尔回营之后,派传令官到各营盘询问:“有没有能敢与佩彻涅格人较量的勇士?”结果哪里也没找着。第二天早上,佩彻涅格人出阵,带来了自己的勇士,而我们的人还没有着落。弗拉季米尔忧愁万分,派人到全军去找,于是有一名年老的勇士来见大公并对他说:“大公!我家有一个最小的儿子;我带四个儿子出来打仗,把小儿子一个人留在家里。从小就没有一个人能把他摔倒在地。有一天我把他骂了一顿,当时他正在鞣制皮革,他一气之下用手把皮子都撕碎了。”大公听后大喜,赶紧派人去把他召来,找来后领他来见大公,大公就把一切告诉了他。他回答说:“大公,我也不知道是不是他的对手。你可以试我一试:能不能找一头厉害的大公牛来?”人们找来了一头又大又凶的公牛,命令设法把牛激怒,把烧红的铁块去烫公牛,把牛放开。当公牛从勇士之子身边跑过时,他伸手一把抓住了牛的肋侧,把他所能抓到的那块肉连皮撕了下来。弗拉季米尔对他说:“你可以与他较量了。”第二天早上佩彻涅格人又来叫阵:“你们还有没有勇士啦?我们的人已经到场。”弗拉季米尔当天晚上就已下令全军披挂整齐,双方出阵迎战。佩彻涅格人派出了自己的勇士:此人身材十分魁梧,样子十分可怕。弗拉季米尔的勇士出列,

佩彻涅格人一见笑出声来，因为他只是个中等身材的人。在两军之间测量好场地，让他们出阵较量。他们相互扭打在一起，开始紧紧地抓住对方，罗斯勇士用双手活活地把佩彻涅格人掐死，把他摔在地上。响起了一片叫喊的惊恐声，佩彻涅格人溃逃了，罗斯人随后追杀，把他们赶走了。弗拉季米尔大喜，就在那浅滩附近建立一座城市，取名为佩列雅斯拉夫利，因为是那位少年勇士夺取了荣誉[450]。弗拉季米尔赐他为大勇士，他的父亲也赐以同称。弗拉季米尔满载盛誉凯旋回到了基辅。

6502 年(994 年)[451]。

6503 年(995 年)。

6504 年(996 年)。弗拉季米尔看到教堂已经竣工，来到教堂[452]并祈祷上帝说："天主上帝啊！'从天上往下看看吧。来参观一下自己的花园。保佑你那公正之手(右手)所培植的这些新人，'是你使他们的心能面向真理——认识了你，真正的上帝。看一看你的教堂，这是我，你的不肖奴仆，为了你的生身母亲永葆童贞女青春的圣母所建造的。假如谁来这座教堂祈祷，你将会听到他的祷词，为了圣洁的圣母而受到庇护。"他向上帝祈祷之后又说："我把我和我的诸城财富的十分之一献给这座神圣的圣母教堂[453]。"于是他立下规矩，在该教堂写下了如下誓言："假如谁要取消这规矩，他将成为一个十恶不赦的人。"弗拉季米尔把财产的十分之一给了科尔松人阿纳斯塔斯。并在当天他大宴群臣和城中长老，又给穷人散发了许多财物。

后来，佩彻涅格人进攻瓦西利叶夫，弗拉季米尔率为数不多的亲兵队出战迎敌。双方交战，弗拉季米尔力不能支，逃到一座桥下，才勉强躲过敌人。当时弗拉季米尔许诺要在瓦西利耶夫城为纪念神圣的变容节修建一座教堂，因为发生这场鏖战的那天正是主显圣容的日子[454]。弗拉季米尔脱险后，果然修建了教堂，并举办盛大的庆祝活动，煮了 300 普罗瓦尔的[455]蜂蜜，召集了自己的大臣、地方行政长官、各城的长老和许多各行各业的人，还散发给贫民 300 格里夫纳的钱币。大公欢庆了 8 天，在圣母升天节那天返回基辅[456]，在基辅又举行了盛大的庆祝活动，召来了无数的黎民百姓。他看到其臣民成为基督的信徒，满心欢喜。于是他经常这样做。因为他喜欢经典的诵读，有一天他听《福音书》上说："仁慈的人是快乐幸福的，因为他们将会得到宽恕；"又说："变卖掉你的产业，把钱财分给穷人；"还说："不要为自己去搜刮人间的珍宝，人间的珍宝虫子会咬，盗贼会偷；可到天上去为自己收集珍宝，在那里没有虫咬也没有贼偷；"还有大卫的话："肯宽容和借贷的人是幸福的人；"他还听到了所罗门的话："对穷人行善者就是借贷给上帝。"弗拉季米尔听了所有这些话以后，吩咐可让各种乞丐和穷人来王宫取他们所需要的一切：吃的、喝的，全由国库开支。弗拉季米尔又安排了这样一次活动，他说："弱者和病者来不了我的王宫。"他命令套上大车，装上面包、肉、鱼、各种果品，有的桶装蜂蜜，有的桶装葛瓦斯，分别运往全城各地，打听："哪里有病人、乞丐或不能行走的人？"于是把所有的必需品分发给他们。而为自己人他做得更多：他决定每个礼拜日在自己大院和宾宴厅（格里德尼查）设宴[457]，大请贵族臣僚、卫士、百户长、十户长、绅士名流，有时大公在场，有时不在场。宴会上常常肉食很多——牛肉和野味——各种丰盛的佳肴。有时，当他们喝得醉醺醺时，便开始抱

怨大公说："我们这些人太不幸了：弗拉季米尔让我们用木勺吃饭，而不是银勺。"弗拉季米尔听说后，便吩咐锻造银勺，他说："用金子和银子我是无法为自己得到亲兵队的，而有亲兵队就能得到金银[458]，正像我祖父和父亲那样带领亲兵队寻找到金银。"由于弗拉季米尔非常喜欢他的亲兵队，他常常同亲兵队商讨国家的制度[459]、战争和法律，并与周边的诸王公：波兰的鲍列斯拉夫、匈牙利的斯捷凡和捷克的安德里赫（乌达利里赫）和平相处，他们之间保持着和平友好的关系[460]。弗拉季米尔对天主诚惶诚恐。抢劫之风剧增，主教们对弗拉季米尔说[461]："盗匪猖獗，你为什么不惩罚他们呢？"他回答说："我害怕有罪过。"他们对他说："你是上帝委派惩治恶人、行善好人的。你应该惩罚强盗，不过要在查清实据之后。"弗拉季米尔就废除了命金制度，开始惩治强盗，这时有的主教和长老出来说："现在战争频繁；如果我们有命金收入，那就可以用命金之款购买兵刃和马匹。"弗拉季米尔说："那就这么办吧。"弗拉季米尔也就按着父亲和祖父的遗训生活。

6505年（997年）[462]。当弗拉季米尔为抗击佩彻涅格人前往诺夫哥罗德搬取北方军队时[463]（正在此时发生了一场持续的大规模战争），佩彻涅格人得知大公不在城里，便发兵直达别尔戈罗德城下[464]。佩彻涅格人不让他们出城，城里出现了严重的饥荒，弗拉季米尔又无法解救，因为他没有军队，而佩彻涅格人的军队多得无数。城市继续被困，饥荒进一步加剧。城里召开市民会议[465]，会上有人说："咱们已经快要饿死了，而大公却不来支援。难道咱们就这样等死吗？咱们还是投降佩彻涅格人吧——任其杀剐存留；反正我们也要饿死了。”于是会上就这样决定了。有一位没有参加这次会议的长老问道：“开会做什么？”人们告诉他说，明天大家想去投降佩彻涅格人。他听说以后，派人找来城里的其他一些长老，对他们说：“我听说你们要投降佩彻涅格人。”他们回答说：“人们已忍受不了饥饿。”他对他们说：“你们听我说，再坚持三天，不要投降，并照我吩咐的那样去做。”他们都高兴地答应照办。于是他对他们说：“你们去收集来哪怕是一把燕麦、小麦或麸子。”他们高兴地去收集来了。长老吩咐妇女们准备好做甜面羹的面粉（цѣжь）[466]，并吩咐挖一口井，把一只大木桶放入井内，再把和好的面粉倒入大桶。长老又吩咐再挖一口井，也放入一只大桶，并让人去找点蜂蜜。他们出去找来了藏在大公蜜窖（мелуша）[467]里的一鲁克诺[468]蜂蜜。他又下令把这蜂蜜做成很甜的蜜水，倒入第二口井里的大桶。第二天他派人去找佩彻涅格人来。城里人到佩彻涅格人那里说：“你们可以从我们人当中留人作人质，而你们可以去十个人左右进城，去看看我们城里发生了什么事情。”佩彻涅格人很高兴，心想，城里人是要向他们投降了。于是他们扣留了人质，在自己人中选出了一些出类拔萃的勇士派往城里，目的是察访一下城里发生了什么事情。他们来到城里，城里人对他们说：“你们为啥要和自己过不去呢？难道你们能拖过我们吗？你们即使待上十年，又能把我们怎么样呢？因为我们有来源于地下的食物。假如你们不相信，那就亲眼看一看吧。”人们就把他们领到那口存放做甜面羹的井边，提出一桶甜面浆，倒入坛罐（латки[469]）里。当煮好甜面羹后，带上它，再和佩彻涅人一起来到第二口井边，从井里取出蜜水，先是自己开始吃，后来佩彻涅格人也吃了。佩彻涅格

人非常吃惊，他们说：“假如我们的主公们不亲口尝一尝，他们是不会相信我们的。”人们给他们倒了一大钵甜面羹溶液和一大钵(корчага)，[470]从井里打出的蜜水，送给了佩彻涅格人。他们回来之后，叙述了在城里经历的所有情况。佩彻涅格人诸王公等东西煮熟后吃了吃，都很惊讶。于是他们取回自己的人质，放回了别尔戈罗德的人质，拔营弃城而归。

6506年(998年)。

6507年(999年)。

6508年(1000年)[471]。马尔弗列季[472]卒。同年夏雅罗斯拉夫的母亲罗格涅达去世。

6509年(1001年)[473]。弗拉季米尔的儿子、勃里亚奇斯拉夫的父亲伊兹亚斯拉夫卒。

6510年(1002年)。

6511年(1003年)。弗拉季米尔之孙、伊兹亚斯拉夫之子弗谢斯拉夫卒。

6512年(1004年)[474]。

6513年(1005年)。

6514年(1006年)。

6515年(1007年)。圣徒[475]被迁葬到圣母教堂。

6516年(1008年)[476]。

6517年(1009年)。

6518年(1010年)[477]。

6519年(1011年)。弗拉季米尔的王后安娜逝世。

6520年(1012年)。

6521年(1013年)。

6522年(1014年)。当雅罗斯拉夫镇守诺夫哥罗德时,按规定年年应向基辅缴纳两千格里夫纳钱币,而另一千给诺夫哥罗德的亲兵队。历来的诺夫哥罗德的所有行政长官都如此缴纳[478],可雅罗斯拉夫却没有向基辅自己的父亲缴纳。于是弗拉季米尔说:"你们去清理好道路,驾设好桥梁。"因为他想亲自去武力讨伐自己的儿子雅罗斯拉夫,但是他却病倒了。

6523年(1015年)。正当弗拉季米尔准备出兵攻打雅罗斯拉夫时,雅罗斯拉夫派人从海外请来了瓦兰人,因为他害怕自己的父亲;但上帝并没有让魔鬼高兴。当弗拉季米尔病倒之际,此时鲍里斯在他身边[479]。然而这时波洛韦次人进犯罗斯。弗拉季米尔派鲍里斯前往抗击来犯者,而他自己已病入膏肓;在这场病中驾崩,7月15日逝世于别列斯托沃,但他们隐瞒而不报丧,原因是斯维亚托波尔克在基辅[480]。在晚上他们拆除了两个贮藏室之间的木板台,把遗体用毯子裹上,用绳放到地上,然后把遗体放在雪橇上运走[481],停灵在当年他亲自修建的圣母教堂内。当人们得知这消息后,集聚起无数的人,都为他的死而哭泣——大臣们哭的是国家的捍卫者,平民们哭的是自己的庇护者和养育者。他被放进大理石棺,人们哭着把他这位幸福安详的大公遗体埋葬。

弗拉季米尔像罗马新的君士坦丁大帝一样[482],自己接受了洗礼,又为他的臣民举行了洗礼。如果以前弗拉季米尔追求邪恶的情欲,那么后来他已真诚地忏悔,就像圣徒所说的:"罪孽增多的地方也是积善最好的地方。"值得惊奇的是弗拉季米尔为罗斯施洗以后,他为罗斯国家做了多少善事。而我们成为基督徒之后,没有给予弗拉季米尔能与其事业相称的荣誉[483]。因为假若不是他为我们施洗,我们现在仍会像我们的祖辈那样仍置身于魔鬼的迷惑之中。假如我们都尽心竭力,在他驾崩之日为他向上帝祈祷,上帝看到我们对他的诚心,就会赐福于他:所以我们应该为他向上帝祈祷,因为我们是通过他才认识了上帝。愿天主按着你的意愿赏赐你,愿天主实现你想进入天国的一切请求。愿天主允许你同信守教规者一起进入天国(вѣнець)[484],与亚伯拉罕及其他大牧首们共尝天国佳肴,共享欢乐,用所罗门的话说:"信守教规者死了,但希望不灭。"

这就是为什么罗斯人想起神圣的洗礼,就敬重追念他。圣灵点化而成的新人以祈祷、颂曲、唱赞美诗来颂扬上帝,歌颂他们的天主期待着我们的希望——伟大的上帝和我们的救世主耶稣基督;他将根据每个人的劳绩赐给无上的快乐,所有基督徒都会得到的这种快乐。

十、弗拉季米尔诸子内讧

关于鲍里斯被杀[485]。斯维亚托波尔克在自己父亲驾崩后坐镇基辅,他召集基辅人,向他们赠送礼物。礼物他们是收下了,可是他们心里并不拥护他,因为他们的兄弟都同鲍里斯站在一边。当鲍里斯没有遇到佩彻涅格人,带兵返回时,他得到了消息:"你父驾崩了。"他为失去父王而痛哭流涕,因为他最受父亲的宠爱。在回师途中,当到达阿利塔河时停了下来。父王的亲兵队对他说:"你有父王的亲兵队和军队,你就发兵去基辅继承父亲的王位吧。"可他回答说:"我不能对自己的哥哥动手:既然我的父王已驾崩,那他对于我就是代表我父王的。"武士们听了他这一番话,都纷纷离开了他。鲍里斯只同自己的少年卫队留在原地。可是斯维亚托波尔克却在谋划非法行径,动了杀弟的该隐之念,派人去对鲍里斯说:“我想和你保持相爱之情,还要扩大你从父王那里得到的领地。”然而他是在欺骗弟弟,为的是想方设法杀死他。夜间,斯维亚托波尔克来到维什戈罗德,秘密召来普季沙和维什戈罗德贵族豢养的一些力士[486],并对他们说:“你们对我是否绝对忠诚?”普季沙和维什戈罗德人回答说:“为了你,我们愿意以死相报。”这时他对他们说:“不许向任何人泄密,你们去杀死我的弟弟鲍里斯。”他们答应他立即去完成这一任务。所罗门在谈到这类人时说道:“他们急于行凶……而不顾道义。由于他们参与流血事件也给自身招来不幸。这便是所有犯法之人所走的道路,因为他们被罪孽吞噬了自己的灵魂。”派去行刺的人夜间来到阿利塔河畔。当他们潜到近处时,听见鲍里斯正在做晨祷:因为鲍里斯早就得知有人要杀害自己的消息。于是他起床开始吟咏道:“天主啊!为啥我的敌人越来越多!许多人都来对付我?”又说:“因为你的箭射中了我;因为我准备受难,我的灾难即将临头;”他又说:“天主啊!听一听我的祈祷,不要把你的奴仆带去审判,因为活着的任何人在你面前都无法证明自己无罪,因为敌人摧残着我的灵魂。”在他吟颂完六首圣诗之后,看见派来的刺客已来杀他,他又吟唱起圣歌:“膘滚肉肥的牛犊包围了我……一群恶人包围了我;”“天主啊,我的上帝,我仰仗于你,救救我吧,让我摆脱所有追逼我的劲敌。”然后他开始唱赞美歌,接着结束晨祷后,他一边望着圣像,望着主宰者的画像,一边祈祷说:“天主耶稣基督啊!就像你以这样的姿容为了拯救我们来到了大地,并心甘情愿让自己的双手被钉在十字架上,为我们的罪

孽而蒙受苦难，也赐予我去经受苦难。可我遭受的痛苦并非来自敌人，而是来自自己的兄长，但是天主啊！不要怪罪于他。”他向上帝祈祷完毕，躺到自己的床上。于是刺客就像野兽一样从帐幕后猛然向他扑了过来，几支枪矛一起插穿鲍里斯的身子。同鲍里斯一起遇刺的还有用自己身子掩护他的侍从。因为他是鲍里斯特别宠爱的人。这位少年卫队队员是匈牙利人，名字叫格奥尔基[487]。鲍里斯非常喜爱他，给他戴上一条很大的金项圈（гривны）[488]，他就一直戴着它侍候在鲍里斯身边。他们还杀死了鲍里斯的许多其他少年卫队队员。他们从格奥尔基这位少年卫队队员的颈上未能很快摘下那条项饰，就砍下他的头颅，这才从脖子上取下颈饰，而把他的头扔到一边；因此后来未能从尸体中找到他的遗体[489]。这些十恶不赦的家伙杀死鲍里斯以后，把他用幕帐裹了起来，放在大车上运走，而当时鲍里斯还有口气。万恶的斯维亚托波尔克得知鲍里斯还没断气[490]，又派了两名瓦兰人去结果他的性命。当瓦兰人来到并看见鲍里斯还活着时，其中一人抽出宝剑刺进他的心脏。安乐的鲍里斯就这样死了，他同其他信守教规者一道接受了上帝基督的永生之冕，可同先知和圣徒相比，可与殉教者相提并论，可以长眠在亚伯拉罕的怀抱，目睹妙不可言的欢乐，同天使一道歌唱，与圣者一起尽欢。人们秘密地把鲍里斯的遗体运到维什戈罗德[491]，安放在瓦西里教堂。这些十恶不赦的刽子手，好像想得到人们的称赞一样，这些目无法纪的暴徒去见斯维亚托波尔克。这些罪犯的名字是：普季沙、塔列茨、叶洛维特、利维什科，而他们的父亲就是撒旦。因为有些奴才是魔鬼，魔鬼一般被派遣来行凶作恶，而天使即受托行善。天使是帮助基督徒，保卫他们不受仇敌魔鬼的伤害；而魔鬼由于嫉妒人而总是怂恿人去干坏事；因为他们看见人类得到上帝的器重，所以就嫉妒起来，而受遣作恶者——便立即去实行之；恶人热衷于干坏事，往往比魔鬼还坏，因为魔鬼尚且害怕上帝，而恶人既不怕上帝，又无耻于人前；魔鬼还知道害怕天主的十字架，而恶人连十字架也不怕。

十恶不赦的斯维亚托波尔克又开始琢磨："我已经杀死了鲍里斯，怎样才能杀掉格列勃呢？"他再动该隐之念，派遣使者去见格列勃，欺骗说："你尽快赶到这里来，父亲召你来，他病得很重。"格列勃立即上马，只带一支小卫队就出发了，因为他向来是最听从父命的。当他来到伏尔加河边时，他的马在旷野一脚踩入坑中，而使格列勃的脚受了轻伤。于是他来到斯摩棱斯克[492]，在出斯摩棱斯克不远的地方，在斯米亚迪尼河上船（насад）[493]。这时雅罗斯拉夫从普列德斯拉娃那里得到了父亲驾崩的消息[494]，雅罗斯拉夫就派人去见格列勃说："你不要去了：你父王已经驾崩，你的哥哥已被斯维亚托波尔克杀害。"格列勃听说以后放声恸哭，他既哭自己的父亲，也哭自己的哥哥，并含泪祈祷说："呜呼，我的天主！活在这个世上，还不如让我同哥哥一起去死。我的哥哥，假如我能见到你那天使般的面庞，我情愿与你同死：而现在为什么把我一个人留下？我亲爱的哥哥，到哪里去聆听你曾对我说过的那些话语？如今再也听不到你那耐心的教诲。假如你的祈祷能传到上帝那里，那请你为我祈祷，让我也领受那同样殉难痛苦的死亡。如其活在这伪善狡诈的世界上，莫如与你同归于尽。"正当格列勃含泪祈祷时，斯维亚托波尔克派来的刺客突然闯入。他们立即扣住了格列

勃的坐船，亮出凶器。格列勃的少年卫队惊慌失措，刺客之一、万恶的戈里亚谢尔当即吩咐砍死格列勃。格列勃的一位名叫托尔钦的厨师[495]就像屠宰无辜的羔羊那样，抽刀斩杀了格列勃。于是他被作为祭品供献给上帝，这份理智的祭品取代了馥郁的香火。格列勃接受了天国的桂冠，进入了天境，在那里他见到了自己思念的兄长，同兄长一起尽情享受难以名状的欢乐，这种欢乐之情是用自己真诚的同胞之爱换来的。“兄弟们生活在一起是多么美好啊！”那些十恶不赦的刺客们回走了，正如大卫所说：“让罪人都返回地狱。”他们回去后就对斯维亚托波尔克禀报：“我们已完成了你交的使命。”斯维亚托波尔克听完后，变得更加骄横，岂不知大卫曾说：“勇士啊，干吗你要作恶自夸？要知道你的舌头，整天蓄意作恶枉法。”

就这样，格列勃被杀害了，他的尸体被抛在岸上，在两根舟形大木头之间[496]。后来人们把他抬起来运走，把他和他的哥哥鲍里斯并排安放在圣瓦西里教堂。于是他们的躯体合在一起，尤其是他们的灵魂也相聚在一起，他们无限喜悦地在万类之主的身边，在那妙不可言的世界里，把医治之方赐给罗斯大地及所有抱虔诚之心从各国来的人：使瘸腿能够行走，盲者重见光明，病者康复，囚徒获得释放，监狱大门洞开，使忧伤者得以安慰，被追捕者得以解脱。他们是罗斯大地的庇护者，是闪闪发光的巨星，永远为自己民众向主宰者上帝祈祷。这就是为什么我们应该对这些基督的殉教者给以充分的赞颂，努力为他们真挚地祈祷：“高兴吧，基督的殉教者，罗斯大地的庇护者，是你们治愈了那些满怀信仰和爱慕之心前来求救的人。高兴吧，天国的居民，你们是天使的化身，是诚心诚意的上帝信奉者，你们是相同的一对儿，同心同德的圣徒；所以你们才赐医给所有多灾多难的人们。高兴吧，神明的鲍里斯与格列勃，你们好像从井中细细流出的治病的生命涓流，它使虔诚信徒们恢复健康。高兴吧，你们践踏了阴险奸诈的毒蛇，你们的出现像灿烂的光芒，像巨星一样照耀着整个罗斯大地，你们有始终不渝的信念，总是不断地驱散着黑暗。高兴吧，安乐的圣徒，你们赢得了不眠之目，使自己的心灵在自己的心中实现上帝神圣的戒条。高兴吧，兄弟们，你们双双一起来到光辉灿烂之境，生活在天上的村落里，蒙受理所应得的无上的光荣。高兴吧，勇敢的殉教者们，你们总是披挂着上帝的光辉，照亮着诚实人们的心灵，你们巡视了整个世界，驱散魔鬼，治愈疾病，你们是仁慈的巨星，是热忱的庇护者，你们和上帝同在，被上帝的光辉所照耀，显然也为众生光照四方的天国之爱，提高你们的地位；你们有了这种爱而继承了天国生活的全部美德、荣誉，品尝天国的佳肴，蒙受智慧的光辉和无限的欢乐。高兴吧，因为你们滋润着所有人的心，驱散痛苦和疾病，医治罪恶的情欲；你们用自己的滴滴圣血染成了绛袍，你们是值得赞誉的，因为你们身着美妙的绛袍，永远作为主宰同基督在一起，为新的基督徒和自己的亲属而祈祷。你们用自己的鲜血和安眠于教堂的干尸一起造福于罗斯大地，用上帝的神灵教化着它，在这座教堂里你们作为殉教者，同其他殉教者一道为自己的人们而祈祷。高兴吧，清晨升起的明星，虔诚信仰基督的蒙难者和我们的庇护者！是你们把那些丧尽天良的坏蛋降服在我们诸公的脚下。你们向我们的主宰者上帝祈祷，为了王公们相处和睦、团结和健康，为了使他们摆脱内讧和魔鬼的诱惑，我们永生

永世歌颂你们，永生永世景仰你们那光辉胜利，请让我们也享有那同样的安宁。”

切尔尼戈夫的救世主大教堂

切尔尼戈夫救世主大教堂(内景)

恶毒凶残的斯维亚托波尔克又派人到乌果尔山，杀害了当时逃到乌果尔(匈牙利)的斯维亚托斯拉夫。于是他又开始考虑:“我要把自己的弟兄全部杀死，独自一人统治罗斯大地。”他以其特有的狂妄这样想，殊不知“上帝把权力授予他所想授之人，因为至高无上之神向来把皇位和公位赐给他所想赐之人。”如果某个国家能够博得上帝的欢心，上帝就会为它安排一位虔诚的喜欢公正裁判和教规的皇帝或王公、统治者和司法审判官。如果一个国家的王公是公正的，那么这个国家的许多罪孽可以得到宽恕;如果一个国家的王公是凶残和虚伪的，那么上帝就会给这个国家降下更多的灾祸，因为王公是一国之首领。因为以赛亚这样说过:“从头到脚都作了孽，”就是说从皇上到普通的老百姓。“和自己年轻的大臣们狂欢纵饮，弹奏古斯利琴的年轻王公统治的国家是不幸的。”由于众多的罪孽，上帝才给了这样的(王公)，而撤走年长贤德的王公，正如以赛亚所说:“天主从耶路撒冷撤走精明强干的伟人、勇士、法官、预言家、谦恭的长老、出色的谋士、多才的艺人和守法的圣贤。我将派给他们年轻的王公，指派暴君去统治他们。”

万恶的斯维亚托波尔克开始在基辅就任王公。他开始招兵买马，对有的人发给斗篷(корзно)[497]，对另一些人给钱，并散发了许多财宝。雅罗斯拉夫还不知道父王已死，在他手下当差的有许多瓦兰人，他们对诺夫哥罗德人施行暴力，强奸他们的妻子[498]。诺夫哥罗德人奋起斗争，杀死了波罗莫尼邸宅的所有瓦兰[499]人。雅罗斯拉夫勃然大怒，他来到拉科莫(村)，并在那里的邸宅住下[500]。派人去对诺夫哥罗德人说："我已无法使那些人再复活。"[501]于是他把那些杀死瓦兰人的优秀的壮士们(нарочитыѣ мужи)[502]召集到自己这里，骗来全部处死。当天夜里他姐姐普列德斯拉娃从基辅托人捎来消息说："你父已驾崩，而斯维亚托波尔克已在基辅称王公，他杀死了鲍里斯，又派人去刺杀格列勃[503]，你千万要提防他。"雅罗斯拉夫听说以后非常痛惜父王、兄弟及亲兵队队员。第二天，他召集残存下来的诺夫哥罗德人说[504]："噢，我亲爱的亲兵队，昨天我杀了他们，可今天我却又需要他们了。"[505]他在市民会议上擦着眼泪对他们说："我的父亲驾崩了，而斯维亚托波尔克在基辅即位，他残杀自己的兄弟。"[506]诺夫哥罗德人说："大公，虽然我们很多弟兄全被你杀害，但我们还是能够为你而战！"雅罗斯拉夫集合了一千名瓦兰人和四万名其他战士[507]，出兵讨伐斯维亚托波尔克，雅罗斯拉夫让上帝来为自己的正义之师作证，他说："并不是我先对自己的兄弟开了杀戒，而是他；愿上帝为我兄弟的鲜血而复仇，因为他使鲍里斯和格列勃无辜地流尽正义之血。他是否也可能同样地加害于我呢？天主啊，望你按公理来评判我，制止那罪孽深重的暴行。"于是他发兵攻打斯维亚托波尔克。斯维亚托波尔克听说雅罗斯拉夫正在进兵，便集结了无数军队，有罗斯人和佩彻涅格人，出兵来到第聂伯河彼岸的柳别奇城，与雅罗斯拉夫对阵，而雅罗斯拉夫则驻扎在此岸。

十一、雅罗斯拉夫统治时期

6524年(1016年)。雅罗斯拉夫前来攻打斯维亚托波尔克,他们分别驻扎在第聂伯河两岸,两军对峙,谁也没下决心首先攻击对方,就这样彼此相持了三个月。斯维亚托波尔克的一位将领[508]开始沿河岸骑马来回走,数落诺夫哥罗德人说:“你们干吗要同那位瘸子一起来?要知道你们是一群木匠,我们也就让你们来为我们砍砍木头盖宫殿吧!”诺沃哥罗德人听了以后,对雅罗斯拉夫说:“明天我们就渡河过去打他们;如果别的什么人不愿同我们一起去,我们就自己去打他们。”这时已到上冻的季节[509]。斯维亚托波尔克扎营于两湖之间,整夜地与他的亲兵队一起饮宴作乐。而雅罗斯拉夫一大早就集合军队,做好了战斗准备,黎明时分渡过了河[510]。上岸以后,推船离岸,便向敌人杀去,于是两军展开了一场激战。战斗十分残酷,由于湖泊的阻隔斯维亚托波尔克未能得到佩彻涅格人的援助;对方把斯维亚托波尔克连同他的亲兵队逼向湖泊,他们斯维亚托波尔克的战士拥到冰上,冰层在他们脚下碎裂,雅罗斯拉夫开始占了上风,斯维亚托波尔克见势不妙,落荒而逃,于是雅罗斯拉夫取得了胜利。斯维亚托波尔克逃往波兰,而雅罗斯拉夫在基辅继承了祖父和父亲的王公位,雅罗斯拉夫(在诺夫哥罗德)度过了28年[511]。

6525年(1017年)。雅罗斯拉夫进驻基辅,教堂发生了大火灾[512]。

基辅索菲亚大教堂（东侧）（“索菲亚保护区”博物馆摄）

基辅索菲亚教堂(东侧)(按科南特描绘复制)

安娜·雅罗斯拉沃芙娜（法国国王亨利一世王后）

（基辅索菲亚教堂壁画）

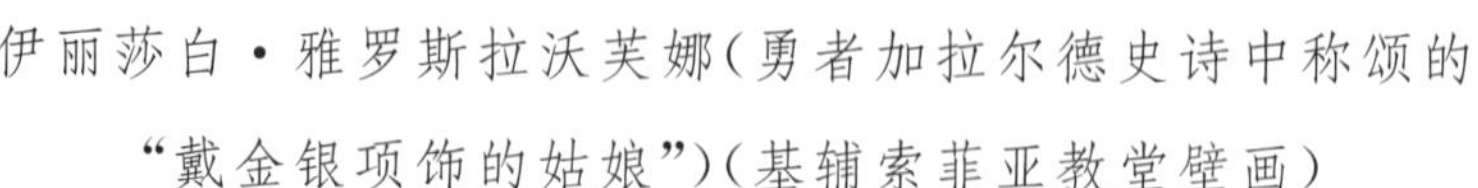

伊丽莎白·雅罗斯拉沃芙娜(勇者加拉尔德史诗中称颂的“戴金银项饰的姑娘”)(基辅索菲亚教堂壁画)

6526年(1018年)。鲍列斯拉夫(波兰国王)随同斯维亚托波尔克率领波兰军队来战雅罗斯拉夫[513]。雅罗斯拉夫则动员了罗斯人、瓦兰人和(诺夫哥罗德的)斯洛文人出兵迎击鲍列斯拉夫和斯维亚托波尔克,兵至沃伦,双方分别在布格河两岸扎营[514]。雅罗斯拉夫有一名曾做过他的保育员的将军,名叫布达,他在阵前辱骂鲍列斯拉夫说:“我们将用削尖的木桩把你的胖肚子戳穿。”因为鲍列斯拉夫身材高大,肥胖笨重,以至于无法骑马,然而却很聪明。于是鲍列斯拉夫对自己亲兵队说:“假如这顿奚落没有使你们感到凌辱的话,那我情愿一个人去牺牲。”他上马后,跃入河中,他的兵士也紧随其后;而雅罗斯拉夫来不及集合部队,就被鲍列斯拉夫战败了[515]。雅罗斯拉夫只有四名勇士跟随逃往诺夫哥罗德。鲍列斯拉夫同斯维亚托波尔克进入基辅[516]。鲍列斯拉夫说:“把我的亲兵队分别安置到各个城市领取薪饷,”他们也就这样办了。雅罗斯拉夫逃回诺夫哥罗德以后,还想逃往海外,地方行政长官君士坦丁·多勃雷尼奇和诺夫哥罗德人砸毁了雅罗斯拉夫的船只,对他说:“我们还想同鲍列斯拉夫、斯维亚托波尔克决一雌雄。”[517]他们开始筹款,每个男人出4库纳,每个村长交10个格里夫纳,而每个贵族交18个格里夫纳[518]。他们又请来了瓦兰人,给了他们钱,雅罗斯拉夫又招募了一支人数众多的军队。鲍列斯拉夫坐镇基辅,而心肠恶毒的斯维亚托波尔克下令说:“各城都有那么多波兰人,杀了他们。”于是他们把波兰人斩尽杀绝。鲍列斯拉夫逃出基辅[519],随身带走抢来的雅罗斯拉夫的财宝和

他的贵族及其姐妹，而让谄媚取宠而获取信任的纳斯塔斯来掌管这些珍宝。他还带走了很多人，并夺取了切尔文诸城，才返回自己的领地。斯维亚托波尔克又开始在基辅称王公。雅罗斯拉夫再次兵伐斯维亚托波尔克，斯维亚托波尔克逃奔佩彻涅格人。

6527年(1019年)。斯维亚托波尔克率领一支庞大的佩彻涅格人的军队，进击雅罗斯拉夫。雅罗斯拉夫集结了大批兵力，出发到利托河畔[520]迎敌。雅罗斯拉夫在鲍里斯被害的地方扎营，他仰望苍天高举双臂长叹道："万能的主啊，我弟弟的鲜血在向你大声疾呼！请您为这位忠实信徒的鲜血复仇吧，就像你为亚伯的鲜血复仇，而让该隐痛苦地呻吟和发抖那样[521]：也这样去惩罚这个人吧。"他祈祷一阵之后又说："我的兄弟啊！虽然你们的肉体已经离开了人世，但是你们可以用祈祷来帮助我战胜这个敌人——杀人犯和目空一切之徒。"当他说完以后，双方军队相互推进，一场混战，无数的军队遮盖了利托原野。那一天是礼拜五，双方在旭日东升时接触，战斗异常激烈残酷，在罗斯是空前的。双方互相扭打，互相砍杀，血流遍地[522]，三来三往[523]，傍晚时分雅罗斯拉夫才取得了胜利，斯维亚托波尔克落荒逃走。在他奔逃途中，魔鬼缠住他，他的关节都酥软了，不能骑马，大家只好用担架[524]抬着他和他一起逃亡，把他运到别列斯季耶城[525]。而他说："你们抬我快跑，他们正在追我们。"他的青年卫队派人出去侦察："是否还有人在追赶我们？"原来并没有任何人来追赶他们，大家还是抬着他继续逃跑。他有气无力地躺着，时

而欠身说："看哪，他们追来了，哎呀，追来了，快跑。"他忍受不了停留在一个地方，被上帝的怒火驱赶着，就这样逃经整个波兰国土，流窜到波兰和捷克之间[526]一片荒无人烟的地方，在那里悲惨地结束了自己的生命。公正的判决落在了他这个违犯教规者的头上，他死之后，领受了罪有应得之痛苦：显然表明[527]……上帝给予他的致命的创伤，毫无怜悯地置他于死地，被束缚住的他在死后必将忍受无穷的苦楚[528]。直至今天他的坟墓还在那片荒无人烟的地方，从他的墓中散出可怕的毒臭。这是上帝来昭示教导罗斯诸公，如果他们在知道（斯维亚托波尔克的结局）的情况下，还做出这样的事（兄弟间相互残杀），那他们也会遭受同样的惩罚，甚至比这还要惨，因为他们是明知故犯，去干这种罪恶的屠杀。该隐杀死亚伯遭到了7次的报复惩罚，而拉麦则70次，因为该隐那时还不知道他会遭受上帝的报复，而拉麦杀人时已经知道自己的始祖遭过惩罚。因为拉麦曾对他的妻子们说过："我杀死了一个成年男子给自己带来损害，杀害一个年轻人给自己带来创伤。他说，这是因为我是知道（后果）而干了这事，他说，我该受到70次的报复。"[529]拉麦杀害了以诺兄弟二人并霸占了他们的妻子。而这个斯维亚托波尔克就是新的亚比米勒[530]，他是私生子，杀死了自己的兄弟——耶路巴力的儿子；斯维亚托波尔克就是这样的人。

雅罗斯拉夫同他的亲兵队经过一番奋斗之后，夺取了胜利，做出巨大的业绩，在基辅称王公[531]。

6528年（1020年）。雅罗斯拉夫得子，取名弗拉季米尔[532]。

6529 年(1021 年)。弗拉季米尔之孙——勃里亚奇斯拉夫·伊兹亚斯拉维奇出兵诺夫哥罗德,并攻占了该城,掠走了许多诺夫哥罗德人和他们的财产[533],然后返回波洛茨克。当他走到苏多米里河时[534],从基辅出兵的雅罗斯拉夫第七天才在这里赶上了他。雅罗斯拉夫打败了勃里亚奇斯拉夫[535],把诺夫哥罗德人送回诺夫哥罗德[536],而勃里亚奇斯拉夫逃往波洛茨克城[537]。

6530 年(1022 年)。雅罗斯拉夫兵伐别列斯季耶城[538]。与此同时占有特穆托罗坎的姆斯提斯拉夫出兵攻打卡索克人。卡索克公列杰佳得知后,出兵迎战。当两军相对摆开阵势后,列杰佳对姆斯提斯拉夫说:“我们干吗要去伤害我们的亲兵队呢?还是让我们两个人自己来格斗吧。假如你取胜了,你就夺走我的财产、妻子、儿女和我的土地。如果我取胜了,那我将夺走你的一切。”姆斯提斯拉夫说:“那就这么办吧。”列杰佳又对姆斯提斯拉夫说:“我们不要用兵器格斗,而是角斗。”于是他们两个死死地揪斗在一起,搏斗了很长时间,姆斯提斯拉夫渐渐力不能支,因为列杰佳身高力大。于是姆斯提斯拉夫祈祷说:“噢,圣洁的圣母啊,帮助我吧!倘若我能战胜他,我将为你修建教堂。”说了这话之后,一拳就把列杰佳打倒在地。他马上抽刀宰了列杰佳[539]。姆斯提斯拉夫便进军列杰佳的国土,夺取了他的全部财产、妻子和儿女,并让卡索克人给他缴纳贡物。当他回到特穆托罗坎后,奠基和建成了圣母教堂[540]。这座教堂至今仍保存在特穆托罗坎城[541]。

6531 年(1023 年)。姆斯提斯拉夫率可萨人和卡索克人出兵攻打雅罗斯拉夫。

“玛丽亚和伊丽莎白的会面”细构图

（基辅索菲亚教堂壁画）

潘捷列蒙(基辅索菲亚教堂壁画。"索菲亚保护区"博物馆摄)

瓦西里一世(基辅索菲亚教堂壁画)

尼古拉(基辅索菲亚教堂壁画)

6532年(1024年)。当雅罗斯拉夫住在诺夫哥罗德时,姆斯提斯拉夫从特穆托罗坎来到基辅,但基辅人没接受他。他就去了切尔尼戈夫称公,因为雅罗斯拉夫这时在诺夫哥罗德。这一年苏兹达尔城的术士造反;在魔王的怂恿和魔鬼的驱动下残杀有钱的人[542],声称他们囤积居奇[543]。当时,整个苏兹达尔地区发生大规模的暴乱和饥荒[544];人们都纷纷沿伏尔加河奔向保加尔人地区,运回粮食,才活了下来。雅罗斯拉夫得知术士们造反的消息,便出兵苏兹达尔城;他把术士们抓起来,放逐了一批,杀了一批,并说:“由于人们的罪孽,上帝才把饥荒、瘟疫、旱灾或其他惩罚降给任何一个国家,而人们对此却一无所知。”雅罗斯拉夫回兵诺夫哥罗德,派人到海外去招募瓦兰人。于是亚昆率瓦兰人来了,他很漂亮,其斗篷是用金丝织成的[545]。他来见雅罗斯拉夫,雅罗斯拉夫与亚昆会合出击姆斯提斯拉夫。姆斯提斯拉夫得知后,出兵到利斯特文迎战[546]。姆斯提斯拉夫从傍晚就集合好亲兵队,把谢维里安人放在头阵,正面迎战瓦兰人[547],而自己率自己的亲兵队部署在两翼。夜幕降临,一片漆黑,电闪雷鸣,雨落如注。姆斯提斯拉夫对自己的亲兵队说:“让我们向他们发起进攻吧。”姆斯提斯拉夫的军队向前推进,雅罗斯拉夫出阵相迎,谢维里安人的先头部队和瓦兰人厮杀在一起。瓦兰人奋力砍杀谢维里安人,后来姆斯提斯拉夫率自己亲兵队发起攻击,开始砍杀瓦兰人。战斗十分激烈,兵刃在闪电中发出道道寒光,雷雨大作,战斗十分壮烈和残酷可怕。雅罗斯拉夫看见败局已定,便同瓦兰王公亚昆一起逃跑,亚昆就在这种情况下扔掉了自己的金丝斗篷。雅罗斯拉夫败回诺夫哥罗德,而亚昆逃往海

外[548]。天刚放亮，姆斯提斯拉夫看到自己那些被杀而横尸（战场）的谢维里安人和雅罗斯拉夫的瓦兰人时说："谁能不为之高兴呢？你们看，这里躺着谢维里安人，那里躺着瓦兰人，可我自己的亲兵队完好无损。"姆斯提斯拉夫派人去见雅罗斯拉夫说："你还是坐镇你的基辅吧，你是兄长，而把这边（第聂伯河左岸）归我就可以了。"在尚未签订和约的情况下，雅罗斯拉夫没敢去基辅。这样姆斯提斯拉夫坐镇切尔尼戈夫，而雅罗斯拉夫坐镇诺夫哥罗德，管辖基辅的是雅罗斯拉夫手下的人。同年，雅罗斯拉夫得第二个儿子，取名为伊兹亚斯拉夫。

6534年（1026年）。雅罗斯拉夫招募了大批军队，来到基辅，与自己的弟弟姆斯提斯拉夫在戈罗杰茨城附近缔结了和约。以第聂伯河为界分割罗斯土地：雅罗斯拉夫占这面，姆斯提斯拉夫占那面（左岸）。他们从此和睦相处，内讧和暴乱平息了，（罗斯）土地开始了太平生活。

6535年（1027年）。雅罗斯拉夫又生一子，取名为斯维亚托斯拉夫。

6536年（1028年）。天空出现了一条蛇状征兆，到处都可以见到它。

6537年（1029年）。和平年景。

6538年（1030年）。雅罗斯拉夫夺取了别尔兹城[549]。雅罗斯拉夫得第四子，取名为弗谢沃洛德。同年，雅罗斯拉夫进军楚德人，并战胜了他们，建立尤里耶夫城[550]。这时鲍列斯拉夫大王在波兰去世，于是波兰大地发生了暴乱：人们起义杀死主教、神父和自己的贵族，那些人中也出现了叛乱[551]。

6539年(1031年)。雅罗斯拉夫和姆斯提斯拉夫招募大批军队,进攻波兰,重又占领切尔文诸城,征服了波兰大地,带回了许多波兰人,双方相互瓜分了。雅罗斯拉夫把自己分得的波兰人安置在罗斯河沿岸;他们至今仍生活在那里。

6540年(1032年)。雅罗斯拉夫开始在罗斯河沿岸建立城市[552]。

6541年(1033年)。姆斯提斯拉维奇·叶夫斯塔菲去世。

6542年(1034年)。

6543年(1035年)。

6544年(1036年)。姆斯提斯拉夫出猎,因病而亡。他被安葬在他生前亲自建造的圣救世主教堂;曾在教堂的四周修建了一堵高墙,其高度只有站在马背上才能用手够得着。姆斯提斯拉夫身材魁伟,面色红润,长着一双大眼睛,骁勇善战,为人宽厚,十分珍爱自己的亲兵队,为了亲兵队他从不吝惜自己的钱财,对亲兵队从来不在吃喝上加以限制。他死之后,雅罗斯拉夫接管了他的全部领地,成了罗斯国家的专制君主[553]。雅罗斯拉夫去诺夫哥罗德,让自己的儿子弗拉季米尔统治诺夫哥罗德,并任命日佳塔为主教[554]。这时雅罗斯拉夫又得一子,称为[555]维亚切斯拉夫。当雅罗斯拉夫在诺夫哥德城时,他得到报告说佩彻涅格人包围了基辅。雅罗斯拉夫调集了许多军队,有瓦兰人和斯洛文人,来到基辅,进入城内。而佩彻涅格人多得无数。雅罗斯拉夫出城迎战,部署好亲兵队,他把瓦兰人放在中间,把基辅人放在右翼,诺夫哥罗德人放在左翼,列阵于城前。佩彻涅格人发起猛攻,双方在现今圣索菲亚教堂(罗斯总主教区的首府)处厮杀在一起[556]。这里当年是城

外的旷野，一场恶战，直到傍晚时分雅罗斯拉夫好不容易才占了上风。佩彻涅格人四处逃窜，他们都不知道往哪跑，有些人在逃跑中淹死在谢托姆利河中[557]，另一些人则淹死在别的一些河中，其他人跑着跑着迷失了方向，一直在各地流亡。同年，雅罗斯拉夫把自己的弟弟苏季斯拉夫投入监狱（在普斯科夫），他诽谤（蓄意诋毁）雅罗斯拉夫。

6545 年（1037 年）。雅罗斯拉夫奠基了一座大城市，城里有现在的金门；还为圣索菲亚教堂（总主教区首府）奠基，后来又在金门修建报喜圣母教堂[558]，以后又修建了圣格奥尔基和圣伊丽娜修道院[559]。基督教信仰在雅罗斯拉夫时期开始蔓延传播，修道士开始多了起来，于是出现了一些修道院。雅罗斯拉夫非常尊重教堂的规章，也很赏识教士，特别是修道士，并热衷于经书，经常不分白天黑夜地攻读。他聘请了许多抄书者，他们把希腊文译成斯拉夫文[560]。他们还抄录了许多经书。从此虔诚信教的人们可以一面读书，一面幸福地分享上帝的教诲。如同经常见到的，有的人开垦土地，另一些人播种，再有些人收获和享用丰盛的食物，这里也是如此。他的父亲弗拉季米尔开垦和耙松土地，即通过洗礼教化了大家，雅罗斯拉夫则把经书的教诲播种到信徒们的心田，而我们来收获，接受经书的教导。

要知道，经书的教益是巨大的，经书启迪我们并教会我们走忏悔之路，因为我们从经书的文字中获得了智慧和自戒。这是一条条滋润宇宙之河，这是智慧的源泉，书中包藏有高深莫测的道理；悲痛时我们可从中得到安慰；它是约束自己的缰绳。智慧是伟大的，如同所罗门颂扬它时所说的：“我，大智大圣，传播理智和光明，我宣扬理性。天主的恐惧……我的忠告,我的智慧,我的信念,我的力量。帝王靠我统治,而强者书写真理。达官贵人以我自傲,磨难者掌管大地。我爱那爱我之人,寻求我者终将得到美好的生活。"如果你孜孜不倦地在经书中探求智慧,那你就会为你的灵魂得到莫大的教益。谁要是经常诵读经书,谁就能同上帝或与圣人交谈。我们学习先知的话、新约全书、使徒训诫和圣父传,我们就使心灵得到极大的裨益。

正如我们所说的那样,雅罗斯拉夫热爱经书,他抄写了很多经书,把它们供奉在他所建造的圣索菲亚教堂[561]。他用金银和教堂器皿装饰了这座教堂,人们在这里定时向上帝做应做的祈祷。他又在其他地方和城市修建了另一些教堂,设立教士,从自己的国库里给他们发薪俸,让他们教化人们,因为这也是上帝对他们的重托,让人们勤到教堂来。于是神父和受洗礼的人增加了。雅罗斯拉夫看到众多的教堂和受洗礼的人,非常高兴,而被新受洗礼的人所打败的敌人则为此而叹惜。

6546年(1038年)。雅罗斯拉夫出兵讨伐雅特维亚格人[562]。

6547年(1039年)。雅罗斯拉夫的父亲弗拉季米尔所建的圣母教堂,由总主教狄奥佩姆普特主持净化仪式[563]。

6548年(1040年)。雅罗斯拉夫出兵讨伐立陶宛人。

6549年(1041年)。雅罗斯拉夫从水路讨伐马左维亚人。

6550年(1042年)。弗拉季米尔·雅罗斯拉维奇出兵攻打亚米人,并战胜了他们。弗拉季米尔军队的马匹纷纷倒毙。当马还没断气,马皮已被剥落——这是一场马的瘟疫。

6551年(1043年)。雅罗斯拉夫派自己的儿子弗拉季米尔去希腊，给他拨了很多军队[564]，让扬的父亲维沙塔[565]担任将军之职。于是，弗拉季米尔乘船出发，来到了多瑙河，再从这里往帝都进发。海上起了大风暴[566]，摧毁了许多罗斯船只，王公所乘的战船也被狂风掀翻，雅罗斯拉夫的将军伊凡·特沃里米里奇把王公接到自己的船上。弗拉季米尔的其他部队，大约有六千之众被抛到岸上[567]。当他们想（从陆路）返回罗斯时，王公亲兵队中谁也不愿和他们一起同行，于是维沙塔说："我和他们走。"他下船走向他们那里时说："如果我能活着，就和他们在一起；如果牺牲了，那就和亲兵队在一起。"于是大家开路，归心似箭地奔向罗斯。罗斯人在海上遭难的消息传到希腊，摩诺马赫皇帝派出 14 艘战船去追杀罗斯人，弗拉季米尔和自己亲兵队见到后面来了追兵，就掉转头来，打垮了希腊船只，乘自己的战船（从海路）回到罗斯[568]。维沙塔和被抛到岸上的兵士一起被俘，被押解到帝都[569]，在那里许多罗斯人被整瞎了。三年过后，缔结了和约，维沙塔才被释放回罗斯，投奔雅罗斯拉夫。那时，雅罗斯拉夫把自己的妹妹许配给卡齐米尔（波兰国王），卡齐米尔遣返给（雅罗斯拉夫）800 名罗斯俘虏作为彩礼。这些罗斯人还是在鲍列斯拉夫打败雅罗斯拉夫那时被俘的[570]。

6552 年（1044 年）[571]人们把两位王公——斯维亚托斯拉夫的两个儿子雅罗波尔克和奥列格从坟墓里掘出迁葬，对其遗骨进行祈祷祝福后，安放在圣母教堂里[572]。这一年，勃里亚奇斯拉夫·伊兹亚斯拉维奇去世，他是弗拉季米尔的孙子、弗谢斯拉夫的父亲。他（在波洛茨克）的王位由他的儿子弗谢斯拉夫继承。弗谢斯拉夫的母亲靠魔法的帮助生下了他。当母亲生下他时，其头上带有个羊膜;魔法师对他母亲说:“把这羊膜给他缠上,就让他缠着它一直到死吧!”所以弗谢斯拉夫缠着羊膜一直到今天[573],因而他不喜欢流血。

6553年(1045年)。弗拉季米尔(雅罗斯拉维奇)为诺夫哥罗德的圣索菲亚教堂奠基[574]。

6554年(1046年)。

6555年(1047年)。雅罗斯拉夫进攻马左维亚人,并战胜了他们,杀死了他们的王公莫伊斯拉夫,迫使马左维亚人归顺卡齐米尔(波兰国王)。

6556年(1048年)。

6557年(1049年)[575]。

6558年(1050年)[576]。雅罗斯拉夫的妻子、王公夫人逝世[577]。

6559年(1051年)。雅罗斯拉夫委派罗斯人伊拉里昂担任圣索菲亚教堂的总主教,为此曾召集各主教进行宣布[578]。

现在我们要讲一下为什么称为佩切拉修道院。崇拜上帝的雅罗斯拉夫王公喜欢别列斯托沃村[579]和那里的教堂及圣徒,他为许多教士提供庇护,其中有一个名叫伊拉里昂的神父,仁慈为怀,学识渊博,严守斋戒。伊拉里昂从别列斯托沃来到第聂伯河畔的一个山岗,就是现在佩切拉老修道院所在的地方[580]。他在那里作祈祷,因为那儿有一片很大的森林。他挖了一个小山洞,有两俄丈大(1俄丈=2.134米——译注)。他从别列斯托沃迁到这里,唱完教堂的“安魂曲”,默默地向上帝祈祷。后来上帝授意王公任命伊拉里昂为圣索菲亚教堂的总主教,这个小山洞也就这样留了下来。过了不几天,从柳别奇城[581]来了一位俗子[582],他受上帝的启示,立意外出云游四方。他出发去圣山[583]参观并走遍那里的修道院,喜欢上僧侣的生活,因而来到一座修道院,请求修道院长将他削发为僧。院长接受了他的请求,为他剃度并赐法名叫安东尼。修道院长训导他,教他怎样过僧人生活,还对他说:“你回罗斯吧!圣山将为你祝福,因为通过你会有许多修道士前来。”院长给画了十字,让他走了,并对他说:“一路平安!”安东尼来到基辅后,他开始考虑自己在哪里安身好;他走了一些修道院,但都没看中,因为上帝不想叫他安身在那里。于是他沿着密林和山岗寻找上帝给他指示的地方。后来他来到一个山岗,也就是伊拉里昂挖洞的地方,他爱上了这块地方,就住进了小山洞[584],他流着泪祈祷上帝,说:“天主啊!就让我住在这个地方吧!但愿圣山和为我剃度的修道院长为我祝福。”他就开始在这里住下来,祈祷上帝,以干面包为食,仅此也只是隔一天吃一次,喝水也定量,他不断地挖洞,不让自己过宁静的生活,白天黑夜地劳动,很少睡觉,不断祈祷。后来善良的人们知道了这件事,纷纷来到他这里,给他带来他所需要的物品。他出了名,被称为伟大的安东尼。人们开始来求他祝福。这时,雅罗斯拉夫大公驾崩了,他的儿子伊兹亚斯拉夫在基辅继位。安东尼已誉满罗斯大地。伊兹亚斯拉夫得知安东尼的生活状况,就带上自己亲兵队来请他为自己祝福和祈祷。伟大的安东尼成了家喻户晓的著名人物,受到大家的尊敬。于是一些弟兄开始来投奔他,他也就开始收徒弟,为他们剃度。他身边聚集了12名师兄弟。他们挖了一个大山洞,建起了教堂和一些修道的斗室。它们至今还保留在老修道院下面。当师兄弟聚集在一起时,安东尼对他们说："弟兄们，这是上帝把你们集合在一起，你们在这里受到了圣山的祝福，我就是在圣山由那里的修道院长为我剃度的，现在我又为你们剃度——愿赐福给你们，首先是上帝的祝福，其次是圣山的祝福。"安东尼还对他们这样说："你们自己生活吧，我将给你们委派一名修道院长，而我则想自己一个人上这座山，去过离群索居的生活，这我已习惯了。"安东尼委派瓦尔拉姆担任他们的修道院长，而自己来到山上，挖了一个山洞，这洞现在就在新修道院下面，他就在这个洞穴里过完了自己的余生。他过着品德高尚的生活，在40年期间，从没有出过山洞[585]。他的干尸在那里一直躺到今天。僧团和修道院长则住在自己的山洞里。后来弟兄们增加了，原来的山洞已住不下，因而想在山洞外面盖一座修道院。于是修道院长同弟兄们一起来见安东尼，对他说："父亲，现在弟兄们增多了，原来的山洞住不下了，请按你的祈祷，让上帝吩咐在山洞外盖一座小教堂。"安东尼也就答应他们这样办。他们向安东尼致敬，回去就在山洞的上面为纪念圣母升天节盖了一座小教堂。由于圣母的祈祷，上帝开始增加修道士的数量，弟兄们同修道院院长决定修建一座修道院，他们又来找安东尼说："父亲，弟兄不断地增加，所以我们想盖一座修道院！"安东尼高兴地说："上帝为一切祝福，圣母和圣山的神父们将同你们一起祈祷。"他说完话后，派一名弟子去觐见伊兹亚斯拉夫王公，这么说道："我的王公，上帝使我们弟兄增多了，但地盘狭小，请赐给我们山洞上面的那座山吧！"伊兹亚斯拉夫听了这话，高兴地派了一名自己的勇士将那座山赐给了他们。修道院长同弟兄们为一座大教堂奠基[586]，还用栅栏把修道院围了起来，并修了许多僧侣修道的斗室。教堂建成后，用许多

圣像来装饰它。从那个时候起就开始有了佩切拉修道院:由于修道士们从前是住在山洞里的,故而称作“佩切拉(洞穴)修道院”。佩切拉修道院的发展是受了圣山的祝福开始的。当修道院建成时(在修道院长瓦尔拉姆时期),伊兹亚斯拉夫又修建了另一座圣德米特里修道院[587],他把瓦尔拉姆调到那里担任修道院院长职务,他想以自己的财富为后盾,要把这座修道院修得超过佩切拉修道院。王公贵族和有钱人建造的修道院有不少,但这些修道院都不是那种用泪水、汗水、祈祷和无数不眠之夜修建起来的修道院。要知道,安东尼既没有黄金,也没有白银,正如我已讲过的,他是用泪水、汗水来达到自己的目的的。当瓦尔拉姆去圣德米特里教堂赴任,弟兄们商量后去找安东尼长老,对他说:“请给我们指定个修道院长吧!”安东尼问他们:“你们想让谁当呢?”他们回答说:“上帝和你想让谁当就让谁当。”安东尼对他们说:“你们中间的狄奥多西不是很听话、忠厚而谦逊吗?就让他当你们的修道院长吧!”大伙很高兴,向长老鞠躬,于是就推狄奥多西为僧团的院长。这时,他们已有了 20 人。自狄奥多西接任了修道院工作后,开始奉行节制和严厉的斋戒,痛哭流涕的祈祷,他为修道院招募了许多修道士,弟兄数已达到了 100 人。狄奥多西开始寻找一套修道士的教规。这时斯图季修道院的修道士米哈伊尔[588]正客居这里,他是同格奥尔基总主教一起从希腊来的。于是狄奥多西向他讨教斯图季修道院[589]修道士的教规。他从米哈伊尔那里获得这些内容后就把它抄录了下来,并在自己寺院实施教规:在教堂里如何举行祈祷仪式,怎样顶礼膜拜,怎样诵读经文,在教堂里怎样站立、全部的宗教程序、进餐时的举止及什么节日吃什么东西,等等,所有一切都按教规办事。得到这些章程后,狄奥多西就在自己的修道院里实施。其他所有的修道院也都效仿佩切拉修道院的这种教规,因为佩切拉修道院被公认为是最老的。当狄奥多西住在修道院时,一心行善,遵守修道院的法规,接见任何一个来找他的人。我来到他这里时,是一个骨瘦如柴而微不足道的奴仆。他收留了我,当时我才 17 岁[590]。是我记录并查明了佩切拉修道院开始的年代和为什么被称作佩切拉[591]。至于狄奥多西的生活记述,以后还会讲到[592]。

6560 年(1052 年)[593]。雅罗斯拉夫的大儿子,弗拉季米尔在诺夫哥罗德去世[594],安放在他亲自建造的圣索菲亚教堂里。

6561 年(1053 年)。弗谢沃洛德(雅罗斯拉维奇)得子,他妻子是希腊皇室的女儿[595]。其父弗谢沃洛德为儿子取名为弗拉季米尔。

6562 年(1054 年)。罗斯的雅罗斯拉夫大公[596]去世[597]。他还在世时,曾为自己的子女立下遗嘱,告诫他们说[598]:“我的孩子们! 我就要离开这个世界了,你们要和睦相处,因为你们是同胞兄弟。如果你们彼此和睦相处,上帝就将同你们在一起,并帮助你们征服敌人,这样你们将能和平地生活;如果彼此仇视,闹纷争和内讧,则你们将毁灭自己,也将毁掉祖辈留下的国土,而这是他们付出了巨大的心血才获得的。所以你们要和平共处,兄弟之间要互相尊重。现在我把我的基辅王位托付给大儿子,你们的哥哥伊兹亚斯拉夫。你们要听他的话,如同听我的话一样,就让他来接替我吧[599],我把切尔尼戈夫给予斯维亚托斯拉夫,把佩列亚斯拉夫利给弗谢沃洛德[600],把(南)弗拉基米尔给伊戈尔[601],把斯摩棱斯克给维亚切斯拉夫。”他就这样将城市在他们之间作了分配,禁止他们逾越其他弟兄的境界或(一个把另一个)从王位上赶走的情况发生。他对伊兹亚斯拉夫说:“如果谁要欺负自己的兄弟,你就帮助那个被欺负者。”大公就是这样叮嘱自己的子女要和睦相处的。这时,他自己已疾病缠身,自从来到维什戈罗德就完全病倒了。伊兹亚斯拉夫当时在……[602]而斯维亚托斯拉夫在(南)弗拉基米尔,只有弗谢沃洛德当时在父亲身旁,因为父亲在各个孩子中最喜欢他,所以总把他留在身边。雅罗斯拉夫寿终正寝的时刻来到了,他于狄奥多尔斋戒期的第一个礼拜六[603]把自己的灵魂交给了上帝。弗谢沃洛德将自己父亲的遗体更衣整容停当,安放在雪橇上,由教士们护送,唱着规定的赞美歌把遗体运到基辅[604]。人们为大公痛苦流泪;遗体运到后,放进圣索菲亚教堂的大理石灵柩里[605]。弗谢沃洛德和所有人都为之痛哭不已,(雅罗斯拉夫)终年满 76 岁。

十二、雅罗斯拉夫诸子依次执政时期

1.伊兹亚斯拉夫执政时期

伊兹亚斯拉夫来到了基辅,继承了王位[606],斯维亚托斯拉夫则在切尔尼戈夫,弗谢沃洛德在佩列亚斯拉夫利,伊戈尔在(南)弗拉基米尔,维亚切斯拉夫在斯摩棱斯克坐镇。在这一年弗谢沃洛德去攻打托尔克人,冬季逼近沃伊尼[607],并战胜了他们。同年鲍卢什率领波洛韦次人[608]来进攻罗斯,弗谢沃洛德同他们签订了和约,波洛韦次人返回了他们的住地。

6564 年(1056 年)[609]。

6565 年(1057 年)。维亚切斯拉夫·雅罗斯拉维奇在斯摩棱斯克去世,伊戈尔被从弗拉基米尔调出,让他坐镇斯摩棱斯克[610]。

6566 年(1058 年)。伊兹亚斯拉夫战胜了戈利亚季人[611]。

6567年(1059年)。伊兹亚斯拉夫、斯维亚托斯拉夫和弗谢沃洛德将自己的叔父苏季斯拉夫从监狱里放了出来。他在那里坐了24年牢[612]。他们让他吻了十字架,让其出家做了修道士。

格里戈里·涅奥克萨里斯基(基辅索菲亚教堂马赛克像)

伊凡·兹拉托乌斯特(雄辩家伊凡)
(基辅索菲亚教堂马赛克像)

吹喇叭的艺人

（基辅索菲亚南塔楼壁画。“索菲亚保护区”博物馆摄）

乐　　师

（基辅索菲亚教堂南塔楼上的壁画。“索菲亚保护区”博物馆摄）

6568年(1060年)。[613]伊戈尔·雅罗斯拉维奇去世。是年伊兹亚斯拉夫、斯维亚托斯拉夫、弗谢沃洛德和弗谢斯拉夫集合了难以计数的军队,出征攻打托尔克人,他们分兵有的骑马、有的乘船。托尔克人听到这个消息,吓得像赛跑一样四处逃难[614]。这些被上帝的愤怒所驱逐的人们在逃难中大批死亡,有的冻死,有的饿死,还有的病死和受到上帝的审判。这样上帝使许多基督徒摆脱了那些异教徒的侵扰。

6569年(1061年)[615]。波洛韦次人第一次来进攻罗斯国土。弗谢沃洛德于2月2日出兵迎战[616]。战斗中他们战胜了弗谢沃洛德,而战后他们却撤走了。这是些不信主的可恶的敌人,给我们带来的第一次灾难。他们的主公是伊斯卡尔[617]。

6570年(1062年)。

6571年(1063年)。雅罗斯拉夫之弟苏季斯拉夫去世,他被埋葬在圣格奥尔基教堂。这一年沃尔霍夫河在诺夫哥罗德的河段,河水倒流了5天[618],这不是好的征兆,因为在4年后,弗谢斯拉夫烧毁了这座城市。

6572年(1064年)。雅罗斯拉夫的孙子——罗斯提斯拉夫·弗拉季米罗维奇逃跑到特穆托罗坎去了[619]。同他一起逃亡的还有波列伊和诺夫哥罗德的将军奥斯特罗米尔的儿子维沙塔[620],罗斯提斯拉夫来到特穆托罗坎后,赶走了那里的格列勃(斯维亚托斯拉维奇)[621],自己坐上了格列勃的王位。

6573年(1065年)。斯维亚托斯拉夫进攻特穆托罗坎的罗斯提斯拉夫,罗斯提斯拉夫则撤出这个城市,这不是因为他害怕斯维亚托斯拉夫,而是不愿意和自己的叔叔兵戎相见。斯维亚托斯拉夫来到特穆托罗坎后，又把自己的儿子格列勃重新安排在那里，随后就回去了。而罗斯提斯拉夫回城后又把格列勃赶出，格列勃投奔自己的父亲。罗斯提斯拉夫重新坐镇特穆托罗坎。同年，弗谢斯拉夫发动了内战。

这时出现了一个征兆，西方显现一颗巨星，闪烁着血红的光芒，傍晚太阳下山它就升起，这样一共持续了7天。这不是一个好征兆，此后，内乱不已和异教徒入侵罗斯土地[622]。因为这颗星星像血一般红，预兆着要发生流血事件。在此同时有一个婴儿被扔进谢托姆利河[623]，他被渔夫用渔网拖了上来，我们观察他一直到晚上，见他又把婴儿扔进了水里。他的长相是：脸上长着阴部的器官，别的就更羞于启齿。在此之前，太阳也发生了变异，不再发亮变得像月亮一样[624]。一些愚昧无知的人说，太阳被吃掉了[625]。类似的一些征兆常常都不会有什么好事[626]。我们从古代安条克[627]时期在耶路撒冷发生的事情中可以看到这一点：突然，一连40天在全城的上空出现手执武器、身穿金袍、跃马扬鞭的骑士，他们挥舞着武器，整批整批地出现：这预示着安条克要入侵耶路撒冷。后来在尼禄皇帝时期[628]还是在那耶路撒冷又有一颗星星发出光辉，其形状似梭镖，出现在城市上空：这预示着罗马军队的入侵。在查士丁尼皇帝[629]时期，在西方又出现一颗星星，它光芒四射，因而人们称它为“神灯”，它就这样闪烁了20天；之后，空中从晚间到早晨流星不断，于是大家感到好像星星往下掉。后来又是太阳失去光辉，这预示着要有叛乱，要给人们带来瘟疫。在摩里斯皇帝[630]时期又出现过这样一件事：一位妇女生下一个没有眼睛，没有手的婴儿，而在他的肚子下还长有一条鱼尾巴；还有一条狗崽

长有 6 个爪子;在非洲生下两个婴儿,一个长了 4 只脚,另一个长了 2 个头。后来在圣像崇拜反对者、立奥的儿子君士坦丁皇帝[631]统治时期,天空出现了陨石雨,星宿纷纷掉落在大地上,以致看见它的人都在以为末日要来了;这时还出现了强大的下气流;在叙利亚则发生了强烈地震,以致大地被震裂成波普里舍的三个裂缝[632],从地里神奇地跳出来一头骡子,它讲人话,预言要有外族入侵,结果真的发生了这样的事:萨拉森人进攻巴勒斯坦国土。总之,天空中的征兆,无论是星星,还是太阳或鸟类及其他什么征兆,常常都不会是什么好事,往往都是坏事,预示着会有战争,或饥饿,或死亡。

6574 年(1066 年)。当罗斯提斯拉夫镇守在特穆托罗坎,并向卡索基人及其他各族人索取贡物时,希腊人对此十分害怕,他们就别有目的地把科托潘[633]派到特穆托罗坎。当那位科托潘来到罗斯提斯拉夫处后,骗取了罗斯提斯拉夫的信任,罗斯提斯拉夫对他十分敬重。有一次,在罗斯提斯拉夫宴请亲兵队时,科托潘说:“大公,我想为你的健康干杯。”后者说:“干!”科托潘把一杯酒喝了一半,把另一半献给大公,他用指甲里带有致命毒药的那个手指头往杯子里浸一下,递给了大公,科托潘下的毒会在第七天发作。大公一饮而尽,而科托潘回到了科尔松,声称罗斯提斯拉夫喝了那个酒,会在这一天(第七天)死去,事情正是这样。科尔松人用石头砸死了这个科托潘[634]。罗斯提斯拉夫是一个崇尚威武的英勇美男子,他身材匀称,对穷人富有同情心。他死于 2 月 3 日,葬在特穆托罗坎的圣母教堂里。

6575 年(1067 年)。波洛茨克的弗谢斯拉夫·勃里亚奇斯拉维奇发动了内战,占领了诺夫奇罗德[635]。雅罗斯拉夫的三个儿子伊兹亚斯拉夫、斯维亚托斯拉夫、弗谢沃洛德集结了军队，冒着严寒进攻弗谢斯拉夫。他们的队伍开到明斯克城下[636]，明斯克人紧闭城门不出。但他们兄弟几个还是占领了明斯克，杀死了所有的男人，作为战利品抓走了妇女和儿童，然后向涅米加(河)[637]进军，这时弗谢斯拉夫迎着他们来了。他们于3月3日在涅米加河遭遇；天降大雪，双方军队相互厮杀。战斗异常残酷，大批战士纷纷倒下，最终伊兹亚斯拉夫、斯维亚托斯拉夫、弗谢沃洛德战胜，而弗谢斯拉夫逃跑了。尔后，于7月10日[638]伊兹亚斯拉夫、斯维亚托斯拉夫和弗谢沃洛德为了弗谢斯拉夫吻过神圣的十字架，向他建议说："你到我们这里来吧，我们绝不会加害于你。"弗谢斯拉夫信赖他们吻十字架宣誓，坐船渡过第聂伯河到他们这里来了。当伊兹亚斯拉夫走在前面，领他走进自己的帐篷时，人们立即把弗谢斯拉夫抓了起来，背弃了对十字架的吻誓。此事发生在斯摩棱斯克附近的鲁沙[639]。伊兹亚斯拉夫将弗谢斯拉夫押解到基辅，把他和他的两个儿子一起投入监狱。

6576年(1068年)[640]。异族人大举进攻罗斯，其中有很多波洛韦次人。伊兹亚斯拉夫、斯维亚托斯拉夫和弗谢沃洛德出兵到利托迎敌。当夜幕降临时，他们互相发动进攻。由于我们的罪过，上帝纵使蛮族进攻我们，结果罗斯王公出逃，波洛韦次人取得了胜利。

要知道，正是上帝由于愤怒将异族人引到罗斯大地[641]，人们只在受尽苦难之后才想起上帝；恶魔诱使人们投入内战。上帝不愿意给人们带来灾难，而想给予幸福；而恶魔对邪恶的凶杀及流血感到高兴，他挑起争吵和嫉妒，兄弟之间相互仇视和诽谤。当某个国家陷入罪恶时，上帝就要用各种办法惩治它，用死亡，或饥饿，或蛮族入侵，或干旱，或虫灾，或其他形式的惩罚，以便使我们醒悟过来。上帝嘱咐我们要在忏悔中生活，因为他通过先知对我们讲："你们要一心一意对我，实行斋戒和哭泣。"如果我们这样做了，则我们的全部罪过都可得到宽恕。但我们像猪一样，永远陷在罪恶肮脏的深坑里，顽固地坚持行恶，如此不肯醒悟。上帝还是通过那些先知对我们说："他说，我知道，你很顽固，你的脑子如铁一样坚硬"，因此"我不给你们下雨，可让雨水灌溉一处，而别的地方就不让它下雨，那地方就干涸；""我用酷暑和各种其他惩罚来打击你们，你们还不归心于我。""上帝说，因此我毁掉你们的花园、你们的无花果、你们的庄稼地和你们的阔叶树林，但我不能消除你们的凶狠。""我把各种可怕的疾病和死亡抛给你们，连牲畜也受到制裁，但你们还是不来求我，竟说：我们绝不投降。你们的凶狠暴戾什么时候才能到头呢？上帝又说，要知道，你们已经偏离了我所指引的道路，你们已经迷惑了许多人，因此，我很快将成为一个控诉者、斥责敌对者、奸淫者、冒用我的名义发誓者、对雇工劳动报酬拒付者、欺侮孤儿寡母者以及审判不公者。你们为什么不痛改前非呢？你们为什么要歪曲我的法规，不遵守这些法规呢？上帝说，如果你们转向我，我也会转向你们。在你们还不富裕的时候，我就给你们下大雨，停止我对你们的愤怒，无论是你们的花园，还是田野都将不会贫瘠。但你们却恶语伤人，说什么侍奉上帝是徒劳无益的！"因此，"你们在嘴上讲尊敬我，而心里却远离我。"因此，我们得不到我们所请求的。"他说，就这么办，你们召唤我，我不再听你们说。"你们在灾难中要寻找我，也难以找到我，因为你们不想走我的道路，所以由于我们的恶行，天空或不下雨，或是暴雨成灾，不下雨而下

冰雹，或严寒冻坏果实，或酷暑熬煎大地。如果我们对自己的恶行悔改，则他会像对待自己的亲生子女一样给我们所请求的一切，任何时候都会给我们下雨。这样你们打谷场上就会堆满麦子。酿酒与榨油的压榨机就会开动起来。我要补偿你们这些年来被蝗虫、甲虫、毛虫所夺去的损失。“我用来对付你们的力量是巨大的。”总揽一切的上帝这样说。我们听到这一切，就要竭力做好事，要求公正的审判，为受冤屈者申冤；我们一定悔悟，而不再以恶报恶，不以诽谤对诽谤，但我们爱我们的天主上帝，我们用斋戒、痛哭流涕和眼泪来洗刷我们的全部罪孽，我们不要只是在口头上称基督徒，而实际上像异教徒那样生活。如果我们相信那种遇见什么的说法，那我们不就成了异教徒吗[642]？如果有谁遇见修道士，或遇见苦行僧，或一头猪，就往家走，那岂不是像异教徒一样了吗？这原是由于恶魔的教唆才去相信这些征兆，而另有些人相信打喷嚏的事，打喷嚏是对头脑一种有益正常的现象，但是魔鬼运用这样那样的办法，使用各种狡猾手段，诸如喇叭、流浪艺人、古丝理琴、祭祖节[643]等来欺骗人们，使我们脱离上帝。我们看见许多被人踩得坚坚实实的娱乐场，那里挤着那么多的人，他们互相挤撞踩踏，这是魔鬼计谋好的一种场面，而教堂却是空空的；而在祈祷时刻到来时，教堂里的人寥寥无几。因此我们受到上帝的各种各样的惩罚及敌人的袭击，我们按照上帝的旨意，由于我们的罪过而接受惩罚。

让我们再回到先前叙述的内容上来。当伊兹亚斯拉夫同弗谢沃洛德逃到基辅，斯维亚托斯拉夫逃往切尔尼戈夫时，基辅人跑到基辅城，他们在集市上召开了市民会议，并派出代表对王公说：“你看，波洛韦次人已遍布全国。王公，请发给我们武器和马匹吧，我们还要同他们厮杀一场。”伊兹亚斯拉夫不听从这些意见[644]。于是人们开始埋怨诽谤科斯尼亚奇科将军[645]，他们从市民会议会场直接上山，来到科斯尼亚奇科邸宅，但没有找到他。他们在勃里亚奇斯拉夫[646]邸宅旁停下来，说：“走！咱们去把自己的亲兵队从监狱里解救出来！”于是兵分两路：一半人去监狱，另一半人沿桥进发，正是后一路人来到了王公的邸宅。这时伊兹亚斯拉夫正坐在前廊[647]上同自己的亲兵队议事。来的人站在前廊下面和王公争辩起来。当王公通过小窗户窥视外面情况时，他的亲兵队就在他近旁。丘金的兄弟图克对伊兹亚斯拉夫说：“王公，您看，人群开始闹事了，派人去把弗谢斯拉夫守卫起来！”在他说话的当时，另一半人在打开了监狱后，已从那来到这里。亲兵队就对王公说：“事情不妙了，派人到弗谢斯拉夫那儿，把他骗到小窗跟前，用剑戳死他。”大公没有听从这个建议。人们则呼叫着涌向囚禁弗谢斯拉夫的监狱。伊兹亚斯拉夫看到这种情景，同弗谢沃洛德一起逃出王宫，人们则把弗谢斯拉夫从监狱里释放出来（9 月 15 日），就在王公的宫中给他正了名[648]，而王公邸宅被抢劫一空，抢走了无数的金银，其中有的是铸币、有的是铸锭[649]。伊兹亚斯拉夫逃往波兰[650]。

此后，当波洛韦次人在罗斯国土上打仗时，斯维亚托斯拉夫就在切尔尼戈夫。当波洛韦次人打到切尔尼戈夫附近时，斯维亚托斯拉夫集结了为数不多的亲兵队开向斯诺夫斯克[651]，迎战波洛韦次人。波洛韦次人看见了逼近的团队，准备战斗。斯维亚托斯拉夫看到那么多的波洛韦次人，就对自己的亲兵队说：“前进吧！我们已经没有地方可以藏身了。”于是他们放开坐骑，结果斯维亚托斯拉夫同自己的 3000 人取得了胜利，而波洛韦次人有 12000 人，他们中一部分当即被打死，另一部分淹死在斯诺维河里，他们的王公于 11 月 1 日被活捉。斯维亚托斯拉夫胜利返回了自己的城市[652]。

叶夫哈里斯季亚构图画中的天使

（基辅米哈伊洛夫金顶修道院的马赛克像）

基辅索菲亚教堂智者雅罗斯拉夫的灵柩

这时，在基辅坐镇的是弗谢斯拉夫。这是上帝显示了十字架的威力，因为伊兹亚斯拉夫对弗谢斯拉夫吻过十字架起过誓，而后来他还是抓了弗谢斯拉夫，为此上帝召来了蛮族，神圣的十字架明明白白地解救出弗谢斯拉夫。在十字架节那一天(9 月 14 日)，弗谢斯拉夫感伤地叹了一口气说:“啊，圣洁的十字架！我相信你，是你把我从这个监狱中解救了出来。”上帝已显示了十字架的威力，以告诫罗斯大地，人们在圣洁的十字架面前吻誓后，就不得再违背它；如果谁违背了它，那他在当地就将受到惩罚，就是在下一辈子也将永远受罚。因为十字架的威力是巨大的：十字架常常有战胜恶魔的力量，十字架在战斗中给王公们助一臂之力，在战场上信仰宗教的人们将受到十字架的保护而战胜仇敌；是十字架迅速使那些号召信仰上帝的人摆脱攻击。魔鬼什么都不害怕，就怕十字架。如果谁由于魔鬼的作祟而出现幻觉，那只要在脸上画十字就可驱邪。弗谢斯拉夫在基辅坐镇了7个月。

6577年(1069年)[653]。伊兹亚斯拉夫同(波兰的)鲍列斯拉夫联合来进攻弗谢斯拉夫；弗谢斯拉夫则出兵迎击。他来到了别尔戈罗德，但在夜里背着基辅人秘密地从别尔戈罗德逃往波洛茨克。清晨，基辅人发现弗谢斯拉夫王公跑了，便返回基辅，在那召开了市民会议，他们派人去对斯维亚托斯拉夫和弗谢沃洛德说："我们已经做了一件愚蠢的事情，赶走了自己的王公，他便让波兰国家来进攻我们，既然这样，你们就来自己父亲的城市吧；如果不想来，那我们就不得不放把火烧掉自己的城市，去投奔希腊了[654]。"斯维亚托斯拉夫对他们说："我们将派使者到我们兄弟那儿去，如果他要带领波兰人来杀害你们，那我们就同他开战，我们绝不允许毁掉自己父亲的城市；如果他意图和平，那他可以带少量的卫队来。"斯维亚托斯拉夫和弗谢沃洛德安慰了基辅人，他们派人到伊兹亚斯拉夫那里去，对他说："弗谢斯拉夫跑了，你就不要带波兰人到基辅来了，这里没有你的敌人。如果你还消不了怒气，打算毁灭城市，那你可要知道，我们可舍不得父亲的王位。"伊兹亚斯拉夫听了这些话以后，就留下了波兰人，只带了少量的波兰人同鲍

列斯拉夫动身，并派自己的儿子姆斯提斯拉夫先到基辅。姆斯提斯拉夫到了基辅后，屠杀了70名释放弗谢斯拉夫出狱的基辅人，另一些人被剜去双目，还有一些无辜的人不经调查（事情的真相）就遭杀害[655]，当伊兹亚斯拉夫来到城郊时，基辅人出城向他鞠躬相迎，拥戴他为自己的王公，5月2日伊兹亚斯拉夫坐上了自己的王位。他把波兰人派到各处供养，人们则趁机悄悄地把他们杀掉；鲍列斯拉夫返回自己的国家波兰。伊兹亚斯拉夫把（基辅的）集市搬迁到山上[656]。他将弗谢斯拉夫从波洛茨克赶了出来，把自己的儿子姆斯提斯拉夫安插在波洛茨克。不久，姆斯提斯拉夫就死在该地，于是安排他的兄弟斯维亚托波尔克来接替他，因为弗谢斯拉夫已逃跑[657]。

6578年（1070年）。弗谢沃洛德生了个儿子，取名罗斯提斯拉夫。同年，弗谢沃洛德在修道院为圣米哈伊尔教堂奠基[658]。

6579年（1071年）。波洛韦次人在罗斯托维茨和涅亚京附近作战[659]。同年，弗谢斯拉夫将斯维亚托波尔克（伊兹亚斯拉维奇）赶出了波洛茨克。同年，雅罗波尔克（伊兹亚斯拉维奇）在戈洛季奇斯克附近[660]，战胜了弗谢斯拉夫。也在那时，一名被魔鬼迷惑了的巫师来到基辅。他向人们散布说，到第五年时第聂伯河河水将要倒流，土地开始移位，希腊国家将要出现在罗斯的地方，而罗斯国家将出现在希腊的地方[661]，其他国家也要改变自己的地理位置。一些无知的人相信了他的话，而受洗礼的教徒则嘲笑地对他说："魔鬼是以你的死亡为儿戏。"后来他果然发生了这种事：一天夜间他失踪了。

魔鬼唆使人们去干坏事，然后就是嘲弄，使人们陷入死亡的深渊，教唆他们去说些什么话。现在我们就来讲一讲有关这种魔鬼的煽惑和所作所为的情况。

有一次罗斯托夫州发生歉收时[662]，从雅罗斯拉夫利来了两名巫师，他们对大家说："我们知道，谁把余粮等储备品藏匿起来的。"然后他们沿伏尔加河岸出发，不管走到哪个村社，他们总是能指出一些富裕的妇女，说这个妇女藏有谷物，那个妇女藏有蜂蜜，另一个藏有鱼，再一个藏有毛皮[663]。于是人们开始领自己的姐妹、母亲、妻子去见他们，而这两名巫师则施加魔法，切开那些人的背的上部，从里面或取出谷物，或取出鱼[664]。这样杀害了许多妇女，而把她们的财产据为己有。他们又来到别洛奥泽罗，同他们一起的已达 300 人。就在此时，扬·维沙季奇受斯维亚托斯拉夫公的派遣到(别洛奥泽罗)征收贡物；别洛奥泽罗人向他讲述了两名巫师在伏尔加河及舍克斯纳河一带杀害了许多妇女，并已来到这里的事。扬详细打听了这些巫师是谁家的斯麦尔德，当他了解到，这是他主公家的斯麦尔德后，就打发人去见他们的跟随者，对他们说："把那两名巫师交出来，因为他们是我和我主公的斯麦尔德。"那些人没听他的。扬就准备亲自去，不带武器。他的少年卫队队员对他说："不带武器可不能去，他们会羞辱你的。"扬就命令少年队员带上武器，他随身带了 12 名少年队员，向那些人所在的树林走去。而那些人已作好了战斗准备。当扬拿着一把小斧子向他们走去时，那边出来了 3 个男子，他们走到扬跟前，对他说："你好好看看，你这是来送死，别往前走了！"扬则下令杀掉他们，并向还站着的人们走去。那些人就向扬扑来，其中一人向扬挥起了斧子[665]，扬则夺过他的斧子，用斧背向他一击，并命令少年队员向

他们砍杀。那些人转身逃回树林里,当场把扬的牧师杀了。扬也回到别洛奥泽罗人的城里,对他们说:“如果你们不去抓住这些巫师,我就不离开你们,哪怕要等上整整一年。”[666]于是别洛奥泽罗人就去抓他们,抓住后将他们带来见扬。扬问他们:“你们为什么要弄死这么多人?”这两个人答道:“他们藏匿储备物资,我们如果杀了他们,那就富裕了。如果你愿意,我们可以当着你的面取出谷物、鱼或其他什么东西。”扬说:“这纯粹是胡说八道,上帝用泥土创造了人,人是由骨骼、筋血组成的,此外,人身上再也没有更多的东西了,无论谁也不会知道,只有上帝一个人才知道。”但他们却说:“我们知道,人是怎样创造出来的。”扬问:“怎样创造的?”他们道:“上帝在澡堂里洗澡,出了一身大汗,他用破布擦干身体后,把破布从天上扔到了地下,于是撒旦就同上帝争论起来,是谁用破布创造了人。于是魔鬼创造了人体,而上帝给人以灵魂。因此人死时,他的肉体入土,而灵魂则去见上帝。”扬对他们说:“魔鬼真是把你们弄糊涂了;你们相信哪个上帝?”他们回答:“我们相信反基督者!”扬又问他们:“这个反基督者现在在哪儿?”他们回答说:“他在深渊。”扬对他们说:“如果他在深渊的话,这是什么上帝?这是魔鬼,而上帝是在天堂上,他庄严地端坐在宝座上,受到天使们的颂扬,这些天使诚惶诚恐地站在上帝的面前,不敢向他望上一眼。其中一个天使被贬斥了下来,你们称作反基督者的那一个就是由于自己的高傲态度被革下凡的。现在正如你们所讲的那样,他坐在深渊里等待着上帝什么时候从天上下来:用绳把他这个反基督者捆起来,把他关进深渊,同时把他的仆人及那些信仰他的人一并都抓起来。而你们在这里也将领受我给的苦楚,等到死后也上那去报

到。”巫师则说：“诸神对我们说，你不能把我们怎么样！”扬就对他们说：“那是诸神向你们撒谎！”他们则说：“我们应送交斯维亚托斯拉夫处置，而你不能把我们怎样。”[667]于是扬命令鞭打他们，拔他们的胡须[668]。当鞭打他们，将其胡须拔出一条缝时，扬问他们：“神灵对你们说什么来啦？”他们还是回答说：“把我们交给斯维亚托斯拉夫处置。”扬又命令把钱塞在他们嘴里，并把他们捆在船的边舷上，将他们那只船在自己面前顺流而下，扬本人则跟在他们后面。船行至舍克斯纳河河口时停了下来，扬又问他们：“现在神灵又对你们说什么？”而他们回答说：“神灵对我们说：‘我们在你手里就别想活。’”扬对他们说：“这次他们对你们说了实话。”巫师又说：“但是，如果你把我们放了，你就会有许多好事；如果你把我们弄死，你将遭到许多痛苦的灾难。”扬却对他们说：“如果我放了你们，我就会受到上帝的处罚。如果杀了你们，我就能获得奖赏。”接着扬对划桨手们说：“你们之中有谁的亲属是被他们杀死的？”划桨手们纷纷回答：“我的母亲被他们杀了；那个人有一个姐妹，另一个人有一个女儿被他们杀害了。”[669]扬就对他们宣布：“为自己的亲人报仇吧！”[670]于是他们抓住巫师，把他们杀了，并把他们吊在橡树上示众，他们就是这样受到了上帝正义的惩罚！当扬回家后的第二天夜里，一只狗熊爬上橡树，撕碎了他们的尸体，吃掉了。就这样，他们由于受了魔鬼的教唆而死去了，他们给别人预言死亡，却不能预见自己的死亡。如果他们知道，他们就不会来这个被抓的地方，而当他们被抓以后，扬都已决定要杀掉他们时，他们何必还说：“我们死不了呢？”因此这就是魔鬼的教唆，因为魔鬼是不知道人的思想的，他们不知道人的隐秘，而把计谋强加于人。只有上帝

知道人类的思维，而魔鬼则什么都不知道，因为它们是虚弱的，形象是丑陋的。

现在我们就来讲一讲魔鬼的形象和它们的谬误。此时，也在那些年代有一位诺夫哥罗德人来到楚德的国土，他来找一个魔法师，请求为他占卜。那人按自己通常的做法开始呼叫魔鬼到自己屋里来，这个诺夫哥罗德人就坐在这座屋子的门槛上，魔法师则躺着呆然不动。突然魔鬼来敲他的门，于是魔法师就站起来对诺夫哥罗德人说："神灵不敢进来，因为你身上带有什么东西，他们对此感到害怕。"诺夫哥罗德人想起来自己身上挂着一个十字架，于是走到一边，将十字架放在那座房子的外面。接着魔法师重又开始呼唤魔鬼。魔鬼附身使他颤抖起来问道，诺夫哥罗德人为何事前来？后来诺夫哥罗德人接着问魔法师："魔鬼为什么害怕我身上戴着的十字架？"而他答道："这是天上上帝的标志；我们的神灵害怕他。"诺夫哥罗德人又问："你们的神灵是什么样的，他们住在哪里？"魔法师回答说："他们住在深渊，其外表是黑黑的，有翅膀，有尾巴；他们费力地爬上来，并在天空下听你们的神说话，因为你们的神是在天上的。如果你们人中间有谁死了，则他被升到天堂，而如果我们人中间有谁死了，则把他带到深渊去见我们的诸神。"事情就是这样：有罪者在地狱里等待着永远的磨难，而德行端正的人则迁居天堂同天使们在一起。

魔鬼的力量及其美色和虚弱性就是如此。他们就是用其来迷惑那些信仰不坚定的人们，有的人是在梦境，另一些人是在昏迷之中，让他们讲述他们所见的幻影，就是这样，受魔鬼的唆使行使巫术，魔鬼的魔法常常特别是通过妇女施行的，因为自古以来魔鬼就

迷惑女人,而女人则迷惑男人。因此时至今日许多女人经常用妖术、毒物及其他魔鬼的诡计来施魔法。但信奉异教的男人也常受魔鬼所蛊惑,如从前的圣徒时代那样,当时西门是个魔法师,他用魔法使狗讲人话,而在人们的想象中他自己时而变成一个老头,时而变成一个年轻人,或将某人变成另一种形象。雅尼和佯庇就是这样干的;他们为反对摩西,用幻术创造了许多奇迹,但很快他们对摩西已无能为力了。再如库诺普也是这样,放出许多妖术,好像他是在水面上行走,他还搞了其他的幻象,因而使自己和其他人受到魔鬼的欺骗而走向死亡。

在诺夫哥罗德的格列勃公时代[671]也出现过一个这样的巫师,他在和人们的交谈中装扮成上帝,欺骗了许多人,几乎使全城的人上当。他高谈阔论,似乎能预先知道将要发生的所有事情,他恶意诋毁基督教,并曾扬言:"我能当着所有人的面涉过沃尔霍夫河。"这样一来,整个城市混乱了,所有人都信他,并想要杀死主教[672]。而主教则双手持十字架,身披法衣,挺身而出,说:"谁愿意相信巫师的话,就跟他去;而谁真心信奉上帝,那就让他到十字架这方面来。"于是人们分成了两伙:格列勃王公及其亲兵队走到主教周围站下,而所有其他人则走向巫师,站到他后面。于是在人群中开始了一场大骚乱。格列勃在斗篷下藏着一把斧子,走近巫师问他:"你知不知道早上要发生什么事情;傍晚前又要发生什么事情?"巫师回答:"我什么都能先知道。"格列勃又问:"那你知道不,你今天会发生什么事情?""我将创造伟大的奇迹!"——巫师回答。于是格列勃抽出斧子,劈死了巫师,那人当即倒下死去,人们一哄而散。这样,巫师的肉体死了,而把灵魂交给了魔鬼。

6580 年(1072 年)[673]。圣殉教者鲍里斯和格列勃的遗体迁葬[674]。为此聚集在一起的有雅罗斯拉夫的三个儿子[675]——伊兹亚斯拉夫、斯维亚托斯拉夫、弗谢沃洛德,还有当时的总主教格奥尔基,佩列亚斯拉夫利的主教彼得,尤里耶夫的主教米哈伊尔[676],佩切拉修道院院长狄奥多西,圣米哈伊尔修道院院长索弗罗尼,圣救世主修道院院长格尔曼[677],佩列亚斯拉夫利修道院院长尼科拉和其他一些修道院院长,他们举行祭祀,欢庆节日,将遗体迁移到伊兹亚斯拉夫建造的新教堂,这座教堂现在依然存在[678]。伊兹亚斯拉夫、斯维亚托斯拉夫、弗谢沃洛德先把鲍里斯的遗体放进木棺,把棺材扛在自己肩上抬走。修道士们手执蜡烛为先导,随后是手提香炉的助祭,再后面是神父,神父后面是主教和总主教,最后是灵棺队伍。人们将灵柩抬进新教堂后,打开干尸盒,教堂顿时充满了芬芳香气,全体在场的人都为此赞美上帝。而总主教则万分惊恐,因为他不太相信死者的虔诚,所以他急忙下跪,请求宽恕。人们亲吻了鲍里斯的干尸后,就把它放进了石棺。之后,人们又将盛有格列勃干尸的石棺抬起放到雪橇上,拿起绳子,把它拉走。当大家到了门口时,棺材停住了,过不去。于是吩咐大家大声呼吁:“天主啊,怜悯我们吧!”之后,棺材就拉进去了。5 月 2 日他们的迁葬完毕[679]。在举行了弥撒仪式后,兄弟们欢聚一堂,共同进餐,每人都有自己的贵族作陪,气氛极为亲睦。当时丘金管辖维什戈罗德,而拉扎里管理教堂。当一切结束后,大家就各自回家了[680]。

2. 斯维亚托斯拉夫执政时期

6581 年(1073 年)。魔鬼在雅罗斯拉维奇兄弟间挑起了纷争。

在这场纷争中，斯维亚托斯拉夫和弗谢沃洛德联合反对伊兹亚斯拉夫。伊兹亚斯拉夫退出基辅，斯维亚托斯拉夫和弗谢沃洛德则于 3 月 22 日进入基辅。他们违背了父亲的遗愿，坐在了别列斯托沃的王位上。这样，斯维亚托斯拉夫为了贪求更大的权力，开创了驱逐兄长的先例；他欺骗弗谢沃洛德，诬陷说："伊兹亚斯拉夫同弗谢斯拉夫（勃里亚奇斯拉维奇）暗中勾结，蓄意反对我们；如果我们对他不是先发制人，他就会赶走我们。"就这样他重又挑起弗谢沃洛德反对伊兹亚斯拉夫。伊兹亚斯拉夫则带走了大量钱财，投奔波兰，他扬言："我会用这些钱招募到军队。"但波兰人把他全部钱财没收，并赶走了他。而斯维亚托斯拉夫赶走了自己的兄长，违背了父亲的遗愿，更主要的是违背了上帝的旨意，坐镇基辅。要知道，违背自己父亲的遗训，这是极大的罪过：因为最初是含的儿子们蓄意侵占塞特的土地，而过了 400 年后受到了上帝的报复。来自于塞特部族的犹太人灭亡了迦南部落，回到了自己的原来的份地和自己的国土[681]。同样，以扫违背了自己父亲的遗愿而被杀死。侵犯别人的领土，这不是好事情！这一年是斯维亚托斯拉夫在基辅称王公之时，是在总主教格奥尔基去希腊之后，也是修道院院长狄奥多西和主教米哈伊尔为佩切拉教堂奠基的年代。

6582 年（1074 年）。佩切拉修道院院长狄奥多西去世。我们简要地叙述一下他的逝世[682]。狄奥多西有一个习惯：在斋戒期开始时，在谢肉节的礼拜天晚上，按惯例他要同全体僧团告别，训导他们怎样度过大斋期：在晚祈祷和日祈祷时如何排除邪念，排除恶魔怂恿的诱惑，以保持自己的贞洁。他说："要知道，魔鬼会将愚蠢的想法、邪念灌输给修道士，使他们燃起欲火，常以此来破坏他们祈祷的成果。如果这种思想冒出来，那就应该用画十字来驱除那些想法，一面说：‘主啊，耶稣基督，我们的上帝，请宽恕我们吧！阿门！’此外，还要防止大吃大喝，因为吃得过饱，饮酒过度都会产生邪念，以至于导致犯罪。”他说：“因此，你们要反对魔鬼的怂恿行为和它们的花招，要禁忌懒惰和贪睡，为了教堂咏唱、领会创世主的训导和诵读经书而振奋精神吧！修道士更多的应该嘴里唱的是大卫的赞美诗，用赞美诗驱赶魔鬼的秽气，在心中更多的要有对幼者的爱抚和对长者的恭顺和遵从，长者对幼者则要有爱心，予以教诲，在克己、夜晚祈祷、勤劳和谦逊方面都为幼者的楷模，对年轻人就是要这样的教导，予以慰藉，就是要这样来度过斋戒期。”他还说：“上帝给了我们这 40 天时间来洗刷灵魂；要知道，这是我们每年奉献上帝的什一税：一年有 365 天，而从这些天中把第 10 天，犹如什一税奉献给上帝——这也就是 40 天的斋戒期。在这些日子里，灵魂得到净化，就可以坦然地庆祝基督复活节，取悦于上帝。因为斋期可以纯净人的智慧。斋期自古以来就有自己的典型事例：亚当最初并没品尝(禁)树上的果实；摩西持斋 40 天后，在西奈山上，才有幸聆听上帝圣训，目睹上帝的荣光；撒母耳的母亲由于斋戒生了他；尼尼微人通过斋戒消除了上帝的愤怒；但以理在持斋中领受到巨大的异象；以利亚在斋戒时好像被抓到天上，享受天堂的美食；少年因斋戒熄灭了大火的威力；上帝也持斋 40 天，从而给我们确定了斋戒的期限；圣徒们以斋戒铲除了魔鬼的教义；我们的神父们由于斋戒成了犹如大地上的星座，即使死后仍光芒四射。他们做出了劳动和节制的伟大榜样，如同伟大的安东尼，或耶弗费

米、撒巴斯及其他神父那样，他们是我们修道士兄弟应竭诚效仿崇拜的榜样。”狄奥多西就这样在训导众修道士弟兄后，召唤着每一个人的名字告辞了。尔后，他带上不多的食品，离开了修道院，走进山洞，关上洞门，并用土将门堵塞，不和任何人说话。当有什么要紧的事情去找他时，他只是在礼拜六或礼拜天通过小窗口说几句话，而其他时间全都用于斋戒和祈祷，实行严格的克制。他在礼拜五，拉撒路节前夕，回到修道院，因为这一天结束 40 天的斋期，它从狄奥多尔周[683]的第一个礼拜一开始，到礼拜五的拉撒路节[684]结束。规定复活节前的一个礼拜的受难周斋戒是为纪念主的蒙难。狄奥多西回来后，按惯例向僧团问候，并同他们一起庆祝复活节前的礼拜日[685]。当伟大的复活节这一天[686]来到时，按惯例他高兴地主持了这个节日[687]之后就病倒了。他重病了五天后，在那天晚上不知怎么地就命令将自己抬到院子里，于是修道士弟兄把他放在雪橇上，并将雪橇停放在教堂对面。他命令召集全体修道士，弟兄们在敲过金钣[688]后，集合在一起。狄奥多西对他们说：“我的弟兄，我的神父，我的孩子们！我要离开你们了，在斋戒期当我在洞里时，主已向我宣布，说我即将离开这个世界。你们想让谁来当你们的修道院院长呢？我可给他祝福！”他们对他说：“你是我们大家的父亲，你想让谁当，那个人就是我们的父亲和修道院长，我们将像听从你一样听从他。”我们的父亲狄奥多西则说：“你们去自己商量一下，除了尼科拉和伊格纳特两人外，在其他人中，想让谁当都可以，从最老的到最小的，你们想让谁当谁就当。”他们听从了，稍微向教堂这边走一走。经商议后，派了两名弟兄去对他说：“根据上帝和你真诚的祈祷，你认为谁合适，就任命谁好了。”狄奥多西又对他们说：“如果你们真想由我来委派修道院院长，那我将不是按自己的意愿，而是按上帝的意图行事。”于是他给他们指定了雅科夫神父。但弟兄们不喜欢这一人选，于是说：“他不是在这里剃度的。”因为雅科夫是从列季茨[689]来的，同他一起来的还有他的兄弟巴维尔。于是修道士兄弟们请求让曾是狄奥多西的弟子、教堂唱诗班领班[690]斯捷凡出任，他们说：“这个人是在你手下长大的，并一直在你身边供职，请任命他为我们的住持吧！”可狄奥多西却对他们说：“我是按上帝的旨意给你们指派雅科夫的，而你们想要按自己的意志行事。”但是他还是听从了他们的意见，让斯捷凡做了他们的修道院长。他为斯捷凡祝福。对他说：“我的孩子，我把修道院托付给你了，你要珍惜地保护它，我所立下的宗教仪式，你要坚持下来，修道院的传统和规矩不能改变，一切都要按着法规及修道院的程序来做。”在此之后，兄弟们把他抬起，送到小居室，把他放在床上。到了第六天，当他已奄奄一息的时候，斯维亚托斯拉夫王公带领儿子格列勃来看望他。当他们在他身旁坐下后，狄奥多西对王公说：“你看，我就要离开这个世界了，如果这里发生什么乱子的话，我就把修道院托付你庇护了。我已委任斯捷凡担任修道院长职务，别让他受欺负！”王公同他告别时答应关照修道院就告辞了。第七天时，狄奥多西感到死期临近，召来了斯捷凡和全体人员，对他们讲了下面一席话：“我死后你们要搞清楚我是否合乎上帝的心意，如果上帝接收我，那时修道院没我也将继续稳步发展和充实，那就是说，上帝已接受了我；如果在我死后，修道院开始减员，修道士手头拮据，香火不旺，那你们要知道，我没博得上帝的欢心。”当他说了这些话时，弟兄们都哭了。他

们说:“父亲啊,为我们祈祷上帝吧!因为我们知道,上帝是不会忽视你所付出的劳动的。”修道士弟兄们在他身旁守了整整一夜。当第八天来临时,在复活节之后第二个礼拜六下午2时,狄奥多西把自己的灵魂交给了上帝,是年为米兰敕令纪年第11年5月3日。大家都为他哭泣。狄奥多西遗嘱要把自己安放在山洞里,在那里他花了不少心血。他说过:“请你们在晚上安葬我的遗体。”他们也就这样照办了:当夜幕降临时,兄弟们抬着他的遗体,唱着赞美歌,拿着蜡烛,恭恭敬敬,颂赞上帝和我们的耶稣基督,把遗体安葬在洞穴里。

当斯捷凡主持修道院,管理由狄奥多西聚集起来的那批虔诚的教职人员时[691]……这些修道士就像星球一样光照全罗斯:他们中有些人是严守本分的持斋者;另一些人是擅长夜间祈祷者;再一些人是信守不渝的崇拜者;第四部分人则是苦修行者。有的隔一天,有的隔两天才吃东西,一些人只吃面包和水,另一些人只吃煮熟的蔬菜,还有一些人只吃生的。大家都友爱相处,年轻人听从年长者,在年长者面前都不敢说话,总是表现得谦虚和俯首帖耳。年长者也同样爱护年轻人,教导他们,安慰他们,像对待钟爱的孩子一样。如果在修道士兄弟中有谁犯了什么罪过,大家就安慰他;一个人受到宗教上的惩罚,则有三个或四个人出于伟大的爱而为其分担。这就是在那些修道士中的互爱和伟大的自戒。如果有某个弟兄从修道院出走,全体人员则为此而感到十分悲伤,他们派出人去找他,叫他回修道院来,他们会一起给修道院长叩头,请求修道院长原谅他,他们会高高兴兴地欢迎这名弟兄回修道院。他们就是这样一批充满着互爱的人、克己者和严格持斋者。现在我就来介绍几名他们之中的令人惊叹、信服的人。

第一个是杰米扬神父[692]。他是一个严格持斋者和节制克己者，一直到死，除了面包和水外，什么也不吃。如果有谁在什么时候抱一名病孩到修道院里来，或是患病的成年人来到修道院找安乐的狄奥多西时，狄奥多西总是命令杰米扬为病人祈祷，于是他立即去祈祷，并用橄榄油为之涂抹。结果来找他的人病就治愈了。当他自己病入膏肓，躺着快死时，一个天使以狄奥多西的面貌来到他身边，由于他的劳绩而赐他进入天国。接着，狄奥多西带着修道士兄弟来了，围坐在他身旁，而他已奄奄一息，看了一眼修道院长后说："院长，请您不要忘记答应我的事。"伟大的狄奥多西明白那是他的幻觉，因而说："杰米扬兄弟，我所答应的，你一定会得到。"这样他就闭上了眼睛，他把灵魂交给了上帝，修道院长和修道士弟兄安葬了他的遗体。

另一个弟兄叫叶列米亚，他记得罗斯国家的洗礼。上帝给他的一种天赋是：他能预知未来，如果他看见谁犹豫不决，就当面给他指出来，并教导他要提防恶魔。如果修道士中有谁想要离开修道院，叶列米亚就会觉察而去找他，揭穿他的意图并安慰他。如果他对谁说了什么话，不管是好的还是坏的，他的话都会应验。

还有一个长者，名叫马特维，他眼光敏锐。有一次，当他站在教堂里自己的位置上时，他抬起眼睛，环顾一下站在两侧的唱诗班席位上咏唱的人员。这时他看见一个魔鬼围着他们转，这个魔鬼是波兰人的模样，披着斗篷，斗篷的底边有列波克花。这个魔鬼绕着修道士兄弟走，一面从怀里取出一朵花，把它扔给某个人，如果这朵花粘在某个唱诗弟兄的身上，那么那个人的思想就会乱糟糟的，他站一会儿后，找一个借口走出教堂，走进修道的小室，睡了起来，直到祈祷结束也不回到教堂去。如果把花抛给另一个人，而花没有粘住那个人，那个人则会一动不动地站在那里唱诗，一直到晨祷做完，这时他才走回到自己的小室。看到这现象后，长老就把这种情况向修道士兄弟们讲。还有一次，长老看到这样的情景：像通常一样，当长老做完晨祷后，大家在黎明前各自回自己的小室，而这位长老总是最后一个离开教堂。有一天他也是这样走着，在金钹声中坐下休息一下，因为他的小居室离教堂远一些，这时他看到，人群从大门里出来。他定睛一看，看到一个人骑在猪身上，而其他人簇拥在他身旁。于是长老问他们："你们到哪儿去？"骑在猪身上的魔鬼就说："去找米哈尔·托利别科维奇。"长老凭借自己十字架的保佑回到自己的小居室。当天亮后，他才明白是怎么回事，他对主持的侍者说："你去打听一下，米哈尔在不在房间里。"他们告诉他说："不久前，在晨祷后，他跳围墙走了。"于是长老就把他所看到的幻象告诉了修道院长和修道院兄弟。他经历了狄奥多西去世，斯捷凡担任了修道院长，斯捷凡之后是尼康接任，这位长老很长寿。有一次他在晨祷时，抬起眼睛，想看一下修道院长尼康，却看到修道院长的位置上站着一头驴，于是他想起，院长还没起床。同样他还看到过许多其他的幻象。他在很老时才长眠于这所修道院里。

还有一名修道士，名叫伊萨基。当他还过世俗生活时甚为富有，因为他是商人，来自托罗佩茨。后来他想做一个修道士，将自己的财产分给了那些需要救济的人和一些修道院。之后，来到伟大的安东尼所住的山洞，请求为他削发为修道士。安东尼接收了他，让他穿上修道士的衣裳，并赐名为伊萨基，他原名为切尔尼。这位伊萨基过着贫苦磨炼的生活，他穿着苦修者穿的粗毛衣服[693]，他吩咐给他买来一只山羊，剩下了羊皮，披在粗衣上，生羊皮就在他身上披干了。他在山洞里闭门独居，住在一个过道的小室里，它只有四肘尺[694]大小，他就在那里流泪祈祷上帝。他的食物只有单一的圣饼[695]，并且隔日一次，喝水也有限度，而给他送食物的是伟大的安东尼。通过一个只能伸进一只手大小的小窗口将食物递进去，他也就这样接食。他这样活了七年，没有再出来过。他从来不躺下睡觉，总是坐着，睡得很少。有一次按惯例，天快黑时伊萨基开始膜拜，唱圣歌一直到半夜。当他修行时，总是坐在自己的座位上。有一次，当他像往常一样地坐着，吹熄了蜡烛；突然洞中重新亮起烛光，像太阳放光一样，使人眼花目眩。有两个年轻的美男子向他走来，他们的脸上闪烁着太阳的光辉。他们对他说："伊萨基，我们是天使，基督在那正向你走来，跪下向他叩头吧！"而他没明白这是魔鬼的勾当，也忘了画十字，便站起来像基督一样膜拜，实际是对魔鬼的勾当膜拜。魔鬼们则喊叫起来："伊萨基，你已是我们的人了。"他们将他带到一间小居室，让他坐下，而他们自己则来回在他周围走动，挤满了小居室和整个山洞的过道。其中那个被僭称为"基督"的魔鬼说："你们去把笛子、铃鼓和古丝理琴拿来让伊萨基给我们跳一阵舞吧！"于是魔鬼们吹起笛子，弹起古丝理琴，敲起铃鼓，开始戏弄伊萨基。当他们把伊萨基弄得精疲力竭时，他已半死不活的了，他们粗暴地侮辱了他以后，

离开他走了。第二天，当天亮时，到了接收食物的时间了，安东尼像往常一样，走到小窗口前说："上帝啊！伊萨基神父，你祝福吧！"但没有回答，于是安东尼说："唉，他已经死了。"安东尼派人到修道院去请狄奥多西和弟兄们。他们挖开了填塞上的入口，进了山洞，把伊萨基抬起来，以为他已死了，抬出来以后就放在洞口。大家发现他还活着。狄奥多西修道院长说："这是由于魔鬼作祟才发生的。"大家把他放在床上，安东尼开始伺候他。这时，伊兹亚斯拉夫王公从波兰回来了，他由于弗谢斯拉夫一事开始迁怒于安东尼，因此斯维亚托斯拉夫派人于夜里抓了安东尼，把他遣送到切尔尼戈夫。安东尼来到切尔尼戈夫后，看中了鲍尔德山[696]。他在那挖了一个洞，就在那里住了下来。在鲍尔德山上有一座圣母院，一直到今天还有。再说狄奥多西得知安东尼去了切尔尼戈夫，就同弟兄们一同前往，把伊萨基接回来，把他抬到自己的小居室，照料他，因为伊萨基已十分虚弱，他自己甚至连翻身也不行，他既不能站也不能坐，只能侧身躺着，大小便都在床上，为此他大胯股下面已生了蛆虫。狄奥多西亲手给他洗刷，换衣服，在两年时间里他都是这样做的。特别令人惊奇的是，在两年间，伊萨基粒米未进，不喝水，不吃菜，也不吃任何其他食物；他没讲一句话，又聋又哑地躺了两年。狄奥多西则一直为他祈祷上帝，日日夜夜地为他祈祷，直到第三年伊萨基开始说话，开始听到声音，并像小孩那样站起来开始走路。他不愿意上教堂，大家就连哄带逼地让他上教堂，就这样渐渐地教会他往那儿去，后来他也学会去教堂的饮食大厅。人们让他单独坐，和大家分开，把面包放在他面前，可他只是当人们把面包放在他手里时才拿。而狄奥多西则说："把面包放在他面前，你们不要把它放在他的手里,让他自己吃!"结果他一个礼拜没有吃,逐渐地瞧瞧周围才慢慢地开始咬面包,这样他学会了吃东西。狄奥多西就这样使他摆脱了魔鬼的诡计。伊萨基又开始了严格的节制生活。当狄奥多西去世,斯捷凡继任时,有一次伊萨基开口说:"恶魔,当我坐在一个地方时,你已经欺骗过我;而现在我已经不在山洞里闭门独居了,我要战胜你,留在修道院。"他自己穿上粗毛衣,粗毛衣外再套上一件用粗呢制成的长袍[697],他开始实践苦行,帮助伙夫,给大伙烧饭。晨祷时他比谁都来得早,笔直地站着,一动也不动。当冬季降临,气候特别寒冷,他穿着一双底已磨破的鞋,以致他的双脚冻在石板地面上,一直到晨祷结束,双脚都一动也不能动。晨祷后,他去伙房生火,打水,劈柴,一直干到修道士兄弟中的其他伙夫来到。有一个伙夫也叫伊萨基,有一次他开玩笑地对伊萨基说:"你看,那里落着一只黑乌鸦,你去抓住它!"伊萨基向他深深叩首,去抓了乌鸦,当着全体伙夫的面给他拿来乌鸦,大家为之惊骇万分,就此汇报给修道院长和修道士兄弟,从此大家开始敬重他,可他则不喜欢人间的荣誉。他开始实践苦行,并时而伤害修道院长,时而伤害修道士兄弟,又时而伤害俗人,为的是让自己挨别人打。他开始四处乞讨,继续实践苦行。他住在从前住过的山洞里——这时安东尼已死——他收容了一些年轻人,给他们穿上修道士的衣服。他受到尼康修道院长和那些孩子家长的殴打。他一切都忍受着,常常挨打。他赤裸着身体,白天黑夜地忍受风寒。一天夜里他生着了山洞旁一间小房子里的炉子,炉子燃起了熊熊火焰。因为炉子是破旧的,所以火焰穿过缝隙喷出来,因为当时没

有什么东西可以堵塞缝隙，他就用自己光着的双脚站在缝隙的火上，一直到炉子熄灭，他才下来。人们还讲了许多关于他的故事，其中有些事我自己就是目击者。就这样，他战胜了魔鬼，他对他们的恐吓和妖术嗤之以鼻，像对苍蝇一样。他对它们说："虽然你们在山洞时迷惑过我，因为我当时不知道你们的伎俩和诡计。但现在有上帝耶稣基督同我在一起，我的主，我的师父狄奥多西的祈祷同我在一起，我信奉基督，我必能战胜你们。"恶魔多少次想祸害他，对他说："你是我们的人，你给我们的长老和我们叩过头。"他则回答："你们的长老是反基督者，你们是魔鬼。"他对自己画十字，于是它们就消失了。有时夜里它们又来纠缠他，用幻觉来恐吓他，似乎来了许多拿着锄头和镐的人，嘴里喊着："我们掘开这个山洞，把这个人永远埋在这里。"另一些人则说："跑吧，伊萨基！它们想要把你活埋掉。"他则对它们说："如果你们是人，那你们就会在白天来。而你们是魔鬼，只能在黑暗里行走，黑暗也将把你们吞没。"他对着它们画了十字，于是它们又消失了。还有一次它们恐吓他，时而变成狗熊的样子，时而变成凶猛的野兽，时而变成犍牛，时而又变成蛇或者蟾蜍，或者老鼠和其他爬虫向他爬去。但它们对他都毫无办法，于是对他说："伊萨基，你胜利了！"而他回答道："第一次你们装扮成耶稣基督和天使的样子把我征服了，而这种形象你们是根本不配的。现在你们以野兽和牲畜的形象，以蛇及爬虫的面目出现，这正是你们本来的面目，那种可恶而凶残的外形。"这样一来，魔鬼在他面前销声匿迹了，从这以后他再没有受到魔鬼的捣乱，正如他自己对此所说的那样："我同他们进行了三年的战争。”以后他开始树立坚定的信念，克己节欲、坚持斋戒和夜间的祈祷，他就在这样的生活中度过了自己的余生。他在山洞里得了重病，人们把他抬到了修道院。一礼拜后，笃信宗教的伊萨基去世了。伊奥安修道院长和修道士兄弟为他遗体更衣整容后，安葬了他。

狄奥多西修道院的修道士们就是这样的。就是到死他们也像星球一样放射着光亮，他们为本地修道院弟兄，为世俗人们和捐助修道院的人们向上帝祈祷。在修道院里至今大家还在一起过着德行高尚的生活，齐心协力，一起唱圣歌，做祈祷和做劳务，颂扬全能的上帝。他们都受到永世光荣的狄奥多西祈祷所保佑，阿门。

6583 年(1075 年)。佩切拉教堂是斯捷凡修道院长在现有的基础上开始修建的。狄奥多西从地基开始兴建，而斯捷凡则在地基上继续建设，于第三年 7 月 11 日竣工。是年，德国使者来拜见斯维亚托斯拉夫，斯维亚托斯拉夫十分自豪地向他们展示了自己的财富[698]。而他们看到了那无数的金银财宝，贵重的丝绸布匹后，就说：“这不算什么，因为摆在这里的都是些死的东西，比这更好的是军人，因为人才能夺取比这更多的财富。”[699]犹太国王希西家在亚述王的使者面前也是这样夸口炫耀的[700]。亚述王的所有财产结果都被掳往巴比伦：希西家死后，他的全部财富丧失一空。

6584 年(1076 年)[701]。弗拉季米尔·弗谢沃洛多维奇和奥列格·斯维亚托斯拉维奇出兵帮助波兰人反对捷克人[702]。同年

12 月 27 日，斯维亚托斯拉夫·雅罗斯拉维奇因动肿瘤摘除手术而去世，安葬在切尔尼戈夫的圣救世主教堂。1 月 1 日弗谢沃洛德接替他的王位。

6585 年(1077 年)[703]。伊兹亚斯拉夫率波兰人进犯(罗斯)，弗谢沃洛德出兵迎敌。5 月 4 日，鲍里斯(维亚切斯拉维奇)坐镇切尔尼戈夫，但他只执政了 8 天，就逃往特穆托罗坎，投奔罗曼[704]去了。弗谢沃洛德原是出兵迎战伊兹亚斯拉夫的，进到沃伦[705]。结果在那里他们缔结了和约，伊兹亚斯拉夫于 7 月 15 日到达基辅，重登王公位。斯维亚托斯拉夫的儿子奥列格则留在切尔尼戈夫的弗谢沃洛德身边。

6586 年(1078 年)[706]。奥列格·斯维亚托斯拉维奇于 4 月 10 日从弗谢沃洛德那里逃往特穆托罗坎。同年，格列勃·斯维亚托斯拉维奇在扎沃洛奇耶被杀[707]。格列勃对穷苦人的施舍十分慷慨，庇护朝圣的香客，关心教堂事务，笃信上帝。他是一个性格温顺，容貌出众的人。他的遗体于 7 月 23 日安葬在切尔尼戈夫的救世主教堂后面。当斯维亚托波尔克·伊兹亚斯拉维奇接替他坐镇诺夫哥罗德时，雅罗波尔克·伊兹亚斯拉维奇坐镇维什戈罗德，而弗拉季米尔坐镇斯摩棱斯克，——奥列格和鲍里斯把异教徒领进罗斯土地，他们和波洛韦次人一起进攻弗谢沃洛德。弗谢沃洛德出兵到索日查[708]迎敌，结果波洛韦次人战胜了罗斯军队，我们的很多人在那被杀：8 月 25 日惨遭杀戮的有伊凡·日罗斯拉维奇、丘金的兄弟图克、波列伊及其他许多人。奥列格和鲍里斯来到切尔尼戈夫，他们想到，虽然已取得了最后胜利，但他们使罗斯土地遭受巨大灾难，洒下了基督徒的鲜血，为此上帝是会处罚他们的，他们将对被杀戮的基督徒的灵魂承担责任。弗谢沃洛德来基辅投奔自己的兄长伊兹亚斯拉夫。他们互相打了招呼后，坐下。弗谢沃洛德通报了发生的全部情况。伊兹亚斯拉夫便开导他说："弟弟，别难过，你知道什么事我没遭遇过啊：起先我不是被赶了出来，我的财产全被抢劫一空了吗？后来，第二次我又犯了什么错误？我还不是被你们，我的弟兄们驱逐了吗？我没做任何坏事，却失去了一切，不是流落在异国他乡吗？弟弟，现在我们不要伤感了。如果在罗斯土地上有我们的位置，那是咱们俩的；如果我们失掉它，那也是咱们两个人的事，为了你我将不惜粉身碎骨！"他这一席话，安慰了弗谢沃洛德。他命令无论年龄大小总动员，准备出征。伊兹亚斯拉夫带自己的儿子雅罗波尔克，弗谢沃洛德带自己的儿子弗拉季米尔一同出征。他们进军到切尔尼戈夫城下时，切尔尼戈夫人紧闭城门。奥列格和鲍里斯不在城里。由于切尔尼戈夫人不开城门，二王公（伊兹亚斯拉夫和弗谢沃洛德）包围了城市。弗拉季米尔从斯特里任河[709]直逼东大门，他拿下东大门后，占领了外城，放火烧毁了外城，人们则躲进内城避难。这时，伊兹亚斯拉夫和弗谢沃洛德获悉，奥列格带鲍里斯发兵正向他们开来，他们决定先发制人，离城迎击奥列格。奥列格就对鲍里斯说："我们别再往前走了，我们对付不了四位王公，最好还是派人去和咱们的叔叔们讲和吧。"但鲍里斯对他说："你看，我已做好了准备，我来对付他们所有的人。"他吹起牛来，却不知道上帝是反对高傲自负的人的，而对温顺者给以帮助，以便使强者不要夸耀自己的力量。他们

继续前进迎战，双方在涅扎京田野的一座村子附近[710]相遇，厮杀起来，一场恶战：吹牛自负的鲍里斯·维亚切斯拉维奇第一个被打死[711]。当伊兹亚斯拉夫下马时，有位骑士向他冲来，一枪刺中了他的肩部，伊兹亚斯拉夫·雅罗斯拉维奇就这样丧生了。战斗还在继续，奥列格带领残部，侥幸保命，逃往特穆托罗坎。伊兹亚斯拉夫王公是在10月3日阵亡的。人们将他的遗体用船运回，停放在戈罗杰[712]附近。基辅人倾城出动迎接他的灵柩，他们把他的遗体放在雪橇上启运。神父和教士们唱着赞美歌护送灵柩进城。由于人们的号啕大哭声和震天的哀叫声都盖住了赞美的歌声，因为整个基辅城都为他哭泣。雅罗波尔克跟在灵柩后面，同他的亲兵队一起哭泣，他哀痛地说："父亲，我的父亲！你在这个世界上究竟度过了多少无忧无虑的生活呢？你遭受了来自外人和自己兄弟的多次的攻击。现在你虽然没有死在兄弟之手，却也是为了自己的兄弟而牺牲了自己的生命。"伊兹亚斯拉夫遗体运来后，装殓在大理石棺内，安葬在圣母教堂里[713]。伊兹亚斯拉夫是一位外貌俊秀的男子，他身躯高大，善良宽厚；他憎恨谎言，热爱真理；他秉性敦厚为人耿直，他决不以怨报怨，要知道基辅人对他做了多少坏事：如把他驱逐，洗劫他的住宅，但他对他们都没有以怨报怨。如果有人对你们说："砍死了战士。"那不是他干的，而是他的儿子。后来他的兄弟们又把他赶走。他流落在异国他乡，四处漂泊。当他又重新恢复自己的王位时，战败的弗谢沃洛德来投奔他，他并没有对弗谢沃洛德说："由于你，我吃了多少苦！"他没有以怨报怨，反而安慰弗谢沃洛德说："我的弟弟，你既然对我表示了自己的兄弟之情，支持我恢复我的王位，尊我为长者，现在我也不去记你过去对我做的坏事，你是我的弟弟，我是你的哥哥，我可为你而献身。”事情真是这样发生了。他当时并没有对弗谢沃洛德说：“你们对我干了多少坏事，现在同样也临到你的头上了。”他也没有讲：“这和我有何相关？”而是承担了弟弟的苦难，显示了伟大的爱，仿效圣徒说的话：“去安抚悲伤苦难的人吧！”诚然，即使他在这个世界上犯过什么罪孽，那也该得到宽恕，因为他为自己的弟弟献出了自己的生命。他既不是为了取得大片领土，也不是奢求巨额财富，而是为弟弟雪耻而舍身。关于这样的人，上帝说过：“那是能为自己的朋友而牺牲的人。”所罗门也说过：“那是些在患难时能互相帮助的人。”因为爱是至高无上的。约翰也说：“上帝就是爱，心中有爱的人也会有上帝，上帝也与其同在。”爱就是这样实现的，以便在审判的那一天，我们也能有所交代，并在这个世界上我们也能像他一样。有爱就没有恐惧，真正的爱是排斥恐惧的，因为恐惧就是痛苦。“胆怯者就没有完美的爱。”如果谁讲：“我爱上帝，但我痛恨我的兄弟。”这是撒谎。因为一个连看得见的兄弟都不爱的人，那他又怎么能去爱看不见的上帝呢？我们从他那里得到这条戒律，为的是爱上帝的人也爱自己的兄弟。因为一切都是在爱中得以完善。为了爱，罪孽也会消失，为了爱主降临人间，他为了我们这些罪恶深重的人而被钉在十字架上；他承担了我们的罪过而让自己钉在十字架上，并把十字架给了我们，以便用它来驱赶魔鬼的仇恨。为了爱，殉教者洒尽了自己的鲜血。也正是为了爱，这位王公为了自己的弟弟而流尽了自己的血，以履行上帝的圣谕。

3. 弗谢沃洛德执政时期

弗谢沃洛德即位于基辅，继承了自己父亲和兄长的王位，接管了统治整个罗斯国家的权力，他把自己的儿子弗拉季米尔安排在切尔尼戈夫，把雅罗波尔克·伊兹亚斯拉维奇安排在(南)弗拉基米尔，并把图罗夫城也给了他。

6587年(1079年)。罗曼率波洛韦次人来到了沃因[714]。弗谢沃洛德则扎营在佩列亚斯拉夫利附近，同波洛韦次人订立了和约。于是罗曼和波洛韦次人撤军，8月2日波洛韦次人杀死了他，至今那里仍埋着这个斯维亚托斯拉夫的儿子，雅罗斯拉夫的孙子——罗曼的尸骨。而可萨人[715]将奥列格·斯维亚托斯拉维奇抓住后，把他送往海外的帝都[716]。弗谢沃洛德则委任拉季鲍尔担任特穆托罗坎的行政长官[717]。

6588年(1080年)。佩列亚斯拉夫利的托尔克人发兵进攻罗斯，弗谢沃洛德派自己的儿子弗拉季米尔前去迎敌。弗拉季米尔领兵战胜了托尔克人。

6589年(1081年)。达维德·伊戈列维奇和沃洛达里·罗斯提斯拉维奇于5月18日潜逃，他们来到特穆托罗坎，逮捕了拉季鲍尔，从而控制了特穆托罗坎。

6590年(1082年)。波洛韦次王公奥辛去世。

6591年(1083年)。奥列格从希腊国土来到特穆托罗坎，他逮捕了达维德和沃洛达尔·罗斯提斯拉维奇，夺取了特穆托罗坎。他屠杀参与谋害他的兄弟并密谋反叛他本人的可萨人，而把达维德和沃洛达尔放掉了。

СЛЪІШАТИ ДА СЛЪІ
ШИТЬ

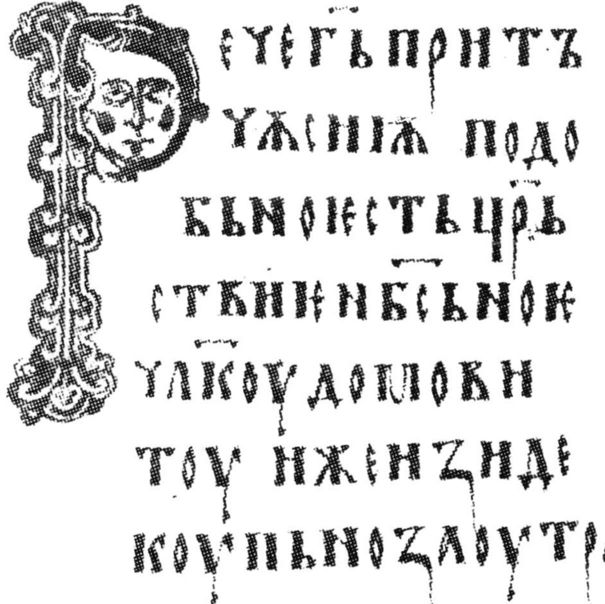

州图书馆藏 1056—1057 年奥斯特罗米罗夫经书，第 267 页

斯维亚托斯拉夫及其家族(夫人和四个儿子)。
1073 年斯维亚托斯拉夫·雅罗斯拉维奇选集的扉页

6592年(1084年)。雅罗波尔克·伊兹亚斯拉维奇来到弗谢沃洛德处过复活节。与此同时罗斯提斯拉夫的两个儿子从雅罗波尔克手下逃出来,他们回来后(从南弗拉基米尔城)逐出雅罗波尔克。于是弗谢沃洛德派出自己的儿子弗拉季米尔,弗拉季米尔赶走了那两名罗斯提斯拉维奇,并让雅罗波尔克主管弗拉基米尔城。这一年,达维德在奥列希耶扣住了一批希腊人,没收了他们的货物[718],弗谢沃洛德则派人去找他,把他召来后,给了他多罗戈布日城[719]。

6593年(1085年)。雅罗波尔克听了心怀叵测的谋士们的怂恿,想要发兵进攻弗谢沃洛德。弗谢沃洛德得知这些情报后,就派自己的儿子弗拉季米尔前去讨伐他。雅罗波尔克把自己的母亲和亲兵队扔在卢切斯克[720],自己逃往波兰。当弗拉季米尔抵达卢切斯克时,卢切斯克人投降了。弗拉季米尔任命达维德替代雅罗波尔克坐镇弗拉基米尔城,而把雅罗波尔克的母亲、妻子及其亲兵队押解到基辅,并没收了他的财产。

6594年(1086年)[721]。雅罗波尔克从波兰回来,同弗拉季米尔缔结和约,弗拉季米尔回到切尔尼戈夫。雅罗波尔克仍坐镇弗拉基米尔城。雅罗波尔克等了没几天,就前往兹维尼戈罗德[722]。但他还未走到城里时,就被受魔鬼和恶人唆使的该死的涅拉杰茨所刺杀[723]。11月22日那天,雅罗波尔克正躺在马车上,涅拉杰茨飞马过来,用马刀刺中了他。当时雅罗波尔克抬起身来,从身上拔出马刀,大声喊叫说:“噢,这敌人要了我的命了!”十恶不赦的涅拉杰茨投奔佩列梅什利的留里克去了。雅罗波尔克的少年侍从拉德科、沃伊基纳和其他人把雅罗波尔克的遗体放在马背上,运往弗拉基米尔,然后再从那里运往基辅。出城迎接雅罗波尔克遗体的有笃信的弗谢沃洛德王公,他率领自己的儿子——弗拉季米尔和罗斯提斯拉夫，还有全体贵族和总主教圣伊奥安以及许多修道士与神父。全体基辅人为之放声大哭。大家唱着赞美诗，念着祷文把遗体运至圣德米特里修道院[724]。遗体经更衣、整容后，于12月5日在圣彼得教堂以厚礼将其入殓大理石灵柩，这座教堂是他自己生前开始修建的。他一生蒙受了许多苦难，无辜被自己的弟兄们驱逐，受尽欺凌，惨遭劫掠，尔后是痛苦地死亡，但他终于得到了永生和安宁[725]。这位仙逝的王公就是这样一位平和、温顺、谦逊、热爱弟兄的人，他每年要向圣母教堂捐献自己全部收入的十分之一，他常常祈祷上帝，说："主啊，我的上帝！请接受我的祈祷，让我像我的兄弟鲍里斯和格列勃一样丧命于他人之手吧！用我自己的鲜血来洗净自己的全部罪孽，摆脱这个虚幻的、充满叛逆的尘世，从敌人的网罗中得以解脱！"仁慈的上帝没有拒绝他的请求：他得到了那种眼睛看不见，耳朵听不到，内心猜不着的幸福，这是上帝为热爱他的人所准备的。

6595年(1087年)。

6596年(1088年)。总主教伊奥安和主教鲁卡、伊赛及伊凡在弗谢沃洛德修建的修道院，为圣米哈伊尔教堂[726]举行圣洁仪式。那时这个修道院的院长是拉扎里。是年，斯维亚托波尔克从诺夫哥罗德来到图罗夫城居住[727]。也在这一年，佩切拉修道院院长尼康去世。这年(伏尔加河地区的)保加尔人占领了穆罗姆城。

6597年(1089年)。在统治罗斯国土的王公——高贵的弗谢沃洛德及其两个孩子——弗拉季米尔和罗斯提斯拉夫时期，伊奥安总主教、别尔戈罗德主教卢卡、切尔尼戈夫主教伊赛为佩切拉圣母教堂举行了圣洁仪式[728]。这时扬掌握基辅千人长的领导权，而伊奥安主持佩切拉修道院。是年，伊奥安总主教去世。伊奥安是一位广学经书、深通科学的人，他对乞丐和寡妇十分怜悯，对任何人，无论富人或穷人都很温和，他谦逊忠厚，沉默寡言，但当他根据圣经来安慰不幸的人时又善于辞令，在罗斯像他这样的人真是前无古人，后无来者。这一年，以前提到过的弗谢沃洛德的女儿扬卡前往希腊[729]。扬卡带回总主教伊奥安，他是位阉人，人们看到他就说："看，死人来啦。"他住了一年去世。这个人虽不是读书出身，但富有才智，言语朴实。这一年总主教叶弗列姆为佩列亚斯拉夫利的圣米哈伊尔教堂举行圣洁仪式[730]，他是这座教堂的总主教，他修建的这座教堂规模很大，因为以前佩列亚斯拉夫利是总教区的首府，他在教堂周围又建筑了很多附属建筑物，并加以各种各样的华丽的装饰，陈设许许多多琳琅满目的教堂器皿。叶弗列姆是个阉人，身材高大。他当时修建起许多建筑物。他建成了圣米哈伊尔教堂，在城门口为纪念殉教圣徒狄奥多尔，给修建的教堂奠基，后来，在城门附近又为圣安德烈教堂及石砌浴池[731]奠基，这种浴池在罗斯还是前所未有的创举。他还受殉教圣徒狄奥多尔教堂的委派为石头城奠基[732]，并修建了许多教堂建筑及其他建筑来美化佩列亚斯拉夫利城。

6599年(1091年)。佩切拉修道院的院长和修道士们在一起商议[733]说："我们的师父狄奥多西安葬在修道院和自己的教堂之外，总不是件好事，因为是他创建了教堂和募集了修道士。"他们经磋商后吩咐安排放置狄奥多西干尸的场所。三天后，在圣母升天节，修道院长命令开挖我们师父狄奥多西的干尸安息地。我这个有罪的人，成了修道院长下令的第一个目击者。我讲的这件事绝不是什么道听途说，而是来自这(事)的一个发起人[734]。修道院长到我这儿说："咱们一起到狄奥多西的山洞去。"于是我就同修道院长一起来到山洞,这件事谁也不知道。我们考察了挖掘地点,定了下来,就在入口的一侧标了挖掘的地点。修道院长对我说:“在弟兄中不许和任何修道士讲,不要让任何人知道,但你可以找一个你想找的人来帮助你。”我在当天就准备好了挖掘的锄头[735]。礼拜二的黄昏时分,我带了两名弟兄[736],悄悄地来到了山洞,唱完赞美诗后就开始挖起来。干累了,就让另一个弟兄接着挖。就这样,我们一直挖到半夜,挖呀挖,还是没有挖到地方;于是我开始发愁起来,担心挖的地方(离墓)偏了。不过我还是拿起锄头拼命地挖,而我的朋友在山洞前睡觉。他对我说:“已敲钣钟了!”当他对我说:“已敲钣钟了”时,我已挖到狄奥多西的干尸了,我就告诉他:“我已挖到了。”当我挖到时,一股极其恐惧的心情控制了我,我大声呼叫起来:“主啊,请宽恕我吧!”这时,修道院长还没说出他将和谁来秘密移葬。在修道院里坐着两个弟兄,他们正往山洞这方向看。当钣钟敲响时,他们看见有三根光柱,像三条闪亮的彩虹,移动着,慢慢停到后来要停放狄奥多西遗体的那教堂的上空。与此同时,曾接替狄奥多西任修道院长,现在已是主教的斯捷凡,在自己的修道院里看到田野外的山洞上方一道巨大的霞光,他想:这是在搬迁狄奥多西的遗体,因为他在这前一天已被告知此事。斯捷凡为他不能参加迁葬而深感遗憾,他骑上马,带上克利缅特迅速前往。他后来让克利缅特接替自己担任了修道院长。一路上他们二人都看见了那道巨大的霞光,当他们走近时,看见了山洞上有许多烛光,而当走到山洞跟前,则什么也不见了,他们向山洞深穴走去,这时我们正坐在狄奥多西的干尸旁。当我挖到时,我曾派人去向修道院长禀报:“来吧!我们把他抬出来。”修道院长带了两名弟兄赶来,我挖掘得很宽,我们下到里面看见了狄奥多西的干尸,干尸只剩四肢还没有分解，头上的毛发粘在一起。我们把他放在法衣[737]上抬起放在肩头，搬运出来，放在山洞前。第二天主教们都聚集起来了：他们是佩列亚斯拉夫利的叶弗列姆、弗拉基米尔的斯捷凡、切尔尼戈夫的伊奥安、尤里叶夫的马林[738]以及各修道院的院长和修道士；来的还有笃信宗教的人，大家奉香持蜡，抬起狄奥多西的干尸，把它运到他的教堂，安放在右侧的门廊上，时为“米兰敕令纪年”14 年 8 月 14 日，礼拜四，中午 1 时，人们隆重地庆祝了这个日子。

现在我简要地讲一下，狄奥多西的预言是怎样应验的。当狄奥多西在世时，他是修道院的院长，受上帝的委派管理一大帮修道士，他不仅关照他们，而且也庇护世间俗人，拯救他们的灵魂，特别是关心自己的神职弟子，对来求他的人给予安慰和教诲，他有时候还亲自登门，为他们祝福。有一次，他来到扬及其妻子玛丽娅的家，因为狄奥多西喜欢他们，他们在生活中恪守圣训，相亲相爱。这样，他来到他们家，规劝他们要施舍穷人，并告诫说，虔诚的人能进入天国，而有罪的人会饱尝苦难，他还讲了死期。当他讲到把他们入棺时，扬的妻子问他说：“谁知道，会把我葬在何方？”狄奥多西就对她说：“诚言之，我将躺下的地方也是你将被埋葬的地方。”后来他的话真的应验了。狄奥多西死得比她早，这件事情是到了第 18 年才应验的：因为这年扬的名叫玛丽娅的妻子，于 8 月 16 日去世。来了修道士，他们念完一般的赞美歌后，就把她运到圣母教堂，安放在狄奥多西灵柩的对面，左侧狄奥多西是 14 日安葬的，而她是 16 日安葬的。

仙逝的师父——我们的狄奥多西的预言就这样应验了。你是个善良的牧人，真心实意放牧着有理性的绵羊。你温柔地专心注视着和保护着它们；为托付给你的群羊，为信仰基督的人们，为罗斯的土地，为这一切祈祷。当你离开了这个世界，你还祈祷着，为信仰笃诚的人们和自己的信徒；而他们目视着你的灵柩，追忆你的教导和你的克制律己的行为，颂扬上帝。而我，你这位有罪的奴仆和信徒，真不知道怎样才能颂扬你那善良的一生和克制律己的情操，但我要说几句："高兴吧，我们的父亲和导师！你抛弃了喧嚣嘈杂的尘世，爱上寂静的生活，你在静默和修道的生活中侍奉上帝，你给自己带来了主的全部恩赐，你严守斋戒，升华自身，你憎恶肉欲和诱惑，你拒绝了半世的美色和奢望，你追随那些思想高尚的神父们的步伐前进，并力求胜过他们。你默默地不断升华自己，修身养性，从圣书中使自己得到欢乐。高兴吧，你以永生的希望巩固了自己的信念，你得到了这永生的幸福，你禁绝了那不法行为和反叛之源的淫欲，你是圣者，你躲开了魔鬼的诱惑和罗网。师父啊！你和忠实信徒们长眠在一起，你以自己的辛勤劳动赢得酬报，你作为神父们的一位继承者，遵循他们的教理和风尚，恪守他们的节制和法规。"特别是要在情操和生活方式上效仿伟大的狄奥多西，我们要以自己的一生与你相比拟，在节欲上要超过，仿效你的习惯，做好一件又一件事，以应诵的祷文去赞美上帝，而不去眷恋馥郁的芬芳。你带来的是祈祷的小香炉，香味扑鼻的神香。你战胜了尘世间的淫欲和当政尘世的统治者，力拒敌对的恶魔及其诱惑，你是一位胜利者，你挡住了他那敌意的暗箭和傲慢的计谋，你以十字架为武器，以不可战胜的信念和上帝的帮助而变得坚强。为我祈祷吧，尊敬的师父！使我能挣脱敌人的罗网，以您自己的祈祷保护我不受敌人的迫害！

这一年5月21日下午一点多钟，太阳上出现了征兆：好像它要消失似的，只剩下了很少的部分，犹如月亮[739]。同年，弗谢沃洛德在维什戈罗德郊外打猎，当捕兽网已布置好，大家高声吆喝时,一条巨蛇[740]自空而降,众人大惊失色,这时大地发出一下撞击声,很多人都曾听到。这年,在罗斯托夫出现了一个巫师,但他很快就消失了。

6600年(1092年)。在波洛茨克发生了一件罕见的令人吃惊的怪事:夜里有脚步声,魔鬼像人一样痛楚地呻吟着在大街上走来走去,像似搜寻着什么。如果谁从屋里出来想看一看,那他常常会立即毫不觉察地被魔鬼伤害,并因此会慢慢死去。所以谁也不敢再走出家门;尔后,(魔鬼)开始大白天出现在马上,它们本身不被看见,能看见的只是他们所乘马匹的四蹄,就这样它们在波洛茨克及其许多地区伤害人们,所以人们就说,这是那维叶[741]在殴打波洛茨克人。这种征兆先开始于德鲁茨克城[742]。与此同时,天空也出现了一种征兆:犹如一个硕大的光环高悬苍穹。这一年干旱无雨,以致大地干裂,许多树林和沼泽地也自行起火燃烧起来。在其他各地也都出现许多征兆。波洛韦次人到处挑起大规模的战争,他们占领了三座城市:佩索钦、佩列沃洛卡、普里卢克[743],并把战火烧到河[744]两岸的许多村庄。同年,波洛韦次人联合瓦西利克·罗斯提斯拉维奇一起讨伐波兰人。这一年留里克·罗斯提斯拉维奇去世。这期间许多人由于得各种疾病而死亡,以致连棺材铺老板都说:“我们从圣诞节前的斋戒日到谢肉节售出了7000口棺材!”这是由于我们的罪过,因为我们的罪孽和谎言日益深重。这是上帝为我们安排的,命令我们醒悟过来,在罪恶和嫉妒前停步,不再干其他敌对的坏事。

十三、王权的衰落和内忧外患(一)

6601年(1093年)。“米兰敕令纪年”第一年,4月13日弗拉季米尔的孙子——弗谢沃洛德·雅罗斯拉维奇大公去世,14日下葬。这是复活节前的一个星期，星期四。他入柩后，安放于圣索菲亚大教堂。这位笃信的弗谢沃洛德大公从小就敬爱上帝，追求真理，施舍穷苦的人，尊敬主教和神父，特别爱护修道士，馈赠他们需要的一切。他本人也力拒酒色，为此深得自己父亲的宠爱，他父亲对他说："我的孩子！我听说了你的忠厚性格，你使我的暮年增添欢乐和慰藉，愿你幸福。如果上帝让你在自己的兄弟之后继承我的王位，合法地，而不是用武力篡夺，那么，当上帝把死神派去找你时，你可以躺在我的灵柩旁，因为在你的兄弟之间我最喜欢你。"他父亲对他说的话果真应验了。他在他所有的兄弟之后取得了父亲的王位，也就是在自己的哥哥去世后。他在基辅执政期间，伤心事要比他在佩列亚斯拉夫利时更多。在他统治基辅公国时，他的侄子们给他出难题，他们使他大伤脑筋，这个想要这块领地，那个想要那块；而他为了使他们顺从，也就分封给他们领地。在伤心事中，还有疾病接踵而来，随之是年事渐高。他开始喜欢年轻人的聪明才智，经常同他们商量问题；他们就开始从中离间，使他疏远轻慢自己的老亲兵队。人们不能得到王公的裁决。这些年轻人[745]开始掠夺和贩卖人口，大公则由于自己病魔缠身而不知道发生的一切。当他病重时，就派人到切尔尼戈夫去召回自己的儿子弗拉季米尔。弗拉季米尔来到了他父亲身边，看到父亲病入膏肓，就哭了起来。临终时刻，弗拉季米尔和小儿子罗斯提斯拉夫都在场，弗谢沃洛德平静安详地死去，去同自己的祖先会合了，他在基辅统治了 15 年，在佩列亚斯拉夫利一年，在切尔尼戈夫一年。弗拉季米尔痛哭流涕后，和自己的弟弟罗斯提斯拉夫一起为自己父亲的遗体更衣，安排丧事。各主教、修道院长、修道士、神父、贵族以及平民百姓聚集起来，人们抬着他的遗体，伴随惯有的颂歌，如同前所述及把他安葬在圣索菲亚教堂。

1073年斯维亚托斯拉夫·雅罗斯拉维奇选集(插图)

圣父大教堂

1073 年斯维亚托斯拉夫·雅罗斯拉维奇选集中插画

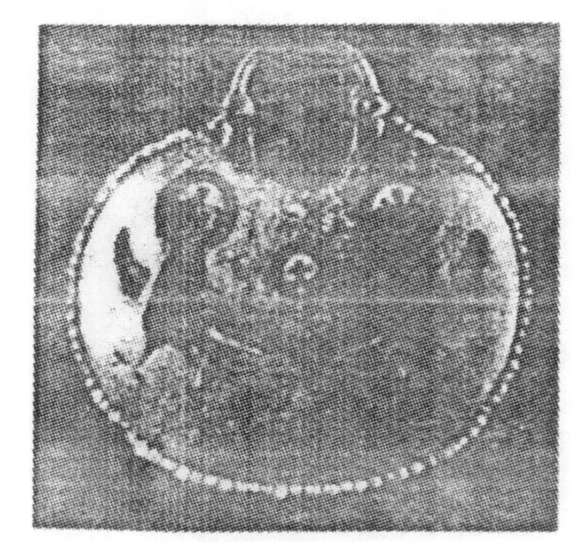

镶有珐琅质的金垂饰
（1887 年在米哈伊洛夫金顶修道院围墙中出土的文物）

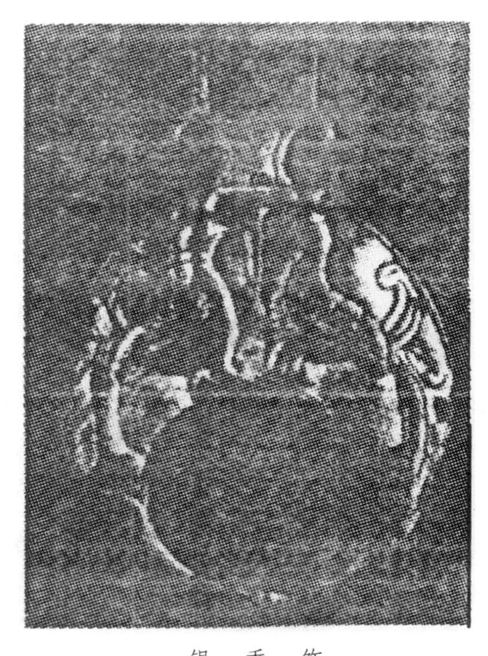

银　垂　饰
出自画室（M. K. 卡尔格尔在基辅发掘）

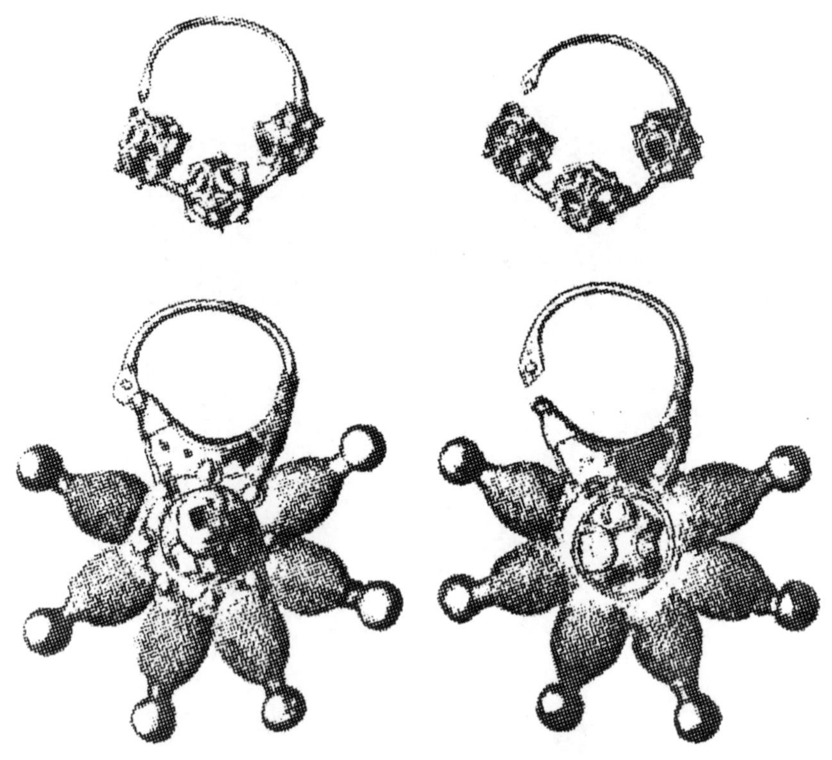

镶有小颗粒的星形耳环镶嵌三颗珠宝的耳环

弗拉季米尔开始考虑，他说："如果我去继承自己父亲的王位，势必会同斯维亚托波尔克兵戎相见，因为这个王位原先是属于他父亲的。"他考虑后决定派人到图罗夫去请斯维亚托波尔克，而自己去切尔尼戈夫，罗斯提斯拉夫则去佩列亚斯拉夫利。复活节之后，即节日的一礼拜过后，在复活节之日[746]，4 月 24 日斯维亚托波尔克来到了基辅，基辅人出城俯首相迎，高兴地接纳了他，于是他继承了自己父亲和叔叔的王位。这时，波洛韦次人进犯罗斯国土。当他们听说弗谢沃洛德已死，就派使者来见斯维亚托波尔克，建议签订和约。斯维亚托波尔克没和自己父亲及叔叔的老亲兵队商量,而只同自己带来的人商量后,便将使者抓了起来,把他们关进小房子里。波洛韦次人得知这个消息后,就兴师讨伐。前来的波洛韦次军队人数众多,他们包围了托尔切斯克城[747]。斯维亚托波尔克只得释放波洛韦次的来使,请求媾和,但波洛韦次人却不想和解,他们边战边进。于是斯维亚托波尔克开始募集军队,准备抗击波洛韦次人。一些有智谋的勇士对斯维亚托波尔克说:"不要试图去抗击他们,因为你没有多少军队。"但他却回答说:"我有可以抗击他们的700名自己的少年卫士。"[748]另一些无才小辈却进谏说:"发兵吧,大公!"有智谋的人再次进言:"就算你能派出8000人迎战,那也为数不算太多[749]:我们的国家由于战争和罚金已国力空虚[750]。你不如去找你的兄弟弗拉季米尔,求他来帮助你。"斯维亚托波尔克听从了他们的意见,派人去见弗拉季米尔,期望他能帮助自己。弗拉季米尔召集自己的部队,并派人到佩列亚斯拉夫利去找自己的兄弟罗斯提斯拉夫,吩咐他也助斯维亚托波尔克一臂之力。当弗拉季米尔来到基辅后,他们(和斯维亚托波尔克)在圣米哈伊尔修道院[751]会晤,但彼此之间却心怀敌意,争吵不休。经谈判和解后,互相吻了十字架。因为波洛韦次人继续在蹂躏破坏田园,有智谋的武臣就对他们说:"你们彼此还争吵什么?可知道那些蛮族正在毁灭罗斯的大地,你们之间的事,可以以后再去调解,而现在应该去迎敌:或媾和,或战斗。"弗拉季米尔谋求和解,而斯维亚托波尔克主张交战。于是斯维亚托波尔克、弗拉季米尔和罗斯提斯拉夫出兵向特列波利进发[752],来到了斯图格纳(河)。斯维亚托波尔克、弗拉季米尔和罗斯提斯拉夫召集自己的亲兵队商议,准备渡河,大家展开讨论。弗拉季米尔说:"在此威胁

面前，趁眼下有河流的屏障，咱们和他们媾和吧！”一些有智谋的军人扬及其他一些人都同意这一建议。但基辅人不愿接受这个建议，他们说：“我们要打，要渡过河去。”后一种建议占了上风，于是（罗斯人）渡过了斯图格纳河，而当时河水猛涨。斯维亚托波尔克、弗拉季米尔和罗斯提斯拉夫整顿好军队，向前推进。斯维亚托波尔克在右翼，弗拉季米尔在左翼，罗斯提斯拉夫居中。他们绕过特列波利后，穿过了一道土墙，这时波洛韦次人已出兵迎来，最前排是弓箭手。我们的人站在土墙之间，竖起了自己的大旗。（罗斯的）弓箭手从土墙后出动。这时波洛韦次人逼近土墙，竖起了自己的大旗。他们首先向斯维亚托波尔克的队伍压过来，直插入他的队伍。斯维亚托波尔克奋勇抵抗，但他的人抵挡不住敌人的攻击而溃散。随着斯维亚托波尔克也逃跑了。接着，波洛韦次人转而向弗拉季米尔猛扑过来。战斗异常激烈，弗拉季米尔和罗斯提斯拉夫逃跑，他的部队也溃逃，他们跑到了斯图格纳河畔，弗拉季米尔和罗斯提斯拉夫跳进河中。弗拉季米尔眼看罗斯提斯拉夫开始往下沉，弗拉季米尔想去抓住自己的兄弟，但自己也差一点被淹死。弗谢沃洛德的儿子罗斯提斯拉夫溺水而亡。弗拉季米尔和亲兵队残部泅渡过河（因为他部队里的许多人都战死了，有些贵族也在这儿牺牲）。当他到达第聂伯河对岸时，为自己的兄弟和自己的亲兵队放声痛哭，他在极度悲伤中前往切尔尼戈夫。而斯维亚托波尔克，逃进特列波利，紧闭城门，一直待到晚上，当夜返回基辅。波洛韦次人看到自己取得了胜利，一部分人开始在（基辅）大地上劫掠，而另一部分人返回托尔切斯克。这场灾祸发生在 5 月 26 日我主耶稣基督的升天节。罗斯提斯拉夫的尸体经打捞后终于在河里找到了。他被运到了基辅。他的母亲为他哭泣,所有的人也都为他的夭折而悲伤[753]。主教、神父和修道士聚集在一起,唱颂完通常的赞美词后,把他安葬在圣索菲亚教堂,放在他父亲灵柩的旁边。当波洛韦次人围攻托尔切斯克时,托尔克人坚持抵抗,奋力从城里出击,杀死了许多敌人。波洛韦次人开始加大压力,他们引开了城里的水源,城里人由于饥渴而疲惫不堪。于是托尔克人派人来见斯维亚托波尔克,对他说:“如果你不送来食物,我们就只好投降。”斯维亚托波尔克给他们送去食物,但由于敌军太多而难以进城。(波洛韦次人)围城驻扎了 9 个礼拜,然后兵分二路:一路留在城下作战,另一路开赴基辅,在基辅和维什戈罗德之间进行袭扰。斯维亚托波尔克向热拉尼亚河进发,两军相遇交火,展开一场激战。我们的军队在异族人的进击下溃逃。在我们的敌人面前负伤者纷纷倒下,许多人阵亡,死亡人数超过特列波利近郊战役。斯维亚托波尔克回到基辅,仅剩 3 人,而波洛韦次人也返回托尔切斯克。这场灾难发生在 7 月 23 日、24 日清晨,是圣殉教徒鲍里斯和格列勃的纪念日,这天全城陷入万分悲痛之中,而不是欢乐,这是由于我们的罪孽深重和谎言,由于我们愈益增多的非法行为造成的。

要知道,这是上帝怂使蛮人进犯我们,绝不是偏爱他们,而是要惩罚我们,以使我们从恶行中自拔。上帝就是这样以蛮人入侵来惩罚我们。要知道,这是上帝的鞭策,目的是使我们醒悟过来,不走自己那愚蠢的道路。为此,上帝在节日里抱怨我们,如在这年的主的升天节时在特列波利城郊发生的第一场入侵的灾祸,第二次发生在罗斯土地的新节日——鲍里斯和格列勃的纪念日。对此,预言家说:“我要使你们的节日变为悲伤,使你们的歌声变为号啕哭泣。”在我们的土地上，哀鸿遍野，我们的村庄和我们的城市荒无人烟，我们在敌人面前溃不成军。诚如预言家所说：“你们将在你们的敌人面前倒下，仇视你们的人将把你们驱赶，溃逃时风声鹤唳，弃甲曳兵。我要打掉你们的蛮横无理的态度，你们的兵力将是徒劳无益的，外来的剑将杀死你们；你们的土地将会荒芜，你们的庭院将可罗雀。因为你们奸诈无德，所以我也将满怀奸诈的愤怒走向你们。”以色列人的主——上帝这样说。因为以实玛利的狡猾的儿子们焚烧村庄和谷仓，许多教堂被付之一炬，谁也不用为此而惊奇，因为“哪里罪孽深重，哪里就能看到各种各样的惩罚”。因此，全世界在叛变，愤怒在扩大，人民受尽磨难：一些人被沦为俘虏，另一些人惨遭杀戮，再一些人遭到报复，他们忍受痛苦的死亡；一些人看到被杀害的人而全身颤抖，另一些人受着饥渴的折磨；一面是威胁，一面是惩罚，还有各种各样的灾祸，各种不同的痛苦，那些被捆绑、挨脚踢、在严寒中受冻、受折磨的人，其苦楚令人瞠目。更令人惊奇和可怕的是在信奉基督教的种族里恐惧、动摇和不幸愈益严重。如果我们受到惩罚：我们也是该落到世界上最无法无天的外族敌人之手，这种惩罚对我们是合情合理的，我们将抱这样的信念。我们大声说：“主啊，你是公正的，你的裁决也是公正合理的。”我们会仿效那强盗的例子说[754]：“我们得到的是为自己所作所为理应受惩罚的。”我们还同约伯[755]说：“主所意愿的，也就是所发生的；主的英名将永远得到美好的赞颂。”我们通过蛮族的入侵及他们带来的磨难，认清了被我们惹恼了的主宰：我们备受称颂，就没有去颂扬他；我们备受尊敬，就没去尊敬他；我们受到了点化，但不理解；我们受了雇用，但没有干活；我们降生了，但又羞答答地不好意思,好像他不是父亲。我们犯了罪——也就受到了惩罚。我们怎么做的,就怎么受到磨难:所有城市空寂一片,村庄荒芜;我们走过昔日牧放马群、羊群、牛群的田野,如今看到一切已成为不毛之地,庄稼地杂草丛生,成了野兽栖身的场所。但我们还是指望上帝的慈悲。善良的主宰很好地惩罚我们:“他不是按我们不义来压我们,而是根据我们的罪过来报复我们。”善良的主宰是应这样不是根据众多的罪恶来惩罚。上帝对我们就是这样做的:他创造了我们,扶起倒下的人,原谅了亚当的罪行,赐予不朽,并为我们洒下自己的满腔热血。上帝看到我们无信无义,就把这场战争和悲痛引向了我们,以便使那些不想这样的人,在来世终于能得到宽恕。因为在这里被惩罚过的灵魂在来世定会找到宽宥和免除苦难,因为上帝是不会为同一件事而进行二次报复的。啊,难以用语言表达的仁慈!因为他(上帝)看见了不得已而求助于他的我们。啊,他对我们倾注了无限的爱!因为我们是自己主动去回避他的圣训的。现在我们已经忍受,尽管不是愿意,必须地,虽然是不得已地,但是我们已按自己的意愿来接受。因为我们何曾被感化过呢?而现在才泪痕满面,我们又何曾叹息过呢?而现在为那些被不法之人杀害的亡灵哭泣,哀号声传遍大街小巷。

波洛韦次人打了很多仗后,返回到托尔切斯克,城里的人由于饥荒已完全力衰疲惫,只得向围敌投降。波洛韦次人占领城市后,把城市付之一炬,他们把人分开,把许多受过洗礼的人带到住地的自己家和自己的亲属家,这些受过洗礼的人多灾多难、悲惨、疲惫不堪,挨冻受饿,喝不上水,不幸得很;他们面容消瘦,全身污垢,陷身异域;他们舌头红肿,赤身裸脚,脚上棘刺鳞伤,含着泪水互相回

话说:“我原住在这个城市。”另一个说:“我原是那个村庄来的。”他们就是这样含着眼泪互相询问,诉说自己的出身,仰天长叹,凝视着那知晓人间秘密的苍穹。

谁也不可乱说我们是上帝所憎恨的人!愿永远也不会这样!因为有谁能像上帝宠爱我们那样备受上帝的喜欢呢?有谁能像上帝赞扬和器重我们那样也受其恩泽呢?没有任何人[756],因此他正是对我们发泄出自己更大的愤怒,我们曾经比谁都受尊重,我们的罪恶却比谁犯的都更严重。因为我们曾经比所有人受过更深的教诲,我们了解主宰的意志,但我们却轻蔑它及其美妙之处,那当然就要受到比其他人更苦的惩罚。我就是这样一个有罪之人,总是经常惹上帝生气,几乎每天都在犯罪![757]

是年 11 月 1 日,伊兹亚斯拉夫·雅罗斯拉维奇的孙子罗斯提斯拉夫·姆斯提斯拉维奇去世。11 月 16 日安葬于什一圣母教堂。

6602 年(1094 年)。斯维亚托波尔克同波洛韦次人签订了和约,他娶了波洛韦次王公图戈尔坎的女儿为妻。同年,奥列格(斯维亚托斯拉维奇)联合波洛韦次人从特穆托罗坎兵临切尔尼戈夫,但弗拉季米尔闭门坚守,奥列格则逼近城下,在城郊到处放火,焚烧了一些修道院。于是弗拉季米尔就与奥列格讲和,离开该城到佩列亚斯拉夫利去继承他父亲的王位,而奥列格则进入自己父亲的城市。波洛韦次人开始在切尔尼戈夫附近征战,而奥列格对他们不加阻止,因为正是他下令让他们征讨的。这已经是第三次他把蛮人勾引到罗斯的土地,他的罪过但愿上帝能赦免,因为许多基督徒被杀害,而另一些人被俘而流落在(异乡)各地。同年 8 月 26

日蝗虫飞入罗斯境内,吃光了所有青草和很多庄稼,我们亲眼所见的这场灾难是罗斯土地从存在的第一天起闻所未闻的,这都是由于我们的罪孽所致。同年弗拉基米尔城的主教斯捷凡于4月27日夜间5点多钟去世,他曾是佩切拉修道院的院长。

6603年(1095年)[758]。波洛韦次人联合杰弗格涅维奇王子进攻希腊国土,战争在希腊国土上进行。希腊皇帝抓住了杰弗格涅维奇,下令弄瞎他的眼睛[759]。同年波洛韦次人、伊特拉里和克坦来找弗拉季米尔(弗谢沃洛多维奇)议和。伊特拉里来到佩列亚斯拉夫利城,而克坦率领军队驻扎在土城之间。弗拉季米尔把自己的儿子斯维亚托斯拉夫交给克坦作为人质,而伊特拉里率精锐亲兵队驻进城里。在此期间,斯拉维亚塔受斯维亚托波尔克派遣从基辅因事来见弗拉季米尔,这时拉季鲍尔的亲兵队同弗拉季米尔公商量消灭伊特拉里的亲兵队,但弗拉季米尔不想这样做,他回答说:“我怎么能这样做呢?我都已对他们起过誓了。”[760]而亲兵队又对弗拉季米尔说:“主公啊!即使那样干你也不会有罪:他们不总是对你盟誓后而又洗劫罗斯国土,还不断地使基督徒流血吗?”弗拉季米尔听从了他们的计谋,于当天夜里派斯拉维亚塔带小批亲兵队和托尔克人,潜往土堡。他们首先把斯维亚托斯拉夫盗出,然后杀死克坦,歼灭了他的亲兵队。那是一个礼拜六的晚上,那天夜里伊特拉里同自己的亲兵队睡在拉季鲍尔的宅院里[761],他不知道克坦那边发生的事。到了早上,礼拜天,晨祷时,拉季鲍尔分派好武装的少年队员,并命令把小木房烧暖和。弗拉季米尔派自己的少年队员卞久克来请伊特拉里的亲兵队。卞久克对伊特拉里说:“弗拉季米尔公请你们去。主公这么说:‘在暖和的

房间里穿好鞋并在拉季鲍尔那里吃过早饭后，请到我这儿来。'"伊特拉里说："那就这样办好了。"他们一走进生好炉子的屋子，门马上被锁上了。有人爬上房顶，扒开一个小洞，这时奥利别格·拉季鲍里奇，拿起弓，搭上箭，一箭正中伊特拉里心窝，他的亲兵队也全遭屠杀，伊特拉里就这样于谢肉节那一周，即2月24日午后12点多钟，可耻地结束了自己的生命。斯维亚托波尔克则和弗拉季米尔派人到奥列格那儿，命令他同他们一起去攻打波洛韦次人。奥列格答应同他们去，但出兵后不同他们走一条路。斯维亚托波尔克与弗拉季米尔进攻敌驻地，并占领了它，夺取了牲畜、马匹、骆驼和人群，把所掠夺的人和物带回自己的国家。他们对奥列格十分不满，因为他没有同他们一起去攻打蛮族。斯维亚托波尔克和弗拉季米尔派人到奥列格那儿，对他说："你没有同我们一起去攻打蛮族，蛮族劫掠罗斯的土地，而你却将伊特拉里的儿子留在身边，现在你或是把他杀了，或是把他交给我们。他是我们和罗斯国家的敌人。"可奥列格对此不愿听从，因此他们之间就产生了仇恨。

同年波洛韦次人进攻尤里叶夫城[762]，在城郊驻扎了一年，差一点就占领了该城。斯维亚托波尔克出面调停。波洛韦次人则渡过罗斯河，尤里叶夫的居民逃出城来，奔往基辅。斯维亚托波尔克下令在维季奇山岗[763]，修建一座城市，并以自己名字把它命名为斯维亚托波尔克城，命令马林主教同尤里叶夫人在那里定居，命令迁居此处的还有外萨科夫人及来自其他城市的人员。波洛韦次人放火把尤里叶夫城夷为平地。这年年末达维德·斯维亚托斯拉维奇由诺夫哥罗德出兵攻打斯摩棱斯克[764]；诺夫哥罗德人则去罗斯托夫，找姆斯提斯拉夫·弗拉季米罗维奇，抓住后，将他带到诺夫哥罗德[765]。诺夫哥罗德人就对达维德说:“你不用再回到我们这儿来了。”达维德返回斯摩棱斯克,并留在斯摩梭斯克执政,而姆斯提斯拉夫坐镇诺夫哥罗德。这时伊兹亚斯拉夫·弗拉季米罗维奇从库尔斯克[766]来到穆罗姆,穆罗姆人接纳了他,他把奥列格的行政长官抓了起来。这年 8 月 28 日飞来了成群的蝗虫,铺天盖地,望之令人瞠目结舌,蝗群飞向北方各国,吃光青草和黍子。

6604 年(1096 年)[767]。斯维亚托波尔克和弗拉季米尔派人到奥列格那里,对他说:“请你到基辅来,在各主教面前,在各修道院长面前,在我们父辈的群臣面前及在市民面前和我们签订关于罗斯国土的条约,以便保卫罗斯土地不受蛮族的侵犯。”而奥列格态度傲慢,蛮横无理,如此说道:“无论主教或是修道院长,还是斯麦尔德,都没资格代替我来指手画脚。”[768]他听信了那些心术不正的谋士们的意见,不愿去自己兄弟那儿。于是斯维亚托波尔克和弗拉季米尔谴责他说:“你既不肯打蛮族,又不愿来参加我们的会,这是由于你阴谋蓄意反对我们,而想帮助蛮族——那就让上帝来为我们评说吧!”斯维亚托波尔克和弗拉季米尔发兵切尔尼戈夫去打奥列格。奥列格于 5 月 3 日,礼拜六从切尔尼戈夫出逃。斯维亚托波尔克和弗拉季米尔随后追他,奥列格逃进斯塔罗杜勃城[769],闭门不出。斯维亚托波尔克和弗拉季米尔把他围困在城里,被围者出城攻击,而攻城者则向城里逼近,双方伤亡惨重。他们之间展开了一场恶战。围城者围了 33 天,城里的人已精疲力竭,于是奥列格出城求和,他们允许和解,对他说:“你去自己的兄弟达维德那儿,然后和他一起到我们

的父辈、祖辈王位所在的基辅来，因为基辅是全国最古老的城市；我们在那儿聚会，签订条约。”奥列格答应照办，于是大家都吻十字架起了誓。

这时，鲍尼亚克率波洛韦次人出兵进逼基辅。礼拜天晚上，在基辅附近开战，鲍尼亚克放火烧毁了位于别列斯托沃的王公邸宅[770]。与此同时，库里亚率波洛韦次人在佩列亚斯拉夫利附近作战，5 月 24 日他放火烧毁乌斯季耶[771]。奥列格离开斯塔罗杜勃，来到斯摩棱斯克，但斯摩棱斯克人不接受他，他因而转往梁赞[772]。斯维亚托波尔克和弗拉季米尔则已回家。同月，5 月 30 日[773]，斯维亚托波尔克的岳父图戈尔坎[774]来攻打佩列亚斯拉夫利，屯兵城郊，佩列亚斯拉夫利人闭门坚守。斯维亚托波尔克和弗拉季米尔发兵迎战图戈尔坎，从第聂伯河的这一侧（右侧）进发。他们走近札鲁勃[775]，在那里涉水过河。波洛韦次人没有发现他们，这是上帝保佑了他们，他们准备停当后，开向城市。城里人看见了他们，喜出望外，出城相迎，而波洛韦次人扎营在特鲁别日河的另一侧，也准备战斗。斯维亚托波尔克则和弗拉季米尔涉水过特鲁别日河，逼近波洛韦次人，弗拉季米尔想先把部队列好阵势，但他们不肯听从，拍马冲向敌人。波洛韦次人看此情景，拔腿逃遁，我军紧跟敌人砍杀。那一天，主赐给了我们极大的拯救：7 月 19 日外族人被打败，他们的大公图戈尔坎、他的儿子及其他几位王公均被杀死；我们的许多敌人也在那里毙命。第二天早上发现了图戈尔坎的尸体，斯维亚托波尔克收殓了他——这位既是敌人，又是岳父的人，把灵柩运往基辅，把他安葬在别列斯托沃[776]，这是去往别列斯托沃和去修道院的岔路口。还是在这个月的20

日，礼拜五，中午一点，鲍尼亚克再次偷袭基辅，他是个无视上帝的，全身长疮的人，他像野兽一样，突然潜入[777]，波洛韦次人差点没有闯进基辅城里。他们焚烧城郊低地上的建筑，又折向修道院，焚烧斯捷凡修道院和一些村庄，还有格尔曼[778]，接着他们前往佩切拉修道院。当时晨祷后我们都在小居室里睡觉。他们在修道院旁大喊大叫，并在修道院大门前竖起了两面大旗。而我们有的人从修道院后门逃跑，有的人跑到(教堂的)上敞廊内。那些不信神的以实玛利的子孙们劈开修道院的大门，沿小居室挨户破门，如果在房间里找到什么东西的话，就都拿走，他们放火焚烧了我们圣母院的圣母堂，又来到教堂，放火烧南侧的门和第二扇——朝北的门。他们还闯进了狄奥多西灵柩旁的门廊，抢夺圣像，放火烧门，凌辱我们的主和我们的教规。但上帝忍耐了，因为他们的罪孽和他们的不法行为还未到报应的时候。而他们却说："他们的上帝在哪呢？就让上帝来帮助他们，搭救他们吧！"并以大量污言秽语辱骂圣像，他们狂笑着。岂不知这正是上帝用战争的灾难来惩罚自己的奴仆，以使他们像金子在熔炉里冶炼一样再塑自身：要知道，基督徒要经受无数悲痛和磨难才能进入天国，而这些蛮夷和凌辱者，虽然他们在这个世界上过着花天酒地和安逸的生活，但在来世定将遭受苦难，他们注定会被魔鬼置于永恒的烈焰中焚烧。这时他们放火烧起红宅[779]，它坐落在名叫维多比奇的山丘上，为虔诚笃信的弗谢沃洛德公所建：所有这些都被那些天地所不容的波洛韦次人付之一炬。因此我们也跟着预言家大卫大声呼吁："上帝，我的主啊！给他们安上车轮，就像把火放在风口上吞没橡树林那样，用您的风暴驱赶他们，使他们满脸蒙羞，无地自容。"因为是他

们玷污和烧毁了您的殿堂、您母亲的修道院和您奴仆的遗体。正是这些派来惩罚基督徒的无视上帝的以实玛利的子孙们用武器杀死了我们的一些弟兄。

雅罗波尔克·伊兹亚斯拉维奇公和夫人伊丽娜及母亲(下方)

(特里尔圣诗集插图)

1092 年阿尔汉格尔斯克经书，第 123 页

他们来自东方和北方之间的耶特里弗荒漠[780]，分为四支：托尔克曼人、佩彻涅格人、托尔克人、波洛韦次人。美多德关于他们的情况有证[781]说，当基甸砍杀他们的队伍时，有 8 支逃走，8 支逃

往荒漠，而 4 支被他杀戮[782]。另一些人则说[783]：“他们是亚扪的子孙。”但这并非如此，因为摩押的子孙是赫瓦利斯人，而亚扪的子孙是保加尔人。而来自以实玛利的萨拉森人把自己说成是萨林人（撒拉的子孙），称自己为萨拉森人，就是说：“我们是萨林人。”这样，赫瓦利斯人和保加尔人都是出身于罗得的女儿，她们均受孕于自己的父亲，因而他们是不洁净的部落，而以实玛利生了 12 个儿子，再由他们繁衍出托尔克曼人、佩彻涅格人、托尔克人和库曼人，即来自荒漠的波洛韦次人，在这 8 支人之后，在本世纪末将出现的是那些被马其顿的亚历山大封锁在山中的不洁净的人。

十四、摩诺马赫的训诫书

训诫书[784]。我，一个微不足道的人，洗礼时被我的祖父——圣明、荣耀的雅罗斯拉夫大公取名为瓦西里，罗斯的名为弗拉季米尔[785]，我心爱的父亲和自己的母亲称我为摩诺马赫[786]……为了那些受过洗礼的人们，我按照父辈的祈祷[787]，凭自己仁慈之心，使他们多少人免遭种种灾难。我坐在雪橇上[788]，浮想联翩，我赞美上帝，他迄今还庇护着我这个有罪之人[789]。我的孩子们或别的人，听到这份便简[790]，请不必发笑，但如果我的孩子们当中有谁喜欢它，那就让他铭记在自己的心里，不要怠惰，要身体力行。

首先，为了上帝和自己的良心，在自己的心中要敬畏上帝，慈善为怀，这才是万善之源。如果有谁不喜欢这份便简，那也不用讥笑，就让他说去吧：这是在长途的旅程中，坐在雪橇上，说出的一堆废话。

是啊[791]，我兄弟[792]派来的使者在伏尔加河迎接我，他们说：

“请你和我们一起行动，赶走罗斯提斯拉维奇兄弟，夺取他们的领地[793]；如果你不愿意和我们一起干，那我们就干我们的，你干你的。”[794]于是我说：“即使你们会很生气，我也不能和你们共同发兵，我不能违反盟誓。”

我打发他们（来使）走了以后，取出《圣诗集》，伤感地翻开它，读到了下面几句[795]：“心里担忧什么？为什么使我不安？”等。然后，我选了这些警句，把它一句句按系列排好写下[796]：如果后面的语句你不喜欢，那你就取前面的语句[797]。

“我的心啊！你为何忧伤？你为什么使我不安？要寄希望于上帝，因为我一切都会向他坦白。”“不要和狡猾之徒争荣，不要羡慕违法不道之人，因为狡猾之徒必将被剪除，而上帝的信徒——他们将拥有土地。用不多久——不会有破戒者容身之地，他想要寻找自己的地方，但找不到，而忠厚之人才能继承土地，并享受和平之年华。破戒者窥视着遵守教规者，对他咬牙切齿；上帝却只是讥笑他，预知他的（末）日将到。破戒者刀出鞘，弓上弦，要杀害穷苦不幸的人，伤害正直人之心。他们的武器要伤正直人之心，弓必会折断。遵守教规者拥有虽少，但胜过破戒者的万贯钱财。因为破戒者的势力必遭挫折，而上帝不断壮大遵守教规者的力量。因此破戒者定将灭亡，而遵守教规者会得到宽恕，上帝给他们指点。这样，赞助上帝的人继承土地，而咒骂上帝的人将被消灭。人生的脚步由主来指引。当他跌倒时，不会摔坏，因为有上帝搀扶着他的手。我从年轻时代活到老，从没见过有遵守教规者被遗弃，也没见过他的孩子们求乞。遵守教规者每天施舍借贷，他的后代将赞美他。要行善避恶，寻求安宁，排除（险恶），长住久安。”“当人们造反

时，会把我们活吞；当上帝对我们震怒时，大水就会把我们淹没。”

“上帝啊，宽恕我吧！因为有人要把我踏烂；每天都有人侵犯我，逼迫我。我的敌人侵犯我，侵犯我的人甚多。”“遵守教规者欣喜万分，并当看见报应时，将在破戒者的鲜血中洗自己的双手。于是人就会说：‘如果遵守教规者会得到奖励，那就意味着大地上有主持裁判的上帝。’”“上帝啊，请把我从我的敌人手里救出，把我从凶残成性的人们那里拯救出，因为他们在腐蚀我的心灵。”“因为他喜怒无常，朝三暮四：晚上还在哭泣，早上将欢乐降临。”“你的仁慈比我的生命还高贵，我的嘴要为你赞颂。我为我的生命而向你道谢，为了你的英名我举双手称颂。”“请把我隐藏，摆脱那帮狡猾之徒，摆脱那众多的无义之徒。”“所有虔诚的遵守教规者，你们高兴起来吧。我时时赞颂上帝，对他赞不绝口”等。

瓦西里曾教导年轻人，要有一颗纯洁无瑕的心，瘦削的身体，温和诚心地交谈，恪守主的话：“吃饭和喝水不要出大声，在年长者面前不要多嘴，在智者面前要洗耳恭听，要服从年长者，要爱自己的同辈人和比自己年轻的人。交谈中不要心怀狡念，而是更多地去思考，言谈不要过于激烈，不要长篇阔论地斥责别人，不要多笑，不要为年长者而感羞愧。不要和坏女人交谈，应目光向下，而心向上，回避她们。不要回避去教导那些贪权的人，不要搞全民的崇敬。如果你们当中有谁能够为别人做好事，便可以期望得到上帝的奖赏和享受永恒的富贵。”“噢，主宰者圣母啊！请从我可怜的心中排除傲气和狂妄，以便在我们渺小的生活中不致沾沾自喜于那空虚的尘世。”

信徒啊，要学会和善为人，按福音书上的话说：要学会“严于视，慎于言，善用智，禁肉欲，压制怒气，保持心地纯洁，为了主而激励自己多多行善。遭受损失的人——不要去报复，被憎恨的人——要有爱心，被迫害的人——要容忍，受辱骂的人——要为之祈祷，要消除罪恶。”“主说，要搭救被欺侮之人，为孤儿评理，为寡妇辩护；大家要一同联合起来。如果你们的罪恶将如深红色，那我会把它粉刷得像雪一样白”等。斋戒节制的春天和忏悔之花会重放异彩；兄弟啊，我们要洗净自己肉体和心灵上的全部热血。我们向光明的赐予者呼唤说：“有仁爱之心的人啊，光荣属于你！”

我的孩子们啊，你们要真正懂得，仁爱的上帝是何等的宽大为怀，何等的大慈大悲。我们——有罪的凡人，如果有人对我们使坏，我们马上就想把他活吞，给他放血。而我们的主虽然掌握生杀大权，但对我们一生中犯下的无穷的罪孽还是忍耐。热爱自己孩子的父亲，既打孩子，又把他搂进自己的怀里，我们的主也是这样，他指点我们如何战胜敌人，如何通过三件善行：忏悔、眼泪和施舍——来摆脱和打败他们。我的孩子啊，如何通过那三件善行来解脱自己的罪孽，不至于失掉（天）国的通途，这对你们可不是上帝苛刻的戒条。

为了上帝，不要懒惰，请求你们不要忘记上述三件事，因为它并不是难事：这不是隐居遁世，不是出家为僧，也不是当今善男信女们所忍受的禁食，而是通过一桩桩小事争取得到上帝的怜悯。

“人是什么，你怎么顾念他？”“主啊，你是伟大的，你的事业是壮丽的，人的智慧怎么也难以描述你所创造的奇迹。”我们又说：

“主啊,你是伟大的,你的事业是壮丽的。你的名字将在整个大地永远受到祝福和赞颂。”有谁不颂扬和赞美你的力量?你在这世界上所创造的伟大的奇迹和财富;如所创造的天空,如太阳、月亮、星辰、黑暗、光明,被放置于水上的大地。主啊,这全都是你的手艺!主啊!那点缀江山的千姿百态的野兽、飞禽和鱼类也都是你的杰作。我们都为此奇迹而惊讶,如由于上帝的睿智,用泥土造人,人的脸形都各不相同,如果就是把所有人集到一起,他们的相貌也各不相同,每人都有自己的外貌。我们惊奇的还有天空的鸟儿,从乐土飞出[798],首先飞到我们手里[799],并不栖息在一个国家。按上帝的旨意,无论猛禽,还是弱雀,栖息到所有的国家,遍及森林和田野。而所有这一切都是上帝对人们的恩赐,有的用作食物,有的用作娱乐消遣。主啊,你对我们的仁慈之心是伟大的,因为你创造所有这一切财富为的是有罪之人类。主啊,你所驯养的那些天上的飞鸟,你吩咐它们时就引颈歌唱,喜悦人类,而当你未吩咐时,它们虽有歌喉也变得默然无声。“主啊!你受到大家的祝福,你深受大家的崇敬!”“你创造了种种奇迹和这些财富。主啊,谁不赞美你,谁不为圣父圣子和圣灵全心全意地信奉你,谁就会受到诅咒!”

这些圣言,我的孩子们,当你们读后,赞颂赐给我们仁慈之心的上帝吧;而这是出自我平庸才智的教导。请听我说的话吧,如果不愿全部接受,那就接受一半也好。

如果上帝减轻你心灵的负担,你们就为自己的罪孽抛洒自己的热泪,一面说:你既然能赦免荡妇、盗贼和收税人,那也就宽恕我们这些罪人吧。你在教堂也做,躺下(睡觉)时也做,一个晚上也别去犯罪[800]:如果这对你们能办到,那就拜倒在地;如果你有病,那就做三次。切莫忘记那件事，切莫偷懒，因为人通过晚上的膜拜和祷告才能战胜魔鬼，并且人在一天之间犯下的罪孽，通过它才能得到解脱（罪恶）。如果你骑马赶路，不要去和任何人打交道；如果你不会其他的祷词，那可以自己不断默念："主啊，请宽恕我！"因为这句祷词比别的任何祷词都好——比骑在马上乱想一通要好。

主要的是别忘记赤贫者，尽你们所能抚养和救济孤儿，亲自站出来为寡妇辩护，不允许强悍者凌辱他人[801]。不管是无罪还是有罪的人都不要杀，也不要下令杀他；即使他理该处死，也不要侮辱一个基督徒的心灵[802]。在谈话中，讲的无论是好事还是坏事，都不要以上帝的名义发誓和画十字，因为你没有必要那样做。如果你要对兄弟或别的什么人发誓，那先要彻底衡量自己内心所能承受的程度，然后在此程度上去宣誓。宣誓后，就要遵守，以便一旦违背誓言，而不至于伤害自己的心灵。总主教、神父和修道院院长啊……热心地接受他们的祝福吧，不要回避他们，尽力去热爱和关心他们，以便得到他们……上帝的祈祷。我们在心中和思想上都不要有更多的骄傲情绪，但我们要说：我们是凡人，今天活着，明天也许会躺在棺材里。你给我们所有这一切都不是我们的，而是你的，这是你暂时托付给我们的。不要把（财宝）埋藏在地里，这对我们是极大的罪孽。尊敬老人如父亲，器重年轻人如兄弟。在自己家里不要偷懒，但要照料好一切；别全指望提温[803]或年轻侍从，以免招致你的客人耻笑你的居室和你的午餐。出征打仗不要怠惰，别把希望寄托在将领的身上；别贪酒、贪吃和贪睡。警戒岗哨要亲自布置，晚上也是这样，在四面岗哨都分派停当后，方可安歇，但早上要早起。武器在四周没有检查好时，不要着急从身上取

下，因为一个人很容易由于一时的疏忽大意而引来骤然的丧生。不要说谎、酗酒和淫荡，因为它会摧残身心。在自己的国土上，不管出巡[804]到哪，都别让自己的和别人的青年侍从骚扰民宅，践踏庄稼，以免被人辱骂[805]。无论去哪里和在什么地方住下，都要给乞丐和云游教徒（унеин）[806]供应饮水和食物。要多多敬重宾客，无论他是从何处来到你们这里，是平民，还是显贵，或是使节；如果不能向客人馈赠礼品以示敬意，那也要招待吃喝：因为他们走遍天涯，会沿途传播，或赞颂他人之美德，或诉说他人之恶行。对病人要慰问，对死者要送葬，因为我们自己所有人也都是凡人。见到每一个过路的人都要打招呼，给以良好的祝愿。要爱自己的妻子，但不能让她们的权力凌驾于自己的头上[807]。而你们一切的最终真谛就是：敬畏上帝高于一切。

如果你们对此开始遗忘，就经常再读一读：我不会因而感到羞愧，你们也会从中受益。

不要忘记你们所学到的好的东西，不会的则要去学习——如我的父亲，在家就学会了五种语言[808]，因而赢得其他国家的尊敬。要知道，懒惰是一切之母：掌握的会忘光，不会的也不愿学。做好事时，什么好事也别偷懒，尤其是对待教堂的事：别在太阳照进屋里时你还躺在床上。我仙逝的父亲和一切品德高尚的有名望的男子都是这么做的。晨祷赞美上帝后，接着在日出时看到太阳后，应以喜悦的心情颂扬上帝说："基督上帝啊，你赐予我美丽的自己的亮光，请打开我的双眼吧！"还可说："主啊，你年复一年延长我的寿命，为的是今后我能忏悔其他的罪孽，辩白自己的一生。"我就是这样赞美上帝。坐下来和亲兵队相议[809]，或审判他人[810]，或出外打猎，或收取贡赋，或躺下睡觉：上帝允许中午睡觉。要知道按此规定，野兽、鸟儿和人都要安寝。

而现在，我的孩子们，给你们讲讲我从13岁起[811]在四处征战和狩猎中所经受的辛劳。最初我去罗斯托夫[812]，途经维亚提奇人的土地[813]；我父亲派我（到那里），而他自己去了库尔斯克[814]。我还第二次和斯塔弗科·戈尔佳季奇[815]去了斯摩棱斯克[816]。斯塔弗科·戈尔佳季奇后来和伊兹亚斯拉夫转赴别列斯季耶[817]，而我被派驻斯摩棱斯克；我从斯摩棱斯克去了弗拉基米尔[818]。那年冬天兄弟[819]派我去别列斯季耶的被波兰人焚毁的遗址[820]，我在那里维持了城市的平静[821]。然后，我去了佩列亚斯拉夫利父亲那里一趟[822]，在复活节后，从佩列亚斯拉夫利到（南）弗拉基米尔，在苏捷伊斯克[823]与波兰人缔结和约。从那里我又回到弗拉基米尔[824]度夏。

后来，斯维亚托斯拉夫派我去波兰[825]：我越过格洛戈瓦到达捷克森林[826]，并在他们（波兰）国土上度过了4个月。同年，我的诺夫哥罗德长子出世[827]。我从那里（波兰）到图罗夫[828]，而春天去佩列亚斯拉夫利。随后，又回到图罗夫。

斯维亚托斯拉夫（雅罗斯拉维奇）去世[829]，我又去了斯摩棱斯克，同年冬天又从斯摩棱斯克去诺夫哥罗德；春天出兵支援格列勃[830]。夏天我和父亲抵达波洛茨克近郊。翌年冬季又和斯维亚托波尔克（伊兹亚斯拉维奇）来到波洛茨克近郊；我们放了一把火烧了波洛茨克；斯维亚托波尔克前往诺夫哥罗德[831]，而我和波洛韦次人进军奥德列斯克[832]，一直打到切尔尼戈夫。于是我又一次从斯摩棱斯克来到了切尔尼戈大的父亲那里。从弗拉基米尔撤出的奥列格来到那里，我邀请他到我这里和父亲一起[833]在切尔尼戈夫的红宅[834]共进午餐，我向父亲献上 300 格里夫纳的金子[835]。我从斯摩棱斯克来，又一次穿过波洛韦次人防地，边战边靠近佩列亚斯拉夫利[836]，在那里遇上了远征归来的父亲。接着，也在那年我们又和父亲及伊兹亚斯拉夫去切尔尼戈夫和鲍里斯作战，战胜了鲍里斯和奥列格[837]。我们又去了佩列亚斯拉夫利，并在奥勃罗夫[838]扎营。

弗谢斯拉夫焚烧了斯摩棱斯克，我率领切尔尼戈夫人，带上换乘的马匹，立即追赶，但在斯摩棱斯克没有追上……[839]在追击弗谢斯拉夫的途中，放火焚烧他的领地，一路砍杀直打到卢科姆利和洛戈日斯克[840]，然后又是一场进攻德柳茨克的战斗，后来（返回）到切尔尼戈夫。

是年冬季[841]，波洛韦次人洗劫了整个斯塔罗杜勃，我率领切尔尼戈夫人和（另一支）波洛韦次人，在捷斯纳河俘虏了阿萨杜克公和萨乌克公[842]，全歼他们的亲兵队。翌日清晨，我们在夺取新城[843]的战斗中击溃了别尔卡特金的劲旅[844]，夺取全部俘虏及奴仆（семечи）[845]。

我们用两个冬天去维亚提奇人的地区攻打霍多塔及其儿子，第一个冬天我进攻科里德诺[846]。我们又追击罗斯提斯拉维奇兄弟[847]攻打米库林[848]，但没能追上。那年春季，我到布罗迪城和雅罗波尔克举行会议[849]。

还是那一年，我们渡过霍罗尔河[850]，追击波洛韦次人，他们占领了戈罗申城。

是年秋季，我们和切尔尼戈夫人，波洛韦次人（奇捷叶维奇人）

联合攻打明斯克，夺下了城市，没给那里留下一名奴仆和一头牲口。

是年冬季，我们去布罗迪和雅罗波尔克会晤，确立了亲密无间的关系[851]。

春季，父亲委派我坐镇佩列亚斯拉夫利，列在众兄弟(王公)之前[852]，我们渡过苏帕河[853]。在进军途中接近普里卢克时[854]，波洛韦次王公率领8000大军，突然与我们遭遇，我们倒是乐于能与他们拼杀，但是武器放在辎重车上已先期运走[855]，于是我们进入城里。他们只活捉了一名家奴(семцю)[856]和几名斯麦尔德农民，而我方击毙和俘虏更多的波洛韦次人，于是波洛韦次人不敢下马，连夜向苏拉河方向逃窜。第二天是圣母日[857]，我们兵发白维扎[858]，上帝和圣母帮助了我们：我们歼灭900名波洛韦次人，俘虏了两位王公巴古巴尔斯兄弟——奥谢尼和萨克齐，他们当中只有两人得以逃跑。

接着，我们兵发斯维亚托斯拉夫利[859]，追击波洛韦次人，然后前往托尔切斯克城[860]，再开往尤里叶夫[861]，继续追击波洛韦次人。于是还是在克拉斯恩[862]附近的(第聂伯河)对岸战胜了波洛韦次人。接着，我和罗斯提斯拉夫[863]在瓦林[864]附近夺取了土堡。然后我去弗拉基米尔[865]，第二次委派雅罗波尔克坐镇弗拉基米尔。雅罗波尔克去世[866]。

我们在父亲去世后[867]，在斯维亚托波尔克时期[868]，在斯图格纳河和波洛韦次人一直战到黄昏。在哈列普附近交战[869]，后来我们和图戈尔坎[870]及其他的波洛韦次王公缔结了和约，于是从格列勃人的手里夺回自己全部的亲兵队[871]。

后来，奥列格率领所有波洛韦次军队向我进犯，逼近切尔尼戈夫[872]，我方的部队为据守小土堡和他们战斗了8天，阻击住没让他们进入要塞。我怜悯基督徒的灵魂和焚烧着的村庄与修道院[873]，说："不能让波洛韦次人有吹嘘的借口。"我就把他父亲的王位让给了从兄弟（奥列格），而自己去佩列亚斯拉夫利继承父亲在那里的王位。于是我们在圣鲍里斯节（7月24日）[874]那天，连同妇女和儿童在内共约一百人，撤出切尔尼戈夫，穿过波洛韦次军队的驻地。波洛韦次人站在渡口旁和山岗上，如豺狼一样，馋涎欲滴地盯着我们[875]，但上帝和圣鲍里斯没有把我们交给他们任意肆虐，我们安然无恙地到达了佩列亚斯拉夫利。

在佩列亚斯拉夫利，我和自己的亲兵队度过了三个冬夏，我们忍受了战争和饥荒带来的许多磨难[876]。我们进击（波洛韦次的）军队，争夺里莫弗[877]，上帝帮助了我们，我们歼灭了他们，其余的人均被我们俘虏。

我们又歼灭了伊特拉里的部队[878]，绕过戈尔塔弗[879]，占领了他们的田舍。

我们进军斯塔罗杜勃[880]，讨伐奥列格，因为他投奔了波洛韦次人。我们向布格进发[881]，和斯维亚托波尔克渡过罗斯河，追击鲍尼亚克[882]。

我们和达维德和解后，前往斯摩棱斯克，第二次也是从沃罗尼查[883]出发的。

此时还有托尔克人伙同波洛韦次人——奇捷叶维奇人向我袭来，我们前往苏拉河迎敌。

后来又一次去罗斯托夫过冬，并连着三个冬天我们去了斯摩棱斯克[884]，我从斯摩棱斯克前往罗斯托夫[885]。

我们和斯维亚托波尔克又一次追击鲍尼亚克，但……砍杀了[886]，没有追上他们。后来又渡过罗斯河还是追击鲍尼亚克，又没追上。

我去斯摩棱斯克过冬；复活节后[887]离开斯摩棱斯克；尤里的母亲去世[888]。

夏天，我回到佩列亚斯拉夫利，召集了众兄弟[889]开会。

鲍尼亚克率波洛韦次全部军队进逼克斯尼亚京，我们从佩列亚斯拉夫利出兵渡过苏拉河迎敌，托上帝的福，我们击败了他们的军队，他们一些最优秀的王公都被我们俘虏。在圣诞节后我们和阿叶帕缔结和约，我们带回了他的女儿[890]，前往斯摩棱斯克，然后我们动身去罗斯托夫。

我们从罗斯托夫回来后，再次和斯维亚托波尔克共同发兵对付乌鲁巴攻打波洛韦次人[891]，上帝帮助了我们。

后来，我们又一次攻打鲍尼亚克，进军卢宾[892]。上帝帮助了我们。

然后，我和斯维亚托波尔克去沃伊尼亚（к воиню）[893]；随后，我们又和斯维亚托波尔克及达维德进军顿河[894]，上帝帮助了我们。

阿叶帕和鲍尼亚克本来要兵逼维拉[895]，想夺取它，我和奥列格及孩子们率兵前往罗缅[896]迎战，他们得知此消息后逃遁。

后来，格列勃抓走了我们的人，我们进军明斯克讨伐格列勃[897]；托上帝的福，我们得以实现我们预想的目的。

后来，由于不能忍受雅罗斯拉维茨（ярославец）[898]的恶行，就发兵前往弗拉基米尔去攻打他。

我从切尔尼戈夫到基辅父亲那里达一百来次，清早出城，晚祷时到达[899]，大的南征北战多达83次[900]，而其他小规模的征战就记不清了。在父亲生前和死后，我和波洛韦次的王公们缔结过19次和约，赠给他们很多牲畜和很多自己的衣服[901]。我释放了下列显贵的波洛韦次王公：沙鲁坎的两位兄弟[902]、巴古巴尔斯的三位兄弟[903]、奥谢尼的四位兄弟[904]及其他显贵的王公总共达百名之多，而上帝让下列王公自己束手就擒：科克苏西父子、阿克兰·布尔切维奇、塔列弗的王公[905]阿兹古卢伊及其他15名[906]年轻的勇士(кметь)[907]。我把生擒来的这些人都杀了，抛入那条萨利尼查小河中[908]。那时我先后消灭了大约200名显贵。

现就我在切尔尼戈夫当政期间，讲讲我狩猎时奋力的情况：我从切尔尼戈夫出来，到今年以前狩猎过上百次，并轻而易举地捕获猎物，还不算在图罗夫城外的另一次狩猎，那次我和父亲猎获各种野兽。

下面就是我在切尔尼戈夫所经历的：我用自己的双手在密林里捆住10—20匹野马。此外，当我骑马在草原上奔驰时，自己双手捕获过那些野马。两头野牛曾用牛角把我连人带马一起挑起来[909]；一只鹿用角抵过我；还有两只驼鹿，一只用鹿蹄踩我，另一只用大鹿角抵我；一头公野猪扯下我胯骨旁的宝剑；一头熊撕破了我膝盖上的毡膝垫；一只猛兽突然跃起扑向我的大腿，把我连人带马扑翻在地[910]，托上帝的保佑，我才幸免此难。我曾多次从马背上摔下，两次碰破脑袋，手脚都被摔坏。我年轻时经常受伤，我从不吝惜自己的生命，顾惜自己的头颅。

无论在战场上或狩猎场上，无论夜晚或白天，无论酷暑或严寒(зима)[911]，我从不偷闲[912]——凡是要求我的少年卫士(отроки)[913]做的，我都亲自做到。凡要求做的事，必躬亲力行。在下达命令时，从不只靠地方行政长官和赋税官(биричи)[914]，在自己家里也是如此行事。司渔猎的官员、饲马员的差遣和鹰鹞[915]掌管的所有规章我都亲手制定。

我也绝不让权势者凌辱贫寒的斯麦尔德(农民)和穷苦的寡妇。我亲自关注教规和礼仪的遵守。

我的孩子或其他什么人，读了此文以后，不要责备我：因为我并没有吹嘘自己，夸耀自己的勇敢，而是赞美上帝，颂扬他的仁慈。多少年来，上帝一直庇护我这样一个又有罪、又愚蠢的人避免死亡，把我这可怜的人创造成一个勤奋的人，善于经办人间万事的人。你们读完这篇文书后，要歌颂上帝及其圣者，把各种善行再推进一步。孩子们，不要害怕死亡：既不要怕战争，也不要怕野兽，像上帝所赐予你们的那样，要尽到大丈夫的职责。既然战争、野兽、水[916]和从马上摔下都不能(伤害)我，那你们当中的任何人，如果不是上帝的旨意，也绝不会受到伤害或死亡。而如果是上帝让你死去，那么无论父母，无论兄弟都难以使你免于死难。但是，如果连好事自己都要提防，那上帝的庇护要比人的保护更好。

十五、摩诺马赫致奥列格的信

我啊，历经沧桑和苦难[917]！灵魂啊，你多次与心角逐，征服了我的心。我作为一个不能长生于世之人，想在未经忏悔，相互间又未曾言和的情况下，思考应如何去站到那阴沉可怕的判官面前。

因为有人说："我爱上帝，但不爱自己的兄弟，这是谎言。"还说："如果你不宽恕兄弟的罪孽，那你在天之父也不会放过你的。"预言家说："别和狡猾之徒比高低，也别羡慕那些不法之徒。""还有什么比兄弟间和睦相处更美好、更美满的呢？"而魔鬼一直在挑唆！因而在我们的祖辈时代，在我们的善良和仙逝的父辈时代，都曾有过多次战争[918]。魔鬼可不希望人类善良，总离间我们的关系，我给你写此信是因为我儿子促使我这么做，你曾给他洗礼[919]，他坐镇之处离你很近[920]。他派自己的人来给我送信说："让我们通过谈判重归于好吧，而（上帝）已给我的兄弟裁决。我们和你都不要做一个复仇者[921]，要把事情寄托于上帝，况且他们（伊兹亚斯拉夫和奥列格）自己会站到上帝面前的；而我们绝不能让罗斯国土遭殃[922]。"我看到自己儿子的温顺谦逊，也就放心了。我敬畏上帝，所以说："他虽还年轻[923]，缺乏理智，但他能如此温顺谦逊，侍奉上帝；而我是一位罪孽深重于所有人的人。"

我听从了儿子的意见，致函给你：你接到信是高兴还是辱骂，我会从你的（回）信中看出的。我说这些话是想提醒你，让你知道我期待你的是什么，我希望以和解及忏悔的态度求上帝宽恕自己过去的罪孽。我们的主并非凡人，是整个宇宙的上帝，他能在瞬间创造出想要的一切，但他自己还是甘愿忍受责骂、凌辱和打击；他虽掌握生死大权，却献出自己的生命。可我们是什么呢，是一群凶恶的罪人。今天活着，而明天会是死人，今天安享荣华富贵，而明天会是不省人事就寝于棺墓中之人，任凭他人瓜分我们所积攒的一切。

兄弟啊，请看看我们的父辈：他们索取了什么或他们把什么衣冠穿在身上呢？但他们留下的仅仅是他们为自己的心灵所做的事。兄弟啊，本应由你首先派使者来说这席话的。当你的面杀死了我的和你的[924]孩子时，你目睹他的血和他的尸体，他像一朵盛开的小花凋萎了，像一只羔羊被宰杀了，你站在他旁边，反思自己内心的计谋，本应该说："我为我所干的事感到不幸！我利用了他的无知，为了这浮华虚假的世界我承担了罪恶，而使他的父母[925]伤心流泪。"

你本应像大卫那样说："我知道，我的罪恶摆在我的面前。"向上帝行过涂油仪式的大卫，并不是由于流血，而是与人通奸后，痛心疾首，伤心地哭泣——上帝马上宽恕了他的罪行。你本应向上帝忏悔，写封安慰的信给我，并应把我的儿媳送往我处[926]，因为在她的身上既无恶，也无善——为了我能拥抱她，哀悼她的丈夫，悲悼他们的婚礼，以此来替代婚礼上的歌唱：因为由于我的罪过，我没有见到他们的初欢，也未能出席他们的婚礼[927]。这样，看在上帝的份上，随第一个使者赶快把她送到我这里来，以便我和她一起哭泣，我给她安排好在这里的住处，即使她住下，也会犹如斑鸠栖息在枯树上哀鸣，而我自己就能在上帝那里找到慰藉[928]。

我们的祖辈和父辈正是走这样的一条路：这是上帝对他（伊兹亚斯拉夫）作出的判决，而不是你。如果你当时已完成了你的意愿，夺取了穆罗姆，而不再去占领罗斯托夫[929]，并派遣使者来见我，那我们本可以在这里达成协议的[930]。不过，你自己说说，是我应向你派使者，还是你应向我派使者呢？如果你曾和我孩子说："你去和父亲商量一下，"那我十次的使者都派出去了。

大丈夫捐躯疆场，有什么可以奇怪的呢[931]？我们先辈中的最优秀的人物就是这样死去的。但是他不应垂涎他人之物，不应使我蒙受耻辱和悲伤。要知道是仆役们教唆他,以便为自己谋取好处,而给他带来罪孽。你如果在上帝面前开始忏悔,并以诚心待我,那你就派使者或主教来,写一封应允(和解)的信。这样你就会得到领地,赢得我们的欢心[932],我们就会生活得比以前更好:我既不是你的敌人,也不是你的复仇者。我并不想在斯塔罗杜勃见到你的血[933];但愿上帝保佑,也别由于你的手,你或某兄弟下的命令而让我见到血。如果我在撒谎,那上帝可以处置我。还有诚实的十字架!或我的罪在于,由于蛮人的事而向你发兵攻打切尔尼戈夫[934],我为此深感悔恨,并不止一次地向自己的兄弟们表示过歉意,还曾加以诉说,因为我终究是人。

如果你觉得好,那就……如果你觉得不好,那你的教子和自己的小弟弟[935]就坐镇在你的旁边,吃着爷爷的食粮[936],而你坐镇在自己的(封邑)[937],以此可进行商议。如果你想杀他们,他们两人都在你那里。因为我不想作恶,希望兄弟和罗斯大地共享太平。而你想用武力得到的,我们出于对你的关怀都可给你,给你在斯塔罗杜勃的你的领地。上帝能亲自作证,我们和你的兄弟谈判是在这种情况下[938],如果没有你,他就难以达成协议。我们没有做任何坏事,也没说:和兄弟的谈判一直要谈到达成协议为止。如果你们当中有谁不希望基督徒得到幸福及和平,那他的灵魂在那个世界也休想从上帝那里见到和平。

你自己明白,我说这个不是由于穷困,也不是由于上帝降临的某种不幸。但是我的灵魂要比这整个世界还宝贵。在没有原告的可怕的法庭上我自己来揭发自己,等等。

十六、摩诺马赫的祈祷文

“主啊，聪颖的指导者、智慧的传递者[939]、无知的启蒙者，穷人的庇护者！求你让我的心充满智慧！父啊，你赐予我口才吧，别使我的嘴妨碍向你的倾诉：你大慈大悲，宽恕堕落之人吧！”“我的希望是上帝，我的庇护者是基督，我的保护者是圣灵！我的希望和保护者，求你不要抛弃我！你帮助我驱除悲痛、疾病及所有灾难，我歌颂赞美你！人们啊，要知道和看到，上帝在考验心灵，洞察信念，揭露讼案，惩治罪孽，为孤儿、穷苦人和乞丐评判。”“我的心灵哪，跪拜吧，考虑一下你自己所干的事，用自己的双眼审视它，流泪向上帝倾诉出自己的全部思想和行为，并洗刷净自己的罪恶。”“圣明的安德烈，万福的父亲，克里特岛的牧师啊！不要停止我们为尊敬你而作的祈祷，忠实敬奉你的人们，把我们从愤怒、悲哀、腐朽、罪孽和灾难中拯救出来。纯洁的童贞女圣母啊，保护你廉洁主宰的城市，使它在你的保卫中得以巩固，把希望寄托在你的身上，（在你的帮助下）战胜所有的战争，击退敌人，并迫使他们臣服，噢，说出至高无上圣言的贞洁的圣母啊，求你垂听我们并拯救向你发出呼吁的我们，击退种种进犯，摆脱未来的苦难。我们向你祈祷，都是你的奴隶，我们的心向你跪拜。纯洁的圣母啊，请把你的耳朵转过来，拯救我们这些永久沉于悲痛中的人吧，圣母啊，保护你的城市免遭各种敌人的俘虏！上帝啊，怜惜你的后人，当你看到现在我们在生育了你的大地向你祈祷，赦免我们所有的罪孽吧，你曾化为人形使大地充满你的慈爱。”“上帝啊，当你坐下审理我的案件时，饶恕我吧！圣母啊！救救向你儿子哭诉的堕落的我吧，我向你儿

子哭诉:‘上帝啊,请怜悯我吧,怜悯我,如果你要惩罚,那不要判我火刑,不要对我发怒——基督啊,生育你的圣母,众多的天使和大群殉教者都在为我向你祈祷。为了理应受到尊敬和赞誉的我主耶稣基督,愿圣父、圣子和圣灵过去和现在,永生永世长存!’”

十七、王权的衰落和内忧外患(二)

现在我想讲一下四年前从诺夫哥罗德人古里亚塔·罗戈维奇那里听来的一段事[940],他说:“我派我的一个少年卫士到佩切拉去,到向诺夫哥罗德进贡的人们那里去,我的那个少年卫士到了他们那儿后,又从那里去了尤格拉国土。尤格拉是一支操我们听不懂的语言的人,他们同北方边区的萨莫亚季毗邻。”尤格拉人对我的少年卫士说:“我们发现了一件闻所未闻的怪事。这已是第三个年头;有一排高耸入云延伸进海湾的山峦,山上有大声的喊叫声和说话声。于是有人凿山,想凿通它,就在那山上凿穿了一个小洞,从那里面传出说话声,他们的话听不懂,但他们指着铁块,不断地做手势要铁;如果谁给他们一把刀,或是斧子,他们就用毛皮交换[941]。到那些山里的路难于通行:因为有深渊、积雪和森林,因而我们不总是能到达他们那里;这条路一直伸往北方。”我就对古里亚塔说:“这就是被马其顿的亚历山大皇帝封锁住的那些人,关于他们的情况正如帕塔尔的美多德所讲的[942],他说:‘马其顿皇帝亚历山大到了海边,到了称为太阳故土的东方国度,在那里他看见了雅弗族不开化的人,他目睹了他们的肮脏习俗:什么脏东西都吃,蚊虫、苍蝇、猫、蛇;死人也不埋葬,而是把它们吃掉,他们还吃妇女堕胎的胎儿和各种不洁净的牲畜。亚历山大见此情景,立存

戒心,怕他们繁衍壮大,玷污大地,就把他们赶进北方的高山里去,按上帝的旨意,高山随他们之后就合拢起来。只差 12 肘尺[943]没有完全闭合,于是在这里修建了一座铜质大门,门上涂有松克利特[944]。如果有谁想去掉它,那是办不到的,就是用火烧也烧不掉,因为松克利特的特性是:火烧不坏它,铁撬不掉它。最近按上帝的旨意要有 8 个部族支系从耶特里弗荒漠出来,出来的也有这帮深居北方山里的不开化的部族。’”

耶路撒冷的基里尔宣言

(11 世纪手抄本第 135 页)

别列斯托沃的救世主教堂(11 世纪末至 12 世纪初)

然而我们还是回到前面讲的话题上去。奥列格虽然答应到斯摩棱斯克去见自己的兄弟达维德,并同自己的兄弟一起去基辅签订和约,但奥列格不想这样做。因此他到了斯摩棱斯克后,募集军队就去攻打穆罗姆,当时这个城市处于伊兹亚斯拉夫·弗拉季米罗维奇的统治之下。当奥列格军队向穆罗姆开进的消息传到伊兹亚斯拉夫后,他就派人到苏兹达尔和罗斯托夫去搬兵,他还去找别洛奥泽罗人求援,这样就集结了许多军队。这时奥列格派自己的使者来见伊兹亚斯拉夫,对他说:"你到自己父亲的领地罗斯托夫去吧!而这是我父亲的属地。我是想坐镇穆罗姆同你父亲签订和约。要知道是他把我从我父亲的城市里赶出来的,或者是不是你也不想把我在这里的粮食给我呢?"然而伊兹亚斯拉夫倚仗自己有庞大的军队,根本听不进去这些话,而奥列格则凭自己是正义之师,事出有理,于是率领军队向城市逼近。伊兹亚斯拉夫在城外野地里列阵准备战斗。奥列格全军发起进攻,两军相遇,展开残酷的战斗。9月6日弗谢沃洛德的孙子——伊兹亚斯拉夫·弗拉季米罗维奇阵亡;他的残部四面逃窜:有的穿过树林,有的逃进城里。奥列格进了城,市民们迎接他。人们收殓了伊兹亚斯拉夫的尸体,把他安葬在圣救世主修道院,后又从那里转运到诺夫哥罗德,安葬在圣索菲亚教堂的左侧。奥列格在占领城市后,把罗斯托夫人、别洛奥泽罗人和苏兹达尔人抓了起来,上了镣铐,就挥师攻打苏兹达尔。当他来到苏兹达尔,苏兹达尔人向他投降。奥列格平定这座城市后,抓了一些人,驱赶了一些人,没收了他们的财产,然后去攻打罗斯托夫,罗斯托夫人也向他投降。这样他夺取了穆罗姆和罗斯托夫的全部土地,给各城市委派了行政长官,并开始征收贡物。姆斯提斯拉夫从诺夫哥罗德派自己的使者,去见他说:"请你离开苏兹达

尔回到穆罗姆去，不要占领他人之地，我将派人和我的亲兵队去请求我父亲，使你同我的父亲和解。虽然你杀死了我的兄弟，但这也不奇怪，因为打仗总会有国王和勇士捐躯沙场。”奥列格不愿听从他的意见，他还想再去占领诺夫哥罗德，于是他派自己的兄弟雅罗斯拉夫率马队前行侦察，而自己在罗斯托夫附近列阵。姆斯提斯拉夫同诺夫哥罗德人商议后，派多勃雷尼亚·拉古伊洛维奇为先导，率队侦察；多勃雷尼亚先是抓了（奥列格的）征贡者。雅罗斯拉夫当时驻扎在麦德维季查，得知贡物征收者被抓，当夜就逃跑，跑回后，报告奥列格说，姆斯提斯拉夫正在逼近，而骑兵放哨已被抓，他就逃往罗斯托夫。姆斯提斯拉夫向伏尔加河进发，有人向他报告说奥列格已退往罗斯托夫，于是姆斯提斯拉夫就随后紧追。而奥列格进发苏兹达尔。当他听说姆斯提斯拉夫尾随不舍，就下令烧毁苏兹达尔城，只有佩切拉修道院和圣德米特里教堂幸免于难。这所教堂是叶弗列姆连同各村庄一起赠给修道院的。奥列格逃往穆罗姆，而姆斯提斯拉夫来到苏兹达尔，驻定后，他派人到奥列格那里谋求和解。说：“我比你年轻，请你去和我父亲谈判吧！而你抓去的亲兵队请放回来，而我一切都将听从于你。”奥列格就派人到他这儿，假装求和。而姆斯提斯拉夫则相信了他的骗局，把亲兵队解散回村。这时费多罗夫（大）斋戒周[945]到了，费多罗夫礼拜六也来临了，当姆斯提斯拉夫正坐着用餐时，传来一个消息，说奥列格已到克利亚兹玛了，偷偷地逼近苏兹达尔。姆斯提斯拉夫因为相信了奥列格，所以也没有布置侦察马队；但是只有上帝知道，怎样才能把自己的忠实信徒从骗局中解救出来！奥列格在克利亚兹玛河扎营，原想姆斯提斯拉夫由于怕他而会自己逃跑。可是亲兵队那天返回到姆斯提斯拉夫那里集合,第二天又来了诺夫哥罗德人,罗斯托夫人和别洛奥泽罗人。姆斯提斯拉夫在城前摆好阵势,部署好亲兵队迎战,奥列格没向姆斯提斯拉夫进攻,姆斯提斯拉夫也没有向奥列格进攻,双方对峙了四天。这时姆斯提斯拉夫得到消息说:"父亲给你派兄弟维亚切斯拉夫率领波洛韦次人(前来支援)。"维亚切斯拉夫于弗多罗夫礼拜日之后的礼拜四,斋戒日到达。礼拜五奥列格准备好战斗后,来攻取城市。姆斯提斯拉夫则率诺夫哥罗德人和罗斯托夫人抗击他[946]。姆斯提斯拉夫把弗拉季米尔大旗交给一位名叫库努伊的波洛韦次人,并拨给他一队步兵,把他放在右翼。库努伊带领步兵,挥舞弗拉季米尔大旗[947],奥列格看到了弗拉季米尔大旗,大为震惊,恐惧心情席卷他和他的士兵。双方开始战斗,奥列格攻击姆斯提斯拉夫,雅罗斯拉夫攻击维亚切斯拉夫。姆斯提斯拉夫则率领诺夫哥罗德人穿过了火场,诺夫哥罗德人从坐骑上跳下来,徒步前进[948],在库拉奇查河[949]与对方相遇,展开了一场殊死战斗。姆斯提斯拉夫逐渐占了上风,这时奥列格看到,弗拉季米尔大旗移动着,开始向他的后方迂回。奥列格害怕万分,落荒而走。姆斯提斯拉夫取得了胜利。奥列格逃回到穆罗姆,他让雅罗斯拉夫留守穆罗姆。而自己奔往梁赞。姆斯提斯拉夫来到穆罗姆,他与穆罗姆人缔结了和约,接着带上自己的部下,罗斯托夫人和苏兹达尔人发兵梁赞追击奥列格。奥列格又从梁赞逃跑,而姆斯提斯拉夫来到梁赞后就同梁赞人缔结了和约,并收编了那些被奥列格监禁的自己的人。这时(姆斯提斯拉夫)派人去见奥

列格说："你别再到处跑了，还是派人到自己兄弟那里去请求不要剥夺你的罗斯土地为好！我也会派人到父亲那儿去为你求情的。"奥列格答应照此办理，姆斯提斯拉夫就撤回到苏兹达尔，并应圣尼基塔（诺夫哥罗德）主教的请求，从那里回到自己的城市诺夫哥罗德。这时正是6604年（1096年），"米兰敕令纪年"第四个年头。

6650年（1097年）。前来的有斯维亚托波尔克、弗拉季米尔、达维德·伊戈列维奇、瓦西里科·罗斯提斯拉维奇、达维德·斯维亚托斯拉维奇和他的兄弟奥列格[950]，他们在柳别奇开会结盟，商议订立和约[951]，他们都说："我们为什么要自己挑起纷争，毁掉罗斯国家呢？而让波洛韦次人掠夺我们的土地，他们乐于看到我们之间争斗厮杀。让我们从现在起，精诚团结，共同保卫罗斯土地，让我们各自分管好自己的世袭领地：斯维亚托波尔克管理伊兹亚斯拉夫的（世袭领地）基辅；弗拉季米尔管理弗谢沃洛德的世袭领地；达维德、奥列格和雅罗斯拉夫管理斯维亚托斯拉夫的领地；弗谢沃洛德当年分给各人的城市归属是：达维德得到（南）弗拉基米尔城；罗斯提斯拉维奇一家：沃洛达里得到佩列梅什利城，瓦西里科得到捷列鲍弗利城[952]。"就此大家吻十字架起誓："今后如果谁若对别人图谋不轨，则正义的十字架和我们大家将一致群起而诛之。"大家又说："正义的十字架和全罗斯国家都将反对他。"于是大家相互告别，各自登上返程。

斯维亚托波尔克同达维德来到基辅，所有人都兴高采烈，只有魔鬼为他们的这种亲善而悲伤。于是恶魔撒旦就钻进了一些勇士的心里，对达维德·伊戈列维奇造谣说："弗拉季米尔说通

了瓦西里科联合反对斯维亚托波尔克和你。”达维德听信了谣言,开始向斯维亚托波尔克诽谤瓦西里科,他说:“是谁杀死了你的兄弟——雅罗波尔克?而现在他又蓄意勾结弗拉季米尔来反对我和你。你要当心自己的脑袋。”斯维亚托波尔克有点不信,他说:“这是真的还是假的,我拿不准。”斯维亚托波尔克又对达维德说:“如果你讲的是真的,上帝为你作证;如果你是由于嫉妒而说,那上帝就会审判你。”斯维亚托波尔克怜惜自己的兄弟,也考虑到自己,心想也许确实是真的,最后他相信了达维德的话。这样达维德蒙骗住了斯维亚托波尔克,于是他们开始琢磨起瓦西里科来;可是无论是瓦西里科,还是弗拉季米尔对此都一无所知。达维德首先开口:“如果我们不先逮捕瓦西里科,那你就别想在基辅统治,我在弗拉基米尔城也待不下去。”于是斯维亚托波尔克听从了他。11 月 4 日瓦西里科来了,他渡过(第聂伯河)到维多别奇,然后去修道院朝拜圣米哈伊尔,他在那儿进晚餐,而把自己的车队留在鲁季查[953];傍晚他就回到了自己的车队。第二天早晨,斯维亚托波尔克派人来见他说:“因为我的命名日快到了,请你别走[954]。”瓦西里科谢绝了,他说:“我不能在此久留,担心我的领地里会发生战争。”达维德也派人来对他说:“兄弟你不要走!你要听大哥的话。”瓦西里科还是不愿听从,于是达维德对斯维亚托波尔克说:“你看到没有,他来到你身边都没想见你,如果他离开这里回到自己的领地,就会夺走你的城市——图罗夫、平斯克[955]和你的其他城市。到那个时候你就会想起我说的话了。你要是不希望这样,现在就把他召来,抓住他,把他交给我。”斯维亚托波尔克听从了达维德的意见,他派人

去请瓦西里科，对他说："如果你不愿意留下过我的命名日，那你现在来一趟祝贺祝贺我，并可以同达维德一起叙谈一下。"瓦西里科没想到这是达维德阴谋为他设下的骗局，答应前来。瓦西里科骑上马出发，遇到了自己的一个少年卫士，那人劝他说："王公啊，不能去，他们想要抓你。"瓦西里科没听他的话，心里琢磨："他们怎么会想抓我呢？不久前大家还吻过十字架发过誓说：如果谁想对谁图谋不轨，那十字架和我们全体都将一致诛伐之。"他想到这里，画着十字说："上帝保佑！"他带了很少几个卫士骑马来到王公的邸宅。斯维亚托波尔克出来迎接他，他们一起进了小房间，这时达维德也来了，大家都坐了下来。斯维亚托波尔克先开口："你留下来过节吧！"（米哈伊尔日，11 月 8 日）瓦西里科回答说："兄弟，我不能留下，我都已吩咐我的辎重队先走了。"达维德坐着一声不吱，像个哑巴。斯维亚托波尔克又说："兄弟，那么你就在这里吃顿早饭吧。"瓦西里科同意留下吃早饭，于是斯维亚托波尔克说："你们在这里坐一会儿，我去安排一下。"他转身就走，达维德和瓦西里科继续坐着。瓦西里科先开始同达维德说话，但达维德既不回答，也没听，因为他心里有鬼，十分惊慌。达维德坐了一会儿后，就问外面的人："哥哥在哪里？"他们回答他说："在前廊[956]呢！"于是达维德起身说："我去找他，兄弟，你再坐一会儿。"他站起来赶快走。达维德刚走出去，瓦西里科就被锁在了屋里，这是 11 月 5 日的事情。他们用两副镣铐把他禁锢了起来，晚上，对他加强了岗哨。第二天早晨斯维亚托波尔克召集贵族和基辅人，告诉他们达维德对他说过的话："（瓦西里科）杀死了你的兄弟，现在又联合弗拉季米尔来反对你，他想杀死你,夺取你的城市。”贵族和基辅人说:“王公,你应珍惜自己的脑袋,如果达维德说的是真话,那就让瓦西里科受到惩罚;如果达维德说的不是真话,那你让他受到上帝的报复,让他在上帝面前承担责任。”有的修道院长得知此事,他们为瓦西里科向斯维亚托波尔克求情,斯维亚托波尔克回答他们说:“这要看达维德。”达维德知道这事后,就开始挑唆弄瞎瓦西里科的眼睛:“如果你不这样做,而是把他放了,那你我都别想保住王公的地位。”斯维亚托波尔克想放瓦西里科,但达维德不愿意,害怕瓦西里科报复,当夜就把瓦西里科转移到别尔戈罗德[957],这是基辅郊区十俄里[958]左右的一个小城市。他们给瓦西里科戴上镣铐用大车运来,从大车上拉下,押进一间不大的小木房里。瓦西里科坐在那里,看见了一个托尔克人正在磨刀,于是就意识到他们是想弄瞎他的眼睛。他泪流满面,恳求上帝,痛苦地呻吟着,这时斯维亚托波尔克和达维德派来的斯诺维德·伊泽切维奇和德米特尔进来了,斯诺维德是斯维亚托波尔克的马夫,德米特尔是达维德的马夫。他们开始在屋里铺上地毯,铺好后,抓住瓦西里科,想把他撂倒;瓦西里科同他们激烈搏斗,他们没能把他摔倒在地。这时又进来其他人才把他摁倒捆绑住,他们从炉子上取下一块烧红的铁板,用它烫瓦西里科的胸部。斯诺维德·伊泽切维奇和德米特尔坐在烧红的铁板的两头,但还是没能制止住(瓦西里科的)挣扎,于是又上来了两个人,从炉子上再取下一块烧红的铁板压他的双肩,烫得他的胸部滋啦作响。这时有个名叫别连季的托尔克人走过来,他是斯维亚托波尔克的牧羊人,他手拿刀子,想剜瓦西里科的眼睛,但一失手没扎正,划破了他的脸,

直到后来瓦西里科脸上还留有疤痕。接着(别连季)又往眼睛扎下,剜出一颗眼珠,然后又扎进另一只眼,剜出了另一颗眼珠[959]。这时瓦西里科已像死人一样躺着。他被裹进毯子,像死尸一样被扔到大车上,人们把他运往弗拉基米尔城。在运送途中走过兹维日坚桥[960]时,车在市场上停了下来,从他身上扒下血迹斑斑的衬衫,交给牧师妻子洗涤。她洗完后,在那些人用饭时给他穿上,牧师妻子像哭死人一样为他哭泣不已。瓦西里科听到了哭声,就问:“我这是在哪儿?”他们回答他说:“在兹维日坚[961]城。”他想要喝水,他们给了他水,他喝了一点水后,神志清醒过来,他想起来了,摸了摸衬衫说:“你们为什么从我身上把它扒掉?我不如穿着那件血染的衬衣去死,就那样去见上帝。”那些人吃完饭后,很快就押他坐上大车沿着“格鲁达”(坚硬,崎岖不平)的道路[962]前进,因为当时正值“格鲁坚”月,即11月。他们于第6天押着他来到弗拉基米尔城,达维德也到了,他像对待战利品那样押着瓦西里科,洋洋得意。他们把瓦西里科关在瓦克伊邸宅里,派30人看守,并派两名王公侍卫乌兰和科尔奇科负责。

弗拉季米尔听说瓦西里科被捕,还被弄瞎了眼睛,大为震惊,他哭了一阵后说:“在罗斯土地上不管是祖父辈还是父亲辈都没有发生过如此恶劣的事情。”他马上派人去见达维德和奥列格·斯维亚托斯拉维奇,对他们说:“请你们到戈罗杰茨来,为了纠正发生在罗斯大地上和我们兄弟之间的这场恶行——犹如一把刀子已插在我们之间了。如果我们不去制止它,那么我们之间还会发生更大的祸乱,兄弟之间就会开始互相残杀,罗斯国家将遭毁灭,我们的敌人——波洛韦次人,就会前来占领罗斯的土地。”达维德和奥列格听了这些话以后,痛心疾首,他们哭着说:“这样的事情在我们的家族中是没有发生过的。”于是他们立即集合军队来会弗拉季米尔。弗拉季米尔这时屯兵在树林里,弗拉季米尔、达维德和奥列格派自己的部下去见斯维亚托波尔克说:“你为什么在罗斯土地上干出这等坏事,在我们之间插进了一把屠刀?你为什么要弄瞎了自己兄弟的眼睛?如果你对他有什么指责的话,那就应该当着我们的面来揭发他。只有证实了他的罪行后,你才可以这样处置他。现在你就宣布一下,你据以处置他的那些罪行吧!”斯维亚托波尔克则说:“是达维德·伊戈列维奇告诉我,瓦西里科杀死了你的兄弟雅罗波尔克,他还想杀死你和夺取你的领地:图罗夫、平斯克、别列斯季耶和波戈里纳[963]。他还同弗拉季米尔吻十字架结盟,由弗拉季米尔统治基辅,瓦西里科统治弗拉基米尔城。我总得保护自己的脑袋吧。并且不是我弄瞎瓦西里科的眼睛,而是达维德,是他把瓦西里科带到他那儿去的。”弗拉季米尔、达维德和奥列格的使者都说:“你不要推托,似乎是达维德把他弄瞎的,瓦西里科不是在达维德的城市里被抓的和被弄瞎的,而是在你的城市里被抓并被弄瞎的。”他们说了后就散了。第二天早晨,当王公们准备渡过第聂伯河进攻斯维亚托波尔克时,斯维亚托波尔克想从基辅逃跑,但基辅人没让他逃走,他们派弗谢沃洛德的遗孀和总主教尼科拉来见弗拉季米尔,对他说:“王公啊,我们恳求你和你的兄弟不要毁灭罗斯的土地,因为如果你们相互间打起来,蛮人就会高兴,趁机就会来夺取我们的土地,而这些土地是你们的父亲,你们的祖父付出了巨大的劳动,以无比的勇敢才得到的。他们保卫罗斯的土地,

又兼并了其他的土地;而你们却想毁掉罗斯的土地。”弗谢沃洛德的遗孀和总主教来到了弗拉季米尔这里,他们恳求他,并转达了基辅人的心愿——签订和约,保卫罗斯土地,同蛮族作斗争。弗拉季米尔听完他们的陈述,泣不成声地叹息道:“确实如此!我们的父辈和祖辈捍卫了罗斯的土地,而我们却想毁掉它。”于是弗拉季米尔允诺王妃的恳求——他敬重她犹如母亲,也为了表示对自己父亲的怀念[964],因为她曾是自己父亲的宠妃,不管是在父亲生前或是死后,他对父亲从来是唯命是从;因而他也像听从自己的母亲一样听从了她,同意了主教的愿望,他也尊敬总主教的圣职,不敢违背他的请求。

弗拉季米尔以爱为本:他爱总主教,爱主教,爱修道院长,尤其爱教职,爱护修女,他供养所有投奔他的人,给吃给喝,就像母亲对待自己孩子一样。当他发现有谁胡闹争斗或干出坏事,他不加责难,而是进行调解和抚慰。不过,我们还是言归正传吧。

王妃在弗拉季米尔那儿停留后回到了基辅,她向斯维亚托波尔克的基辅人转达了全部讲话内容,并说和解即将到来。于是双方开始互派使臣,言归于好。但有个条件:他们对斯维亚托波尔克说:“这次争端由达维德而起。因此,斯维亚托波尔克,你要讨伐达维德,或者将他逮捕,或是把他赶走。”斯维亚托波尔克同意这个条件,他们彼此吻十字架起誓,缔结了和约。

当瓦西里科在弗拉基米尔城,被关在前面提到过的那个地方时[965],大斋戒日降临。当时我也在弗拉基米尔城,有一天夜里达维德派人来找我,我就到了他那儿。他的亲兵队坐在他的身旁,他让我坐下后,对我说:“事情是这样,今天晚上瓦西里科同乌兰和科尔奇科谈话,他这么说:‘我听说,弗拉季米尔和斯维亚托波尔克前来攻打达维德;如果达维德同意让我派自己的人去见弗拉季米尔,请求他们回转,因为我知道对他应说什么——那他就不会再向前推进的。’瓦西里,因此就找了你,派你带这些少年卫士一起去找与你同名的瓦西里科。对他这么说:‘如果你能派自己的人去,如果弗拉季米尔果真退兵,那我将给你任何一座城市:或弗谢沃洛日,或舍波利[966],或佩列梅什利[967]。’我就到瓦西里科那里,向他和盘托出达维德讲的话[968]。可瓦西里科却说:‘那样的话我没说过,但我指望上帝,我可以派人去见弗拉季米尔,让他们不要为了我而流血。但我难以相信,达维德会把自己的城市给我。不过我的捷列鲍弗利无论现在还是将来都是我的领地。’这件事情实现了,因为瓦西里科很快得到了自己的领地。他对我说:‘你到达维德那儿去,对他说:让库利麦伊来见我,我要派他去见弗拉季米尔。’达维德没有同意他的意见,又派我去对他说:‘库利麦伊不在这里。’瓦西里科于是对我说:‘你稍微等一会儿。’他吩咐自己的仆人出去后坐到我的跟前,开始对我说:‘我听说,达维德想把我引渡给波兰人;他喝我的血还少吗?他现在还不是想喝更多的血,要把我献给波兰人。因为我对波兰人做了许多为敌的事,我那样做的意图是要为罗斯国家出口气。所以如果他把我出卖给波兰人,我倒并不是怕死,但我给你说实话,这是上帝因为我的傲慢而给我送来这种境遇,我已听说:别连季奇人[969]、佩彻涅格人和托尔克人向我开过来了,我对自己说:如果别连季奇人、佩彻涅格人和托尔克人来到我这里,我就会对自己的兄弟沃洛

达里和达维德说：把自己小亲兵队给我，而你们自己则可尽情饮酒作乐！我想，在冬季进攻波兰国土，夏季就会征服波兰领土，为罗斯国家报仇。然后我还想征服多瑙河流域的保加尔人，把他们移居到我这里来。然后想求斯维亚托波尔克和弗拉季米尔一起去攻打波洛韦次人——或者我将名震四海，或者为罗斯国家而捐躯。在我的心里，再没有别的想法了，我既不想反对斯维亚托波尔克，也不想反对达维德，我可以以上帝和上帝降临起誓，我一点也不想对自己的兄弟使坏。由于我的傲慢自诩，别连季奇人来攻打我。我内心沾沾自喜，我头脑发热——上帝才打倒和制服了我。'"

此后在复活节临近时，达维德出发去占领瓦西里科的领地。瓦西里科的兄弟沃洛达里在布日斯克[970]附近迎战达维德。达维德不敢和瓦西里科的兄弟沃洛达里直接交锋，在布日斯克城里闭门不出，沃洛达里把他围困在城里，沃洛达里开始指责他说："为什么你干了坏事还不悔改呢？你想想吧，你干了多少坏事！"达维德则开始把罪责往斯维亚托波尔克身上推，他说："难道这是我干的吗？难道这是发生在我的城里吗？我自己都很担心，怕他们也把我抓起来，也同样地对待我；我不得已才参与密谋，一致行动。"沃洛达里说："上帝会为它作证的。现在你把我的兄弟放出来，我就同你讲和。"达维德听后很高兴，立即派人去接瓦西里科，接来后，把他交给了沃洛达里；和约达成了，他们各自收兵。瓦西里科统治捷列鲍弗利城，而达维德回到弗拉基米尔城。当春天来到时，沃洛达里和瓦西里科出兵攻打达维德，他们进军到弗谢沃洛日，而达维德在弗拉基米尔城闭门不出。沃洛达里和瓦西里科在弗谢沃洛日附近驻扎好后,他们强攻并一举占领了这座城市,把它付之一炬,人们从大火中逃生。瓦西里科命令将所有人都杀光,他向那些无辜的人进行了报复。到处洒满了无辜者的鲜血。然后(沃洛达里和瓦西里科)来到弗拉基米尔城,但达维德在弗拉基米尔城闭门不出,于是他们就包围了城市。他们派人对弗拉基米尔人说:“我们前来不是要进攻你们的城市,也不是来攻打你们,而是打自己的敌人:图里亚克、拉扎里、瓦西里,因为是这些人挑唆达维德,而达维德听从了他们的意见,干下了如此罪恶勾当。如果你们想为他们而战,那我们奉陪到底,否则还是把我们的敌人交出来为好。”市民们听了这些话后,就召集[971]市民会议,他们对达维德说:“把这些人交出去,我们不想为他们卖命;但我们肯为你打仗。如你不答应我们就打开城门,那样你就自己好自为之吧。”达维德被迫同意交出那些人,但又说:“他们不在这里。”因为他已把他们派往卢切斯克[972]。当他们赶到卢切斯克时,图里亚克逃往基辅,拉扎里和瓦西里已回到图里斯克[973]。人们听说两人在图里斯克后,就向达维德大声疾呼:“你把他们想要的人交出去!否则我们就投降。”达维德只好派人去把瓦西里和拉扎里找来,并将他们引渡给对方。于是双方在礼拜天订立了和约。翌日清晨,瓦西里科的人就把瓦西里和拉扎里吊起来,乱箭射死,然后他们撤离城市。这是瓦西里科的第二次报复,这次报复本来可以不做的,因为只有上帝才是复仇决定者,应当把自己的报复行为托付给上帝。如同先知说的:“我要向敌人和仇视我的人报复,因为上帝

为自己的孩子们的鲜血报仇,他会使敌人和仇视他的人得到应有的报应。”当那些人撤离城市后,人们才把吊在那里的人取下来埋葬。

斯维亚托波尔克答应驱逐达维德后[974],跑到别列斯季耶去找波兰人,达维德听到这消息后便跑到波兰去找弗拉迪斯拉夫[975],以寻求援助。波兰人答应帮助他,并从他那里拿了50格里夫纳金子,对他说:“你同我们一起去别列斯季耶吧,因为斯维亚托波尔克正好邀我们去议事,我们在那儿给你同斯维亚托波尔克调解和好。”达维德听从了他们的意见,就同弗拉迪斯拉夫一起去别列斯季耶。斯维亚托波尔克扎营在城郊,波兰人则屯兵在布格河畔。斯维亚托波尔克开始同波兰人谈判,为了达维德,他馈赠给波兰人一大批贵重的礼物。于是弗拉迪斯拉夫对达维德说:“斯维亚托波尔克不肯听我的意见,你还是回去吧!”这样达维德回到弗拉基米尔城,斯维亚托波尔克同波兰人谈判后前往平斯克,并派人搬兵。然后他来到多罗戈布日,在那儿等到自己的军队就发兵进攻达维德所在的城市。达维德紧闭城门不出,指望波兰人来救援,因为他们曾对他说过:“如果罗斯各王公来打你,我们将做你的帮手。”其实他们是对他撒谎,他们既从达维德那里又从斯维亚托波尔克那里得到金子。斯维亚托波尔克包围了城市,在城外围了七个礼拜之久,达维德开始乞求说:“请放我出城吧!”斯维亚托波尔克答应了他,他们互相亲吻十字架起誓。于时达维德出了城,到了切尔文[976]。而斯维亚托波尔克于复活节前的礼拜六进驻弗拉基米尔城,达维德又逃往波兰。

1113年诺夫哥罗德的尼科洛·德沃里辛大教堂

(姆·克·卡尔格尔摄)

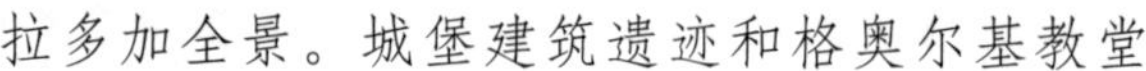

拉多加全景。城堡建筑遗迹和格奥尔基教堂

斯维亚托波尔克赶走了达维德后，策划进攻沃洛达里和瓦西里科，他说：“这本来是我父亲和兄弟的领地。”于是就向他们发动进攻。沃洛达里和瓦西里科得知消息后，就出兵迎敌，他们带上十字架，就是斯维亚托波尔克曾经吻过起誓的那个十字架，当时他说：“我是进攻达维德而来，而愿意与你们建立和平和友爱的关系。”斯维亚托波尔克违背了对十字架的誓言，依仗自己众多的军队对抗。于是他们在罗日涅原野[977]相遇，双方排列好阵势，瓦西里科高举十字架说：“这是你吻过的十字架，是你首先把我的双眼弄瞎，而现在又想来索取我的灵魂，但愿这个十字架将在我们之间永存!”于是双方前进投入战斗,拼杀在一起,许多笃信宗教的人都看到高举在瓦西里科军队上方的十字架。在激战中,两军的许多人都纷纷倒下,斯维亚托波尔克看到正在进行的是极为激烈残酷的战斗。他趁机逃跑,跑到了弗拉基米尔城。沃洛达里和瓦西里科取得了胜利,但他们按兵不动,没有前进,说:“我们应当留在自己的界线内。”他们没去任何地方。斯维亚托波尔克来到了弗拉基米尔城,与他同来的有他的两个儿子、雅罗波尔克的两个儿子、达维德·斯维亚托斯拉维奇的儿子斯维亚托沙和其他亲兵队。斯维亚托波尔克将自己妃妾生的儿子姆斯提斯拉夫安排驻守弗拉基米尔城,而把雅罗斯拉夫派往匈牙利,怂恿匈牙利人去攻打沃洛达里,他自己则返回基辅。雅罗斯拉夫·斯维亚托波尔季奇领匈牙利的军队回来,同来的有国王科洛曼[978]和两名主教,他们在佩列梅什利附近沿瓦格尔河[979]一线扎营,而沃洛达里在城里闭门不出。因为此时达维德已从波兰回来,他把妻子暂留在沃洛达里那里住下,自己前往波洛韦次人那里求援。鲍尼亚克接见了他,达维德返回,他们联合进攻匈牙利人,并在路上扎垒宿营;半夜时刻,鲍尼亚克起来,骑马离开营地,开始模仿狼嚎。有一只狼听到了他的嚎声叫了起来,接着许多狼也都嚎叫起来。鲍尼亚克回到营地,告诉达维德说:“明天我们定将战胜匈牙利人。”第二天早晨鲍尼亚克布置好自己部队的阵势;达维德有100人,而他自己有300人。他把这些人分成3个团队,向匈牙利人挺进。他派阿尔图诺帕[980]率领50人发起冲锋,让达维德守在大旗下,而他把

自己人分成两部分，每队 50 人。匈牙利人则准备迎敌，将队伍列成若干排，因为他们有 10 万人[981]。阿尔图诺帕走近第一排，放完箭，就从匈牙利人那里跑回，匈牙利人则尾随追着他们从鲍尼亚克附近跑过，鲍尼亚克随着追赶他们，从其背后追杀他们；这时阿尔图诺帕回过头来拼杀，他们不让匈牙利人有后退之路，就这样多次砍杀，把匈牙利人挤成一团。鲍尼亚克又将自己的部队分成 3 路，把匈牙利人打乱，就像老鹰击落寒鸦那样。匈牙利人逃跑了，许多人溺死在维亚格尔河，另一些人溺死在桑河。他们沿桑河河岸逃命，互相你推我挤掉进河里。追兵追杀了两天，当场杀死了匈牙利主教库潘和许多贵族，据说他们死了有 4 万人[982]。

雅罗斯拉夫逃往波兰，来到了别列斯季耶，而达维德占领了苏捷伊斯克[983]和切尔文后，又突然来抓弗拉基米尔人，而姆斯提斯拉夫则紧闭城门，并安排了由别列斯季耶人、平斯克人和维戈舍夫人[984]组成的一支伏兵。达维德来到，包围了城市，并频繁地攻城。有一次，兵士们在塔楼的掩护下逼近城池，被围困的守城人从城墙上进行抗击，他们万箭齐发，飞矢如雨。姆斯提斯拉夫正准备拉弓瞄准射箭，突然胸部中了一箭，当时他正站在城墙上，箭从木板胸墙间的孔眼射入[985]。人们把他从城墙上抬下来，当天晚上他就去世了。他死的消息隐瞒了 3 天，在第 4 天才在市民大会上宣布。有人说："你们瞧，王公被打死了。如果我们投降的话，斯维亚托波尔克会把我们全都处死的。"于是他们派人去对斯维亚托波尔克上报说："你的儿子被打死了；而我们饥饿难忍，如果你不来，大家就得投降了，再也忍受不住饥饿的痛苦。"斯维亚托波尔克则派自己的将军普佳塔去,普佳塔率军队到卢切斯克来见斯维亚托沙·达维多维奇。在斯维亚托沙那里有达维德的使臣,因为斯维亚托沙曾向达维德起过誓:“如果斯维亚托波尔克进攻你的话,我定会通知你。”现在斯维亚托沙却没有履行诺言,反而把达维德的人抓了起来,并亲自发兵去攻打达维德。8 月 5 日斯维亚托沙和普佳塔带兵到达,当时达维德的军队正围困城市,时值中午,达维德正睡午觉。于是大军就向他们发起攻击,开始大砍大杀,城里军队也出城砍杀达维德的军队,达维德和他的侄子姆斯提斯拉夫落荒而逃。斯维亚托沙和普佳塔占领了城市,他们委派瓦西里为斯维亚托波尔克的地方行政官。尔后,斯维亚托沙回到卢切斯克,而普佳塔回到基辅。达维德投奔波洛韦次人,鲍尼亚克接见了他。达维德和鲍尼亚克一起发兵攻打卢切斯克的斯维亚托沙,把斯维亚托沙围在城里,双方签订了和约。斯维亚托沙放弃城市,前往切尔尼戈夫投奔自己的父亲。达维德占领了卢切斯克,又从那儿进军到弗拉基米尔城。地方行政官瓦西里弃城逃跑,达维德又占领了弗拉基米尔城,并留在该城。翌年,斯维亚托波尔克、弗拉季米尔、达维德、奥列格(斯维亚托斯拉维奇)约请达维德·伊戈列维奇前来,但他们没给他弗拉基米尔城,给他的是多罗戈布日,后来他就死在那里。斯维亚托波尔克占领了弗拉基米尔城,派自己的儿子雅罗斯拉夫驻守该城。

6606 年(1098 年)。如我在上一年条中所讲的那样[986]弗拉季米尔、达维德和奥列格联合进攻斯维亚托波尔克,他们的军队在戈罗杰茨扎营,最后缔结了和约[987]。

6607年(1099年)[988]。斯维亚托波尔克进军弗拉基米尔城,攻打达维德,把达维德赶往波兰[989]。同年匈牙利人在佩列梅什利附近被歼,也在该年姆斯提斯拉夫·斯维亚托波尔科维奇于6月12日在弗拉基米尔城被杀[990]。

6608年(1100年)。姆斯提斯拉夫离开达维德于6月10日出海。是年8月10日[991]斯维亚托波尔克、弗拉季米尔、达维德、奥列格兄弟在乌维季奇城签订了和约[992]。当月30日在同一地点全体兄弟——斯维亚托波尔克、弗拉季米尔、达维德、奥列格——聚集在一起。达维德·伊戈列维奇也来到他们这里,对他们说:"你们招呼我干什么?我来了!你们有谁要对我控诉?"于是弗拉季米尔回答他说:"是你自己派人到我们这里来说:'弟兄们,我想到你们那里来,诉一诉我所蒙受的委屈。'现在你来了,同自己的弟兄们坐在一块地毯上,那你为什么又不诉说了呢?你要抱怨我们中间的谁呢?"达维德张口结舌,什么也没回答。于是弟兄们上马,斯维亚托波尔克同自己的亲兵队在一起,达维德和奥列格也各自和自己的亲兵队在一起,而达维德·伊戈列维奇坐在一边,他们不让他靠近。大家特别商议了达维德·伊戈列维奇的问题,商定后,各自派自己的臣僚去见达维德·伊戈列维奇:斯维亚托波尔克派普佳塔、弗拉季米尔派奥罗戈斯季和拉季鲍尔、达维德和奥列格派托尔钦。派去的人来到达维德·伊戈列维奇那里,他们对他说:"你的兄弟们对你说,'我们不能把弗拉基米尔城的王位给你,因为你总在我们之间施放暗箭,这在罗斯国家历史上还没有过。现在我们也不去碰你,也不想对你做任何不利之事,而是给你好处——你可

以去驻守布日城堡[993];另外斯维亚托波尔克给你杜宾和恰尔托雷斯克城[994],弗拉季米尔给你200格里夫纳,达维德和奥列格也给你200格里夫纳。'”这时他们又派出了自己的使者去见沃洛达里和瓦西里科,并对瓦西里科说:“请你收留自己的兄弟瓦西里科,给你们一块领地——佩列梅什利。如果你们愿意,那么你们两人就坐镇在那里;如果不愿意,则让瓦西里科到这儿来,我们可以在这里供养他。而把我们的奴仆和斯麦尔德交出来!”不管是沃洛达里,还是瓦西里科都不同意这样办。而达维德·伊戈列维奇则坐镇布日斯克,接着斯维亚托波尔克将多罗戈布日给了达维德·伊戈列维奇,后来他就死在那里[995]。(斯维亚托波尔克)将弗拉基米尔城分给自己的儿子雅罗斯拉夫[996]。

6609年(1101年)。波洛茨克王公弗谢斯拉夫于4月14日上午9时,礼拜三去世[997]。同年,雅罗斯拉夫·雅罗波尔季奇,在别列斯季耶[998]酝酿战乱,斯维亚托波尔克发兵问罪,并在城里碰上雅罗斯拉夫,将其逮捕,戴上镣铐押到了基辅。大主教和修道院长们为雅罗斯拉夫求情,他们央求斯维亚托波尔克开恩;于是他们让雅罗斯拉夫站在圣鲍里斯和格列勃灵柩旁发誓。然后才给他卸下镣铐,释放了他。同年,全体弟兄:斯维亚托波尔克、弗拉季米尔、达维德、奥列格以及他们的弟弟雅罗斯拉夫在佐洛季恰[999]聚会。波洛韦次诸王公也派来了使者,向各位弟兄求和。罗斯王公们对使者说:“如果你们想求和,我们就在萨科夫[1000]近郊会面议事。”他们派人去请波洛韦次人在萨科夫附近会商。于9月15日与波洛韦次人签订了和约,并交换了人质。之后大家各自散去[1001]。

6610年(1102年)。雅罗斯拉夫·罗雅波尔季奇于10月1日从基辅逃跑。这个月的月末,雅罗斯拉夫·斯维亚托波尔季奇骗住了雅罗斯拉夫·雅罗波尔季奇,在努拉[1002]把他抓获,押解到自己父亲斯维亚托波尔克耶里,给他戴上了镣铐。同年12月20日姆斯提斯拉夫·弗拉季米罗维奇率领诺夫哥罗德人来到(基辅),因为斯维亚托波尔克同弗拉季米尔曾订有条约:诺夫哥罗德归斯维亚托波尔克所有,他将派自己的儿子到那里管辖,而弗拉季米尔将派自己的儿子管辖弗拉基米尔城。姆斯提斯拉夫来到基辅后,他们在一所小房里住下,弗拉季米尔的臣僚说:“你瞧,弗拉季米尔已把自己的儿子送来了,而诺夫哥罗德人也在这里,就让他们把你的(斯维亚托波尔克的)儿子带到诺夫哥罗德去,而让姆斯提斯拉夫去弗拉基米尔。”诺夫哥罗德人对斯维亚托波尔克说:“王公,我们被派来见你,临来时给我们这样交代的,说:‘我们既不想要斯维亚托波尔克,也不想要他的儿子,如果你的儿子有两个脑袋,那就派他来吧;而这个人(姆斯提斯拉夫)是弗谢沃洛德(雅罗斯拉维奇)派给我们的,我们自己为自己抚养了王公,而你得离开我们。’”斯雅亚托波尔克同他们激烈争论,但他们不愿意,带上姆斯提斯拉夫回到了诺夫哥罗德。这一年的1月29日,天空中出现了征兆,一连三天从东方、南方、西方、北方出现好似火灾的霞光,整夜都有,又像满月的月光。这一年的2月5日月亮也出现征兆。同月7日,太阳上出现征兆:太阳被3条彩虹环绕,还有其他弯弯的彩虹线,互相背朝背。笃信的人看到这些征兆,深为叹息,流着眼泪向上帝祈祷,愿上帝将此征兆引向幸福:因为通常有的是坏的征

兆,有的是好的征兆。翌年[1003]上帝给罗斯王公们启示了一个好想法,使他们敢于想去进攻波洛韦次人,去攻打他们的国土。这事以后会讲到的,这是发生在下一年的事。这年的8月11日雅罗斯拉夫·雅罗波尔季奇去世。同年11月16日斯维亚托波尔克的女儿斯贝斯拉娃被嫁往波兰,嫁给波兰国王波列斯拉夫[1004]。

6611年(1103年)[1005]。上帝启示罗斯王公斯维亚托波尔克和弗拉季米尔,他们就依照启示在多洛比斯克会盟。斯维亚托波尔克和弗拉季米尔各率自己的亲兵队坐在一个帐篷里。斯维亚托波尔克的亲兵队首先发表议论说:“现在是春季,不宜出征,我们会危害斯麦尔德和他们的耕田[1006]。”弗拉季米尔则说:“亲兵队啊,我真感到奇怪,你们竟会吝惜用以耕地的马匹!可是你们为什么不想一想,当斯麦尔德刚要着手耕地时,波洛韦次人杀来,用箭射死他,夺去他的马匹,然后闯进他的村庄,掳走他的妻室儿女及其全部财产呢?这样说来,你们只吝惜马匹,难道就不吝惜斯麦尔德本人吗?”斯维亚托波尔克的亲兵被说得哑口无言。于是斯维亚托波尔克说:“我已拿定主意了。”斯维亚托波尔克站起来,弗拉季米尔对他说:“兄弟,这将是你给罗斯大地做的一件大好事。”他们派使臣去见奥列格和达维德说:“请你们也出兵进攻波洛韦次人吧。我们将去决一死战。”达维德欣然同意,而奥列格则不愿意,借口‘身体欠佳’,而拒绝参加。弗拉季米尔同自己的兄弟告别后,前往佩列亚斯拉夫利,而斯维亚托波尔克则随其后,随后的还有达维德·斯维亚托斯拉维奇、达维德·弗谢斯拉维奇、伊戈尔的孙子姆斯提斯拉夫、维亚切斯拉夫·雅罗波尔季奇、雅罗波尔克·弗拉季米罗维奇。他们骑马或乘船前进,来到了石滩急流以下的地方,在

霍尔季切夫岛附近的普罗托尔奇[1007]宿营，然后他们再上马，而步兵下船徒步，在田野上走了四天，来到了苏坚[1008]。波洛韦次人听说罗斯人犯境，他们集合了无数的人在一起商议。乌鲁索巴说："我们去向罗斯人求和吧，因为他们一定会同我们殊死战斗，要知道我们在罗斯大地上干过许多坏事。"但年轻人对乌鲁索巴说："要是你害怕罗斯，我们可不怕，我们要杀绝这些人，还将开进他们的国土，占领他们的城市，又有谁能让他们从我们手里逃脱呢？"罗斯的王公们和全体军人都向上帝祈祷，他们向上帝和圣母许愿：有人愿提供蜜粥[1009]，有人向穷人施舍，另一些人愿给修道院捐助。当他们正在祈祷时，波洛韦次人来了，他们派阿尔图诺帕为先锋率侦察马队前来，该人在他们那里以骁勇著称。罗斯王公也派出了自己的侦察马队。罗斯侦察马队伏击了阿尔图诺帕，包围并杀死了阿尔图诺帕及其随从。他们无一人幸免，全部被歼灭。波洛韦次人的部队像一片树林似地向前推进，一眼望不到头；罗斯军队迎击敌人。这时，上帝使波洛韦次人惊恐万状，在罗斯军队面前，他们全身颤抖和惊骇不安。他们自己变得呆若木鸡，连马匹都好像戴上了脚镣（走也走不快）。而我们的人则骑马或徒步，士气高昂，向他们冲击。波洛韦次人看到罗斯人猛扑过来，还没有等罗斯军队冲到面前就已拔腿逃跑。我们的人则紧追不舍，大砍大杀。4 月 4 日上帝完成了巨大的拯救，使我们战胜了我们的敌人，取得了伟大的胜利[1010]。在此次战斗中打死了 20 名王公：乌鲁索巴、克奇、阿尔斯拉那帕、基塔诺帕、库曼、阿苏普、库尔托克、切涅格列帕、苏里巴里和波洛韦次的其他王公，而别尔久齐被活捉。此后抓获了敌人的士兵，收兵歇息，把别尔久齐押解到斯维亚托波尔克的帐下。

别尔久齐开始提议用黄金、白银、马匹和牲畜来赎自己。但斯维亚托波尔克将别尔久齐送交给弗拉季米尔。当别尔久齐押到后,弗拉季米尔开始责问他:“你知道吗,这是誓言挫败了你们。因为你们虽然多少次起过誓,不是仍然发动战争来打我们的罗斯国家吗?你为什么不去教导自己的子女和自己的族人不要破坏誓言,而使基督徒流血呢?现在也让你流血掉脑袋吧!”于是他下令处死别尔久齐,就这样把他劈成了几块。之后全体弟兄又集合在一起,弗拉季米尔说:“今天是上帝安排的日子,在这一天我们要尽情地欢乐畅饮,因为上帝把我们从敌人手中拯救出来,他制服了我们的敌人,痛击了他们蛇形的脑壳,将他们的产业分给了罗斯人。”因为当时他们掠夺了不少牛、羊、马匹、骆驼、帐篷及帐篷内的全部财物和奴仆,还抓了许多佩切涅格人、托尔克人及其帐篷财物,于是罗斯人押着大批俘虏,无限荣耀地大胜而归。这一年的8月1日飞来了大片蝗虫。该月18日斯维亚托波尔克重建被波洛韦次人焚毁的尤里耶夫城。同年3月4日雅罗斯拉夫同莫尔多瓦交战,雅罗斯拉夫战败。

6612年(1104年)。7月20日沃洛达里的女儿嫁给帝都的阿列克塞的皇子。同年8月21日斯维亚托波尔克的女儿佩列德斯拉娃[1011]嫁给匈牙利的王子。是年12月6日总主教尼基福来到罗斯。当月13日维亚切斯拉夫·雅罗波尔季奇去世,当月18日尼基福总主教就职。现在咱们还要讲一讲下面的事情。这年的年末,斯维亚托波尔克派普佳塔进攻明斯克,弗拉季米尔则派出自己的儿子雅罗波尔克,而奥列格则带上达维德·弗谢斯拉维奇,亲自出马攻打(明斯克的)格列勃,但一无所获,扫兴而归。斯维亚托波尔克得子，给他取名为勃里亚奇斯拉夫。是年出现了征兆：太阳四周出现了一个光环，环中间有一个十字架，太阳就在十字架中间，光环外面的两侧各有一个太阳，在环外的太阳上方有一片彩虹，分两条伸向北方；这样的征兆在月亮上也有，同样的形状一连出现了3天：2月4日、5日和6日，白天是太阳上的征兆，晚上是月亮上的征兆，连着3个晚上。

6613年(1105年)[1012]。8月27日总主教任命安菲洛菲为弗拉基米尔城的主教。同年11月12日他任命拉扎里为佩列亚斯拉夫利城的主教。同年12月13日他又任命米纳为波洛茨克城的主教。

6614年(1106年)。波洛韦次人在扎列切斯克附近[1013]挑战。斯维亚托波尔克派扬、伊凡·扎哈里伊奇及科扎林[1014]前往迎敌。他们驱逐了波洛韦次人，从他们那里夺取了大量战利品[1015]。是年，善良的长老扬去世，他德高望重，享年90岁。他按教规生活，在这方面和首批信徒们相比也毫不逊色。很多故事我都是从他那里听来的，听来后我把它写进了本编年史中[1016]。他是一位善良、温顺、谦逊的人，与世无争。6月24日他的遗体被安放在佩切拉修道院的门廊里，至今仍然还在那里。是年12月6日，弗谢沃洛德的女儿叶弗普拉克西娅削发为修女。同年，伊兹贝格涅夫逃亡投奔斯维亚托波尔克[1017]。同年2月17日，斯维亚托斯拉夫(雅罗斯拉维奇)的孙子——斯维亚托斯拉夫·达维多维奇削发剃度为修道士[1018]。同年齐麦戈拉人[1019]战胜了弗谢斯拉维奇众兄弟，后者的亲兵队有9千人被杀。

6615年(1107年)[1020]。"米兰敕令纪年"(印吉克特)，月晕年的4年，而日晕年的8年[1021]。是年5月7日弗拉季米尔的妻子亡故。同月，鲍尼亚克打到佩列亚斯拉夫利附近，掠夺了一批马匹。同年,鲍尼亚克和老沙鲁坎及其他许多王公兵发卢宾[1022]扎营。斯维亚托波尔克、弗拉季米尔、奥列格、斯维亚托斯拉夫、姆斯提斯拉夫、维亚切斯拉夫、雅罗波尔克联手前往卢宾迎战波洛韦次人;下午5点多钟他们涉过了苏拉河,向波洛韦次人喊话。波洛韦次人惊恐万状,吓得连大旗都竖不起来,各自跑去抓马逃跑,而有的人干脆徒步逃命。我军则大砍大杀,紧追不舍,而有些人则被空手活捉。我们的人几乎一直追到霍罗尔河[1023],我军杀死了鲍尼亚克的兄弟塔兹,活捉苏格尔及其兄弟,而沙鲁坎侥幸逃脱。波洛韦次人还抛下了自己的辎重,8月12日为罗斯军队所得。于是罗斯军队大胜而归。斯维亚托波尔克于圣母升天节到佩切拉修道院做晨祷。修道院全体僧人盛情热烈相迎,并说,由于圣母和我们的圣父狄奥多西的祈祷,我们的敌人被打败了。斯维亚托波尔克有这样的习惯:每当他要去打仗或出巡时,总要向狄奥多西的灵柩跪拜,并接受修道院长的祈祷,这样他才出发上路。是年1月4日斯维亚托波尔克的母亲,大公夫人逝世。同年同月弗拉季米尔、达维德和奥列格前往阿耶帕和另一个阿耶帕[1024]那里签订了和约。1月12日弗拉季米尔为(自己的儿子)尤里娶奥谢涅夫的孙女阿耶帕的女儿为妻,而奥列格为(自己的)儿子娶基尔格涅夫的孙女、阿耶帕的女儿为妻。而在2月5日夜里,天拂晓前发生了地震。

6616年(1108年)[1025]。7月11日[1026],斯维亚托波尔克王公为圣米哈伊尔的金顶教堂奠基[1027]。在狄奥克季斯特担任佩切拉修道院院长时,修道院的斋厅竣工,他这是根据格列勃的吩咐,并用其捐助的材料修建的[1028]。是年,第聂伯河,捷斯纳河和普里皮亚特河发大水。同年,上帝给佩切拉修道院院长狄奥克季斯特[1029]的心灵启示，使他向斯维亚托波尔克王公说情，以便能把狄奥多西的名字记入追荐亡人名簿[1030]。王公很痛快就答应照办，他吩咐总主教将狄奥多西名字载入追荐亡人名簿中，并指示让各主教区也记载上。各主教都愉快地记入了。王公还嘱咐在所有大教堂都要为其祈祷安息。这一年的7月11日[1031]，弗谢沃洛德的女儿卡捷丽娜去世。同年在克洛夫[1032]，由佩切拉修道院长斯捷凡奠基的圣母教堂封顶竣工。

6617年(1109年)[1033]。弗谢沃洛德的女儿叶弗普拉克西娅于7月10日去世。安葬在佩切拉修道院南门旁，并在安放她遗体的上方做了一个神龛。这年12月2日，德米特尔·伊沃罗维奇[1034]在顿河附近夺取了波洛韦次人的帐篷什物。

6618年(1110年)[1035]。春季，斯维亚托波尔克、弗拉季米尔、达维德发兵进攻波洛韦次人。一直打到沃伊尼城后才回师[1036]。这一年2月11日在佩切拉修道院出现了征兆：一根火柱从地面直升到天空，闪电照亮了整个大地，午夜一点空中雷声轰鸣，所有人都看见了这种现象，这根火柱先是出现在石砌的修道院的斋堂上方，以致看不到十字架，火柱停了一会儿后，移向教堂，停在狄奥多西灵柩上方，然后移向教堂上端，好像正面朝东，之后火柱开始消失。然而这不是火柱，而是天使的显现：因为天使就是这样出现的——有时变成一根火柱，有时是一团火焰。正如大卫所讲的：“万物创造者和主，以上帝的旨意把自己的天使变成神灵，把自己的奴仆变成燃烧着的火焰。”派他们去到主想要派去的地方，天使就来到了受祝福的地方和祈祷的人家。在那里他稍微显出一点自己的身形，仅便于人们能够看到他；因为人们是不可能看到天使的本来面目的，正如伟大的摩西也不能看到天使的本来面目一样，因为引导他的白天是云柱，而夜里是火柱，但这不是柱子引导他们（犹太人），而是天使不分白天黑夜地走在他们的前面。这次征兆也是这样，它表现的现象有的是会实现的，有的是已有过的。因为第二年不就是这位天使成了反对异族和仇敌的首领吗？正如常言所说的："天使走在你的前面。"或者说："你的天使和你同在。"[1037]

我，圣米哈伊尔修道院的院长西利维斯特尔[1038]撰写了这部书。我是一位编年史家，希望得到上帝的慈悲，于 1116 年，"米兰敕令纪年"（印克吉特）9 年，我在圣米哈伊尔主持修道院工作，当时是在弗拉季米尔公执政时代，他坐镇基辅。读这部书的人，请为我祈祷吧！

十八、根据《伊帕季编年史》增补的续篇

如预言家大卫所说："我派我的天使保护你。"如智慧超人的叶皮法尼[1039]改写的："天使奉命保护万物；天使奉命置身于云彩中、雾气中、雪中、冰雹中、严寒中；天使在话音中、雷声中；有冬季的天使、炎热的天使，秋季、春季、夏季的天使，天使在大地一切有生命的万物中；有隐没在地下的秘密深渊的天使，有地狱黑暗的天使，有深渊中的种种一切天使，而在以前有大地上空的天使，从而出现黑暗、傍晚、夜间、光明和白昼。"万物都有天使，天使也被安排到每块领土，以便监护那片土地，即使它是蛮族的土地。如果上帝迁怒于某片土地，就会命令该天使对那片土地发动战争，那片土地的天使不得违抗上帝的意志。现在也是这样，由于我们的罪孽，上帝引来异族的蛮人，他们按上帝的旨意战胜了我们：因为他们有天使的引

导，这是按上帝的旨意。如果有人说，蛮族那里没有天使，但愿他能知道，马其顿的亚历山大起来反抗大流士，发兵征讨他，从东到西征服了整个国土，打败了埃及，杀死阿拉姆，来到了沿海岛屿，然后回师耶路撒冷，为的是占领它，战胜犹太人，因为他们和大流士有和约。亚历山大率领自己的全部兵马进发和扎营休息。夜幕降临，他就睡在帐幕中的自己床上。当他睁开眼睛，看到一个勇士站在他的上方，手里宝剑出鞘，那剑的样子像一道闪电。他挥起自己的剑向皇帝的头砍去，皇帝惊恐万状说："不要杀我！"于是天使对他说："上帝派我来引导一些首领和众多的人归顺于你，我走在你的前面帮助你。可现在你该明白你将死亡，因为你图谋进军耶路撒冷，给上帝的犹太人及其百姓带来灾难。"皇帝就说："主啊，我恳求你，请宽恕你奴仆的这桩罪孽吧。如果你不乐意，我就返回家乡。"天使说："不要害怕，继续走你进军耶路撒冷的路吧，你在耶路撒冷会见到一个像我这样长相的勇士，你要马上跪在他的脚下，凡他对你说的一切，你都得照办，决不可违背他的命令。如果你违背了，当天就会死去。"于是皇帝起床，往耶路撒冷开拔。当他到了那里，问犹太人："我应该去打大流士吗？"他们让他看预言家但以理的书，并对他说："你是一头山羊，而他是一头绵羊，你能摧毁他，夺取他的王国。"这样看来，不是天使引导亚历山大吗？狼奔豕突的不是那些蛮人及偶像崇拜者所有希腊人吗？这帮蛮人被纵容来进犯我们也是由于我们犯下的罪孽。要知道，基督徒不只是有一个天使，他们的受洗礼者有多少，就有多少天使，那笃信宗教的各王公就有更多的天使了；不过，天使们绝不能违反上帝的旨意，但可以为基督徒虔诚地向上帝祈祷。事情也就如此：上帝由于圣母和

天使们的祈祷而大发慈悲，派天使帮助罗斯王公对付蛮族。如上帝对摩西说的："这是我的天使，他将行使在你的前面。"如我们在前面说过的，这个征兆是在(66)18年(1110年)的2月11日发生的。

6619年(1111年)[1040]。上帝使弗拉季米尔产生一个念头，促使自己的哥哥斯维亚托波尔克向蛮族发动春季攻势[1041]。斯维亚托波尔克则把弗拉季米尔的话告诉了自己的亲兵队，亲兵们说："现在不是时候，这时让斯麦尔德离开耕地会毁了他们的。"于是斯维亚托波尔克派人去见弗拉季米尔说："我们应聚在一起就此事和亲兵队商量一下。"使者来到弗拉季米尔那里，转达了斯维亚托波尔克的话。弗拉季米尔来到，他们相聚在多洛勃斯克。斯维亚托波尔克和自己亲兵队住在一个帐篷里，而弗拉季米尔则和自己的亲兵队住在一起。弗拉季米尔沉默一会儿说："兄弟啊，你年纪比我大，还是你先讲讲，我们应怎样来保卫罗斯国土。"斯维亚托波尔克说："兄弟，还是你先说吧。"弗拉季米尔说："我怎么能说呢，你的亲兵队和我的亲兵队就会诬陷我，说我想伤害斯麦尔德和他们的耕地。兄弟啊，但我惊奇的是你们吝惜斯麦尔德和他们的马匹，却不去想一想，这位斯麦尔德在春季用那匹马耕地时，波洛韦次人闯过来，把箭射向斯麦尔德，抢走那匹马和他的妻子儿女，放火烧掉他的谷仓。对于这种情况你们又为什么不去考虑呢？"于是，所有亲兵都说："确实如此，事情真是这样。"斯维亚托波尔克说："兄弟，现在我准备和你(一起去征讨波洛韦次人)。"于是派使者去见达维德·斯维亚托斯拉维奇，让他和他们一起出征。弗拉季米尔和斯维亚托波尔克从自己的座位上站起来，相互告别。斯维亚托波尔克率领自己的儿子雅罗斯拉夫，弗拉季米尔率领自己的儿子们，达

维德率领儿子共同发兵征讨波洛韦次人。他们出发了，把希望寄托于上帝，寄托于他的圣洁的母亲及他的神圣的天使。在大斋戒的第二个礼拜天出发远征，而到礼拜五抵达苏拉河畔。礼拜六他们到了霍罗尔，在那里连木橇也都扔掉了。当到了亲吻十字架的礼拜天时，他们到达普肖尔河畔。从那渡过河，在戈尔塔扎营[1042]。在此他们等齐部队，再从那向沃尔斯克拉河进发，第二天(礼拜三)大家热泪盈眶地亲吻十字架，把全部希望都寄托在十字架上。他们从那出发渡过许多河流，在斋戒期第六周的礼拜二到达顿河[1043]。大家穿好铠甲，整顿好部队，向沙鲁坎城开拔[1044]。弗拉季米尔公骑马走在部队的前面，他命令牧师们唱起祭祷歌、圣洁十字架赞歌和圣母赞美诗歌。他们向城市进发，黄昏时分发起进攻。城里居民在礼拜天出城迎接罗斯王公，向王公们欢呼致敬，献上鱼和酒[1045]，在城里住了一宿，第二天，礼拜三向苏格罗夫[1046]进发，把苏格罗夫城付之一炬。礼拜四渡过顿河；第二天是礼拜五，3 月 24 日，波洛韦次人已集结起自己的部队，列好阵势，投入战斗。而我们的王公们将自己的希望寄托于上帝，他们说：“我们即使葬身此地，也要顽强拼搏。”大家彼此告别，仰天祈求苍穹上帝的保佑。双方交锋，开始了一场恶战。当苍穹的上帝看到异族时，怒不可遏，于是异族人在基督徒前纷纷倒毙。就这样，异族人被战胜，在杰盖激流处，众多的敌人——我们的仇敌，在罗斯王公及其战士的面前倒下了，上帝帮助了罗斯王公。当天，大家衷心地赞颂上帝。到了早上，礼拜六，欢度了拉撒路复活日、报喜节。在赞颂上帝后，送别了礼拜六，迎来了礼拜天。可是到受难周的礼拜一，异族人再次集结了自己极其庞大的军队，杀向前来，犹如一片大森林，不计其数，把罗斯军队团团围住。上帝就派天使来支援各罗斯王公。波洛韦次的军队和罗斯的军队相互前进，一队队厮杀在一起，战斗部队交战的撞击声，轰响如雷。双方又是一场伤亡惨重的恶战，双方人员都纷纷倒毙。弗拉季米尔率领自己的部队，达维德也开始出击，波洛韦次人看到这种情况，拔腿逃跑。波洛韦次人在弗拉季米尔的部队面前纷纷倒毙，那是他们为人眼所看不见地被天使所杀[1047]，这种情景很多人都见到了；人头飞舞，人眼无法看见纷纷落地。3 月 27 日，受难月的礼拜一，战胜了波洛韦次人。在萨尔尼查河[1048]歼灭了很大一批异族部队。上帝拯救了自己的信徒。斯维亚托波尔克、弗拉季米尔和达维德同声赞颂上帝赐予他们对蛮族所取得如此辉煌的胜利，缴获了大批俘虏、牲畜、马匹、羊，很多俘虏是徒手抓获的。当审问俘虏时人们问道："你们有这样强大的力量，这么多人，怎么就抵挡不住，这么快就溃逃了呢？"他们回答说："当你们的上方有些别的什么骑士挥舞着发光闪亮的可怕武器帮助你们时，我们怎么还能打得过你们呢？"这只能是上帝派来帮助基督徒的天使，也正是天使启示弗拉季米尔·摩诺马赫产生了这样的念头：发动自己的兄弟——罗斯的王公们共同讨伐异族。这也如我们上面所提到过的，在佩切拉修道院曾出现的幻象——在修道院食堂上方的火柱，它接着移向教堂，再从教堂移到戈罗杰茨，而弗拉季米尔那时正在那里的拉多瑟尼[1049]。正是那时，天使启发弗拉季米尔出现了那个念头，于是弗拉季米尔像我们已经说过的，开始促成了这次远征。

因此应赞颂天使，正像约安·兹拉托乌斯特所说：因为天使总是祈求创世主对人以仁慈为怀。我说因为天使在我们和我们的敌

对势力作战时成为我们的庇护者,他们的首领是大天使米哈伊尔。因为他为了摩西的躯体而与恶魔斗争,为了人类的自由起来反对波斯王公;按上帝的意志分开万物,给各族安排长老,并允许这些波斯人蔑视自己的(长老),吩咐给行割礼的人们保留米哈伊尔,不是由于对造孽的愤恨,而是由于某种非语言所能表达的善意的判断,很恼火地(吩咐)关闭他们的边界(并加以固定)。与此同时,这位迫使犹太人为波斯人劳动,而那位则努力去解放他们,并积极地向上帝祈祷说:"总揽一切的主啊,您至今还不肯宽恕耶路撒冷及叛逆的城市吗?这些城市被你抛弃已达70年了。"好像在幻想中看到过他,达尼尔也看到过一个飞人:其脸如闪电,其眼如蜡烛,其肌肉和小腿闪亮如铜,其嗓音如众人的合声。有这样的人,他们中有的人引诱驴子,并用无聊的渎神的魔法创造了瓦拉姆;他们中有的人在约书亚·纳文面前抽出宝剑,要求他以此为榜样,帮助抗敌;他们中有的人,在一个晚上就杀死了18万叙利亚人,使蛮人的梦幻变为死亡;他们中有的人把预言家阿瓦库姆腾空抱住,为了使他供养在狮群中找到的达尼尔——这样的人总是能战胜敌人的。神一般的拉法伊尔也是这样:他从一条鱼身上割下鱼油,治好发狂的少女,并做了这样的事,使瞎眼的长老看见了太阳。捍卫我们生活的那些人不是值得极大的敬重吗?神吩咐天使成为人民的保护者,像已有人说过的:"当至高无上的神划分了语言,当他分布完亚当的孩子们,他就按上帝的天使数目为各族人民确定了居住地点,但每个信徒都分配到天使。因为当少女罗季开始对圣徒们说时,当时幸免逃脱的彼得和希罗德站在门前,他们不相信她的话:这不是少女,是他的天使。"主也以此来证明说:"你们看,也不可轻视细

小力量形成的联合，因为我对你们说他们的天使看见留在天上的我的父亲的脸。”如约翰所说，基督还在每个教堂设立了保护天使，他说：“告诉伊兹穆连教堂的天使：‘见到了你的贫困和苦难，但你是富有的。’”天使是为我们向主祈祷的使者，热爱我们的天使知道这一善行。因为他们是祈祷的神灵，正像圣徒所说：“他们是派去给那些想得到拯救的人们祈祷的。”天使对他们而言是保护者和帮助者，如现在你听到的关于达尼尔的故事一样，在（上帝）发火的时刻，他是如何为了我们的解放引来大天使米哈伊尔到波斯人那里的。因为那位像讲过的那样迫使人们去为波斯人劳动，而这位致力于解放俘虏。米哈伊尔不断战胜敌人，因为犹太人渡过幼发拉底河，从此又过起定居生活，既建立了城市，又建筑了教堂。伟大的叶皮法尼也说过：“每个民族都派有天使。”描写达尼尔的书中也提道：“天使给希腊人设立了统治者，并把米哈伊尔立为犹太教徒的主宰。”他还说：“并按天使的数目给各族人民划定了居住地。”

在解释达尼尔的话时，又像伊波利特所说[1050]：“在基尔王执政的第三年，我，达尼尔，哭泣了三个礼拜；到第一个月的月末，恳求上帝提示秘密，向上帝祈祷了 21 天后，才安定了下来。天父听到了我的祈祷，告诉了他们会有如何的遭遇，于是在大河上应验了；上帝能出现在他要宽恕罪过的地方，那太好了。我举目望去，看见一个全身穿着红衣的男子汉，当他飞起时，乍一看去好像是天使加百列；这并非如此，看见的是主本人；看见的不是真正的人，而只是人的形象，如同所说：‘这位男子汉身着华贵的衣服，他的胯骨束结着纯金的带子，他的躯体像黄玉，他的脸像闪电，他的双眼像两支点燃的蜡烛，肌肉和肩膀像纯铜，他的嗓音像很多人的合声’。

我跌趴在地上，好像有人用手把我扶起，让我跪在地上，对我说：‘达尼尔，不用怕。你知道我为什么来见你吗？我想对波斯国王开战，但我告诉你在真书上写的是什么，除了你们的米哈伊尔公外，没有任何人能和我争论；因为我把他留在这里，并从那天起我努力向你的上帝祈祷，他听到了你的祷告，我被准许去和波斯王公作战；有的人认为，为了你的祈祷很快实现，不应把人放出去：我反对这样做，留下了你们的王公米哈伊尔。’米哈伊尔是谁呢？如果不是派到人间的天使，那又会是谁呢？”如（上帝）对摩西说的：“我不能和你们去远征，因为那是一些倔强的人，但我的天使会和你们前往。”

这样，罗斯的王公们仰仗上帝的帮助，托福圣母和神圣天使们的祈祷，荣归故里，其名声不仅广泛传于本国的民间，还远扬各国，如希腊、匈牙利、波兰、捷克，甚至直到罗马。从今往后，永生永世，为上帝争光，阿门！

是年 10 月 7 日，弗谢沃洛德的遗孀去世，安葬在修道院的圣安德烈的灵柩旁。同年 11 月 23 日，切尔尼戈夫的主教伊奥安去世。

6620 年（1112 年）。“米兰敕令纪年”（印吉克特）5 年，斯维亚托波尔克的儿子雅罗斯拉夫出兵攻打雅特维亚格人，战胜了他们；在班师途中，5 月 12 日派人前往诺夫哥罗德迎娶姆斯提斯拉夫的女儿、弗拉季米尔的孙女为妻，6 月 29 日人们奉命把新娘伴送到。同年，叶菲米娅·弗拉季米罗芙娜[1051]嫁给匈牙利国王。同年 5 月 25 日，达维德·伊戈列维奇去世，遗体于 29 日安葬在克洛夫的弗拉赫尔娜圣母教堂[1052]。同年 11 月 3 日，弗谢沃洛德的女儿、弗拉季米尔的姐姐扬卡去世，安葬在她父亲修建的圣安德烈教堂[1053]；她在处女时就是在这座教堂剃度出家的。是年年终左右，1 月 12 日[1054]

佩切拉修道院院长狄奥克季斯特被任命为切尔尼戈夫主教,1 月 19 日他正式就职。王公达维德和王后对此十分高兴,因为狄奥克季斯特是她的教父;贵族们和所有的人也都很高兴,因为他的前任主教病痛缠身,难以主持工作,他已卧床将近 25 年;因此王公和百姓都期待在赞颂上帝时有一位主教来主持仪式。修道士兄弟的心情也是同样,他们没有修道院院长:这时,全体弟兄就聚集在一起,推举普罗霍尔牧师为自己的修道院院长。并把此事呈报给总主教和斯维亚托波尔克王公。王公欣然应允,吩咐总主教任命普罗霍尔(为修道院院长)。2 月 9 日谢肉节[1055]周的星期四,他被正式任命。从此,(佩切拉修道院的)众弟兄和修道院院长各在其位。

6621 年(1113 年)[1056]。中午一点,太阳出现征兆,所有人都看得很清楚:3 月 19 日,太阳剩下了很小一部分,如同两角朝下的弯月,而月亮的征兆出现在 29 日[1057]。这是不祥的前兆。太阳、月亮和星辰的征兆不是出现在全世界。如果在某个国家出现征兆,就那个国家能见到它,而别的国家则看不见。在古代也是如此,在安条克时期[1058]耶路撒冷出现征兆,天空出现一些骑马的人,他们手持武器,剑光闪闪。这只出现在耶路撒冷,而在其他地方就没有这种现象。太阳出现过的这种征兆预示着斯维亚托波尔克的死亡。这次征兆过后,复活节[1059]降临,大家欢度复活节。节日过后,王公重病不起。4 月 16 日,虔诚的王公米哈伊尔(人们称他为斯维亚托波尔克)在维什戈罗德郊外逝世,遗体用船运到基辅,经更衣整容后,放在雪橇上,贵族们和他的全体亲兵队都为他哭泣,在唱完悼念他的圣歌后,把他安葬在他本人修建的圣米哈伊尔教堂。王后(他的妻子)为修道院、教士及穷人慷慨解囊,令所有

人为之惊叹，因为谁也作不出如此慷慨的施舍。翌日，4 月 17 日，基辅人开会，派人去见弗拉季米尔（摩诺马赫）说："王公啊，请来继承你父亲和祖父的王位吧！"弗拉季米尔得知此消息，哭了很久，但没去（基辅），为兄长的逝世而悲痛不已。基辅民众抢劫了千人长普佳塔的邸宅，袭击犹太人，抢尽他们的财产。于是基辅人又一次派人去见弗拉季米尔[1060]说："王公啊，你一定得到基辅来。如果你不来，那你可要知道会发生很多坏事，到那时遭受抢劫的就不仅是普佳塔、百人长和犹太人的邸宅，他们还会袭击你的王嫂、贵族和修道院。王公啊，如果修道院一旦被抢，那你是要负责任的。"弗拉季米尔听此情况后，启程前往基辅。

十九、弗拉季米尔·摩诺马赫开始执政

弗拉季米尔·摩诺马赫礼拜日在基辅即位。总主教尼基福率各主教和基辅全体民众举行隆重仪式迎接他。他登上了自己父亲和自己祖辈的王位，皆大欢喜，叛乱也平息了。当波洛韦次人得知斯维亚托波尔克去世的消息后，他们集结起来，兵进维里[1061]。弗拉季米尔召集自己的儿子和侄子也向维里进发，并和奥列格会合，波洛韦次人闻讯逃遁。是年，（弗拉季米尔）派自己儿子斯维亚托斯拉夫统治佩列亚斯拉夫利，维亚切斯拉夫统治斯摩棱斯克。是年 9 月 14 日，拉扎列夫修道院[1062]的女院长去世，她在圣洁的一生中度过 60 年的修道士生涯，享年 92 岁。是年 9 月 11 日，弗拉季米尔为自己儿子罗曼娶沃洛达里的女儿为妻。是年，姆斯提斯拉夫在诺夫哥罗德的集市附近的王公邸宅为圣尼古拉石砌教堂奠基[1063]。是年，（弗拉季米尔）派自己儿子雅罗波尔克统治佩列亚

斯拉夫利。是年,派达尼尔担任尤里耶夫城的主教,而尼基塔担任别尔戈罗德城的主教。

6622年(1114年)[1064]。3月16日,弗拉季米尔的儿子斯维亚托斯拉夫去世,安葬在佩列亚斯拉夫利的圣米哈伊尔教堂。该城的职位是他父亲封给他的,并把他从斯摩棱斯克转派到这里。是年,姆斯提斯拉夫在诺夫哥罗德大兴土木,扩建到比以前更大的(城市)。是年,在姆斯提斯拉夫当政时期,地方行政长官帕维尔在土堤上又修建了拉多加湖的石堤。当我来到拉多加时,拉多加人对我说:“当大片的乌云出现时,我们的孩子们能捡到许多透明的珠子,珠有大有小,还带孔,而别的人在沃尔霍夫河畔也捡到河水冲上来的珠子。”我要了一百多颗这种珠子,粒粒皆异[1065]。当我为此惊叹不已时,他们告诉我:“并不算稀奇,有些尚健在的老人,他们到过尤格拉人和萨莫亚季人那里,在北方各国亲眼目睹过乌云如何低垂下来,从那乌云里落下许多像是刚出生的幼小的松鼠,它们长大后就栖息到各地。另一次出现了乌云,从乌云里落下许多幼鹿,它们长大后也散居到各处。”[1066]这件事我可有证人,他们是拉多加的行政长官帕维尔和所有拉多加人。如果还有谁不相信这种事,那就请他读一读《古年代记》[1067]。“在普洛布斯[1068]统治时期,下雨时从一大片乌云中降落下浸饱大量水分的小麦,人们把小麦收集起来倒入一个个大谷仓。同样,在奥勒利安[1069]时代,许多小碎银子降落(地面),而在非洲,曾降落下三块巨石。”在洪水泛滥和语言分化后,“最初是含氏族的麦斯特罗姆开始执政,继承他的是耶利米,然后是费奥斯塔”,埃及人还把他称为斯瓦罗格[1070]。“在这位费奥斯塔统治埃及时期,在埃及曾发生了从天上掉下钳子

的事，于是埃及人开始锻造兵器，而在此以前他们是使用棒槌和石块作战。还是这位费奥斯塔，制定了法律，规定妇女只能嫁给一个丈夫，过严守本分的生活，如果谁敢通奸，即行处死。因此他被称为斯瓦罗格神。”“从前，妇女可以和任何人交往，就像牲畜一样。当妇女生了孩子，她就把孩子交给她所心爱的人，说：‘这是你的孩子。’那人就举行庆典，把孩子收养过来。费奥斯塔废除了这一习俗，规定一个男人只允许娶一个妻子；一个妇女只允许嫁给一个丈夫。谁一旦违反了这条法律，就将他投进熊熊燃烧的火炉中。”“为此，埃及人称他为斯瓦罗格，敬重他。他死后，他的取名为太阳的儿子继位，人们称他为达日鲍格[1071]，他在位 7470 天，相当于 20 年半。因为埃及人还不会别的计时法：有的人根据月亮，而另一些人按日子来计年份；当后来人们开始向皇帝缴纳贡赋时，才知道有 12 个月。斯瓦罗格的儿子‘太阳’王，即达日鲍格，是一位很有魄力的男子汉。当他听到有人报告说有位埃及富有的贵夫人与人通奸，‘太阳’王就想找到她并（当场）把她抓获，他绝不允许自己父亲斯瓦罗格的法律遭到破坏。当他得知一天晚上那位夫人在她丈夫不在时要和那男人通奸，‘太阳’王就带上几名勇士，正赶上她和她外遇的心爱的男人睡在床上作乐，‘太阳’王逮捕了她，加以刑讯，并下令将她在埃及全国游街示众以示羞辱，而那个奸夫则斩首示众。于是埃及全境生活忠贞纯洁，人人都称颂‘太阳’王。”然而我们不能再讲下去了，让咱们同大卫一起说：“主在天上、地上、海上及所有的角落创造出他希望的一切，使云从地边腾向天空。”这就是我们起初说过的最后的国度。

1119 年尤里耶夫修道院格奥尔基大教堂

（姆·克·卡尔格尔摄）

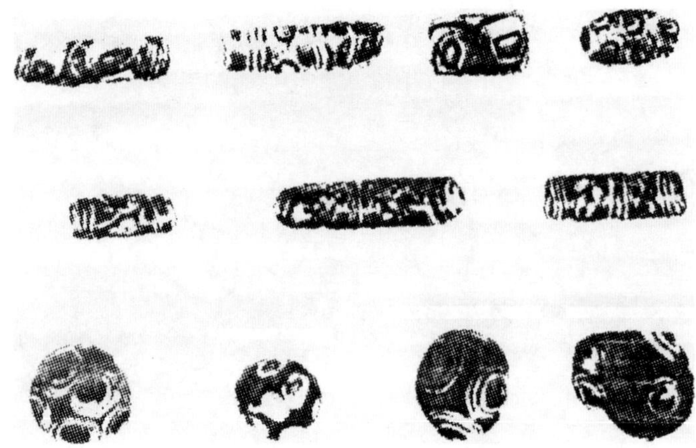

老拉多加出土的有圆斑点的玻璃珠

（Φ. Д. 古列维奇画）

6623年(1115年)[1072]。“米兰敕令纪年”(印吉克特)8年，罗斯王公兄弟几个：弗谢沃洛德的儿子，被称为摩诺马赫的弗拉季米尔，达维德·斯维亚托斯拉维奇和他的弟弟奥列格共同商议，决定搬迁鲍里斯和格列勃的干尸，因为石结构的教堂业已落成，迁移他们的遗骸以褒扬和歌颂他们的功德。5月1日，礼拜六，他们先举行石砌教堂的祝圣仪式。第二天早上才搬迁圣者。从四面八方汇集来了许多人：总主教尼基福和全体主教——切尔尼戈夫的狄奥克季斯特、佩列亚斯拉夫利的拉扎里，还有别洛戈罗德的尼基塔牧师，尤里耶夫的达尼拉；还有很多修道院院长——佩切拉修道院的普罗霍尔，圣米哈伊尔修道院的西尔维斯特，圣救世主修道院的萨瓦，圣安德烈修道院的格里戈里，克洛弗修道院的彼得以及其他修道院长。于是，大家为石结构教堂举行了祝圣仪式。在为鲍里斯和格列勃做过弥撒后，大家都去奥列格那里参加宴会，菜肴极其丰盛，大家大吃大喝。一连三天为乞丐和云游教徒免费供食。(5月2日)一大早，总主教、主教、修道院院长们身穿僧侣的祭服，点燃蜡烛和香气四溢的手提香炉，走向圣者的干尸匣，把鲍里斯的干尸匣抬起来，放在灵车上。王公和贵族们拿起车绳拉起来；修道士手执蜡烛为先导，其次是牧师、修道院院长和走在灵车前的主教们，而各王公和灵车走在设移动路障的两侧之间。由于看热闹的人太多，前进艰难：围观的人把移动路障都挤坏了，另一些人则挤满城墙和看台，人山人海，目不暇接。弗拉季米尔下令把撕成一块块的锦缎、毛料和灰鼠皮(бель)[1073]一起抛向人群，而在人群特别挤过来的另一些地方抛撒银币。这样，干尸匣就轻而易举地送进了教堂，安放在教堂的中央，然后再去迎取格列勃的干尸匣。用同样办法又把格列勃的干尸匣运来，安放在他兄长的旁边。这时，发生了以弗拉季米尔为一方，达维德和奥列格为另一方的争执：弗拉季米尔主张把干尸匣安放在教堂的中央，其上建一个银制的盖罩，而达维德和奥列格则主张把干尸匣放在“我父亲选定的”拱门下，在教堂的右侧已经为他们修建好了拱门。于是，总主教和各主教开了口：“咱们还是抽签吧，蒙难者愿意在什么地方，就把他们安放在什么地方。”王公们同意这种办法。弗拉季米尔、达维德和奥列格开始抽签。结果达维德和奥列格的签被抽中。于是两个干尸匣被安放在右侧的拱门下，一直留存至今。殉难的圣徒于5月2日在维什戈罗德从木结构的教堂被迁到石结构的教堂。他们是我们王公们的光荣，他们是罗斯大地的庇护者，他们赢得了这个世界的荣誉，他们热爱基督，并决心沿着他的足迹前进。他们是基督善良的羔羊，当他们受迫害时不反抗，当他们被刺杀时，他们不避让，而是从容就义！因此，他们才能与基督共享永恒的欢乐，从我们的救世主耶稣·基督那里接受治好百病的圣物，慷慨地把这永生的灵丹施舍给病人。这些人都是怀着虔诚之心

朝觐这自己祖国的捍卫者，朝觐这二位圣殿的病人。王公、贵族及所有的人都参加了3天的庆典活动，赞颂上帝和蒙难的圣徒，然后各自回转。弗拉季米尔用金银包钉干尸匣，装饰他们的灵柩，同样还用金银包钉拱门[1074]。人们向他们顶礼膜拜，祈求饶恕罪孽。

1116年诺夫哥罗德的安东尼修道院大教堂

1117 年姆斯提斯拉夫经书上的圣像饰物

是年，出现了一种征兆：太阳熄灭，变得像月亮一样，无知的人们就说："太阳被吞吃掉了。"[1075] 同年 8 月 1 日，奥列格·斯维亚托斯拉维奇去世，翌日被安葬在圣救世主教堂，在其父斯维亚托斯拉夫的灵柩旁。同年，(弗拉季米尔)兴建的第聂伯河大桥竣工。

6624年(1116年)。弗拉季米尔发兵讨伐格列勃(弗谢斯拉维奇)，因为格列勃曾和德列戈维奇人交战，放火焚烧斯卢切斯克城[1076]。他对此既不忏悔，又不表示归顺，反而公开顶撞，指责弗拉季米尔。弗拉季米尔就指望上帝的保佑和正义，率领自己的孩子，还有达维德·斯维亚托斯拉维奇和奥列格的孩子，进军明斯克。维亚切斯拉夫占领了奥尔沙和科佩萨，达维德和雅罗波尔克则夺取了德柳茨克，大胜敌军[1077]。而弗拉季米尔自己挥师直指斯摩棱斯克；格列勃闭城坚守。弗拉季米尔在城前的自己阵地上修建了一间住屋，格列勃见此大惊失色，派人向弗拉季米尔求和。弗拉季米尔也不想在大斋戒的日子里流血，同意和他言归于好。格列勃领了孩子和亲兵队出城，低首下心，拜会弗拉季米尔，和他缔结和约，并答应在一切事情上都听从弗拉季米尔的安排。弗拉季米尔接受格列勃的言和，对一切作了训示后，把明斯克封给他，班师返回基辅。雅罗波尔克为自己俘虏的德柳奇人建了一座木结构城——热尔季[1078]。是年，姆斯提斯拉夫·弗拉季米罗维奇率领诺夫哥罗德人和普斯科夫人发兵攻打楚德人，夺取了名为熊首的楚德城市[1079]及无数乡村，满载而归。同年，弗拉季米尔的女婿——立奥王子[1080]发兵攻打阿列克塞皇帝，多瑙河的几座城市相继降服。8月15日，阿列克塞皇帝派来的二位萨拉森人在杰列斯特尔的城里[1081]用计杀死了他。是年，弗拉季米尔大公派出伊凡·沃伊季希奇，伊凡在多瑙河流域任命了一批地方行政长官[1082]。同年，弗拉季米尔派自己的儿子雅罗波尔克，达维德也派自己的儿子弗谢沃洛德出征顿河，他们连克三座城市：苏格罗夫、沙

鲁饮和巴林[1083]。这时，雅罗波尔克娶被俘的雅斯人的王公女儿绝世佳人为妻。同年，斯维亚托斯拉夫的女儿——普列德斯拉芙娜修女去世。同年，维亚切斯拉夫和福马·拉季鲍里奇远征多瑙河，到了杰列斯特尔，无所建树而返。同年，(弗拉季米尔)和波洛韦次人及托尔克人交战，又和佩彻涅格人战于顿河一带，打了两天两夜，托尔克人和佩彻涅格人到罗斯投奔弗拉季米尔[1084]。同年，罗曼·弗谢斯拉维奇去世。同年，伊戈尔的孙子——姆斯提斯拉夫去世。同年，弗拉季米尔把自己的女儿阿加菲娅嫁给弗谢沃洛德克。

6625年(1117年)[1085]。弗拉季米尔把姆斯提斯拉夫从诺夫哥罗德调回，父亲把别尔戈罗德城给了他，而在诺夫哥罗德继位的是他的儿子，即弗拉季米尔的孙子姆斯提斯拉维奇。同年，弗拉季米尔率领达维德、奥列戈维奇、沃洛达里和瓦西里科进军弗拉基米尔城，讨伐雅罗斯拉夫，他们把他围困在弗拉基米尔城。包围了60余天，才与雅罗斯拉夫缔结了和约。当雅罗斯拉夫屈服，向自己的叔叔弗拉季米尔叩首认罪时，弗拉季米尔彻底教训了他一顿，吩咐他“如召见时”要奉召必到。就这样和平解决，各自返回。这时，波洛韦次人投奔保加利亚人，保加利亚王公给他们送去下了毒的酒，阿耶帕及其他波洛韦次王公喝了后，全被毒死。同年9月6日，佩列亚斯拉夫的主教拉扎里去世。同年，波洛维茨人进犯罗斯[1086]。同年，弗拉季米尔为安德烈娶图戈尔坎的孙女为妻。同年9月26日发生地震。同年，弗拉季米尔把格列勃从明斯克调出，并在利托河为纪念殉教的圣徒修建的教堂奠基……弗拉季米尔派儿子罗曼去弗拉基米尔城执政。同年，阿列克塞皇帝去世，他的儿了伊奥安继位[1087]。

注　　释

注释首要的目的在于帮助正确理解作为历史资料的《往年纪事》原文的内容。为此，注释对有的段落、有的句章和有的提法作单独的解释，指出编年史作者的论断、材料的来源，尽可能地检验其确切性等。此外，注释还有一个目的，就是向读者介绍其他各种《往年纪事》手抄本中包含的全部珍贵的史料。我们出版的主要文本是根据拉夫连季编年史的《往年纪事》。为此，凡是本书和别的《往年纪事》手抄本出现不同的地方，都加以解释，并以新的资料予以补充（详情可参阅《古文献概述》，第 150 页）。

[1]《往年纪事》中的“往”字常译成“按年代的”。И. И. 斯列兹涅夫斯基就是这么来理解这个字的。他译的《往年纪事》的书名是《按年代记述的往年故事》（参阅他写的《古罗斯语词典的资料》，卷 1）。但是，正如语言论著中所指出的那样，这种译法不能认为是正确的。“往”这个字的意思不是说明“纪事”，而是说明“年”。“往”的意思是“过去的”、“以前的”。这个字在《格奥尔格·哈马托罗斯编年史》的译文中不止一次用于这个意义。参阅《往年朝代的开始》（一章的标题）。考虑此处主要根据的希腊文本的意义，这里应译为：《古往王朝的开始》（B. M. 伊斯特林《格奥尔格·哈马托罗斯编年史》，卷 1，彼得格勒 1920 年版，第 9 页）。《格奥尔格·哈马托罗斯编年史》译文的证明特别重要，因为据 B. M. 伊斯特林的研究，毫无疑问证明这个译文是 11 世纪古罗斯的（而不是像以前认为的保加利亚的）译者译的。所谓特维尔汇编的编者在 16 世纪

也正确地理解了这个“往”字的意义，他把《往年纪事》的名称译为《古代记事》。编年史家把他收集的往年岁月的史料加工，给自己的著作命名为《这就是往年记述》。《往年纪事》的编者在自己的著作中不止一次地强调，他写的是往事。

[2]编年史家这里所提的“Руская земля”一词是什么意思呢？这个专有名称在古罗斯有几个意思，首先和基本的意思是：“罗斯国家”（当然，这是11—12世纪的概念）。在编年史中类同的说法还有“лядская земля”（波兰国家），“Ъолгарская земля”（保加利亚），“Греческая земля”（拜占庭）等。“Руская земля”有时还表示罗斯人民，少有的表示“罗斯军队”，偶尔也表示地区，即罗斯国内的某地区，或基辅附近的某地方（这个意义主要见于12—13世纪的编年史）。最后这个意义在此未必可取，因为它通常在后期才能见到。“罗斯”军队的意义在此场合难以接受。这里也不见得能谈罗斯的一些地区，因为谈地区渊源的问题没有意义。剩下的只有两个意义了：罗斯“人民”和“国家”。但是，应该指出这两个意义在古代的理解是非常接近的。其实在那种场合，编年史家把“Руская земля”这一术语用于罗斯人民的意思时，他几乎通常是指国家组织统一起来的人民（如在和外国的谈判中，在军事冲突中等）。在相反的场合，编年史家大部分使用术语“язык”（民族）和“племя”（部落）。这样，《往年纪事》开头标题谈的是罗斯国家的开端，或作为国家整体的罗斯人民的开端。对《往年纪事》开头标题的这种理解，也被后一句话提出的问题所支持，关于这个罗斯国家中央集权的基辅的全罗斯王朝开端的问题：“是谁成为基辅第一任王公。”《往年纪事》前半部就是回答这两个问题的。编年史家讲述斯拉夫人民的起源，描述他们的土地，指出地名的来历、斯拉夫文字的诞生，还指出东斯拉夫（罗斯的）各部落的差异，讲解了罗斯名称的由来，指出了各地方公国王朝及全罗斯王朝的开始（从留里克算起），并一直注意罗斯国家的逐渐兴起。编年史家在自己著作开篇标题中所提出的问题是广泛的，而对其回答却更为广泛。关于“罗斯”和“罗斯的”两词的详细意义可参阅后面（注157—160）的讲述。

[3]此处指的是《圣经》第一篇——创世纪中讲述的传说故事：上帝由于人们的罪孽使洪水泛滥大地，但事先通知了唯一一位虔诚正直的人挪亚，让他造一只方舟，舟上带进自己的妻子、三个儿子及他们的媳妇，还随身携带“洁净”的动物各七对（即可作祭祀供品的）和不洁净的动物各一对。洪水泛滥

时，其他所有人和动物都全遭毁灭。圣经中说，洪水退后的一天，挪亚喝醉酒，全身光秃秃地躺在自己的帐篷里。挪亚的儿子含，嘲笑自己的父亲，而另两个儿子——闪和雅弗——拿件衣服给父亲盖上。为此，上帝为含的后代安排的是坏的命运（他们注定要做奴隶），而为闪和雅弗的后代安排的是好命运。整个大地都在挪亚这3个儿子的后代之间瓜分。可是关于抽签瓜分所有地盘的事，圣经上没有说。从"洪水过后"到"米底和巴比伦之间"这段，关于挪亚儿子们之间瓜分地盘的基本故事，编年史家是从格奥尔格·哈马托罗斯编年史中取来的，但一方面作了某些删节（特别在开始部分），另一方面又作了一些补充。对哈马托罗斯的补充，我们可以举下面几句总结的话："东方地区分给了闪，""北方地区和西方地区分给了雅弗，""南方地区分给了含"。在提到"伊利里亚"国后插进"斯拉夫人"一词（参阅《伊利里亚》第209页）具有特殊意义，这是由于编年史家认为斯拉夫人最初是住在伊利里亚。参阅后面6406年（898年）条，编年史家指出："伊利里亚也在那里，使徒保罗曾到过那里，那也是斯拉夫人最初居住的地方。"A. A. 沙赫马托夫认为，关于在挪亚儿子间瓜分地盘的整个这一段，编年史家不是直接取材于格奥尔格·哈马托罗斯编年史，而是取材于基本根据别人著作编纂而成的年代记，该年代记中的这段作过某些修改。A. A. 沙赫马托夫推测，这部编纂的年代记的编写是在保加利亚，主要取材于哈马托罗斯编年史和约安·马拉拉编年史的保加利亚文译本。B. M. 伊斯特林做了大量的研究工作，根据哈马托罗斯编年史译本的语言分析，有力地证明这个译本是早在11世纪的罗斯完成的。（B. M. 伊斯特林《格奥尔格·哈马托罗斯编年史》卷2，彼得格勒1922年版，第268—309页。）B. M. 伊斯特林把这部收入哈马托罗斯编年史译本的编纂年代记暂且称之为《扩编本年代记》（罗斯把格奥尔格·哈马托罗斯编年史理解为《扩充本》），并推测这部年代记也是早在11世纪的罗斯编成的。格奥尔格·哈马托罗斯编年史是在米哈依尔三世皇帝统治时期（862—867年）编成的，罗斯的编年史家不止一次地把它看成是世界史知识的史料来源。其作者个人情况只知道他是一位修道士，而这一身世在编年史的全部叙述中到处都反映出来：他对圣像崇拜反对者恨之入骨，在讲述中经常插进一段神学的宣传，如此等等。格奥尔格·哈马托罗斯编年史在风格上和罗斯编年史迥然不同：书中的历史材料不分年条，言辞注重华丽，充满教权主义思想。格奥尔格·哈马托

罗斯编年史共分四册，收编从“创世”到842年的世界史。格奥尔格·哈马托罗斯编年史后面一般附有一续编，写到948年。在这段历史中，通过还是那位推测的罗斯人根据别人著作编纂的年代记，可明显看出它和约安·马拉拉编年史有联系（详情可参阅A. A.沙赫马托夫:《往年纪事》及其史料。古代罗斯文学部著作第四卷，列宁格勒1940年版，第72页）。约安·马拉拉——按其出身是叙利亚人，居住于叙利亚的安条克。他一生的时间难以精确排定。他写的编年史写到查士丁尼皇帝的末年（到563年）。马拉拉编年史和哈马托罗斯编年史相比更具有世俗性。它特别重视古代希腊史，而格奥尔格·哈马托罗斯编年史则与其不同，它着重写拜占庭史（“罗马”史）。约安·马拉拉编年史经常是罗斯编年史家的世界史的史料来源（虽然它还赶不上格奥尔格·哈马托罗斯编年史）。

[4]巴克特里亚——又称巴克特里安纳（中译“大夏”），是阿姆河和兴都库什山西部之间的一个国家，北邻索格底亚纳（粟特）。主要城市巴克特拉是繁荣的贸易中心。——在《往年纪事》开头引用的所有地理报道均取自比《往年纪事》本身更古老的文学史料（属于公元1—8世纪）。

[5]里诺科鲁尔是埃及和巴勒斯坦之间的一座边境贸易城市。

[6]科尔杜纳——此处的“科尔杜纳”指的是哪个国家，不甚清楚（哈马托罗斯编年史中与其相应的是Κορδόυα）。可能这是位于亚美尼亚南部、底格里斯河上游的科尔杜叶纳。

[7]古阿拉伯指的是什么地方不详。可能这是指罗马的阿拉伯行省的一个地区。

[8]叶利马伊斯，英底亚——具体指哪两个国家不详。可能指的是阿拉伯的两个行政区，因为它们放在古阿拉伯和大阿拉伯之间。叶利马伊斯也可能指的是波斯湾以北的埃拉姆地区。

[9]大阿拉伯——幸福的阿拉伯（阿拉伯南部地区）。

[10]基利西里亚——又称科利亚和库利亚。

[11]科马基纳——古叙利亚北部的一个地区，北接卡帕多基亚，西邻基利基亚。

[12]埃塞俄比亚在希腊和拜占庭的地理学中是一个不确定的地名，它是指埃及以南的一个国家和亚洲的另一个国家。这里指的是亚洲的埃塞

俄比亚。

[13]红河可能指的是红海。这里的埃塞俄比亚显然是非洲的埃塞俄比亚,它不同于(上面所述的)东邻印度的亚洲的埃塞俄比亚。

[14]菲瓦伊达——别奥提亚的一座希腊城市。

[15]基里尼亚——又名基列纳伊卡,是北非的一个地区,西临利比亚。

[16]利比亚——非洲远古时期的称谓。其狭义是指埃及以西的北非的一部分,它主要有两部分:马尔马里卡和基列纳伊卡。

[17]马尔马里亚——又称马尔马里卡,非洲的一个地区,东邻基列纳伊卡。

[18]西尔西斯——又名西尔特,北非的一个地区,濒临西德拉湾和加别斯湾。

[19]另一个利比亚指的是尼罗河发源地“大洋”利比亚。

[20]努米底亚、马苏里亚——毛里塔尼亚以东的北非的两个地方。

[21]毛里塔尼亚——北非西部的一个地方;加迪尔在现今的加迪斯。

[22]基利基亚——又译西利西亚,小亚细亚的东南部沿岸地区,东面从帕姆菲利亚湾到阿曼山脉,北到塔弗尔山脉。基利基亚东临科马格纳,北接卡帕多基亚,西北连利卡奥尼亚,西邻帕姆菲利亚。

[23]帕姆菲利亚——小亚细亚南部沿岸的一条狭长地带,北邻皮西底亚,东接基利基亚。

[24]皮西底亚——小亚细亚南部的一个地区。最初曾和帕姆菲利亚构成一个整体。东与利卡奥尼亚及基利基亚毗邻,南接帕姆菲利亚,西与利基亚和卡里亚接壤,西北和北与弗里基亚接壤。

[25]米西亚——又称米齐亚,亦称密细亚,小亚细亚西北的一个地区,南与吕底亚毗邻,东与弗里基亚和维菲尼亚接壤。

[26]利卡奥尼亚——亦译吕考尼亚,小亚细亚中部的一个地区,西接弗里基亚和皮西底亚,南邻基利基亚,东与卡帕多基亚交界,北与加拉提亚毗邻。

[27]弗里基亚——小亚细亚中部一个地区。四周接壤的是卡里亚,吕底亚,米西亚(在西面),维菲尼亚(在北面),加拉提亚、利卡奥尼亚(在东面)和皮西底亚(在南面)。

[28]卡瓦利亚——又称卡马利亚,具体地点不详。

[29]利基亚——亦译吕基亚,地中海沿岸、小亚细亚西南部的一个地区,

北与卡里亚、皮西底亚和帕姆菲利亚毗邻。

[30]卡里亚——小亚细亚西南的一个沿岸地区，南邻利基亚，东接弗里基亚，北连吕底亚。

[31]吕底亚——小亚细亚西部的一个地区，北与米西亚接壤，南与卡里亚毗邻，西临爱琴海，东与弗里基亚相接。

[32]另一个米西亚——具体地点不详。这里很可能指的是希腊以北的一个斯拉夫人国家。希腊人把保加利亚就叫做米西亚。

[33]特罗阿达——小亚细亚西北部的一个地区；古特洛伊区。

[34]叶奥利达——小亚细亚西部的一个沿海地区；与累斯博斯岛相望。

[35]维菲尼亚——亦译比提尼亚，小亚细亚西北部的一个地区，北临黑海，南与加拉提亚毗邻。

[36]老弗里基亚——拜占庭文献习惯把弗里基亚分为第一弗里基亚和第二弗里基亚。格列斯庞特和普列庞提达以南的沿海地带，通称为第二弗里基亚或小弗里基亚，以区别于大弗里基亚或老弗里基亚。

[37]古代分大亚美尼亚和小亚美尼亚。大亚美尼亚占国土的东部，全国的大部分领土，与亚述和伊朗接壤；小亚美尼亚在国土的西部，在加利斯河、幼发拉底河和本都山脉之间。

[38]卡帕多基亚——亦译卡帕多西亚，小亚细亚东部的一个地区，位于基利基亚的塔弗尔、幼发拉底河和加利斯河之间。

[39]帕弗拉戈尼亚——小亚细亚北部的一个地区，濒临黑海，西与维菲尼亚毗邻，南与弗里基亚和卡帕多基亚连接。

[40]加拉提亚——小亚细亚的一个地区，北与维菲尼亚和帕弗拉戈尼亚接境，南与卡帕多基亚和利卡奥尼亚接连，而西邻弗里基亚。

[41]科尔希斯——又称科尔希达，亦译科尔基斯，黑海东岸的一个地区。

[42]博斯普鲁斯——这里说的是基麦里人的博斯普鲁斯，或潘蒂卡佩亚，在刻赤湾地区。

[43]麦奥提——又称麦奥提达，亚速海的一个区。

[44]杰列维亚——格奥尔格·哈马托罗斯编年史称为“杰列维克”，是指什么地方(或部族)，不详。

[45]塔弗里亚居民，指克里木的居民。

[46]斯基泰、色雷斯——斯基泰,亦译西徐亚;色雷斯是北希腊的一个地区。

[47]达尔马提亚——又名达尔马齐亚。亚得里亚海东岸的一个地区。

[48]马洛西亚——可能是莫洛瑟人,帖萨利亚的一个部落。

[49]帖萨利亚——马其顿以南的北希腊的一个地区。

[50]洛克里达——北希腊的一个地区。

[51]阿尔卡底亚在希腊的伯罗奔尼撒的中部。

[52]伊皮罗提亚即伊皮鲁斯。

[53]伊利里亚——巴尔干半岛沿岸西北部。伊利里亚的范围是公元1世纪前半叶的罗马帝国的行省,包括现今南斯拉夫人的一部分领土。

[54]斯拉夫人居住地区——斯拉夫人居住地区安插在伊利里亚之后,是因为编年史家认为斯拉夫人最初居住在伊利里亚,参阅898年条讲“把书翻译成斯拉夫文”的那段:“圣徒安德罗尼克是斯拉夫人的导师。到过莫拉瓦人那里:使徒保罗也在那里传过教,那里还有伊利里亚,使徒保罗到过那里,那里最初居住过斯拉夫人。”

[55]利赫尼提亚又称卢希提亚,卢赫尼提亚,具体地点不详。

[56]开俄斯岛与小亚细亚西岸隔海相望。

[57]基费拉——伊奥尼亚群岛中的最南的一个岛。

[58]扎金弗——希腊南端的一个岛。

[59]克法洛尼亚——希腊伊奥尼亚群岛中最大的一个岛。

[60]伊塔卡——伊奥尼亚七岛中的一个。

[61]科尔西卡——又称科孚岛,伊奥尼亚群岛中的一个。

[62]称为伊奥尼亚的亚洲部分——小亚细亚的伊奥尼亚沿岸地带。

[63]庞特海,即黑海,在编年史中又称罗斯海。

[64]高加索山脉即乌果尔山脉,是指喀尔巴阡山脉。A. A. 沙赫马托夫认为编年史家把“高加索”山脉和喀尔巴阡山脉混为一谈(试看898年条:“他们奋力翻越名为乌果尔山脉的崇山峻岭”是随意行为)(A. A. 沙赫马托夫:《往年纪事》及其史料,苏联科学院历史研究所古代手稿和文献部,卷4,列宁格勒1940年版,第73—74页)。可是,喀尔巴阡山直到13世纪还继续被称为“高加索山”或“乌果尔山”。(参阅《伊帕季编年史》1226年条:“去高加索山,即乌果尔山”。)正是这座高加索山在古罗斯称为亚斯山。在马拉拉编年

史原文中，高加索山写的是 καυχάσνυ ὄρη，但并未对为何“称为乌果尔山”作完全正确的解释，这个解释是罗斯编年史家作出的。由此可见，罗斯编年史家并未对这些地理概念带来任何混乱。

[65]楚德人在罗斯国家生活中所起的作用很值得一提。楚德人是爱沙尼亚部落。据编年史记载，楚德人和罗斯人一起驱逐了瓦兰人，请来王公：这说明编年史家在罗斯大地的国家命运上不分楚德人和罗斯人。编年史家说楚德人参加了奥列格率领的对帝都(君士坦丁堡)的远征，还说弗拉季米尔一世·斯维亚托斯拉维奇从楚德抽人充实南方的城市。编年史还不止一次地提到楚德大臣(1068 年条，1072 年条和 1078 年条)，他参加了雅罗斯拉夫诸子法典的制定。在诺夫哥罗德有楚德街和楚德门。所有这一切都证明两大民族具有亲密的和平关系。关于楚德人的情况可参阅 Я. 祖季斯《9—16 世纪罗斯—爱沙尼亚的关系》、《马克思主义历史学家》杂志 1940 年第 3 期。

[66]麦里亚人——古代的部落，他们居住在大罗斯托夫地区。

[67]穆罗马人——居住在罗斯北部的一支古老部族，穆罗姆城的名称就是这支部族名称的遗迹。

[68]维西人——居住在罗斯北部的一支古老的部族。

[69]连水陆路地区的楚德人——“连水陆路地区”指的是连接两条水路上游之间的陆地；连水陆路地区的楚德人即住在连水陆路以北的楚德人，显然是指几个部族。

[70]彼尔米人和佩切拉人是当今科米人的一些祖先。

[71]耶米人——芬兰人。

[72]乌果尔人——曼西人和汉特人部族的祖先。

[73]齐米戈拉人——波罗的海的一个部落，居住在西德维纳河下游的西南地区。

[74]科尔西人——波罗的海部落之一，居住在西德维纳河下游以西的地区。

[75]列特戈拉人——波罗的海部落之一，居住在西德维纳河下游的东北地区。

[76]利比人——又称利维人，这个部落居住在里加湾沿岸，西德维纳河口附近的东北地区。

[77]普鲁士人是普鲁士最早的居民。

[78]因此,从基辅编年史家的观点来看,波罗的海(瓦兰海)环绕欧洲的北面,一直到东面的闪族各国。阿拉伯的地理学家对波罗的海的位置也有类似的看法(H. П. 巴尔索夫《罗斯历史地理概论》,华沙 1885 年版,第 15 页)。罗斯人称斯堪的纳维亚人为瓦兰人。为拜占庭皇帝服役的斯堪的纳维亚亲兵队和盎格鲁撒克逊亲兵队在斯堪的纳维亚各国被称为瓦兰人(varringar)。该词的来源不太清楚。一些研究人员认为,这一专有名称曾广泛流行于俄罗斯,从俄国传到希腊人那里。

[79]据推测,沃洛赫人应该是指诺曼底居民,或是征服了达西亚的罗马人,或是查理大帝时代的法兰西人。"沃洛赫人"究竟是何许人,至今还不清楚。

[80]哥特人——居住在波罗的海哥特兰岛上的居民。

[81]罗斯人——A. A. 沙赫马托夫及其他一些专家认为,在这一串部族的名单中,罗斯人是被后期的编年史家加进去的。他们因此创造了罗斯起源于瓦兰人的传说,可参阅以后的注解。

[82]盎格人指盎格鲁人和 1066 年征服他们的诺曼人。

[83]加利人——具体指是什么人还无准确的答案。C. M. 索洛维约夫认为"加利人"是乌埃利斯的居民(pays des Gals 加利人国家),另一些人认为他们是高卢人(高卢的居民),还有一些人认为是西班牙加利西亚的居民。

[84]科尔利亚齐人——据推测他们是加洛林王朝统治下的德国人(该王朝从查理大帝开端)。可能它不应和前面"德国"一词分开,而应读成德国的科尔利亚齐人。

[85]关于巴比伦建塔的整段故事直到"这些残迹一直保存了很多年",它们的历史资料被认为是来自于推测的,但未留存至今由罗斯人编纂而成的年代记。该年代记中关于分地的故事主要取材于格奥尔格·哈马托罗斯编年史相应的一段,但作了修改。特别在格奥尔格·哈马托罗斯编年史中,没有这个故事前面的几行:"抛签分了土地后,决定谁也不进入兄弟的地域,各自生活在自己的那份领地上。人们都是同族同宗。当人们在大地上传宗接代繁衍越来越多时……"很可能这几行字是编年史家加进去的,为的是告诫自己同时代的王公们。试比较编年史家在 1054 年条说的类似的话:"雅罗斯拉夫给他们分完了城池后,禁止他们侵吞兄弟的疆域和相互篡夺王位。"1073 年条:"侵吞别人的疆土绝非好事"等等。

[86]在《罗斯圣经故事详解》中有这72个部族的清册。看来,它和《往年纪事》此处来自共同的史料。

[87]肘尺是长度单位。它取自伸直的中指尖到弯曲的肘部长度。根据12世纪修道院院长在达尼伊尔《游记》所述,可以确定肘尺之长为46厘米(Л. В. 切列普宁《罗斯的度量衡学》,莫斯科1944年版,第22页;Н. В. 乌斯丘戈夫《古罗斯度量衡概论》,《历史论丛》第19卷,1946年,第301页)。

[88]诺里基人,或称纳尔茨人,是诺里克的居民。诺里克是罗马帝国在多瑙河流域的一个古老的行省。在6世纪,这里已居住斯拉夫人。显然,因此或许还由于某些传说,在罗斯把诺里基人和斯拉夫人混为一谈。《罗斯圣经故事详解》对一些部族的名称作了一些解释:"阿维尔是奥别兹人","鲁姆称为希腊人","诺里基人是斯拉夫人。"看来,《往年纪事》和《罗斯圣经故事详解》的这个情节来自某个共同的罗斯史料。希腊的辛克尔编年史中所列的部族清册和《罗斯圣经故事详解》中的部族清册十分相近;在该清册中和《罗斯圣经故事详解》中的诺里基人处写的是某个 ργηνιγεζ(А. А. 沙赫马托夫《往年纪事》及其史料,苏联科学院历史研究所古代手稿和文献部,卷4,1940年,第75页);无论如何,希腊的历史著作在其部族清单里对斯拉夫人从来没有和任何人等同。这种等同说法属于某罗斯作者的手笔。对这等同说法提出有利的科学论据可参阅 С. П. 托尔斯托夫的文章:多瑙河流域的诺里基人和沃尔赫人,《苏联人种志学》,1948年,第2期。

[89]白霍尔瓦提人,霍尔瓦提人,即克罗地亚人。10世纪拜占庭史学家皇族出身的君士坦丁断言,居住在达尔马提亚的受过洗礼的霍尔瓦提人来源于未受洗礼的霍尔瓦提人,被称为白霍尔瓦提人。这些白霍尔瓦提人的国家所在,君士坦丁说不太准,认为是在离维斯瓦河不远的与巴伐利亚和匈牙利相毗邻的某个地方。《往年纪事》的993年条谈到弗拉季米尔一世·斯维亚托斯拉维奇远征霍尔瓦提人,看来,是远征这些白霍尔瓦提人。

[90]霍鲁坦人——斯洛文尼亚人。

[91]沙法里克推测,这里说的是公元前4世纪克勒特人的迁徙。А. 伊洛瓦伊斯基,И. 扎别林,В. 克柳切夫斯基等认为这里指的是罗马皇帝图拉真(公元2世纪)远征达西亚人。这两种推测都不可信。同样把沃洛赫人和查理大帝时代的法兰西人混为一谈也是缺乏依据的。看来,编年史家自己因为

所用的是紊乱的民间传闻轶事，所以对此也是概念不清。C. П. 托尔斯托夫认为沃尔赫人就是克勒特人(《多瑙河流域的诺里基人和沃洛赫人》,《苏联人种志学》1948 年第 2 期)。

[92]这些西斯拉夫人部族居住在维斯瓦河和奥德河流域。在北部奥德河以西居住的是鲍德里奇人和柳蒂奇人，维斯瓦河以东是波美拉尼亚人；在东部是库亚维亚人和马左维亚人；在中部是大波兰人；在西南部是西里西亚人；在东南部是白霍尔瓦提人；在南部是小波兰人。

[93]E. ф. 卡尔斯基(《白俄罗斯人》，第 68—69 页)认为德列戈维奇人的称呼(дреговичи)来自“драгва”或“дрегва”一词，意思是“泥泞沼泽地”。因此按照卡尔斯基的解释：德列戈维奇人即住在泥泞沼泽的人，如同波利安人(поляне)来自“поля”(意为田野)，即住在田野上的人，又如德列夫利安人(древляне)，来自“древа”(树木)一词，即住在林区的人。不过，这种词源解释并不很令人信服。因为《往年纪事》此处所指的德列戈维奇人所居住的地域十分广阔。可以认为，德列戈维奇人并没有完全占据普里皮亚特河和德维纳河之间的地区，只占其一部分。看来，编年史家并没有指出德列戈维奇人的准确土地界线，而只是指出其所住的大致的区域，因为在此区域居住的还有克里维奇人、立陶宛人部落等。

[94]“在伊尔明湖周围定居下来的斯拉夫人还保持原有的称呼——斯拉夫人，他们建立了一座城市，命名为诺夫哥罗德。”后期一些编年史在这句话后写道：“并立族长戈斯托梅斯尔为王”(诺夫哥罗德第四编年史、索菲亚编年史、年代记、叶尔莫林编年史、里沃夫编年史、尼康编年史等)。这一补充是从15 世纪 30 年代的诺夫哥罗德—索菲亚编年史传入 15—16 世纪编年史的。A. A. 沙赫马托夫推测，关于戈斯托梅斯尔的这一报道起源于 1167 年诺夫哥罗德汇编(《考证》……，第 233 页)；但是，该汇编存在本身都值得怀疑(Д. 利哈乔夫：《索菲亚年鉴》和 1136 年诺夫哥罗德的政治变革，《历史论丛》第 25期，1948 年莫斯科版，第 251 页及以后几页)。然而，后期编年史关于戈斯托梅斯尔的消息很可能历史相当古老。沃斯克列先编年史把斯拉夫人在诺夫哥罗德立足单成一段，并有自己的标题：“大诺夫哥罗德和罗斯。斯拉夫人从多瑙河流域来到本地，在拉多加湖附近定居下来，并从那迁到伊尔明湖周围定居，改名换姓，按注入伊尔明湖的一条河——罗斯河而取名；他们繁衍生

息，建立了一座城市，称为诺夫哥罗德，并立戈斯托梅斯尔为王；其他的一支斯拉夫人定居在捷斯纳河流域，谢姆河流域和苏拉河流域，称为谢维里安人。斯拉夫人就这样分居各处，而文字则按照他们的名字称为斯拉夫文。”

[95]谢姆河——捷斯纳河左岸的一条支流。

[96]苏拉河——第聂伯河左岸的一条支流。苏拉河地区称为波苏利耶。

[97]“斯拉夫人就这样分居各处，而文字则按照他们的名字称为斯拉夫文”——A. A. 沙赫马托夫认为这句话是《往年纪事》的编者取自后面 898 年条“关于把书译成斯拉夫语的讲述”。这句话的前后两部分没有内在的联系，而其后半句和 898 年条“讲述”的那句话相近似：“对他们来说，对莫拉瓦人来说，最早创造的是被称为斯拉夫文字的字母。”此外，这句话放在序言处也不合适，但它放在“关于把书译成斯拉夫语的讲述”中却很合适（苏联科学院历史研究所古代手稿文献部著作第 4 卷，1939 年，第 81 页）。A. A. 沙赫马托夫的假设不是没有根据：编年史家不仅把“讲述”纳入自己的文本中，还不止一次地把它当作史料，放在自己编年史的其他地方。

[98]从瓦兰人到希腊人之路——编年史中描述的这条道路在拜占庭皇帝和历史学家君士坦丁七世（905—959 年）的著作《帝国行政论》第九章中也有所叙述。该章的标题是：“从罗斯乘独木舟到君士坦丁堡的罗斯人。”该章写道：“独木舟从外罗斯”（“外罗斯”是什么意思，不详——利哈乔夫注。）（苏联著名历史学家 Б. А. 雷巴科夫认为：遥远的诺夫哥罗德和罗斯的纳贡者国土——这是外罗斯，而内罗斯指的是王公亲自收取实物税的基辅附近地区——译者注）。来到君士坦丁堡。有的来自涅沃加尔德（即诺夫哥罗德——利哈乔夫注），该城主公是罗斯王公伊戈尔的儿子斯维亚托斯拉夫；有的来自米利尼斯基堡（即斯摩棱斯克——利哈乔夫注），有的来自特留查（即柳别奇——利哈乔夫注），切尔尼戈加（即切尔尼戈夫——利哈乔夫注），有的来自维舍格拉德（即维什戈罗德——利哈乔夫注）。所有船只都是沿第聂伯河顺流而下，集聚在名为萨姆瓦塔的基辅城堡。他们的纳贡者称为克里维坦人（即克里维奇人——利哈乔夫注）和连扎宁人（可能是卢昌人——利哈乔夫注）的斯拉夫人及其他斯拉夫人，在冬季在自己的山上砍下大树做成独木舟（Однодеревки——据 Б. А. 雷巴科夫注释，即用一棵树作垂直安定面的大船——译者注），当河水融化，通航开始时，把船推进附近的湖水里，因为这

些湖水都注入第聂伯河，于是这些船自己就可进到该河，来到基辅，然后把船拉上岸，安装帆樯索具，卖给罗斯人。罗斯人只买最大最粗的木件，拆卸旧船，从旧船上拿来桨橹，取下其他索具，换上新的。6月，他们沿第聂伯河航行，顺流到维季切夫，开到罗斯管辖的城堡。他们在那里等两三天，当所有船只到齐后，就上路沿所说的第聂伯河而下。他们首先来到被称为埃苏皮的第一道险滩，“埃苏皮”的罗斯语和斯拉夫语的意思是“别睡着”。这里河道十分狭窄，其宽度不超过宫廷赛马的跑道；河中间突兀起一座座小岛般的又高又陡的岩石。河水冲向岩石，腾飞而起，抛掷下泻，发出轰鸣的响声，使人不寒而栗。因此，罗斯人不敢穿越这些岛屿，他们在附近靠岸，让所有人下船，而东西留在船上，然后脱光衣服的人用脚在水里探路，以免船在某个地方触礁；与此同时，一些人用竿推船头，另一些人推船身，再有些人推船尾。就这样他们小心翼翼地沿着弯弯曲曲的河岸通过第一道险滩。他们过了这道险滩后，把其他人重新接上船，继续航行，直到另一道险滩，罗斯语叫乌尔沃尔西，斯拉夫语叫奥斯特罗武尼普拉格，意为“险滩之岛”。这个险滩如同第一道险滩，危险而难以通行。他们又让所有人上岸，像以前那样把船渡过去。用类似的办法渡过了称为格兰德里的第三道险滩，斯拉夫语的意思是“轰鸣的险滩”。然后，也是如此办法(渡过)第四道大险滩，罗斯语称为阿伊福尔，斯拉夫语称为涅亚瑟季，因为在险滩的岩石上有许多猫头鹰巢。在这道险滩所有船只都要船头照前靠岸，派人下船警戒保护船只，派出的人离开了，他们默默地警戒佩彻涅格人的袭击。其他人卸下船上全部货物和押解带着镣铐的奴隶，走了6米里亚的陆路才通过险滩，然后一些人拽船拖行，另一些人把船抬在肩上，就这样过到险滩的另一头，把船在那里再下水，装上货物，大家上船，继续航行。第四道险滩罗斯语叫瓦鲁福罗斯，斯拉夫语叫武利尼普拉格，因为它构成一个大河湾。人们快到第五道险滩时，还是让船靠岸绕着走，如同过第一第二道险滩那样。他们到的第六道险滩罗斯语叫列安季，斯拉夫语叫维鲁齐，意为“汹涌的险滩”。也是用同样办法渡过险滩。从此航行到第七道险滩，罗斯语叫斯特鲁孔，斯拉夫语叫纳普列齐，意为“小滩”，来到所谓克拉里渡口(即现今的基奇卡斯渡口——利哈乔夫注)，这是科尔松人从罗斯回来和佩彻涅格人去科尔松必经的渡口。这渡口的宽度与跑马场相近，其宽是跑马场下部到同盟者所坐的地方，所以弓箭手的箭可以从这边射到那边。因

此，佩彻涅格人也来此地，袭击罗斯人。他们通过此地后，到达称为圣格里戈里的岛(即霍尔季查岛——利哈乔夫注)，在此岛上举行祭礼，因为岛上有一棵又大又高的橡树。他们作祭物的是活公鸡，全身插上箭，另一些人供上面包、肉及每人按他们习俗所要求的拥有的东西。公鸡的处置要看抽签而定：宰杀(祭祀)，还是吃掉，抑或放生。从此岛一直到谢利纳河前，罗斯人已用不着害怕佩彻涅格人。然后他们从该岛出发，继续航行 4 天左右，到达河口形成的河口湾，湾里有一个圣埃费里亚岛(即别列赞岛——利哈乔夫注)。他们在该岛停泊后，在那里休息 2—3 天，给自己的船只再补给一次不足的用品，风帆、桅杆、横桁，这些东西都随船带上。如同上面已提到过的，这河口湾是河口的一部分，通向大海，从海上的方面就是圣埃费里亚岛，他们就从此转向德涅斯特河。当安全到德涅斯特河后，再休整一次。当出现风和日丽的天气，他们就起航，来到一条名叫白色的河。在那同样地休息后，又继续上路，来到多瑙河的一条支流名叫谢里纳。当他们沿谢里纳河航行时，佩彻涅格人会沿岸追随他们。如是海上，常常船被抛向陆地，那他们大家会把船拖上岸，一起抵抗佩彻涅格人。离开谢里纳河，他们就不用再怕什么人了，他们踏上了保加利亚的国土，进到多瑙河的河口。从多瑙河，他们到了科诺普，从科诺普沿瓦尔那河到君士坦丁堡，从瓦尔那河来到季奇纳河(所有这些地方都在保加利亚境内)，从季奇纳河到麦辛夫里地区。至此，终于结束了他们那多灾多难、危机四伏、含辛茹苦的艰难的航程(君士坦丁《帝国行政论》，国家物质文明史研究院通报，第 91 卷，莫—列 1934 年版，第 8—10 页)。

[99]涅瓦湖即拉多加湖。涅瓦湖的这个后来的称呼来自罗斯城拉多加(现今叫老拉多加市)，它位于沃尔霍夫河畔，离沃尔霍夫河注入涅瓦湖的河口不远。

[100]水量充沛的短短的涅瓦河这里被说成是“河口”，看作涅瓦湖的“河口”。有的研究人员认为这说明编年史家不了解罗斯的北部，这是没有道理的。涅瓦河的名称本身和涅瓦湖(后改名为拉多加湖)名称一致，正说明这条河在古代历来被认为是涅瓦湖的一部分——它的“河口”。涅瓦河事实上作为“一条支流”或“河口”的意义，比起它作为一条“河”本身的意义更大。

[101]根据《往年纪事》此处对罗斯的描述，奥科夫森林位于第聂伯河和伏尔加河的分水岭上，即在瓦尔代丘陵。离奥斯塔什科夫市不远有一个村，

名叫奥科夫，很可能它是奥科夫森林这一古称的反映(Л. 麦科夫：《古罗斯地理札记》，圣彼得堡 1874 年版，第 35 页)。

[102]此处保加利亚人指的是伏尔加河流域的保加利亚人，而“赫瓦利斯”是古罗斯对花拉子模的称呼(阿拉伯语是胡瓦里兹姆：“赫瓦利斯海”由此而来)。它是阿姆河下游的古代马萨格泰人—阿兰人的联合体，罗斯人在 10 世纪和他们保持联系，一直到成吉思汗入侵。花拉子模人和伏尔加河的保加利亚人也有相当密切的交往，保加利亚人早已接受伊斯兰教(С. П. 托尔斯托夫：罗斯前史研究，《苏联民族学》卷 6—7，莫—列 1947 年版，第 57 页)。伏尔加流域的保加利亚人住在卡马河附近的伏尔加河地区。更详细的情况可参阅：Б. Д. 格列科夫：《9—10 世纪的伏尔加河流域的保加利亚人》，《历史论丛》，第 14 期，莫斯科—列宁格勒 1945 年版。

[103]关于使徒安德烈访问罗斯国的故事虽然与实际不符，但也不能认为是罗斯编年史家的臆造。应该指出，使徒安德烈的希腊《行为录》就有一段讲使徒安德烈教士团去锡诺普和科尔松传教(它收录在他的最后一次，即第三次旅行记述中)。在 11 世纪的拜占庭很多人都坚信安德烈曾访问罗斯国家。特别是拜占庭皇帝米哈依尔七世杜卡曾给弗谢沃洛德·雅罗斯拉维奇(弗拉季米尔·摩诺马赫的父亲)写信说，两国人民都应由《圣经》真传的同样一些人进行宣讲基督教(В. Г. 瓦西利叶夫斯基著作选，卷 2，第一部，圣彼得堡 1909 年版，第 49—50 页)。应该指出，使徒安德烈正是受到弗谢沃洛德·雅罗斯拉维奇及其后裔的特别的敬重：1086 年弗谢沃洛德在基辅兴建使徒安德烈教堂，她的女儿扬卡就在这座教堂剃度为修女；1090 年另一座使徒安德烈教堂在佩列亚斯拉夫利奠基；弗拉季米尔·摩诺马赫的儿子和孙子都取名为安德烈——安德烈·多勃雷和安德烈·鲍戈柳勃斯基。因此，有的研究人员推测，关于使徒安德烈的传说收进编年史为期较晚——11 世纪末或 12 世纪初，当时摩诺马赫家族敬重安德烈的风气特别盛行。人们从这一传说收进《往年纪事》看到其编者的“摩诺马赫”的特殊倾向。的确，这一传说收入到《往年纪事》的前二版中的一版，但早于《往年纪事》的初始汇编中就没有记此事(反映初始汇编的诺夫哥罗德第一编年史中也未收入——参阅其 163 页)。但是编年史家把它收入未必是由于拜占庭曾把使徒安德烈通知给弗谢沃洛德。实际上，民间传说是使徒安德烈访问罗斯的故事基础。民间传说和书上

故事迥然不同，它有民间笑话和地方色彩。与此同时，这是南方的传说（关于北方诺夫哥罗德澡堂的可笑故事），确切说来是黑海北岸的传说，因为在此地区广为流传各种各样的关于使徒安德烈的“游记”，与其有联系的是对他的崇拜（例如，参阅 C. 彼得罗夫斯基写的书《关于黑海沿岸东北对使徒传教的故事》，敖德萨 1898 年版，第 6 章，第 296 页及以后几页）。关于诺夫哥罗德澡堂的故事早在 16 世纪就已当笑话在国外广为流传。狄奥尼西·法勃里齐（16 世纪天主教作家）说，杰尔普特（尤里叶夫的，现为塔尔图市）郊区的法利克瑙修道院的僧团如何强求教皇增加拨款，理由是修道院的严格的“禁欲主义”生活制度：僧团在每个礼拜六都要生火把房间烧热，用枝条抽打身上，洗完后用凉水泼身。教皇派人调查，派来的人好容易才从修道院逃回，到了罗马后，汇报了僧人们不一般的禁欲主义习俗。

[104]锡诺普——黑海南岸的希腊殖民地，后来它是拜占庭帝国的重要政治中心。

[105]科尔松——克里木半岛希腊殖民地赫尔松涅斯，它位于现今塞瓦斯托波尔的西南。9—13 世纪许许多多的历史事实都说明罗斯和科尔松有过稳定的文化和宗教联系、政治和贸易的往来。

[106]这里指的是制革的“葛瓦斯”。原文是“квасомь усиняньмь”，“усние”——皮革。鞣制皮革有一个专有名词“квасить усние”。这种混合剂（或许是混合液）是否真在诺夫哥罗德澡堂使用，还是编年史家开的一个玩笑，不得而知。

[107]在使徒安德烈的传说前也有过类似的句子：“波利安人独自定居，”此处和前面就用对罗斯的地理描述连接起来。这些字的前后重复又一次说明关于使徒安德烈的传说及紧接着的对罗斯的描述是后加进到较为古老文本中的。这两句话的重复是为了使破坏了联系的叙述又衔接上（在编年史的其他地方每当有明显插进部分时就有类似的字句重复的现象）。关于使徒安德烈访问罗斯的传说出现较晚，这还可以从下面情况看出：在比《往年纪事》更古老的诺夫哥罗德第一编年史原始文本中就没有这段传说。此外，它和《往年纪事》的最古老部分的有些地方相矛盾（如 983 年条：“那里（即在罗斯）没有得到圣徒的教诲”或 988 年条：“那里没有圣徒的教导。”）

[108]“род”（氏族）这个专有名词在编年史中概念不清，这说明在该编年

史家的时期东斯拉夫人的氏族制度已成为一种过时的残余现象(Б. Д. 格列科夫《基辅罗斯》,莫—列 1949 年版,第 71 页至以后几页)。氏族(“род”)这个词在此处看来是指王公朝代。因此,编年史的此处应理解为波利安人在“三兄弟”——基伊、塞克和霍里夫在他们那里出现前就已管理自己的王朝。而在基伊、塞克和霍里夫死后,波利安人的管理转到他们的“氏族”手里,即转到他们(基伊,塞克和霍里夫)统一的王朝手中。德列夫利安人也有自己的王朝,德列戈维奇人也是,诺夫哥罗德的斯洛文人也是,波洛昌人也是这样。可是,在 945 年条的奥尔加三次复仇记中,编年史家指出众多的王公。

[109]我们面前的是一个民间口头传说,讲的是三兄弟建立基辅城的故事——基伊、塞克和霍里夫。编年史家把它记述下来。民间流传着不少这种历史上的民间传闻,并且还和一定的地点、城市、墓葬相联系。这种传说主要讲某一城市、某一村庄或某一历史现象(关于王公家族、罗斯国家的兴起等)的起源或产生。诺夫哥罗德和拉多加的民间传说把有些地方和留里克联系起来,伊兹鲍尔斯克把有的地方和特鲁沃尔联系起来,别洛奥泽罗把有的地方和西涅乌斯联系起来。地方上的这些传说都从自己的角度讲全罗斯的活动家,讲罗斯史的事件。这些地方上的传说都统统地联系到整个罗斯国土,联系起其历史的往事。例如,第聂伯河流域和捷斯纳河流域,北方的姆斯塔河流域和卢加河流域的很多地方、很多乡村营地和很多捕鸟地都是王后奥尔加的纪念地。在普斯科夫,在她雪橇停歇过的地方也有她的纪念地。因此“地方上”认定的一些民间传说实际上也是全罗斯的。这些传说保留下关于全罗斯英雄,初期的罗斯王公的故事,他们付出巨大的劳动归并罗斯的土地。同样,关于基伊、塞克和霍里夫的传说也不仅仅是地方上的——基辅的,在某种程度上也是全罗斯的:甚至在罗斯境外,在遥远的多瑙河,当地居民会告诉你基伊建立的基辅城。关于基伊、塞克和霍里夫的传说雄辩地证明罗斯人民早在史前时期就对自己历史的关心。这个传说不仅有某个地方的意义,还有全罗斯的意义。这个被收入编年史的民间传说产生在什么时候呢?公元 7 世纪的亚美尼亚历史学家泽诺勃·格拉克谈及波卢尼(波利安人)国家三个人——库阿尔、缅捷伊和赫列安建立库阿尔(基辅)城。这个故事只能是 7 世纪那些斯拉夫亲兵队传入亚美尼亚的。这些亲兵队在 7 世纪和可萨人一起在外高加索打仗。这些传说也可能通过斯拉夫移民传入。他们从很早时期

就已出现在北高加索的库班河口一带。从此可知,这一传说至少在7世纪就有。如M.K.卡尔格尔在基辅的发掘表明,在编年史的关于基伊·塞克和霍里夫的这个传说有历史真理的成分:在基辅曾有三个古老的居民点,它们一起存在到10世纪末,后来才合并在一起(M.K.卡尔格尔《从考古材料看基辅的前封建的时期》,物质文明史研究所野外调查和报告简讯,通报1939年第1期)。根据M.K.卡尔格尔的这些研究材料自然会提出一个问题:记入编年史中的关于祖先兄弟们(拉迪姆和维亚特克、留里克、西涅乌斯和特鲁沃尔)的其他传说是不是也有意反映出各部落联合成一个完整的国家或现实的联盟:二个部落联盟能导致这种传说的产生——这些部落的祖先是兄弟。我们这里看到的可能是一个具有明显政治功能的历史传说。像在很多其他情形一样,民间传说不仅是在编年史家的笔下才有政治韵味,它可能在一开始就已经有了。进入编年史的民间传说的这种政治功能到目前还研究得不够。

[110]鲍里切夫上坡道连接位于山上的基辅中部和波多尔山下低地。编年史家十分精确地介绍了基辅的地形(参阅945年条讲到奥尔加第一次复仇时对古基辅的描述。)

[111]诺夫哥罗德第一编年史(初级抄本)在此处的"波利安人"写的是"克扬人"。然后在此句之后还有一句:"他们是多神教徒,像其他多神教徒一样常出没在湖泊和小树林一带。"B.Л.科马罗维奇推测,关于基伊、塞克和霍里夫的故事是关于波利安人纪念始祖的祭祀传说,正因此,在初始汇编中(由此也在诺夫哥罗德第一编年史中)关于他们的故事都对多神教进行猛烈的抨击。在奥列格的故事后也有一段编年史家对多神教的类似的斥责("把奥列格称为恶魔,因为这是些多神教徒,愚昧无知")。

[112]从此处可以看出,民间的历史传说在转述历史材料时有各种不同的说法。例如,有的人说奥列格是王公,另一些人说他是伊戈尔的将军;有的人断言,奥列格坐镇在诺夫哥罗德,另一些则说在拉多加;一些人说奥列格死于基辅,另一些人说死于拉多加;一些人说弗拉季米尔在基辅受洗礼,另一些人说在瓦西列夫,还有些人说在科尔松等等。可是,有意思的是编年史家也参加讨论,应采取哪种说法。无论是此处还是别处,我们看到编年史家对他提供的材料所持的积极批判的态度。

[113]这里的"去帝都"的"去"字,编年史家指的是什么呢——是远征帝

都，或是像奥尔加那次一样的和平旅行？后来的尼康编年史（16世纪）对此问题力求给以回答，它使用的却是相当古老的迄今未存的编年史抄本，如罗斯托夫编年史。尼康编年史在此句后加了："率大军。"尼康编年史在"然而，基伊是自己氏族的首领"这句后，还有："征战很多国家。"稍后，在"直至如今，多瑙河的居民还把那座古城遗址称作基辅城"这句后，尼康编年史写道："还出征过伏尔加河流域和卡马河流域的保加尔人，并取得胜利。"

[114]Б. А. 雷巴科夫对编年史此处这么写道："编年史谈及基伊活动的传说（可以确定为6世纪），报道基伊曾企图在多瑙河建立城市。可能，多瑙河许多城市的名称起源于第聂伯河沿岸一带安迪人与其同名的城市，多瑙河的这些城市传统上早在14世纪就算作罗斯的城市（在后期的编年史上）。例如，第聂伯河附近的罗斯的佩列亚斯拉夫和多瑙河南面的普列斯拉夫，或多瑙河河畔的佩列亚斯拉维茨；例如第聂伯河河畔的基辅和多瑙河的基辅叶茨"（东斯拉夫的早期文化，《历史杂志》，1943年第11期和第12期，第78页）。

[115]苏兹达尔的佩列亚斯拉夫利编年史在这句话后还有："这是他们建造的第三座城市。"

[116]克列希诺湖——即是佩列亚斯拉夫湖（在扎列斯的佩列亚斯拉夫利，它在罗斯的东北部）。

[117]原文是"后来是沃雷尼扬人"，特维尔编年史还加了一个字加以解释："后称为"（特维尔编年史在自己的前面部分采用了诺夫哥罗德第一编年史的较古老和修订过的文本）。从此可以明白地看出，《往年纪事》的这条报道说的是布格人改了自己的部落名称，而取一个政治名称——沃伦人（按其地区的政治中心——沃伦城而得名；试比较类似的斯洛文人部落改名为"诺夫哥罗德人"）。显然，旧部落名改成有政治色彩的名字（如沃伦人、诺夫哥罗德人、弗拉基米尔人等）证明部落联盟开始被代之以新型的政治联盟。布格—沃伦人显然还有过第三个称呼——杜列勃人，试比较编年史后来写的："杜列勃人生活在布格河流域，那里现在是沃伦人。"阿拉伯10世纪的历史学家马苏迪知道"瓦利安纳"部落和"杜列勃"部落。杜列勃人的强大政治联合体是在和阿瓦尔人的斗争中于6—7世纪形成的。7世纪阿瓦尔人的进犯摧毁了杜列勃—沃伦人的政治联盟（Б. Д. 格列科夫：《基辅罗斯》，莫—列1949年版，第437—438页）。

[118]纳罗瓦人,又名诺罗马人和涅罗马人等。不同的编年史对他们的称呼也不同。这一名称指的是哪个部落,不详。

[119]格奥尔格·哈马托罗斯编年史就已随意地把斯基泰人和可萨人混为一谈。Б.Д.格列科夫院士对可萨和可萨汗国做过如下评述:"公元6—8世纪游牧的突厥族占领自里海和咸海一直到蒙古的广袤草原,这些突厥部族建立了一个幅员广大的突厥国,它逐渐地分裂为许许多多独立的游牧领地。其中之一称为可萨国,它占有从伏尔加河下游至第聂伯河,还包括北高加索的广阔地域。它在东南欧的政治生活中一直到10世纪都起着巨大的作用。这个国家的居民过着半游牧半定居的生活,参与了当时大规模的商贸活动,从事贸易的有当地出身的商人,还有从高加索、中亚、伊朗来的商人,从另一方面来的有基辅罗斯和诺夫哥罗德边区的商人等。从卡马河地区及较北的地方运来毛皮、蜡、皮张,交换从高加索和亚洲各国运来的布匹和武器。贸易主要采取水运——沿伏尔加河进行。可萨国内有很多城市,其中主要的城市是谢缅杰尔及后来的伊迪尔,它们的废墟(如果还有的话)应在当今的阿斯特拉罕附近寻找。在顿河有一座可萨要塞——萨尔克尔。可萨国是一个多部族的国家:其成分有保加尔人、突厥人、斯拉夫人、犹太人等。在这里斯拉夫人很多。由于基辅公斯维亚托斯拉夫对可萨人的胜利的远征,斯拉夫人从10世纪开始特别大规模地从基辅罗斯渗透到这边来。在11世纪至少是萨尔克尔成为主要以斯拉夫人为主的城市,11世纪的阿拉伯学者阿尔—别克里(死于1094年)写道,可萨人由于和斯拉夫人的混杂,和北方的其他部族一样说斯拉夫语……8世纪前半叶,可萨人被阿拉伯人挤出外高加索。这个幅员广大的多部族国家不总是有足够的办法让被征服的部族俯首听命,保卫自己的领土不遭邻族的侵犯。有的时候它乞求拜占庭的援助。在10世纪,这个国家开始解体"(Б.Д.格列科夫《基辅罗斯》,莫—列1949年版,第433—第434页)。可萨人中盛行犹太教。在《往年纪事》中讲弗拉季米尔考察信仰时,可萨人是作为犹太教的代表者。关于可萨人的情况可参阅:М.И.阿尔塔莫诺夫《可萨上古史纲》,列宁格勒1936年版;А.Ю.雅库鲍夫斯基《论9—10世纪的罗斯—可萨和罗斯—高加索的关系》,苏联科学院历史哲学部通报,1946年第5期。

[120]白乌果尔人是指可萨人,黑乌果尔人是指马扎尔人(匈牙利人)。

这里把征服斯拉夫土地写在白乌果尔人的头上是不正确的。在898年条正确地说黑乌果尔人征服了斯拉夫人。

[121]这些史料是编年史家从格奥尔格·哈马托罗斯编年史中得来的，该编年史写道："渎神的赫兹洛伊派某王公去希腊……而希拉克略皇帝……大战波斯，还请了乌果尔人来援助"(B. M. 伊斯特林《格奥尔格·哈马托罗斯编年史》，卷1，彼得堡1920年版，第434页)。希拉克略皇帝执政时期(610—641年)和伊朗进行连绵不断的战争。626年希拉克略得以和可萨人缔结盟约共同对付"赫兹洛伊"(波斯萨珊王朝科斯洛埃斯二世——公元590—628年)。

[122]"奥勃尔人"——即阿瓦尔人，一支游牧的突厥部族；6世纪阿瓦尔人从中亚来到欧洲(最早的关于他们的报道是在公元558年)。此处所提的关于阿瓦尔人的材料，编年史家取自于格奥尔格·哈马托罗斯编年史……626年，奥勃尔人和斯拉夫人曾联合进攻拜占庭。希腊文本中的"奥勃尔人"写的是 οἱ ἄβαροι。"奥勃尔人"的名称是罗斯人的称呼，哈马托罗斯编年史的塞尔维亚译本中是"阿瓦尔人"。

[123]有的研究人员(如 A. E. 普列斯尼亚科夫等)认为，这里说的是捷克的杜列勃人，而不是罗斯的杜列勃人，整个故事源于西斯拉夫的将"书籍译成斯拉夫语的故事"，取材于未流传下来的编年史部分。但是这些研究人员的这种臆测明显地和罗斯成语"像奥勃尔人那样消失得无影无踪"不一致，它是用来证明奥勃尔人折磨杜列勃人这篇故事的。显然，罗斯传说指的是罗斯的杜列勃人。

[124]A. A. 沙赫马托夫根据编年史此处认为，拉迪米奇人和维亚提奇人源于波兰人；其他一些研究人员也持有相同的看法，他们断言至少编年史家是这么想的。然而，编年史家自己未必是这么想的。"от ляхов"(属于良霍氏族)这一说法，就像编年史家讲诺夫哥罗德人的另一条说法一样："от рода варяжьска，преже бо беша словени"(他们属于瓦兰族，但以前是斯拉夫人——862年条)，这种提法绝不是讲某一地区的罗斯居民的出身。(这里说编年史家的想法是诺夫哥罗德人"现在出身于瓦兰人，而以前出身于斯拉夫人"就显得古怪了)。"от рода варяжьска"或者"от ляхов"("属于瓦兰人"或"属于良霍人")这种提法都是指这样的情况，即诺夫哥罗德人，拉迪米奇人和维亚提奇人的政治组织为首的前者是瓦兰人，后者是"良霍人"。其实，编年

史家也像别的地方那样来解释拉迪米奇人和维亚提奇人名称的来源，说是似乎由外来的兄弟而得名（编年史家到处都十分关心城市、部落名称的来源）。编年史家认为这些名称来源于两个来自波兰的人——拉迪姆和维亚特科，他们以自己的名字来命名臣服于他们的斯拉夫部落。“拉迪姆定居在索日河流域，由此而 прозвашася（称为）拉迪米奇人；而不是 расплодишася（繁衍为）拉迪米奇人；而维亚特科同自己的氏族定居在奥卡河流域，由此而得到维亚提奇人这个称谓（прозвашася）。”与此类同的是，有编年史家认为罗斯人总的称呼来自召来的瓦兰人兄弟：“选出三位兄弟及其氏族……由那些人而称为罗斯国家。”（参阅 862 年条）所有这些叙述都说明编年史家思想的一个脉络（试比较关于基伊、塞克和霍里夫兄弟的故事），我们面前看到的都是用外来的兄弟来解释统治王朝、部族名称和城市名称的来源，这种解释法对中世纪来说是惯用的方法。由此可知，关于拉迪米奇人和维亚提奇人的名称来源于两兄弟拉迪姆和维亚特科这种传说，对于我们的编年史家，同样对于中世纪的其他文人都是典型的王朝传说。关于拉迪姆和维亚特科的故事如同关于留里克、西涅乌斯和特鲁沃的传说以及关于基伊、塞克和霍里夫的传说一样，编年史家引用来只是为了解释当地王公及当地名称的来源，绝不是整个部落的来源。他说的仅仅是拉迪米奇人和维亚提奇人属于起源于“良霍人”的王公的朝代，而决不是说维亚提奇人的部族和拉迪米奇人的部族源于波兰人。编年史家没有前面的那种意思。那么，编年史家又是从何处得来关于拉迪姆和维亚特科是“波兰”（即“良霍”）出身的材料呢？民间传说未必会谈到这一点。事实上，留里克、西涅乌斯和特鲁沃的瓦兰人出身是编年史家的学术上的猜测。关于基伊、塞克和霍里夫的纯民间的传说绝不会巫师说他们的外国出身；这是本地的王公，自己的，而不是外来的，请来的。拉迪姆和维亚特科的“良霍”出身是不是编年史家的学术上的猜测呢？Б. А. 雷巴科夫认为对“属于良霍氏族”的这种理解属于雅罗斯拉夫时期的古代编年史家。981 年罗斯的亲兵队远征“良霍人”——进攻“切尔文及其他城市”。这里他们在普热米什尔附近路过拉迪明城，在这里听到了关于格涅兹尼的主教沃伊捷赫的兄弟——拉迪姆的情况。三年后他们跟随沃尔奇·赫沃斯特（984 年条）将军攻打拉迪来奇人（Б. А. 雷巴科夫《拉迪米奇人》，白俄罗斯考古发掘部（科学院）通报，卷 3，1932 年，明斯克）。很可能，拉迪姆的“良霍”出身是编年史家所作的对比的结果：一方面是民间传说，另一方面是罗斯西部的地理名称的对比。

[125]诺夫哥罗德第四编年史、拉弗连季编年史、尼康编年史等补充说："直到今天。"特维尔编年史补充说："霍尔瓦提人；杜列勃人至今还住在那，那就是梁赞人。"里沃夫编年史写的较不同："由此获得维亚提奇人这个称谓，他们就是梁赞人。"

[126]源于15世纪30年代诺夫哥罗德—索菲亚汇编的编年史在此处还有"布格人"（参阅索菲亚第一编年史等）。

[127]霍尔瓦提人是何许人也，他们定居在何处，和"白霍尔瓦提人"有过什么关系都不清楚，《往年纪事》在前面的斯拉夫各部族中曾提及白霍尔瓦提人。但霍尔瓦提人确实在907年参加了奥列格对希腊的远征（"奥列格发兵进攻希腊，带领了许多瓦兰人、斯洛文人、楚德人……和霍尔瓦提人"）。

[128]伊帕季编年史及苏兹达尔的佩列亚斯拉夫利编年史家在此处还加上"和布格河流域"。拉齐维洛夫编年史和莫斯科科学院抄本上不是写"定居在德涅斯特河流域"，而是写的"沿布格河和第聂伯河流域"。

[129]试比较907年条："希腊人把所有这些人统称为大斯基泰人。"前者（"这就是为什么希腊人称其为大斯基泰人"）列举的是乌利奇人和提维尔人；后者则是一个相当长的部落名单，最后才提到杜列勃人和提维尔人。很可能，"所有这些人"指的是这后两者。"大斯基泰"这一名称还见于1073年有名的斯维亚托斯拉夫文集的下文中："维特西人把全部北方的国土称为斯基泰。那里土地荒凉，因为有广袤的荒漠，盗匪横行，外人难进。"1073年文集中的这段话译自塞浦路斯的叶皮法尼关于耶路撒冷大祭司法衣上的12块宝石的希腊条文。

[130]拉齐维洛夫编年史和莫斯科科学院编年史抄本，"木槽"这个词不是写"кладу"，而是写"краду"。苏兹达尔的佩列亚斯拉夫利编年史家解释应如何理解"клада"（或"крада"）这个词。在该编年史中这个字被"一大堆木柴"所代替。Б. А. 雷巴科夫注意到"крада"这个字在希腊译文中的等值物。他写道："希腊这个字的罗斯语是"огнь"，"жьгома"（火，焚烧），крада 完全符合火葬的意义。"（《切尔尼戈夫的古代》，苏联考古学的材料和研究第11期，莫—列1949年版，第29—30页）

[131]苏兹达尔的佩列亚斯拉夫利编年史,还加有:“撒在冢墓中。”

[132]接下去的一直到“精心教育”为止这相当长的一大段,取自格奥尔格·哈马托罗斯编年史,这段和以前各段不同,它相当准确地复述了哈马托罗斯所说的内容,并且看来它是直接引用来的,没有通过罗斯抄袭的编年史的中介。在初始汇编中就没有这段插曲(参阅反映初始汇编的诺夫哥罗德第一编年史)。

[133]拉赫曼人——传说中的一支过着悠闲自得生活的部族,此处它被说成是巴克特里亚的居民。关于拉赫曼人的情况,可参阅古罗斯的《佐西莫斯赴拉赫曼云游记》。(H. C. 吉洪拉沃夫《伪经文献》,卷 2,圣彼得堡 1863 年版,第 78—92 页)

[134]亚马孙女人是传说中的一支女性部族,古希腊相信它的存在,后来在整个中世纪时期其他许多国家也相信它的存在。

[135]波洛韦次人在 11 世纪 30—50 年代出现在罗斯南面的草原上(罗斯和波洛韦次人第一次接触在编年史中定为 1054 年)。根据此处提及波洛韦次人来看,《往年纪事》的此处为期较晚。很可能,它出于《往年纪事》编年工作,他把此处和前面从格奥尔格·哈马托罗斯编年史的摘引一起插进编年史中(被反映在诺夫哥罗德第一编年史中的初始汇编就没有从哈马托罗斯编年史中所引的摘录以及波洛韦次人习俗的这段描述)。

[136]“儿媳”——原文是“Ятровь”,意为儿媳、弟妇或小叔的妻子。看来,编年史家此处描写的是一种所谓“群婚”的现象,它流行于社会发展处于低级阶段的许多部族中。

[137]指基伊、塞克和霍里夫(苏兹达尔的佩列亚斯拉夫利编年史家是这样理解的,他补充说:“基伊、塞克和霍里夫”)。这一段在初始汇编(它比《往年纪事》早)中直接放在基伊、塞克和霍里夫奠基基辅城的故事后(反映初始汇编的诺夫哥罗德第一编年史正是这样写的)。这就是为什么“这几个兄弟”这种提法在此出现而没有解释,而这种解释是必须的,因为在现在的《往年纪事》上,这两段已被很长的后插进的部分相互分开了。

[138]编年史此处写下的关于可萨人用武力向波利安人收取贡物的民间传说,像编年史的其他民间的历史传说一样,都是从政治上来理解往年岁月的事件。这一传说如同许多其他历史传说那样,在编年史中主要不是去交代历史事实,而是把它联系现实去理解它。过去波利安人隶属于可萨人,这种对波利安人的自尊心来说是屈辱的事实,该传说把它直接和当今活生生的相

反的现实对比。该传说强调,波利安人最初的历史处境是相当可怜的:他们受到德列夫里安人和可萨人的“欺凌”。但是波利安人此时已准备去迎接伟大的历史命运。智谋超群的“可萨长老”已识破他们那不一般的贡物。现在罗斯的王公自己统治那些曾一度统治过波利安人的部族。编年史家从“神佑的”犹太部族的历史中加以对照,强调了这一思想(编年史家以后也不止一次地利用历史对照,作为反映其历史观的重要史料)。

[139]编年史此处可否证明罗斯早在10世纪就已制造剑呢?考古发掘材料证明罗斯的城市居民早在9—10世纪已有制造兵器的手工业者。Б. А. 雷巴科夫在自己专著《古罗斯的手工业者》(莫斯科1948年版,第225页)中力图在出土的10世纪的剑中确定出具有独特样式的罗斯剑。他认为罗斯剑有弧形的斜叉图案。不过,А. В. 阿尔齐霍夫斯基在评论Б. А. 雷巴科夫这本著作时提出不同的观点(《历史问题》1949年第1期)。伊本—霍尔达德别关于罗斯—阿拉伯贸易的证明属于9世纪最后25年:“罗斯人——他们来自各斯拉夫部落——从遥远的萨克拉巴(斯拉夫国家)来到鲁姆海,出售海龙皮、黑狐皮,还有剑。”但是也不排除罗斯人是转手买卖剑的可能性(《古罗斯文化史》卷1,莫—列1948年版,第328页)。

[140]968年条在将领普列季奇和波洛韦次王公相互赠送礼品的故事中,又一次提到作为罗斯人象征的剑,与其相对的是东方的马刀。

[141]按照罗斯编纂而成的年代记(它详细地反映在《罗斯圣经故事详解》中)的描述,当人们把儿童时代的摩西带来见法老时,孩子在玩时,不注意地把法老头上的皇冠弄掉在地,在场的星相家当即对法老预言说摩西会危害埃及,后来果真如此(详细可参阅986年条“哲学家的话”有关此事的叙述)。这些传说中的犹太的历史事件在编年史中用来和罗斯史事件相对比;波利安人被比作“神佑的”部族——犹太人;而可萨人比做埃及人。如同犹太人以前受埃及人的奴役,波利安人也先受可萨人的统治,而现在统治可萨人的是罗斯人,“直到今天”。

[142]6360年(852年)——米哈依尔皇帝开始执政,这是根据大牧首尼基福的《快捷年鉴》第二版错误材料计算出来的。南斯拉夫各编年史也说是这个日子。这一日子根据编年史家尼基福的第二版下一段文字得来的:“从基督诞生到第一个笃信宗教的君士坦丁皇帝为318年,从君士坦丁皇帝到希腊的米哈依尔皇帝为542年”。我们把318和542再加上5500(根据尼基福

大牧首的《快捷年鉴》从“创世”到基督诞生的年代数目)得出6360,即公元852年。实际上,米哈依尔登基是在842年(参阅古罗斯文学部文集,卷4,第64页以后几页)。在诺夫哥罗德第一编年(即初始汇编中)第一年是6362年(而不是6360年)。这一年是结合旧约故事从简短年代记中得来(西诺达尔抄本№211和210,波戈金抄本№1435,斯列兹涅夫抄本等)。它这样写道:“在其(米哈依尔)执政时期的第二年,保加利亚国接受洗礼,6363年,在保加利亚王公鲍里斯当政时,哲学家基里尔和美多德把希腊文的圣经翻译成斯拉夫文。”从此编年史家得出米哈依尔执政的第一年为6362年(实际上是6350——842年)。关于这最后的日子可参阅《考证》,第98页。

[143]印吉克特——印吉克特纪年法,或15年为一时期的计算法,由拜占庭传入古罗斯。该年在当时15年为一期的年代中所处顺序的位置称印吉克特,并且拜占庭纪元——世界的创立——为这一周期纪年法的起点。而每周期印吉克特的更替结束于拜占庭新年的日子——9月1日。“印吉克特”一字的来源如同其纪年法本身的来源一样,不甚了解。看来,印吉克特计算法开始于罗马帝国和拜占庭那种每15年进行一次居民登记的制度。拜占庭采用印吉克特计年法是在313年。(Л. В. 切列普宁《罗斯年表》,莫斯科1944年版,第33页;书中还详细告诉如何找出某年的印吉克特)。

[144]这里说的希腊编年史指的是格奥尔格·哈马托罗斯编年史的续篇,书中谈到在米哈依尔皇帝执政时期罗斯远征帝都(关于此次远征可参阅《往年纪事》866年条)。

[145]所有下面提到的数字到“米哈依尔为542年”止,来自大牧首尼基福的《快捷年鉴》第二版。这部编年史(其希腊名称为 χρουογραφιχὸυ σύυτομου)是由君士坦丁堡的大牧首尼基福所编写(他就任于806—815年,死于829年)。这部编年史极其简练地列举了从亚当到尼基福逝世之年所发生的事件和人物。在罗斯,这部编年史经常被用来查对各种年代日期。我们要指出,从“创世”到我们纪元为5454年的结论是一个明显的错误(文中

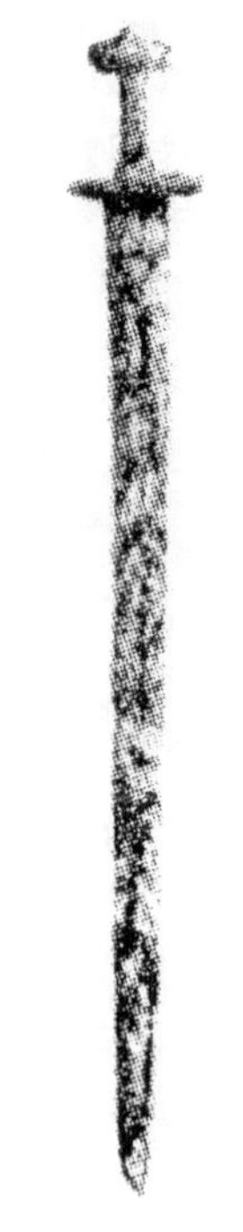

10世纪的剑柄(M. K. 卡尔格尔摄)

列举出数字:2242+1082+430+601+448+318+333=5454)。在尼基福编年史第二版的另一处,按安尼安(5世纪埃及的修道士)纪元的总数字为5500年。在古罗斯,这一总数字一般确定为5508年(准确可参阅 Л. В. 切列普宁著作《罗斯年表》,莫斯科1944年版,第25页及以后几页,书中把从“创世”起的编年史日期转换为现今通用的公元日期)。应把“从登基(指米哈依尔)时起”这句话和初始汇编前言中的许诺(见于诺夫哥罗德编年史)相比较;“我们从罗斯国家成立的年代及我们所知的前后的一切,从米哈依尔皇帝说起一直到亚历山大和伊萨季”(索菲亚第一编年史,《俄罗斯编年史全集》卷5,列宁格勒1925年第一版,第10页)。

[146]尼基福大牧首编年史的第一版中从洪水灭世到亚伯拉罕为1072年。

[147]根据圣经上的传说,摩西于公元前1610年率领沦为奴隶的犹太人逃出埃及。

[148]根据圣经的传说,大卫是犹太人的国王和先知,又是圣歌的编写者。

[149]据圣经记述,所罗门是犹太人的国王,他是大卫王的儿子,耶路撒冷著名教堂的建设者。据圣经说,他于公元前1020年开始登基称王。

[150]指的是巴比伦国王尼布甲尼撒二世于公元前589年攻占耶路撒冷。

[151]指的是罗马的君士坦丁大帝(公元306—337年在位)。君士坦丁把基督教引入罗马帝国作为官方宗教,并把首都迁往君士坦丁堡。

[152]这是大牧首尼基福的《快捷年鉴》第二版的年代错误——542年。实际上,从君士坦丁皇帝到米哈依尔皇帝即位的年数为324年或325年。

[153]奥列格自从坐镇基辅之时起,在此被公认为罗斯的王公。因此,基辅的王权很明显地被看成是全罗斯的;当奥列格统治诺夫哥罗德时,他只是一个当地的王公。从这种提法中也可看出虽然诺夫哥罗德编年史说奥列格是伊戈尔的保护人,但奥列格不是,他是独立自主的王公。

[154]斯维亚托波尔克·伊兹亚斯拉维奇死于1113年,因此,文中的日期表结束年限不能早于这1113年,根据许多情况可以推想,《往年纪事》第一版是在1113年编写成的。编年史家把日期表最后定在斯维亚托波尔克·伊兹亚斯拉维奇之死后,继续说:“然而,我们还是回到先前的地方,讲

一讲这些年来发生过什么事情——像已起头的那样。从米哈依尔执政的第一年开始，按年代顺序依次道来。”因此，这里答应要把从852年到1113年的所有历史事件严格按年代顺序（“按年代顺序依次道来”）加以阐述。编年史家就以此办理（然而，拉夫连季编年史只讲到1110年条中间就中断了）。

[155]大多数编年史（伊帕季编年史、苏兹达尔的佩列亚斯拉夫利编年史、诺夫哥罗德编年史、普斯科夫编年史等）在此处都有“来”这个字（“приходяще из заморья”[来自海外]），这和编年史的其他地方相一致，在那些地方瓦兰人都说成是“外来兵”。

[156]“每户缴纳一块银币和一张灰鼠皮”，原文为“по бѣлѣ и вѣверицѣ от дыма”。如何正确地读这一句，十分重要。可以这么读：“по белей веверице”，此时其意义是：“по белой（即灰色的，冬季的）белке”（即交一张冬天的灰鼠皮）。松鼠的皮只有冬天才值钱，因为这时皮毛最厚实。现代俄语“белая”这个形容词定语最终替代了后面的名词“веверица”，（珍毛动物，指银鼠、貂等），它本身增加了名词的后缀而成了“белка”（松鼠、灰鼠）。拉夫连季编年史的1068年条的这个地方：“貂皮和灰鼠皮”可以用来证明《往年纪事》那句话的这种理解。伊帕季编年史对此处是这么理解的：“貂皮和皮张”，这就证明古罗斯“бель”一词有时理解为“беличий мех”（灰鼠皮）。但是此处也可理解为“по беле и веверице”，意思是：“по беле（по белой，серебряной монете）и белке”（缴纳一块银币和一张灰鼠皮）。这一见解首先在19世纪前半叶就已提出，后又被Б. Д. 格列科夫院士所发挥。格列科夫引用下面一些材料作为自己观点的根据：“伊帕季编年史1257年条：‘达尼乐派科斯尼亚京向雅特瓦吉人收取贡物。科斯尼亚京去后向他们收取贡物：黑貂和银币，然后交差……’拉夫连季编年史1068年条谈到基辅王公伊兹亚斯拉夫家被抢劫，抢走了‘无数金银，貂皮和灰鼠皮’。伊本·鲁斯特写道：‘阿拉伯圆形的白银币（底尔汗）从伊斯兰教国家传到保加尔人那里，用来交换他们的货物”（Б. Д. 格列科夫《基辅罗斯》莫斯科—列宁格勒1949年版，第37页）。Б. Д. 格列科夫的观点认为“от дыма”（每一炉灶）是指“从每一户”。诺夫哥罗德第一编年史854年条写道，斯洛文人，克里维奇人、麦里亚人、楚德人是按“男丁”缴纳贡物。其他记载是“按木犁”、“按扶犁”为单位缴纳贡赋。

[157]关于召请瓦兰三兄弟:留里克、西涅乌斯和特鲁沃的传说是反科学的诺曼说理论的主要根据,该理论“证明”罗斯国体来自北方的斯堪的纳维亚半岛。然而,这个传说的来源完全是人为臆造的。它的历史内核丝毫证实不了诺曼说的论点。首先,我们注意到这样一种十分重要的情况:这种传说在罗斯南方只见于《往年纪事》。11 世纪的任何一种文学作品都不知道留里克是王公家族的奠基人。除《往年纪事》外,留里克作为王族祖先首先只出现在《外顿河记》(15 世纪),它显然是受《往年纪事》的影响。许多外国作家也不知道留里克是罗斯王公,但他们都提到后来的二位罗斯王公——奥列格和伊戈尔。总主教伊拉里昂写的《教规和神恩讲话》,和另一部《纪念和赞颂罗斯王公弗拉季米尔》——这是另外两部 10—11 世纪最重要的罗斯史的史料。这两部史料都把罗斯王朝的起源开始于伊戈尔,称他为“长老”。同样值得提出的是,一直到 12 世纪末,一般祭祀祖先的罗斯王公的名单中没有留里克这个名字,而像奥列格和伊戈尔的名字在王公的名单中是经常出现的。这一情况证明留里克在生活传统上也没有被认为是王公的鼻祖。其次,研究论文早就注意到这一情况:在这一传说中反映了诺夫哥罗德的制度:在诺夫哥罗德一直到 1470 年王公都是由“维切”(市民大会)“召请”的(最后一位“邀请”的王公是立陶宛王公米哈伊尔·奥列利科维奇)。Д. И. 伊洛瓦伊斯基早就有过关于邀请瓦兰人的传说产生于诺夫哥罗德制度的这种想法,他在《关于罗斯起源的研究》一书中讲述了这一点(1876 年,第 238—239 页)。克柳切夫斯基在其《罗斯史教程》中指出:募集亲兵不难用文学途径把它转变为聘请明君的故事。关于邀请瓦兰人的传说源于诺夫哥罗德的论点,近来在 Л. В. 切列普宁有相当价值的考证中得到新的充实,他的考证揭露出这种传说的政治倾向。Л. В. 切列普宁这些考察是与其对罗斯法典简本产生的假说密切相关的。他认为这部法典是瓦兰雇佣兵和本地诺夫哥罗德居民的条约。现只引用 Л. В. 切列普宁有独到见解的一些想法。他写道:这个倾向性很大的传说故事(指召请瓦兰人的编年史故事——利哈乔夫原注)的文学根源已研究得相当透彻,但其政治用意还未能充分加以揭示。其政治用意绝不是为了肯定关于罗斯国家起源于瓦兰人的说法,而是为诺夫哥罗德“自作主张”的行为作辩护,证明其“永恒性”,宣布被瓦兰暴徒们破坏的国体的法律原则,完全忽略了编年史关于召请瓦兰人王公的段落和 1015—1016 年事件的描述的联系。

此外，我认为诺夫哥罗德得到雅罗斯拉夫法典有关情况的编年史材料是该段的史料来源之一。我们把该段关于召请瓦兰人的主要动机和1015—1016年诺夫哥罗德的政治生活的最主要方面对比一下，力求确定他们相互间的对应关系。

邀请瓦兰人	**1015—1016 年的事件**
1)向瓦兰人缴纳贡物 称为斯拉夫人的诺夫哥罗德人、克里维奇人、麦里亚人、斯拉夫人有自己的领域，克里维奇人、麦里亚人也有自己的领域；各自管理自己的氏族，楚德人也有自己的氏族，他们向瓦兰人缴纳贡物，每个男人一块银币，一张灰鼠皮。	1)瓦兰人的食邑 雅罗斯拉夫供养很多瓦兰人。他们害怕战争。
2)瓦兰人的暴虐 他们对斯拉夫人、克里维奇人、麦里亚人、楚德人施用暴行。	2)瓦兰人的暴虐 瓦兰人开始横行暴虐。
3)驱逐瓦兰人 斯拉夫人、克里维奇人、麦里亚人和楚德人起来反对瓦兰人，把他们赶出海外，开始自己管理政务。	3)屠杀瓦兰人 诺夫哥罗德的人说：“我们不能再忍受这种暴行，晚上咱们集合起来到他们大院去杀死他们。”
4)内讧和邀请瓦兰人来恢复秩序 他们开始自相残杀，战火连绵，内讧不止，这个城市打那个城市，他们没有一部法典，于是他们彼此商议：“咱们给自己物色一位能秉公办事、管理我们的王公。他们就到海外见瓦兰人说：我们那里地大物博，却没有秩序：请到我们那里执政，管理我们”（诺夫哥罗德编年史，西诺达尔标准抄本，圣彼得堡1888年，第82—84页）。	4)雅罗斯拉夫为诺夫哥罗德人颁布法典 给他们法典和制定章程后，这样对他们说：要照给你们制定的规定办事，一切照办（诺夫哥罗德编年史，西诺达尔标准抄本，圣彼得堡1888年，第4—5页）。

一方面，在邀请瓦兰人的故事中；另一方面在雅罗斯拉夫1016年颁布《法典》的故事中(其中谈到“按此章法办理”)，编年史关于“内讧和战乱”，没有一部《法典》，关于寻求“规章制度”和能“秉公办事”的王公的话都特别引人注目。驱逐了瓦兰人的斯拉夫部落和芬兰部落没有一部《法典》，其后果是“内讧和战乱”，那能不能把这段描述和雅罗斯拉夫《法典》关于诺夫哥罗德社会的内讧条款相联系呢？斯拉夫人用法制的思想来与瓦兰人的无章法行为相对立。我们的解释给罗斯国家起源的诺曼理论一次新的有力的打击。编年史故事的全部意思在于反对瓦兰人任何的国体发端。这样，11世纪中叶的诺夫哥罗德政治思想，援引历史传统来说明其政治主张的根据，作为先例停留在以雅罗斯拉夫法典而著称的1016年的协议证书上。诺夫哥罗德得到法典的相关事件就成为传说的基础，这一传说把《法典》的出现说成是古老的往事，并把它当成诺夫哥罗德的斯拉夫人和他们请来的王公之间自愿签订的协议书(Л. В. 切列普宁《14—15世纪罗斯的封建档案材料》莫—列1948年版，第247—248页)。这种诺夫哥罗德观念是通过什么途径进入基辅编年史的呢？A. A. 沙赫马托夫推测，1095年的基辅初始汇编的编者使用了1050年诺夫哥罗德的编年史。这几行的作者证明，基辅编年史家当时没有任何诺夫哥罗德的书面史料，而《往年纪事》的所有“诺夫哥罗德的”报道来源于诺夫哥罗德古老的地方统治家族的两位代表——维沙塔·奥斯特罗米里奇及其儿子扬·维沙季奇的口头叙述，他们两位后来迁居到罗斯南方(《往年纪事》中的口头编年史料，《历史论丛》，莫斯科1945年第17期，第206页)。诺夫哥罗德关于留里克的传说是和诺夫哥罗德郊区称为留里克城的地区有联系。西涅乌斯传说是白湖地区的传说，19世纪在此还有“西涅乌斯国王陵墓”(C. 舍维列夫《1847年基里尔—白湖修道院旅行记》，第二部，第60页。也可参阅斯特雷科夫斯基《16世纪下半叶波兰编年史》)。特鲁沃的传说也可能和伊兹鲍尔斯克某些当地传说相联系。为此还要指出，诺夫哥罗德是诺夫哥罗德的“斯拉夫人”的部落中心。伊兹鲍尔斯克是克里维奇人的城市(在15—16世纪还记得这一点，试比较阿尔汉格尔斯克编年史：“现在是普斯科夫近郊的地方，当时是克里维奇的大城市”)。白湖在麦里亚人区域。很可能，留里克，西涅乌斯和特鲁沃是这三个部落的王公，他们相互间没有血缘关系。至少，西涅乌斯这个名字在斯堪的纳维亚的名字中没有任何令人信服的类似

的名字。留里克、西涅乌斯和特鲁沃是斯洛文人，麦里亚人和克里维奇人的部落首领这件事在编年史中也有所反映：859 年条写道：“来自海外的瓦兰人向楚德人、斯拉夫人、麦里亚人及所有的克里维奇人征收贡物。”A. A. 沙赫马托夫有根据地认为“向楚德人”这几个字是后插进去的（A. A. 沙赫马托夫《关于召请瓦兰人的传说》，俄罗斯语言文学学部通报，1904 年第 11 卷，第二册，第 317 页及以后几页）。在编年史的其他地方也提到这三个部落：斯洛文、麦里亚和克里维奇。维沙塔曾在诺夫哥罗德，也可能在伊兹鲍尔斯克也住过；扬·维沙季奇 1071 年在白湖地区住过。他们能知道这三个部落首领的传说。编年史家用的维沙塔和扬的其他故事中显然有关于诺夫哥罗德、伊兹鲍尔斯克、白湖部落领袖的某些材料。编年史家和叙述者本人根据诺夫哥罗德邀请王公的通行习俗，都能按叙事诗的创造规律手法（参阅 Д. 利哈乔夫的文章《拔都毁灭梁赞记》，这篇文章收集在《古罗斯的战争小说》，列宁格勒 1949 年版，第 129 页），用兄弟关系的纽带把这些领袖联系起来，创造了关于邀请他们的传说。关于邀请王公兄弟的传说正中佩切拉编年史家的下怀，他们极力想断定所有的罗斯王公都有着共同的氏族根源（参阅文史纲要）。传说肯定了王朝的统一性：所有的王公都是同一王朝的成员，他们都是被邀请到罗斯，作为贤明而公正的君主。他们作为同族的代表，必须制止兄弟间互相残杀的纷争行为：这就是基辅编年史家的思想，这种思想反复地见于他们的编年史中。编年史家想象往年纪事中的《兄弟团结》概念首先是政治概念。这种“兄弟团结”的政治概念在编年史的传统中逐渐演变为兄弟的血缘意义。因此，关于邀请三位瓦兰兄弟的传说历史价值不大。首先，这不是民间传说。总的说来，传说只是编年史家编成的，也是他们的“口头记者”编成的——维沙塔和扬·维沙季奇，编年史家自己就在 1106 年条这样说到他们：“我从他那里听过许多故事，并把它撰写进本编年史里。”关于伊兹鲍尔斯克、诺夫哥罗德和白湖的某些本地王公的民间传说并没有把他们用兄弟纽带连接起来。这些传说只有在“学术”界才有连接，并和诺夫哥罗德“邀请”瓦兰雇佣军的总的传统相联系。传说的“历史因素”就是如此可怜。人数很少的基辅编年史家及其友人根据北方的一些口头故事和诺夫哥罗德的地方习惯办法基本创造完成。那么如此一贯热衷于确认罗斯人民在世界历史进程中的意义的编年史家，却要把王族从海外——从瓦兰人那里引入，又作何解释呢？中世纪史学的学术传统(无论西欧,还是罗斯)总是把统治王朝的起源归结于外国。人们在16世纪还相信法国国王来自特洛伊。德国人认为自己的很多王族来自罗马,瑞士王族——来自斯堪的纳维亚,意大利王族——来自德意志。维杜金德·科尔维斯基转述了一个和我们邀请瓦兰人的传说很近似的故事,他说的是不列颠人邀请撒克逊人辛吉斯特和霍尔斯,并对自己的土地也作了类似的表述("terra lata et spatiosa")。不同的民族都有类似的这种情节,首先是由于他们都处于历史发展的相同阶段,有着社会生活的类似条件。与此同时,11—12世纪的"瓦兰人"没有强大的政治实力。北方的诺曼人对罗斯国家不构成什么危险。因此,编年史家觉得,确认王族的诺曼起源显然对独立的罗斯不会有任何的政治威胁。自然,编年史家也难以预料,到了18—20世纪诺曼说理论家会从他们的臆测中作出什么样的政治结论。

[158]Б. Д. 格列科夫院士写道:在我们的古文献中,"富庶"首先表示五谷丰登,粮食充足。以后也看到富足确实首先是指谷物。诺夫哥罗德人克利缅特(13世纪)的遗嘱中写道:"我愿为所有人捐赠两个村庄及其粮食、马匹和树木……"编年史家通过使者的口代表斯拉夫人向留里克及其兄弟说:"我国土地辽阔富庶",无疑地指的是土地肥沃,全国农业发达(Б. Д. 格列科夫《基辅罗斯》,莫—列1949年版,第46页)。

[159]拉夫连季编年史在"留里克"一词后留下一个空白;莫斯科科学院抄本和已毁的三位一体教堂编年史在"留里克"一词后写的是"定居在诺夫哥罗德"。伊帕季编年史说留里克坐镇拉多加。这种说法不一的原因是"初始汇编(参阅诺夫哥罗德第一编年史,它反映了初始汇编的内容),《往年纪事》第一版、第二版都说诺夫哥罗德是留里克坐镇的地方,而《往年纪事》第三版把诺夫哥罗德代之以拉多加。伊帕季编年史所代表的《往年纪事》第三版正文中对这种改变的原因自己作了解答。事实上《往年纪事》第三版和摩诺马赫的儿子——姆斯提斯拉夫有紧密联系,此版对他的命运十分关注。而姆斯提斯拉夫如《纪事》第三版明显反映的那样,于1114年曾来拉多加参加石墙的奠基典礼,编年史家在拉多加曾采访了古里亚塔·罗戈维奇和拉多加的地方行政长官保尔,编年史家从他们那里写下拉多加的一些故事(参阅《往年纪事》1096年条和1114年条)。显然,《往年纪事》第三版,即姆斯提斯拉夫版,把诺夫哥罗德改成拉多加,就是因为受到姆斯提斯拉夫或其编年史家所听到

的那些拉多加流传的故事的影响:自然,这是拉多加当地的传说。拉夫连季编年史基本上保存了《往年纪事》第二版的内容,但也掺杂了第三版的内容。这是因为先于拉夫连季的弗拉基米尔的编年史家得到了(南)罗斯的佩列亚斯拉夫利编年史的《往年纪事》的两个版本。他们先拿到的是罗斯的佩列亚斯拉夫利主教编写的第二版;这第二版是由佩列亚斯拉夫利的主教西利维斯特开始编写的(西利维斯特先任维杜比茨修道院的院长,他在那里开始编写《往年纪事》第二版,后担任罗斯的佩列亚斯拉夫利的主教,他在此任职期间为主教编年史的撰写奠定了基础)。后来,弗拉基米尔的编年史家从罗斯的佩列亚斯拉夫利王公的编年史家那里获得有关南罗斯的编年史材料。罗斯的佩列亚斯拉夫利的王族编年史家起始于姆斯提斯拉夫·弗拉季米罗维奇时期,此时编写了《往年纪事》的第三版(1118 年;参阅 Д. 利哈乔夫《罗斯编年史》,莫—列 1947 年版,第 177—179 页及以后几页)。扎列斯的弗拉基米尔的编年史家发现主教的和王族的编年史不一致;留里克坐镇的地方各异,就留下一个空白处,拉夫连季编年史也在此处空一格。此空格说明编年史家作为一位历史学者的谨慎认真的态度,不愿接受什么无据的传闻。

[160]诺曼说的理论家们极力想从《往年纪事》这几句话中为自己找到支柱,他们"证明""罗斯"和"罗斯的"名称起源于瓦兰人。A. A. 沙赫马托夫注意到,"找罗斯人"这几个字及后面的解释:谁是这些瓦兰人——就是罗斯人,还有接下去的情节:三兄弟——留里克、西涅乌斯和特鲁沃带领自己整个罗斯部落来到罗斯,整个这一段都是插进较古老的编年史文本中的。A. A. 沙赫马托夫用下面两点考虑的意见来佐证自己的这种想法:首先他注意到"找瓦兰人,找罗斯人"这句话在修辞上的不妥(应只说"找瓦兰人"或"找罗斯人"就可以了);其次,在比《往年纪事》更古老的编年史版本——诺夫哥罗德第一编年史初级抄本中确实没有上面提到的那段(只有一个地方例外)。A. A. 沙赫马托夫推测,《往年纪事》第二版(西里维斯特版)才把罗斯人和瓦兰人等同起来(A. A. 沙赫马托夫《关于邀请瓦兰人的传说故事》,俄罗斯语言文学学部通报,1904 年,第 9 卷,第 4 册,第 334—362 页)。而 M. Д. 普里谢尔科夫认为,《往年纪事》第一版(涅斯托尔版)就已有这种等同看法,他正是认为涅斯托尔是第一位罗斯的"诺曼说的极端拥护者"(M. Д. 普里谢尔科夫,11—15 世纪罗斯编年史的编纂史,列宁格勒 1940 年版,第 39 页)。在解释"罗斯"和

“罗斯的”名称的起源,能否考虑上面引用的这段文字呢?为了解答这一问题,首先要注意它在9—13世纪时所表示的意义。在《往年纪事》中,“罗斯”、“罗斯国家”和“罗斯的”这几个词用了270多次。在绝大多数情况下,这些词明显地和无可争辩地指的是整个东斯拉夫部落,或者指他们的土地。这些词没有明显地离开过其通用的意义,至少有260次是如此。“罗斯”和“罗斯的”在《往年纪事》的谈天说地的引言中用的就是这种明显的一般意义(“这样,从罗斯可以乘船沿伏尔加河到保加尔人和赫瓦利斯人居住的地区”;“在罗斯只说斯拉夫语的……”;“罗斯至今还流传这样一句谚语”等);接着是898年条(“使徒保罗也是斯拉夫人的导师,而我们来自斯拉夫人,所以使徒保罗又是我们罗斯的导师。”“而斯拉夫族和罗斯族是同一种部族”等)。在著名的《罗斯远征帝都记》中“罗斯”这个字的用意还是经受住这一般的意义(“罗斯发出大批船只,”“奥列格指示……为罗斯各城发放贡物,首先是基辅,其次是切尔尼戈夫、佩列亚斯拉夫利、波洛茨克、罗斯托夫、柳别奇及其他城市”等)。911年和944年与希腊人缔结的条约中“罗斯”这个字都始终不断地用作这种总的意义,这是特别重要的,因为C.П.奥勃沃尔斯基院士现已证明,这些流传至今的条约是由参与谈判的同时代人所作的翻译(《罗斯与希腊条约的语言》,《语言与思维》论文集,卷6—7,列宁格勒,1936年,第102页)。此外,还应指出,在和希腊签订的条约中,在编年史中,在罗斯法典中,在11世纪的传记和传教书中,形容词“罗斯的”用来形容下列一些词:王公、城市、语言、国家、人们、氏族、大使、法律、平民等等,无可争议地一般都表示这个总的意思。与此同时,外国史料很早就使用“罗斯”这个专有名词来表示整个东斯拉人的国家。9世纪末,一位匿名的“巴伐利亚地理学家”知道“罗斯人”的名称是指与可萨人为邻的东斯拉夫部落。903—904年的拉费利什季坚条令也知道罗斯人。阿拉伯的伊本·霍尔达德别在《途径和王国》(19世纪60年代)一书中称为罗斯人,并说罗斯人是斯拉夫人。把“罗斯”和“罗斯的”这个词理解为只是其基辅地区,而不是整个东斯拉夫人的国家,这种情况很少。但是“罗斯”和“罗斯的”这种狭义的用法明显地是流行在12—13世纪——封建割据时期。此外,还应注意以下情况:“罗斯”和“罗斯的”这两个词的总的和基本意义继续表示所有的罗斯人和整个罗斯国,并在12和13世纪仍是最流行的。所有的编年史家在用“罗斯”和“罗斯的”这两个词的狭义(表示南方的,

只指基辅罗斯)的同时,近处也用其表示主要的和根本的意义。最后特别重要的是“罗斯”和“罗斯的”这两个词意义的限制主要关系到罗斯国家,而不是罗斯人民。实际上,这种狭义的用法我们还见于苏兹达尔的弗拉基米尔(参阅拉夫连季编年史第 1175 年条:“我们的王公被杀,而身边没孩子,他的小儿子在诺夫哥罗德,而其兄弟在罗斯”,即在基辅地区);这种词义用法还见于诺夫哥罗德(参阅诺夫哥罗德第一编年史 1135 年条:“大主教尼方特带了一批优秀的人去罗斯”——从诺夫哥罗德去基辅)及其他地方。国外的史料没有这样的“罗斯”和“罗斯的”狭义用法。此外,在具有崇高的爱国主义内容的文献中也见不到这种用法(修道院院长达尼尔的《游记》、《伊戈尔远征记》和《罗斯土地覆没记》等等)。“罗斯”和“罗斯的”二词的较“狭窄”的意义是从何而来的呢?显然,它不是很古老的。《往年纪事》用“罗斯”和“罗斯的”达 270 次,但没有一次能实实在在证明 11 世纪的编年史家确实知道这种含义。首先,如何理解《往年纪事》引言中的这句话:“波利安人,是否就是现在称呼的罗斯人呢?”无论如何,绝不是波利安人的自古以来的原意,像 M. H. 季霍米罗夫推测的是罗斯(“罗斯”和“罗斯土地”名称的由来,《苏联民族学》莫—列 1947 年版,第 62 页)。编年史家肯定的是相反的意思:以前称为波利安人,现在则称为罗斯人。这句话没有一点可资肯定:罗斯人只称为波利安人,就是后期也不是这样。看来,上面那句话的意思是波利安人的部落名称已不再使用,以前称为波利安人的那些人现在简称为“罗斯人”,并没有把他们从其他部落分开。确实,波利安部落的名称也首先在《往年纪事》中消失(它最后一次用于 944 年条)。波利安部落名称的消失就如同“杜列勃”部落名称消失一样(它由于住在沃伦而改称为“沃伦人”)。也像“斯洛文”部落名称的消失(它改称为“诺夫哥罗德人”)等等。在关于奥列格进攻帝都的 907 年条的故事中,不明白“罗斯”一词的用意:在该处“罗斯”和“斯洛文”对立起来——奥列格说:“为罗斯人缝制锦帆,为斯洛文人(诺夫哥罗德的)缝制绸帆”(我们还会再提到此处)。882 年条的一句话也不甚清楚:“他(即奥列格)手下的瓦兰人、斯洛文人及其他人统称为罗斯人”;可能,“其他人”是“称为”的主语,但也可能“其他人”是属上一句的。总之,“称为”和讲到奥列格在基辅当政的前文是什么关系已经不清楚:他们自从奥列格坐镇基辅才“称为”,还是不管奥列格的任何举动都本来已称为罗斯人了。《往年纪事》中第四处引起研究人员怀疑的是德列夫利安人在杀死伊戈尔后的这句话:“我们已杀了罗斯王公。”德列夫利安人是否以此想说他们已杀死了基辅王公?也可能是这样,因为基辅王公是全罗斯的王公(参阅1054年条:“罗斯大公雅罗斯拉夫去世”),但是,这句话绝不意味着“罗斯的”王公只是基辅的王公。最后,《往年纪事》的984年条还有一处会引起对“罗斯”名词的意义怀疑的地方。编年史家说的是拉迪米奇人:“他们向罗斯缴纳贡物,拉车缴纳一直至今。”既然拉迪米奇人是罗斯部落,这里的“罗斯”不能只理解为基辅土地吗?但是,如果我们想到编年史家把拉迪米奇人看作是隶属于“良霍”(波兰)氏族的王公的人,那么这种疑惑也就可以理解了,因此,“罗斯”这个词的意义在此也不用怀疑。最后,有人还曾企图对“罗斯”和“罗斯的”二词的几处用法特别作某种狭义的理解,但这种理解常是牵强附会的。这样一来,“罗斯”和“罗斯的”二词最早的主要意义是总的,指整个罗斯国土和全体罗斯人民。这意义还见于10世纪的罗斯文献(和希腊签订的条约)和9世纪的外国文献(“巴伐利亚地理学家”的著作等)。“罗斯”和“罗斯的”用作基辅土地(而不是指基辅人)的较狭的意义是属较后的时期——它见于12和13世纪封建罗斯的地方分权的时期。但是还应注意这种较狭的意义并没有改变总的、广泛的基本意义。有时两种意义并用,同一位编年史家也并没有觉得特别的矛盾。更主要的是“罗斯”和“罗斯的”二词的狭义离不开其基本的广义——没有广义是不可思议的。实际上,基辅土地因而被诺夫哥罗德人称为罗斯土地,因为正是那里是罗斯土地的中心。去罗斯对弗拉基米尔人来说也意味着去罗斯的首都——基辅,对斯摩棱斯克、罗斯托夫、梁赞的居民来说,基辅王公就是罗斯王公;基辅王公的亲兵队,不管其成员是谁,都是罗斯的卫队;罗斯王公的使者,不管他们来自何处,都说自己“我们是罗斯族”。“罗斯的”一词不仅可以形容罗斯的中心——基辅,还可以形容全罗斯政权的代表——基辅王公及其亲兵队(显然,907年奥列格远征记述中他的亲兵队称为罗斯的,而他的军队称为“斯洛文的”),也可形容居民中的统治层(请比较罗斯法典:“罗斯人,还是侍从,还是商人”)。这就是为什么“罗斯”和“罗斯土地”说基辅土地并不证明12—13世纪封建割据时期没有统一的罗斯土地的意识(如同有的研究人员竭力想这么理解),而是只证明基辅被意识为全罗斯的首都。当基辅和基辅南方不再被认为是罗斯中心时,这种狭义在编年史中立即消失(在拔都军

队毁灭基辅后——自13世纪中叶)。同一个词有时用于狭义,有时用于主要的广义,这在语言中是一种常见的现象。例如,“城市”一词对于一位不住在城市中心的市民来说,它意味着整个城市,或只指市中心。彼得格勒方面的居民可以说“进城”,这指的是他到市中心去——市里去,但这话并不意味他不是彼得格勒人。但是,如果认为“罗斯”和“罗斯的”二词在9—10世纪就已像11世纪那样广为流传,那就错了。“罗斯”和“罗斯的”最先主要用于那些场合下:当讲的是别的国家和别的部族,这时罗斯是与其相对的一个整体,如和别国的武装冲突、缔结和约等。与此同时,在罗斯人相互的内部关系上,如《往年纪事》上所见到的,还牢固地保持着部落的名称。这些部落名称在10—12世纪逐渐消失,但远不是各处都一致的:形成罗斯国家进程更多地卷入的那些部落最早停止使用自己的名称。这种部落名称的消失,代之以表示政治联合体的专有名称的部落,编年史家直接指出来的有杜列勃人(他们开始按城市沃伦的名称而称为沃伦人),斯洛文人(他们开始称为诺夫哥罗德人),波利安人(他们开始简单地称为罗斯人或基辅人)。在那些部落习俗逐渐消失、居民处于较高的社会发展阶段的地方,部落名称也逐渐消失;在统一罗斯部落的意识更强的地方——基辅,“罗斯”和“罗斯的”二词用得也最多。这种统一的意识在对外的冲突中出现得也特别早(它早在10世纪初就见于奥列格的条约中)。“罗斯”和“罗斯的”这两个词就总是用来表示这种统一,作为其代名词。最初这两个词没有别的其他意义。有些人想从较狭的意义中(从波利安人的部落名称中或社会范畴中)得出这种广义结论是根据不足的,没有超出靠不住的假设本身的范围。但是,编年史家断言,瓦兰人最早称为罗斯人。编年史家在898年条断言,“罗斯”名称由瓦兰人传入;由瓦兰人而得名罗斯,以前是斯拉夫人。编年史家在《往年纪事》的谈天说地的序言中,在瓦兰部落中提到了罗斯:“在雅弗国土上居住的有罗斯人、楚德人及其他部族;麦里亚人、穆罗马人、维西人、莫尔多瓦人……”编年史家在270次谈到“罗斯”和“罗斯人”中有5次谈到它如谈瓦兰部落。在所有这5次中不是词的真实用法,而是编年史家的臆测:编年史家只有在谈及罗斯名词的起源,并把这瓦兰的“罗斯”说成是遥远的过去时,才称瓦兰人的罗斯。编年史家这样做是怎么来的呢?我们可以回忆一下,编年史家常常参阅拜占庭的史料,拜占庭常常称作罗斯人的不仅有斯拉夫人,还把诺曼人也称作罗斯人。这么

做的有西麦昂·洛戈费特,还有皇族出身的君士坦丁(他们把第聂伯河险滩的“罗斯”名称和斯拉夫名称对立起来,并具有斯堪的纳维亚来源的全部特征)。这也可以理解,因为罗斯王公的雇佣亲兵队有不少瓦兰人,罗斯王公的使者也常常是瓦兰人,他们来到君士坦丁堡,并一再肯定自己是罗斯族(参阅和希腊人签订的条约)——他们也就把这些使者称为“罗斯的”,这些使者自称罗斯是自己的祖国,并代表罗斯国家(参阅后面“出身氏族”的注译)。经常和拜占庭史料打交道的编年史家不会不知道“罗斯的”在拜占庭这第二层意义。这种意义正中他的下怀,这就是原因所在。编年史家对部落和政治联合体的名称用外来人的解释(这种传统在罗斯存在很久)。编年史家写道:“利亚斯有两兄弟——拉迪姆和维亚特科,拉迪姆来到索日河流域定居,称为拉迪米奇人,而维亚特科带着自己的氏族定居在奥查,从而称之为维亚提奇人”或“图尔人(从海外来此,定居在)图罗夫,从而称之为图罗夫人”(930 年条)。按此刻板公式,编年史家创作了关于留里克、西涅乌斯和特鲁沃带领自己氏族罗斯人来自海外的传说,从而“称之为罗斯土地”。编年史家的这种见解——纯粹是一种臆测,它摒弃编年史家历史观的刻板公式及其假说。这样一来,没有任何有力的根据可以认为“罗斯”和“罗斯的”二词最初只表示瓦兰人,或只表示南方的波利安部落,或只表示罗斯居民的统治“上层”。实际上,这两个词的全部狭义都来自包括东斯夫人全部的基本意义。较狭窄的意义都是派生的,很多狭义和主要的最古老的广义并用是词义学的极其通常的一种现象,对此应十分重视,以免重犯涅斯托尔那样类似的错误。不清楚的只是“罗斯”一词的本身来源,它的词源。但是,要指出的是罗斯这个词在古代的地理名称上,无论在罗斯的南方或北方都有相对应的古地理名称(如北方有鲁萨河,南方有罗斯河等)。不能人为地割断罗斯一词的来源,像某些研究人员所做的那样(B. A. 勃里姆和追随他的人等),认为“罗斯”一词在北方是一个起源,在南方则是另一个起源,只是偶然才发音一致。难道就因为问题的复杂便可以绝望地去推测吗? 至少,“罗斯”一词起源问题的复杂要求我们进行精细的研究。

[161]此句瓦兰族的“族”,原文是“от рода”,显然它的意思不是说出身于什么族,而是属于什么族(即属于某族的组织)。如果照前者理解,那这句话就没意思了(“现在诺夫哥罗德人出身于瓦兰人,而以前出身于斯拉夫人”),

若按后者理解，这句话的意思是："诺夫哥罗德人属于瓦兰人的政治机构（即在他们的政治机构中掌权的是那些瓦兰人"），而以前，即邀请瓦兰人以前，他们是由斯拉夫人进行机构管理的。"от рода"这种意义还见于《往年纪事》的其他地方。例如911(912)年的条文："我们属于罗斯族的卡尔、伊涅格尔德……"945年的条文："我们属于罗斯族的使者和商人……"在罗斯使者所列举的名字中，有瓦兰人的名字，楚德人的名字，东方人的名字，这些名字可以和斯拉夫人的名字并列。因此，条约里说的不是使者"出身于罗斯族"，而是说他们属于罗斯的国家组织，他们是罗斯国家的代表(代表罗斯)。这一情况表明在10—11世纪人们组织的主导特征不是"血缘关系"，而是政治关系。在语言中还保留"氏族制度"这一专有名词，但其含义已更新；"来自罗斯族"等于"来自罗斯国家"，而不意味像有的人所想的"来自罗斯的部落"。

[162]此处特别强调阿斯科尔德和迪尔是僭称的王公。编年史家的本意是只有出自留里克"部落"的才是正统的王公。在882年条讲奥列格将他们处死时，又一次强调阿斯科尔德和迪尔的冒充顶替行为。《往年纪事》的其他地方也强调了只有来自留里克王朝的那些罗斯王公才是合法的。

[163]尼康编年史在此年条有下面一段话："阿斯科尔德的儿子被保加尔人所杀。同年，悲伤的诺夫哥罗德人说："我们受奴役，留里克及其同族作恶多端"。也在这年，留里克杀死了勇敢的瓦迪姆，还杀死了其他许多诺夫哥罗德人，他的谋士。"16世纪的尼康编年史从何处取得这些资料，不详。

[164]尼康编年史(16世纪)在此年条有下面一句来源不详的报道："是年，阿斯科尔德和迪尔与波洛昌人交战，作恶多端。"

[165]东方穆斯林部族在中世纪被认为是圣经中传奇人物——以实玛利的后裔(因此在中世纪他们被称为"以实玛利人")。以实玛利是亚伯拉罕和其使女夏甲所生的儿子(因而他们在中世纪又称为"夏甲人")。穆斯林自己则认为亚伯拉罕和其妻子撒莱的后裔(因此他们又称为"撒拉森人")。阿斯科尔德和迪尔进攻拜占庭的故事完全取自哈马托罗斯编年史续编的条文。下面是其俄语译文："皇帝进军讨伐阿拉伯人，离开君士坦丁堡。当他打到黑河时，地方长官报信说罗斯军队正向君士坦丁堡进逼，他们的统领是阿斯科尔德和迪尔，于是皇帝决定停止前进。而罗斯军队已攻入舒特，杀死了很多基督教徒，用200艘战船包围君士坦丁堡城。皇帝费尽力气才进了城，和大

牧首佛提乌在弗拉赫尔的圣母教堂会面，彻夜祈祷……他们唱着赞歌，拿着圣母的神衣，来到海边，浸湿神衣底边。原先寂静无声的大海，突然掀起风暴，浪涛汹涌。那些罗斯异教徒的战船被摇晃，推往海岸撞得粉碎，很少几只船侥幸逃脱厄运，他们战败返回”(B. M. 伊斯特林《格奥尔格·哈马托罗斯编年史》，卷1，彼得堡1920年版，第511页)。希腊原本中没有上文中强调的关于阿斯科尔德和迪尔那句话。它是俄文译者或抄写者加进去的。哈马托罗斯编年史续编希腊原文根本没写罗斯王公的名字。罗斯译者或抄写者从什么别的史料中取来的(看来是民间传说)。编年史家是从哪里得到进军年表的，不详。哈马托罗斯续编的希腊原文中也没有这方面的材料。西麦昂·洛戈费特把这次远征确定为米哈依尔三世统治的第十年(他于842—867年执政)，而《往年纪事》说是在位的14年。

[166]黑河——可能是马弗罗波塔姆河，该河流经色雷斯半岛的西部地区，注入爱琴海。

[167]希腊文是 ἔπαρχοζ——首长，城市长官。

[168]舒特——即金角，君士坦丁堡的一个海湾和良港。详见后面注207。

[169]弗拉赫尔——君士坦丁堡的一个区(它沿金角湾在希拉克略城墙和海岸之间)，这里有一座圣母教堂，教堂内的圣母像以“富有神力”而闻名。

[170]尼康编年史(16世纪)在此年条有下面一段报道，其来源不详：“阿斯科尔德和迪尔从帝都逃回，队伍所剩无几，基辅悲痛欲绝。是年，基辅发生大饥荒。早年，阿斯科尔德和迪尔击毙了许多佩彻涅格人。是年，诺夫哥罗德许多僚属从诺夫哥罗德留里克那里逃出，投奔基辅。”本段的第一句话，除尼康编年史外，还见于其他一些后期的编年史(沃斯克列先编年史、特维尔编年史、索菲亚第一编年史)中。塔季谢夫在写《罗斯史》时参阅了我们不知道的编年史，他把本段的第一部分(到“是年击毙了许多佩彻涅格人”)放在6374(866)年条，在此句后又加了一句：“他们又出兵征讨克里维奇人，战胜了克里维奇人。”塔季谢夫把本段的后一部分报道放在6377(869)年条，这样写道：“斯拉夫人从留里克那里——从诺夫哥罗德跑出，投奔基辅，因为留里克杀死了斯拉夫王公——勇敢的瓦迪姆，瓦迪姆不愿做瓦兰人的奴隶。”这样，把这条报道和后期编年史6372(864)年条有关瓦迪姆的报道联

系起来。

[171]哈马托罗斯续编写道："瓦西里和米哈依尔共同执政1年零4个月，独立执政19年"(B. M. 伊斯特林《格奥尔格·哈马托罗斯编年史》卷1，彼得堡1920年版，第519页)。瓦西里一世在位于867—886年。为什么把这个报道放在868年条，不详。A. A. 沙赫马托夫这样解释这一日期：6376(868)年"是由米哈依尔登基的6360年加上16得来；这是米哈依尔统治年代的总计：按哈马托罗斯续编的说法，米哈依尔和母后狄奥多拉共同执政4年，自己单独执政10年，而和瓦西里共同执政1年零4个月；这样总共是15年零4个月，取其整数为16年。实际上，米哈依尔于6350(842)年登基，于6375(867)年去世；保加利亚译文错误出在它根据的是梵蒂冈或与其类似的抄本(如哈马托罗斯编年史)：米哈依尔和母后共同执政4年("和自己母亲执政4年")，而实际上延续15年(如哈马托罗斯续编的一些抄本)或14年(如另一些抄本)。"(A. A. 沙赫马托夫《往年纪事》及其史料，古罗斯文学部著作集，卷4，列宁格勒1940年版，第60页)

[172]希腊的保加利亚大主教克利缅特在希腊文传记中指出，那年保加利亚接受洗礼。

[173]16世纪的尼康编年史在此年条讲了在阿斯科尔德和迪尔执政时期罗斯第一次受洗礼的事，来源不详：关于罗斯王公阿斯科尔德……瓦西里多次与阿拉伯人、马尼赫人交战，并和前面提到过的罗斯人建立和平体制，建议他们信奉基督教，皇帝派去使者，他们答应受洗礼，并要求派主教。当他们情绪低落，想施行洗礼时，就对主教说："如果我们能看到你做出奇迹，我们就做基督徒。"主教说："那你们想看什么呢?"他们回答说："我们想让你把传送基督教导的福音书放到火里，如果它烧不起来，我们愿意成为基督徒。并像所教导的那样永葆信仰，我们决不反叛。"主教说："就照你们说的办。"主教让点起大火，双手举起仰望天空说道："主啊，让你的英名增添荣光吧!"说罢，把福音书放入火中，过了很长一段时间，火碰不上书，罗斯人见到基督如此神力大为惊奇，大家接受洗礼。

[174]诺夫哥罗德第一编年史反映了早于《往年纪事》的初始汇编，它说留里克的儿子伊戈尔是王公，而奥列格在留里克当政期间是将军，不是王公，并且伊戈尔是长大成人的王公，和奥列格共同执事。A. A. 沙赫马托夫解释

为什么《往年纪事》的编者要修改先期的初始汇编的说法，把奥列格从将军改为王公：《往年纪事》的编者得到补充的史料，即他收进文中的罗斯和希腊签订的条约。奥列格在这些条约中以独立王公的身份出现。《往年纪事》的编者为了解释为什么奥列格会当上王公，就把留里克的儿子伊戈尔变成幼儿，而奥列格成为“摄政王”，但是，想维护住王朝的统一思想，就打一个圆场，说奥列格是留里克的同族人（“属于同族”）。然而，先于初始汇编的最古老的基辅编年史说奥列格是王公，不是将军。伊拉里昂的《教规和神恩讲话》和《纪念和赞颂罗斯王公弗拉季米尔》的作者都说奥列格是王公。有的编年史家把奥列格从王公降为将军，而另一些编年史家又重新把他返回王公的地位，这作何解释呢？A. A. 沙赫马托夫认为，编年史家在王朝上所作的所有这些文章的目的都在于确认王族的一致性（《考证》第 916—921 页）。实际上，这种一致性是不存在的：伊戈尔和奥列格相互间没有种族的联系（A. A. 沙赫马托夫《俄语古代史纲》，彼得格勒 1915 年版）。但是应该说 A. A. 沙赫马托夫还未能彻底揭示出初始汇编的作者把奥列格从王公降为将军的原因。B. Л. 科马罗维奇推测把奥列格从王公降为将军的原因是信奉基督教的编年史家和多神教残余的斗争，他列举许多独到的想法来证明“先知”王公奥列格被认为是罗斯王公的始祖，成为多神教崇拜的一个对象。初始汇编反对崇拜基辅王公的“始祖”奥列格而把他从王公降为将军，《往年纪事》的编者根据自己手头的奥列格和希腊签订的条约又把他重新尊为王公（B. Л. 科马罗维奇《11—12 世纪王族对世系和土地的崇拜》，苏联科学院文学研究所档案）。

[175]有的研究人员（B. A. 帕尔霍缅科等）认为奥列格不大可能从诺夫哥罗德发兵攻打基辅，但是从北往南的活动是很自然的事：北方和君士坦丁堡的商业往来影响着奥列格、伊戈尔及其他王公远征的道路。奥列格从诺夫哥罗德往南去基辅，再继续去帝都的活动方向，是统一的活动方向。皇族出身的君士坦丁七世在其著作《帝国行政论》中把基辅看成是通往君士坦丁堡途中的罗斯的贸易中心。他是 10 世纪拜占庭的历史学家，可参阅他的报道：“从外罗斯来到君士坦丁堡的船只，有的来自罗斯王公伊戈尔的儿子斯维亚托斯拉夫执政的诺夫哥罗德，也有的来自米利尼斯基城堡（斯摩棱斯克），有的来自捷柳查（可能是柳别奇），有的来自切尔尼戈什（切尔尼戈夫）和维什戈

罗德。所有船只都沿第聂伯河而下,集结在称为萨姆瓦特的基辅城堡"(皇族出身的君士坦丁《帝国行政论》,国家物质文明史研究院通报,第91期,1934年,第8页)。有必要指出,1044年弗拉季米尔·雅罗斯拉维奇最后一次远征拜占庭也是从诺夫哥罗德发起的。但奥列格并不把基辅只看成是通往君士坦丁堡途中的一站。奥列格把基辅变为罗斯的首都,或许这么做的理由和后来斯维亚托斯拉夫想把首都从基辅迁到更南的地方——多瑙河上的佩列亚斯拉维茨(969年条)的理由一样。

[176]先于《往年纪事》的初始汇编说奥列格和伊戈尔从斯摩棱斯克顺流而下,直奔基辅(参阅诺夫哥罗德第一编年史:"到了第聂伯河和斯摩棱斯克城;从那沿第聂伯河顺流而下到达基辅山麓")。那么,编年史家是从何处得到这一新的情节——夺取柳别奇的呢?《往年纪事》的编者根据奥列格和希腊人的条约修改了在它以前写的初始汇编的叙述(此叙述还见于现存的诺夫哥罗德第一编年史)。907年条在提到奥列格属下的城市中有柳别奇:"奥列格吩咐……为罗斯各城分发贡物:首先是基辅,其次是切尔尼戈夫……柳别奇及其他城市,因为这些城市统治者都是拥戴奥列格王公的。"《往年纪事》的编者根据此年条奥列格和希腊人的条约才加进柳别奇这个情节,看起来是可能的。《往年纪事》的编者本着自己的罗斯王朝统一性的思想,把上面提到的那些"大公"和奥列格安排的"僚属"等同起来。

[177]这句话的原文是"и придоста къ горамъ хъ киевьскимъ"这句怎么就突然出现双数("придоста")呢?(古俄语不仅有单数和复数,还有双数——译者注。)本来,我们在这里完全有理由看到的要么是单数,要么是复数的(因为在前文中只提到奥列格"率领一支庞大的军队"顺流而下)。先于《往年纪事》的初始汇编(它反映在诺夫哥罗德第一编年史中)能解答这个谜。初始汇编在谈及这次征战的统领时始终提的是两个人:伊戈尔公及其将军奥列格。在该编年史中那些情节用的总是双数:начаста(开始),налезоста(来到),узреста(看到),съзваста(召来)。《往年纪事》编者改编了先于它的初始汇编的故事:奥列格在他的笔下是王公,而不是将军(根据是他收入自己编年史中的奥列格和希腊人的条约),奥列格在伊戈尔年幼的情景下成为这次征战的唯一的统领。但是古文本中领导这次征战的是两个人:伊戈尔和奥列格,古文本的痕迹也就通过此处所用的双数形式暴露了出来。

[178]两个王公共同执政的现象在罗斯很少见。10 世纪的阿拉伯作家马苏迪只谈到斯拉夫王公迪尔，根本没提阿斯科尔德。可能，阿斯科尔德和迪尔在罗斯是不同时期的王公。因他们的墓都在基辅，民间传说就把他们说成是共掌政权的两位王公。把不同时期的王公用这种同时的死亡连在一起的现象很普遍，如《拔都灭梁赞记》把许多王公都说成牺牲在和鞑靼的战斗中，实际上他们有的死得早，有的死得晚，都是自然死亡（Л. 利哈乔夫《拔都灭梁赞记》，《古罗斯战斗故事选编》，莫—列 1949 年版，第 129 页）。还应指出，后期的一些编年史说奥列格不仅杀死了阿斯科尔德和迪尔，还杀死了基伊、塞克和霍里夫（可能是根据某些口头传说；参阅 Ф. 基利亚罗夫《罗斯初始汇编年的传说》，莫斯科 1878 年版，第 126 页及以后几页）。

[179]文学家们从埃及、希腊、罗马、伊朗、蒙古及西欧许多国家的文学中找到很多类似的故事，借以证明用埋伏士兵或把士兵化装成商人的办法夺取城市，这种情节带有普遍性（A. C. 奥尔洛夫《关于亚速的传说故事》，1906 年，第 158 页及以后几页）。然而，没有必要去引证此类的同样故事：借助化装或埋伏战士来夺取城池是生活中的常事，从生活中直接进入文学中。特别是西麦昂编年史在 1446 年条说的德米特里·舍米亚卡和伊万·莫扎伊斯基用隐藏化装的战士夺取三位一体修道院："他（伊万·莫扎伊斯基）吩咐把众多的雪橇伪装起来，像是装货的车，另一些装布匹，每台藏两个武装的人，其他人跟在后面，像是跟车的，当他们通过防线后，全体官兵从雪橇上跳下，消灭了敌军。"还可参阅斯捷潘·拉辛占领波斯法拉巴德城等故事。

[180]尼康编年史是这样来解释"客商"奥列格对罗斯王公这一奇怪的邀请的：在奥列格说那句话前还加上下面这段话："我正卧病在床，我们得到了一大批贵重的珠子及其他饰物，此外我们的人还想和你们当面谈谈。"阿斯科尔德和迪尔回答说："我们带上小批亲兵，上船去见有病的商客。"

[181]这里指的是基辅贵族的邸宅，贵族的邸宅是一种地理位置的标志，在《往年纪事》及后来的基辅编年史中不止一次地使用这种方法（如 945 年条："即现今的戈尔佳季亚和尼基福邸宅所在地……即现今的沃罗季斯拉夫和丘金邸宅的所在地"）。

[182]谁是奥尔玛，不详，只知道他是尼古拉教堂的建设者，他的住宅离

尼古拉教堂不远。

[183]伊丽娜教堂和伊丽娜修道院都是在雅罗斯拉夫时期建成的(《往年纪事》,1037 年),它离格奥尔基教堂不远,在称为雅罗斯拉夫的城区。

[184]奥列格的话是有准确的含义报道的:奥列格宣布基辅为罗斯的首都(可参考希腊的类似名词 μητρόπολτζ——城市之母、宗主国、首都)。下面这句话正是和这次宣布基辅为罗斯国家的首都有关:瓦兰人、斯拉夫人以及其他人都来觐见,(诺夫哥罗德第一编年史在此处还有几个字——“于是从此以后”,即从宣布基辅为罗斯首都后)他们称为“罗斯人”。奥列格执政以后的两项国家举措是:城市的防御建设(“开始建设城市”)和在幅员广阔的全罗斯向居民定期收取贡物(“给斯拉夫人、克里维奇人、麦里亚人确定应交的贡物……”)。这样,编年史家从奥列格在基辅登基起系统地开始描述他的国事活动。

[185]这句话的意思不很明白(称为“罗斯人”只是“其他人”,还是包括瓦兰人和斯洛文人;他们从什么时候、为什么开始这样称呼的)。诺夫哥罗德第一编年史(它反映了先于《往年纪事》的初始汇编)说坐镇基辅的王公是伊戈尔。整句是这么说的:“奥列格有瓦兰人武士和斯洛文人的亲兵队,从此称为罗斯。”我认为这是最古老的文本,也是较准确的。它的含义是:他(指伊戈尔或奥列格)有雇佣的亲兵队(“瓦兰人”此处指的不是种族,而是职业),它由诺夫哥罗德的斯洛文人组成,并从这个时候开始(“从此”)作为北方的王公(伊戈尔或奥列格)在基辅登基(而按《往年纪事》的说法,还宣布这座基辅城为罗斯的首都——“城市之母”)。他们一般称自己为罗斯人,而不是诺夫哥罗德人或瓦兰人。试比较《往年纪事》前面提到的:“由于那些人……那些属于瓦兰族的人,而原先是斯拉夫人”,其意思是诺夫哥罗德的亲兵队(“斯拉夫人”)自从外请王公后而称为瓦兰人。这样,编年史家正确指出了从什么时候,并在什么情况下开始在诺夫哥罗德把王公的亲兵队称为“瓦兰人”(862 年条),又在什么时候在基辅不再称他们为“瓦兰人”,而简单地称为罗斯人(882 年条)。确实,在奥列格和伊戈尔的条约中,王公的亲兵队(不管是斯堪的纳维亚人、基辅人、诺夫哥罗德人或是“楚德人”)都说自己:“我们属于罗斯族。”

[186]Б. Д. 格列科夫院士注意到这句话的用词:奥列格是“确定”

(“устави”)贡物，而不是“征收”(“възложи”)贡物；“确定”这个名词用作整顿的意义，即制定好一定的合法的规章制度，而“征收”用于向被征服的人民课以贡税，如884年条：“战胜了谢维里安人，向他们征收不重的贡物”(Б. Д. 格列科夫《基辅罗斯》，莫一列1949年版，第298页及以后几页)。因此，奥列格对斯洛文人、克里维奇人、麦里亚人的关系不是作为征服者，而是作为一位国事活动家为自己的臣民确定贡物。

[187]这一情况不是所有编年史都作同样的报道。乌瓦尔编年史(乌瓦尔，历史博物馆№188)是这样说的：“在全国确定了贡赋：从诺夫哥罗德各收300格里夫纳，这数目一直交到现在。”这里没提瓦兰人。这文本的古老可以从其结语得到证明：“这数目一直交到现在。”乌瓦尔编年史№188是罗斯托夫编年史，它的史料来源之一是相当古老的诺夫哥罗德编年史。此文还见于基里洛—别洛泽罗编年史(简本)。叶尔莫林编年史很自然地去掉了“这数目一直交到现在”这句话。后期的诺夫哥罗德一些编年史这么加以更改：“现在已不缴纳。”看来，流传至今的最古老的是乌瓦尔编年史和基里洛—别洛泽罗编年史。基辅王公当然为自己收取贡物，未必会确定有利于瓦兰人的贡物(试比较《往年纪事》后面的883年条，884年条和885年条关于基辅王公为自己征收贡物)。《往年纪事》上说“这是雅罗斯拉夫逝世前向瓦兰人缴纳的数目”，修改了以前的初始汇编的文本(“现在已不缴纳”)，类似的更改还见于叶尔莫林及诺夫哥罗德后期的一些编年史等。《往年纪事》所不同的只是它还受“瓦兰理论”的统治。

[188]编年史的6391、6392、6393(883、884、885)这几年条连续地讲了奥列格继续从事统一罗斯国家的工作，这一事业是882年夺取基辅、宣布它为罗斯国家的首都、设置它的防卫和收取贡物开始的。883年条讲的是奥列格降服了附近的德列夫利安人，并课以贡物(诺夫哥罗德第一编年史上写的是伊戈尔)。884年条讲的是奥列格又降服了较远的谢维里安人，也课以贡物。885年条讲的是奥列格降服了拉迪米奇人，同样课以贡物。奥列格只是未能征服乌利奇人和提维尔人，但他为此作了努力，此事编年史家绝不是随便提到的。

[189]希利亚格是一种钱币，其名称的来源和准确概念，不详。964年条又一次提到了这种货币。看来，这是波兰货币(试比较 щьляг〔希利亚格〕和

其他货币的名称：立陶宛货币 szillings，盎格鲁撒克逊的货币 scilling，哥特货币 skilliggs，波兰货币 szelag）。以波兰货币“希利亚格”向拉迪米奇人和维亚提奇人收取贡物，显然是编年史家臆测出来的（因为拉迪米奇人和维亚提奇人的始祖：拉迪姆和维亚特科是“属于良霍人”）。实际上，在这些部落的居住地区考古学家没有找到任何一枚“希利亚格”钱币。Б. А. 罗马诺夫在其《古罗斯文化史》（莫—列 1949 年版第 376 页）的《货币和货币流通》一章中写道：初始汇编保留了 9—10 世纪向被征服的这些和那些部落征收贡物的多种传说。11 世纪中叶的城市编年史家记下了这些传说。因为传说是经他们手写的，所以他们可能更多地是去记述当代的实际，而不是准确再现他们 100—200 年前的事实。看来，他笔下提到的各种贡物形式都曾存在于 11 世纪。但贡物主要的是实物：“似乎是 9 世纪中叶瓦兰人向北方的斯拉夫——芬兰居民每户征收的，以及可萨人向南罗斯部落征收的白松鼠皮”（拉夫连季编年史 859 年条）（参看注 156，是对此词的另一种理解：“白”是指银币，“веверица”是灰鼠皮。——译者注）。似乎是奥列格向德列夫利安人征收的《黑貂皮》（拉夫连季编年史 883 年条）。在同一编年史中（885 年条和 964 年条），叙述奥列格和斯维亚托斯拉夫的故事中有关拉迪米奇人和维亚提奇人时，总要提到“希利亚格”（先令），可萨人也从“每户”征收 1 希利亚格钱币。但是，如果只根据这种极一般的材料就想象某一部落总的经济水平，并认为如拉迪米奇人或维亚提奇人甚至在 11 世纪就完全受货币流通的控制，那就不对了。被迫向基辅或别处缴纳贡物的“部落”在 11 世纪已经是相当分化的社会，有各自的王公，各自最“优等”的人，并且向他们收取贡物的本身在细节上受部落内部这些关系的程度所决定。从宗主国—庇护者的角度看，它们都是“斯麦尔德”；而向这些“斯麦尔德”收取贡物的责任完全落在现存的当地机构身上。那些部落已有的全部机构就改头换面加以利用。著名的诺夫哥罗德第一编年史在谈到诺夫哥罗德人征讨尤格拉（1193 年）时，就讲了贡物的征收方法……抄写者的想象是这样收取贡物的，它是系统的和长期的（如果不是正好一年的）积蓄、金钱和实物的结果，并由缴纳者自己收集，庇护者既不参与收集的技巧，也不规定收取的对象，更不管其较多的积蓄。在这种情况下向每户要收什么样的毛皮，多少钱币不管，只管收取总的数目，而不管当地每户真有多少钱或有什么样的毛皮。在此之前，该部落机构内部如何“积资”，采用什么非经济的或经济的手法，胜利者不管，胜利者接触的只是当地的王公、“城市”，而不是群众或某个山沟小村庄。这在实际上造成无限的可能性：实物换成钱、钱换成实物的各种变换。

[190]此条内容来自哈马托罗斯续编：“瓦西里逝世，智者立奥继承专制统治，执政达26年零8个月”(B. M. 伊斯特林《格奥尔格·哈马托罗斯编年史》，卷1，彼得格勒1920年版，第527页)。把这事放在6395(887)年条是因为马其顿王朝瓦西里一世皇帝(867—886年)登基是在6376(868)年条，编年史说他执政了19年。这样，编年史家算出的日期(887年)的准确性就是相对的了。

[191]乌果尔人从基辅旁通过，而没有和土著部落发生冲突一说值得怀疑。此处编年史家用的可能是解释地名的传说，它以乌果尔人此地(在此狭窄的地域)的起源来解释乌果尔山名称的由来。不过，此名称也可能有另一种来源：例如，乌果尔商人的居留地。很可能，编年史家在自己的史料中把基辅附近的乌果尔山当成乌果尔山脉——喀尔巴阡山脉了。乌果尔人确实在自己的一路上翻越了乌果尔山脉(文中随后讲到)。看来，898年条指的是乌果尔人这次迁移，因为以后说的事件至少是发生在885年(美多德去世之年)之前和869年(君士坦丁去世之年)之前。A. A. 沙赫马托夫对此写道：“6406年(898年)和乌果尔人迁往西欧的时间相当接近，这一情况使我们认为这一日期不是偶然的和空想出来的。马扎尔人在893年已到了多瑙河河口；立奥皇帝用重礼怂恿他们的军事长官阿尔帕德和库桑去打那些使帝国不得安宁的保加利亚人。保加利亚的西蒙打退了他们的进攻后，发兵攻打希腊。自称‘保加利亚沙皇’的西蒙在战胜希腊后，联合佩彻涅格人攻打比萨拉比亚的马扎尔人，逼他们退往北方，最后他们在多瑙河和提萨河之间的地区终于定居下来。由此可知，马扎尔人攻打居住在多瑙河流域的斯洛文人大约在898年；895年他们占领了当今匈牙利的南部。我想，《圣书翻译的传说》一书因此把马扎尔人占领多瑙河中游和征服当地斯洛文人的日期定为6406(898年)。《往年纪事》的编者从上面《传说》一书中找到这一时间，因而把马扎尔从东方出现，并(根据地名)说他们经过基辅是在这个时间也就很自然了”(《往年纪事》及其史料，古代俄罗斯文学部，卷4，列宁格勒1940年版，第83页)。

[192]波洛韦次人(库曼人)在南罗斯草原最早出现的时间是11世纪

30—40 年代。罗斯和波洛韦次人第一次接触是在 1054 年条。编年史此处提到的是最早的一次。

[193]这句话开始插了一段关于斯拉夫文字的产生、基里尔(君士坦丁)和美多德的莫拉维亚使命的叙述。A. A. 沙赫马托夫和 H. K. 尼科尔斯基等学者认为这是一段编年史以外的叙述,它和其他史料一起收入《往年纪事》中。事实上,这段叙述的对象已超出了 11—12 世纪基辅编年史家的注意范围,与此同时,这段叙述也反映了其作者相当熟悉君士坦丁和美多德的事迹及西斯拉夫人的历史。A. A. 沙赫马托夫认为这段叙述可以称为《圣书译成斯拉夫语的故事》,他推测收进《往年纪事》的只是全文的一部分。很可能,这《故事》是《往年纪事》前言说天道地部分的某些史料的基础。为什么把这段《故事》放在 898 年条,不详。无论如何,翻译圣书的时间是不确切的,因为君士坦丁死于 869 年,而美多德死于 885 年。其他史料说创制斯拉夫字母表的日期是公元 885 年。看来,898 年的日期只确定为乌果尔人路经基辅(见前)。《故事》中未留传部分的片段,A. A. 沙赫马托夫按时间先后顺序排列,在《当离开希腊时拉丁人纪事》中找到(参阅 A. 波波娃《古罗斯人抨击拉丁人的著作文史概述》,莫斯科 1875 年版,第 178 页及以后几页)。《故事》把《美多德传记》作为史料使用,但只是在第二部分,而第一部分是按记忆写的,因而有不准确的地方(以后再讲到)。

[194]编年史家断言斯拉夫字母是基里尔—君士坦丁创造的,这在后面会讲到。但是,这绝不意味着基里尔(君士坦丁)创造的字母是最初的斯拉夫字母,在它以前没有别的字母,甚至编年史家也并不是这种看法。在阿拉伯作家伊本—法德兰的著作《游记》(10 世纪初)(《伊本—法德兰的伏尔加游记》,И. Ю. 克拉奇科夫斯基院士主编,莫—列 1939 年版,第 83 页)和 10 世纪的阿拉伯作家伊本—埃尔—涅季姆的著作《科学成果录》(A. Я. 加尔卡维《伊斯兰作家关于斯拉夫人和罗斯人的记述》,圣彼得堡 1870 年版,第 201 页)中,我们找到了早在基里尔—君士坦丁前就有斯拉夫文字存在的材料。伊本—埃尔—涅季姆努力复制斯拉夫的铭文,但是看起来很不准确。古罗斯铭文属于 10 世纪前半叶(Д. A. 阿弗杜辛和 M. H. 季霍米罗夫《古罗斯铭文》,苏联科学院通报,1950 年,第 4 期)。B. A. 戈罗德佐夫在梁赞地区的考古发掘中,找到许多陶器,上面有像字母形状的记号(B. A. 戈罗德佐夫《出土陶器

上的神秘符号札记》,考古学报,1897年,第12期,第389页;1898年,第11—12期,第370—371页)。A.B.阿尔齐霍夫斯基谈到在特维尔古坟中发掘的小铜牌上有形似字母的符号(《考古学引言》,莫斯科1941年版,第112页)。关于罗斯早在接纳基督教前就有文字,罗斯和希腊的许多条约就直接可资证明(见后)。修道士赫拉勃尔在斯拉夫文字的故事中早在基里尔前就直接谈到了某些“笔画含义报道和刻号”;“以前斯拉夫人没有书籍,用笔画含义报道和刻线来计数,相信多神教,洗礼后,用罗马和希腊文字书写”(H.沙法里克《斯拉夫人的古代》,历史部分,卷2,第3部,1842年,第109—110页)。最后,基里尔—君士坦丁传记本身也讲过他在科尔松遇见一个罗斯人,他有许多罗斯书:“他到科尔松……找到了一本用罗斯文字写的经书和赞美诗集,还碰上用这种文字说话的人,元音和辅音结合使用的文字语言,向神祈祷,引起他的好奇”(《哲学家君士坦丁传记》,古罗斯历史学会读物,1865年4—5月,第75页)。但是,有些学者很想证明这本传记讲的“罗斯”文字实际上不是罗斯的,然而徒劳无益。可是必须指出,古罗斯当时就公认基里尔—君士坦丁在科尔松找到那些罗斯文字就是基里尔创造的斯拉夫文字的基础。这样看来,早在古罗斯就已认为基里尔并不是斯拉夫文字最早的发明者,早在他以前就已存在某种罗斯文字,尽管它具有当时特有的宗教形式。

[195]《圣书译成斯拉夫语的故事》的第一部分错误较多,如我们上面所指出的那样,可能是由于凭记忆编写的,没有史料可作参考。罗斯提斯拉夫、斯维亚托波尔克和科采尔都未曾派使者去朝见米哈依尔皇帝,因为科采尔是德国的附庸,他没有权利和拜占庭发生独立的联系。只有莫拉维亚的王公罗斯提斯拉夫在862年派使团到君士坦丁堡。罗斯提斯拉夫和拜占庭拉关系的本意是出于政治上的考虑,因为在此以前德国的传教士已遍布莫拉维亚。罗斯提斯拉夫为了保留捷克—莫拉维亚部落文化和宗教的独立性,就谋求与拜占庭结盟。如同哲学家基里尔—君士坦丁和美多德的“壁画传记”所证实的那样,罗斯提斯拉夫的使团请求皇帝用斯拉夫语宣讲基督教义(德国的牧师们是用拉丁语宣讲的)。使者们说德国的、拉丁的和希腊的传教士“教我们这样那样,可我们是一些普通的斯拉夫人”。

[196]按美多德传记的材料,当莫拉维亚的代表团来到时,列夫(君士坦丁和美多德的父亲)已经去世。这是我们上面指出过的《圣书译成斯拉夫语

的故事》前部分的不确切处之一。

[197]按基里尔和美多德传记的说法，米哈依尔皇帝对基里尔—君士坦丁说："思想家，你已听到了(使者的话)，除了你没有别人能完成这个任务。"米哈依尔着重指出，他，即基里尔，有"极大的才干"，在斯拉夫人中间讲道，特别是兄弟俩懂斯拉夫语言："你们是塞卢尼人，而且塞卢尼人都能说纯粹的斯拉夫语"(在塞卢尼有相当多的斯拉夫居民)。基里尔，如传记中断言，答应如果斯拉夫人有文字，他就愿意去宣传基督教："如果他们有自己语言的字母，我就愿意去那里。"皇帝对此说道："我的父亲和祖父，还有许多人都找了而没办到，那我又怎能办得到呢?"基里尔反驳说："那谁又能在水上写字，或又有谁愿为自己起一个邪教的名字呢?"基里尔在动身去斯拉夫人那里以前(而不是像《往年纪事》所说的基里尔来到他们那里以后)，先发明了字母。古斯拉夫文献留给我们两种字母：所谓"基里尔字母"(这种字母后来固定为罗斯及南斯拉夫人的文字)和所谓"格拉戈利字母"。基里尔创制的是这两种文字字母的哪一种——这在科学界说法各异，目前没有最后肯定的结论。笔者倾向于相信基里尔创制的是"格拉戈利字母"——这是一种奇异的、明显是人造的字母，它后来没得到推广。而"基里尔字母"(它是后来才得到这个名称的)在基里尔之前就在斯拉夫各族人中广为流传。它是在最有学问的斯拉夫人想用希腊字母来拼写斯拉夫语的自然愿望上产生的。与此同时，人们使用了最便于在硬材料(石头、木头、泥土)上书写的多角字体。基里尔不愿把希腊字母用作斯拉夫字母，他发明斯拉夫字母，努力使这种字母具有更多的外形特点(试比较斯捷凡·佩尔姆在 14 世纪发明的和罗斯字母截然不同的佩尔姆字母)。(本问题的书籍可参阅：Л. В. 切列普宁和 Н. С. 恰叶夫《古文字学》，莫斯科 1945 年版)。

[198]所谓《新约》——《福音书》和《使徒行传》"是对现已佚失的著作的后来加工，这些佚失著作的微弱的历史核心在传说的层层笼罩之下现在已经辨认不出"(恩格斯《论早期基督教的历史》，《马克思恩格斯全集》卷 16，第 2 部分，1936 年，第 430—431 页；中文本第 22 卷，第 552 页)。《使徒行传》是使徒的书信集，他们因各种不同的事写给各基督教团体或某个人，信中讲述基督教教义在社会生活和个人生活的不同情况下的运用。此外，在《使徒布道》这章讲述使徒们在各国传播基督教的活动。《福音书》讲述耶稣基督的传说

故事。

[199]《圣诗集》——《圣经》之一。它收集了作于不同时期的150首圣歌，供犹太教和基督教的宗教仪式之用。《八重赞美诗集》是东正教作礼拜的书籍之一，书中的赞美歌分八个“声部”或八个曲调（希腊语ὀχτῶ——八，ἦχος——声部）。

[200]根据圣经的传说，彼拉多（罗马帝国驻以色列的总督）命令在耶稣基督的头上方的十字架上钉上一块用希伯来文、希腊文和罗马（拉丁）文写的牌子：“犹太人的国王、拿撒勒人耶稣。”西方的（罗马天主教的）教会就以此为根据推出主张：基督教在传教、做礼拜等都必须用这三种语言中的一种来进行。

[201]德意志教会认为把经书翻译成斯拉夫语是异端。基里尔—君士坦丁和美多德被召到罗马，但在罗马得到刚登上教皇宝座的哈德良二世的意外的支持：哈德良二世知道基里尔—君士坦丁和美多德在莫拉维亚和潘诺尼亚传教成绩卓著，就决定以自己的名义把他们重新派回斯拉夫各国，主要目的是使斯拉夫人受自己的影响。基里尔—君士坦丁死于罗马，而美多德得到用斯拉夫语传教做礼拜的权利，回到了莫拉维亚，并很快接受潘诺尼亚王公科采尔的请求，担任主教的教职。然而教皇的庇护只是外部力量而已，德国人打败了莫拉维亚王公斯维亚托波尔克，把美多德投进监狱，直到斯维亚托波尔克战胜德国人后，美多德才被释放。

[202]基督的12位精选的传道弟子被称为使徒，还有70位基督教最早的传教士也得到了使徒的名称，安德罗尼克就是其中的一位。

[203]编年史的整个这段取材于格奥尔格·哈马托罗斯编年史：“皇帝见此情景，大为震怒……向乌果尔人纳贡，让他们出兵攻打西蒙……乌果尔人出兵占领了整个保加利亚领土。西蒙得知后，回师攻打乌果尔人。两军在（多瑙河）两岸摆好阵势，在战斗中保加利亚人惨败，西蒙脱险逃往捷列斯特尔。”（B. M. 伊斯特林《格奥尔格·哈马托罗斯编年史》，卷1，彼得格勒1920年版，第529—530页）。这里指的是拜占庭皇帝立奥企图征服保加利亚。当时，保加利亚不愿再忍受一小撮拜占庭商人独家控制保加利亚全国的商业经营利益。立奥采取了拜占庭政客的惯用手法：鼓动匈牙利人去打保加利亚人。保加利亚的沙皇西蒙留守在自己的城堡里，艰苦地进行防卫，但当匈牙

利人撤兵时，西蒙在比萨拉比亚击溃了匈牙利军队。乌果尔人的远征发生在893年，而不是902年。编年史家是从何处得来这一错误的日期，不得而知。沙赫马托夫想证明它取材于尼基福的快捷年鉴(《往年纪事》及其史料来源，古代俄罗斯文学部著作集，卷4，列宁格勒1940年版，第68—69页)。

[204]阿尔汉格尔城编年史补充说："10岁"。诺夫哥罗德第一编年史说："为自己从普斯科夫领回一位名叫奥尔加的女子为妻"(此处已说明伊戈尔已独立行动)，还说："奥尔加聪明伶俐，后来她生一子——斯维亚托斯拉夫。"16世纪的尼康编年史及其他编年史把伊戈尔招募军队，集结战船也放在此年条。特维尔编年史说办此事的不仅是伊戈尔，还有奥尔加。后来，围绕伊戈尔和奥尔加的婚事编造出许多传说故事，但这些故事都很少有什么历史依据(这些传说故事可见于Ф.基里亚罗夫的著作《罗斯初始汇编中的传说》，莫斯科1878年版，第153—158页)。然而，印刷厂编年史这样说奥尔加："有些人说奥尔加是奥列格的女儿。"

[205]诺夫哥罗德第一编年史说奥列格远征希腊的日期是6430年(922年)。诺夫哥罗德第一编年史开始部分收入比《往年纪事》更古老的所谓初始汇编的内容。初始汇编的年代安排和《往年纪事》上的年代在许多地方大有出入。初始汇编上的年代只是根据罗斯人编纂的年代记。在那编纂的年代记中认为伊戈尔那次失败的远征是在920年，是在报道罗曼登基行加冕礼之后。而奥列格的远征在初始汇编中被描绘成是为伊戈尔惨败的复仇行动，因而把它说成是在922年(921年是招募准备)。在《往年纪事》中奥列格和伊戈尔远征的日期根据希腊和罗斯的条约日期得以纠正。初始汇编的编者手头没有这些条约，《往年纪事》的编者才得到这些条约。《往年纪事》的编者不仅按其改正了远征的日期，还注意到下列情况：奥列格在911年的条约中不是被称为伊戈尔的将军，而是颇为独断行事的罗斯大公。不过，A. A.沙赫马托夫认为907年的条约是不存在的(埃维尔斯、托宾、谢尔格耶维奇都有类似的看法，可参阅)。按照A. A.沙赫马托夫的意见，907年条约的条款是《往年纪事》的编者人为地从911年条约中抽出来的(参阅A. A.沙赫马托夫的文章《对奥列格和伊戈尔与希腊签订条约的几点看法》，新语文学协会论丛，1914年，第8期)。问题在于《往年纪事》的编者注意到911年条约开头的那句话"如同另一文本"(此句意思在以后的注释中还要作解释)。《往年纪事》

的编者由此得出结论：在911年条约前还有一个条约，他设想此条约订于907年，认为这是在奥列格得胜后马上签订的事前准备的第一个条约。编年史家（《往年纪事》的编者）从911年条约的条文中抽出一部分成为这907年的条文。那么编年史家为什么要把奥列格的远征和他凭想象而形成的第一个条约定在907年呢？对此问题A. A. 沙赫马托夫是这样推论的。编年史家把奥列格和伊戈尔执政的年代定为史诗中的数目33（可能根据民间传说），试比较奥列格被蛇咬死的故事末的一句："他一共统治了33年。"在年代表中伊戈尔执政是852年："从伊戈尔元年到斯维亚托斯拉夫元年为33年。"先于《往年纪事》的初始汇编上说伊戈尔逝世的日期是945年（诺夫哥罗德第一编年史也说是这一年）。因此编年史家确定奥列格死于912年（945－33＝912年）。《往年纪事》的编者对奥列格远征的年代也取自民间传说。关于奥列格之死在民间传说中是这么说的：他早在远征希腊前就已失去自己心爱的马。"他来到基辅，住了4年，第五年他想起了巫师曾预言他会因之而死的那匹马。"编年史家因此作出结论：奥列格是在他死前的5年出征，即907年。但是，A. A. 沙赫马托夫的这种推论有一个障碍：民间传说很可能不会使用这个数字——5年，5这个数字不是罗斯史诗爱用的数字，它惯常用的数是3、7、33等。不过，也可以倒过来解释：如果编年史家从别的史料中得知奥列格远征是在907年，而去世是在912年，那他会很容易得出5这个数目。

[206]"толковины"一词的准确意思不详。该词只在《伊戈尔远征记》中出现了一次……看来该词和"толковать"有关系，即解释、翻译的意思，由于古代当翻译的一般都是边区的居民，可以想象和罗斯南方的希腊居民有紧密联系的提维尔人就常充译员。如果我们考虑此处谈的是奥列格为进军希腊招募人员，那文中把提维尔人称为译员也就合乎逻辑了。《伊戈尔远征记》中说的"погание тльковинъ"（蛮族译员）看来指的是那些定居在罗斯土地上的波洛韦次人——多神教徒，他们接受罗斯的文化，并在罗斯和波洛韦次的谈判中常常充当翻译。B. M. 伊斯特林也认为"тльковин"指的是翻译（《格奥尔格·哈马托罗斯编年史》，卷2，彼得格勒1922年版，第246页）。

[207]舒特——金角湾，它把君士坦丁堡及其郊区加拉塔分开。这个头等的港湾在危难时刻就用铁链"封锁"起来，铁链连在海湾入口处两边的岗楼上。土耳其人贾瓦特·埃萨德这样描写这条锁链的位置："封锁住金角湾的

大铁链的一头固定在和这些大门(指涅奥里门或叶弗格尼门)相邻的塔楼上,另一头固定在对岸加拉塔的另一座塔楼上,这座塔楼坐落在现称为库尔顺卢·马赫津的城堡附近。”(贾瓦特·埃萨德,《君士坦丁堡》,萨巴什尼科夫家族出版社,莫斯科,1919 年,第 98 页。)严厉的加拉利德史诗中说,他在 1042 年如何从君士坦丁堡突围出来,当时他的两艘战船中的一艘由于封锁舒特湾的铁链而沉没。一位诺夫哥罗德的目击者撰写的十字军骑士夺取帝都记,它被诺夫哥罗德第一编年史收在 1204 年条,里面写道:十字军骑士(佛郎机人)“来到舒特湾,击碎铁器的封锁,逼近城市,烧毁四处房宅”。后期的编年史完全准确地理解《往年纪事》此处的说法。里沃夫编年史(16 世纪)解释说“铁器指的是铁链,它从拉赫尔教堂(即弗拉赫尔尼季萨的圣母教堂)设置的障碍”。特维尔编年史说:“即从加拉塔到拉赫尔教堂连起来设置的铁链。”这里说的“弗拉赫尔尼季萨教堂”不确切。

[208]有些资产阶级的文学研究家力图把编年史的这段叙述看成“旅行的”文学题材。然而装上轮子的小船和大船是真实的历史事实。如安娜·科姆宁穆写道,她的父亲阿列克塞皇帝在希腊人和十字军骑士围困尼西亚时命令把轻便的船只放在车上,把船只运到城郊的湖畔(《阿列克塞传记》,卷 11,第 2 章,英译本 E. A. S. Dawes,1928 年,第 272 页)。公元 1 世纪罗马作家弗隆廷写的拉克杰蒙统帅利赞德尔和自己的舰队被困在雅典湾,他让自己的战士把船都安上轮子从陆地绕了过去的故事未必是文学的虚构。在罗斯的北方河运中,把船安上轮是一种很平常的现象,船只装上大小轮子“拖拽”主要是在罗斯的北方,在河流的分水岭地域,特别是在罗斯中部山地,那里至今还保留有和这种“拖”船(волочение)有关的许多地名,如上沃洛乔克(вышний волочок)、扎沃洛奇耶(заволочье)。基辅的编年史家讲述奥列格船队在陆地行走当成一件什么奇事。这也可理解:基辅一带没有“拖船”的事。但是对于“诺夫哥罗德人”的奥列格及其诺夫哥罗德亲兵队对此则习以为常。奥列格本人在率领自己军队从诺夫哥罗德去基辅时,在洛瓦特河和第聂伯河上游之间就必须拖船而过。此外在顺风的情况下那些“拖船”的人扬帆,使装轮的船行驶得更快,也不足为奇。当希腊人“封锁”了舒特湾,即他们挡住船只去帝都的水路,奥列格自然要“拖船”去帝都。因此,诺夫哥罗

德第一编年史(该史纳入初始汇编的叙述)在讲了希腊人“封锁了舒特湾”后说:“(奥列格)命令把战船拉上岸。”奥列格把自己的战船抬高,拖过拦着的铁链,然后再放进金角湾的水中,放到帝都前最薄弱的防御地带。1453年土耳其人从北面进入君士坦丁堡采用的也是这种办法,把自己的战船从博斯普鲁斯海峡经佩拉把自己的船只拖进金角湾。(这点可参阅 A. Ф. 别利亚耶夫的文章,载《Byzantina》,卷3,俄罗斯考古协会古典部通报,卷4,圣彼得堡,1907年,第82页)

[209]这里说的德米特里指的是圣德米特里·索伦斯基(公元4世纪)。为什么在此处奥列格被比成德米特里·索伦斯基,不详。在德米特里传记中并未提到他曾猜出给他下了毒的事。

[210]格里夫纳在罗斯既是挂在脖子上的装饰品,又是货币单位。在《罗斯法典》的处罚的等级表中,格里夫纳起着主导的作用。它的现实价值是很高的:在古罗斯,马是很珍贵的,一匹马值2—3格里夫纳;按《罗斯法典》的规定,杀害自由人赔偿40格里夫纳;杀害“王公战士”(亲兵)赔偿80格里夫纳。奥列格索取的希腊贡物数目当然是民间传说惯有的史诗般的夸张。假设每一格里夫纳为三分之一镑,那总数为960000格里夫纳(根据 Д. И. 普罗佐罗斯基的材料:《18世纪末以前罗斯的货币及重量》,圣彼得堡1865年)合计为8000普特白银。如果注意到白银在10世纪的价值,这数目按19世纪后半叶的牌价计算,应值6720000卢布(Б. А. 罗马诺夫《货币和货币流通》,《古罗斯文化史》,卷1,莫—列1948年版,第377页)。但是 Б. А. 罗马诺夫(在同书中)指出:“在古罗斯境内既不产金,也不产银,但由于往三个方向(东、南、西)的对外贸易和战争无疑积蓄了相当一批贵金属。自然,不能全都用来造币,其中很多被手工加工为装饰品、生活摆设和日用品。此外,像现在我们见到的,不少贵金属还用来造币——造了不少的格里夫纳(成锭)。”Б. А. 罗马诺夫接着说,斯摩棱斯克的“预算”收入是一笔可观的数目——3000多格里夫纳(按1150年的文献)。Б. А. 罗马诺夫指出,1015年智者雅罗斯拉夫率领军队从诺夫哥罗德去攻打基辅,军队开支——每市民为10格里夫纳,诺夫哥罗德每个平民为一个格里夫纳。尽管编年史上的数目有各种相对性,但如果注意到每个瓦兰人也像诺夫哥罗德人一样得10个格里夫纳,参加远征的市民只有1000人,那么我们就会得出这次巨大的政治行动的经费为

22000 格里夫纳。Б. А. 罗马诺夫分析这个及其他类似的事实，得出结论："从数字中说奥列格的传说每个'桨架'为 12 格里夫纳就接近于难以理解的程度，传说中这种神奇性只有把它认为是船只的数字才可以理解"。（同上，第 378 页）

[211]如同 A. A. 沙赫马托夫推测的，奥列格 907 年的条约是编年史家根据它后来的 911(912)年的条约人为地编造出来的。同意 A. A. 沙赫马托夫这种观点的有 A. E. 普列斯尼亚科夫、C. П. 奥勃诺尔斯基院士及其他许多条约的研究家。事实上，907 年的条约及其后来的 911(912)年的条约相互补充，构成一个整体；907 年条约和 911(912)年条约之间没有发生过任何需要重新签订和约的引发事件(编年史上的 908 年、909 年、910 年、911 年都是"空着的")。编年史家的人为地编造出一场和平谈判和 907 年条约文本只能在下列情况下发生。时间比《往年纪事》更早的初始汇编(可参阅反映该汇编的诺夫哥罗德第一编年史)，在谈到奥列格胜利凯旋前这么说道："奥列格命令缴纳 100、200 艘战船份额的贡物，每人 12 个格里夫纳，而每只船是 40 人；他本人也拿了金子和锦缎，并且确定罗斯王公的贡物至今还在缴纳。"这段话的前部分保留在《往年纪事》里。《往年纪事》的编者然后描述了条约签订的一幅典型的情景："希腊人对此表示同意，开始言和，为了保全希腊的国土，奥列格从首都稍加后撤，与希腊皇帝立奥和亚历山大开始和平谈判。"接着，编年史家列举奥列格使者的名字，这些名字都来自 911 年条约，但名单中的名字减少了，只提开头的四位和最后的一位使者。编年史家把希腊人一次应向罗斯人缴纳的贡物数额作为 907 年条约的第一条。这一次交付的贡物前面已读到："奥列格命令交付战争赔款，2000 艘战船的份额，每个桨架 12 个格里夫纳"(试比较前面的："奥列格下令缴纳 2000 艘战船份额的贡物：每人 12 格里夫纳，而每艘战船是 40 人")。把"每人 12 格里夫纳，而每艘战船是 40 人"这段削减为简短的"每个桨架"，是因为编年史家知道，前往帝都的战船一般是每只船 40 根桨，为了节省用词，就用"桨架"以代之。以后关于纳贡的叙述也采用这种推论的方法(可参阅后面奥列格 911 年条约原文，在那里列举了有权在帝都得到一个月给养的城市、商人和使节)。接下来的两个条款是从 911 年条约中借用过来的。它们规定希腊人对罗斯人应尽的义务。其中第一条说的是应付给罗斯使节的费用以及付给罗斯商人的月粮，还有希腊人保证供给各种回国的罗斯

人的食品。第二条说的是为来到帝都的罗斯人规定某些限制性条件，为到来的罗斯人供应月粮和罗斯商人在帝都可免税贸易。911(912)年条约中没有这两个条款，正因为它们已转到907年条约中去了。944(945)年的伊戈尔条约基本保留了911(912)年条约的条款，另外还补充了907年条约的条款。由此可知，907年和911(912)年的条约是一个整体，它和944(945)年的条约类同。В. И. 谢尔格耶维奇早就指出907年条约的条款在911年条约中也应有(《10世纪希腊和罗斯的法律》，国民教育部杂志，1882年1月；《讲座和研究》，第4版，第632页及以后几页)。В. И. 谢尔格耶维奇注意到944年条约的目的是重申"名存实亡的和约"。这一"名存实亡的和约"只能是911年条约。944年条约两次直接引用911年这个条约："按已有的条款"和"按已有的条款"。但是911年的条约没有为这些引证辩护的条款。与此同时，符合这两条引证的两个条款都收录在907年条中。由此可知，这两条是从911年条约中抽出转到907年的。А. А. 沙赫马托夫还指出了911(912)年条约中被抽到907年条约的那些条款所在的地方。事实上，研究工作者早就注意到条约中有个别条款冠以标题(如"罗斯和俘虏")。然而在911(912)年条中有一个难以理解的没有本身条款的标题："罗斯的贸易"(伊帕季编年史和拉济维尔编年史也有"从罗斯的贸易收入……")。这个标题明显有所损坏。可能这一条的名称是："关于罗斯人领取月粮和经贸活动。"(试比较944年条约中相应条款的内容)这样，它将和907年条约第一条相适应，该条留在条约中正好没有任何标题。这就是А. А. 沙赫马托夫描绘的编年史家重写的907年条约的情景(《关于对奥列格和伊戈尔与希腊人条约的几点看法》，新语文学协会论文集，1914年，第8期)。С. П. 奥勃诺尔斯基的研究论文《罗斯和希腊人签订的条约的语言》(论文选《语言与思维》，卷6—7，1936年)肯定了А. А. 沙赫马托夫的结论：907年条约和911(912)年条约在语言上相互没有区别，而944(945)年条约的语言则不同于907年和911(912)年条约的语言。

[212]桨架的意思是"船身上的开口处或系桨桩，船桨从那里伸出摇划"(达利词典的解释)。

[213]在条约原文本身，也是在该年条，只提到前三个城市："当时来领取自己月粮的(有从下列城市来到帝都的罗斯人)——首先是基辅，然后是切尔

尼戈夫、佩列亚斯拉夫利及其他城市。"944 年条约也重复地说了这一句，只提了三个城市。Б. Д. 格列科夫对此这么写道："完全可能，是编年史家自己在这些城市之后又加上了波洛茨克、罗斯托夫和柳别奇三个城市。也很可能作了这一增补的不是《往年纪事》的作者，而是他的继承者——编纂者。重要的不是谁干的而是对此有何根据。在此增补中最值得引起怀疑的是波洛茨克，如果根据拉弗连季编年史的材料，波洛茨克只是在 980 年弗拉季米尔一世时才归并到基辅王公的管辖。文中把基辅放在首位不是偶然的。皇族出身的君士坦丁在其著作(《帝国行政论》《De administrando imperio》)一书中也把基辅说成是某种经济和政治的中心。9 世纪末或 10 世纪初的阿拉伯作家贾伊哈尼以及西欧的史料都把隶属于基辅的全部地域称为罗斯。"(Б. Д. 格列科夫《基辅罗斯》，莫—列 1949 年版，第 291—292 页)

[214]Б. Д. 格列科夫院士写道：所有条约原文都再提到，这些人都是隶属于臣服于奥列格的王公。在 911 年条约中在列举了奥列格派往拜占庭办条约手续的使节后说："他们是罗斯大公奥列格及其属下的所有英明的大公及其大贵族派来的。"条约往后也以这种表达方法几次谈及……944(945)年条约也谈到这样一些隶属于基辅王公伊戈尔的王公：被派往希腊的使节和客商"来自罗斯大公伊戈尔，来自罗斯大地的各王公、各村社。"条约往后关于使节的几行表达略有不同："我们的伊戈尔大公，他的王公和大臣们，全罗斯人民派我们来见罗曼和君士坦丁，来见斯捷凡和希腊伟大的皇帝，和皇帝本人、和所有大臣、和所有希腊人永建爱心，像太阳永远普照大地，像全世界一样永存。"Б. Д. 格列科夫院士和 С. М. 索洛维约夫争鸣，索洛维约夫认为这些王公是基辅王公的"亲属"，而格列科夫则写道："这些王公被冠以一些华丽的拜占庭头衔，如果把他们认为是一些地方的王公，未必不是更正确的。基辅的王公们一贯压制他们，使其臣属自己，然后加以杀害。当写编年史时，他们中很多人的名字已被遗忘。而另一些人的名字，编年史家认为不必提出来，因为编年史家相当明确的任务是更生动地描述留里克王朝王公们的历史，所有其他王公族系无疑都是敌对的，因为我们知道留里克家族是如何无情地镇压那些反抗他们的地方王公的。"(Б. Д. 格列科夫《基辅罗斯》，莫—列 1949 年版，第 293—294 页)

[215]月粮——一个月的给养。

[216]945 年条约也有这么一个相应的条款。有的条款它没有，就引证以前条约的条款(911 年)："返回罗斯的人可以从这里领取所需的东西、途中的食物，按以前的规定领取他们需要的物品。"

[217]907 年条约整个这一条几乎逐字逐句都和 944 年条约相类似的第二条相适应。

[218]此处及其他条约(944 年、971 年)的结束部分引人注意，罗斯不是按日耳曼方式，而是按斯拉夫方式，以斯拉夫神灵的名义发誓。这一情况表明即使使者中有斯堪的纳维亚人，他们也已大大斯拉夫化了，显然，他们已把自己认为是斯拉夫人的代表。在弗拉季米尔・斯维亚托斯拉维奇于 980 年在基辅"王宫外"山岗上设立的神像中，佩伦神像位居第一。同年，多勃雷尼亚在诺夫哥罗德也建立了一尊佩伦神像。看来，佩伦神是属于国家的庇护神，他不是狭隘的地方神灵，而是全罗斯性质的神灵。沃洛斯是"畜牧神"，但他不在弗拉季米尔推广的崇拜神之列，然而看起来他也不属于某局部地区的神灵，而是全罗斯的神灵：在基辅(波多尔)和诺夫哥罗德都建有沃洛斯神像。《伊戈尔远征记》也提到"维列斯"(即沃洛斯)。在该书中还提及维列斯的孙子——鲍扬，由此可否认为维列斯—沃洛斯不仅是"畜牧神"，而且还是诗歌的庇护神？

[219]伊帕季编年史的文本多少有些不同："把自己的盾牌挂在各城门上，以表示自己的胜利。"看来，在古罗斯把胜利者的盾牌挂在自己占领的城市的主要城门上是胜利的象征，并举行一定的宗教仪式。最有意思的是盾牌作为胜利象征的概念还反映在古俄语中，古俄语有一个固定词组："взять на щит"(取之为盾)——意思是"夺取"、"一举拿下"，这一词组常常只和城市连用。

[220]关于罗斯人和斯拉夫人风帆故事全都带有民间口头传说的色彩，看来，这里说的斯拉夫人指的是诺夫哥罗德的斯洛文人。那么"罗斯人"准确地说是指谁呢，还难以断定(是指基辅人，或是王公的亲兵队，或是指罗斯人整体)。不管怎样，这段叙述明显地反映出诺夫哥罗德人的不满情绪，他们强调自己在奥列格的军队中处于不重要的地位，过着简陋而艰苦的行军生活。顺便指出，诺夫哥罗德都未被列入奥列格向敌方提出"贡物"分发的城市名单。——在《往年纪事》中不止一次地特别描述在行军和战斗情况下生活的艰辛(例如，可比较 964 年条斯维亚托斯拉夫的情况叙述和 971 年条他蔑视

财富和那些五光十色的锦缎等)。

[221]В. Л. 科马罗维奇注意到奥列格的绰号为"先知"的特殊色彩。"在古罗斯听取忏悔的神父后期的实践中,'先知'一词几乎和'术士'或'巫师'一样得到广泛的使用;这是一些同义词,只具有细微的、现在难以区分的意义差别。接受忏悔的神父问:'你有没有一种能预见某种未来的能力或魔力?'(А. И. 阿尔马佐夫:《秘密的忏悔》,卷3,奥德萨1894年版,第166页)。而忏悔的《主导法典》,即教会纪律处罚的法规汇编,说到对先知的处罚:'先知者忏悔承认,为时9年,膜拜500次',在该《主导法典》规定的那9年,每天膜拜500次的宗教惩罚,也要处罚'施以巫术的巫婆',即被揭发念咒语的巫婆。那位'先知者'显然是这种巫婆的称呼。如同术士(在那些文献中)的阴性形式(волховь 或 волхва)和在古代更常用的阳性形式(волхв)意义'先知者'的阴性形式(вещица)在15—17世纪的文献中当然和阳性的古形式(вещий)也是一个意思。一些无知的人给奥列格起的绰号说这位王公—巫师具有一种超自然的力量和知识。"除 В. Л. 科马罗维奇所讲的以外,还可举普斯科夫第二编年史的下列记述作补充:"普斯科夫人烧死了12个女先知"(1411年)。В. Л. 科马罗维奇的这种论证得到了 Б. А. 雷巴科夫指出的考古材料的证实:"主持出殡仪式的人在填埋黑墓(在切尔尼戈夫附近)时,并不关心把所有武器从坑里取出来(指在举行殡葬仪式时,把坑里的陪葬品拿到土坑上展览);在篝火遗迹中他们留下很多武器。但是,他们更注意的是充分地表现死者和祭祀的关系。在这里我们发现了两个野牛角(斯拉夫神灵的必然的特征),两把祭祀时所供的刀,最后还有一尊青铜偶像。死者的同时代人告诉我们,黑墓中躺着的死者不仅是法典赋予的将军,还是个祭司,他们在那个世界用得上刀,可以切割祭品,还用得上神圣的角形大酒杯,可以用它来向本族人宣布幸福的生活。这种集兵权和祭权于一身的只有王公才能办到。在许多斯拉夫语言中,王公和祭司二词的发音几乎相同(捷克语:王公——kněz,祭司——kněž;波兰语:王公——ksiaže,祭司——ksiadz)。我们知道斯拉夫人的王公们常常执行最高祭司的职能。"(Б. А. 雷巴科夫《切尔尼戈夫的古代》,苏联考古发掘材料和研究,第11期,莫—列1949年版,第34页)由此不难了解,为什么编年史家在谈到奥列格被称为"先知"时,又让读者注意到当时的人们还是多神教徒。

[222]这条消息可能是根据哈马托罗斯编年史续编文本:“在(亚历山大皇帝)在位时,西方出现一颗巨星,形似长矛,称为灾星。”(B. M. 伊斯特林《格奥尔格·哈马托罗斯编年史》,卷 1,彼得格勒 1920 年版,第 541 页)但是,我们的编年史家把这条消息显然放在立奥执政的末期,因为在编年史的 6420(912)年条立奥还活着。根据天文学材料,这是哈雷彗星,它在公元 912 年 7 月 19 日,经过近日点。显然,《往年纪事》上说它发生在 911 年是错误的。这颗相当明亮的彗星下一次出现在 989 年,但《往年纪事》上没有记载。《往年纪事》只是在后来才作记载:1066 年(近日点为 3 月 27 日),1145 年(近日点为 4 月 29 日)等(Д. О. 斯维亚茨基《以科学批判的观点看罗斯编年史中的天文现象》,科学院俄罗斯语言文学学部通报,1915 年,卷 20,第 2 部,第 201 页及以下几页)。

[223]奥列格和希腊人签订的下面这个条约是在“创世纪的 6420 年 9 月 2 日”。因此把它转换成“基督诞生”的纪年法它应是 911 年。有时说是“912 年条约”,这是不对的。因为在编年史出版物中,当把“创世年”转换成“基督诞生年”时,都是机械地减去 5508 的数,却没有考虑由于纪年法的不同而年初有差异(创世年开始于 3 月 1 日或 9 月 1 日,而基督诞生年开始于 1 月 1 日)。

[224]条约开头提到了两位皇帝的名字:立奥(六世)(死于 911 年 5 月 11 日)和亚历山大(911—913 年——年幼的皇族出身的君士坦丁(七世)的监护人;在立奥(六世)皇帝在世时就已宣称为皇帝)。随后,再隔几行又看到三位皇帝的名字:立奥(六世)、亚历山大(二世)和君士坦丁(皇族出身的,912—959 年在位)。显然,一开头未提君士坦丁的名字是因为皇帝的名字要和下文的意思相吻合:“在那几位皇帝在位的时期已签订的另一协商认同。”“另一协商”这几个字(其意义见前)被理解成存在某种最初的商谈;这种最初的协商或条约被人为地确定在 907 年。而 907 年条约在编纂时应该没有君士坦丁,因为他被自己的父亲、哲学家立奥六世立为皇帝时还是个幼儿(生于 905 年),在 911 年 6 月 9 日即位。这就说明为什么在 911 年条约之首未提君士坦丁的名字。A. A. 沙赫马托夫推测,是把 911 年条约收进编年史的那位编年史家把君士坦丁的名字去掉的。据 A. A. 沙赫马托夫推测,正是这位编年史家加上了“那几位”这几个词的(《关于奥列格、伊戈尔和希腊人签订条约的

几点看法》,新语文学协会论丛,1914 年,第 8 期)。皇族出身的君士坦丁(七世)事实上独立执政的时间很短(944—959 年),他不愿管理朝政,更热衷于文学创作。在他的倡议下,组织了大量的文学创作活动(如《史学和政务学百科全书》)。四大著作也出自他的手笔:他的祖父马其顿王朝瓦西里一世活动史;著作《帝国行政论》是他对自己儿子罗曼的教导(书中君士坦丁谈到了外国的地理状况,和邻国的交往方法;在本书中还谈到了罗斯);第三部著作是《帝国军事和行政划分》;第四部是《拜占庭皇宫的礼仪》,在这本书中谈到拜占庭皇帝接待罗斯女王公奥尔加的盛况。

[225]944 年伊戈尔签订的条约也是这么开头的。H. A. 拉弗罗夫斯基在自己的研究论文中《罗斯和希腊条约的语言中拜占庭的因素》(圣彼得堡 1853 年)中解释道:“равно”——这是希腊的技术术语 τò ïσον 的不成功的翻译,希腊词的意思是复制、副本,总之表示一份(如可比较阿列克塞·科穆宁等人的赠书题词对 τò ïσον 一词的用法)。问题在于希腊人和各国人签订的所有条约都是一式两份。一份(主要文本)是以拜占庭皇帝的名义写的,另一份是以签约对方国君的名义写的(试比较 944 年条约:“一份文本……那上面有十字架是以我们的名义写的,另一份文本是以你们的使者和商人的名义写的”)。第二个文本翻译成签约的对方人民的语言,这一翻译文本由该人民的统治者保存。显然,编年史家手头得到的罗斯和希腊人签订的条约正是这第二份复制本。正如 C. П. 奥勃诺尔斯基院士所证明的编年史家得到的是这些条约谈判本身的同时代人所翻译的条约文本。《语言和思维》论文集:“论罗斯和希腊人签订条约的语言。”(卷 6—7,1936 年,第 102 页)这些译文如我们所见到的并不完全准确。——A. A. 沙赫马托夫问:“但是,‘另一协商’是什么意思呢?”(《对于奥列格和伊戈尔与希腊人签订的条约的几点看法》,新语文学协会论丛,1914 年第 8 期)。——H. A. 拉弗罗夫斯基把它理解为“另一个条约文件”:如此说来,所有的看法都认为是另一个条约文件的副本;因此希腊文应是 τσ ïσον 或 ïσου του ἑτέρου συμβολαιου;试比较 И. И. 斯列兹涅夫斯基也是这样解释(《斯拉夫——罗斯的古文字学》,第 97 页)。但是,不明白 ë τερου συμβóλαιου 是什么,什么是“另一个协商”。我认为,И. И. 斯列兹涅夫斯基的论点是比较正确的,他在《古俄语词典的素材》一文中把三份条约开头的“другый”一词,理解为“友好的”,ἑταῖρος ἑταιρεῖος,φίλος。这样,我们的条约

就称为友好条约，ἑταῖρου（ἑταιρεῖου，ἑταιριχόυ）бυμβσλαιου。斯拉夫的译员把εταίρον（ἑταιρείου，ἑταιριχοῦ）读成ἑτέρου（ἑταίρου的庄重读法），并把它译成“另一个”。这一翻译就使编年史家错误理解条约的起头。他把它理解为：“根据另一个（前头的）条约。”据A. A. 沙赫马托夫猜测，编年史家因而深信在911年条约前还有一个条约。他推测地加以编写，并把它放在907年条。至于“бывшаго при”（还在）几个词，那就按H. A. 拉弗罗夫斯基推敲出较为正确的译法：“находящейся（在）”у（πρός）的（γιυομένου，而不是γευομένυου）。

奥列格911年条约和伊戈尔944年条约条文比较表（M. B. 弗拉季米尔斯基—布达诺夫编制）

条次		各条内容
911年条约	944年条约	
1—2	1	使者统计和序
3	12	诉讼程序
4	13	杀害行为
5	14	殴斗和伤害
6	6	盗窃
7	5	抢劫
8	9	船舶失事的救援
9和11	7	俘虏的赎回
10	—	罗斯人在希腊任军职
12	3—4	逃亡奴隶的窃取和窝藏
13	—	继承
14	—	罪犯的交出
—	2	罗斯使者出使帝都及他们在帝都的贸易权
—	15	军事援助
—	8	科尔松国
—	10—11	第聂伯河河口和黑保加尔
15	16	结语和誓言

[226]这句话表明10世纪罗斯有很多王公。试比较944年伊戈尔条约：“承蒙罗斯大公伊戈尔和所有王公们的派遣。”在和希腊人的条约中“大公”一词的意义有些不太清楚，后期的莫斯科编年史（尼康编年史等）从后往前追溯（“倒填日期”）把这一称号扩大到从留里克开始的所有基辅王公的头上。但是在最古老的编年史抄本中，这一称号只是从12世纪后半期才开始使用（在

东北地区,第一位“大公”是弗谢沃洛德·尤里叶维奇,在基辅是留里克·罗斯提斯拉维奇)。看来,条约中的“大”字同样具有那一般尊号的意义,即“英明的”,不会有更多的意思。

[227]在希腊人和罗斯人的条约中,不应把“基督徒”一词理解为一般概念的基督徒(罗斯人中也是有基督徒的。例如,944 年条约结尾:“不管是王公派的,还是罗斯人派的,无论是基督徒或非基督徒。”等),而是指拜占庭帝国的臣民。

[228]这里指的是诉讼,不仅要有案件的物证,而且还要有人证。正如接下去的句子表明,如果法官感到证据不足,他就要求发誓——补充的或赎罪的誓言(B. И. 谢尔格叶维奇《在 10 世纪和希腊人的条约中希腊和罗斯的权利》,国民教育部杂志 1882 年第 1 期,第 112 页)。

[229]这里规定的就是在犯罪现场惩治罪犯的权利。试比较简编罗斯法典第 21 条:“如果谁在盗窃的储藏室,或马厩,或牲畜栏,或牛舍杀死总管家,那就把他作为狗就地处死。”在斯摩棱斯克王公姆斯提斯拉夫·达维多维奇和里加、荷兰和德国城市的 1229 年条约中也是一样:“某罗斯人或拉丁人抓住盗贼,他可以按其意愿任意处理。”

[230]A. M. 麦奇克(根据马库舍夫前面的观点)主张对此处应这样来理解:“向凶犯提出要求的,可获得”,意思是:“而谁对凶犯提出控诉”,那他可以获得和受害人亲属相同的一份财产(A. M. 麦奇克《奥列格、伊戈尔条约和雅罗斯拉夫法典中的罪行和惩罚制度》,法学通报 1875 年第 1、第 2、第 3 期;可比较他的另一篇论文《罗斯—拜占庭条约》,国民教育部杂志,1915 年第 11 期;1916 年第 3、第 11 期;1917 年第 5 期)。可是我们提出的对此条的理解和译文得到了《详编罗斯法典》第 94 条的旁证,该条限定了属于妻子的那部分财产的权利:“如果死者的第一位妻子有孩子,那孩子可以继承自己母亲的财产或父亲给母亲的东西;除他们外,任何人都不能参加财产的分配。”(引自译文)

[231]在条约的这一条款中特别引人注意的是提到了罗斯的法律。可以看到,罗斯人在条约中不是作为蛮族人民,而是作为拥有和拜占庭高度发展的法律制度同等的法律的人民。这使人相信条约的其他条款也有和罗斯法律相似的现象不是偶然的。此处引用的 10 世纪末流传至今的“罗斯法律”,可以把这一条款和简编罗斯法典的第三条相对比来证明,第三条说道:“如果

谁用棍棒、竿子、手掌、酒具、角笛或大木槌打人,那应赔偿12格里夫纳;如果没有追上他,那向受害人支付赔偿费后,此案结束。”C. B. 尤什科夫关于“罗斯法律”写道:在我们看来,条约的起草者相当费心地试图把希腊(拜占庭)的法律(这是典型的发达的封建社会的法律)来适合罗斯的法律(《закону русскому》),即适合于野蛮的、前封建国家的法律制度。可是这种罗斯法律(《закон русский》)又是什么呢?它是不是“斯拉夫的”法律,即某种抽象的……或东斯拉夫法律呢?……“斯拉夫的”或更准确地说是“全斯拉夫的”法律的概念是难以成立的,因为10世纪的斯拉夫人处于社会经济发展的不同阶段,因而他们的法律体系也必然存在很大的差异。然而,就是东斯拉夫在其社会经济的发展上也是不平衡的。只要提一下像维亚提奇人这样的部落就足够了,他们在12世纪还没有超过氏族部落关系的阶段。因此,不可能有某种统一的东斯拉夫的部落法律制度。“罗斯法律”指的是由于东斯拉夫原始公社制度的解体而出现的罗斯中部一带那个社会集团所形成的法律制度。这个社会集团建立了阶级社会的发源地。诚然,罗斯各中心并没有很大的差别。因此就可能产生统一的罗斯法律制度,它能够和希腊的法律制度相比拟。(C. B. 尤什科夫《基辅国家的社会政治制度和法律》,莫斯科1949年版,第85页)

[232]这条规定是杀死当场抓住的窃贼可以不受惩处。简编罗斯法典第38条能更清楚地说明这一点:“如果把盗贼打死在自己的院落,储藏室或畜棚内,那他可以被打死;如果黎明前抓住盗贼,那应把他押解到王公庭院,如若被打死,而人们曾发现盗贼是被捆绑着的,那应为他支付命金。”试比较简编罗斯法典第21条,该条允许当场处死盗贼,但对这条的解释限制过窄,只限对总管家做贼有效。

[233]企图(抢劫)——原文是“искусъ творити”。И. И. 斯列兹涅夫斯基对比了“искус”的意义和希腊词 πεῖρα, πείραμα, πείρασις(诱惑,考验,谋害,抢劫),强盗因此又称为“пираты”。看来“искус творити”意思是“抢劫”,“强抢”和“掠夺”。

[234]因此这里的恫吓取财和抢劫区别于一般的盗窃,虽然赔偿还是和普通的盗窃一样:高于盗窃物的3倍偿还(见前条)。奥列格条约的这“3倍”和详编罗斯法典第46条中的“2倍”相似。“如若是霍洛普盗窃,不管他是王

公的……都为此损害要向原告人支付 2 倍的赔偿。"因此，赔偿给失主高于被窃物的 3 倍或 2 倍的价值不是为丢失而给失主的奖赏，而是"为此屈辱"对"偷盗者"或"强盗"的惩罚("罚款")。原文的"дружне"(朋友的)应译成"别人的"。伊帕季编年史的"дружинне"使研究人员有理由在该情况下看成是抢劫，受"дружиною"抢劫——即受匪帮的抢劫。

[235]A. A. 沙赫马托夫提出的对本条的第二部分做如下的修改："那我们把船驶向希腊国土(原文为罗斯国土)……我们卖掉(原文为他们卖掉)……我们罗斯人把船还给(原文为搬给)他们，当大家来到(原文为我们来到)希腊……"A. A. 沙赫马托夫把讲船在海上遭暴风雨袭击的这条整个第二部分变为保障希腊利益的部分。但是第二部分在这种情况下变成了对第一部分简单的重复。实际上这部分像第一部分保卫希腊人的权利一样，保卫罗斯人的权利(我们可以注意该条第二部分开头有一个语气词"ти"，它的意义是："同样"、"与此相同的是")。

[236]如 M. 尚金指出的，立奥六世(886—911)皇帝关于惩处船舶遇难时抢劫船上财产的法律可以作为这条的注释(立奥六世皇帝"新增订法律"第 64 期规定对罪犯的惩处是盗窃物的 4 倍价值偿还)。(M. 尚金《对 945 年伊戈尔和希腊的条约的两条注释》,《马克思主义史学家》1941 年第 5 期第 111 页)

[237]切良金(челядинъ)——家仆。家仆和奴隶(холоп 霍洛普)是否有区别，现在还不清楚。学者们对此意见不一。Б. Д. 格列科夫院士对"челядь"(切良金)的概念做过专门的研究(《基辅罗斯》,莫—列 1949 年版，第 152—165 页)，对它做了广义的理解："是奴隶，又不是奴隶。"格列科夫在研究了该词在文献中使用的情况后得出结论："челядъ"这个词的意义是变化的，它反映了从远古时期以来社会关系的历史。

[238]本条款规定罗斯人有受雇为拜占庭军队服役的权利。这里说的绝不像本条款有些注释者所极力主张的那样，只指被俘的罗斯人。斯摩棱斯克公姆斯提斯拉夫·达维多维奇 1229 年与里加、荷兰和德国城市签订的条约中有一条关于双方来人的条款："拉丁人不参加罗斯公国军队的招募，如本人愿意，可以参加；同样，罗斯人不参加拉丁(无论在里加，还是在戈奇科姆海岸)军队的招募，如本人愿意，也可参加。"(K. 纳皮叶尔斯基收集的罗斯—利

沃尼亚议定书,圣彼得堡1868年版,附录一)

[239]在944年条约的相应条文中,在此段后还有一段合乎逻辑的续文:“如果找不到,那我们罗斯的基督徒可凭自己的信仰,非基督徒可按自己的习俗发誓,他们就可像以前规定的那样,从我们这里抽取其价值,一位切良金是2匹贵重的织物。”911年条约未必会没有规定,“潜逃的切良金”找不到的可能性,特别是944年条约,如我们所知,是直接引自以前的911年条约的,可见,911年条约在此处有明显的遗漏。

[240]原文是 местникъ—指诉讼程序中的一方(此词和词根“мѣстъ”有关),绝不像有些学者坚持认为是“местный житель”(当地居民)。

[241]详编《罗斯法典》第92条所规定的也是这种情况:“如果某人临终前,把自己的家产分给孩子,那是有效的;如若临终前未留下遗嘱,那家产分给所有的孩子,而留一部分给他自己的亡灵。”从详编《罗斯法典》的这条可以看出,条约中的“ближиками”(最亲近的)一词首先应理解为“детей”(孩子)。911年条约此处证明了罗斯人在10世纪初就已有书面的遗嘱,这也是很有价值的。留传至今的这种书面遗嘱已属晚期:13世纪诺夫哥罗德人克利缅特的“手写本”(参阅 И. И. 斯列兹涅夫斯基《鲜为人知的古籍资料简讯》Ⅱ,圣彼得堡1857年,第38—42页)和弗拉季米尔·瓦西利科维奇·沃雷斯基公的遗嘱(伊帕季编年史1287年条)。

[242]第一个“没有”是按意思加进去的,从而揭示出条文的意思。A. A. 沙赫马托夫主张进行较大的修改,似乎希腊原文应是:“如恶人返回罗斯,我们可以向罗斯王公……回希腊。”按照 A. A. 沙赫马托夫的意见,“回罗斯”有一处取代了原文“回希腊”,在另一处又错误地保留下来。按 A. A. 沙赫马托夫的想法,这条款捍卫的是希腊人的权利,而不是罗斯人的权利(《关于奥列格、伊戈尔与希腊人条约的几点意见》新语文学协会论丛,1914年第8期,单行本,第23页)。然而,本条接下去那句和 A. A. 沙赫马托夫所有这么大的更改产生尖锐的矛盾:“罗斯人也可同样对待希腊人,如果发生同类事件。”此句的意思在于说罗斯人有义务为希腊人做那在条款第一部分显然希腊人有义务为罗斯人做的事。

[243]看来,这里指的是抄录者伊凡,也可能指翻译。Ф. И. 克鲁格院士认为虽没有足够的根据,但对此处应做这样理解:“用朱砂书写”,指的是拜占

庭皇帝用红墨水书写的习俗。

[244]研究罗斯—希腊条约的学者，根据拜占庭人麦南德尔经手的628年拜占庭和波斯签订的条约的过程，这样来描述拜占庭签订和平条约的程序。一般先起草两份条约文本：希腊文本和签订对方人民语言的文本。最初先准备一份希腊文书，然后再翻译成与拜占庭签约国的人民语言。在翻译中条约格式也有所改变：希腊文本以皇帝的名义写成，而译文即以签约国人民及其臣属首脑的名义写就。相应地也就改变了代词和动词的形式（“我们”、“我们的”都变成了“你们”、“你们的”等）。

[245]在两部编年史的文本中此处各异：在拉夫连季编年史中写的是“по закону и по закону языка нашего”（按法律和我们语言的规律）。伊帕季编年史写的是较为易懂的“покон”（习俗），这里采用的是后者。

[246]原文此处为“你们”，正确的应该是“我们”。在准备第二份文本时，把代词和动词的人称形式都要加以替换，因而产生了此等错误。

[247]从拜占庭和东方国家输入的绸缎，色泽华丽，花纹精美。达尼尔·扎托奇尼克的《祈祷》一书中说：“绸面鲜红，花样繁多。”绸缎在罗斯特受器重：凡谈到与拜占庭贸易的，到处都提及贵重的织物。有时，它还用作价值的尺度，在伊戈尔的条约中说道：“一个切良金值2匹绸缎。”“фофудьи”（贵重的织品）稍后在罗斯被称为“Аксамит”。“Аксамит”（更确切地为“гексамит”）希腊文的意思是“六种丝织品”。“绝大多数的丝绸都有‘动物的’花纹（风格独特的兀鹰、狮子、鹫等，一般都放在圆框内），颜色——红色的和紫色的”（A. B.阿尔希佐夫斯基《古罗斯文化史》中的《衣服》一章，卷1，莫—列1948年版，第254—255页）。

[248]《往年纪事》的编者是从何处得到所有这些情节的呢？先于它的初始汇编没有这些情节，连条约本身也没有（参阅诺夫哥罗德第一编年史，它反映了初始汇编的内容）。看来，《往年纪事》的编者在把条约文本吸收进编年史中的同时，极力想把签约的情景具体化，在有些地方模仿了988年条关于弗拉季米尔的使者到达君士坦丁堡的描述。

[249]与希腊的条约签订于6420年9月2日。罗斯使节留在帝都一段时间参观访问。随后要求奥列格的使者在某个时间返回基辅。在此一切活动结束之后：“奥列格在基辅执政，同各国和平相处。秋天又来了。”从这里可

清楚地知道“秋天又来了”指的是公元 912 年，不是 911 年的秋天，即“创世”后的 6420 年。

[250]在诺夫哥罗德第一编年史中，奥列格之死的叙述不是在 912 年条，而是在 922 年条，讲的内容也不一样：“奥列格去诺夫哥罗德，从那里到拉多加，朋友说他去海外被蛇咬了腿部而身亡；在拉多加有他的陵墓。”编年史家写的这两种说法都是根据民间传说（“朋友说”）写成，两种说法也都有当时的具体文物作根据。（按《往年纪事》记载：“把他安葬在称为谢科维查的山上，迄今他的陵墓犹在，以奥列格墓而闻名”；按诺夫哥罗德第一编年史：“在拉多加有他的陵墓”。）B. B. 马夫罗金对此写道：不仅如此，在基辅本城就有两座奥列格墓：一座在谢科维査山，另一座在日多夫城门附近。这种不一致的情况可能出于“墓”字，“墓”意味着“纪念碑”，是为纪念死者追悼时堆积起来的山丘（“墓”是“山”，“山丘”和“土堆”的意思）。（B. B. 马夫罗金《古罗斯国家的形成》，列宁格勒 1945 年版，第 235 页）。

[251]在奥列格之死的民间传说中，星相家倒是对的。编年史家在转述这民间传说时，极力想诋毁这种多神教传说的作用，与之相对地宣传基督教对星相家的观点。这种抨击星相家的现象在《往年纪事》中不止一次地出现（试比较 1071 年条关于白湖的星相家和诺夫哥罗德的星相家等）。

[252]此文一直到编年史的本条末（到“不要用奇迹来引诱”止），几乎一字不差地引用格奥尔格・哈马托罗斯编年史罗斯译本（B. M. 伊斯特林《格奥尔格・哈马托罗斯编年史》，卷 1，彼得格勒，1920 年版，第 304—306 页）。罗斯文本这段引录有的地方不够清楚。多缅季安指的是罗马皇帝多密喜安（公元 81—96 年在位）。

[253]阿波罗尼奥斯（提亚纳的）——公元 1 世纪希腊毕达哥拉斯学派的哲学家，以“巫术”著称。

[254]奥伦特——奥伦特河畔的一座城市，此河在叙利亚注入地中海（现在河名改为纳斯尔—埃尔—阿西河）。

[255]根据圣经的传说，巴兰有上帝所赐的预言才能，但他当时还是一位多神教徒。圣经中说：有一天他的母驴感到天使降临，而巴兰自己却没有觉察，他失掉预言的才能是因为他把自己这种才能用来搞买卖。上帝让母驴“开口”，母驴就说起人话来，它的“预言”使巴兰丢脸。按圣经的传说，国王扫

罗和犹太的大祭司该亚法也是这种预言家，只不过他们能预言的时间不长。

[256]按圣经传说，巴比伦国王尼布甲尼撒是犹太人的敌人，他两次做了有预言性的梦。

[257]西蒙是公元1世纪的魔法师，承认异端教派，是主张买卖宗教职位的诺斯替派的奠基人。说他有创造奇迹的才能。米南德尔是西蒙的一位追随者。

[258]君士坦丁（七世）执政于912—959年。

[259]这里指的是883年条的报道："奥列格发兵攻打德列夫利安人，征服他们后，向他们每人征收一张黑貂皮。"苏兹达尔的佩列亚斯拉夫利编年史家把此报道放在912年；诺夫哥罗德第一编年史放在922年，并把它和斯维涅利德的故事放在一起（参阅以后的945年条）；里沃夫编年史把它放在913年。

[260]编年史家这一报道取材于哈马托罗斯编年史续编："保加利亚王公西蒙于8月率大军攻打希腊，兵临君士坦丁堡城下，从弗拉赫尔宫到金角湾包围了城市……要求和平宣誓后返回：西蒙以和解态度接见了来使，派自己的大将狄奥多尔去和平谈判……而西蒙和自己的两个儿子在没有公布和约的情况下就返回自己的国家"（B. M. 伊斯特林《哈马托罗斯编年史》卷1，彼得格勒1920年版，第544—545页）。

[261]佩彻涅格人在黑海附近草原出现的时间要早得多。在8世纪和9世纪佩彻涅格人和可萨人之间进行过一场不屈不挠的斗争。编年史家在这里提到的只是他知道的佩彻涅格人第一次进犯罗斯土地。

[262]这段报道（一直到"亚得里亚堡城"）取材于哈马托罗斯编年史续编，然而编年史家对内容作了任意的处理……哈马托罗斯编年史在此处并没有讲希腊将领的争论和不和，希腊人和保加利亚人的战争以及希腊人在这场战争中的惨败，不过在稍后的地方才讲到这场战争，再往后又讲到希腊将军的争吵和佩彻涅格人的退兵。按哈马托罗斯编年史的罗斯文本，希腊的惨败不是发生在915年，而是917年，尽管哈马托罗斯编年史的希腊文本说的是"米兰敕令纪年"3年，相应为915(6423)年。

[263]亚得里亚堡坐落在君士坦丁堡西北240公里处。有些拜占庭作家认为，亚得里亚堡曾称为奥瑞斯提亚或奥瑞斯提亚斯，它是以著名的围困特

洛伊城的英雄阿伽门农之子——奥瑞斯忒斯的名字命名的。

[264]此报道取材于哈马托罗斯编年史续编……君士坦丁皇帝在6428(919)年9月任命与其妹结婚的罗曼努斯(一世)为皇帝,同年,12月17日举行隆重加冕礼,与君士坦丁共同执政。诺夫哥罗德第一编年史(它反映了先于《往年纪事》的初始汇编的内容)在6428(920)年条提及伊戈尔对帝都发动了第一次失败的远征。初始汇编中这段叙述来自编纂的年代记,留传至今的该年代记已掺进了旧约故事(参阅下列抄本:国立历史博物馆收藏的西诺达尔汇集第210和211号;列宁格勒公共图书馆收藏的波戈金汇集第1435号等)。编年史家从编纂的年代记中得来的故事说的是罗斯的惨败,而编年史家从民间传说中得来的是罗斯在帝都城下的胜利,因此早于《往年纪事》的编年史家说的是罗斯第二次胜利的远征,它被描述为对第一次失败的报仇雪恨。编年史家把它收在6430(922)年条,而说6429(921)年是募集军队,在6428(920)年末有一附笔:"另一次失败,第三次出征。"实际上,哈马托罗斯编年史续编明确证明,在编纂的年代记中写的罗斯人的进犯不是在6428年,而是在6449年。《往年纪事》的编者把哈马托罗斯编年史续编作为史料,以其为根据纠正了自己的年代表(详阅《考证》第99等页)。

[265]这里整段(一直到末句"返回家园")都取材于哈马托罗斯编年史续编:"9月2日(и день 2),保加利亚王公西蒙率全国大军攻打君士坦丁堡,征服了色雷斯和马其顿,烧杀抢掠。到处一处荒凉。对方派大牧首尼科尔和几位大臣到弗拉赫尔来见他乞和,西蒙带了大批随从来……谈判并缔结和约,相互吻别而散……西蒙也就返回家园。"(B. M. 伊斯特林《哈马托罗斯编年史》,卷1,彼得堡1920年版,第557—559页)编年史家所使用的抄本上清楚写的不是"2日"(и день 2),而写的是"米兰敕令纪年"2年,这段报道也因此被放在6437(929)年。实际上这事件发生在6432(924)年。

[266]此报道取材于哈马托罗斯编年史续编:"4月乌果尔人首次发兵攻打希腊,他们征服了整个色雷斯地区,兵临君士坦丁堡城下。因此派来了总主教提奥法内斯求和,他们做事既使人惊奇,又颇有分寸,但为所欲为。"(B. M. 伊斯特林《哈马托罗斯编年史》,卷1,彼得堡1920年版,第566页)留传下来的哈马托罗斯编年史的罗斯文本未标明"米兰敕令纪年",而希腊文本提到的是"米兰敕令纪年"7年。编年史家根据此日期而把这事件列在6442

(934)年。

[267]关于伊戈尔远征的整段故事(一直到"因此我们没能打倒他们"),编年史家根据三种史料写成的:民间传说、瓦西里新传和哈马托罗斯编年史续编。这段故事根据民间传说加进去伊戈尔的名字:这是在希腊史料中所没有的。瓦西里新传希腊文本在其他部分和我们的叙述很相近,它叙述了罗斯人的失败。现引该传的古罗斯译文一段(B. M. 伊斯特林院士对瓦西里新传翻译工作的看法与占统治地位的旧史学观点相反,旧观点认为瓦西里新传是在保加利亚翻译的,而伊斯特林得出结论认为是在罗斯翻译的,不晚于11世纪中叶,参阅他写的关于瓦西里新传的文章:科学院俄罗斯语言文学部通报,1917年,第22卷,第320—325页),稀疏排版的部分(加重点的部分——译者)是和《往年纪事》相近的地方:"从此传来了外族入侵的消息。几天来,保加利亚人也传来消息,过些天科尔松总督也通报了敌军逼近的消息。然后,敌军来到斯捷格拉,皇帝的军队迎战,按上帝的旨意,被赶到里查河一带,敌军逐渐扩大战果,征服了庞特海沿岸直到伊拉克利亚和帕弗拉戈尼亚的土地,还占领了整个尼科米底亚地区。他们作恶多端,烧毁了斯捷格拉沿海许多建筑,像圣徒所预言的那样,他们焚烧教堂和大臣官邸,在海湾两岸抢劫走大量的财宝。后来从东方开来了军队:潘菲尔率领的四万皇家卫队;贵族福卡率领的马其顿人;总督狄奥多尔率领的色雷斯人;同他们一起的还有显赫的贵族。如同斯波加里斯所预言的那样,他们一起把罗斯人团团围住,绝不能让罗斯人突围逃遁。罗斯人惊恐万状,商议逃跑,但惧怕和包围他们的人进行海上夜战。惊魂未定的罗斯人武装迎击。他们之间开始了一场恶战,希腊人战胜了罗斯人,乘胜追击逃窜者直到罗斯人撤回到自己的军队驻地。入夜,罗斯人乘船逃离。驻扎在斯捷格拉湾的皇家军队得知罗斯人逃遁,全军出击,直到追不上为止,然而追上的则用管筒往船上喷火,焚烧之,海上出现了一派可怕的战斗奇观。罗斯人看见一片熊熊烈焰,惊愕万分,纷纷跳入海中,争先逃命。无论跳海或落入火中,均被击毙:有的坠入火海;有的自己跳入海中,想得以活命;另一些人则被希腊人用长矛刺死。有的被旋涡吞没,有的被活捉。就这样战斗结束了。遍体鳞伤的许多罗斯人受到主的嘲弄而倒下去了,没能跑回家园。他们当中的许多人死于途中。而那些得以逃回的罗斯人,各自向自己人讲述战斗经过和那船上的熊熊烈火。希腊人好像取来了

天上的闪电,——他们说。——他们用它轰击我们,烧死我们;因此我们没能打倒他们。"瓦西里新传中的叙述在罗斯的编年史中加以淡化。如传记中说:"他们之间开始了一场恶战,希腊人战胜了罗斯人,乘胜追击逃窜者。"而罗斯编年史上说:"经过一场恶战,希腊人勉强占了上风。"传记中说:"海上出现了一派可怕的战斗奇观,罗斯人看见一片熊熊烈焰,惊愕万分。"编年史上则说:"海上出现了一派可怕的战斗奇观,罗斯人看见一片熊熊烈焰。"我们所引的传记罗斯译本增加了回到家园的罗斯人讲述自己惨败的话。同样,在流传至今的该传记的原本中也没提到保加利亚人预先报信说罗斯人有行动。很可能,这是罗斯的翻译加上去的。这里,我再引用哈马托罗斯编年史中被罗斯编年史家作为史料使用的那一段:"米兰敕令纪年的14年6月18日罗斯人率船一万艘驶抵君士坦丁堡城,据说是由瓦兰人组成的舰队。""据传他们烧毁了被称为舒特湾地区的许多建筑。被抓的人,有的被砍死在地上;有的让排上队当靶子射击;有的抓来反绑双手,用铁钉钉进头顶。他们还烧毁了很多神圣的教堂。"(B. M. 伊斯特林《哈马托罗斯编年史》卷1,彼得堡1920年版,第567页。)特别引人注意的是哈马托罗斯编年史中的一个难解的希腊字Δρομῦται译成罗斯语为"скедия"(船,战船);在希腊文为 τσ Στενον 的译文"узмен",附有注释"глаголемый Суд"(被称为舒特湾的)。罗斯的编年史家根据哈马托罗斯编年史说的米兰敕令纪年14年而说伊戈尔远征是在6449年(941年)。在诺夫哥罗德第一编年史中有比《往年纪事》更古老的编年史文本(被称为初始汇编),它和《往年纪事》不一样,说伊戈尔这次远征是在920年。在《旧约故事》简易本中我们看到的也是这个日子。这一错误产生的原因在于无论是《旧约故事》简易本,还是诺夫哥罗德第一编年史所用的史料都是未流传至今罗斯根据别人著作编纂成的年代记,在那里这个日期被算错了。《往年纪事》的编者直接使用了哈马托罗斯编年史续编的罗斯译本,并根据它改正了伊戈尔远征的日期。

[268]根据瓦西里新传,关于罗斯人进犯消息的报信人不仅有保加利亚人,还有科尔松总督。

[269]原文是一万只 скѣдий,该词源于希腊文 σχεσια,它是急速赶制的船只,即筏子和小船。

[270]不同的史料对罗斯进攻君士坦丁堡的时间,也各不相同。叶林编

年史上说:“米兰敕令纪年19年7月10日罗斯舰队抵达。”《旧约故事》上说:“6月10日罗斯舰队抵达。”15世纪30年代出现的诺夫哥罗德—索菲亚编年史上说:“6月10日抵达。”格奥尔格·哈马托罗斯编年史上说:“米兰敕令纪年14年6月18日,罗斯舰队抵达。”

[271]原文为доместики,他们是保卫拜占庭皇帝的警卫队。

[272]贵族原文为патриций,拜占庭帝国终身的头衔,是封赐给高官大臣们的。

[273]原文为дружина,这个词在古代的意义是家人、家仆;后来变为公社、联合组织、志同道合者。该词的这些意义可见于一些斯拉夫语言中,特别是保存在罗斯法典中。它又表示为王公和贵族——大地主的仆从,主要是军事仆从。此处指的是王公的常规军——亲兵队,它和临时需要而招募的“军队”完全不同。亲兵队的构成也不一样,所以在它前面常加上不同的形容语:大的、精锐的、优良的、前线的、老牌的、新组建的。此外,在我们的史料中还有一些专门用来形容它的或其部队的词:卫兵、侍从、初级卫士、少年队员、儿童队员、贵族、仆役、军士、皇家军士、大臣等。所有这些名称都说明它内部已分化成各阶层和使命不同的部队(Б. Д. 格列科夫院士在其专著《基辅罗斯》一书中对亲兵队进行过专门研究。参阅该书第333—340页)。

[274]“希腊火”是一种混合的燃烧剂。拜占庭作家没有指出它制造的成分。有人推测,它是由生石灰、硫磺、炭、松香、石油、硝石等组成。这种混合剂通过装在拜占庭战船的船头和侧弦上的铜管喷射出去,用以焚烧敌船。

[275]此材料来自哈马托罗斯编年史续编:“米兰敕令纪年15年5月27日保加利亚国王西蒙举兵攻打霍尔瓦提人,交战后被打败,全军覆没。西蒙因心脏病发作而死亡,兴师动众,徒劳无功。他立自己儿子彼得为王公。”(B. M. 伊斯特林《哈马托罗斯编年史》,卷1,彼得堡1920年版,第560页)把此事放在编年史6450(942)年条,其依据是“印季克特”15年,实际上西蒙死于6435(927)年,此年正好也是“印季克特”15年,不过是另一个15年。

[276]此报道编年史家取自哈马托罗斯编年史:“米兰敕令纪年1年4月乌果尔人再次大举进犯,大贵族狄奥凡出面调解,为求和平同他们盟誓,交出部队中的精英作为人质”(B. M. 伊斯特林《哈马托罗斯编年史》,卷1,彼得堡1920年版,第568页)。此条报道放在6451(943)年条,其依据是哈马托罗斯

编年史续编上说米兰敕令纪年1年。此处与其他地方一样哈马托罗斯编年史的罗斯文译者都译成“乌果尔人”这个词,希腊原文是 τοῦρχοι(突厥人)。在拜占庭的许多作家(伪毛里求斯人、列夫·格拉马季卡、皇族出身的君士坦丁、狄奥凡的继承者、西蒙·洛戈费特、斯基利齐·克德林、佐那拉等)的作品中,常遇到这种把马扎尔人(乌果尔人)和突厥人混淆不清的现象。据说拜占庭人把马扎尔人和突厥人混为一谈,是由于他们是从卡瓦尔人的先头部队认识了马扎尔人的,而卡瓦尔人是从可萨人那里分离出来,可萨人确实曾经是突厥人。

[277]A. A. 沙赫马托夫认为,关于伊戈尔第二次胜利远征的描述是编年史家臆造的,为的是解释出现在翌年的,即6459(945)年的伊戈尔条约。此时,A. A. 沙赫马托夫引证了描述这次远征的一些说法,很像瓦西里新传中描述6449(941)年伊戈尔远征中被引用的一些地方:“这时,科尔松人得知消息并派人给罗曼努斯送信说:罗斯人来犯”,接着“保加利亚人也传信说:罗斯军队开来”。A. A. 沙赫马托夫问道:“по глубине морьстей”(跳入深海中)这一表达法是否也是从该传记中得来的呢?试比较传记中说:“他们自己纷纷跳入水中(а сами ся ввергоша в глубину морскую)”(A. A. 沙赫马托夫《往年纪事及其史料》,古罗斯文学部著作集,卷4,列宁格勒1940年版,第72页)。但是伊戈尔的6453(945)年条约证明,伊戈尔这次远征签订了此条约,因而不能说它是不成功的:条约对俄方有利。由此可见,6452(944)年伊戈尔远征的事是有一些根据的。在有些表达上和瓦西里新传上的一样,这并不能说明问题。

[278]羊皮纸,希腊文为 τά χαρτια。这是一种特制的皮张,用来做书写材料。

[279]伊戈尔的条约(和911年奥列格的条约相反)没有注明确切的日期,但是B. H. 塔季舍夫指出日期:“6453年,米兰敕令纪年4年4月20日,复活节后的第3个星期。”这个日期不确切,因为945年4月20日不是复活节后的第3个礼拜。条约中提及的各皇帝的名字对确定条约签订的日子大有帮助。皇族出身的君士坦丁(913—959年)很少过问帝国的政事,他给他的岳父罗曼努斯(911—944年)加冕(注:这个年代不对,911年君士坦丁尚未登基,如何为其岳父加冕?实际上加冕为919年,参见注264。——校订者),共同执政。精力充沛的罗曼努斯任命自己所有的儿了:赫里斯托福尔(921

年），斯杰凡和君士坦丁（924年），甚至还有自己的孙子罗曼（赫里斯托福尔的儿子）共同执政。12月16日斯杰凡和君士坦丁推翻了父亲，把父亲流放到普罗提岛的寺院（他于948年死在那里）。然而1月27日斯杰凡和君士坦丁也被流放到他们父亲曾被流放的寺院。既然，与罗斯的条约是罗曼努斯，斯杰凡和君士坦丁一起签订的，那它的日期应是6453年9月初，即公元944年1月末。

[280]“氏族”此处的意思不是指罗斯使节所出身的氏族，而是指他们是哪个国家的使节：他们是罗斯国家的代表。

[281]先提的是伊戈尔的大使，然后是“普通使臣”；先是大公的家族（斯维亚托斯拉夫，大公夫人奥尔加等），然后是其他王公的使臣和商人。在使臣的名字中有斯堪的纳维亚的，有斯拉夫的（乌列勃、辛科），有爱沙尼亚的（楚德的：伊斯库谢维、卡尼查尔、阿布别克萨尔）（祖季斯《罗斯——爱沙尼亚关系》，《马克思主义历史学家》杂志，1940年第3期）。但是，值得注意的是，在各王公的名字中占多数的是斯拉夫王公：斯维亚托斯拉夫、普列德斯拉夫、沃洛季斯拉夫。斯堪的纳维亚使臣的名字用的是流行的俄语拼音：斯卢迪（slodi）、希赫别伦（sigbjörn）、卡雷（kari）、罗阿尔德（Hroaldr）、阿尔丹（Halfdanr）。俄语的 ъ 一般用 ei 来表达：富罗斯坦（Freysteinn）等。关于罗斯贵族以自己名义派出特使这一点，Б. Д. 格列科夫院士写道：“944（945）年的条约中，王公和贵族各派代表一事不是偶然的，而是一种制度。这从君士坦丁七世所描述的女王公奥尔加出访帝都和她在拜占庭皇宫受款待的情景中可以看出。奥尔加不是单身来到君士坦丁堡的，而是带着侄儿和王室成员（8人）、斯维亚托斯拉夫公的代表、罗斯贵族的代表（20人或22人）、商人（43人或44人）。在罗斯统治贵族的代表中又有他们自己的随从”。（Б. Д. 格列科夫《基辅罗斯》，莫斯科—列宁格勒1949年版，第295页）

[282]很可能此处应是：“希赫别伦——斯凡德尔，乌列勃的夫人”，即“希赫别伦是乌列勃的夫人斯凡德尔所派的使臣。”

[283]拉济维尔编年史上写的是“Синько Биричь”（辛科·比里奇），而不是“Синко Боричь”（辛科·鲍里奇）；很可能，拉济维尔编年史写的准确（“биричь”——贡赋征收员）。

[284]类似的提法我们还见于911年条约：“受他统治的罗斯全体人

民。”有些学者(В. И. 谢尔格叶维奇等)认为条约中写的这些话是10世纪市民会议(维彻会议)的一种证明。但是,Б. Д. 格列科夫说得对,他指出这些话在944(945)年条约中还指希腊一方:“和所有希腊人民”。“我们面前这地方讲的是两个政府的代表团,他们代表自己的所有人民说话,此外没有别的意思。”(Б. Д. 格列科夫《基辅罗斯》,莫斯科—列宁格勒1949年版,第304页)

[285]在这份誓言中,明显地反映出古罗斯的多神教信仰,从编年史的各种传说中可以看到对武器的崇拜。死于“自己武器”之下的观念反映在一些古罗斯的传说中。在基辅佩切拉圣僧传中谈到僧人瓦西里,姆斯提斯拉夫·斯维亚托波尔科维奇王公用箭射中他,瓦西里从身上拔出箭,对王公预言说王公将死在自己的箭下。可参阅后面伊戈尔条约后的发誓仪式。

[286]这里指的是以前的911年奥列格条约。条约中相应的条款指出罗斯在帝都所应遵守的规定,那些条款被移放到907年条。

[287]伊戈尔条约在“我们”、“我们的”和“你们”、“你们的”这种语法结构上含混不清。如众所周知,在准备用与拜占庭签约的那国语言的副本时,在条约人称上的就要变动,从对方角度就不是“你们”、“你们的”,而是“我们”、“我们的”。但是这种变动又往往不彻底——如同此处及以后的条文。

[288]试比较简编《罗斯法典》关于逃亡奴仆的类似条款:“如果奴仆逃跑,藏在瓦兰人或卡尔帕克人家,而在3天之内他们没把他交出来,在第3天他被认出,那主人可以抓回自己的奴仆,并为受辱而索取3格里夫纳。”这种类似的情况说明,在条约中反映罗斯法典因素的地方不少。

[289]指的是911年奥列格条约,其中相应的条款被挪到907年条:“他们回家,回罗斯,可以从我们皇帝那里领取途中的食物、锚、绳索、风帆及他们所需的东西。”

[290]“取走”这里明显指的是强抢、夺取。在奥列格的条约中抢劫要被处以3倍的罚款。这里说的只是抢劫未遂,因此这种情况从轻处分——加倍罚款。《罗斯法典》也有对未遂的惩罚规定(参阅罗斯法典第9条:“如果某人抽出了剑,但没有使用,那该人得支付1个格里夫纳。”)В. И. 谢尔格叶维奇没有注意到此条的抢劫概念和未遂(《10世纪和希腊人签订的条约

中希腊法和罗斯法》,国民教育部杂志 1882 年第 1 期,第 107—108 页)。然而,如果这条说的是普通的行抢,那它和下一条谈抢劫的条文有何差别,就不明白了。

[291]伊戈尔条约中的本条和以前奥列格条约的相应条款所不同之处,再说一次,就在于罚款的数量:这里是罚 2 倍,而以前是罚 3 倍。罚 2 倍正是罗斯法律所通行的:后来正是这种罚 2 倍的办法写进了立陶宛—罗斯法典中。那法典规定所盗之物(或其价值)归还给原主,而该物价值的钱款上缴给王公。

[292]对此学者的观点不一致;有的人认为,这里说的是对上述的罚款的补充惩罚,另一些人则认为说的就是那罚款。对此问题还不清楚。

[293]在以前的奥列格条约中,俘虏的价格是 20 个佐洛特尼克。在本条约,俘虏的价格按其年龄不同而降到 10 个或 10 个以下。罗斯人按此条款处于不利的境地,因为他们赎取自己的俘虏就不分年龄大小,一律都按 10 个佐洛特尼克支付。

[294]本条款的后半部意思不清楚,我们面前的译文不能认为是准确无误的。A. A. 沙赫马托夫认为,“而那国家不向你们屈服”一句,在希腊原文中应是“而那国家不向我们屈服”。他提出对本条款的后半部分应作如下的理解:“如果科尔松国家不向希腊人称臣,希腊人就允许罗斯人的王公去打科尔松国家,并答应派兵援助罗斯王公”(《对奥列格和伊戈尔与希腊人签订的条约的几点质疑》,新语文学协会札记,1914 年第 8 期,单行本专栏第 21 页)。然而,对本条后部的这种理解在语法上很难讲得通,从历史观点看尤为不妥(当科尔松人造反时,如果罗斯人又想出兵攻打科尔松,希腊人未必会把自己只看成一个袖手旁观者,或只充当罗斯人的帮手)。

[295]这里说明第聂伯河的河口渔场对科尔松(以及对整个拜占庭)都具有重要意义。皇帝立奥六世时期(886—911 年)的拜占庭法律对渔业发展十分关注。参阅 M. 尚金《对 945 年伊戈尔和希腊人签订条约的两个条款的注释》,《马克思主义史学家》杂志 1941 年第 5 期,第 111 页。

[296]看来,别洛别列日耶(白岸)指的是第聂伯河河口湾的整个地区或河湾的某处;圣叶尔费里岛即现今的别列查尼岛。

[297]最后几句话的意思完全不清楚。A. A. 沙赫马托夫认为,希腊原文

不是“……给他的国家”，而是“……给我们的国家”。但是这么一改，这些话在意思上就成为多余的了，要知道条约的整个条文都是简洁精练的。我觉得这些话的意思在于指出，科尔松被黑保加尔人毁灭不仅会给希腊人，也会使罗斯国家蒙受损失（罗斯人和科尔松有着密切的贸易和文化联系）。“велим”（命令）——“волим”这里是“请求”、“希望”的意思。在此被称为黑保加尔人的是哪些人呢？不清楚。黑保加尔人被认为是居住在多瑙河一带的保加尔人，伏尔加沿岸的保加尔人，也有的人认为似乎是居住在亚速海附近、科尔松以北的保加尔人。（维斯特别尔格《哥特的托帕尔赫的见闻录》，《拜占庭年鉴》，1908 年，第 243—250 页；维斯特别尔格《对关于东欧的东方史料的分析》，国民教育部杂志，1908 年，2 月刊，第 386—388 页）

[298]M. 弗拉季米尔斯基—布达诺夫对本条款作如下的注解：“本条款并不说明希腊人有新的特权；此条款只反映古代一切法律的共同规则：被告人应受其所属国家法庭的论罪判刑。奥列格条约没提此事，但无疑也指的是那种情况”。（《罗斯法律史文选》，第 1 卷，第 5 版，圣彼得堡—基辅，1899 年，第 17 页）

[299]显然，这里指的不是意外杀人，而是蓄意杀人，因为罗斯法典也清楚区分蓄意杀人和非蓄意杀人，而意外杀人更是只字未提，显然不认为它是犯罪。按奥列格条约规定，罪犯可以在犯罪现场被杀掉，但这桩杀人案件不排除事后的审判。而这里按伊戈尔条约，死者的家属抓住凶手，在审判后按判决处死他（“可以捕捉……而杀之”）。——本条款说的不可能是允许死者亲属不仅在出事地点，还可事后把凶手抓住时而将他杀死。因为本条款涉及的既能是罗斯人，也能是希腊人，而希腊人是必须交给其国家的法庭审判的，因此未必能允许他们在审判前去处死凶犯（Д. 麦伊奇克是这么想的：《奥列格和伊戈尔条约与雅罗斯拉夫法典中的罪罚制度》，法学通报，1875 年 1 月号、2—3 月号）。至于“死者亲属”，那简编罗斯法典第一条能帮助搞清这些“亲属”指的是谁：“如果某人杀死他人，被害人的兄弟可以为他复仇，或子也可以为其父，父也可以为其子复仇……”

[300]前面曾提及，罗斯人宣誓是按照斯拉夫人的习俗，统治阶层的代表以罗斯神灵宣誓（比较下面以雷神佩伦的名义）。补充指出，日耳曼民族在宣誓时是把剑插进地里，而这里的罗斯人用武器宣誓时，把武器解下“规整地放

在一起”，而不是插在地上。（Н. П. 巴夫洛夫・西里凡斯基《封邑罗斯的封建制度》圣彼得堡 1910 年版，第 445 页）

［301］原文为“обручь”И. И. 斯列兹涅夫斯基解释：“обручь 这个字指腕箍，是战士盔甲的一部分”（《古罗斯语词典素材》，第 2 卷，圣彼得堡 1902 年版，第 550 页）。确实，“обручь”，这是戴在手上的一种东西（不能把它看做是套在颈上的东西）。

［302］索贡巡行一般在秋天收成后进行（显然，这说明所征收的贡物一部分是用农产品缴纳）。君士坦丁七世在其著述《帝国行政论》中这样谈及索贡巡行：随着 11 月份的来临，王公们“率领所有罗斯人乘车从基辅出发去巡回征收贡物（πολυδια），即向那些给罗斯人纳贡的斯拉夫人征收；其中有维尔维安人、德列戈维奇人、克里维奇人、谢维里安人及其他斯拉夫人，他们巡行在斯拉夫人土地上，以收取贡物。他们在这些地方要整整过上一冬，到第聂伯河解冻的 4 月份才重返基辅”（《拜占庭作家关于北部黑海沿岸地区的报道》，国家物质文明史研究所通报，第 91 期，列宁格勒 1934 年版，第 10 页）。但是，应该指出，贡物和巡行在史料中是有所差别的。可能，巡行是王公报偿自己亲兵队的一种形式（雇佣的亲兵队被打发到划分给他们的地区征贡）；贡物是大公为自己收取的贡赋。

［303］原文为“отроки”，这是王公的少年卫士：一般是他的贴身仆从，武装随从，公国统治机构的年青管理官员。

［304］卡尔・马克思曾谈到亲兵队在好大喜功、横征暴敛上的主动性（《18 世纪外交史内幕》，1899 年，第 76 页）。卡尔・马克思的这一论点在这种情况下体现得更为明显和更为突出。

［305］列夫・狄阿康详细描述伊戈尔被害的经过：“他被捆绑在两棵树上，被撕裂成两块”（列夫・狄阿康・卡洛斯基，《历史》，Д. 波波夫译自希腊文，圣彼得堡版 1820 年，第 6 卷，第 10 章第 66 页）。在罗斯的编年史中，关于伊戈尔的惨死，从被奥尔加命令扔进土坑的德利夫利安人的口中也得到暗示：“我们死得比伊戈尔还惨！”编年史家把伊戈尔死定于 6453 年。如果注意到索取贡物和巡行是在秋季 9 月 1 日之后，那转换成我们的纪年，伊戈尔之死应是 944 年秋季。这个时间也就是与希腊签订条约的时间（见上文）。那么，编年史家所采取的 6453 年是从何而来的呢？A. A. 沙赫马托夫注意到如

下的情节:编年史家把伊戈尔看成是皇帝罗曼努斯同时代的人(参见上述)。而罗曼努斯按照罗斯编年史家用作史料的那个年代记是死于6453年。因而编年史家最初没有记年代,后来又感到很难确定伊戈尔死于何年,他在这里找到了某种口实(《考证》……第108页)。15世纪波兰编年史家德鲁戈什当时曾用过某些罗斯编年史资料,他说杀伊戈尔的凶手就是起义的德列夫利安人领袖尼斯金王公。A. A. 沙赫马托夫认为这个尼斯金和斯维涅尔德的儿子姆斯提沙是同一个人。A. A. 沙赫马托夫又把姆斯提沙看做是姆斯提斯拉夫这个名字的缩写,从而他和柳蒂·姆斯提斯拉夫或柳特·斯维涅尔季奇也是同一个人。A. A. 沙赫马托夫又把尼斯金——姆斯提沙——姆斯提斯拉夫·柳蒂或柳特·斯维涅尔季奇和马尔等同起来。马尔(马尔克)·柳别恰宁是德列夫利安人王公,他曾向奥尔加求婚,马尔就是马鲁沙的父亲,马鲁沙是奥尔加的管家,弗拉季米尔公的母亲,多勃雷尼亚(米斯季什奇、尼斯基尼奇、尼基季奇)的姐姐,多勃雷尼亚是弗拉季米尔的舅舅。A. A. 沙赫马托夫这个推断在某种程度上是有可靠根据的,但有些细节难以令人信服,它很有价值,但由于情节复杂,难以在短短的注释中加以阐明。因此请读者直接去查阅A. A. 沙赫马托夫的著作《罗斯诗歌中的柳蒂·姆斯提斯拉夫》(为纪念H. Φ. 苏姆楚夫教授而出版的哈尔科夫文史协会论文集,第18卷,第82—91页)和《对古代罗斯编年史的考证》。(圣彼得堡1908年版,第14章:《米斯提沙·斯维涅尔季奇和弗拉季米尔·斯维亚托斯拉维奇的神秘祖先》,第340—378页)

[306]养育者——照看年幼王公的家仆,"家庭教师"。当他的小主公长大成人后,他还保持着某种影响和地位。这种养育者在编年史上提及过数位:雅罗斯拉夫的养育者布迪将军(布鲁特),弗拉季米尔·摩诺马赫之子尤里的养育者格奥尔基·西蒙诺维奇。伊帕季编年史在1151—1171年条中提到的弗拉季米尔·安德烈叶维奇王公的养育者。后来养育者有时又称为"看孩子的家仆"及"抚育者"(参阅尼科拉·扎拉兹斯基的故事中的费多拉·梁赞公在位时的养育者阿波尼查)。

[307]A. A. 沙赫马托夫认为姆斯提沙就是马尔克·柳别恰宁(玛卢莎和多勃雷尼亚的父亲),即杀死伊戈尔的德列夫利安人的王公马尔,可参阅前述。

[308]对老基辅城的整个描述都十分准确而具体生动，但是很多详情只有编年史家同时代人才能理解。我们特别不知道这些官邸的具体位置，官邸的主人又是何许人也。不过，我们还是能够找到这些所有主中某些人的情况。例如，雅罗斯拉维奇法典的标题中就曾提到尼基福尔·基亚宁和丘金·米库拉："制定了全罗斯的法典，参加人有伊兹亚斯拉夫、弗谢沃洛德、斯维亚托斯托夫、科斯尼亚奇科、佩列涅格、来基福尔·基亚宁、丘金·米库拉"。M. H. 季霍米罗夫把这次雅罗斯拉维奇的兄弟会议定为1072年(《罗斯法典研究》，莫斯科—列宁格勒1941年版，第64—65页)。《往年纪事》在1068年条("丘金的兄弟——图科说道")、1072年条("这时，丘金管辖维什哥罗德")和1094年条("和丘金的兄弟——图科")一再提到丘金。由此可见，古代基辅城的这段描述不早于11世纪70年代。显然，编年史家是根据老住户的叙述以及代代相传下来的古老传说来描绘古代基辅城的面貌。

[309]捕鸟场(перевесище)的词干是"перевесы"(在栖息地)在森林中的林间通道、山谷等鸟类栖息之地——张开高高的大网，进行捕鸟。西伯利亚在19世纪还用这种网捕鸟。现今基辅的一个区还叫"捕鸟场"。《罗斯法典》规定，从别人的网里偷鸟和损坏该网都要处以罚金(交给王公3个格里夫纳，交给网的主人1个格里夫纳)。

[310]"терем"——在10—11世纪是一种结构上多面形或锥形的小塔楼，它建在宫殿的某部分上，房顶四面倾斜。切尔尼戈夫救世主教堂通往上敞廊那座塔楼，以及弗拉基米尔圣母升天教堂中这样的塔楼也都称为"терем"。它的尖顶常常是镀金的(参阅《伊戈尔远征记》中基辅的斯维亚托斯拉夫说："在我金顶的塔楼上已无完好的木梁。"奥尔加从自己尖顶塔楼上可以清楚地看到她宫邸中所发生的一切。)

[311]看起来很奇怪，德列夫利安人竟为杀死奥尔加丈夫的凶手向奥尔加提婚，但是迥非寻常的是马尔竟向被自己杀死的大公的妻子提亲，在远古其他观念中类似的情况不乏其例。这种观念起源于所谓母系氏族制度的残余。根据这种残余的观念，王位的宝座并不一定靠出身；谁杀死了国王(氏族头领)，并和死者的遗孀结婚，他就可成为其政权的继承人。可能，马尔就是大公政权的觊觎者，他似乎想通过同奥尔加的婚事就能夺取王公之位：德列

夫利安人比波利安人在社会发展的阶段上要落后得多。从马尔的求婚和奥尔加的拒绝一事可以看出两种世界观的冲突：德列夫利安人还残存着非常古老的观念，而波利安人与其相比，在社会发展上已往前走得很远了。关于罗斯一些部落在社会发展阶段上的差异可参阅 Б. Д. 格列科夫的著作《基辅罗斯》，莫斯科—列宁格勒 1949 年版，第 358 页。

[312]奥尔加说的这些话是在她初次复仇剧中的中心情节。奥尔加好像出了一道谜语：有对某人表示敬意的内在含义报道：杀死谁，谁进行报复（参阅尼科尔·扎拉茨基故事中的一段：被俘的亲兵叶夫帕季·科洛弗拉特对拔都说："大家都是由梁赞公英格瓦里·英戈列维奇派来的，对强大的陛下表示敬意和祝贺，表达自己的忠诚。我们没来得及为鞑靼的强大的军队举杯，愿陛下不要介意"）（《古罗斯战争故事》，莫斯科—列宁格勒 1949 年版，第 13—14 页）。与此同时，在陆地上用船抬着走，也有两重意思：一方面是强大实力的表示、高傲的姿态（可参阅奥尔加在陆地上坐船推到帝都的城墙边）；另一方面，这显然也是死亡的象征，一种送葬的仪式（关于用船送葬的材料请看 A. H. 阿努钦的著作：雪橇、船和马都是"古代"送葬的东西；《莫斯科考古协会著作选》第 14 卷，莫斯科 1890 年版）。因此，奥尔加表面上答应给使者以极大的荣誉，而暗中以隐晦的形式要把他们置于死地，为他们安排丧葬仪式。来使不了解奥尔加这一提议的内在含义报道。奥尔加好像是让求婚者猜谜。这在民间故事中是很平常的事，未来的新郎或求婚的人如果猜不出公主的谜语就得送死。有意思的是在俄罗斯民间婚娶仪式上常对媒人说："别骑马来，也别走路来。"媒人说："我们不在地上过夜，也不在马车上过夜，早晨起床，不用水洗脸，也不用上帝的露水洗脸，既不用织物擦脸，也不用纺品擦脸。"E. Г. 卡加罗夫写道："隐晦含蓄和拐弯抹角的说法，其目的是不让恶鬼和不怀好意的人知道真实情况。媒人走相反的方向……进入新娘家的屋，先说些无关的话。"（E. Г. 卡加罗夫《结婚仪式的内容和起源》苏联科学院彼得大帝人类学与人种志学博物馆著作第 8 卷第 161 页）民间故事中婚娶仪式上为了蒙骗鬼魅，新郎或新娘"不是光着身来，也不是穿着衣服来"，受考验者包在渔网中来；"不是走来，不是骑马来"，受考验者骑公羊或母羊来；"不是从大路上来，也不是从无路的地方来"，受考验者沿路旁的车辙上来或沿沟渠来；"不是白天来，也不是晚上来"，受考验者黄昏或半夜来，月圆时或新

月时来等。这一点在编年史中写道：让媒人不是走路来，不是骑马来，不是坐马车来，而是坐在船上抬过来，这实际上是上述佯装仪式的一种变体——婚礼马车队绕行出发。因此把媒人用船抬着走是一种婚娶仪式，也如同送葬仪式一样。“足智多谋的”奥尔加以婚娶仪式之名来行送葬仪式之实。

[313]“сустуги”一词显然应理解为外套上的金丝扣（它和“стягивать”“系紧”是同根词）。Б. А. 雷巴科夫是这样解释的“сустуги”（金丝扣）或“запоны”（金属扣）这两个词：“这种扣子在墓葬中发现过一副或两副。外套在右肩旁用金属扣针来系结，它的两个下摆不相连……如果在墓葬中发现两个金属扣针，那它们一般都是用一条小金属链穿起来的。在12—13世纪王公的画像上，这种金属扣有时还有星形的”。（《古罗斯文化史》卷1，莫斯科1948年版，第244页）

[314]奥尔加让用船抬德列夫利安人使者，然后把他们连人带船一起扔进坑内，她似乎是在举行一种传统的殡葬仪式；用船埋葬死者，在许多考古发掘中都有发现；伊本—法德兰描写了罗斯人将死者放进船里焚烧的仪式（《伊本—法德兰的伏尔加游记》，И. Ю. 克拉奇科夫斯基院士翻译和注释，莫斯科—列宁格勒1939年版，第81页）。很有特征的是，格列勃·弗拉季米罗维奇就用的是“船”葬（《鲍里斯和格列勃传记》Д. И. 阿勃拉莫维奇主编《古罗斯文学作品》第2期，彼得格勒1916年版，第14页）。关于船葬的材料可参阅Д. Н. 阿努钦的著作《雪橇、船和马是殡葬仪式的用品》。（《古代》，莫斯科考古协会著作选，第14卷，莫斯科1890年版，第152—184页）

[315]在苏兹达尔的佩列亚斯拉夫利编年史中，在奥尔加问德列夫利安人使者前还有一句话：“你们是德列夫利安国的使臣，受你们的王公马尔的委派来到我们这里；受到这种礼遇，你们觉得好吗？”

[316]苏兹达尔的佩列亚斯拉夫利编年史中还加了一句：“我们这里已准备停当，请能抚慰我这颗破碎之心。”

[317]在后期的编年史（索菲亚第一编年史、沃斯克列先编年史、特维尔编年史、尼康编年史等）中，还曾提到这些“优秀官员”的数目——共50人。从我们面前所引用的这些话中可以证明德列夫利安人当时还存在人民大会。

Б. Д. 格列科夫院士写道：如果我们在这里把它看成是“维彻”会议的话，那它具有野蛮高级阶段时期的旧人民会议的性质。很可能构成基辅国家成员中其他较落后的部落也有这种会议（Б. Д. 格列科夫《基辅罗斯》，莫斯科—列宁格勒1949年版，第359页）。看来，编年史在此处说的是首领会议，而不是指实实在在的“维彻”会议，“维彻”会议的兴盛时期是在11世纪后半期至12世纪。Б. Д. 格列科夫补充说：“德列夫利安人的这种人民会议必须与基辅王公和大臣们的会议区别开来。前者还没有摆脱掉野蛮时期最高阶段氏族制度的残余，后者则是巩固王公政权的结果，是政权与走出氏族社会范围的人民群众相互分离的结果。这两种现象同时并存，并不奇怪。我们国家在那个时代的这一时期幅员辽阔，就社会发展阶段而论，各个不同的地区情况又复杂多样”（同上）。在苏兹达尔的佩列亚斯拉夫利编年史（М. 奥勃连斯基，莫斯科版1851年，第11页）中，在所引用的这句话后，还接着讲了德列夫利安人王公马尔做梦的故事：“马尔公兴高采烈，准备迎亲，但他常常做梦，梦见奥尔加来了，送给他一件镶有黑宝石的衣服，四边缝有珍珠；饰有绿色花纹的黑被和涂满松脂的船。”此梦预兆不祥：贵重的衣服，珍珠——表示眼泪，黑色是丧葬之色（试比较1152年条伊帕季编年史中的弗拉季米尔·加利茨基的葬礼描述）：在场的人都穿“黑披风”。船是殡葬仪式的一种祭品（见前所述）。马尔的此梦和《伊戈尔远征记》中说的基辅斯维亚托斯拉夫的梦在很多地方有相似之处……

[318]原文为“истопка”。凡是有炉子可生火取暖的房子均可称为“истопка”，或“истба”和“избой”。房子中非取暖部分为贮藏室、门斗等。

[319]这样，奥尔加给德列夫利安人出了第三道谜语——“тризна”（追荐亡魂的酒宴）。奥尔加请德列夫利安人参加的是为亡夫举行的酒宴，而这酒宴同时又成了为丈夫复仇的行动。同时很重要的是，在追荐亡魂的酒宴一开始不单是为死者饮酒，还举行战争游戏和比赛。这种追荐亡魂的酒宴和游戏中还加上忏悔性的提问：“为死者打架须斋戒15天”，“为死者打架，或抓掉头发，或撕破衣服须斋戒12天”，“而你为亡人打架——斋戒15天”（关于多神教为追荐亡魂的酒宴材料汇编，可参阅：Н. М. 加利科夫斯基《古罗斯基督徒与多神教残余的斗争》，卷1，第6章，哈尔科夫，1916年。关于确定“тризна”一词的意义是“为纪念死者而举行的体育比赛”，可参阅：А. 科特利亚列夫斯基

《多神教的斯拉夫人的殡葬习俗》，莫斯科，1868 年；А. И. 索鲍列夫斯基《斯拉夫的语文学和考古学领域的材料和研究》，科学院俄语和文学部论文集，卷 88，圣彼得堡 1910 年，第 273—274 页；对这方面的考古证据可参阅 Б. А. 雷巴科夫：《切尔尼戈夫的古代》，苏联考古材料和研究，第 11 期，莫斯科—列宁格勒 1949 年，第 33—34 页）。显然，德列夫利安人是在这次战争游戏中被杀害的：游戏的战斗变成了一场真正的战斗，而在殡葬仪式举行前变成了一次真正的殡葬。但是，追荐亡魂的酒宴不仅仅是纪念死者的战争游戏，而且也是为纪念死者的盛宴。在《蛮族如何成为多神教徒记》中说道："乌克兰至今还有人把临产称为第二次该死的酒宴"。正规的进餐（"第一次午餐"）——这是在教堂按教规朗读亡者名单，同时分发祭祀品。"第二次进餐"是多神教的做法。基里克在其著名的《询问》一书就谈到此事。"тризна"最初的意思是为悼念死者的战争游戏，中间插酒宴，看来，由此而产生中世纪的民间的一般借喻：大宴会意为战斗中牺牲。《伊戈尔远征记》就把盛宴比喻为战斗牺牲（"没有饮那血红的酒"，试比较奥尔加的话："多准备些蜜酒。"）；编年史也知道这一借喻，试比较诺夫哥罗德第一编年史的 1016 年条：斯维亚托波尔克营中的一名部下转告雅罗斯拉夫："就这样告诉雅罗斯拉夫：给的蜜酒太少，卫士太多，晚上再给。雅罗斯拉夫明白，要晚上下令砍杀。"但是智谋过人的雅罗斯拉夫明白他的话，德列夫利安人听不明白。关于奥尔加复仇的整段故事都强调出德列夫利安人和奥尔加相反，反应迟钝。德列夫利安人因自己缺乏智慧而注定自己的死亡。在我们注释的奥尔加这句话后，苏兹达尔的佩列亚斯拉夫利的编年史家还加了一句话："基辅人都看见我儿子的聪明，他不会使我丢脸。"

[320]坟墓在 11—13 世纪的古罗斯称"гроб"（该词和"гребля"〔城壕或城堤〕是同根词）。我们理解的"гроб"意义是圣徒干尸盒。

[321]现已清楚古代的习俗：王公或统帅首先开战，把矛或箭射向敌方。因此，向敌方投矛或射箭是宣战的表示。试比较拉脱维亚的亨利《利沃尼亚编年史》载，立陶宛人在库肯诺伊斯城郊向德维纳河对面投掷矛枪，表示同德国人的和平已经破裂（《利沃尼亚编年史》，莫斯科—列宁格勒 1938 年版，第 161 页）。再比较伊帕季编年史 1245 年条，关于和波兰开战的一段：瓦西里科·罗曼诺维奇到维斯拉河，"往维斯拉河对面……射出一箭"。

[322]看起来在讲述奥尔加第三次复仇的故事作结尾的几句话之后，就应料到是讲一讲奥尔加向战败者收取贡物的事。但是，和德列夫利安人的事好像还没有完：他们躲进自己的城里闭门坚守。其后编年史家讲述了奥尔加的第二次胜利，即她的第四次复仇；只是在此之后才接着说："于是把沉重的贡物负担加在他们身上。"这句话有这样一种推测：关于奥尔加第四次向德列夫利安人复仇的故事是不是后来加进去的?！确实，在诺夫哥罗德第一编年史中没有第四次复仇的情节，这很符合发展的逻辑，而不致割裂："打败了德列夫利安人，于是把沉重的贡物负担加在他们身上。"诺夫哥罗德第一编年史反映了初始汇编的内容(它在时间上早于《往年纪事》)。因此，奥尔加第四次复仇的故事是《往年纪事》的编者所为。前三次复仇的故事在先于《往年纪事》的初始汇编中就已有记述，或许还更早些。

[323]从编年史的这个地方以及其他一些地方都可明显看出，农业是罗斯居民的主要经济部门。П. И. 利亚申科写道："无论如何，就是最早的外国作家谈到第聂伯河一带的斯拉夫人的消息时，都把那些斯拉夫人说成是从事农耕的人，如拜占庭皇帝莫里斯关于斯拉夫人写道(6 世纪中叶)：他们'有很多很多堆存起来的各种粮食，最多的是黍'。还有阿拉伯作家伊本—达斯塔(10 世纪中叶)也谈到斯拉夫人的经济，其中有趣的是也许可以被理解为证明斯拉夫人在农业上实行撂荒耕作制，他说：'斯拉夫人的国土平坦多林，他们既没有葡萄园，也没有耕地……他们像放羊那样养猪……他们更多的是播种黍。'对上述两种说法加以对比：斯拉夫人没有耕地，他们同时又播种黍，也许只能从这种意义上来理解，即他们没有固定的耕地，而是每年在不同地点播种黍。"(П. И. 利亚申科，《苏联国民经济史》，第 1 卷，莫斯科 1947 年版，第 84 页)。值得注意的是，在被征服地区是'按犁'来缴纳贡物。利亚申科写道："另一方面，征课本身的计算和缴纳却不是用农产品或畜产品，而是用狩猎、林业和养蜂业产品。正是狩猎、捕兽、林中养蜂业供给的产品，主要用来给王公们、亲兵们缴纳贡物，与商人做买卖……这就使很多历史学家产生错觉，一方面认为斯拉夫人的经济似乎只是狩猎、捕兽具有原始性；另一方面又认为，商业已深深地渗透到这种经济中。实际上两者都不是。整个原始斯拉大经济制度证明，农业才是占统治地位的部门，因为自然经济在当时所处的文化发展阶段上，只能以农产品和畜产品来满足自己的需求"(П. И. 利亚申

科,同上书,第85—86页)。令人感兴趣的是德列夫利安人按《往年纪事》所说的当时"耕种他们的田地",但是缴纳贡物仍是用一般的"蜂蜜和毛皮",而不是用农产品。

[324]此处值得注意的是双关语:向奥尔加求婚的德利夫利安王公名叫马尔(Мал),而奥尔加说:"因此向你们要得很少("很少"原文为 мало)"。马尔的名字和奥尔加要求向她缴纳"少量"(мала)的贡物是谐音。苏兹达尔的佩列亚斯拉夫利编年史在此话之后还加上奥尔加补充说明为什么奥尔加要的是鸟:"你们交来的鸟作为神的祭祀品……每户给我交3只鸽子,3只麻雀,因为你们有成千上万的鸟,有时到处抓不着,而我也不到别的地方去。"这样看来,奥尔加要鸟是用作祭祀仪式。君士坦丁七世也证明罗斯人到圣格雷戈里岛后,就用活着的鸟来作祭祀。列夫·狄阿康也提到罗斯人在杀死的公鸡上刺杀。关于刺杀公鸡作祭祀品在罗斯的《某基督徒的故事》中也提到过。

[325]"церь"常被错误地译成"硫黄"。B. 达里的《详解辞典》和 И. И. 斯列兹涅夫斯基的《古俄语词典素材》中的"церь"一词也是这么译的,但是如同语文学中所说的,这译文是15—16世纪后期的北罗斯编年史提示给达里和斯列兹涅夫斯基的。这些编年史家(只是因词音几乎相近)用"硫黄"(серь)一词来替代"церь"。其实,"церь"一词的意思是"火绒"。"церь"一词在当今白俄罗斯语言中还保留此意("цэрь"是用长在白桦树上的木耳作材料制成的火绒)。

[326]在苏兹达尔的佩列亚斯拉夫利编年史中,接着如此具体说明:"每户征收2张紫貂皮,2张灰鼠皮,还有毛皮和蜂蜜。"编年史家在这里提到的那些贡物,可以在859年条("по беле и веверице",可理解为"征收一张灰鼠皮")和883年条("征收一张紫貂皮")看到。原有的贡物加重了1倍,又加上德列夫利安人自己曾提出的贡物:蜂蜜和兽皮。

[327]关于这一点 Б. Д. 格列科夫院士写道:"那么奥尔加在德列夫利安人地区和诺夫哥罗德地方究竟干了些什么呢?我觉得她深入当地社会,努力在德列夫利安人和诺夫哥罗德地区的不同地点建立起特殊的经济行政点,派自己的人去治理,他们当时要完成的职责和政治任务是巩固基辅王公在地方上的政权"(Б. Д. 格列科夫,《基辅罗斯》,莫斯科—列宁格勒1949年版,第297页)。"编年史家明白,他写的是往事,但是它和现代有联系,因而在结尾

时又举例证明:‘至今还有她住过的村落——奥尔日奇村。’然而奥尔加似乎并没有建立什么‘村落’!起码编年史家以前对此从未提到过。正因如此,有必要仔细研究一下奥尔加在这里到底做了些什么。我们先从最简单的——从‘乡区’(погосты 或 повосты)开始。当然,奥尔加并没有建立乡区,因为在她以前很久它就已经存在。实质并不在此。编年史家谈的完全是另外一件事,他要说的是奥尔加把一部分乡区经管起来,掌握在自己手里,乡区还包括一些村落在内……但是,奥尔加除了乡区及其属下的村落外,还自己管理‘地方’。什么是‘地方’?我认为对此问题回答正确的是 И. И. 斯列兹涅夫斯基。他写道:‘在我们古代的故事中不止一次地可以遇见‘地方’这个词;它的意思是特殊的大村落。例如,在《往年纪事》中会读到‘雅罗斯拉夫在城市和地方都修建了教堂’。拉夫连季编年史写道:‘鞑靼军队几乎蹂躏了所有地方,无论大小村落很少幸免,但他们未能占领它。’伊帕季编年史的 1290 年条写道:‘进了地方,而未能进入城市’(И. И. 斯列兹涅夫斯基《古罗斯编年史阅读笔记》,科学院论丛第 2 卷附录,1862 年,第 35 页)。编年史中上面引用的句子的基本意思就是基辅王公在国土的边区掌握着住人和没住人的土地。”(同上书,第 298 页)Б. Д. 格列科夫由于《往年纪事》对“地方”的这种解释,又对前处作出解释,前处说奥尔加到德列夫利安人地区“建立起规章制度”。Б. Д. 格列科夫院士写道:这些章程看来主要是为了确立当地居民听命于基辅和基辅王公,具体实施就要靠王公的地方、乡区和村庄。我们联想起雅罗斯拉夫诸子《法典》及其对王公领地的描述:那里的王府总管、驭手、法官的活动范围未必就局限于王公世袭领地的界限之内。我们从《罗斯法典》中很好地了解到这些章程和条例:“编制了罗斯国土的法典”,“为农民规定的贡纳义务,出售东西要向王公缴费”、“关于牲畜的课税、人口税、桥梁税、铁税、城市税等的规定”(同上书,第 298 页)。这样,《往年纪事》此处谈的是奥尔加扩展自己的地产,这从国家的角度来说是很重要的,因为“大地产的增长导致封建主义制度的建立,它不是骤然产生的,而是有其一个漫长的形成时期。基辅国家是前封建制国家,但正是在其内部成长起封建关系”(同上书,第 302 页)。C. B. 尤什科夫是如下那样解释奥尔加女王公实行财政—行政改革的原因:奥尔加女王公改革的原因何在?应把它和德列大利安人的暴动联系起来。这次暴动的结果是伊戈尔王公被杀害。不管如何对待奥尔加对德列夫

利安人复仇的传说故事，然而不能否认这样一个事实，伊戈尔被杀是由于他的横征暴敛引起的。因为编年史家确确实实、非常具体地讲述了伊戈尔被杀的原因，所以据我们所知在历史书籍中从未怀疑编年史家叙述这段情节的可靠性。同样也从不怀疑编年史中另一段情节的历史真实性，即德列夫利安人不受基辅国家中央政权的统治，并挺身反抗（在历史传说中表现为马尔王公向奥尔加女王公求婚）及那场顽强的斗争，结果还是奥尔加胜利了。显然，所有这些情况：德列夫利安人的暴动、伊戈尔的死亡及其死后的一场恶斗，对统治阶层人物来说必须引以为戒，他们自然绝不会放弃征贡，当然也不可能放弃征贡的。统治集团明白在伊戈尔被杀前已存在的那种征收贡物制度，在今后还可能引起武装反抗，而王公的地方行政机构或者没有建立，或者极少而脆弱，大公的政权只是受到“部落”王公或“开明”王公——地方王公长官的承认。我们认为，奥尔加的主要措施之一是把王公革职——无论是当地部落王公，还是地方长官——王公（C. B. 尤什科夫，《基辅国家的社会政治制度和权利》，莫斯科 1949 年版，第 108—109 页）。——然而，奥尔加的活动看来并不包括这般大的地域，像一般想象的那样。可能，奥尔加沿“姆斯特”河和“卢格”河流域的巡行，是编年史家在某位诺夫哥罗德人（例如维沙塔，参阅引言部分）解说的影响下臆想出来的。有关奥尔加出巡诺夫哥罗德地区那个名为杰列夫地方或“杰列夫”事件，是不是这位诺夫哥罗德人推测的呢？后来杰列夫成为诺夫哥罗德五大行政区之一，而诺夫哥罗德正是通过姆斯特河和卢格河的水路与杰列夫行政区连结起来（可参阅弗谢沃洛德给奥波卡的伊凡教堂的法定文书：“自古以来和下列地区的客商有贸易往来：特维尔、诺夫哥罗德、别日茨、杰列夫及整个姆斯特河流域”）。把杰列夫地方看成是诺夫哥罗德五大行政区之一的杰列夫地方，还见于后来（16 世纪）的《俄国皇室系谱》一书之中。该书写道：“奥尔加率自己儿子及军队出巡杰列夫地区，确立了规章制度，建立了狩猎场。有些人说，位于大诺夫哥罗德的杰列夫地方，现在是它的五大行政区之一的杰列夫行政区；另一些人说，这是通往切尔尼戈夫城的一个北方国家。”还可参阅最后的 17 世纪编年史：“离古罗斯不远的科罗斯坦城郊，他们杀死了他（伊戈尔）。”由于把南方的杰列夫地方和诺夫哥罗德的杰列夫地方搞混，那么关于奥尔加在姆斯特河和卢格河流域活动的全部报道是不是后来加的呢？在后一种情况下就可以解释“在第聂伯河流域有她捕过鸟的场所，在捷斯纳河一带也是如此，至今还有她住过的奥尔日奇村落”——这一段的一些词与前文在语法上不相协调的原因。应该认为这些话是前面946年条句子的延续：“于是，奥尔加同自己的儿子率领亲兵巡视德列夫利安地方，建立征贡和课税的规章制度；至今还保留她的驻跸地和猎场……”(《考证》……第171页及后几页)。关于乡区是什么，可参阅：H. H. 沃罗宁《封建罗斯农村居民点史》，列宁格勒1935年版，第20—36页。

[328]在奥尔加访问察尔格拉德(帝都)的故事中明显有插入的部分。一方面全部故事的基础是教会的(奥尔加受洗礼并为此而笃信宗教)；另一方面在这种教会的基础上又加进了民间口头创作的、与这种教会精神完全相反的世俗传闻式的成分(笃信宗教的奥尔加在自己受洗的时刻蒙骗了皇帝)。奥尔加抵达君士坦丁堡故事的宗教素材大概是属于编年史最古老的素材——《基督教最初在罗斯的传播》(A. 利哈乔夫，《罗斯编年史》，莫斯科—列宁格勒1947年版，第63页及以后几页)。而世俗的(民间创作的)插入部分是第一位编年史家的手笔，他以世俗的因素传播这个宗教故事。世俗的插入部分如下：第一，皇帝提出要娶奥尔加为妻及奥尔加要求皇帝本人为她施洗礼(从“奥尔加来到他那里”到“我就不受洗礼”)；第二，皇帝重提婚事，奥尔加回答说她已是他的教女，不能嫁给他。她被放行，并得到赠送的礼品(此处插话造成重复的句子：“于是放她走”，这里可明显看出这些话与以后的整段原文的脱节：“宗主教为她赐福后，就让她走了……称她为自己的女儿”)；第三处插入部分是在夸奖奥尔加之后，并谈到皇帝派使团到基辅(从“奥尔加回到了基辅”到“就放走了捎这些话来的使者”)。所有这些后补部分的民间创作性质，毋庸置疑。这些部分如同奥尔加复仇的故事一样，都强调她的“聪明和机智”。在奥尔加和伊戈尔远征帝都的故事中也类似地强调了他们的“聪明才智”。奥尔加也像她骗过德列夫利安人那样，以自己的狡计“战胜了”希腊皇帝。与此类同的，还有未卜先知的奥列格，把自己的船安装上轮子，骗过希腊人，而希腊人当时采取的还是自己通常的防御措施，把舒特湾用铁链封锁起来。奥尔加出访拜占庭那样的情况不是编年史家空想出来的，也不是他从拜占庭编年史中得来的(在编年史家熟悉的那些编年史中并没有这些情况)。它相对来说是真实的。特别在《纪念和赞颂》弗拉季米尔王公的这部著作中，

谈到奥尔加死于969年，她度过基督教徒的生活达15年。该著作中反映了最古老的罗斯编年史（它比《往年纪事》和初始汇编还要早）。因此，她洗礼是在954年或955年9月。君士坦丁七世说奥尔加访问君士坦丁堡是在957年（后期的一些罗斯编年史把奥尔加出访日期改为这一年），而斯基利齐谈到了奥尔加到达帝都及她在狄奥菲拉克特大牧首主持下接受洗礼，该大牧首任职时间是从933年2月到956年2月27日。史料上的某些出入可以这样统一起来：奥尔加是在955年接受洗礼（如同编年史），而957年她抵达君士坦丁堡已是受过洗礼的人了。M.Д.普里谢尔科夫推测，奥尔加曾两次出访君士坦丁堡（955年和957年），这未必可靠（M.Д.普里谢尔科夫，《10—12世纪基辅罗斯宗教政治史纲》，圣彼得堡1913年版，第3—4页）。编年史家是从何处得到这个日期的呢？可能，早在944（945）年同希腊缔结的条约中就曾提到过伊利亚教堂从事某种记事工作。奥尔加在君士坦丁堡受接待的情况，在君士坦丁七世的著作《论典礼》一书中有详细的描述（参看译文《国家物质文明史研究院通报》，第91期，莫斯科—列宁格勒1934年版，第47—48页）。奥尔加于957年9月9日被皇帝召见，随同她的有她的侄儿（没有提名）、亲戚——罗斯女王公及随从：18名妇女、22名使臣、42名商人、12名翻译。随从的成员中提到名字的有司祭格雷高里。君士坦丁七世没说奥尔加访问的目的，从君士坦丁七世的描述中也同样难以确定，奥尔加是否已是基督徒。但是有其他的外国史料谈到奥尔加受洗礼，特别是所谓《列基农的续编》，该书写道：959年罗斯女王叶列娜的使臣拜见奥托皇帝，叶列娜曾在君士坦丁堡罗曼努斯皇帝的宫廷接受洗礼（罗曼努斯〔二世〕是君士坦丁七世的儿子，君士坦丁七世于959年逝世）。

[329]《往年纪事》的拉济维尔编年史抄本、莫斯科科学院抄本以及其他抄本都是这么写的。拉夫连季编年史写的是："当时的皇帝名叫齐米西斯。"然而，约翰一世·齐米西斯于969年12月11日登上皇位，这一情况（和《往年纪事》上说的奥尔加出访日期不符），显然，迫使罗斯编年史家把约翰一世·齐米西斯改为皇亲（或皇族出身的）君士坦丁七世。他既是皇帝（913—959），又是一位有名的拜占庭历史学家。

[330]苏兹达尔的佩列亚斯拉夫利编年史插进了一段加强奥尔加和拜占庭皇帝如下的对话："她领会他话中的含义报道说：'你这话怎么能实现呢，因

为我是一位多神教的教徒啊！如果上帝能让我受洗，那你就能达到目的。’皇帝喜出望外，问她道：‘能把这话告诉大牧首吗？’她说：‘你准备把我交给上帝和大牧首吗？’他很高兴地说：‘愿意。’她说：‘那我就该走了，你自己来为我洗礼吧。’”接下去和拉夫连季编年史讲的一样。

[331]根据教规，教女是不能嫁给自己的教父的。

[332]“把她放走了”——这句话前后出现了两次：奥尔加和皇帝交谈前和交谈后都出现过。介于这两者之间的关于奥尔加“迷惑”皇帝这段故事，是不是在民间传说的基础上后来加上去的呢，有这样一种推测（参阅前注）。如果去掉后加的部分，把整段连起来，那么发现奥尔加的教父不是皇帝，而是大牧首：“大牧首为她祝福后，放她走了，称她为自己的女儿”（《考证》……第111页及以后几页）。

[333]在以前讲奥尔加到帝都访问的故事中并未提及奥尔加在舒特湾的这一驻扎地，也没提到前面说的奥尔加答应馈赠礼品和派援军的事。显然，编年史家是从不见经传的特殊传说故事中得知的。波恰伊纳河是基辅近郊的一条小河。

[334]在《往年纪事》955年条关于“斯维亚托斯拉夫很快会死”这个预言并未应验，因为接下去描述了斯维亚托斯拉夫的多次征战。但是，关于奥尔加洗礼的原始故事，见于《基督教在罗斯最初传播的故事》一书的内容中，该书没有年代日期，也没有讲斯维亚托斯拉夫南征北战的活动。那里，在这部《故事》中，关于斯维亚托斯拉夫早死的“预言”有过一定的含义报道，因为斯维亚托斯拉夫在奥尔加死后执政才不到一年（正是想出用“倒填日期”的办法解释执政不久的原因）。正如A. A. 沙赫马托夫所断定的，最古的基辅编年史把斯维亚托斯拉夫的死定为6478年（970年）。后来，初始汇编把它定为6480年（972年）。而奥尔加死于6477年（969年）。《纪念和赞颂》弗拉季米尔王公的编者像最古的基辅编年史一样，把斯维亚托斯拉夫的死定为6478年（970年）；“6486年6月11日弗拉季米尔公在自己父亲斯维亚托斯拉夫去世后的第8年在基辅登基”（《考证》……第132页和第133页）。这就明白为什么会形成斯维亚托斯拉夫短暂一生的概念，为什么需要“预言”来“解释”这个短命情况了。

[335]此处指猎豹。在东方（在罗斯少见）把猎豹用作狩猎的野兽。约瑟

夫·巴尔巴罗在1471年看见一位亚美尼亚王公养有几百只这种野兽；蒙古有世袭统治权的人物养了大批猎豹，有时一次出猎就带上千头的猎豹（H. B. 沙尔列曼：《伊戈尔远征记》注释，《古代俄罗斯文学部著作》第6卷，列宁格勒1948年版，第120页）。1159年斯维亚托斯拉夫·奥利戈维奇赠给自己女婿长手尤里一只猎豹。编年史家把斯维亚托斯拉夫·伊戈列维奇比作猎豹，显然是说明他步履矫健而敏捷。希腊历史学家列夫·狄阿康对斯维亚托斯拉夫的描述和罗斯编年史对他的描述也大致相符。列夫·狄阿康说他"热情奔放易冲动，勇猛大胆，富有实干精神"。在斯维亚托斯拉夫和约翰一世·齐米西斯会见时，列夫·狄阿康是这样描写斯维亚托斯拉夫："他的外貌是：中等身材，不很高，也不太矮，浓浓的眉毛，蓝蓝的眼，扁平的鼻子，刮过胡子的脸，上唇蓄留又厚又长的八字胡。他的头顶完全光秃，但只在头的一侧剩下一绺卷发，以显示其出身望族；脖子很粗，肩膀很宽，身材相当端正。看上去他很忧郁冷酷。他的一只耳朵佩戴着金耳环，上面镶着两颗珍珠，中间嵌有一颗红宝石。他穿一身白衣服，除整洁外和别的衣服没有区别。""他坐在大船的长凳上，和皇帝谈了一会儿和约的事，就往回返"（列夫·狄阿康·卡洛伊斯基《历史》Д. 波波夫译自希腊文，圣彼得堡1820年版，第97页）。

[336]按编年史所述，斯维亚托斯拉夫是偶然碰上维亚提奇人，但并没有和他们交战，而只是从他们那里得知，他们向可萨人缴纳贡物，然后去注视可萨人，以后只是在966年才重新回头对付维亚提奇人，此时初次与他们兵戎相见："斯维亚托斯拉夫战胜了维亚提奇人，向他们征收贡物。"斯维亚托斯拉夫第一次征讨维亚提奇人的方向有不少令人感到奇怪的地方："他出兵奥卡河和伏尔加河流域。"维亚提奇人确实住在奥卡河流域，但他们的居住地从未扩展到伏尔加河流域。此外在他的第一次征讨中也违反了他往常的做法，对此编年史家刚说过：预先把自己的意图通知敌方。可能为此才把斯维亚托斯拉夫和维亚提奇人的一段对话插进斯维亚托斯拉夫出征可萨人的原始故事中，作为那次征讨的理由。这样，应该推想斯维亚托斯拉夫是直接前往可萨人居住的伏尔加河流域的。斯维亚托斯拉夫预先警告这些可萨人："我要讨伐你们。"因此可萨人"听到"后出来迎战。斯维亚托斯拉夫的整个讨伐事件目的性很明确：斯维亚托斯拉夫是直接前往伏

尔加河下游的，没有任何理由和结果要北上奥卡河流域(《考证》……第118页及以下几页)。

[337]П. Н. 特列季亚科夫关于木犁写道："如果在北方耕耘的主要工具是……索哈(соха)犁，而在南方则用的是普鲁格(плуг)犁，无疑还有较原始的工具——拉洛(рало)犁。按其技术特性近乎北方索哈犁。在乌克兰贫困的地方拉洛犁一直使用到十月革命。这种原始的常常是全用木头做的工具，为18—19世纪人种学的资料所熟知。"(《古罗斯文化史》第1卷，"农业和手工业"这一章，1943年版，第60页)

[338]阿拉伯人伊本—哈乌卡利说，在969年罗斯人征讨伏尔加河流域的保加尔人和可萨人。由于罗斯编年史和伊本—哈乌卡利所说的日期不符，搞不清伊本—哈乌卡利说的是指斯维亚托斯拉夫这次征讨，还是指另一次。В. 巴尔托利德院士写道："实际上，不一致好像只是由于伊本—哈乌卡利表述不清所引起的，他所指的969年是他在朱尔江得知暴行(指罗斯人对保加尔人和可萨人所犯暴行)的时间。只是在别处由于疏忽而把此时间说成是暴行发生的时间。从伊本—哈乌卡利本人说的也可以看出，暴行的时间和他得知此暴行的时间隔了几年；从伏尔加河一带跑出来的人想回去，在罗斯政权下生活，看来他们认为那里政权已经巩固。但和伊本—哈乌卡利说的相反，很可能只是推翻了可萨王国；以后事态的发展表明，伏尔加河流域的保加尔人从这一次武力事件中比罗斯人得到更大的好处。和难民预料的相反，斯维亚托斯拉夫由于受拜占庭皇帝之托，帮助攻打多瑙河一带的保加利亚人而从可萨的土地上撤走了"。(В. 巴尔托利德，《欧洲和俄罗斯对东方的研究史》，列宁格勒1925年版，第167页)

[339]白维扎—萨尔克尔是可萨的一个城堡。君士坦丁七世说，可萨人求拜占庭皇帝狄奥非拉斯(829—842年)为他们建造城堡。狄奥非拉斯派自己亲戚佩特罗尼到他们那里用砖砌起萨尔克尔城墙。狄奥凡编年史续编把萨尔克尔的建立写在狄奥非拉斯征讨阿拉伯人前的837年；而克德林认为萨尔克尔建立于834年。萨尔克尔所在地一般认为是在齐姆梁镇附近(М. И. 阿尔塔莫诺夫《顿河下游的中世纪村落》，莫斯科—列宁格勒1935年版。他还著有《可萨国的萨尔克尔及其他一些工事》，苏联考古学报第6期，列宁格

勒—莫斯科1940年版；И. И. 里亚普希金，“齐姆梁右岸古城遗迹的发掘报告”，《物质文明史研究所简讯》，第4卷，莫斯科—列宁格勒1940年版）。K. B. 库德里亚绍夫指出，萨尔克尔的所在地应在顿河一带寻找，在顿河最靠近伏尔加河的地方，大约在维尔佳奇河口和新格里戈里叶夫镇之间（K. B. 库德里亚绍夫，《波洛韦次草原》，莫斯科1948年版，第9—42页）。但是K. B. 库德里亚绍夫的想法是以14世纪末皮缅的旅行扎记为依据的，它和考古材料相矛盾。（M. И. 阿尔塔莫诺夫：“萨尔克尔—白维扎新的挖掘工作”，《历史问题》1949年第10期）

[340]伊帕季编年史还有一句：“回师基辅。”而诺夫哥罗德第一编年史此处写的是：“并带回基辅。”其意思是“使其隶属于基辅”。看来，诺夫哥罗德第一编年史较古老。亚瑟人即现今的奥塞梯人，卡索格人即现今的切尔克斯人。他们都居住在高加索的草原和山前地区。他们的住地当时要比后来更往草原的北部延伸。

[341]这是斯维亚托斯拉夫第一次远征保加利亚。第二次远征在《往年纪事》中被收录到971年条。斯维亚托斯拉夫两次远征保加利亚在希腊的史料中也有所记载，但事件发生的年代和《往年纪事》写的不一致：它们之间没有这么长的间隔；第一次远征是在尼基福鲁斯（二世）执政的第5年（6476〔968〕年），而第二次是在尼基福鲁斯执政的第6年（6477〔969〕年）。

[342]80座保加利亚城市，这数目是有历史根据的。恺撒里亚的普罗科匹厄斯（拜占庭6世纪的历史学家）谈及查士丁尼曾在这个地区修建了80座堡垒。保加利亚的歌曲也提到多瑙河的77座城池。A. A. 沙赫马托夫根据此处指出的精确史料和列夫·狄阿康也曾记述过斯维亚托斯拉夫有名的演说（见以后的注释），推测斯维亚托斯拉夫的故事是以没有传到今天的某个保加利亚编年史中引用来的（《考证》……第124页），不过这种推测的根据还很不充足。

[343]多瑙河上的佩列亚斯拉维茨是现今多瑙河南岸图利奇附近的普列斯拉夫村。

[344]编年史的这一报道似乎和《往年纪事》以前说的相矛盾，那时说佩彻涅格人的出现是在乌果尔人路经基辅前，说他们在伊戈尔执政时（915年）

首次进犯罗斯,而伊戈尔和佩彻涅格人交战等。显然,编年史家此处指的是佩彻涅格人第一次进犯基辅本身。

10 世纪的剑柄(M. K. 卡尔格尔摄)

[345]显然,这里指的是人民会议——维彻。此处以及 997 年条描述别尔哥罗德被围时也有这样的会议,这是我们拥有的关于 10 世纪维彻会议的稀有证据。Б. Д. 格列科夫院士为此写道:"一般说来,在 10 世纪,王公在城

里时是不召开维彻会议的。王公在时，我们看到的总是城市长老会议，换言之，或城市长者、大贵族和亲兵队的会议。”“无论是在10世纪，还是11世纪前半叶，基辅都没有发展维彻制度的良好条件。基辅王公的政权太强大，城市在政治上还太软弱，因而城市维彻会议不可能与王公政权共同繁荣”（Б. Д. 格列科夫，《基辅罗斯》，莫斯科—列宁格勒1949年版，第356—357页）。关于维彻会议以后还有注释。

[346]从这句话可以看出，罗斯人早在968年前就已和佩彻涅格人有交往。“佩彻涅格人首次来到罗斯领土”这句话的意思只应理解为佩彻涅格人在968年首次发兵攻打罗斯。试比较与此有关的915年条：“佩彻涅格人来到罗斯土地，和伊戈尔缔结了和约。”

[347]我们面前的这一场面是结拜兄弟的一种仪式，要相互交换礼物。这些礼物看来富有象征意义，并高度地反映了两种相互对立的文化特征：佩彻涅格人的草原文化和罗斯人的定居欧洲文化。对于佩彻涅格人的骑兵来说，斜砍的马刀是比剑更得心应手的武器。马刀常见于11—12世纪波洛韦次人和托尔克人的墓葬中。鞑靼人也用马刀。剑不同于马刀，是罗斯人最早的典型武器，用剑砍杀要比刺杀更寻常。剑是王公权力的象征和宗教祭祀物品，在与希腊人缔结条约时，罗斯人用剑宣誓（如同用盾宣誓一样），后来，圣徒鲍里斯的剑和普斯科夫王公弗谢沃洛德的剑更是备受崇敬。在《往年纪事》中谈到可萨人向罗斯人征收贡物，双刃剑是波利安人的标志，与之相反的单刃马刀是可萨人的标志（参阅以前的注释）。锁子甲，原文写的是铠甲（бронѣ），这里应理解为锁子甲，这是用小铁环相互编织起来的战袍，早在10世纪罗斯就使用这种战袍，而在西方只是12世纪十字军东征时才使用，它还是从东方传入的，在东方锁子甲早已广泛使用。

[348]这里的几句话看起来是相互矛盾的：佩彻涅格人从城下撤离，但是围困更紧了。如果佩彻涅格人撤离了，那么饮牲口的地方似乎应该缓解了。看来，“撤离”这个词应以“围困”取代，这处应直接接到开头那句话的后面：“佩彻涅格人重兵包围……”而民间关于拿着马笼头跑出佩彻涅格人驻地的少年武士以及普列季奇和佩彻涅格王公互赠礼物的传说是后来加进早期文本中去的。

在切尔尼戈夫的古基“黑墓”出土的

10世纪的剑柄(Д. Я. 萨莫克瓦松发掘)

[349]希腊历史学家斯基利齐也谈到,斯维亚托斯拉夫为保加利亚的财富所倾倒。

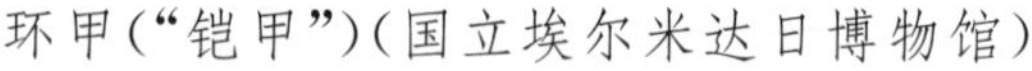
环甲（“铠甲”）（国立埃尔米达日博物馆）

[350]斯拉夫—罗斯的训诫集说，奥尔加死于 7 月 11 日。

[351]在这段安葬奥尔加的故事中有些情节格外引人注目。首先，奥尔加不准为自己死后办斋宴竞技赛，因为她有司祭（神父）：显然，斋宴在此意味是多神教的仪式，它和基督教是对立的水火不容的。其次，文中说把奥尔加葬在“一个地方”，但并没说具体地点（试比较后来谈到奥列格·斯维亚托斯拉维奇的葬事：“把奥列格葬在弗鲁奇城附近”）。这是由于没有给奥尔加修一座一般的陵墓（试比较训诫集中说的关于 7 月 11 日奥尔加逝世的叙述：“她把自己的儿子斯维亚托斯拉夫召来，嘱咐他要让她的墓与地相平，不要修陵墓，不要举行斋宴及其他活动”）。因此，奥尔加的墓鲜为人知。“与地相平”的基督教墓葬习俗和基督教以前的习俗截然不同。——在后期穆罗姆的君士坦丁传记（16 世纪）中也强调修建坟墓的事：当君士坦丁按基督教习俗安葬自己的儿子米哈伊尔时，“不信教的人看此情景——不按他们的习俗安

葬而大为震惊，安葬米哈伊尔公朝东，坟上不堆土丘，而是与地相平”。诺夫哥罗德第一编年史(编年史中的文字比《往年纪事》还要古老)在《往年纪事》的那句话:“因为有司祭”后又加上一个词“秘密地”。换言之，诺夫哥罗德第一编年史把奥尔加看成是一位秘密的基督教徒。

[352]往后所有对女王公奥尔加的称颂在修辞上和内容上都与对弗拉季米尔的称颂相似(参阅1015年条)。两者均属一人之手笔。在称赞弗拉季米尔时写道:“人们痛哭流涕地安葬他的遗体——这位高贵的王公。”接着说:“他是大罗马的新的君士坦丁。”而称颂奥尔加时写道:“安葬了这位高贵的奥尔加。她是信奉基督之邦的先驱者，犹如日出前的朝霞。”在称颂弗拉季米尔时写道:“受过圣洁洗礼的罗斯人都纪念他，赞颂上帝。”而在称颂奥尔加时写道:“罗斯的子孙们赞颂她，称她为先驱者。这里所有人都称颂(上帝)，当他们看到奥尔加安息在那里而多年不腐。”同样引人注目的是把奥尔加和圣海伦娜相比，而把弗拉季米尔和君士坦丁大帝相比。我们见到在对这两人的称颂中都抱有一个共同的思想:奥尔加和弗拉季米尔为罗斯所做的业绩和“具有圣徒般功德的”海伦娜和君士坦丁为拜占庭所做的业绩一样。与此同时，对奥尔加的称颂指的是罗斯未来的洗礼，另一方面，罗斯接受洗礼的传说又引证了奥尔加女王公，作为第一位基督徒。弗拉季米尔召集的贵族和城市长老会议提出论据，对弗拉季米尔接受洗礼起了决定性的作用。他们说:“如果希腊人的信仰不好，那你那位智慧超出常人的祖母奥尔加又怎么会接受它呢?”(987年)

[353]伊帕季编年史和诺夫哥罗德第一编年史补充上一句:“说:‘这是我的城市’。”据 A. A. 沙赫马托夫推测，这是较长一篇讲话的摘录;很可能，斯维亚托斯拉夫曾说他对基辅来说更喜欢佩列亚斯拉维茨那段话，最早是在这里说的。后来它才被转放在969年条，为了解释斯维亚托斯拉夫的第二次远征(《考证》……第66页)。不过，A. A. 沙赫马托夫的这一推测不能被认为有足够的证据。“用矛夺取城池”——这一军事术语，意即“强攻夺取城池”。在古罗斯，矛是首先使用的快速打击武器。试比较类似的军事术语:“折矛”(开始交战)。战争常常是从王公把矛投向敌方开始的。

[354]拉济维尔编年史和莫斯科科学院抄本加上一句:“因为希腊人至今都是爱撒谎的。”在伊帕季编年史中我们看到的是意思迥然不同的句子:“因

为希腊人至今都是聪明绝顶的。""聪明绝顶"当然是"爱撒谎"的修正,因为只有后者才能和上文在意思上衔接:"希腊人这样说为的是欺骗……"

[355]希腊历史资料记载的齐米西斯的兵力与此不同:为迎战斯维亚托斯拉夫,出动了 1.5 万名步兵和 1.3 万名骑兵,此数字在当时来说也是个庞大数字。它要比斯维亚托斯拉夫的兵力几乎多 2 倍。

[356]列夫·狄阿康引用了斯维亚托斯拉夫在多罗斯托尔战役中对自己战士发表的演说。这篇演说就其实质而言和编年史引用的很近似:"牺牲是光荣的,罗斯人的武器即是伙伴,我们不费吹灰之力战胜了邻近各族人民,没有流血就征服了一系列国家。如果现在我们可耻地向罗马人(指希腊人)让步,那光荣就会被葬送。我们要继承我们祖先的勇敢精神,抱定罗斯武力至今战无不胜的信念,奋勇地为我们的生存而战斗,我们没有逃跑回国的习惯,不是成为战胜者或建立丰功伟绩,就是光荣地牺牲。"(列夫·狄阿康·卡洛伊斯基:《历史》,A. 波波夫译自希腊文,圣彼得堡 1820 年版,第 94 页)

[357]这里的"城市"(град),指的是帝都。希腊人常把君士坦丁堡简称为城邦,如同罗马人把罗马称为城邦(urbs)一样。

[358]希腊的历史资料也证实尼基福鲁斯皇帝和约翰皇帝曾向斯维亚托斯拉夫建议,愿意缴纳曾被他拒绝的赎金。关于用礼物来试探斯维亚托斯拉夫的整个故事,是在亲兵队传说的基础上写成的,它明显地反映了亲兵队的思想意识,还反映在《往年纪事》的其他一些地方。试比较 996 年条弗拉季米尔命令给自己亲兵队铸造银匙的故事,他说:"亲兵队自己得不到白银和黄金,但我靠亲兵队得到了白银和黄金,正如我祖父和我父亲依靠亲兵队寻求黄金和白银一样。"在《往年纪事》1075 年条也反映出同样的思想:斯维亚托斯拉夫向使者炫耀自己那无数的财宝,使者们对斯维亚托斯拉夫说:"这些财宝没啥了不起,它只是一些存放着的死的东西,勇士才更宝贵,他们能带来更多的财富。"

[359]就这样,斯维亚托斯拉夫决定从拜占庭撤回去,组建新的部队。他确实把自己的决定付诸实施:"乘船回家乡。"但是在斯维亚托斯拉夫作出决定和执行这一决定的两故事之间,有一段关于斯维亚托斯拉夫和希腊人缔结和约和条约文本的叙述。可以设想这段叙述和条约文本都是后来加进去的。实际上,在编年史文本上早于《往年纪事》(所谓《初始汇编》)的记述反映在诸

夫哥罗德第一编年史中，没有我们所推测为后插入的这段文字，并且整个情节的发展合乎逻辑："他说道：'回罗斯，要带来更多的军队'，于是乘船返航。"因此，关于斯维亚托斯拉夫缔结和约和条约本身都是《往年纪事》的编者加到以前的编年史中去的。我们应注意到，罗斯人和希腊人缔结的其他所有条约在先于《往年纪事》的编年史中都是没有的；只有《往年纪事》的编者才把罗斯人和希腊人的条约作为历史资料写进编年史。

[360]里沃夫编年史、尼康编年史等后期的编年史还加上"11 日"的字样。看来，加字是因为在里沃夫和尼康编年史的史料之一把"印吉克特"14 年误认为"11 日"。7 月 11 日绝不可能缔结条约，因为 7 月 22 日斯维亚托斯拉夫才在多罗斯托尔城下收兵。

[361]斯维亚托斯拉夫在拜占庭于 971 年签订的条约更像是他的誓言。H. A. 拉夫罗夫斯基认为："编年史收入的只是对斯维亚托斯拉夫条约的简短补充，而条约本文像列夫·狄阿康所指出的那样包括很多条款。"(《论罗希条约语言中的拜占庭因素》，圣彼得堡 1853 年版，第 42 页)

[362]И. И. 斯列兹涅夫斯基认为，这里不应该理解为"与每一位"，这样没有意义，而应读为"与约安"。这名字读音不确切(应为"约翰"——译者注)，看来，因为它是用"格拉哥利次"字母写成的。(И. И. 斯列兹涅夫斯基，《11—14 世纪斯拉夫—罗斯古字学》，圣彼得堡 1885 年版，第 98 页) 379

[363]此处不甚明白。请参阅 B. M. 伊斯特林试图对它作的解释：《罗斯和希腊的条约》，科学院俄罗斯语言文学学部通讯 1924 年版，第 29 卷，列宁格勒 1925 年版，第 390 页。

[364]在《纪念和赞颂》弗拉季米尔王公一书中写道："弗拉季米尔公在自己父亲斯维亚托斯拉夫去世后的第 8 年——6486 年 6 月 11 日在基辅即位。"因此，《纪念和赞颂》弗拉季米尔王公一书的作者把斯维亚托斯拉夫的死定为 6478 年(970 年)。A. A. 沙赫马托夫在分析《往年纪事》文本后也发现斯维亚托斯拉夫死于这一年。(《考证》……第 132 页及前几页)

[365]更晚期的编年史接着还引用了斯维亚托斯拉夫头盖骨的金包皮上的如下题词。乌瓦罗夫编年史第 188 号(16 世纪的罗斯托夫编年史)写道："总想夺取别人的土地，而自己的国土任受蹂躏。"叶尔莫林编年史也说："总要觊觎他人领土，自己国土却遭到损毁。"里沃夫编年史说："总想在国外用

兵，由于自己贪得无厌而使本国备受掳掠。”再比较前面基辅人对斯维亚托斯拉夫的指责：“你呀，主公，总是谋求异国领土而珍惜之，却置自己国土于不顾。”（968 年条）很可能，题词的内容正是取自于这一埋怨。但是列宁格勒公共图书馆 №F. Ⅳ. 214 汇编（与特维尔编年史类似的编年史）除上面所引的题词外，还有下面一段话：“在佩彻涅格汗的财产中至今还保存着这个杯，当可汗及其王妃在宫廷床榻上用此杯畅饮时说：他是怎么一个人，其头盖骨在此，也像我们中成长的人，他的士兵头盖骨也被包上银皮，用作饮器。”这一记述似乎证明它的编写早在 11—12 世纪（试比较“至今……在佩彻涅格汗的财产中”——佩彻涅格人在编年史中最后一次被提到是在 1169 年）（请看伊帕季编年史）。

[366]根据伊帕季编年史，斯维亚托斯拉夫生于 6450 年（942 年），因此，他终年 30 岁（试比较罗斯年代记：“而总共只活了 30 年。”）

[367]在 1044 年条讲到奥列格·斯维亚托斯拉维奇的骸骨被挖出（如同雅罗波尔克的骸骨），迁葬到什一教堂。这位编年史家说“时至今日在奥弗鲁奇城郊还有他的坟墓”，有人推测这一条如果它是写于 1044 年之后，那又怎能不讲到上述迁葬的情况，还说奥列格的坟墓在奥弗鲁奇的城郊呢？可见，这段话是在 1044 年以前写的。

[368]这一年，在尼康编年史中还有下面一段出处不详的报道：“佩彻涅格人的王公伊尔杰亚来投奔雅罗波尔克，恳求效忠于其麾下。雅罗波尔克收留了他，以礼相待，并赐以城池。同年，希腊皇帝派使臣觐见雅罗波尔克，双方缔结了和平，永结爱心，并像以前在其父亲和祖父时那样，送给他一批贡礼。也在这一年，罗马教皇派使臣谒见雅罗波尔克。出现征兆。还是在这一年，发生了星辰昏暗、月食和日食，雷电轰鸣，极为可怕，暴风疾作，随来旋风，给人畜和野兽带来巨大的灾害。”

[369]弗拉季米尔通过诺夫哥罗德地方长官告诉雅罗波尔克要出兵打他，这有些像过去斯维亚托斯拉夫先警告自己敌人的风俗一样。在尼康编年史中，在弗拉季米尔那句话后还有下面一段：“雅罗波尔克听了自己弟弟弗拉季米尔的这个口信，大发雷霆，开始集结不少部队，他自己也是一位出色的勇士。他的大将勃卢德对他说：‘你的弟弟弗拉季米尔没有力量可以出兵与你抗衡，这就好像山雀对雄鹰宣战一样，别为他生气，也用不着为此兴师动众。’

这是狡猾的勃卢德对自己主公雅罗波尔克施展的小计，因为他已被弗拉季米尔用重金收买了。”

[370]拉夫连季编年史在1128年条根据民间传说描述了弗拉季米尔第二次求婚的故事：“据前所传，特引在此：罗格沃洛德在波洛茨克建立政权，并成为波洛茨克国的王公；而弗拉季米尔坐镇诺夫哥罗德，年轻莽撞，令人厌恶。他手下有位大将名叫多勃雷尼亚，威武勇猛。多勃雷尼亚被派去见罗格沃洛德，让他答应将其女儿许配给弗拉季米尔为妻。罗格沃洛德问他的女儿道：‘你愿意嫁给弗拉季米尔吗？’她答道：‘我可不愿意给女奴的儿子脱靴，不过我倒是愿意嫁给雅罗波尔克。’罗格沃洛德来自海外，把波洛茨克作为自己的地盘。弗拉季米尔听到‘我可不愿意给女奴的儿子脱靴’这句话后勃然大怒，埋怨多勃雷尼亚。弗拉季米尔怒不可遏，集合部队，进军波洛茨克，打败了罗格沃洛德。罗格沃洛德逃进城里。弗拉季米尔举兵攻城，并夺取城市，俘虏了他本人(罗格沃洛德王公)及其妻子和女儿。多勃雷尼亚痛骂他及其女儿，称她为奴隶的女儿，并让弗拉季米尔当她父母的面同她合欢，然后杀死了她的父亲，并强逼她嫁给弗拉季米尔，给她取名戈里斯拉娃，并生下伊兹亚斯拉夫。弗拉季米尔后来又娶了很多妻子，开始嫌弃她。过不久，当他来到她那里就寝入睡时，她想用刀把他杀死，他偶然被惊醒，抓住了她的手，她恳求宽恕说：‘这都是由于你杀死了我的父亲，强占了我们的土地——现在你又不再爱我和这个孩子’……他召集群臣讲了情况，群臣说：‘别杀她，为了这个孩子，给她一块领地，让她带上自己的儿子。’弗拉季米尔建了一座城市，并以伊兹亚斯拉夫命名……”拉夫连季编年史这段记载有很多地方和《往年纪事》的相应部分有些完全相似，但也有差别。拉夫连季编年史1128年条说弗拉季米尔还很孩子气(“детьску сущу”)，而《往年纪事》的980年条把这话删掉了。拉夫连季编年史1128年条说多勃雷尼亚为弗拉季米尔向罗格涅达求婚，并向弗拉季米尔发号施令，而《往年纪事》的980年条又删去了这些情况。A. A. 沙赫马托夫推测，1128年的叙述保留着最早的说法。在最古老的编年史中这段叙述大约是放在970年条(而不是980年条)，它直接放在讲到诺夫哥罗德人接来弗拉季米尔之后。当这段叙述被移到980年条时(原因不详)，不得不删掉说弗拉季米尔还是个孩子那句话，并去掉了多勃雷尼亚及其所起的领导作用，去掉弗拉季米尔对罗格涅达的野蛮凌辱行为，因为这是和编年

史家对"神圣的"弗拉季米尔的观念相抵触的。这样又出现了另一方面考虑不周的问题，此事很多研究人员都再三指出：弗拉季米尔立即得在两条战线上作战——反对基辅和反对波洛茨克。弗拉季米尔对基辅的征讨被讨伐波洛茨克的罗格沃洛德而中断(《考证》……第247—251页)。我们还注意到1128年的另一个情节，《往年纪事》列了弗拉季米尔和罗格涅达生的四个儿子：伊兹亚斯拉夫、姆斯提斯拉夫、雅罗斯拉夫和弗谢沃洛德，而1128年的说法是在弗拉季米尔和罗格涅达分手的时候只有一个儿子：伊兹亚斯拉夫。研究人员还注意到弗拉季米尔向罗格涅达求婚的故事和科尔松的传说有关部分很相似，即弗拉季米尔向科尔松王公的女儿逼婚的那一段(那里也有弗拉季米尔当她父母的面凌辱王公女儿的情节)。最后引人注意的还有弗拉季米尔向罗格涅达求婚的故事和关于多勃雷尼亚为弗拉季米尔求婚的壮士歌很相似。显然，两部编年史都是把民间创作的史料作为现实历史的基础。(Б. М. 索科洛夫"关于弗拉季米尔娶亲的史诗般的传说"，《国立萨拉托夫大学校刊，教育系斯拉夫史专集》，1923年，卷2，第3期)

[371]弗拉季米尔被称为奴婢的儿子，这是因为他的母亲玛卢莎，是奥尔加的管家(见前面970年条)。玛卢莎是马尔克·柳别恰宁的女儿，是多勃雷尼亚的妹妹，多勃雷尼亚是弗拉季米尔的舅舅和抚育者。罗格涅达不肯嫁给弗拉季米尔，并用一种形象的表述法：为丈夫脱鞋，表示新娘顺从的婚礼仪式一部分。

[372]编年史家这一简单的注释，显然包含着某种词源学方面的传说，它解释图罗夫这个名称和公国王朝的来源(就像解释基辅名称来源于当地基辅公基伊的名字，以及拉迪米奇人和维亚提奇人的名称来源于拉迪姆和维亚特科一样)。

[373]多罗戈日奇在基辅和维什戈罗德之间，但更靠近基辅，大约就在后来修建基里勒修道院(12世纪)的地方。伊帕季编年史1146年条讲到的这条"战壕"或壕沟残迹很可能指的就是它："伊兹亚斯拉夫来到壕沟旁，那里在舍尔沃夫树林附近有纳德湖。伊兹亚斯拉夫和自己儿子姆斯提斯拉夫就在壕沟附近扎营。"

[374]在《纪念和赞颂弗拉季米尔》一书中，弗拉季米尔登上基辅宝座和雅罗波尔克之死定为6486年(978年)。弗拉季米尔在基辅登基的时间精确

为6月11日。A.A.沙赫马托夫认为这个日期来源于最古老的汇编。应该注意到在11世纪中叶以前,《往年纪事》中没有一个非宗教事件的具体日期。只有那些在教会纪事中有反映的事件才有准确日期(如奥尔加归天——7月11日,杀害瓦兰人——7月12日,什一教堂净化仪式——5月12日,弗拉季米尔去世——7月15日,杀害鲍里斯——7月24日,杀害格列勃——9月5日,鲍里斯和格列勃的维什戈罗德教堂的净化仪式——7月24日,索菲亚教堂的净化仪式——11月4日,格奥尔基教堂的净化仪式——11月26日)。弗拉季米尔登基的日子和神职日历毫不相关,那么编年史家又从何得知其具体日子的呢?A.A.沙赫马托夫是这样解释的:最古老的编年史知道杀害瓦兰人父子的日期——7月12日(这日子保留在前言里)。如编年史家认为的那样,弗拉季米尔登基日和祭祀之间相隔一个月(瓦兰亲兵队在弗拉季米尔登基时向他索取"库纳",并"等了一个月";弗拉季米尔是在瓦兰凡亚亲兵队离开时去祭祀的),因此根据祭祀的日期——7月12日,古代编年史家就确定出弗拉季米尔登基日为6月11日。在后来的编年史中,这两个日期都去掉了。(《考证》……第26—27页)

[375]叶尔莫林编年史更详细地讲了这条谚语:"灾难像在罗德尼亚;兄弟相互残杀。"这里显然是利用词的协韵而编成的双关语(罗德尼亚城东斯拉夫语为"Родьня"——罗季尼亚,而"亲属"为"Родня"——罗德尼亚。兄弟本是亲属,而相互残害造成惨祸,故利用此协音编成双关语:"Беда как в Родне."——译者注)。

[376]尼康编年史在此处有下面补充:"勃卢德说:'他们都是王公宠爱之人(милостник)',而瓦里亚日科则说:'宠爱之人也不一样,也有笑里藏刀的毒蛇。你还是投奔佩彻涅格人,带回军队。"接着,尼康编年史讲的和拉夫连季编年史差不多。尼康编年史的补充从何而来——不详。不管怎样,"милостник"一词及其含义报道讲的是蒙古人侵前时期:此时它是指王公宠爱的人和亲信(未来的贵族成员)。与此同时,它也常用于完全相反的情况(下略)。

[377]瓦兰人对弗拉季米尔的不满情绪和他们去帝都的故事不是在民间传说的基础上写成的(在此故事中,弗拉季米尔被说成是吝啬鬼,而在民间传说中弗拉季米尔"爱大吃大喝",总是慷慨大方)。因此,不清楚编年史

是从何处取材的。A. A. 沙赫马托夫因而推测,这些事是从雅罗斯拉夫执政初期挪到980年条的。他对自己这种推断作如下论证:他推测,帮助雅罗斯拉夫战胜斯维亚托波尔克的瓦兰人,在1017年似乎像两年前在诺夫哥罗德(1015年)一样,在基辅也为所欲为。其结果是1017年在基辅发生了一场大火,这场大火在梅泽堡提特马尔编年史中曾有记载。似乎这种胡作非为的行动才促使雅罗斯拉夫放瓦兰人去拜占庭。编年史家似乎把这些事件(不知为什么)定为980年(《考证》……第480—483页)。但是也不可能说《往年纪事》以前所有关于弗拉季米尔和雅罗波尔克斗争的报道都取材于民间传说,所以M. H. 季霍米罗夫可能是对的,他推测某些事件已是在弗拉季米尔执政年代记述的("'罗斯'名称和'罗斯土地'的起源",《苏联人种志学》1947年,莫斯科—列宁格勒版,第6—7期合刊,第64及后几页)。正是980年后不久(虽然也不是马上),拜占庭筹建了一支特别的由瓦兰人组成的部队,这一情况是我们编年史把上述事件定为980年的一个重要依据(B. Γ. 瓦西里耶夫斯基《11—12世纪君士坦丁堡的瓦兰—罗斯的和瓦兰—英吉利的亲兵队》)。但是,就是在雅罗波尔克在世时写的编年史也不排除这种情况,即我们后来看到的在同时代事件的记述中有着明显的脱节(流传至今的对弗拉季米尔和罗斯洗礼的记述,显然不是同时代编年史家写的)。

[378]佩伦—雷电之神。普罗科匹厄斯(6世纪拜占庭历史学家)早就说过佩伦是古代安迪人和斯拉夫人之神。霍尔斯和达日博格——是太阳神,万事顺利平安之源。斯特里博格是风神(在《伊戈尔远征记》中风被称为"斯特里博格之孙")。西马尔格神的情况不详。有的研究者把他和伊朗神西穆尔格相比,如同把霍尔斯比作伊朗的胡尔希德——太阳。马科什可能和马克沙埃尔齐人的名称有关,它最初是部落之神。研究者推测,弗拉季米尔所建的缤纷繁杂的万神殿在很多方面是由于基辅国家部落成分繁杂所致。佩伦也被看成是"军队之神"——半封建的武装上层人物的庇护者,而其他所有神都是各部落不同的神,弗拉季米尔早在接纳基督教之前似乎要把对他们的崇拜统一起来,从宗教上巩固自己的国家,在弗拉季米尔"内宫大院"附近所建立的神像中没有沃洛斯——牲畜之神,斯拉夫人在和希腊人签订条约时就以此神的名义发誓。研究者把此神看成比军队之神佩伦更为"大众化"的神,他是

贸易和商人的庇护神,他们指出这尊神像立在基辅下城波多尔的市场中。A. A. 沙赫马托夫认为在最古老的编年史中这段是这样写的:“在内宫大院外的山岗上建立多尊神像。”后来才有这些神像的名字。A. E. 普列斯尼亚科夫注意到拉济维尔编年史和莫斯科科学院抄本,在这两个文本中不是写“多尊神像”,而是写“一尊神像”,他认为在最古老的编年史中最初只单独提到佩伦,这和以后讲的在诺夫哥罗德树立一尊佩伦神像的报道相吻合(《俄罗斯历史讲义》,第 1 卷,莫斯科 1933 年版,第 105 页)。然而,两位学者的论断都还没有超出推测的范围。

[379]在伊帕季编年史及其他编年史中都说这座神像是佩伦(“建立了佩伦神像”)。从诺夫哥罗德其他编年史和诺夫哥罗德当地传说中都说得很清楚,多勃雷尼亚正是在“佩雷尼”地方建立了佩伦神像。

[380]罗格涅达——波洛茨克公罗格沃洛德的女儿。顺便提一下,罗格涅达为弗拉季米尔生有一女名为普列德斯拉娃。显然,罗格涅达村后来就传给了她的女儿普列德斯拉娃,并由她而得名普列德斯拉维诺(即普列德斯拉娃村——译注)。弗拉季米尔娶罗格涅达的故事可阅《往年纪事》的 980 年条和拉夫连季编年史的 1128 年条。

[381]这里列举的弗拉季米尔儿子名单并不是在所有编年史中都是一样的。伊帕季编年史和莫斯科科学院抄本在斯维亚托斯拉夫名字后就没有姆斯提斯拉夫的名字。这显然是为了在弗拉季米尔众多的孩子中只留一位姆斯提斯拉夫。这一更改是不正确的,因为留下的只是大姆斯提斯拉夫,而从 1022 年出现在编年史中的姆斯提斯拉夫年龄却比雅罗斯拉夫小(参阅 1024 年条,他(弗拉季米尔——译者注)对雅罗斯拉夫说:“你坐镇基辅吧,你是哥哥”)。索菲亚第一编年史、诺夫哥罗德第四编年史及其他一些编年史把小姆斯提斯拉夫称为斯塔尼斯拉夫。后来,伊帕季编年史把斯塔尼斯拉夫写在斯维亚托斯拉夫之后。索菲亚第一编年史、诺夫哥罗德第四编年史和沃斯克列先编年史根据编年史 988 年条写道:“11. 苏季斯拉夫;12. 波兹维兹德。”最后这两个名字显然是从 988 年条列举弗拉季米尔孩子的名单中得来的:“因为他有 12 个儿子:维舍斯拉夫、伊兹亚斯拉夫、雅罗斯拉夫、斯维亚托波尔克、弗谢沃洛德、斯维亚托斯拉夫、姆斯提斯拉夫、鲍里斯、格列勃、斯塔尼斯拉夫、波兹维兹德、苏季斯拉夫。”A. A. 沙赫马托夫认

为(《考证》……第136—138页),980年条列举的儿子名单取自988年条,他推测,最初根据所谓《科尔松传说》的资料只是说弗拉季米尔“淫乱无忌”。但是A.A.沙赫马托夫根据对编年史家心理上任意推敲得来的看法,说服力不大。这种看法也不能解释为什么又提到了988年条名单中没有的弗拉季米尔的两个女儿。同样,按弗拉季米尔的妻子来分别列举儿子的名字这一点,要说是从988年条中得来的,也难以令人信服,因为在988年条里并没有如此排列。

[382]虽然《往年纪事》把列举的城市称为波兰的城市(“他们的城市”),但其意义只是指这些城市在弗拉季米尔远征前的国家归属,而不证明这些城市居民的种族成分。Б.Д.格列科夫院士写道:俄罗斯学者和波兰学者之间争论的关于在《往年纪事》对西乌克兰称之为“切尔文城市”的那部分土地居住的是什么民族——俄罗斯族还是波兰族的问题,我觉得自己倾向于俄罗斯族,理由有三:1)这一带的古代居民是东斯拉夫族的分支,即杜列勃人;2)考古学、语言学和法学的资料都说明从喀尔巴阡山脉到第聂伯河具有统一的文化;3)这个地区的当今乌克兰居民,主要一些农业居民都不是外来的,而是土著居民:从哪儿也得不出在乌克兰人以前这里曾居住过波兰人。波兰想侵吞这片土地的愿望昭然若揭。看来,在10世纪前就开始了基辅国家和波兰的斗争。当编年史家说:“夺取了他们的城市”,看来它指的是波兰人兴建的或波兰军队刚占领的城堡,这是波兰人力图东进的结果,侵占了大片土地(Б.Д.格列科夫《基辅罗斯》,莫斯科—列宁格勒1949年版,第467页)。布拉格的科西莫说,这片土地原属于捷克,而不属于波兰(持同样观点的有伊勃拉基姆—伊本—雅库勃、A.库尼克和B.罗津。《阿利—别克里及其他作者谈罗斯和斯拉夫人》,卷1,《科学院论丛》附录,第32卷,第47—49等页)。当然,可能喀尔巴阡山脉的某一部分此时曾属于掌握克拉科夫的捷克,但是“切尔文的城市”在此时期从来都未曾牢固地归属于波兰或捷克的版图。(B.B.马夫罗金:《古罗斯国家的形成》,列宁格勒1945年版,第298页)

[383]随后读到的关于第一批瓦兰人殉难者的故事和罗斯洗礼的故事有着紧密联系。看来,它们属于同一人之手笔。两者均把罗斯多神教徒称之为“愚昧之人”。这在其他史料中是罕见的,并且两处均有类似的对魔鬼的抨击:

关于瓦兰人的故事	关于罗斯洗礼的故事
魔鬼为此而高兴，岂不知他的末日已经临头。这样，他企图把整个基督教族加以毁灭，但是他却已被真诚的十字架从其他一些国家所赶走。而在这里万恶的家伙原想可以为自己获得安身之处，因为圣徒们没有在这里传教，先知者也没有在这里作过任何预言……即使信徒们自己也没上这里来过，然而他们的教义如同号声一样响彻全世界的教堂里。	只有这些被拯救的灵魂才能看到天上和人间的幸福，而魔鬼说："天哪，我要把他们赶走！我想在这里获得安身之处，这里没有圣徒们的传教，也没有圣明的上帝，人们祭祀带来的欢乐由我来享受。但它已被愚昧所征服，而不是被圣徒，被殉难者，它已在这些国家里失去了统治权力。"

在谈论被崇拜的人物（一方面是瓦兰人，另一方面是德国传教士）的两个故事中也有类同的情况：

关于瓦兰人的故事	关于罗斯洗礼的故事
这不是神，只不过是一块木头……上帝只有一个，希腊人信奉并崇拜他，是他创造了天地、星辰、日、月和人……而这些神却干了些什么呢？它们自己还是被做出来的。	我们崇拜上帝，是他创造了天和地、星辰、月亮和能呼吸的万物，而你的神只是块木头而已。

A. A. 沙赫马托夫推测，关于瓦兰人殉难者的这段叙述早于关于罗斯洗礼的叙述，并且后者有赖于前者，同时他认为这是出于对两篇故事叙述"得体"的考虑。但是，两个故事相似的原因不在于其中一篇对另一篇产生"影响"，而是由于两篇的作者都属于一人，并都收入一部著作中：《关于基督教最早在罗斯传播的传说》。关于罗斯第一批殉难者的故事在7月12日的前言中有较详细的讲述，其中还指出小瓦兰人的名字——约安，显然由此传入后期的编年史中（在索菲亚第一编年史、诺夫哥罗德第四编年史、尼康编年史、沃斯克列先编年史、特维尔编年史等都曾提及伊凡这个名字）。可能，年长的瓦兰人的名字叫图雷（A. A. 沙赫马托夫："如何称呼第一位罗斯的基督教殉难者"，《科学院俄罗斯语言文学学部通讯》，1907年第9期）。

[384]艺术史学家感兴趣的是，起源于15世纪30年代诺夫哥罗德—索

菲亚汇编的那些编年史中所作的补充：它解释木头神像是如何做成的：是“用钺和刀雕刻而成”（索菲亚第一编年史）。

［385］前廊是二楼有房顶的回廊。前廊的下面一般有支柱，有室外楼梯通向前廊。前廊的结构相当宽敞，王公们常常在那里开会或接见客人。当1068年基辅人起义时，大公和亲兵队就是在前廊开的会。1150年在别尔戈罗德，鲍里斯公就是在前廊为神职人员和亲兵队举行宴会。

［386］拉迪米奇人当时已被奥列格和斯维亚托斯拉夫所征服。如同拉迪米奇部落研究专家Б. А. 雷巴科夫指出的那样，这里显然不是指弗拉季米尔因拉迪米奇人起义或分离所进行的讨伐战争，而是指弗拉季米尔及其亲兵队在征贡时与拉迪米奇人发生的冲突。请参阅雷巴科夫文章“拉迪米奇人”，（白俄罗斯科学院）《考古委员会通报》，卷3，1932年单印本。有的人说这是奥列格时期的事情被挪到弗拉季米尔执政时期的（M. C. 格鲁舍夫斯基），还有的人说这是探讨民间谚语来源的一种传说而已（B. A. 帕尔霍缅科），但这些论点都没有可靠的根据。整个故事给人的印象是根据民间传说写成的（可参阅文中引用的谚语）。

［387］弗拉季米尔的先锋名叫沃尔奇·赫沃斯特（Волчий Хвост），俄文意思是狼的尾巴，他在皮向河畔打败了拉迪米奇人，才有“皮向人见狼尾就四散逃跑”的谚语。东斯拉夫语为：“Пищаньци волчья хвоста бѣгаютъ”，前置词可以省略，实际上是指“бегают от волчьего хвоста”——译者注。

［388］弗拉季米尔征讨的是哪个保加尔人：是伏尔加河流域的保加尔人，还是多瑙河流域的保加尔人，问题并不清楚。古文献《纪念和赞颂》弗拉季米尔所说的为前者提供了证据，书中谈到弗拉季米尔出征“谢列勃梁的”（即伏尔加的）保加尔人。但是，文中提到二路进军：乘船和“骑马”——这好像又是在说出征多瑙河的保加利亚人（如果说乘船去征讨伏尔加的保加尔人是不可能的）。这种分二路进军讨伐多瑙河的保加利亚，编年史在描述斯维亚托斯拉夫·伊戈列维奇执政时期曾提到过（参阅斯维涅利德劝告他说：“大公，可以一面随着骑马前进”）。B. H. 塔季舍夫谈到弗拉季米尔出征保加利亚人和“塞尔维亚人”，这种情况显然只有在讲征讨多瑙河的保加利亚人才可成立。然而，这里的“塞尔维亚人”是塔季舍夫一个明显的笔误，他误解了史料中的“谢列勃梁的”一词。此外，所有后期的编年史都异口同声地说是远

征伏尔加的保加利亚人。尼康编年史说：弗拉季米尔进犯下游的(即伏尔加流域的)保加利亚人，罗斯年代记也是如此。沃斯克列先编年史对保加利亚人还有所解释："他们生活在伏尔加河流域。"关于弗拉季米尔正是出兵征讨伏尔加的保加利亚人的(详细论证可参阅 Б. Д. 格列科夫的著作《9—10 世纪伏尔加流域的保加利亚人》,《历史论丛》1945 年第 14 期，第 13—14 页)。全篇故事显然来源于民间口头创作。多勃雷尼亚说："去找穿树皮鞋的人"，似乎在讲这故事还有后音。可能，弗拉季米尔和他舅舅多勃雷尼亚远征的故事有几种民间的口头传说。

[389]托尔克人只是在 11 世纪中叶才出现在南罗斯草原上。后来，托尔克人常常是罗斯人的盟友。看来，这次和弗拉季米尔一起出征的还有一支佩彻涅格人组成的辅助部队；写于 11 世纪下半叶的编年史称他们为"托尔克人"。可能编年史家据以写成 985 年的故事那个民间传说就是把佩彻涅格人称为托尔克人的(在赞颂弗拉季米尔的一系列民间壮士歌中也有这种类似的代替：把后期来到的鞑靼人称之为佩彻涅格人)。

[390]尽管弗拉季米尔考察各种信仰的整段故事都是以教诲性的著作格式写的，其目的是使读者以他们的头领(此处是弗拉季米尔公)为榜样接受基督教，但是这并不意味着编年史的论述就没有任何史实的依据。这像在中世纪常见的现象一样，一般通用的宗教书籍中也常收进许多现实事件的故事，特别是 13 世纪穆罕默德 · 阿里 · 奥菲写的阿拉伯《趣闻录》，那里有一段讲布拉米尔(即弗拉季米尔)派使臣去霍瓦里兹姆(罗斯编年史上称赫瓦利瑟)"了解"伊斯兰教的故事和另一段关于伊斯兰教的伊玛目派使者到罗斯向罗斯人布道的故事。(俄罗斯考古协会：《东方部论丛》第 9 卷，圣彼得堡 1896 年版，第 262—267 页)

[391]在后来的(特维尔、利沃夫、尼康)编年史说的是"彼得和保罗"。

[392]亚伯拉罕的儿子——以撒，以撒的儿子——雅各(又名以色列——"神的角斗士")。他们是传说的犹太人祖先。

[393]当然，这里说的是巴勒斯坦和耶路撒冷(参阅前面提到的耶路撒冷)。耶路撒冷在 1099 年首次被十字军占领，并一直被统治到 1187 年，才由埃及苏丹撒拉丁从基督徒手里夺了回来。(A. B. 埃瓦洛夫"罗斯编年史中关于巴勒斯坦的资料",《东正教巴勒斯坦协会报道》，1906 年，第 17 卷，第 3 期)。

从此可以得出结论:在编年史中,弗拉季米尔和犹太人的对话不能早于1099年。Я. С. 卢里叶把我的注意力引到下面可资证明这一推测的情节上:弗拉季米尔和四大宗教的代表者(伊斯兰教教徒、天主教教徒、犹太教教徒和希腊东正教教徒)进行了信仰的辩论,可是他却只往三处(伊斯兰教教徒、天主教教徒和希腊东正教教徒)派出使团。如果把弗拉季米尔和犹太人的争论看成是后加的,那这就是弗拉季米尔的争辩和他派使团之间没有我们所期待的相对应的原因。

[394]后期的一些编年史(诺夫哥罗德第四编年史、索菲亚第一编年史)还提到这位"哲学家"的名字"基里尔"。

[395]随着"哲学家"这一席高谈阔论(更准确地说是哲学家和弗拉季米尔的对话),是传说的人类一段"历史"命运的叙述,它从"创世"及第一个人亚当"降生",到耶稣及其弟子生平事迹为止,其中还扼要地讲了世界未来的末日和"可怕的审判"。"哲学家"是否真在弗拉季米尔面前讲过"这段话",早就有人怀疑。在有的地方"哲学家"被称为君士坦丁,在另一些地方又称为基里尔。这就引人猜测,"哲学家"应是君士坦丁—基里尔——斯拉夫人的施洗者。这给 B. И. 拉曼斯基提供根据,他认为哲学家君士坦丁的话属于君士坦丁在可萨传教团时期讲的,当时他似乎主持了罗斯人的洗礼(B. И. 拉曼斯基:《基里尔的斯拉夫传记是史料,一部宗教叙事诗》,彼得格勒1915年版,第176及以后几页)。另一方面,A. A. 沙赫马托夫认为,"哲学家的话"最初是对保加利亚国王鲍里斯说的,这是在福提乌斯大牧首时期,"哲学家"(这里已不是君士坦丁—基里尔,而是美多德)为保加利亚王洗礼(在弗拉季米尔一世的教堂规章中说,后者〔弗拉季米尔〕也接受了福提乌斯主持的洗礼)。似乎是通过保加利亚某部(未流传至今)的编年史把这位美多德"哲学家"最早对鲍里斯说的话传到罗斯,而被说成是给弗拉季米尔洗礼了(《考证》……第154页)。确实,"哲学家的话"只是表面按在弗拉季米尔头上的。它在文体上属于广泛流传的希腊传教士为多神教徒国王洗礼的作品,它是基督教教诲性著作中流行的所谓苏格拉底式的对话。在二人:多神教徒(一般是国王、王公、哈里发)和希腊主教之间——进行一场关于信仰的辩论。在这场辩论中多神教徒只是提出不多的几个简单问题(他一般不反驳,只是发问)。故事主要是基督教徒冗长而详细的对问题的回答。基督教徒阐述东正教的基本教义。

辩论的结局是多神教徒被自己谈话对手所说服而接受基督教(试比较格里戈里·奥米里茨基传记中大主教格里戈里和叶列凡的辩论,帕纳基奥特和阿齐米特的辩论,特别是弗多尔·埃杰斯基传记中哈里发莫阿维和费多尔的辩论)。大部分此类作品都是教诲式的:阐述基督教基本教义和说服臣民以其头目(哈里发、王公等)为榜样接纳基督教。"哲学家的话"也属此种体裁(详细可参阅 Д. 利哈乔夫《罗斯的编年史》,1947 年莫斯科版,第 72 页及以后几页)。从"哲学家的话"所用语言来看,它是在罗斯编写的(试比较俄语的一些词,如"вымчати","уй"等)。它与所谓罗斯详解旧约书有很多相似之处(古罗斯大部头的文学著作,根据各种不同的史料叙述犹太人民在大卫统治以前的历史;"палея"一词是希腊语,意为"旧约")。但是早已发现,详解旧约本身就使用了罗斯编年史的资料;"哲学家的话"和详解旧约相同之原因就是详解旧约故事是从前者借用而来。另一部罗斯古籍——简本旧约也和"哲学家的话"有相似之处。B. M. 伊斯特林(《详解旧约校勘》,圣彼得堡 1907 年版)和 A. A. 沙赫马托夫(《往年纪事》及其史料,苏联科学院历史研究所古代手稿和文献部著作集,卷 4,1940 年,第 132 及以后几页)的研究表明,这些作品雷同情况的产生是由于"简本旧约"和"哲学家的话"都使用相同的史料——罗斯编纂的年代记(B. M. 伊斯特林提议把它称为"大年代记")。这部罗斯编纂的年代记还反映在编年史的其他地方。H. K. 尼科尔斯基院士认为,"哲学家的话"最初是以特殊著作的形式出现,并反映出两部古罗斯著作:《全世界生活的故事》和《旧约中犹太人的故事》。他认为这两部著作就成为编年史性质的"哲学家的话"的基础(《关于弗拉季米尔的编年史传说的史料问题》,基督教读本,1902 年 6 月罗斯作家定期名册及其著述,圣彼得堡 1906 年版,第 6—16 页)。但是,H. K. 尼科尔斯基所指的著作本身就是编年史的加工,因此"哲学家的话"是根据罗斯编纂的年代记以传统的形式编写的罗斯作品,其目的是在罗斯宣传基督教。很可能,它就是《关于基督教最初在罗斯传播的传说》的作者本人所为(参阅《历史文学教程》)。其主要史料——罗斯编纂的年代记向我们表明,为什么"哲学家的话"在旧约事件的叙述中有时比圣经更近似哈马托罗斯编年史或伪经著作(教堂禁书)。后期的编年史(苏兹达尔的佩列雅斯拉夫利编年史、尼康编年史等)给"哲学家的话"添枝加叶,补充的内容改变了文本的面目,这些补充由于其特殊的史料性质,没有历史价值,下面

不再提及。“哲学家的话”虽为历史资料，但没有得到充分的研究。这是因为旧的贵族和资产阶级科学界极力掩饰和贬低那些异端成分或基督教中的民间成分、伪经、非官方观点，这些东西在古罗斯教会作品中是很特出的。这些著作的深入研究将来无疑会发现伪经和异端影响的许多痕迹，这会更深地接触罗斯基督教起源的问题。看来，基督教在罗斯出现不仅是通过官方途径。下面在对“哲学家的话”的注释中提出对其研究的一些初步材料，它指出“哲学家的话”和《圣经》的不同之处。

[396]在《圣经》(“创世纪”第一章，10—11 节)中内容有所不同：“上帝把大陆称为土地，而把集聚一起的水称为海洋。上帝认为这样很好。上帝说：让土地披上绿装，种子长出青草，树木结出果实，下种的种子不同就结出各自不同的果实。一切也就这样。”

[397]《圣经》中没有这句话。(参阅“创世纪”第一章，第 15—19 节)

[398]《圣经》中没有这句话。

[399]《圣经》中没有这句话。

[400]《圣经》中没有这句话。

[401]两只鸟给亚当和夏娃作埋葬示范的故事是伪经上记载的。

[402]哈马托罗斯《编年史》对埃及的度量单位有所论述(B. M. 伊斯特林《哈马托罗斯编年史》，卷 1，彼得格勒 1920 年版，第 55 页)，它就成为“哲学家的话”这一评语的基础。

[403]《圣经》中在讲建造巴比伦塔时没有提到涅夫罗德长老的名字。传说中的涅夫罗德是巴比伦的建筑师(但不是巴比伦塔)和天文学的发明者，哈马托罗斯曾提到他(B. M. 伊斯特林《哈马托罗斯编年史》，卷 1，彼得格勒 1920 年版，第 33—34 页)。

[404]在《圣经》一书中，关于亚伯(第 11 章)没有这些情节。这些情节是从罗斯编纂的年代记中传入哈马托罗斯编年史的。(B. M. 伊斯特林：《哈马托罗斯编年史》，卷 1，彼得格勒 1920 年版，第 57 页)

[405]从这些话中可以看出对罗斯多神教的含蓄的抨击，因为崇拜小树林、水井和河流正是罗斯多神教的特征，这在任何描写犹太人民历史的中世纪作品中都是没有见过的。试比较初始汇编(在诺夫哥罗德第一编年史中)，在基伊、塞克和霍里夫的故事中关于波利安人的描述说：“他们像其他多神教

徒那样，祭祀湖泊、水井和小树林。”

[406]据《圣经》记载，他拉不是西鹿的儿子，而是拿鹤的儿子。

[407]从“亚伯拉罕开始醒悟”到“上帝因此十分钟爱亚伯拉罕，对他说”，在圣经中没有这一段。哈马托罗斯编年史中相应的故事也和我们编年史的材料相距甚远。(B. M. 伊斯特林：《哈马托罗斯编年史》，卷1，彼得格勒1920年版，第81页)

[408]在《圣经》中没有和这段相应的故事(从“摩西搂住法老的脖子”到“他会亲自毁灭整个埃及”)，它是从罗斯编纂的年代记中收入到伪经摩西传的。摩西传中说3岁的摩西从法老头上摘下皇帝的桂冠，把它戴在自己的头上；又说术士如何劝说法老把小孩处死。但是上帝派大天使加百列下凡，变成一位大臣说服了法老，借助宝石和烧红的木炭来测试摩西的智慧。如果摩西去拿宝石，那可认为这孩子很聪明，因而他对法老会构成威胁；然而，如果他伸手去抓木炭，那他就可赦免一死。在测试时，大天使加百列让摩西的手伸向木炭。小孩把木炭放进嘴里，烧伤了舌头，从而保全了自己的小命。

[409]这段故事(从“穿越沙漠”到“各种深奥的知识”)是从罗斯编纂的年代记中收入伪经摩西传的。在《圣经》中没有与其相应的段落。

[410]圣经(第32章，“出埃及记”)中说：摩西铸造了一尊全身的牛犊。关于“牛犊”头则是去过巴勒斯坦的罗斯朝圣者说的。在那里的绍埃勃山谷，他们参观了这尊“牛犊”头(16世纪俄罗斯旅行家—商人瓦西里·波兹特尼亚科夫也曾见过那尊“牛犊”头)。可能，“哲学家的话”此处源于叶皮法尼耶娃写的《耶路撒冷及其古迹的故事》。(A. 艾纳洛夫：“罗斯编年史中关于巴勒斯坦的某些史料”，《东正教巴勒斯坦协会通报》，1906年，卷17，第3分册)

[411]原文为“въ Еньданѣ”，在圣经中相应地方写的是“в Дане”(“但”)，希腊文是 έγ Δόγ。哈马托罗斯编年史的罗斯译文也错误地译成“в Ендане”。在“哲学家的话”中，这一错误译名来自罗斯编纂的年代记，“哲学家的话”的罗斯编者把它作为史料使用。这一罗斯编纂的年代记基本上使用的是希腊哈马托罗斯编年史的俄译本。

[412]这一说明很像《往年纪事》(伊帕季编年史)在1114年条所作的解释：格费斯特——“又称斯瓦罗格”；格利奥斯——“它又称达日博格”。编年史家常用较熟的神来注释较陌生的神。由此可见，希腊战神阿瑞斯对罗斯编

年史的读者来说要比巴力神更熟悉。与此相关的是 И. И. 托尔斯泰院士所指出的下面情况甚为重要：在黑海北部的希腊殖民地上，如粗刻材料所表明的，崇拜阿瑞斯的现象特别普遍。因此，编年史家此处所作的注释，看来能够证明罗斯居民和黑海北岸的希腊城市早已有了文化联系。

[413]耶稣所收的 12 门徒是：彼得、安得烈、雅各（西庇太之子）、腓力、约翰、巴多罗买、多马、马太、雅各（亚勒腓之子）、达太、西门和犹大——译者注。

[414]有趣的是在“哲学家的话”中对此一切恰是什么也没说，尽管在给弗拉季米尔看“帷幔”时，哲学家本可以好好介绍一下这种情况的。这是否表明“哲学家的话”已作过某些删减了呢？

[415]两位皇帝共同执政：“保加利亚斗士”的瓦西里二世（976—1025年）和其弟君士坦丁八世（976—1028 年）。

[416]群臣在这里回答的是那个问题——不清楚：此处上下文并没有向他们提什么问题。A. A. 沙赫马托夫认为这是对此条一开始时（987 年条）弗拉季米尔问群臣：“你们有何高见？该怎么去答复呢？”的回答。A. A. 沙赫马托夫认为弗拉季米尔问及群臣回答的整段关于出使的谈话是后加的，它在初始汇编中就有，为的是把洗礼的时间拖后，从 986 年弗拉季米尔和哲学家的交谈转到 988 年弗拉季米尔远征科尔松的叙述。（早于初始汇编的最古汇编说，弗拉季米尔是于 986 年在基辅受洗礼的；而随后的编年史家决定用科尔松受洗之说，此说认为弗拉季米尔于 988 年在科尔松接受洗礼，以此来修改弗拉季米尔受洗的故事，所以编年史家把拖延弗拉季米尔洗礼时间这一段加进去了；参阅《考证》……第 133—161 页）

[417]下面讲的所谓“科尔松传说”（关于弗拉季米尔·斯维亚托斯拉维奇在科尔松接受洗礼的传说），按 B. Л. 科马罗维奇的大概猜测，是从黑海北岸地区流传的民间口头创作吸收进编年史的（《俄罗斯文学史》第 1 卷，苏联科学院文学研究所 1941 年版，第 271 页）。看来，它是由佩切拉修道院僧人尼康把它写进编年史的。尼康曾两次旅居在特穆托罗坎，他把黑海北岸许多其他的传说以及在他第一次居住在特穆托罗坎期间（1061—1067 年）所发生的科尔松事件收入编年史。尼康（A. A. 沙赫马托夫认为他不是初始汇编的编者）在把“科尔松传说”收进编年史时，不得不把以前的《基督教在罗斯初期传播的故事》重新作了安排，因为按原来的说法弗拉季米尔是在考察信仰后

不久就在基辅接纳了基督教。尼康在批驳自己前辈的说法时写道:"有的人不了解实情,说是在基辅受洗,另一些人又说是在瓦西里耶夫"(988 年条)。在尼康的"科尔松传说"中有很多民间口头创作的情节,可证明传说的口头来源。按地形学考证,传说无疑来自黑海沿岸地区。传说中具体指出科尔松城有从城外水井引水工程的情节,指出弗拉季米尔受洗礼的圣瓦西里教堂的所在地,还指出弗拉季米尔邸宅的所在地,并说这些古迹"一直保留至今"等等。尼康为了把"科尔松传说"写进编年史,不得不采用了一系列人为的手法,把 986 年弗拉季米尔的洗礼推延到 988 年科尔松远征时期。A. A. 沙赫马托夫(《考证》……第 396 页)和 M. Д. 普里谢尔科夫(《10—11 世纪基辅罗斯宗教政治史纲》,圣彼得堡 1912 年版,第 274 及以后几页)企图把"科尔松传说"看成是希腊对弗拉季米尔的抨击,我认为这个论点是错误的。确实,多神教徒弗拉季米尔在攻下科尔松城时,当着父母面凌辱了科尔松王公的女儿,并把她赏给自己的亲兵为妻,然后又杀死了科尔松王公及其夫人。后来弗拉季米尔并没有马上实现自己洗礼的诺言,为此上帝以双眼失明"惩罚"了他,只是在他接受洗礼时才重见光明。然而,以当时基督教的观点看,不管多神教徒弗拉季米尔的罪孽有多深,他也不应为此受到指责,相反弗拉季米尔在洗礼前的道德水准越低,他接纳基督教的功绩就越大,他所经受的转折也更大,从而其洗礼行动的本身也就更"伟大",只有这样才能更突出洗礼而得到拯救的思想,这就是为什么基督教文学才如此喋喋不休地描述洗礼带来的那种道德上彻底转变的一类故事(例如,在编年史中弗拉季米尔不止一次地被与希腊"施洗礼者"、"功德如圣徒"的君士坦丁的类似"道德上彻底转变"相比较)。"科尔松传说"所叙述的许多事实(如弗拉季米尔远征科尔松,占领科尔松城,弗拉季米尔娶希腊公主为妻)同样又被拜占庭、阿拉伯的史料及当代事件所证实。不过,拜占庭史料把弗拉季米尔远征科尔松和占领该城定为 989 年(B. Г. 瓦西里叶夫斯基:"罗斯—拜占庭文摘",《国民教育部杂志》,1876 年第 3 期;И. A. 林尼琴柯:"罗斯洗礼的当时情景",《基督宗教科学院文集》,1886 年第 12 期)。《纪念和赞颂弗拉季米尔》一书所记载攻占科尔松的日期也相同(989 年)。根据该书记载,弗拉季米尔在基辅接受了洗礼,洗礼后活了 28 年——因此,他受洗的时间应是 987 年(6495 年),而攻占科尔松是在洗礼后的第三年夏季,即在 989 年(6497 年)。

[418]лиман 希腊文是 $o\lambda\mu\lambda\eta\upsilon$——港口、码头。这里用的是希腊术语，表明笔者对科尔松情况十分熟悉，并是亲身经历。

[419]一箭之地是箭从弓上射出的距离，这一距离是相对的。达尼尔在自己《游记》(12 世纪)中就曾指出其相对性：一位好弓箭手从山上射 4 次，在平地射 8 次之均距。Л. В. 切列普宁认为一箭之地的平均值是 60—70 米。(《罗斯度量衡学》，莫斯科 1944 年版，第 26 页)

[420]甚至比《往年纪事》还先问世的《非凡的弗拉季米尔传记》和初始汇编(反映在诺夫哥罗德第一编年史中)则说法不同：射箭之人是瓦兰人日季别伦。科尔松城陷落后，弗拉季米尔奖赏了他。这位日季别伦是不是 980 年从基辅出走的那些瓦兰人中的一员呢？如真如此，那事情的发生也就很自然了；况且作为一位神职人员(见后述)的阿纳斯塔斯未必能从城墙上把箭射出。

[421]射箭投书——这是古代传递信息的惯用方法。例如，在歌颂瓦西里·布斯拉耶维奇的壮士歌中，最后一段写道：

“他开始造箭，

开始在箭上书写：

‘谁想不再过那忍饥挨饿的日子，

就去投奔瓦西里大院。’”

(А. Ф. 基利费尔金格：《奥涅加壮士歌》，卷 1，1949 年，第 404 页)

[422]特维尔编年史在这段情节后紧接着还有下面一段话：“他们俩来到妹妹处，对她说：‘弗拉季米尔向你求婚。’她回答：‘我不愿意嫁给一个异教徒’；他们就劝她说：‘难道你不愿听从主的旨意去教化他和他们的国土吗？这能拯救我们的城市免遭蹂躏，你自己也会从上帝那儿得到桂冠。’”

[423]《弗拉季米尔传记》和编年史上说的不同，传记中说弗拉季米尔洗礼时痊愈的不是双目失明，而是“瘟疫”。

[424]各编年史对弗拉季米尔受洗的教堂众说纷纭，例如，伊帕季编年史说弗拉季米尔是在索菲亚教堂受洗的。诺夫哥罗德第一编年史(反映初始汇编)说是在“圣瓦西利斯卡”教堂，拉济维尔编年史说是在圣母教堂。诺夫哥罗德第四编年史、索菲亚第一编年史、沃斯克列先编年史及年代记等源于莫斯科汇编的福提编年史(1423 年或 1418 年)都说弗拉季米尔受洗的教堂是

雅各教堂，与《弗拉季米尔传记》和《尼科拉圣像转送梁赞记》的一个版本相同(可比较列宁图书馆珍藏的16世纪抄本，沃洛科姆卷№523)。编年史记载的弗拉季米尔在瓦西利斯卡教堂施洗的说法较为可靠，它是希腊文 τò βαδιλιχόυ(巴齐利卡——教堂)误读的结果，后来进一步误读成为"圣瓦西里"教堂了。

[425]伊帕季编年史说是"举行订婚礼"。尼康编年史还有一段描述宴请的补充："对穷人、乞丐、云游僧人、孤儿、孀妇大为施舍，沿街都摆有盛满葡萄酒、蜂蜜、饮料、鱼、肉及各种菜的容器；谁愿意，都可任意高高兴兴地饱餐一顿。"接着，描述弗拉季米尔的统治。尼康编年史曾不止一次地描绘弗拉季米尔喜欢大摆宴席。——显然，它是根据壮士歌中弗拉季米尔的这种形象。尼康编年史在描述宴请后，又有一段来源不明的文字："以后，弗拉季米尔派使臣去希腊觐见帝都的大牧首——圣徒福提乌斯，从他那里为全罗斯请来第一任总主教到基辅，那就是基辅和全罗斯的总主教米哈伊尔。这位总主教知识极其渊博，智力超群，体格健壮；出身于西林；他为人忠厚纯朴，待人和善，但他吩咐事情时，有时十分严厉。弗拉季米尔十分敬仰他，多年来和他一直友好相处，众人喜悦，敬奉神灵。弗拉季米尔受到自己总主教的祝福，他在科尔松山上建了一座教堂，有石级通往市中心；此教堂至今还在。自此，希腊皇帝的使臣怀着崇敬的心情，带着贵重礼物多次来访；罗马教皇也派使臣前来，并送来圣徒干尸奉献给弗拉季米尔。佩彻涅格人的王公麦季盖也来觐见弗拉季米尔，并接受了圣父、圣子和圣灵的洗礼。后来弗拉季米尔为了王后把夺取的科尔松城还给希腊。"尼康编年史谈到罗斯第一任总主教米哈伊尔的情况，其材料来源难以推测。诺夫哥罗德第一编年史开列的总主教名单，开头的是狄奥佩姆普特，此人在拉夫连季编年史上也曾提到，不过他在那里是雅罗斯拉夫利的罗斯总主教。后期编年史(16世纪)所列的总主教名单是这样的：米哈伊尔、立奥、约翰、狄奥佩姆普特。还有另一种名单：立奥、米哈伊尔、约翰、狄奥佩姆普特。米哈伊尔和立奥(或立奥特)在弗拉季米尔教堂法规的其他版本中也曾被提及，里面还指出这第一位总主教(米哈伊尔或立奥——立奥特)来自"大牧首福提乌斯"，福提乌斯确实比弗拉季米尔早100年。有的研究人员(如E. E. 戈卢宾斯基、A. A. 沙赫马托夫等)因此推测，作为第一任罗斯总主教的米哈伊尔来自860年罗斯受洗的传说，而立奥名字来自保加

利亚人受洗的传说,但是基辅总主教约翰在有比米哈伊尔和立奥更早的史料中就已被提及:关于鲍里斯和格列勃的各种传说。鲍里斯和格列勃的记述不能忽视,因为它基本取材于维什哥罗德教堂的记事(试比较《鲍里斯和格列勃读本》、《关于鲍里斯和格列勃的传说及为他们所举行的教堂祭祀仪式》:《鲍里斯和格列勃传记》,Д. И. 阿勃拉莫维奇主编,彼得格勒 1916 年版,第 17—19、53—55、136 页)。但是,这些文献的叙述各有不同:约翰在有的地方被称为总主教,有的地方被称为大主教。看来,约翰真正的称号是"大主教"。后来,当总主教称号已固定给基辅教堂的总头目时,才把约翰称为总主教,但名次在后。

[426]下面一段是对信仰的训导,它包括:1)信条;2)世界会议的传说;3)反对拉丁人的论战性文章。这篇训导作为史料还没有得以很好的研究。其实它对古罗斯基督教有重要记述:与古罗斯多神教暗中的论战;异端的残迹(参阅"我信仰独一无二的圣父上帝……"的注释)。资产阶级学者力图掩盖"训导"的这些特点。A. A. 沙赫马托夫在自己《往年纪事》的版本(彼得格勒,1916 年)中按正规史料仔细校正后,甚至修改了教堂的文本,例如 A. A. 沙赫马托夫在弗拉季米尔考察信仰一段这样写道:根据东正教的教条原理,"子就是和现存的子一样,其内在意义和父相同",而在编年史的所有抄本中写的是"圣者是和现存的子一样,其内在意义和父相同"。其他一些学者也持类似的观点。

[427]这里所提的"信条"和 1073 年斯维亚托斯拉夫汇编中写的"信条"译文有一定的差别。特别是编年史中出现了半阿里乌斯派(异端)的表述:把"единосущен"(一体)说成是"подобосущен"(一样)(可能是由于译者错误地把 ὁμοόυσιοζ 看成是 ὁμοτοúστoc)。M. И. 苏霍姆林诺夫指出,编年史的信条是希腊著作中从更广义上所阐述的那种信条,如米哈伊尔·修凯罗斯阐述的信仰。("古罗斯编年史可作为文学文献",《科学院第二部学术论丛》,卷 3,圣彼得堡,1856 年,第 65 页)

[428]后面整个《关于世界宗教会议的传说》也是编年史家收入编年史中的独立的一段。有的研究人员(如 M. И. 苏霍姆利诺夫和 A. C. 帕弗洛夫)指出一些材料来源于详解旧约故事(参阅 П. 扎鲍洛茨基刊于《俄罗斯语文学通报》上的文章,1901 年第 1—2 期,第 16—19 页)。然而,详解旧约故事本身

也利用罗斯编年史的许多材料。

[429]接着反对拉丁人这一段在时间上不会早于 11 世纪末，即教会最终分立后的时期。此外，谴责拉丁宗教界的多妻制只能在 1094 年希尔德布兰教皇的宗教改革之前（他规定罗马天主教僧人不能结婚）。对天主教徒的其他一些指责很像佩切拉修道院的狄奥多西对“瓦兰人的信仰”所作的类似指责。

[430]文中反对拉丁人的这些话可以和罗斯的旧约故事特别版及格奥尔基·哈马托罗斯的下面这些话相比较：“使徒路加还画了一幅比原来的她更生动纯洁的圣母像，并把此圣像送往罗马，献给狄奥斐卢斯，同时还献上《福音书》和《使徒行传》，它至今仍创奇迹。”还应指出，弗拉季米尔的圣母像（弗拉基米尔城的“庇护者”）被认为是《福音书》的编述者路加所作（实际上经艺术家鉴定它是 9 世纪拜占庭的作品）。

[431]这句意思不清的话来自大瓦西里（圣巴西列伊奥斯）《论圣灵》的文章中：“对圣像的崇敬转为对原型的崇敬”（《大瓦西里的创作》，第 3 部，莫斯科 1891 年第 3 版，第 244 页）。在《奥鲍连斯基年代记》中，其意思得到较确切的表达：“崇拜原型，正如大瓦西里所说，圣像的荣誉变成原型的了”（《M. A. 奥鲍连斯基公爵关于古罗斯和古斯拉夫的研究和笔记》，圣彼得堡 1875 年版，第 151 页）。大瓦西里的话是从保加利亚大主教约安翻译的约安·达马斯金的《神学》收入我们的编年史的（《莫斯科通史和古罗斯读本》，1877 年，卷 4，第 302 页）。

[432]这一附笔按其渊源是罗斯的（A. 波波夫：《古罗斯反对拉丁人的论战性文章的文史概论》，莫斯科 1875 年版，第 17 页；A. 帕弗洛夫：《试评古代的希腊—罗斯反拉丁人的论战史》，圣彼得堡 1878 年版，第 17 页）。显然，这里所指的主要形象不是天主教，在天主教中没有类似信仰的人，而是古罗斯的多神教及其信仰“湿润的大地母亲”，它反映在许许多多的民间故事、童话、咒文和伴随仪式的歌曲中，试比较在罗斯民间的咒文中：“你，天空——父亲，你，土地——母亲”。（A. H. 阿法纳西叶夫：《斯拉夫人对自然的理想观》，莫斯科 1869 年版第 3 卷，第 788 页）

[433]A. C. 帕弗洛夫认为后面一段关于重鼻音彼得（在哲学家的话中论战部分也提到过他）的故事来源于《详解旧约故事》（A. C. 帕弗洛夫：《试评古

代的希腊—罗斯反对拉丁人论战中》，圣彼得堡1878年版，第9页)。但是《详解旧约故事》如同B. M. 伊斯特林和A. A. 沙赫马托夫所指出的那样，其本身也有赖于编年史，因为它们都来源于共同的史料——罗斯编纂的年代记(B. M. 伊斯特林把它称为《大年代记》)，关于重鼻音彼得的故事也就是从它那里收入编年史和详解旧约故事的。关于彼得的这篇故事不能不和常见的手抄本《如重鼻音彼得所散布的异端那样，德国人诱惑的故事》很接近，但它和编年史的关系不详。

[434]尼康编年史后面还有一句："而三只铜狮"，取而代之的是"两座神庙"和"两尊木像"。

[435]вено(彩礼)是新娘的父母因自己的女儿出嫁而从新郎家得到的一种赎金。

[436]рень是沙滩的意思。

[437]编年史此处似乎和使徒安德烈漫游罗斯的故事相矛盾。关于使徒没在罗斯传经布道还见于前面的983年条：涅斯托尔的《关于鲍里斯和格列勃的读物》和伊拉里昂的《教规和神恩讲话》。但是应注意的是按照《往年纪事》的说法，使徒安德烈只是在去罗马的途中经过罗斯，并没有在此进行过传道。

[438]这里所引的弗拉季米尔儿子的名单和980年相应的名单的关系可参阅前注。在此名单中引用的只是弗拉季米尔四位大儿子的采邑分封。弗拉季米尔派维舍斯拉夫镇守诺夫哥罗德，派伊兹亚斯拉夫镇守波洛茨克，让斯维亚托波尔克镇守图罗夫，让雅罗斯拉夫镇守罗斯托夫。但是，按《往年纪事》1036年条所说，雅罗斯拉夫逮捕了普斯科夫王公苏季斯拉夫。可能，这一名单是编年史家在1036年后列出的，因而未提苏季斯拉夫(苏季斯拉夫是24年后的1059年才得以释放)。维舍斯拉夫死后，雅罗斯拉夫调往诺夫哥罗德。前往罗斯托夫接替雅罗斯拉夫的是鲍里斯，而格列勃前往穆罗姆。斯维亚托斯拉夫坐镇杰列夫，弗谢沃洛德驻守沃伦的弗拉基米尔城。编年史家说姆斯提斯拉夫坐镇特穆托罗干是根据后人的说法(参阅1022年条："此时，姆斯提斯拉夫进入特穆托罗干……")。后期的有些编年史(沃斯克列先编年史、索菲亚第一编年史)说斯塔尼斯拉夫坐镇斯摩棱斯克。17世纪的所谓"古斯敦编年史"(按其所说的事实有时是离奇的)称波兹维兹德驻守沃伦。

在涅斯托尔著的《鲍里斯和格列勃的传说》中提到弗拉季米尔担心斯维亚托波尔克迁怒于他而把鲍里斯调出沃伦。因此 A. A. 沙赫马托夫，后来又有其他一些学者认为最初驻守沃伦的弗拉基米尔城的不是弗谢沃洛德，而是鲍里斯，后来鲍里斯才被调往罗斯托夫。沃伦的弗拉基米尔城的空缺才由弗谢沃洛德顶替。但是，这未必是事实：弗谢沃洛德在 10 世纪 90 年代就已在罗斯的政治舞台上消失。按照关于奥拉夫·特里格瓦松的史诗描述，弗谢沃洛德逃往斯堪的纳维亚，并于 995 年死在那里，这个材料看来是可靠的。可能，弗谢沃洛德由于和父亲决裂而出走斯堪的纳维亚（可比较以后注释的斯维亚托波尔克反对父亲的阴谋）。

[439]特维尔编年史在列举了弗拉季米尔儿子以后，还补充说："把鲍列斯拉夫派往大波兰"，"把斯维亚托斯拉夫的弟弟斯塔尼斯拉夫派往斯摩棱斯克，把苏季斯拉夫派往普斯科夫"。沃斯克列先编年史、索菲亚第一编年史、尼康编年史及其他一些编年史都提到苏季斯拉夫驻守普斯科夫。

[440]这些设防的中心城市应成为基辅东、南两方面的屏障。弗拉季米尔修建的防御设施残迹至今还留存在斯图格纳河一带，呈 3 条土堤状。勃鲁农主教（卜尼法斯）为了去佩彻涅格人那里传播基督教，于 1006 年路经基辅，他在致亨利二世国王的信中这么写道：罗斯大公带领自己亲兵队一直送他"到自己国家的边界。由于防卫游牧的敌人，在相当大的范围内到处修建十分坚固的木桩围墙"。在这种木桩围墙上建有大门，可通往草原，大门外就是敌人的疆域了（A. Ф. 基利弗尔金格："当代人关于神圣的弗拉季米尔和勇敢的鲍列斯拉夫的未曾出版的材料"，《罗斯论丛》，1856 年第 1 期）。智者雅罗斯拉夫继续巩固罗斯国家边界的事业。1031 年雅罗斯拉夫占领了切尔文地区的城市后，把许多波兰人从那里迁往罗西河一带和草原接壤的边境。翌年（1032 年）雅罗斯拉夫在那里修建了许多设防的城市。

[441]源于莫斯科福提汇编的（1423 年或 1418 年）晚期全罗斯编年史在 988 年条都报道了弗拉季米尔为苏兹达尔地方洗礼，并在克利亚兹马河畔建立弗拉基米尔城；然而诺夫哥罗德第四编年史说是为斯洛文人洗礼，索菲亚第一编年史说是为斯摩棱斯克洗礼。里沃夫编年史把这些报道放在 989 年条，季波格拉弗编年史把它挪到 990 年条（此条还指出所建的弗拉基米尔城的确切规模）。沃斯克列先编年史也把这一报道放在 990 年。尼康编年史把

它挪到 992 年条。源于 15 世纪 30 年代诺夫哥罗德—索菲亚汇编的各编年史中在此年条还说:"那年 11 月 26 日,弗拉季米尔王公在基辅修建了第一座(石砌的)圣格奥尔基教堂"(索菲亚第一编年史等)。

[442]源于 15 世纪 30 年代诺夫哥罗德—索菲亚汇编的各编年史,在此年条讲了诺夫哥罗德洗礼的故事。试比较诺夫哥罗德第四编年史说:"弗拉季米尔受洗后,向帝都大牧首福提乌斯请求委派基辅第一任总主教立奥、诺夫哥罗德的主教雅基姆(科尔松人)及其他一些城市的主教、神父和助祭。他们给整个罗斯做了洗礼,于是普天同庆。大主教雅基姆来到诺夫哥罗德,进行了彻底的整顿,砍倒雷神像,命令将它投入沃尔霍夫河;用绳捆绑,沿泥泞道拖着,用鞭抽打,此时有个魔鬼附身雷神像中,开始喊道:'哦,我好苦呀!让那残忍的手捉住了';它被扔进沃尔霍夫河后,头朝前漂过大桥(叶尔莫林编年史还有雷神的一句话:'诺夫哥罗德的人们啊,开心好啦,可也别忘了我啊'),它受到无情地折磨,被魔鬼取乐。上面命令谁也不准收留它。皮季巴人(郊区村落皮季巴的村民)早早来到河边,要把货运进城;这时,雷神像漂浮到岸边,他们就用竿推开它:'你——他们说,——雷神啊!过去吃饱喝足,现在漂你的吧',于是,它漂向天边。"这整段故事给人的印象是根据民间传说编写的,然而,民间传说讲的诺夫哥罗德洗礼是和弗拉季米尔的"舅舅"——多勃雷尼亚的名字相连的(试比较 B. H. 塔季舍夫所引的俗语:"多勃雷尼亚洗礼用剑,而普佳塔用火")。苏联科学院图书馆收藏的 17 世纪初喀山卷,№24,5,32 在谈弗拉季米尔的文章中说:"多勃雷尼亚被派往喀山。他在那里命令所有人接受洗礼。"《往年纪事》在此年条有修建什一教堂的报道,而在尼康编年史中,此报道被放在 6501 年(993 年)条。

[443]成为"纪念和赞颂"弗拉季米尔一书的一部分古老的《弗拉季米尔传记》,把兴建什一教堂(即圣母教堂)说成是在洗礼后的第四年,而编年史说是在洗礼后的第二年。因此这部古老的弗拉季尔传记推测弗拉季米尔是 986 年在科尔松受洗的。沃斯克列先编年史和叶尔莫林编年史说什一教堂兴建于 991 年,尼康编年史说是在 993 年,一般编年中说什一教堂建成于 996 年,但尼康编年史说是在 998 年。什一教堂的遗迹近年来已由 M. K. 卡尔格尔发掘出土,并加以研究。

[444]拉夫连季编年史所缺的 6498 年(990 年)条,尼康编年史在此年条

有如下一段记载："佩彻涅格军队重兵压境，他们对基督徒做了很多坏事；弗拉季米尔率大军迎敌，杀伤无数敌人，很少敌人得以生还。弗拉季米尔在捷斯纳河、维斯特里河、特鲁别日河、苏拉河、弗斯图格纳河流域修建城市，并让斯洛文人（诺夫哥罗德人）、克里维奇人（斯莫尔尼亚人）、楚德人、维亚提奇人迁居各城，而自己和佩彻涅格人交战，打败了他们。同年，弗拉季米尔派一位名叫马尔克的马其顿人哲学家出使保加尔人……哲学家到了保加尔人那里，向他们广泛宣传神学，而他们由于自己的无知傻头傻脑地听不进去。他返回基辅，弗拉季米尔给以礼遇，并受到众人的称赞。同年，从保加尔人来了四位王公到基辅拜会弗拉季米尔，并进行了神圣的洗礼；弗拉季米尔热烈欢迎，盛情款待。"编年史上的988年条关于在基辅周围修建城市的报道被挪到此年条。其他报道从何而来——不详……尼康编年史在一段长故事之后还有下面一段报道："那年，基辅和全罗斯的总主教米哈伊尔和大牧首福提乌斯的几位主教，还同弗拉季米尔的舅舅多勃雷尼亚及阿纳斯塔斯去诺夫哥罗德，福提乌斯给他派了6位主教协助。他们捣毁全部偶像，给很多人洗礼，修建教堂，给各城市和村庄委派牧师。那年谷物丰收，天下太平。此年希腊皇帝派来友好使臣。"翌年，即991年，尼康编年史继续讲米哈伊尔总主教："总主教米哈伊尔巡游罗斯各地，一直到罗斯托夫，随行的有大牧首福提乌斯的4位主教，还有多勃雷尼亚和阿纳斯塔斯，而福提乌斯的其他主教到了基辅。总主教和主教们传经布道，教导信奉三位一体，教化对上帝的信仰，为很多人祝福，给很多人施洗，修建很多教堂，委派了一大批牧师和助祭。人们皆大欢喜，信徒倍增，四处赞美上帝基督的名字。那年，一批石匠从希腊来到基辅的弗拉季米尔那里，他们建造了石砌宫殿。同年，许多地方发生水灾。同年，佩彻涅格人王公库丘格到基辅觐见弗拉季米尔，接受了希腊的宗教，向圣父、圣子、圣灵洗了礼，并向弗拉季米尔交心，给异教徒做出了榜样。弗拉季米尔对他十分珍爱，非常器重，总主教及各王公贵族也很尊敬和爱惜他。同年，罗马教皇也派使臣前来向弗拉季米尔拜会修好。"所有这些报道的历史根据尚不甚清楚。

[445]叶尔莫林编年史991年条谈及诺夫哥罗德的洗礼（在诺夫哥罗德第四编年史中也有同样的叙述）。

[446]别尔戈罗德位于伊尔片河河畔，离基辅数公里，它是基辅的南面屏

障。边境城市的居民一般都靠从其他城市搬迁而来(试比较1031年条:智者雅罗斯拉夫把俘虏的波兰人移居到罗西河沿岸,并于翌年在那边境一线建设城市;比较前面的988年条)。

[447]尼康编年史在992年条,除了报道苏兹达尔地区受洗及在克利亚兹马河畔弗拉基米尔城的建立外,还讲述了在克利亚兹马河畔的弗拉基米尔城举行的盛宴,还谈到对佩彻涅格人取得的胜利,波兰国王鲍列斯拉夫派来使臣,总主教米哈伊尔去世,任命了“基辅和全罗斯”新的总主教——列昂特,捷克王安德里赫派来使臣,以及在各罗斯城市设立主教。

[448]关于霍尔瓦提人是何许人也,可参阅以前的注释。看来,这次对霍尔瓦提人的远征就是伊帕季编年史在1229年条讲的对波兰的那次远征:“任何一位大公都未能像弗拉季米尔大公那样深入波兰内地,并使它接受洗礼。”赫尔登斯海姆编年史也在992年条谈及此次弗拉季米尔的远征,文中说道:波兰王勇者鲍列斯拉夫未能出兵援助德意志皇帝鄂图三世,因为他正忙于和罗斯进行大规模战争。

[449]看来,这段叙述是《往年纪事》的编者插进去的。这些情节是在以前的1093年初始汇编中所没有的(试比较诺夫哥罗德编年史,其中反映了这部初始汇编的内容)。在叙述中保留着民间口头创作的色彩:寻找决斗人,弗拉季米尔的困境(弗拉季米尔“发愁”,他派不出自己的人与佩彻涅格的大力士决斗),老叟的出现,他向弗拉季米尔推荐自己的第三个儿子(最小的儿子),他外貌平平,但力大无比(试比较“伊凡小傻瓜”的童话故事),他的胜利,最后弗拉季米尔给他嘉奖:我们看到的是口头叙述、民间创作或童话故事的格式——此故事中手工业者思想的特有情调很值得注意:一个其貌不扬的少年却有一双力大无比的手——专业鞣革工匠的手,就是这位鞣革手工业者拥有一双专业训练的强劲之手,战胜了佩彻涅格人的战士,因而成为弗拉季米尔所有战士中的最强者。编年史家一般本着自己所能力图解释地名的来历,就用这些故事来解释佩列雅斯拉夫利(Переяславль)这个名字本身的意义,编年史家是这么解释的,在未来建设城市的这个地方,年青的鞣革工人在与佩彻涅格人的大力士决斗中“夺取了光荣”(переял славу),该城因而得名。实际上佩列雅斯拉夫利早在弗拉季米尔当政前,在907年和希腊人签订的条约中就已提及。因此,关于佩列雅斯拉夫利城建立的传说显然最初不是在弗

拉季米尔当大公的时候产生的。早在12世纪初，当编写《往年纪事》时，该传说是和弗拉季米尔一世斯维亚托斯拉维奇的名字相联系的。从而证明罗斯的历史传说已开始集聚在弗拉季米尔一世的名下，形成了一系列《红太阳弗拉季米尔》的故事。

[450]拉济维尔编年史和莫斯科科学院编年史在此处这样写道："佩列雅斯拉夫利是因那位少年勇士而得名。"尼康编年史和《俄国皇室系谱》称该少年勇士为"扬·乌斯莫什维茨"（усмошвец——皮鞋匠、马具匠，它是由"усмие"〔皮革〕一词派生出来的）。乌克兰还流传着鞣革工匠基里尔的故事（H. H. 科斯托马罗夫《历史专著》卷1，圣彼得堡1872年第2版，第138—139页）；唐波夫也流传有鞣革工匠尼基塔的故事。（И. 胡佳科夫"民间历史故事"，《国民教育部杂志》，1864年，第3部，第57—58页）

[451]尼康编年史在此年有如下一段报道："弗拉季米尔出征保加利亚，打垮了他们无数的部队，兴高采烈地返回基辅。同年，持续高温炎热。发生了严重的旱灾。还是在这年，弗拉季米尔派往罗马谒见教皇的特使返回了基辅。"尼康编年史的这些消息，如同弗拉季米尔执政期间的其他消息，来源不详。在确定这些事件的年代时，还应考虑到一点，就是尼康编年史对弗拉季米尔执政时期，罗斯接受洗礼后的所有事件的日期与拉夫连季编年史有所不同。

[452]关于996年基辅什一教堂的祓除仪式的叙述，除编年史外，还更早见于《训诫集》的最古老的羊皮纸抄本，抄本上说此仪式举行于5月12日（编年史未写具体日期）。13世纪的《宗教歌集》在5月12日也提到5月12日节——这是《训诫集》中最古老的一个罗斯节日。

[453]《纪念和赞颂》一书把捐赠给圣母教堂十分之一财富之事放在995年（6503年）（因此这个教堂后来被称为什一教堂）。《训诫集》说这座教堂举行庆典仪式是在7月12日，而教堂的祓除仪式只在礼拜天举行，995（6503）年7月12日正是礼拜天。因此，《纪念和赞颂》一书所说的要比《往年纪事》上说的更确切。——A. E. 普列斯尼亚科夫在其《罗斯史讲义》（第1卷，莫斯科1938年版，第115页）中错误地说：十分之一财富作为给教堂的一种补贴形式并没有在希腊教堂实行，于是他把十分之一补贴制度和西方联系起来（但作某些保留）。然而，对教堂的十分之一补贴在拜占庭叫 μορoή（参阅《拜

占庭文选》中的 E. Э. 利普希茨的文章“拜占庭农民和斯拉夫移民”，莫斯科—列宁格勒 1945 年版）所谓《弗拉季米尔·斯维亚托斯拉维奇的教会审判章程》留传至今的有两种版本：简明本（初期的）和增补本（后期的），但这“章程”有后期文学加工的明显痕迹。

[454]8 月 6 日庆祝变容节。

[455]普罗瓦尔是饮料的容量单位，即一次能煮出来的容量。这一容量单位的准确数现已不得而知。在诺夫哥罗德第一编年史的西诺达尔抄本，以及源于 15 世纪 30 年代诺夫哥罗德—索菲亚汇编的一些编年史（索菲亚第一编年史、沃斯克列先编年史和特维尔年史）中，在“300 普罗瓦尔”的地方写的是“300 贝尔科维次”。（贝尔科维次是俄国重量单位，等于 10 普特或 163.8 公斤——译者注）

[456]庆祝圣母升天节是在 8 月 15 日，弗拉季米尔为教堂落成欢庆了 8 天。那就是说他建成这座教堂是在 8 月 6 日，但正如前文所述，8 月 6 日（变容节）正是弗拉季米尔从佩彻涅格人手中“脱险”之日，正是为了报答此事才修建了变容节教堂。诚然，这二件事不可能发生在同一天，因此弗拉季米尔在瓦西利叶夫蒙难和他修建变容节教堂显然属于不同的年代（很可能弗拉季米尔是整整过了一年后，即在自己脱险的周年纪念日举行教堂的庆典活动）。

[457]Гридница（格里德尼查）是正门内的大客厅，“гриди”（格里德）是侍卫的意思。这里是大公的亲兵们经常集聚的场所。格里德尼查在壮士歌中常作为宴会厅提到。在斯堪的纳维亚的一首史诗中说道：雅罗斯拉夫大公在自己妻子印基格尔达面前夸耀自己大厅（holl）的富丽堂皇。伊本—法德兰在关于罗斯公大宅院的故事中谈到了格里德尼查的规模。他说，大公坐在宫殿里，左右有他的 400 名军事侍从，他坐在他们中间的宝座上。大公的高大的坐骑可直接牵到宝座前。

[458]这里表达的是编年史家最钟爱的思想：亲兵队比黄金更贵重。参阅 1075 年条斯维亚托斯拉夫向使节们炫耀“有无数的金银和贵重纺织品”。使节们说：“勇士们能带来比这更多的珍宝。”

[459]编年史上的这些话不是说弗拉季米尔个人的气质，而是说明那个时代典型的亲兵队地位。C. B. 尤什科夫写道：亲兵队和大公共命运，像他的家人一样同享成败。亲兵队人员住在大公的宫殿里，完全由大公抚养，大

公或贵族向他们提供一切必需品：食物、衣服和武器，伊戈尔的亲兵们在谈到斯维涅利德的青年扈从时说，他们“得到武器和衣服”。弗拉季米尔公不仅供养亲兵队，还……决定给他们发银勺子。大公不仅在战争中不离亲兵队，就是在处理政务时也是如此，在家里也是一样。由此可见大公把亲兵队看成是自己自然的谋士。编年史说弗拉季米尔·斯维亚托斯拉维奇“热爱亲兵队，和他们一起考虑国家的制度、战争和国家章法”。但弗拉季米尔也不例外，编年史证实，没有一项重大问题的决定，大公不是听取亲兵队的意见后作出的（С. В. 尤什科夫：《基辅国家的社会政治制度及权利》，莫斯科 1949 年版，第 112 页）。

[460]勇者鲍列斯拉夫一世是波兰国王（992—1025 年）；斯捷凡一世——匈牙利国王（1012—1038 年）；安德里赫（乌达利里赫）——捷克国王（1012—1037 年）。从这列举的名单中可以看出，这一记事不可能是在 996 年，而是在弗拉季米尔·斯维亚托斯拉维奇执政的最后时期。这里对弗拉季米尔在基辅国家疆域的确定及争取稳定的国际关系方面的全部活动给予很恰当的评价。

[461]看来，对编年史整个这段直到 996 年条末尾，应作如下的理解：弗拉季米尔原来奉行罗斯的法制，对强盗（杀人犯）不判处死刑，只向杀人犯征收“命金”（罚款），而拜占庭法律则要求处以死刑。在弗拉季米尔执政期间，主教均来自希腊，他们向弗拉季米尔建议给杀人犯处以死刑，但要抓紧做好判刑前的调查工作（“со испытом”）。弗拉季米尔听从了他们的忠告，废除了罗斯的命金制度，开始对杀人犯处以死刑。国家因此也失去了一部分收入。这样，罗斯大公的谋士——“长老”（可参阅编年史下一年——997 年条关于别洛戈罗德果子羹叙述中的一位这样的“城市长老”）及主教们（是原来那些提出建议的主教还是另一些主教——不清楚）劝告弗拉季米尔恢复古老的罗斯命金制度，以用此款来购买马匹和武器（“战争频繁；如果有命金制度，就可以用此款购买兵器和战马”）。弗拉季米尔对此表示同意（“那就这么办吧！”），开始继续奉行祖辈的罗斯风俗。尼康编年史对这段的描述（988 年条）要比拉夫连季编年史详尽。

[462]尼康编年史在此年条还有这样一句报道：“弗拉季米尔出兵讨伐伏尔加河和卡马河一带的保加利亚人，使他们沦为奴隶。”

[463]诺夫哥罗德地区或斯摩棱斯克地区,或两者及其他地区一起被称为上游地区、上游地带或上游(在诺夫哥罗德则把基辅称为“下游地区”)(试比较伊帕季编年史1148年条:伊兹亚斯拉夫·姆斯提斯拉维奇对兄弟说:“兄弟!上帝赐给你上游地区……你那里有斯摩棱斯克人和诺夫哥罗德人”)。这里的“上游军队”应是指诺夫哥罗德的军队,因为接着直接说到弗拉季米尔前往“诺夫哥罗德”。因此,有些研究人员猜测弗拉季米尔为搬这些“上游地区的军队”而去了位于三河(第聂伯河、伏尔加河和西德维纳河)“上游”的斯摩棱斯克。这种猜测是缺乏根据的。全部问题只在于:弗拉季米尔为什么要跑那么远去搬兵。

[464]后面讲的关于“别洛戈罗德甜面羹”的整段故事在初始汇编中没有(在诺夫哥罗德编年史中也没有)。看来,它是《往年纪事》编者后加的。这如同鞣革少年故事一样(见前面992年条),在此可以感觉到口头文字的基础。这故事的主题是巧计骗敌,如同奥列格的故事一样,奥列格陆上行船来恐吓希腊人,还有奥尔加四次骗了德列夫利安人和一次骗了拜占庭皇帝。从思想主流看,这故事更接近于鞣革少年的故事:两者的主人公都是罗斯的普通百姓,自告奋勇地从敌人手中拯救罗斯。有些研究文章引用了世界文学中某些相似的故事,但罗斯编年史的这个故事决不是抄袭外国的,故事中的一切细节都是罗斯的:维彻会议、大钵、大桶、瓦罐、大公的蜜窖等等。这故事无疑是罗斯的,但一点也不奇怪,各个民族都能独立产生土生土长的居民欺骗敌人的相似情节(试比较各民族在一定的发展阶段上都流行着土地是生我养我的母亲的观念)。

[465]这是唯一提到10世纪开过维彻会议的一次。间接提到10世纪维彻会议的,只有968年条的故事(后者开会的时机是基辅被佩彻涅格人围困,大公又不在的情况下举行了人民会议)。为了评价这里提到的会议作为10世纪维彻会议存在的标志,应注意到以下的情节。“别尔戈罗德甜面羹”的故事是民间传说,经编年史家加工后只在11世纪初才把它收入《往年纪事》的。传说的情节在不同时期可有不同的解释。特别是在12世纪,长老、波雅尔贵族和亲兵的会议也可被称为维彻会议。此外,在这里如同968年的故事,维彻会议是在极其特殊的场合下召集的:大公并不在场。这就是为什么Б. Д. 格列科夫院士怀疑997年在别尔戈罗德召集的维彻会议是当时的典型的现

象。维彻会议的问题是学者们热烈争论的对象。Б. Д. 格列科夫院士的观点是最有根据的，他发表在专门一篇附加的论述中："关于古罗斯维彻会议的几点看法"(《基辅罗斯》，莫斯科—列宁格勒 1949 年版，第 348—365 页)。Б. Д. 格列科夫把自己的观点归纳如下："第一，维彻会议渊源于氏族制度。第二，随着国家的出现，维彻会议失去了自己生存的良好基础。基辅大公的强大政权在相当程度上已没有必要和人民'商量'，而只局限于和亲兵队协商，主要是上层的。维彻会议(我们没有准确的资料)，只是在极其特殊的情况下才可能召开，例如城市处于困境，大公又不在，才自发召开。第三，在基辅国家的不同地区，历史发展是不平衡的。9—10 世纪中心的基辅在这方面走在前面。在那时，在 10 世纪的中心基辅，维彻会议几乎从未召开，这种会议只存在于基辅国家的一些较落后的地区，这种会议具有部落会议的性质。第四，城市里的维彻会议由于基辅国家一些地区，特别是随着城市的成长而成长，从 11 世纪后半叶起城市里的维彻会议恢复起来。第五，维彻会议在西北地区(诺夫哥罗德、普斯科夫、波洛茨克)曾长期存在这是一定阶级力量相互作用的结果，在这种情况下，掌握政权的封建贵族，把大公的权力局限在自己利益范围之内，虽无力消灭人民会议，但有足够的力量把它变成为自己利益服务的工具"(《基辅罗斯》，莫斯科—列宁格勒 1949 年版，第 364 页)。С. В. 尤什科夫对 Б. Д. 格列科夫关于维彻会议在 11 世纪后半叶以前中断的观点表示反对。(例如，可参阅他的著作《基辅国家的社会政治制度和法律》，莫斯科 1949 年版，第 102—104 页)

[466]尼康编年史(999 年条)对 цѣжь 一词有所解释："цѣжь 就是没煮过的果子羹。"

[467]медуша——存放蜂蜜的场所。罗斯大公在 10—12 世纪从居民中征收贡物。贡物除其他实物外还有蜂蜜。德列夫利安人向奥尔加缴纳"毛皮和蜂蜜"。1146 年没收普季夫利公斯维亚托斯拉夫的庄园时，发现他有 500 贝尔科维次(5000 普特)的蜂蜜。《安德烈・鲍戈柳勃斯基被害记》也提到大公庄园中有这样的"蜜窖"，窖中不仅藏有"淡的"(即天然的)蜂蜜，而且还有食用蜜——"醉人的"或"久存的"陈蜜。

[468]鲁克诺——这是用柳条或树皮，后来用木材做成的器皿，它也是古斯拉夫人的容量单位。Д. И. 普罗佐罗夫斯基根据罗斯法典的材料试图计算

出鲁克诺的容量(“古罗斯液体的度量单位”,《国民教育部杂志》,1854 年版,第 3 册),但是他的材料未必可靠。

[469]латки——一般用来煎炸和烘烤的器皿,它是一种黏土制成的平锅,锅边高并有中空的把手,烧火时用棍子插进把手把它放上炉子或取下。

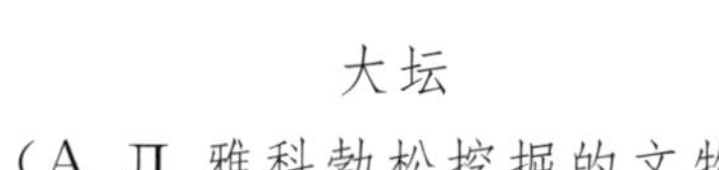

大坛

(А. Л. 雅科勃松挖掘的文物)

[470]大坛(корчага)——在古罗斯一般用来储藏酒类。这是一种大型陶器,有一个或两个提手。

[471]看来,6508—6519 年(1000—1011 年)的报道来源于什一教堂大公家族的纪念簿,上面记载着安葬在那里的大公家族的所有成员。

[472]马尔弗列季可能是弗拉季米尔的生母,奥尔加的管家(“玛卢莎”),她又是多勃雷尼亚的姐姐。尼康编年史把此段又加上一些新的内容,放在6510(1002)年条,并把马尔弗列季错误地认为是勇士“马尔弗列德”:“大力士马尔弗列德去世。同年,雅罗斯拉夫的母亲罗格涅达去世。同年,斯维亚托斯拉

夫的儿子扬出世。同年出现流星。同年发生水灾。”尼康编年史的6508(1000)年条记载:“沃洛达里忘记了自己主公弗拉季米尔的恩惠,受魔鬼的驱使,率波洛韦次军队进攻基辅。这时弗拉季米尔正在多瑙河畔的佩列斯拉维茨,基辅惊慌失措。亚历山大·波波维奇晚上出城袭击,杀死了沃洛达里、他的兄弟及无数其他波洛韦次人,驱逐了其余部队。弗拉季米尔得知此事大喜,奖给他金格里夫纳,在自己宫里封以大官。同年,勇猛的拉格戴去世,由于他曾突袭打败了300人的敌军,弗拉季米尔为其哀悼,把他和自己的神父总主教立奥葬在一起。同年发生特大洪水。同年,罗马教皇、捷克和匈牙利国王都派来了使臣。”关于亚历山大·波波维奇的报道没有特别可靠的历史根据。有关报道只是出现在15—16世纪晚期莫斯科编年史中,它们来源于12、13世纪弗拉季米尔大公掌权期间的壮士歌(详细可参阅Д.利哈乔夫:“编年史关于亚历山大·波波维奇的报道”,《古罗斯文学部著作集》,卷7,莫斯科—列宁格勒1949年版)。尼康编年史此段提到的波洛韦次人只是在11世纪30—50年代才出现在南罗斯草原。尼康编年史这段最后的报道从何而来,不详。

[473]此年条的内容在尼康编年史中安排在6511(1003)年条,并加上了对伊兹亚斯拉夫的颂扬。尼康编年史的6509(1001)年条,有一个特别的标题《大力士》,这样写道:“大力士。6509年。亚历山大·波波维奇和扬·乌斯莫什维茨杀死了佩彻涅格人的大力士,还打死了很多佩彻涅格人及他们的王公罗德曼,并把他的三个儿子押回基辅去见弗拉季米尔。弗拉季米尔举行大庆,给教堂和修道院拨款,向穷人和乞丐施舍,沿街摆上大桶蜂蜜、葛瓦斯和煮好的食物,还有酒、肉、鱼和各种菜肴,谁想吃啥就吃啥。那年,弗拉季米尔派自己的一些大商人去罗马,另一些去耶路撒冷、埃及和巴比伦,考察那些国家及其风俗。”我们怀疑编年史这段的前一部分作为史料是取材于某些民间传说或壮士歌。弗拉季米尔往各国派使者的材料来自何处——不详。

[474]尼康编年史在此年条有如下记载:“佩彻涅格人进攻别尔戈罗德;弗拉季米尔派亚历山大·波波维奇和扬·乌斯莫什维茨率大军迎敌。佩彻涅格人得知望风而逃。同年,立奥总主教把僧人安德烈投入监狱。许多主教、神父和僧人斥责教会法规。总主教有所改正,忏悔,并认识真相,大家都为他的忠厚和谦虚祥和而折服。同年,太阳、月亮和星星都有征兆。同年,勇者安德里赫·多勃里亚科大被自己手下的仆人毒害致死。同年,佩彻涅格人

的王公捷米尔被自己亲属杀害。"关于亚历山大·波波维奇的材料来自15—16世纪的壮士歌。尼康编年史的其他史料来源不详。

[475]这里指的是哪些圣徒不清楚。可能,诺夫哥罗德第四编年史说得较正确:"王公遗体被迁葬到圣母教堂。"

[476]尼康编年史的此年条有下列记载:总主教约翰在基辅修建了圣徒彼得和帕维尔的石砌教堂;在佩列亚斯拉夫利修建石砌教堂,立起圣洁的十字架。同年,发生蝗灾。同年智擒名为莫古特的大盗;当把他押到弗拉季米尔面前时,他痛哭流涕地高喊道:"啊,弗拉季米尔,我向天主及其圣母保证,今后决不在上帝和人们的面前作恶,我将终生忏悔!"弗拉季米尔听后,心就软了,让他去见自己的神父总主教伊凡,并再不准他出家门。莫古特遵守圣训,永不出总主教住区的门,过着极端艰苦的生活,表现温顺及平和,他预见到自己的死亡,静等去见天主。弗拉季米尔宽大为怀,热爱下人,人们常说:"幸福之人体谅下情,他们将受到赦免。在法庭上赞颂仁慈,没有仁慈的审判,就不会有怜悯,体谅下人和穷人是高尚的,对乞丐的施舍就是借贷给上帝,就可以在天上积攒起财富,那财富不怕虫咬,不会锈损,也不用担心有贼挖洞偷走。施舍和笃信就能洗刷罪孽,如预言家达尼尔所说:想想自己的罪孽,慷慨地向乞丐施舍,多做好事以赎身。说到此,他泪珠直流。他生活宁静,总很简朴,仁慈待人。人们喜悦,赞颂上帝的英名。"莫古特"大盗"的故事很像是讲索洛维耶大盗的壮士歌。可能,莫古特故事是教会把某个此类题材的壮士歌加工而成。尼康编年史此段的前部分史料来源不详。

[477]塔季谢夫在6518(1010)年条做了下面的报道:"弗拉季米尔之子——伟大的维舍斯拉夫在诺夫哥罗德去世,弗拉季米尔把诺夫哥罗德封给雅罗斯拉夫,把罗斯托夫(雅罗斯拉夫领地)封给鲍里斯,把穆罗姆(鲍里斯领地)封给鲍里斯的弟弟格列勃,鲍里斯一直留在父亲的身边。"

[478]在尼康编年史中还有一句:"像以前维舍斯拉夫那样,雅罗斯拉夫自己也得缴纳。"

[479]可能弗拉季米尔准备让鲍里斯接自己的班,把自己亲兵队的领导权交给了鲍里斯。(详细可参阅:A. E. 普列斯尼亚科夫:《罗斯史讲义》第1卷,莫斯科1928年版,第127—128页)

[480]E. E. 戈卢宾斯基认为此处有矛盾:一方面说波雅尔贵族〔E. E. 戈

卢宾斯基为复数谓语“потаиша”(隐瞒)寻找主语〕隐瞒了弗拉季米尔之死,而另一方面,从后文可愈益明显地看到,他们又竭力通过把弗拉季米尔尸体运回基辅而使这事变得家喻户晓。因此 E. E. 戈卢宾斯基认为传记故事的说法比较可信:“报信者来到(鲍里斯驻地)告诉他父亲之死,说他的名叫弗拉季米尔的父亲瓦西里如何去世,斯维亚托波尔克又如何对自己父亲的死秘不报丧,晚上在别列斯托沃拆了木板台,把毯子裹起,用绳放到地上,安放在雪橇上运走,安置在圣母教堂。”但是,E. E. 戈卢宾斯基认为这段叙述已经被篡改过;原先似乎是这样:“斯维亚托波尔克隐瞒了自己父亲的死讯,波雅尔贵族晚上拆了木板台……”即:斯维亚托波尔克隐瞒死讯,而波雅尔贵族私自背着他把遗体运出(“谈我们原始编年史中的一处谬误”,《俄罗斯语言文学部通报》,第 9 卷,第 2 册,1904 年,第 60—62 页)。但是,把遗体通过豁口运出,如同把遗体放在雪橇上运走一样,都只是古罗斯丧葬仪式的一个方面。《鲍里斯和格列勃的传说故事》不能认为是最古老的:它本身也有赖于编年史。A. A. 沙赫马托夫在这个问题上采取中间的立场,他不同意 E. E. 戈卢宾斯基的论点,但又基本上接受了他的结论(《考证》……第 71—73 页)。E. E. 戈卢宾斯基论述中的正确之处仅在于:看来,斯维亚托波尔克确实想隐瞒弗拉季米尔的死讯,因为他担心基辅人会立鲍里斯为大公(从很多方面看,弗拉季米尔是想在基辅立鲍里斯为自己的接班人。)但是,也正是这样才能不加任何改变地去理解《往年纪事》的这段记载。“隐瞒”弗拉季米尔的死讯符合斯维亚托波尔克的利益。对于人们“隐瞒”弗拉季米尔的死讯,所以要这么办是因为斯维亚托波尔克当时在基辅(“бе бо Святополк Кыеве”因为斯维亚托波尔克在基辅),因此他有发号施令的权力。

[481]用雪橇运送弗拉季米尔遗体是在 1015 年 4 月,当时已没有雪了。也是这样在 1015 年 5 月安葬鲍里斯和格列勃,1113 年 4 月安葬斯维亚托波尔克。雪橇如同船一样很早就已进入殡葬的风俗。一些经火烧过的残余雪橇在科斯特罗姆州的一座墓葬地出土。

[482]君士坦丁——罗马的君士坦丁大帝(公元 306—337 年),他使基督教成为罗马帝国的正式宗教。弗拉季米尔经常把自己和君士坦丁相比,而奥尔加经常和君士坦丁的母亲——叶列娜相比。

[483]编年史家这一论断似乎和编年史赞美弗拉季米尔的结束语有矛

盾:“罗斯人纪念他。”看来,当编者写此段时,对弗拉季米尔一世斯维亚托斯拉维奇的庆贺还没能成为共识。E. E. 戈卢宾斯基认为,纪念弗拉季米尔而举行庆祝会是亚历山大·涅夫斯基在 1240 年后不久在诺夫哥罗德首次确定的。此时为他写祭祀仪式,并把他的名字列进圣徒纪念日历的(《罗斯教堂圣者立尊史》,莫斯科 1903 年版,第 63—64 页)。伊帕季编年史是在 1254 年条称弗拉季米尔为圣者。A. И. 索鲍列夫斯基院士认为,弗拉季米尔被尊为圣者只是在 12 世纪后期或 13 世纪初和鞑靼蒙古入侵之间(《纪念和赞颂弗拉季米尔》和《鲍里斯和格列勃的传说》,基督教读本,卷 1,1890 年,第 793—794 页)。此问题迄今尚未解决。

[484]вѣнець——换言之应说:“венец живота”(生命的光华),即流芳万古,“天国”。

[485]看来,此文在收入编年史前最早见于《基督教在罗斯早期传播的故事》(参阅第 61 等页)。实际上,这是一篇早期的罗斯传记,它与别的传记不同之处在于它的政治倾向(歌颂雅罗斯拉夫及其“圣徒”的兄弟)高于教会教诲性的倾向。鲍里斯和格列勃的其他所有传记都出自编年史此文,均把它作为自己的原始史料。

[486]由于维什戈罗德人帮助斯维亚托波尔克,A. A. 沙赫马托夫认为,斯维亚托波尔克在弗拉季米尔死时是维什戈罗德的王公。但是,维什戈罗德从来都没有成为“京都”,而只不过是基辅大公城郊的官邸。按季特马尔·麦尔泽布尔斯基的证实,斯维亚托波尔克很可能曾一度在自己父亲面前失宠而被黜,被软禁在这维什戈罗德,因而他能和维什戈罗德的贵族们搭上关系。

[487]格奥尔基是摩西·乌格林的弟弟,摩西的浪漫主义历史在《基辅佩切拉圣徒传》中有详细讲述。它是波利卡尔普根据未流传至今的安托尼传写成的。

[488]гривны 是戴在脖子上的项圈,在罗斯它是妇女的装饰品,对男子它又是名望地位的标志,或是奖章。伊拉里昂在《教规和神恩讲话》一书中,在追念仙逝的弗拉季米尔·斯维亚托斯拉维奇王公时说:“你……深邃的思想和仁慈之心,像宝石和项饰一样闪闪发光……”

[489]显然,编年史家知道在鲍里斯—格列勃修道院只展出了鲍里斯侍从的头部(无身)。该修道院是格奥尔基的哥哥——叶弗列姆·诺沃托尔若

宁(Новоторженин,新托尔若克人)于1030年在托尔若克附近修建的。颈饰一般都用砍头的办法从死者颈上取下;在加利奇的姆斯提斯拉夫·姆斯提斯拉维奇和匈牙利人的战斗中,波兰人在城郊把一位战死的士兵的"脑袋剁下,取下他脖子上的金首饰"。(伊帕季编年史,1213年条)

[490]奇怪的是斯维亚托波尔克从谁那儿得知鲍里斯还活着。当时,连杀手本人都没觉察到这一点,他们把他当作死人用毯子裹起来运往基辅。A. A. 沙赫马托夫对此作如下解释:看来此处是一个地方的传说,它讲杀害鲍里斯是在某个别的地方,而不是在阿利塔。"关于鲍里斯被杀"一段的编者,为了把杀害鲍里斯的两个地点圆下来,就编出两次杀害鲍里斯的说法。第一次的地点在阿利塔河畔。第二次的地点A. A. 沙赫马托夫认为是在维什戈罗德和基辅之间的基里尔修道院附近的多罗戈日奇;12世纪末曾提到这里有一座鲍里斯和格列勃教堂,据A. A. 沙赫马托夫推测,教堂是在鲍里斯死去的那个地方修建的。在鲍里斯传记故事中说,鲍里斯死在"松林"中,在多罗戈日奇附近确实也有松林。此外,鲍里斯的同时代人,鲍里斯侍从格奥尔基的哥哥叶弗列姆·诺沃托尔若宁在托尔若克附近的"多罗戈希"河畔修建了一座朝圣香客收容院,而过了几年(1030年)又修建了鲍里斯—格列勃修道院,并把自己弟弟(鲍里斯的侍从格奥尔基)被砍下来的头安放在那里。很可能,河流就按鲍里斯被害地点而命名。因此,A. A. 沙赫马托夫认为鲍里斯被害地点有两种传说:在阿利塔和在多罗戈日奇(详细可参阅《考证》……第75—77页)。

[491]为什么鲍里斯的遗体被运到维什戈罗德,而不是基辅?对此,特维尔编年史1534年条作如下解释:"鲍里斯遗体放到船上,沿第聂伯河运抵基辅城郊,可是基辅人拒不接纳,只好运往他处。"

[492]伊帕季编年史的赫列勃尼科夫抄本和特维尔编年史1534年条,在"到伏尔加河边"后,还补充说:"在托米河河口。"在特维尔编年史中在"使他的脚受了轻伤"后,补充说:"在托米之地(томь),于现今鲍里斯和格列勃修道院所在处被称为弗托米奇(Втомичий)。"显然,编年史家鉴于地方上关于建立鲍里斯和格列勃修道院的传说,才注意到这一不大的事件。这个地方上的传说,如同许多其他类似的传说一样,带有"词源"的性质:托米河(томь)得名是因为格列勃在"托米"地方挫伤了脚(由此称为弗托米奇修道院)。格列勃

在去基辅途中是否真经过此地？如果格列勃是从穆罗姆走的（试比较苏兹达尔的佩列亚斯拉夫利编年史说："送圣格列勃去穆罗姆"），那他更简捷地是沿奥卡河下航到伏尔加河，用不着骑马（关于从穆罗姆去基辅的水路，可参阅：З. Я. 霍达科夫斯基："古罗斯的交通"，引自《罗斯历史文集》，卷 1，第 24—25 页）。因此很可能像一些研究人员所推测的，格列勃是从罗斯托夫走的。（关于托米河可参阅：A. H. 维尔申斯基："基辅罗斯与东北的交通史"，引自《特维尔古代》，第 6 期，1911 年，第 16—17 页）

[493]насад——行驶在河上的高舷大船；斯米亚迪尼是斯摩棱斯克地区的一条天然界河。

[494]在《基辅佩切拉修士逸事》中，史料取材于失传的安东尼传记的一部分，说普列德斯拉娃在和斯维亚托波尔克的斗争中起着积极的作用。普列德斯拉娃还掩护了一位曾是被刺身亡的鲍里斯的侍从——摩西·乌格林，他是被害人格奥尔基的哥哥。

[495]格列勃的托尔克厨师，显然是按其民族的名称而称呼的。托尔克人是突厥族的一支游牧民族。在关于鲍里斯和格列勃的《读本》中，格列勃的厨师称为"戈里亚谢尔"。编年史第一次提到托尔克人是在 1054 年，一部分托尔克人在 11 世纪后半叶依附于波洛韦次人。

[496]考古学家发现不少墓葬，在此类墓葬中尸骨安放在独木舟形的木头中，上面再盖着同样一条独木舟（《古罗斯文化史》，第 1 卷，莫斯科—列宁格勒 1949 年版，第 286—287 页）。苏兹达尔的佩列亚斯拉夫利编年史补充下面细节使这一报道更确切："它由砍掉树枝的松木制成。"涅斯托尔在其《有关鲍里斯和格列勃的读本》中说的不一样："运到旷野，用独木舟盖上。"《鲍里斯和格列勃传记》在此报道后，还说了一段编年史中漏掉的话："杀死了格列勃后，把他扔在两根舟形木头之间的空地上。天主啊，请别扔下自己的奴仆吧，正如大卫所说：天主保佑他的所有臣民，不让任何一个人毁灭。此圣者被扔在那儿很久，无人得知，无人过问，但显灵：有时，人们看到一根火柱……这时，有人向（雅罗斯拉夫）禀报……雅罗斯拉夫得知后，派人去斯摩棱斯克，才把遗体运来，安葬在维什戈罗德。"这样看来，格列勃的遗体远不是马上运到维什戈罗德的。提到雅罗斯拉夫，看来正是编年史家不写这一段的原因所在，他不想在自己的叙述中出现年代上不连贯的现象。

[497]古罗斯的 корзно 是穿在外面的有一排扣子保暖的宽斗篷。贵族的宽斗篷非常值钱。看来，它是用一种叫科尔佐纳的毛毡制作的，毛毡宽斗篷作为罗斯的一种衣服样式闻名海外。在中世纪法国史诗中称之为 Pailes de Russie，德国人接受了它，称之为“кюрзен”，或按其斯拉夫来源称之为“斯拉夫尼卡”。

[498]关于奥拉弗·特柳格瓦松的“萨伽”(民间史诗)中说：奥拉弗在诺夫哥罗德因吵架杀死了当地居民克列尔康而引起了公愤，群众要求处死杀人犯。奥拉弗由于雅罗斯拉夫妻子英吉格尔达的庇护而得救。这里我们看到了诺夫哥罗德人和瓦兰人雇佣军之间有敌对关系的明显证明。诺夫哥罗德第一编年史有一条迥非寻常的补充，首先那里解释说瓦兰人常常强奸“有夫之妇”(即已婚的妇女)，其次雅罗斯拉夫“供养了许多瓦兰人”，因为他“担心发生战争”。

[499]诺夫哥罗德第一编年史强调奋起反抗的时间是晚上：“在夜间大家集合起来。”

[500]拉科莫——是雅罗斯拉夫在离伊尔明湖不远处(它的西北部)一个郊外官邸。根据诺夫哥罗德第一编年史的记载，当诺夫哥罗德人起义时，雅罗斯拉夫已到了拉科莫村：“当时，那天晚上雅罗斯拉夫公正在拉科莫”。因此，诺夫哥罗德人利用了雅罗斯拉夫不在诺夫哥罗德的机会。据诺夫哥罗德第一编年史说，雅罗斯拉夫的愤怒使他不离开诺夫哥罗德去拉科莫，而是召集市民开会：“雅罗斯拉夫公得知后，对市民大为震怒，召集上千名斯拉夫勇士，把他们骗来杀掉。”《往年纪事》对这段事的记述比诺夫哥罗德第一编年史详细。

[501]看来，雅罗斯拉夫说此话是表示拒绝编年史中不止一次提到的那种氏族报仇的传统做法。试比较：例如，尼康编年史 1148 年条讲到奥尔戈维奇家族放弃为伊戈尔·奥尔戈维奇复仇：“我们已不能使自己的兄长——伊戈尔·奥尔戈维奇王公复活”；再比较伊帕季编年史 1151 年条：“哭了很长时间后，对伊兹亚斯拉夫·达维多维奇说：‘我们已不能使其复生。’”

[502]诺夫哥罗德第一编年史取材于比《往年纪事》早的初始汇编，它在此处这样写道：“千人团的优秀战士。”看来，“нарочитые мужи”是《往年纪事》以前，在初始汇编中对“光荣的千人团”这一名称的“翻译”。因此，在诺夫哥

罗德除瓦兰人雇佣兵外，还有自己的军事组织——“光荣的千人团”，由本地“优秀人才”组建而成。最初的诺夫哥罗德千人长是否就是这“千人团”的官长呢？雅罗斯拉夫的“战斗”条例中提到了10个诺夫哥罗德百人团（关于诺夫哥罗德百人团可参阅Б. А. 雷巴科夫详细研究成果的文章：“13世纪诺夫哥罗德的百人团”，《历史论丛》，卷2，莫斯科—列宁格勒1938年版）。

[503]伊帕季编年史此条略有出入：“派人去刺杀鲍里斯和格列勃。”

[504]诺夫哥罗德第一编年史同时说，雅罗斯拉夫“把人召集一起开市民大会”。试比较拉弗连季编年史在稍后的下文中说：“在市民大会上”。

[505]在诺夫哥罗德第一编年史中，对雅罗斯拉夫的这次讲话记述得更详细：“亲爱的和忠诚的亲兵队，昨天我昏了头杀死了他们，可现在就是用金子也买不回来了！”

[506]雅罗斯拉夫的这段话没有道出他的请求之意，在诺夫哥罗德第一编年史中表示出他的建议：“我想出兵讨伐他，你们跟我去吧！”

[507]看来，应该承认诺夫哥罗德第一编年史所提供的数字是比较准确的：“于是集合了大军4000人：瓦兰人1000名，而诺夫哥罗德人3000名。”

[508]诺夫哥罗德第一编年史指出了这位将领的名字：叫“沃尔奇·赫沃斯特”（意为狼尾），此名曾在984年条作为弗拉季米尔的将领提到过，他在佩尚尼河畔战胜了拉迪米奇人。特维尔编年史的史料来源之一是诺夫哥罗德第一编年史的西诺达尔抄本。它在1016年条直接说到沃尔奇·赫沃斯特将军：“很难想象往年纪事在佩尚尼河畔战胜了拉迪米奇人的弗拉季米尔的将军是他的老父亲。”

[509]诺夫哥罗德第一编年史说：“这时，第聂伯河已开始结冰。”

[510]这样，按《往年纪事》的说法，战斗是在清晨黎明时分发生的。诺夫哥罗德第一编年史的说法则不同：“斯维亚托波尔克有位勇士和雅罗斯拉夫交往甚密。雅罗斯拉夫晚上派一名少年卫士去见他，同他谈话，于是对他说了如下的话：‘你为那位大人做了些什么呢？蜂蜜煮得很少，而军队很多？’那勇士回答他说：‘回去这样告诉雅罗斯拉夫：蜂蜜给得少，可军队人很多，傍晚会再给。’雅罗斯拉夫心领神会，连夜集合好部队，傍晚就率部队潜入第聂伯河彼岸，放回船只，当夜投入战斗。”如此说来，雅罗斯拉夫并不是早上黎明时分才领兵渡过第聂伯河的，而是傍晚，并在当夜投入战斗。为了晚上在漆黑

的夜里也能分清自己人，雅罗斯拉夫命令士兵头结头巾：“雅罗斯拉夫对亲兵队说：做好标记，你们都扎好头巾。”诺夫哥罗德第一编年史说，雅罗斯拉夫还在“天亮前”就已战胜了斯维亚托波尔克。

[511]拉夫连季编年史所有的出版家一般都没提“在诺夫哥罗德”的字样，查读过这部书的拉济维尔抄本和莫斯科科学院抄本。但是1016年雅罗斯拉夫不可能是28岁：他死于1054年，时年76岁(参阅《往年纪事》1054年条)。伊帕季编年史和源于15世纪30年代诺夫哥罗德—索菲亚汇编的各编年史都把数字28改为18，并且全句也没有“在诺夫哥罗德”的字样。如果说的是雅罗斯拉夫的年龄，而不是指他在诺夫哥罗德执政时间，那在1016年他是38岁。

[512]诺夫哥罗德第一编年史在989年条有罗斯各王公谈论雅罗斯拉夫的抄本，从中我们可读到：“于是前往基辅，让君士坦丁·多勃雷尼亚主政诺夫哥罗德”；地方长官君士坦丁的活动后来曾在《往年纪事》的1018年条提及。尼康编年史较详细地叙述了1017年基辅那场大火的情形：“城市和很多教堂起火，竟达700处，雅罗斯拉夫十分痛心。”基辅有700座教堂被火化为灰烬。看来，这是尼康编年史通常爱夸张的手法。诺夫哥罗德第一编年史在1017年条的报道则有所不同：“雅罗斯拉夫进军别连斯季；圣索菲亚教堂在基辅奠基。”索菲亚第一编年史、诺夫哥罗德第四编年史等有更详细的报道：“佩彻涅格人逼近基辅，在基辅郊外交战，雅罗斯拉夫直到傍晚才打败佩彻涅格人，他们狼狈逃窜。雅罗斯拉夫兴建大基辅城，修建金门，为索菲亚教堂奠基。”此文是古老的诺夫哥罗德编年史(关于佩彻涅格人的进犯和索菲亚教堂奠基的资料就是由此而来——试比较诺夫哥罗德第一编年史的西诺达尔抄本)和《往年纪事》1037年条几节的结合。《往年纪事》把城市和金门的奠基资料与索菲亚教堂的奠基连在一起。诺夫哥罗德编年史说索菲亚教堂建于1017年，这日期令人怀疑：11世纪的诺夫哥罗德编年史根本不写日子；后来才填上日子，并且常常有错。《往年纪事》上的日期——1037年较为可能，但也没有完全可靠的根据。1017年修建索菲亚教堂的日子也使15世纪30年代诺夫哥罗德—索菲亚汇编的编者甚感困惑。诺夫哥罗德第四编年史和索菲亚第一编年史的1037年条，在源于《往年纪事》的文中所有提到索菲亚教堂奠基、城市和金门的修建都加以修改，使其和源于古老的诺夫哥罗德编年

史1017年条相吻合——在诺夫哥罗德第四编年史和索菲亚第一编年史中写的“奠基”都改为:“建成基辅城和建成圣索菲亚教堂。”同样,尼康编年史把佩彻涅格人的进犯说成是1017年也是不真实的:实际上,它发生在索菲亚教堂奠基前的1036年。诺夫哥罗德第一编年史西诺达尔抄本在1017年条说雅罗斯拉夫远征“别列斯季”,实际上这事发生在1022年。

[513]斯维亚托波尔克娶鲍列斯拉夫之妹为妻,很早就与鲍列斯拉夫有结盟关系。据萨克森编年史家麦尔泽堡的提特马尔(死于1018年)证实,斯维亚托波尔克早在弗拉季米尔在世时就准备求助于鲍列斯拉夫,阴谋推翻自己的父亲(或继父)弗拉季米尔。斯维亚托波尔克、他的妻子和她的忏悔神父——列恩别伦主教全被逮捕。主教死于狱中。斯维亚托波尔克和妻子看来以后处于弗拉季米尔的特殊监护之下,无所事事。(П.戈鲁鲍夫斯基:“提特马尔编年史是罗斯史的史料”,《基辅大学通报》,1878年等)

[514]沃伦城位于古奇瓦河注入西布格河的入口处。

[515]起源于15世纪30年代诺夫哥罗德—索菲亚汇编的各编年史,在这句话之后写道:就地杀死了布鲁达将军,打败了其他许多人。把他们双手绑住,鲍列斯拉夫把他们流放到波兰各地(索菲亚第一编年史,还可比较诺夫哥罗德第四编年史等)。看来,被俘虏的人中还有摩西·乌格林,在安东尼传记中对他有详细叙述。这部传记成为编年史家历史资料的来源之一。很可能这些细节正是初始汇编(它们由此而进入诺夫哥罗德编年史)的编者从安东尼传记中取来的(《考证》……第257页及278页)。特维尔汇编也直接提到摩西·乌格林正是在这次战斗中被俘:“在那次战斗中,格奥尔基的哥哥摩西·乌格林被俘,格奥尔基在以前和鲍里斯王公一起被杀害……摩西受尽磨难,来到基辅,投奔佩切拉修道院,成了德高望重的修道士,身心修炼有术。佩切拉圣僧传中有关于他的报道。”看来,特维尔汇编的编者这些话正是根据佩切拉圣僧传说的,那里有关于摩西·乌格林在1018年战斗中被俘的报道。

[516]来源于15世纪30年代诺夫哥罗德—索菲亚汇编的各编年史,在此处补充说:“于是登上了弗拉季米尔的宝座。这时,鲍列斯拉夫强占了弗拉季米尔的女儿、雅罗斯拉夫的妹妹普列德斯拉娃为妾。而雅罗斯拉夫带四名勇士逃回诺夫哥罗德”(索菲亚第一编年史,还可比较诺夫哥罗德第

四编年史等)。由于鲍列斯拉夫强纳普列德斯拉娃为妾的报道,在那些编年史稍后一些文字中还有下面的补充:“鲍列斯拉夫强抢普列德斯拉娃而逃出基辅……”《往年纪事》中没有上句加重点号的话。看来,诺夫哥罗德编年史中所有这些细节都是从作为史料的初始汇编中得来的,而初始汇编则使用了未留传至今的安东尼传。如同我们所知:基辅佩切拉圣僧传不止一次引用过安东尼传。在安东尼传中谈到了普列德斯拉娃的命运。在鲍里斯的侍从被害之后,摩西·乌格林曾躲藏在普列德斯拉娃处(《考证》……第279页)。麦尔泽堡的提特马尔说,鲍列斯拉夫俘虏了雅罗斯拉夫的九个姐妹,并凌辱了其中的一位。扬·德卢戈什(15世纪)写的波兰史在1018年条也曾模糊地提到普列德斯拉娃的遭遇。众所周知,德卢戈什在写作中曾利用了罗斯编年史。

[517]“我们还想再一决雌雄”,这句话看来是口头上一般的表达法。试比较1068年条基辅人在市民大会上对王公说:“主公啊!请发给我们武器和战马吧!我们想再和他们一决雌雄”,或1093年条,基辅人又对王公说:“我们想一决雌雄,打到对岸去。”1097年在市民大会上也是这样,基辅人说:“请把这些人交出来吧!我们不能为这些人作战,我们只能为你去战斗。”在这里,很有必要指出,在外敌入侵时,人民总是保卫罗斯的首倡者。

[518]伊帕季编年史说的数目有所不同:“每个贵族交80个格里夫纳。”——这里说的是什么贵族?《往年纪事》前面说过:雅罗斯拉夫“带了四名勇士逃回诺夫哥罗德。”C. B. 尤什科夫关于这点写道:“很清楚,缴纳18个格里夫纳的贵族不是王公的贵族(雅罗斯拉夫丢掉了全部亲兵队,所以当时已没有王公的贵族),而是处于亲兵队组织之外的诺夫哥罗德贵族。看过12世纪的证实材料就不会有任何怀疑:诺夫哥罗德贵族和王公贵族——这是两个不同的封建集团,他们有各自的特殊利益,并且诺夫哥罗德贵族利益常和王公及其贵族的利益相对立”(C. B. 尤什科夫:《基辅国家的社会政治制度和法律》,莫斯科1949年版,第242页)。

[519]A. A. 沙赫马托夫推测,关于勇者鲍列斯拉夫逃出基辅,编年史家是根据1069年事件写的。此年波兰国王大胆的鲍列斯拉夫在这种情况下逃离基辅:“波兰人分散各地领取薪饷,到处秘密屠杀波兰人;鲍列斯拉夫逃回波兰,逃回到自己的国家。”(《考证》……第439—440页)。然而在此处看到

的是编年史家伪造事实，所说没有根据。人民愤怒起来反对波兰武装干涉者是在1018年和1069年，这才是他们逃跑的原因。

[520]利托河，又名阿利塔河，它注入特鲁别日河。此河为基辅东南的天然界河。

[521]根据圣经的传说，亚当和夏娃的儿子该隐，杀死了自己的亲弟弟亚伯而触怒了上帝。上帝决定惩罚该隐："你将流落他乡，永远痛苦呻吟和颤抖。"

[522]"双方互相扭打，互相砍杀"——这是古罗斯文学描写战斗场面的一种通常模式（这种形象不止一次地出现在编年史中：在《俄国皇室系谱》中描写库利科沃战役时有它，在"德米特里·伊凡诺维奇大公的生平和演出的讲话"中有它，在"别的传说"中也有它等等）。"血流遍地"也是这样一种模式和用语（详情可参阅：A. C. 奥尔洛夫："罗斯军事小说的形式特点"，《古罗斯和历史协会读本》，1902年，卷4，第12页和第21—22页）。

[523]帕里米的鲍里斯和格列勃读本在此句之后还有下面的详细描述："死伤惨重，雷声震响，你踩我踏，闪电耀眼，大雨倾注，当闪电过处，战士们手中的武器射出道道寒光。出现了很多天使，他们为雅罗斯拉夫助威"。П. И. 戈卢鲍夫斯基在研究伊凡尼奇读本中的《为鲍里斯和格列勃祈祷》（《编年史家涅斯托尔的历史读本》卷14，第3分册，基辅1900年版）认为，这是关于阿利塔战役的重要补充资料，然而这资料是编造的。阿利塔战役开始于日出之时（"太阳东升，双方接触"），战斗未必会拖到深夜。关于夜战的这些细节来源很清楚：它是编者从编年史描述1024年的利斯特文战役的帕里米读本中抄来的（"时值深夜，一片漆黑，雷电交加，暴雨滂沱……一场鏖战，闪电亮处，刀光剑影，耀入眼帘。暴风雨加剧，战斗险恶"）。

[524]拉济维尔编年史第119页的小型彩图上如此描绘着用担架运输伤员的情景：担架很长，两头系在两匹马上，马上坐着骑士，一匹马在前，另一匹马在后。同样方法还用来运送尸体（……常用溜蹄马来运送担架，这样可避免摇晃）。

[525]这是沃伦公国西布格河上的一个和波兰交界的边境城市，即现今的布列斯特。从斯维亚托波尔克在别列斯季耶还担心追兵这一点可以看出，当时它是罗斯的城市。

[526]A. B. 马尔科夫肯定地指出："在波兰和捷克之间"——不是指具体的地点，而是古代一句俗语成语，意思是说"在很远很远的某个地方"。这种俗语成语在阿尔汉格尔斯克省一直保留至今。（"大诺夫哥罗德的诗歌及其在北罗斯的残迹"，《波沙纳文集》，第 18 卷，哈尔科夫 1908 年版，第 454 页）

[527]编年史家在上面引用的几行文字使斯维亚托波尔克和伊罗德相近似。格奥尔格·哈马托罗斯编年史谈到伊罗德时简直是说同样的话："……公正的判决落在了这个违犯教规、天地不容的伊罗德的头上，他死后将领受罪有应得之痛苦：显然马上露出了他的真容，上帝使他受到致命的创伤，毫无怜悯地置他于死地，被束缚住的他在死后必将忍受无穷的苦痛"。（B. M. 伊斯特林：《格奥尔格·哈马托罗斯编年史》，彼得格勒 1920 年，第 215—216 页）

[528]《往年纪事》中这句话讲得不太明白。从 12 世纪开始的在古文献中闻名的所谓鲍里斯和格列勃的帕里米读本上说的比较清楚（参阅《罗斯编年史全集》第 1 卷附录，1846 年版）："死后他势必在地狱底层永世蒙受苦难"，即他在死后将被囚禁在地狱的底层，永世经受苦难。

[529]据圣经上的传说，该隐的一位后代——拉麦，他杀了人，后悔地说："如果该隐杀人，遭到 7 倍的报复，那么我拉麦杀人，就要遭受 70 倍的报复。"

[530]据圣经上的传说，亚比米勒是犹太法官耶路巴力的儿子，他在父亲死后杀死了 70 个自己的兄弟。

[531]诺夫哥罗德第一编年史西诺达尔抄本在 1016 年条是这样叙述雅罗斯拉夫和自己的亲兵队结算的情况（这里是把 1016 年和 1019 年两次征战合并在一起）："雅罗斯拉夫出兵基辅，登上了自己父亲弗拉季米尔的宝座；开始瓜分胜利果实：官长分 10 个格里夫纳，普通战士（斯麦尔德）分 1 个格里夫纳，而诺夫哥罗德人都分得 10 个格里夫纳，然后全体解散回家。"源于 15 世纪 30 年代诺夫哥罗德—索菲亚汇编的所有编年史也是这么说的。诺夫哥罗德第一编年史的初级抄本，在这段之后有下面的报道，它曾引起研究人员的广泛争论："向他们颁布了法典，并制定规章之后，对他们说：'照这个文件执行；这是给你们的抄本，坚决照此办理。'而这就是罗斯法典……"其后接着就是著名的简本罗斯法典。诺夫哥罗德人自己后来经常引用这部《雅罗斯拉夫文献》，作为维彻会议给他们请来的王公和大公与自己关系的基础。不同的研究人员对《雅罗斯拉夫文献》都有各自不同的阐述（H. И. 科斯托马罗夫：

“封邑维彻制度时期的北俄罗斯的民权”,《历史专著和研究文集》,第 3 部,第 7—8 卷,圣彼得堡 1904 年版,第 37—38 页;C. M. 索洛维约夫:《远古时期以来的俄罗斯史》,“社会利益”出版社,第 1 册,第 3 卷,第 698—699 纵行;A. A. 沙赫马托夫:《考证》……第 507—508 页;M. H. 季霍米罗夫:《罗斯法典研究》,莫斯科—列宁格勒 1941 年版,第 36—39 页;Л. B. 切列普宁:《14—15 世纪俄罗斯封建档案》第 1 部,莫斯科—列宁格勒 1948 年版,第 245 及后几页;以及 Л. T. 帕舒托和 A. 齐明对 Л. B. 切列普宁著作的评论,《历史问题》杂志,1949 年第 9 期,第 119 及后几页)。在编年史 1019 年条的末尾及源于 15 世纪 30 年代诺夫哥罗德—索菲亚汇编的各编年史都有关于地方长官君士坦丁·多勃雷尼奇的报道:“君士坦丁当时在诺夫哥罗德,雅罗斯拉夫大公对他大为震怒,把他押到罗斯托夫,第三年把他带到穆罗姆,处死在奥察(即奥卡)河畔”。(索菲亚第一编年史,也可参阅特维尔文集,沃斯克列先编年史,尼康编年史等)

[532]这是《往年纪事》第一次报道王公得子的消息(伊帕季编年史在 952 年条报道斯维亚托斯拉夫的出生——放在最后)。编年史家没有报道雅罗斯拉夫(在诺夫哥罗德)生长子伊利亚。我们只是从诺夫哥罗德第一编年史初级抄本及源于 15 世纪 30 年代诺夫哥罗德—索菲亚汇编的某些编年史混合的(“在诺夫哥罗德”)王公名单中才得知伊利亚。然后在 989 年条又讲到诺夫哥罗德受洗。那里说:“雅罗斯拉夫生儿子伊利亚,让他主政诺夫哥罗德,直至去世。”在名单中还保存有任何编年史中都见不到的相当重要的历史资料。

[533]源于 15 世纪 30 年代诺夫哥罗德—索菲亚汇编的各编年史在此话后补充说:“全部奴隶和牲畜”(索菲亚第一编年史,可比较沃斯克列先编年史、尼康编年史等)。

[534]苏多米里——波洛茨克公国境内的一条河流。

[535]源于 15 世纪 30 年代诺夫哥罗德—索菲亚汇编的各编年史两次错误地报道了雅罗斯拉夫战胜勃里亚奇斯拉夫:6528 年(1020 年)条和 6529 年条。错误产生的原因是诺夫哥罗德—索菲亚汇编把各种史料和不同的年代网连结在一起。

[536]源于 15 世纪 30 年代诺夫哥罗德—索菲亚汇编的各编年史补充

说:“并从他那里夺得很多诺哥罗德的俘虏”(索菲亚第一编年史,也可参阅沃斯克列先编年史、尼康编年史等)。

[537]源于15世纪30年代诺夫哥罗德—索菲亚汇编的各编年史在此增加了一段:“于是,(雅罗斯拉夫)把勃里亚奇斯拉夫召到自己身边,并赐给他两座城池:乌斯维亚特和维捷勃斯克,并对他说:‘你应和我一条心。’这样,勃里亚奇斯拉夫有生的全部日子就和雅罗斯拉夫大公一起作战”(索菲亚第一编年史,同样可参阅沃斯克列先编年史、尼康编年史等)。关于乌斯维亚特和维捷勃斯克城可参阅M. H. 吉霍米罗夫著《古罗斯城市》,莫斯科—列宁格勒1949年版,第86—88页。

[538]在诺夫哥罗德编年史中,雅罗斯拉夫远征别列斯季耶(布列斯特)被放在1017年(正是基辅索菲亚教堂奠基那一年):“雅罗斯拉夫攻打别列斯季耶;基辅圣索菲亚大教堂奠基”(诺夫哥罗德第一编年史西诺达尔抄本等)。

[539]《伊戈尔远征记》的作者说,鲍扬歌唱“勇敢的姆斯提斯拉夫,姆斯提斯拉夫在卡索克军的阵前宰了列杰佳”(试比较《往年纪事》上说的“当两军相对摆开阵势后”)。可见此事件被描绘在民间史诗中,可是《远征记》和《往年纪事》间类似的表现形式(“宰了”和“在阵前”)使人们推测,《远征记》的作者在此处,如同在其他一些地方一样,表明他熟悉《往年纪事》。在研究著作中吸收了这样一种见解:当今北高加索各族人民的口头文学中还保留着对列杰佳和姆斯提斯拉夫决斗的回忆(可参阅Л. Г. 洛帕京斯基关于这方面的著作:“列杰佳”,《高加索地区和部落资料集》,卷12,梯弗里斯,1891年,及重新发表的:“契尔克斯人传说故事中的特穆塔拉坎的姆斯提斯拉夫和列杰佳”,《巴库大学通报》,巴库1921年版,№1,后半部)。但是正如H. C. 特鲁别茨卡娅早就指出的(“高加索的列杰佳”,《人种志评论》,1911年,№1—2),这种意见纯粹是误解的结果。Г. 图尔恰宁也提到了这一点。(“编年史上的列杰佳和契尔克斯的列达德”,《卡巴尔达科学研究所论丛》,纳尔奇克,1947年)

[540]特穆托罗坎位于黑海岸边,在现今塔曼附近。当特穆托罗坎王公罗斯提斯拉夫·弗拉季米罗维奇安葬在圣母教堂时,在1066年条又一次提到了这座教堂。

[541]看来,这是编年史家尼康写的,他在1061—1066年曾住在特穆托

罗坎(后来,当他和佩切拉编年史编纂工作脱离关系后,又在 1073—1074 年居住于此)。

[542]源于 15 世纪 30 年代诺夫哥罗德—索菲亚汇编的各编年史补充说:“妇女”,而后面的一句是“把术士抓起来,放逐”,转达的是另一个样:“你抓住了杀人犯,他们屠杀妇女,洗劫她们的家园。而你放逐了一批人,处死了另一批人,重新安定了那片国土”(索菲亚第一编年史、特维尔编年史、尼康编年史等)。关于术士们屠杀妇女一事,还可参阅 1071 年条讲述扬·维沙季奇镇压起义的故事。但是引起公愤的不是普通的妇女,而是那些“有钱人”的妇女。H. H. 沃罗宁写道:从这段故事中自然会得出这样一个结论,起义首先是由于苏兹达尔地区居民中内部矛盾所引起的。在伏尔加河老商业区附近的区域矛盾尤为突出。显然,这里存在着一个富裕的上层(有钱的人),他们从当地社会中分离出来;他们把各种谷物和日用食品囤积起来,更加剧了席卷当地的严重的饥荒。雅罗斯拉夫不管当时那里尖锐的封建斗争,马上从诺夫哥罗德发兵,出面保护有钱的人,这表明这一阶层已得到王公政权的庇护,这阶层已是王公政权在地方上的支柱。(H. H. 沃罗宁:“11 世纪的平民起义”,《历史杂志》,1940 年第 2 期,第 55 页)

[543]源于 15 世纪 30 年代诺夫哥罗德—索菲亚汇编的各编年史在此处补充说:“储存谷物,制造饥荒”(索菲亚第一编年史,亦可比较其他编年史)。这里显然指的是囤积社会储备粮,“高贵的人们”把这些社会储备据为己有,于是起义也就针对他们而来。

[544]源于 15 世纪 30 年代诺夫哥罗德—索菲亚汇编的各编年史此处补充说:“丈夫卖妻子,有的人以切良金为食”(索菲亚第一编年史等)。

[545]亚昆——是瓦兰人部队的领袖,艾蒙特史诗(萨伽)和基辅佩切拉圣僧传又称他为加康。圣僧传无疑根据的是《往年纪事》:“瓦兰国的王公阿弗里坎是盲人亚昆的兄弟,亚昆率军随雅罗斯拉夫和凶恶的姆斯提斯拉夫作战,败逃时丢掉了自己金丝编织的斗篷。”亚昆被称为“盲人”显然是一种误解。原词“сьлѣпъ”实际上是“很漂亮”的意思(因他穿的是金丝织的斗篷),却被误拼为“сь лѣпъ”(盲人)。基辅佩切拉圣僧传除阿弗里坎外,还提到亚昆的其他亲属。阿弗里坎王公的儿子——希蒙,被亚昆赶出来投奔雅罗斯拉夫,而雅罗斯拉夫收留了他,“为此,接纳并把他给了自己儿子弗谢沃洛德。

他在弗谢沃洛德那里年龄最大;他从弗谢沃洛德那里接受了政权"。希蒙的儿子格奥尔基是长手尤里的监护养育者,后来晋升为苏兹达尔国的千人长。编年史提到亚昆在战场上扔掉自己那件引人注目的衣服,这是编年史家在嘲笑瓦兰人亲兵队的首领。试比较尼康编年史关于尤里·弗谢沃洛多维奇和雅罗斯拉夫·弗谢沃洛多维奇在1216年从利皮茨战场逃跑的叙述:"尤里王公只穿一件衬衫逃回到弗拉基米尔,他的兄弟雅罗斯拉夫王公也是穿一件衬衫,累死了3匹马,坐上第4匹马才逃跑回弗拉基米尔城。"但是还应指出"луда"这个词也有各种译法:斗篷、外衣、面罩、头盔和铠甲。(H. M.卡拉姆津:《俄罗斯国家历史》,卷2,注27;И. И.斯列兹涅夫斯基:《古俄语词典的素材》,卷2,第49页;A. A.沙赫马托夫:《考证》……第646页;A. E.克雷姆斯基:《古基辅的方言》,科学院俄罗斯语言文学学部,卷11,第3分册,第396页)

[546]源于15世纪30年代诺夫哥罗德—索菲亚汇编的各编年史在此处后,补充说:"时值秋季,两军遭遇。"接着在"夜间"两字后,补充说:"雷雨之夜";在"向他们发起进攻"这句话之后,补充说:"我们会有好处的";"兵刃在闪电中发出道道寒光"后,补充说:"雷电闪闪,刀剑匆匆,相互拼命斯杀";在"亚昆败走海外"后,又加上一句:"在那里去世"(试比较索菲亚第一编年史、沃斯克列先编年史、特维尔编年史等)。所有这些补充不能简单地解释为后期编年史家所编造的。这一系列的补充显然是取材于诺夫哥罗德某一本古编年史。

[547]这里指的是谢维里安人的民兵。后来,姆斯提斯拉夫高兴的是他的常备军(亲兵队)完好无损,而死伤的只是谢维里安人和雅罗斯拉夫的瓦兰人(可参阅后面,姆斯提斯拉夫说:"谁能不为之高兴呢?你们看,这里躺着的是谢维里安人,那里躺着的是瓦兰人,可我自己的亲兵队完好无损")。

[548]源于15世纪30年代诺夫哥罗德—索菲亚汇编的各编年史补充说:"在那里去世"。(索菲亚第一编年史,可比较特维尔编年史、沃斯克列先编年史等)

[549]别尔兹—索罗卡河(西布格河的支流)河畔的一座城市,在加利奇—沃伦州。

[550]后期的编年史补充道:"以自己的名字命名。"确实,雅罗斯拉夫的

教名是格奥尔基(即尤里)。尤里耶夫城后来又改名为杰尔普特,即现在的塔尔图城,它位于楚德湖西岸,昂鲍日河(埃姆巴赫河)河畔。在南方,雅罗斯拉夫又建了另一座尤里耶夫城,它位于罗斯河(第聂伯河支流)河畔。源于15世纪30年代诺夫哥罗德—索菲亚汇编的后期各编年史,在报道雅罗斯拉夫远征楚德地区之后,还有下面一段话,显然来自于古文献:“来到诺夫哥罗德,选送上层和神父的孩子300名攻读经书。同年,诺夫哥罗德的大主教阿金去世,他的弟子叶弗列姆给我们任教”(索菲亚第一编年史,试比较特维尔编年史、尼康编年史等)。A. A. 沙赫马托夫写的“他给我们任教”一句可能来自11世纪中叶的汇编。很明白,汇编的作者想起了自己和自己同时代的人(《考证》……第217页)。A. A. 沙赫马托夫的前人也是这样解释的,但是,这里的“我们”也可泛指诺夫哥罗德人,不一定就是阿金的同时代人(“ны”,我们,即诺夫哥罗德人),况且阿金此处被称为大主教,而诺夫哥罗德只在12世纪尼方特时代才有大主教。(此事可参阅:Д. 利哈乔夫:“索菲亚年鉴和1136年诺夫哥罗德的政变”,《历史论丛》,№25,1948年,第248页)

[551]在基辅佩切拉圣僧传中在《关于圣摩西·乌格林》的故事中也谈到了此次叛乱。这次叛乱杀死了折磨摩西的女主人,释放了摩西:“上帝很快使自己的奴隶得以复仇。在一个灾难的夜晚,鲍列斯拉夫不幸去世,在整个波兰国土上爆发了大规模的叛乱,起义的人群杀死自己的主教、自己的贵族,这在编年史中都有记载。此时也杀了那位主妇……”关于此次叛乱,在涅斯托尔的狄奥多西传中也有叙述,书中提到伊兹亚斯拉夫·雅罗斯拉维奇的夫人(波兰国王卡西米尔的女儿)说:“在我们国土发生这场叛乱;有些逃跑的人给修士带来灾难,在那个国家给他们做出了诸多坏事。”波兰国王鲍列斯拉夫一世死于1025年4月3日。编年史家把整个这段文字都放在1030年条,看来,这是由于叛乱发生在这一年。实际上根据波兰史料得知,1031年波兰国王梅什科因起义而被迫逃亡外地。另一次起义发生在1034年,是在波兰国王卡西米尔幼年时期。看来,编年史家和圣僧传的编者指的是1030年的起义。实际上,按圣僧传的材料,摩西“5年被俘受监禁,6年受尽精神折磨”(别尔先抄本说是这样,卡西安版本则是另一样)。就是说一共11年,他在被俘的第12年才从波兰解放出来。按圣僧传材料,摩西是和智者雅罗斯拉夫的姐妹一起于1018年被俘的。这样看来,摩西是由于1030年的叛乱才从俘虏

中得救的。根据卡西安第二版本的材料，摩西于1031年回到基辅。但是，《往年纪事》为什么一定要提及波兰史的这些事件呢？A. A.沙赫马托夫不无根据地证实，编年史家作为历史资料使用的是现在已失传，但在13世纪是众所周知的安东尼传记，在传记中正如我们根据基辅佩切拉圣僧传（在那里曾使用过安东尼传记的材料）对此所能推断的那样，有摩西·乌格林的全部身世。（《考证》……第257等页）

[552]罗斯河——第聂伯河与草原交界处右岸的支流。编年史在11世纪后半叶提到罗斯河流域有下列城市：尤里耶夫（1095年条）、拉斯托维茨（1071年条）、亚京（涅亚京；1071年条）、托尔切斯克（1093年条等）。16世纪特维尔编年史提供的一些资料非常重要，因为它使用了迄今失传的诺夫哥罗德编年史的古抄本，接近于西诺达尔抄本（但有时更准确），从中我们可以找到有关雅罗斯拉夫建立的那些城市的重要报道："科尔松，特列波利。"源于15世纪30年代诺夫哥罗德—索菲亚汇编的各编年史在这句话之后写道："此时，乌列普从诺夫哥罗德进军'铁门'，可还是很少人能到达那里"（索菲亚第一编年史，还可比较其他编年史）。"铁门"是尤格拉州的天然界线（H.巴尔索夫：《俄罗斯史地词典素材》，华沙1865年版，第73页）。根据萨维利耶夫《伊斯兰的古钱学》对编年史的这一报道作如下的注释："在沃洛格达省的东部，在塞索拉河右岸，离塞索拉河河口80俄里处有一个沃德恰村，在它不远的地方有一座天然界线，当地居民至今仍称之为城镇（караль）和铁门"。当地传说和考古发掘认为，此"铁门"与编年史上说的"铁门"有很大的可能就是同一件事。

[553]姆斯提斯拉夫·弗拉季米罗维奇死后无嗣，他的儿子叶夫斯塔菲在他之前已死（1033年）。

[554]日佳塔——全名为日季斯拉夫，他的教名为卢卡。卢卡·日佳塔（死于1060年或1061年10月15日）是诺夫哥罗德的第二任主教，他是主教伊奥阿基姆（又名叶弗列姆，没有被授予主教的教职）的继任者。他著有《致僧团的教谕》，留传于世的有几种抄本……

[555]编年史家在谈到雅罗斯拉夫得子时（1020年、1024年、1027年、1030年等条），一般都加上"把他命名为"什么名字。而维亚切斯拉夫出世时，正值雅罗斯拉夫不在家，所以编年史家在这里说"称为"什么名字。

[556]基辅的索菲亚教堂 1037 年奠基。这些话未必在教堂奠基后就能写。看来,这些话属于 11 世纪后半叶编年史家的手笔。

[557]谢托姆利河是基辅近郊的一条小河。

[558]这里说的是雅罗斯拉夫建造的所谓"雅罗斯拉夫城",雅罗斯拉夫把老的"弗拉季米尔城"扩建,而大大扩展了基辅城。后来的一位研究人员M. K. 卡尔格尔关于这座雅罗斯拉夫的基辅城这样写道:"众所周知,雅罗斯拉夫新城大大扩展了'弗拉季米尔城'的地域,比老城的面积增大了许多倍。索菲亚大教堂应是新城的建筑主体,它和城市新的防御工程建设同时进行。……南面的金门成为全城的正门,城市的主要入口。在编年史和雅罗斯拉夫关于大兴土木的训诫编中特别提及这座金门。雅罗斯拉夫只在该城门上修建了城门上的庙堂。大量的古基辅传说正是和这座城门有联系。正是在这座金门前基辅人多次举行隆重的接待仪式。那些不速之客正是处心积虑地想进入这座城门,他们想通过金门进城以显示自己对基辅的胜利。雅罗斯拉夫的所有主要建筑都在城市南部展开,在金门和索菲亚大教堂之间"(M. K. 卡尔格尔:"从考古发掘中研究雅罗斯拉夫城市的建筑群",1949 年 6 月 18 日在苏联科学院物质文化史研究所列宁格勒分院会议上宣读的报告摘要)。索菲亚大教堂保留至今,不过已面目全非;金门只剩下现在精心保护的遗迹。11 世纪的教堂残迹至少已有三座被挖掘出来。只有一处残迹群较有把握地确定为雅罗斯拉夫兴建的格奥尔基教堂的废墟。1833 年在弗拉季米尔大街和伊丽娜大街的拐角处首次挖掘出来的教堂遗迹。"后来被永久定名为伊丽娜教堂,采用这个名称只是由于传统的原因。"(M. K. 卡尔格尔,同上)。这就是为什么"基辅的雅罗斯拉夫城,就其城市建设规划的宏伟壮丽、总体建筑结构的完整而言,实在令人惊叹,可现今只能在图上显示或作复原模型描述"(M. K. 卡尔格尔,同上)。不言而喻,1037 年这一条谈到雅罗斯拉夫大兴土木的业绩,决不是一年(1037 年)完成的,至少是在他执政的 10—15 年期间作出的。仅仅索菲亚大教堂的贵金属镶嵌和壁画装饰工程就得花不少时间。很明显,编年史这一条只是概括地讲述了雅罗斯拉夫在基辅执政的所有年间的建筑活动。这里也概括讲述了他的兴教活动。我们看到对雅罗斯拉夫的颂扬在很多方面都达到了对弗拉季米尔颂扬的程度。把这段放在1037 年条无疑是后期之作。看来,它成为我假想的《基督教最初在罗斯传播

的故事》的结尾部分，它不带年谱(《罗斯编年史》，莫斯科—列宁格勒 1947 年版，第 58 等页)。不清楚的是它根据歌颂中提到的哪一件事才安排在 1037 年条。有一个训诫性的故事。“关于在圣索菲亚教堂大门前为基辅格奥尔基教堂举行祓除仪式的传说。”从此传说中得知此仪式是总主教伊拉里昂主持的，因此此事不会早于伊拉里昂被任命为总主教的 1051 年。这一“传说”在 1117 年姆斯提斯拉夫福音书的日历上已提及。因此这一“传说”的古老性是毫无疑义的。这一“传说”证明提到格奥尔基教堂来赞颂雅罗斯拉夫这一段是在 1051 年后写的，只是增补了“基督教最初传播的故事”。格奥尔基教堂是为雅罗斯拉夫的“天使”修建的(因为雅罗斯拉夫的教名是格奥尔基)，而伊丽娜教堂是为雅罗斯拉夫妻子伊丽娜的“天使”兴建的。

[559]此年条开始说：“雅罗斯拉夫奠基了一座大城市……还为教堂奠基”，但在源于 15 世纪 30 年代诺夫哥罗德—索菲亚汇编的各编年史中，“奠基”一词变为“建成”(见索菲亚第一编年史等)，这是由于该编年史在 1017 年条这一组中已报道过城市(城墙)和索菲亚大教堂的奠基。

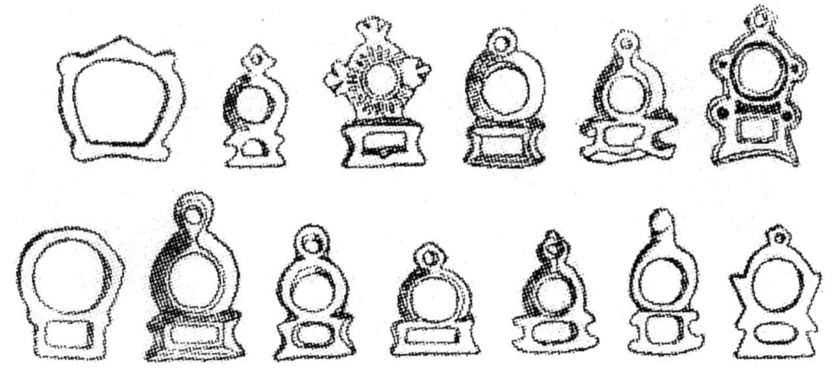

10—13 世纪青铜书扣(**Г. Ф.** 科尔祖希娜绘制)

[560]这里指出的是智者雅罗斯拉夫在索菲亚大教堂开办的特殊翻译学校。看来，那里的译员都是弗拉季米尔命令选送学习的“优秀上层”的那些孩子。古罗斯文献的科学研究发现了越来越多的 11 世纪的译作，它们是由罗斯译者直接从希腊文译成俄文的。这些译作有格奥尔格·哈马托罗斯编年史、辛克尔编年史、约瑟夫·弗拉维的力作《古犹太战争史》，这些译文语言丰富、译法灵活。还有科西莫·英季科普洛夫译的《基督教的地形学》、《亚历山

大里亚》、《阿基尔·普列莫德龙纪事录》、《瓦西里新传》等等。这种勃然兴起的翻译活动是雅罗斯拉夫统治时期引以为特征的文学高涨的一种表现。在11世纪前半叶已开始编年史的编纂工作,写下了第一批罗斯圣僧传,编辑了杰出的演讲作品集(例如我们邀来的伊拉里昂总主教的充满爱国主义激情的《教规和神恩讲话》)。

[561]试比较基辅佩切拉修道院的圣僧传(圣彼得堡1911年版,第198—199页),关于格雷戈里修士的故事。格雷戈里修士是狄奥多西同时代的人。他能够"用禁止的祷文"驱赶"渎神的精灵",由此"宿敌"(即恶魔)"难以忍受被他驱赶的苦楚","唆使坏人去偷"格雷戈里的"东西",可是在他那里"除了经书以外,没有什么好偷的"。于是,有一天夜里小偷潜入他的小居室,开始等他出去做早祷。可是格雷戈里已发现了他们,他求上帝让他们都睡觉,他们一觉就睡了五天五夜,当他们醒来时,已饿得走不动道了。格雷戈里喂饱了他们,把他们放走了。但这事被基辅城"行政长官"知道了,他把小偷抓起来,开始严刑拷打(行政长官"开始折磨小偷")。格雷戈里得知小偷因他而遭难,心里很难受,他来到长官府,赠送给他一些自己的经书,这才"放了"小偷。格雷戈里把自己其他经书卖了,所得之钱发给穷人,他解释说:"这样做是为了再不会有人受蒙骗来偷书而遭不幸。"这事的发生不会晚于1093年(格雷戈里是在狄奥多西活着时被接收到修道院的,即在1074年前;格雷戈里是按罗斯提斯拉夫·弗谢沃洛多维奇王公的命令被溺死在第聂伯河,而罗斯提斯拉夫自己在此后不久于1093年在横渡斯图格纳河时也淹死了)。这样,在智者雅罗斯拉夫死(1054年)后不到40年,书成为自由市场上流通的物品,而在雅罗斯拉夫时代,书只是王宫的财产,从王宫分赠给各教堂。到了此时,书可以从个人珍藏中偷来,并很容易把它变卖。个人不仅指神职人员,也有不是当官的封建主(小偷正是可以用书从基辅行政长官手中赎出)。(——Б. А. 罗马诺夫注)

[562]源于15世纪30年代诺夫哥罗德—索菲亚汇编的各编年史对此条有较详细的记载:"雅罗斯拉夫大公春季去基辅,冬季出征雅特维亚格,但未能取胜。"雅特维亚格是立陶宛人部落。

[563]这里显然是编年史家的一个错误:圣母教堂(什一教堂)在此以前50年就已举行过净化仪式(参阅编年史989年条)。看来,这里说的是1037

年奠基的基辅索菲亚教堂的净化仪式。索菲亚大教堂的净化仪式正是在成立罗斯总教区的时候。第一任总主教是希腊人狄奥佩姆普特，他隶属于君士坦丁堡大牧首。索菲亚大教堂(而不是什一圣母教堂)在后来成为总主教区的教堂。在《训诫集》中，基辅的索菲亚大教堂举行净化仪式是在11月4日，而诺夫哥罗德第三编年史上说是11月27日。

[564]源于15世纪30年代诺夫哥罗德—索菲亚汇编的各编年史更详细地叙述了弗拉季米尔远征拜占庭，特别是在“很多兵”之后补充说：“瓦兰人、罗斯人”(索菲亚第一编年史等)。在这方面还可参阅下面的注释。

[565]此文稍后就会发现委任的将军不是维沙塔，而是伊凡·特沃里米里奇：“雅罗斯拉夫的将军伊凡·特沃里米里奇把王公接到自己的战船上。”看来，编年史在讲述弗拉季米尔·雅罗斯拉维奇远征拜占庭时有两种史料来源：以前的编年史叙述(那里说的将军是伊凡·特沃里米里奇)和口头流传的扬·维沙季奇的故事(故事的主人公是扬的父亲——维沙塔)。请参阅《维沙塔是扬的父亲》：因此编年史家更熟悉的是扬，而不是维沙塔；编年史家在1106年条谈到过扬：“我从他那里听到很多故事，并把它撰写到这部编年史里”(编年史家从口头流传的故事中汲取的不止是一种资料：Д. 利哈乔夫：“《往年纪事》中的口头编年史”，《历史论丛》，1945年第17期)。

[566]这里不明白，为什么《往年纪事》要记述远征中间阶段的情节——多瑙河，而对那里扎营情节却只字未提。然而，源于15世纪30时代诺夫哥罗德—索菲亚汇编的各编年史，在讲述弗拉季米尔远征时使用了古时的详细资料，显然那些资料被《往年纪事》删掉了。这些详细材料解释了为什么《往年纪事》会单独提一下多瑙河：“弗拉季米尔乘船前往帝都，通过了石滩，进入多瑙河。罗斯人对弗拉季米尔说：‘咱们从这里上岸吧’，而瓦兰人说：‘还是进军帝都为好’。弗拉季米尔听从了瓦兰人的主意，带兵从多瑙河出海向帝都进发。希腊人得知敌军已出海，就开始往海里扔基督盖布和圣僧的干尸。上帝震怒使雷电齐鸣。海浪翻滚，一场大风暴袭卷船只，许多战船被撞毁，瓦兰人调头逃窜”(索菲亚第一编年史等)。看来，这段故事来自早于《往年纪事》的初始汇编。从这段故事中可以看出，罗斯人和瓦兰人有矛盾(与此同时，把失败的罪过全都推到了瓦兰人的头上)。这种对立关系对“罗斯人”一词的古老意义至关重要(这个问题不知为什么没有引起作者们的注意)，因为

这一对立关系表明在初始汇编中瓦兰人不称为罗斯人，罗斯人也不称为瓦兰人。和初始汇编相比，《往年纪事》对弗拉季米尔远征的说法则不同，这显然是因为《往年纪事》的作者想抹掉罗斯人和瓦兰人这一对立关系，这和他所持的罗斯人起源于瓦兰人的观点是相矛盾的。A. A. 沙赫马托夫对此则另有解释(《考证》……第 226 等页)。

[567]源于 15 世纪 30 年代诺夫哥罗德—索菲亚汇编的各编年史补充说："光着身子站在岸上。"在下面这句话"王公亲兵队中谁也不愿和他们一起走"之后补充说："可维沙塔是将军，他见到自己的亲兵队都站着不动，就说：我不去见雅罗斯拉夫"(索菲亚第一编年史等)，接着就和《往年纪事》一样："于是他下船……"

[568]编年史讲到此处，出现了明显的前后不连贯的现象，这是由于它同时取材于两种不同的史料：早先的编年史故事和扬·维沙季奇的口头故事(见前注 565)。一方面说被抛到岸上的弗拉季米尔士兵坐上船，回到了罗斯，而另一方面又说那些被抛到岸上的士兵原来并没有被弗拉季米尔所收留，他们当了希腊人的俘虏："抓住了维沙塔和被抛到岸上的士兵，把他们押送到帝都。很多罗斯人被挖掉了双眼。"看来以前的编年史故事说暴风雨打翻了罗斯的战船，一部分士兵被抛到岸上，弗拉季米尔幸存下来的另一部分战船在海战中打败了希腊人的追兵，收留下被抛在岸上的士兵，返回罗斯。而扬的故事说，当时谁也不愿意和那些被抛在岸上想回罗斯的亲兵队士兵在一起，只有扬的父亲维沙塔一个人自告奋勇地留下来和他们在一起。维沙塔此时说出了一句豪言壮语："如果我能活下来，和他们在一起；如果牺牲，就和亲兵队在一起。"希腊人抓住"被抛到岸上"的罗斯兵，按一般对造反者的同样刑罚处理：他们都被整瞎了。瞎了眼的维沙塔大约过了三年的被俘生涯，然后被放回去见雅罗斯拉夫。

[569]尼康编年史说："他(即维沙塔)和很多罗斯人的眼睛都被弄瞎了。"后来我们可以见到维沙塔是和编年史家尼康很相近的人。尼康从维沙塔那里汲取了不少的资料。从捷列鲍夫利的瓦西里科的经历中(见《往年纪事》1097 年条)明显表明，在古罗斯眼睛对政治活动已不是不可克服的障碍。

[570]源于 15 世纪 30 年代诺夫哥罗德—索菲亚汇编各编年史，接着讲述了雅罗斯拉夫发兵征讨马左维亚人，编年史把它和卡西米尔与雅罗斯拉夫

妹妹的联姻直接相联系："是年秋，雅罗斯拉夫把自己的妹妹许配给卡西米尔。同年，莫伊斯拉夫得罪了卡西米尔。雅罗斯拉夫两次从水路征讨马左维亚人，他对卡西米尔说：'你的父亲鲍列斯拉夫战胜我们时，抓了我们的人，现在就作为彩礼还给我们吧。'卡西米尔集中了 800 名被抓来的罗斯俘虏，不算妇女和儿童，作为彩礼遣返给自己的内兄雅罗斯拉夫，卡西米尔又把自己的妹妹许配给雅罗斯拉夫的儿子伊兹亚斯拉夫。"（索菲亚第一编年史，可比较诺夫哥罗德第四编年史等）。然而《往年纪事》把雅罗斯拉夫对马左维亚人用兵放在 1047 年条，丝毫没有把这一事件和卡西米尔的婚事联系起来。然而这一联系看来是不容怀疑的：正是联姻关系才使雅罗斯拉夫出兵帮助卡西米尔去打马左维亚人的莫伊斯拉夫，反过来，卡西米尔给雅罗斯拉夫的那么贵重的彩礼（800 名俘虏，还不算妇女和儿童）也和雅罗斯拉夫的支援分不开。源于 15 世纪 30 年代诺夫哥罗德—索菲亚汇编的各编年史也在 1047 年条报道了雅罗斯拉夫兵伐马左维亚（这和《往年纪事》相同），但应指出这里说的是"第 3 次"。这"第 3 次"在那些编年史中显然指的是在 1043 年对马左维亚的远征："雅罗斯拉夫两次从水路征讨马左维亚。"但是雅罗斯拉夫在同一年（1043 年）未必能两次出征马左维亚。很可能最初这里写的是"2"字，说的是雅罗斯拉夫第 2 次进军马左维亚。实际上，他第一次攻打马左维亚人是在 1041 年（见《往年纪事》前述）。雅罗斯拉夫究竟几次出征马左维亚，又是在哪几年呢？1041 年的远征是毋庸置疑的。第 2 次是作为亲戚对卡西米尔的支援。初始汇编的编者因而把它直接放在卡西米尔娶雅罗斯拉夫之妹为妻之后，并把这些都放在同一年（1043 年），而不理会出征的实际日期。这一报道就从这里由初始汇编以这种形式进入诺夫哥罗德编年史，因为它使用了这初始汇编的史料。但是，《往年纪事》的编者发现远征不是在 1043 年，而是在 1047 年，就把雅罗斯拉夫远征改在 1047 年条，而诺夫哥罗德编年史在编纂时既用了初始汇编的材料，也用了《往年纪事》的材料。这就产生了把雅罗斯拉夫的同一次远征说成了两次：一次在 1043 年（根据初始汇编），第 2 次是在 1047 年（根据《往年纪事》）。这样在编年史中就出现了雅罗斯拉夫 3 次出征马左维亚。就因为表达"2"字产生的这一普普通通的错误（把"второе""第 2 次"理解成"дважды""两次"），在诺夫哥罗德的各编年史中又造成了一次远征。从此看来，远征过两次：1041 年和 1047 年，既不是 3 次，也

不是4次(《考证》上的观点略有差异……第282页)。我们还要指出,前面所引的编年史中雅罗斯拉夫对卡西米尔说的那段话有一个错误:“你父亲鲍列斯拉夫战胜我们的时候。”鲍列斯拉夫不是卡西米尔的父亲,而是祖父。嫁给卡西米尔的雅罗斯拉夫的妹妹在波兰史料中称为:玛丽娅·多勃罗涅加。

[571]源于15世纪30年代诺夫哥罗德—索菲亚汇编的各编年史有下列报道:“雅罗斯拉夫出兵征讨立陶宛,而到春天开始修建诺夫哥罗德并把它建成”(索菲亚第一编年史等)。这里的“开始修建诺夫哥罗德”应理解为“修石砌城墙”。诺夫哥罗德第三编年史对此有所解释:“在索菲亚教堂一侧修建石头城。”

[572]这里指的是基辅什一圣母教堂。但是在许多后期的编年史(索菲亚第一编年史、沃斯克列先编年史、尼康编年史等)中“在圣母教堂”这句话后错误地加上“在弗拉基米尔城”(指弗拉基米尔·扎列斯基城),而尼康编年史在“弗拉基米尔城”后又附加了下面一段解释:“那是使整个罗斯大地接受洗礼的弗拉季米尔公亲自建造的。”在这里不难看出,在后期编年史中反映了15—16世纪莫斯科政界的思想,莫斯科政界力图强调弗拉基米尔城及其庇护圣地——乌斯平斯基大教堂的意义(实际上,它是由安德烈·鲍戈柳勃斯基于1158—1161年修建的)。

[573]这些话是弗谢斯拉夫死的1101年前写下的,但是这事情看来也不是1044年后马上记下的。关于这段记录的后期性质也可从身份的确定上看出来:勃里亚奇斯拉夫·伊兹亚斯拉维奇是“弗谢斯拉夫的父亲”。

[574]我们在诺夫哥罗德第一编年史的西诺达尔抄本见到关于这次奠基的更详细的材料:“3月15日,礼拜六,早上3点晨祷时,圣索菲亚大教堂起火被焚。弗拉季米尔公决定重建,于同年为诺夫哥罗德的圣索菲亚大教堂奠基。”这样,照西诺达尔抄本的说法,弗拉季米尔·雅罗斯拉维奇是在木结构教堂烧毁后兴建了石结构索菲亚教堂。实际上,诺夫哥罗德第四编年史、索菲亚第一编年史都明白地说:木结构的索菲亚教堂是在石结构索菲亚教堂奠基后4年——1049年3月4日才被焚毁的,它是在诺夫哥罗德的杰季涅茨的另一处地方:即后来1167年索特科·斯梅季尼奇修建鲍里斯和格列勃教堂的地方(参阅索菲亚第一编年史和诺夫哥罗德第四编年史的1049年条和

1167年条)。然而,西诺达尔抄本的错误是很明显的:1045年3月15日根本不是礼拜六。西诺达尔抄本此段的编者用自己当时惯常的联想:石结构教堂一定是在木结构教堂烧毁后的地方重建。索菲亚第一编年史和诺夫哥罗德第四编年史的报道就较为准确:1049年的3月4日正是礼拜六。

[575]源于15世纪30年代诺夫哥罗德—索菲亚汇编的各编年史在此年条有下列报道:"3月4日,礼拜六,圣索菲亚教堂被焚毁。该教堂庄严华丽,位于皮斯库普利街的尽头,沃尔霍夫山丘上,即现今索特科修建的石结构的鲍里斯—格列勃教堂的地方"(索菲亚第一编年史等)。在诺夫哥罗德第一编年史西诺达尔抄本的6553年(1045年)条对圣索菲亚教堂火灾的报道则有所不同(见上注)。

[576]诺夫哥罗德第一编年史的西诺达尔抄本在此年条还有下列报道:"斯维亚托波尔克(斯维亚托波尔克·伊兹亚斯拉维奇)出生。"诺夫哥罗德第一编年史初级抄本此处还谈到诺夫哥罗德—索菲亚教堂举行净化仪式:"遵照雅罗斯拉夫王公、他的儿子弗拉季米尔及大主教卢卡的旨令,建成了诺夫哥罗德圣索菲亚教堂。"源于15世纪30年代诺夫哥罗德—索菲亚汇编的其他编年史及索菲亚第一编年史还更准确地报道了净化仪式的日子:"在圣洁十字架节的时候",即9月14日。

[577]这里说的是雅罗斯拉夫·弗拉季米罗维奇的夫人——伊丽娜·英基格尔达,她是瑞典国王奥拉夫的女儿。英基格尔达是埃蒙多弗史诗中的一位主要人物,这部著作讲的是雅罗斯拉夫宫廷内的诺曼人。伊丽娜死在诺夫哥罗德(试比较诺夫哥罗德第一编年史1439年条关于诺夫哥罗德索菲亚教堂的伊丽娜灵柩:"是年,大主教叶乌菲米给弗拉季米尔大公之孙弗拉季米尔公的灵柩镀金并上册,同样也给他的母亲的灵柩上册并披上盖棺布,把他们的平常纪念日定为每年10月4日")。源于15世纪30年代诺夫哥罗德—索菲亚汇编的各编年史准确记载了伊丽娜去世的日期是2月10日(索菲亚第一编年史、沃斯克列先编年史、特维尔编年史、尼康编年史等;索菲亚第一编年史有些抄本说是2月14日;伊帕季编年史说是"2月10日"看来是后期收入编年史的)。

[578]在15世纪以前,罗斯的总主教一般都由君士坦丁堡大牧首在君士坦丁堡任命。智者雅罗斯拉夫为罗斯教会脱离拜占庭独立而斗争,他任命伊

拉里昂为总主教，推翻了拜占庭教会的规定，只召集罗斯各主教大会来核准自己的选择。第二次类似的情况只是在12世纪，克利缅特·斯莫利亚季奇以类似方式被任命为罗斯的总主教。尼康编年史这样来解释雅罗斯拉夫的行为："雅罗斯拉夫是弗拉季米尔的儿子，斯维亚托斯拉夫的孙子，他和希腊不和，敌视希腊。雅罗斯拉夫召集自己罗斯的主教开会，按照神圣规则和圣徒章程来谋划：第一条圣徒规则是2至3位主教选一名统一的主教，按此神圣的规则和圣徒的章程，这些主教推选出罗斯人伊拉里昂为基辅和全罗斯国家的总主教，他不脱离东正教大牧首和希腊圣洁教规，独立行事，但保持当时那种敌视和虚伪关系。"雅罗斯拉夫选中伊拉里昂不是偶然的。首先这是一位罗斯人（"русин"；然而，希腊人极力想要委派自己的希腊人来担任罗斯的总主教），又是一位天才的布道者，他在自己的名著《教规和神恩讲话》中热忱宣传罗斯人民和罗斯教会的平等权利。

[579]别列斯托沃村是王公的村，离基辅不远，位于佩切拉修道院附近。

[580]还可以比较后面说的："在老修道院下面的洞穴里至今还有这些斗室"；"挖了一个山洞，这洞穴现在就在新的修道院下面"。这些话不会早于1073—1074年写的，因为按《狄奥多西传》记载：新修道院是在此年间建成的。

[581]柳别奇——离切尔尼戈夫不远的一座城市，它位于"从瓦兰人到希腊人"的通道上。

[582]这里显然漏掉了俗名叫安东尼的人。A. A. 沙赫马托夫推测这是由于取材于不同的史料（原初的故事和安东尼传），因而出现了缺漏：编年史家在别的一些地方当他没有把握确定某一史料时，也有类似的疏漏现象（《考证》……第269页）。苏兹达尔的佩列亚斯拉夫利编年史家（莫斯科，1851年，第45页）称俗名安东尼为安季普，但此说是否准确难以肯定。

[583]圣山——阿托斯山，它是南马其顿的拜占庭僧侣隐修的主要中心。阿托斯山许多修道院都建于哈尔基顿半岛的东岬。阿托斯山的僧侣隐修地，形成的准确时间不得而知。关于阿托斯山修道院的最早报道是在7世纪末。应该指出，早在11世纪前半叶罗斯在阿托斯山已有自己的修道院（克西卢尔加修道院，即"木结构"修道院或别的罗斯修道院），还有一座乌斯平斯基教堂。这座修道院早在11世纪30年代就已闻名，但是它建立的时间还要早，

在一份日期为1016年2月的圣山文件的签名中可以看出:"修道士格拉西姆、罗斯修道院院长、受圣宠的神父,特此亲笔签字"(Actes de Lavra, ed. par G. Rouillard et P. Gollomp, I, Paris, 1937, №18, 第51—52页)。在科穆宁王朝阿列克塞一世皇帝(死于1118年)执政时期在阿托斯山的罗斯修道士达到鼎盛时期。从1169年起罗斯人在阿托斯山控制了潘特列蒙大修道院(详细可参阅:Б. 莫申:《阿托斯山的罗斯人》,"Byzantio №slavica" Ⅸ, 1, 布拉格, 1947年)。据猜测,安东尼削发地点在格鲁吉亚的伊维尔修道院。(卡里昂:《伊维利亚在罗斯文化史上的作用》)

[584]根据基辅—佩切拉圣僧传记载,安东尼住的不是伊拉里昂挖的山洞,而是瓦兰人挖的山洞:"他发现了山洞,住了进去,此洞原为瓦兰人所挖"(可参阅基辅—佩切拉圣僧传的卡西安第2版本,其中有"《佩切拉修道院为何得名》故事的作者涅斯托尔修士的住处")。在基辅—佩切拉圣僧传的另一处("关于圣父狄奥多尔和瓦西里")说,瓦兰人挖此洞是为了做仓库:"圣安东尼传说,那是瓦兰人储藏拉丁器皿的仓库,因此该洞穴至今还被称为瓦兰山洞。"关于瓦兰山洞可参阅:И. 马雷舍夫斯基《基督教在基辅发展初期的瓦兰人》,基辅1887年版,第24—25页。

[585]安东尼死于1072年或1073年。因此安东尼"挖洞"是在1032年或1033年。但是这和下一事实发生矛盾:按涅斯托尔写的《狄奥多西传》中说,安东尼任命瓦尔拉姆为第一位修道院长是在伊兹亚斯拉夫·雅罗斯拉维奇执政时期,因而应是在1054年之后;试比较上述编年史中这样一句话:"伊兹亚斯拉夫得知安东尼的生活状况,就带上自己的亲兵队来请他为自己祝福和祈祷。"可是,根据基辅—佩切拉圣僧传的说法,基辅—佩切拉修道院建于智者雅罗斯拉夫执政时期。A. A. 沙赫马托夫力图搞清史料中复杂的矛盾情况,可资参考。(《考证》……第257等页,特别是第269—275页)

[586]涅斯托尔写的《狄奥多西传》说,基辅—佩切拉修道院的圣母升天大教堂建于6570年(1062年),它不是像编年史所说的那样由修道院院长瓦尔拉姆所建,而是狄奥多西所建:"伟大的狄奥多西当时选好了一块净地,离山洞不远,他想这是修建修道院的理想地方……时过不久就在那地方为至高无上的圣母和圣洁的玛丽亚建起了一座教堂,并修了四面的围墙和许多斗室,于是在6570年和师兄弟们住了进去。"基辅—佩切拉修道院的圣母升天

大教堂在被法西斯强盗毁坏前是基辅 11 世纪的一座最杰出的建筑典范。罗斯的许多城市和修道院都按荣誉大教堂(圣母升天大教堂)的样式修建了其他圣母升天教堂。

[587]伊兹亚斯拉夫所建的圣德米特里修道院位于何处,现今其准确地点已不得而知,但是近来出现了多次讨论,有人认为在基辅不久以前还一直以米哈伊尔金顶修道院著称的建筑,原来是伊兹亚斯拉夫建造的德米特里大教堂。特别是 M. K. 卡尔格尔持这一观点。他仔细地研究了古基辅的地形,教堂建筑技术的特点和位置,还研究了它镶嵌细工的题材和风格,得出了这一结论。伊兹亚斯拉夫·雅罗斯拉维奇的儿子—雅罗波尔克·伊兹亚斯拉维奇王公于 1108 年建造的米哈伊尔大天使教堂,曾是在父亲建造的修道院附近,看来它在蒙古占领基辅时被毁,后来在基辅的废墟上重建时,就以自己的名字给残留下来的德米特里教堂命名。M. K. 卡尔格尔说伊兹亚斯拉夫的建筑是一个六根大柱顶立的三间长形堂组成的大殿,饰以浮雕,装潢华丽,镶嵌画像和壁画,还有镶嵌的地板和石板。

[588]基辅—佩切拉圣僧传上说的这位修道士是另一个名字:“叶弗列姆”,并且所报道的情况也不一样:“这位神圣的院长因此派了一位弟兄去君士坦丁堡见阉割派修道士叶弗列姆,抄写斯图季修道院的教规后带回,而叶弗列姆也马上秉承我们圣父的诏令,抄录了修道院的全部教规送给他。我们的父亲狄奥多西接见了他,让他在弟兄们面前宣讲,从此在自己修道院开始全面执行斯图季修道院的神圣教规,至今还有其布道的弟子”。(《基辅—佩切拉圣僧传》,Д. И. 阿勃拉莫维奇主编,基辅 1931 年版,第 39 页)

[589]君士坦丁堡的斯图季修道院因执政官斯图季而得名,他在 5 世纪中叶修建了这座修道院。这座修道院以其教规严格而闻名于世。11 世纪在拜占庭严格的僧侣生活已大为削弱。基辅—佩切拉僧团在拒绝拜占庭当时通行的教规、寻求严格的僧侣教规上可以看出,他们谴责当时希腊僧侣生活的现状。E. E. 戈卢宾斯基在此同时指出,狄奥多西所实施的斯图季教规是阿列克谢大牧首经过特别严格审订过的,它除了斯图季文本外,还根据最古老的僧侣生活的经典规则(《罗斯教会史》,第 1 卷,第 2 部,第 2 版,第 607—627 页)。

[590]看来,这段以第一人称出现的这些话是《佩切拉修道院为何得名》

的传说作者说的。它应和作者署名为涅斯托尔的基辅—佩切拉圣僧传中类似之处相对应："当时，我是一个骨瘦如柴和不懂事的奴仆涅斯托尔，来投奔他。他接纳了我，我才17岁。"（《基辅—佩切拉圣僧传》，Д. И. 阿勃拉莫维奇主编，基辅1931年版，第20页）

[591]按涅斯托尔编写的狄奥多西传说，佩切拉修道院建于1062年："用不长的时间就在那地方为至高无上的圣母和圣洁的玛丽亚建成一座教堂，围上栅栏，修了许多修道的斗室，在6570年就和师兄弟们住了进去。从此这地方不断扩大，修道院也远近闻名，直到今天被称为佩切拉。"《佩切拉修道院为何得名》传记本段放在1051年，初看起来，它和《狄奥多西传》中说的修道院建于1062年有出入。和涅斯托尔写的狄奥多西传还有另一个明显的矛盾：涅斯托尔断言佩切拉修道院是狄奥多西修建的（参阅《狄奥多西传》："它是圣父我们的狄奥多西修建的。"），而编年史则谨慎地表达了一种想法，说修道院的奠基者是狄奥多西的前辈安东尼："许多王公、贵族和有钱人建造了不少修道院，但这些修道院都不是那种用泪水、汗水、祈祷和不眠之夜修造起来的，要知道，安东尼既没有黄金，也没有白银，正如我已讲过的，他就是用泪水、汗水达到自己目的的。"实际上，看来这矛盾是不存在的：编年史把修道院的建立推到安东尼住进山洞的时刻，因为它寻求的是"佩切拉修道院从何得名"的答案，而《狄奥多西传》把修道院的开始理解为修道斗室的建成，并把斗室在狄奥多西时的出现作为标志佩切拉修道院建立的日子（不同于挖掘洞穴）。

[592]关于《佩切拉的狄奥多西传》在《往年纪事》中总的没有提过，只在1074年条讲到狄奥多西之死（"而现在简短地谈一下他的去世"）。可能，还会讲述这话指的正是1074这年条。但如果是这样，那这话是不确切的，因为那年条讲的不是狄奥多西的一生，而只是他的去世。然而，很可能《往年纪事》或它以前的汇编确有过佩切拉的狄奥多西生活的记述，但后来被某编年史家给删掉了。

[593]源于15世纪30年代诺夫哥罗德—索菲亚汇编的各编年史在此年条补充道："是年，开始了安东尼的佩切拉修道院，三位歌手来到基辅：他们从自己的祖地希腊来"（索菲亚第一编年史）。但是，由于基辅—佩切拉修道院是什么时候产生的这一问题早在古代就有争论，很多后期的编年史把这一报道放在其他年条。例如，里沃夫编年史把这一报道放在1017年条，阿弗拉阿

姆卡编年史放在1037年条等。有的编年史把三位歌手的到达和罗斯建立教堂颂唱班相联系(特维尔汇编的作者,俄国皇室系谱等)。

[594]源于15世纪30年代汇编的各编年史中此处还有补充解释:“10月4日,礼拜天”(索菲亚第一编年史、诺夫哥罗德第四编年史等),而马尔托夫编年史说,1052年10月4日确是礼拜天。诺夫哥罗德第一编年史西诺达尔抄本也有同样的报道,只是没提“礼拜天”。

[595]弗谢沃洛德·雅罗斯拉维奇娶君士坦丁·摩诺马赫皇室的公主为妻。他们于1053年所生的儿子弗拉季米尔,按母系称为摩诺马赫。拜占庭的皇族十分看重自己的亲属关系,一般不和西欧国家的王室联姻。然而,他们和罗斯王公结亲的情况并不少。弗拉季米尔·罗斯提斯拉维奇的女儿(沃洛达里亚)嫁给阿列克塞·科穆宁皇帝的儿子。摩诺马赫的玛丽查(或玛丽亚)嫁给了列昂·狄奥根,她的儿子瓦西利科·列昂诺维奇(马里曲奇)1136年死于罗斯。摩诺马赫的儿子姆斯提斯拉夫·弗拉季米罗维奇的女儿(她的名字我们已不得而知)于1122年嫁给拜占庭的王子;基辅的斯维亚托斯拉夫·弗谢沃洛多维奇的孙女——叶夫菲米娅·格列鲍夫娜也于1193年出嫁拜占庭。从《拔都摧毁梁赞记》中得知,不甚知名的扎拉兹·叶夫普拉克西王公的夫人狄奥多拉也出身于拜占庭皇族等。

[596]雅罗斯拉夫的爵位称为“大公”,是否后来在抄写中加上去的呢?在伊帕季编年史上没有这个“大的”形容词,然而伊帕季编年史称弗拉季米尔·摩诺马赫为“全罗斯的大公”。很明显,“全罗斯”这一称呼是抄写者后加的。因此,大公的称号只是在14世纪才开始的(M. A. 季亚科诺夫:“谁是第一位“全罗斯的”王公?”,《图书学家》杂志,1889年第1期)。伊帕季编年史抄本在1015年条把弗拉季米尔·斯维亚托斯拉维奇也称为大公,但A. A. 沙赫马托夫推测这里已是最后的时期所加。(《考证》……第401页)

[597]《训诫集》上说,雅罗斯拉夫的去世是在2月20日。

[598]“告诫他们说”,这句话表明雅罗斯拉夫给自己儿子们的遗嘱不是书面的,而是口头的。的确,接下去整段都是一般的叙述,以致没有理由可以推测,编年史家手里有某种书面材料,比如遗嘱副本。编年史家转达的只是雅罗斯拉夫遗嘱最一般的内容。研究人员早已注意到编年史的1054年条和1073年条的联系,后者谈到雅罗斯拉夫儿子间的内讧情况(H. B. 什利亚科

夫:《智者雅罗斯拉夫一世大公逝世850周年》,圣彼得堡1907年版,国民教育部杂志单行本)。编年史家在描述雅罗斯拉夫儿子们的敌对行为时,曾两次提及他们违背了雅罗斯拉夫的遗训,可能因而把雅罗斯拉夫的遗嘱放在1054年,接近于1073年,是出于教诲的目的,不过编年史家正确表达雅罗斯拉夫的训诫是毋庸置疑的。(关于雅罗斯拉夫的"制度"可参阅A.E.普列斯尼亚科夫的著作:《王公的权利》,圣彼得堡1909年版,第34—42页)。

[599]雅罗斯拉夫这一席话是想在王族成员间分封时保留王位传给长子的原则。这一意图所依靠的不仅是家族和睦和家族服从的原则,而且由于把基辅王位传给长子之手而巩固基辅作为罗斯国家中心的地位。

[600]诺夫哥罗德第一编年史989年条在王公名单中对雅罗斯拉夫3个儿子之间瓜分罗斯城市有较完整的叙述:"瓜分国土:长子伊兹亚斯拉夫得到基辅、诺夫哥罗德及基辅地区的其他许多城市;斯维亚托斯拉夫得到切尔尼戈夫及整个东部国土直到穆罗姆;而弗谢沃洛德得到佩列亚斯拉夫利、罗斯托夫、苏兹达尔、别洛奥泽罗和伏尔加河中下游地区。"这段报道无疑反映了《往年纪事》前的初始汇编的内容。《往年纪事》把雅罗斯拉夫"安排"的部分城市抹掉了,认为它不符合柳别奇代表大会上对世袭城市划分办法的规定。首先抹掉的是诺夫哥罗德和东北部的一些城市。

[601]A.A.沙赫马托夫认为,《往年纪事》的主要抄本都删掉了"而把弗拉基米尔城分给伊戈尔"这句话。这并非偶然:"这样做首先是为了迎合斯维亚托波尔克的政策,他把弗拉基米尔城据为己有,派他儿子雅罗斯拉夫去镇守,以提防达维德·伊戈列维奇会提出对弗拉基米尔城的要求;后者所根据的当然是雅罗斯拉夫的遗嘱"(《往年纪事》,彼得格勒1917年版,第25页)。人们注意到,A.A.沙赫马托夫把《往年纪事》第1版的编写和斯维亚托波尔克·伊兹亚斯拉维奇联系在一起。源于15世纪30年代诺夫哥罗德—索菲亚汇编的各编年史都保留着"弗拉基米尔城分给伊戈尔"这句话。因为这些编年史在编写过程中都使用了早于《往年纪事》的初始汇编的材料。特别是它保留在受索菲亚第一编年史影响的莫斯科科学院抄本中。

[602]拉夫连季编年史、拉济维尔编年史和诺夫哥罗德第一编年史都是这么写的。可是在伊帕季编年史和赫列勒尼克抄本中,此处补上了曾被删除的伊兹亚斯拉夫所在的地方:"当时伊兹亚斯拉夫坐镇图罗夫城。"可是,在后

期的诺夫哥罗德编年史中,我们看到不同的记载:“伊兹亚斯拉夫这时在诺夫哥罗德”(试比较索菲亚第一编年史等)。

[603]大斋戒的第一个星期称为狄奥多尔周。伊帕季编年史和诺夫哥罗德第一编年史科米西昂抄本进一步明确了雅罗斯拉夫去世的日期:伊帕季编年史——2月20日;科米西昂抄本——2月。关于雅罗斯拉夫去世的日期可参阅:A. A. 库尼克“我们能否知道雅罗斯拉夫·弗拉季米罗维奇大公去世是在哪年哪日?”1897年;H. B. 什利亚科夫“论弗拉季米尔·摩诺马赫的训诫书”,1900年第112页;H. B. 什利亚科夫“智者雅罗斯拉夫一世大公去世850周年”,1907年;H. B. 斯捷帕诺夫“解决编年史问题的时间一览表”,《科学院俄罗斯语言文学学部通报》,1908年第8卷,第2本。

[604]用雪橇运送遗体,这是古罗斯殡葬习俗的一部分。安葬弗拉季米尔·斯维亚托斯拉维奇(1015年)、安葬鲍里斯和格列勃(1015年)、安葬斯维亚托波尔克—米哈伊尔(1113年)及其他许多主公都是用雪橇运送的。

[605]安葬雅罗斯拉夫的大理石灵柩至今仍在基辅的圣索菲亚教堂。

[606]源于15世纪30年代诺夫哥罗德—索菲亚汇编的各编年史在此处之后补充说:“派奥斯特罗米尔坐镇诺夫哥罗德。奥斯特罗米尔率诺夫哥罗德之兵去攻打楚德人而被楚德人所杀,和他一起阵亡的还有很多诺夫哥罗德人。后来,伊兹亚斯拉夫领兵出征楚德人,占领了奥谢克·克季皮夫,即松采·鲁卡城。”但是,从1057年的奥斯特罗米尔的福音书中看出,地方行政长官奥斯特罗米尔在6564—6565年(1055—1056年)还活着。由此可见,编年史的这一报道最初就没有准确弄清事情发生的年代。把它放在1054年(6563年),这是后期犯的错误。源于15世纪30年代诺夫哥罗德—索菲亚汇编的其他报道也可能在年代上不准确。此报道提到的“松采·鲁卡”城位于爱沙尼亚的楚德州。编年史的同一年条在该处还有下列报道:“是年,大主教卢卡受到自己奴仆杜季卡的诽谤,他就离开诺夫哥罗德,而来到基辅,总主教叶弗列姆,也谴责了这件事,他在那里住了3年”(索菲亚第一编年史)。此消息在1058年条继续作了报道:“是年,大主教卢卡恢复在诺夫哥罗德的圣座,并行使自己的权力。他割掉了奴仆杜季卡的鼻子和双手”(同上;在诺夫哥罗德第四编年史接下去还有《卢卡传》“对教士们”的训诫书)。值得注意的是尼康编年史在6563和6565年条对主教卢卡的敌人除了杜季卡外又

增加了几名:"总主教叶弗列姆按杜季卡的言论给他定罪,并判决他的两个恶敌杰米扬和科兹马的诽谤罪。"后面又说:"奴仆杜季卡受辱:给他割掉了鼻子和双手,他逃往德国;还有他那狡猾的帮手科兹马和杰米扬罪有应得。"尼康编年史的报道很可能源于更早的诺夫哥罗德编年史。科兹马和杰米扬是圣徒,是手工业者的庇护者。这里最初说的人是不是教民科兹马和杰米扬呢?如果是这样,那尼康编年史的补充一段证明,手工业者反对主教的社会运动是某种事实。这一社会运动被希腊人总主教所利用,以便把矛头指向罗斯人主教。源于15世纪30年代诺夫哥罗德—索菲亚汇编的各编年史在此1054年条谈到安葬斯维亚托斯拉夫后还补充说道:"从此把斯摩棱斯克分成三部分"(索菲亚第一编年史等)。特维尔编年史等把此报道放在1060年条。

[607]沃伊尼位于罗斯的佩列亚斯拉夫利以南,它是与草原地区接壤的边境城市。

[608]波洛韦次人是突厥族系的一支(可资为证的是一本小词典——《波洛韦次语解释》,它登载在马卡里叶夫每月读物8月大月份上第603页,以及14世纪初编纂的《拉丁—波斯—波洛韦次词典》,它珍藏在威尼斯)。他们以"波洛韦次人"和"科曼人"的名称闻名于拜占庭,以"库内人"闻名于匈牙利,以"基普恰克人"闻名于格鲁吉亚。波洛韦次人出现在南罗斯草原后,很快就征服了佩彻涅格人及残余的托尔克人,成为从雅伊克河到多瑙河的整个草原地区的真正主人。早在11世纪伊斯兰作家称整个这地区为"杰什特—伊—基普恰克",即基普恰克(波洛韦次)草原(关于"波洛韦次人"可参阅А.И.波波夫:"基普恰克人和罗斯人",国立列宁格勒大学校刊,《历史丛书》第14期,列宁格勒,1949年)。

[609]6563(1055)年在《往年纪事》和诺夫哥罗德第一编年史的委托抄本及科学院抄本中都被遗漏(诺夫哥罗德第一编年史反映了先于《往年纪事》的初始汇编)。很可能,填写日期的编年史家被"伊兹亚斯拉夫在基辅开始执政"这一标题所迷惑,于是就在思想上把它归于6563年。

[610]这里动词"посадиша"(让他坐镇)用的是复数第三人称形式,完全合乎规律:因为这里说的是雅罗斯拉夫三个儿子的共同行动。

[611]戈利亚季人是生活在斯摩棱斯克附近的一支不出名的部族。试比

较伊帕季编年史 1147 年条:“尤里被派到斯维亚托斯拉夫那里,授命去斯摩棱斯克地区作战;斯维亚托斯拉夫出兵,在普罗特瓦河上游一带打败了戈利亚季人。”

[612]索菲亚第一编年史、尼康编年史、沃斯克列先编年史和普斯科夫编年史等加上一句:“被关押在普斯科夫。”

[613]源于 15 世纪 30 年代诺夫哥罗德—索菲亚汇编的各编年史在此处补充报道说:“大主教卢卡(即日佳塔)从基辅出来,在科佩斯于 10 月 15 日逝世。是月,这位当了 23 年主教的灵柩运回安葬”(参阅索菲亚第一编年史等)。特维尔汇编的作者对“当了 23 年主教”这句话作了注解,“这里指的是卢卡在职的时间,不算他在基辅受诋毁的那 3 年(参阅前注 606;他从上任到逝世一共是 27 年;他就是日里亚塔,更准确的是日佳塔或日季斯拉夫;按其罗斯的、非基督徒的名字称呼)。而阿克姆(即卢卡・日佳塔的前任主教)在诺夫哥罗德就任还不到 3 年。”——索菲亚第一编年史和诺夫哥罗德第一编年史初级抄本在此年条还报道了伊兹亚斯拉夫远征索索尔人:“是年,伊兹亚斯拉夫出兵攻打索索尔人,战胜后索取贡物 2000 格里夫纳。他们下达命令,但后来被纳贡者所驱逐。来年春,索索尔人发兵前来,在尤里耶夫城扎营,烧毁城市和宫殿,荼毒生灵,干了很多坏事,他们一直打到普斯科夫。普斯科夫人出兵迎战,参战的还有诺夫哥罗德人,罗斯人阵亡达一千人,索索尔人更是不计其数”(索菲亚第一编年史)。索索尔人——是生活在尤里耶夫以南、楚德湖以西的一个部族。然而,诺夫哥罗德第一编年史初级抄本 989 年条的罗斯王公名单中说:“伊兹亚斯拉夫派自己儿子姆斯提斯拉夫坐镇(诺夫哥罗德)。”显然,其他编年史没有报道这一事件,应是发生在伊兹亚斯拉夫在诺夫哥罗德的 1060 年以后。

[614]编年史再次提到托尔克人只是在 1080 年,当时托尔克人进犯罗斯,但遭到败北。因此,写托尔克人的编年史家说他们“吓得至今还四处逃窜”,至少他是写到 1080 年。在 1060 年被罗斯王公们打败的托尔克人,于 1064 年渡过多瑙河,占领了多瑙河平原,灭了马其顿和色雷斯,然后逼近君士坦丁堡城下。在那里,希腊人以重金收买托尔克人,使他们返回。一部分托尔克人死于瘟疫;希腊人杀死和俘虏了很多托尔克人,其残部一部分定居在马其顿,一部分渡过多瑙河,被罗斯人分发到各城市居住。(В. Г. 瓦西利叶夫斯基:

《拜占庭和佩彻涅格人》文集第1卷，圣彼得堡1908年版，第26—29页）

[615]源于15世纪30年代的诺夫哥罗德—索菲亚汇编的各编年史在此年条还有下列报道："是年，斯捷凡被任命为诺夫哥罗德的大主教"（索菲亚第一编年史等）。在此处之后，特维尔汇编还有下面一句意思不明的报道："同年，罗斯提斯拉夫·弗拉季米罗维奇在诺夫哥罗德"（显然，意思是"被立为"或"担任王公职位"）。但是，在诺夫哥罗德第一编年史989年条列举的王公名单中，却没有提到罗斯提斯拉夫曾是诺夫哥罗德王公。

[616]这是《往年纪事》记载世俗事件第一个确切的日期。在1061年前，《往年纪事》中只有和宗教仪式有关系的事件（如逝世的日子、教堂净化等所必须的祈祷仪式）才标出具体日期。从1061年起，准确记下世俗事件日期的链条就没有断，它清楚表明编年史是及时记下所发生的事件。同时，很有必要指出，在1061年第一次确切日期之后，往后的准确日期都是落在特穆托罗坎的事件上，而从1067年以后准确日期才又转回到罗斯。看来，这种情况应和佩切拉修道士尼康的活动相联系，他是在1062年从基辅去特穆托罗坎，而在1067年又回到罗斯：有充分理由肯定尼康就是编年史家。

[617]伊帕季编年史所写的波洛韦茨公的名字有所不同：说是"索卡尔"。B. H. 塔季舍夫不知根据什么史料说，伊斯卡尔在1064年第二次进犯罗斯，但被伊兹亚斯拉夫所击败。（《远古以来的罗斯史》卷2，圣彼得堡1773年版，第117页）

[618]沃尔霍夫河河水倒流现象未必是编年史家或把诺夫哥罗德事件告诉编年史家那些人杜撰出来的。在诺夫哥罗德各编年史中曾不止一次地提到河水倒流的事（6634年、6881年、6884年、7033年等）。据水文地理学家们证实："在干旱年份，伊尔明湖的水位降低，就可以看到诺夫哥罗德附近的沃尔霍夫河有时出现暂时倒流的现象"。（《俄罗斯苏维埃联邦社会主义共和国的西北地区》图书汇编，苏联科学院地理研究所，莫斯科—列宁格勒1949年版，第103页）

[619]尼康编年史和特维尔汇编对此报道具体补充说："从诺夫哥罗德。"C. M. 索洛维约夫根据B. H. 塔季舍夫观点认为罗斯提斯拉夫是从沃伦出逃的。M. C. 格鲁舍夫斯基认为罗斯提斯拉夫是从切尔文地区的城市逃亡的，后来罗斯提斯拉夫的儿了们就在那里得到封邑。（《乌克兰史》，卷2，第46和

363 页）

[620]波列伊是基辅的军事将领。1078 年条又一次提到他，当时他和其他几位有名望的基辅人在同波洛韦次人的交战中被打死。维沙塔是 1043 年弗拉季米尔·雅罗斯拉维奇远征拜占庭时的军事将领（参阅《往年纪事》）。在这次远征中，他被希腊人俘虏，眼睛可能被弄瞎，3 年后才得以回到罗斯。他和他的儿子扬向编年史家讲述了自己的往事，对他们谈了自己的祖辈。扬·维沙塔季奇和维沙塔·奥斯特罗米里奇的祖辈交代得相当清楚：维沙塔是诺夫哥罗德地方行政长官奥斯特罗米尔的儿子，地方行政长官奥斯特罗米尔是地方行政长官君士坦丁的儿子。君士坦丁是弗拉季米尔一世、斯维亚托斯拉维奇的舅舅、有名的多勃雷尼亚的儿子。多勃雷尼亚是姆斯季沙·斯维涅利季奇的儿子，姆斯季沙·斯维涅利季奇是伊戈尔的军事将领斯维涅利德的儿子。关于这门贵族的家族系谱情况，编年史家是从该族的后二位子孙的讲述中获得的。探讨维沙塔和扬讲述材料和该家族英勇斗争史的总趋势可参阅拙著：《往年纪事中的口头编年史》、《历史论丛》№17，莫斯科—列宁格勒 1945 年版；还可参阅《文史纲要》，第 14 页等处。

[621]有名的特穆托罗坎石碑和铭文的起源是和格列勃·斯维亚托斯拉维奇的名字相关联。碑文写道：“6576 年（即 1068 年），印吉克特 6 年，格列勃公在海水结冰时从特姆托罗坎到刻赤（刻赤海峡与特穆托罗坎相对的一座城市）丈量出海阔为 8054 俄丈”（此石碑保存在苏联科学院图书馆手稿部）。由此可见，格列勃早在 1068 年就成为特穆托罗坎的王公，但在 1069 年他已在诺夫哥罗德。关于特穆托罗坎石碑有大量的图书文献和极大的意见分歧。（A. C. 奥尔洛夫：《11—15 世纪罗斯碑文目录》，莫斯科—列宁格勒 1936 年版）

[622]哈雷彗星的出现在诺夫哥罗德第一编年史中记载于 1066 年。按天文学家推算，哈雷彗星出现于 1066 年 3—4 月间（近日点为 3 月 27 日）。它只是在 1066 年 4 月 24 日晚才开始出现。《往年纪事》把它记载于 1065 年，并不意味着编年史家出错误：编年史家只是大致确定它出现的时间：“在这段时间内。”在 1065 年条编年史家把这一报道和前面一段话联系起来：“是年，弗谢斯拉夫发兵”，它预兆弗谢斯拉夫开始内讧。

[623]基辅附近的一条河。

[624]日食发生在以前的1064年,因此编年史家才说出:“在此时之前”的话。按 Д. О. 斯维亚茨基的材料,日食发生在1064年4月19日白天的4时左右,它经过现今的圣彼得堡和诺夫哥罗德州,移向沃洛格达。(《以科学批判的观点看罗斯编年史中的天文现象》,科学院俄语和文艺部通报,1915年第20卷,第1本,第102—104页)

[625]民间迷信认为在日食时太阳被黑暗势力所吞食,这种说法流行于许多民族。

[626]接着所引用的关于不同“征兆”在历史上的全部事例,格奥尔格·哈马托罗斯编年史及其续编都有记载,但编年史家不是直接从那里取来的,而是抄自罗斯编纂的年代记,如叶林的编年史摘录自哈马托罗斯及其续编的材料(A. A. 沙赫马托夫:《往年纪事及其史料》古罗斯文学部著作集,卷4,列宁格勒1940年版,第58—60页)。编年史家充分掌握了世界历史的材料,他们简单扼要地做出一份年代记摘录。

[627]安条克四世叶皮凡——塞琉西王朝的叙利亚国王(公元前174—163年),他是犹太人的敌人。

[628]尼禄——罗马皇帝(公元54—68年在位)。

[629]查士丁尼大帝——东罗马帝国皇帝(公元527—565年在位)。

[630]摩里斯——拜占庭皇帝(公元582—602年在位)。

[631]君士坦丁五世·科普罗尼姆——拜占庭皇帝(公元741—775年在位),立奥三世·伊苏里亚的儿子。

[632]波普里舍——长度单位,长约700米。

[633]“科托潘”一词来自中古时期的希腊文 ὁ χατεπχ́νω,意为首领、领导,也可能是总督。为什么科托潘要毒死罗斯提斯拉夫呢? B. B. 马夫罗金根据编年史文中的真正含义报道推测,希腊人对罗斯提斯拉夫向高加索和大不里士方面的扩张深感不安(参阅1066年条的开始:“罗斯提斯拉夫在特穆托罗坎,向卡索基人及其他各族索取贡物,希腊人对此十分害怕”)。参阅 B. B. 马夫罗金的文章:“10—14世纪北高加索和顿河下游的斯拉夫—罗斯居民”,《列宁格勒赫尔岑师范学院学报》,第11期,1938年第251页。同样可比较:A. H. 纳索诺夫:“10世纪东欧历史中的特穆托罗坎”,《历史论丛》,第6期1940年,第96—97页。A. Л. 亚科勃松则有不同的见解。A. Л. 亚科勃松

根据 M. Д. 普里谢尔科夫关于拜占庭似乎支持雅罗斯拉维奇三兄弟(伊兹亚斯拉夫、斯维亚托斯拉夫和弗谢沃洛德)联盟的见解,推测科托潘按照来自拜占庭的命令毒死这几位雅罗斯拉维奇的敌人——罗斯提斯拉夫(A. Л. 亚科勃松:“11 世纪的科尔松涅斯和基辅罗斯”,《列宁格勒大学通报》,1949 年第 4 期,第 109—110 页)。然而,这种见解没有注意编年史文中所述(“希腊人对此十分害怕”),并且所根据的是 M. Д. 普里谢尔科夫的假设,而该假设本身还待证实。

[634]大多数研究人员认为,科尔松人杀死科托潘是为了给被毒死的罗斯提斯拉夫复仇,并且此事是在科托潘回科尔松后立即发生的。B. B. 马夫罗金在其文章“10—14 世纪北高加索和顿河下游的斯拉夫—罗斯居民”(《列宁格勒赫尔岑师范学院学报》,第 11 期,列宁格勒 1938 年版,第 252 页)中推测,科托潘是被那些关心同特穆托罗坎贸易的科尔松商人所杀。A. Л. 亚科勃松对这一谋杀事件有自己不同的看法。他正确指出,在编年史文中并没有任何迹象表明科托潘是回到科尔松后立即被杀,并且其死正是由于他毒死了罗斯王公。更可能的是编年史家引用科托潘被杀的报道只是为了表明罗斯提斯拉夫被毒死会受到“上帝的惩罚”。但是,A. Л. 亚科勃松与编年史文本的历史观点相反,认为科托潘是在 1073—1074 年科尔松人起义时被杀的(A. Л. 亚科勃松:“11 世纪的科尔松涅斯和基辅罗斯”,列宁格勒大学学报,1949 年第 4 期,第 110 等页)。关于罗斯提斯拉夫被害的全文均出于一人(尼康)之笔,他在 1073 年前是在境内工作,因此很显然,科托潘被杀时间应更早些。

[635]诺夫哥罗德第一编年史西诺达尔抄本在 6574 年(1066 年)条记载:“弗谢斯拉夫出兵占领了诺夫哥罗德,掳走许多妇女和儿童;从圣索菲亚教堂取走了大钟。——噢,那时的灾难是多么深重啊!他们还抢走了枝形大吊灯。”源于 15 世纪 30 年代诺夫哥罗德—索菲亚汇编的各编年史兼收了《往年纪事》和西诺达尔抄本原始本的报道,不过还是有新的细节,诺夫哥罗德被占直到涅列夫大街的尽头:“在 6575 年(1067 年)(根据《往年纪事》作了修改——作者)勃里亚奇斯拉夫的儿子——波洛茨克的弗谢斯拉夫挑起内战,并占领诺夫哥罗德,直到涅列夫大街的尽头,圣索菲亚教堂被烧毁和抢劫;抢走大钟和枝形大吊灯”(索菲亚第一编年史)。看来,诺夫哥罗德第一编年史

初级抄本在989年条，列举罗斯王公名单时讲的正是诺夫哥罗德人的失败，接着谈到诺夫哥罗德的洗礼："伊兹亚斯拉夫派自己的儿子姆斯提斯拉夫坐镇（诺夫哥罗德）。对方在切列赫（普斯科夫附近的一条河）附近战胜了他们，他们逃往基辅，对方夺取城市后收兵"。此段报道包含在其他任何编年史中都见不到的古代其他历史资料。两年后，姆斯提斯拉夫已在基辅。

[636]关于斯维斯洛奇河（别列津纳河右岸的一条支流）河畔的明斯克城。可参阅M. H.季霍米罗夫的著作：《古罗斯城市》，莫斯科1946年版，第88页。

[637]涅米加，大概是条小河，明斯克城位于它的河畔，现已枯竭，它是斯维斯洛奇河的支流。

[638]伊帕季编年史记载的日子有所不同："6月10日"（沃斯克列先编年史和尼康编年史也是这样）。

[639]尔沙，可能是斯摩棱斯克附近的一个村镇，但也可能是一条河流。

[640]源于15世纪30年代的诺夫哥罗德—索菲亚汇编的各编年史中在此年条还有下面一段补充报道："大主教斯捷凡来到了基辅，在那里被自己的仆从勒死"（参阅索菲亚第一编年史等）。这里说的是诺夫哥罗德的主教斯捷凡——卢卡·日佳塔的继承人。

[641]从此句到"按上帝的旨意，我们由于自己的罪过而受到惩罚"这句止，是引自《关于上帝惩罚的训诫》一文而插进编年史的。一些人对《训诫书》的研究认为，它的作者是佩切拉修道院的狄奥多西，但此说根据不足（对此可参阅：H.尼科尔斯基：《罗斯作家及其著作的时间资料》（10—11世纪），圣彼得堡1906年版，第170等页）。它被采纳进编年史无疑是来源于罗斯，《训诫》破坏了编年史叙述行文的连贯性："由于我们的罪孽，上帝纵使一些异教徒进攻我们，结果罗斯的王公出逃了，波洛韦次人取得了胜利。伊兹亚斯拉夫和弗谢沃洛德逃往基辅……"编年史家把被《训诫书》插入而破坏了联系的地方用下面一句话接上："让我们再回到先前叙述的内容上来。"看来，这《训诫》是在1068年罗斯王公在阿尔塔河惨败之后编写的，由于这次失败引起罗斯社会许多阶层的不满。一开始是措辞激烈地抨击罗斯王公的内讧和"异教徒"的入侵。在中间阶段，用相当篇幅取材于《谈旱灾和上帝的惩罚》，可以读到罗斯的《金流》（златоструя）手册（宗教上的论证在中世纪文学作品中往往

得到重复)。最后阶段,《训诫》又密切联系罗斯的实际。

[642]尼康编年史对迷信的人遇见什么会是不祥之兆的那些说法作了很有意思的补充:“或是遇见女修道士,或是牧师,或是妻子,或是林中之马”;对《往年纪事》中说的“那就往回走”一句,尼康编年史还补充说“那就吐口唾沫,然后往回走”。

[643]русалии——追念已故祖宗的节日。

[644]显然,伊兹亚斯拉夫不肯武装基辅人,他担心日后他们会用这些武器来对付他本人。

[645]为什么基辅人对科斯尼亚奇科将军不满,现不清楚。B. H. 塔季舍夫根据我们不知道的史料说,人们把对波洛韦次人战争的失败归罪于他(《从远古起的俄罗斯史》,卷2,圣彼得堡1773年版,第120页)。科斯尼亚奇科在雅罗斯拉维奇法典的一个标题上被说成是法典的一位编纂者。

[646]指的是波洛茨克主公勃里亚奇斯拉夫·伊兹亚斯拉维奇的邸宅。

[647]王公官邸的前廊在二层楼,它是室内长廊,下面是大支柱。前廊很宽敞,常常在那里设宴或举行会议。

[648]曾请求伊兹亚斯拉夫发给武器和马匹的那些起义的基辅人,立弗谢斯拉夫为王公。《伊戈尔远征记》的作者对此有如下的描述:“在特罗扬第7世纪(推测是指多神教的特罗扬神的最后一个世纪;另一种说法是多神教时代的末尾——作者),弗谢斯拉夫为自己心爱的姑娘算命占卦(试试基辅的运气——作者)。他用狡猾手法(机智地——作者)藏在马后,跃上马奔向基辅城……”从这段话可以看出,《远征记》把弗谢斯拉夫得救的主要原因归功于他自己的积极行动。

[649]编年史上的原文“кунами и белью”,其中的“белью”是什么意思,不清楚。是不是小银币(像有些研究人员推测的那样),或是灰鼠皮。无论如何,此处应注意伊帕季编年史的说法,在那个文本中,“белью”这个词为“скорою”,即兽皮一词所代替(原文变成“и кунами и скорою”)。诺夫哥罗德第一编年史初级抄本也是这样(“и кунами и скорою”)。因此,“куна”显然不是毛皮,因为它是和毛皮相并列,而“бель”和“скора”(毛皮),很明显就是同一种东西。

[650]伊兹亚斯拉夫·雅罗斯拉维奇逃往波兰,投奔鲍列斯拉夫二世。

1069年伊兹亚斯拉夫伙同鲍列斯拉夫一起,出征波洛茨克的弗谢斯拉夫。伊兹亚斯拉夫和波兰人的结盟被罗斯居民看成是对罗斯人民的背叛。1069年,斯维亚托斯拉夫和弗谢沃洛德要求伊兹亚斯拉夫离开波兰人作为他返回基辅的必要条件;他们派人对他说:"弗谢斯拉夫逃跑了,不要把波兰人带到基辅来,这里没有你的敌人;如果你不想引起众怒和毁坏城市,那你要明白我们会为失去王位而可惜。"伊兹亚斯拉夫"留下了"波兰人,随身只带上"少数"几个人回到基辅。在基辅他把波兰人遣散各地供养,其结果引起民众的愤怒:"人们纷纷暗杀波兰人"(参阅1069年条)。伊兹亚斯拉夫在鲍列斯拉夫之后向亨利四世皇帝(1074年末)和格雷戈里七世教皇求援。

[651]斯诺夫斯克城位于切尔尼戈夫公国,在斯诺夫河注入捷斯纳河的交汇处,今名谢德涅夫,它是谢维里安族地区的一个最古老的中心。

[652]A. A. 沙赫马托夫认为此段是从11世纪切尔尼戈夫某编年史摘录下来插进去的。在《往年纪事》的其他任何地方再没有反映过。但这种观点还没有充分有力的根据。

[653]诺夫哥罗德第一编年史西诺达尔抄本此年条,在讲了弗谢斯拉夫逃往波洛茨克后,还有下面一段消息,是《往年纪事》上所没有的:"是年秋季,10月23日,在主的兄弟圣雅各纪念日,礼拜五,6时所有……(此处下页角被撕缺——作者)都来到诺夫哥罗德;诺夫哥罗德人出兵迎战,在兹维里涅茨附近科泽姆利一带;上帝帮助了格列勃王公和诺夫哥罗德人。噢,这是多么惊心动魄的战斗啊!他们的人死伤无数;而王公本人被上帝拯救出来;一大清早,弗拉季米尔在狄奥多尔主教时期的诺夫哥罗德圣索菲亚教堂附近找对圣洁的十字架。"源于15世纪30年代索菲亚汇编的各编年史也有类似的记载(但没有这么详细),然而它还解释说,弗谢斯拉夫从诺夫哥罗德索菲亚教堂拿走了找到的十字架:"一大早,弗拉季米尔在圣索菲亚教堂,殿堂上得到十字架,但弗谢斯拉夫王公派军队在圣索菲亚教堂把它抢走"(参阅索菲亚第一编年史等)。还要指出,1069年10月23日确是星期五。

[654]B. B. 马夫罗金对此威胁写道:"是谁会想移居希腊呢?是农民、手工业者、奴仆吗?当然不是。这种威胁只能来自那些与希腊有关系的人,并且还是关系密切、在物质上有联系的人。又是谁会害怕由于伊兹亚斯拉夫的政策不当,并对波洛韦次人截断通往拜占庭的商道斗争不力而会失掉这种联

系呢？这只能是那些亲希腊的商人(如此称呼那些同希腊做生意的人——作者)”。(B. B. 马夫罗金:《左岸乌克兰史纲》,列宁格勒 1940 年版,第 170—171 页)

[655]佩切拉编年史家这一段严厉地抨击,应和他同情(1068 年条)起义者解救弗谢斯拉夫的事联系起来。显然,佩切拉编年史家在这种情况下是站在“基辅人”一边,他如此激烈地抨击对基辅人的镇压。这就是为什么伊兹亚斯拉夫从波兰回来后,接着就镇压了佩切拉的安东尼:“那时,伊兹亚斯拉夫从波兰打回来,由于弗谢斯拉夫而伊兹亚斯拉夫把愤恨都发泄在安东尼身上,夜里派兵去切尔尼戈夫逮捕了安东尼”(1074 年条;但事件本身为时更早)。在斯维亚托斯拉夫时期,在 1073 年佩切拉修道院又和基辅公发生严重分歧。关于斯维亚托斯拉夫和佩切拉的狄奥多西的敌对情绪可参阅《基辅—佩切拉圣僧传》。(Д. И. 阿勃拉莫维奇主编,基辅 1931 年版,第 66—69 页;参阅《文史纲要》,第 82 等页)

[656]看来,伊兹亚斯拉夫害怕人民起来造反,而造反一般都开始于集市场所。他把集市搬到山上,即搬到城里。在那里便于对暴动的控制。

[657]独立第三格的语法结构(“всеславу же бѣжавшю”)在这里明显被割裂。可能此处曾有“波多尔山麓”几个字,见于诺夫哥罗德第一编年史西诺达尔抄本。至少,西诺达尔抄本这几个字是抄自基辅编年史的,因为它指的是基辅的“波多尔”(在诺夫哥罗德没有波多尔这地方)。此外,还应注意列宁格勒公共图书馆托尔斯多夫汇编第 145 号编年史的那则报道(和特维尔汇编差不多),那里说:“弗谢斯拉夫逃往瓦兰人。”

[658]据伊帕季编年史解释:“在维杜比茨”,因此这里说的是维杜比茨修道院。该教堂于 1088 年举行净化仪式。

[659]罗斯托维茨和涅亚京是位于基辅西南的两座城市。

[660]戈洛季奇斯克——波洛茨克公国的城市。

[661]巫师的这段“预言”应和基辅人在 1069 年对斯维亚托斯拉夫和弗谢沃洛德说的话相比较,当时基辅人说:“我们就烧毁城市,投奔希腊。”编年史家把巫师的“预言”放在 1071 年条时,说了一个模糊的时间:“在那时”,以区别于在同年条所引用的关于雅罗波尔克战胜弗谢斯拉夫的报道,其时间定为“同年”。根据和上面所引证的 1069 年基辅人的威胁相比,可以想象巫师

的“预言”就发生在那一年——1069 年。把 1067 年基辅人的起义,特别是与古罗斯多神教的反响联系起来,不是偶然的。这次起义把波洛茨克的巫师王公弗谢斯拉夫推到罗斯国家的宝座上(试比较《伊戈尔远征记》中对他的描述)。

[662]下面是一段关于巫师在别洛奥泽尔起义的长篇故事,其次是讲诺夫哥罗德人访问魔法师的故事,以及在格列勃公时期巫师出现在诺夫哥罗德的故事。这三篇故事都集中在 1071 年,并不是因为它们都是发生在 1071 年的事件,而是因为编年史家出于劝谕的目的决定把所有关于巫师的故事都集中在一处。于是他把这都放在 1071 年条,但为什么要这么做,不清楚。巫师起义的时间不明确,编年史家本人的说法是:“由于一场歉收……。”在收集于 1071 年的所有关于巫师的故事中,有一个把它们联系在一起的共同特点:在所有故事中有一个明显的意图,就是想驳倒民间相信似乎巫师具有渊博的知识和未卜先知的才干。

[663]因此,起义的矛头指向囤积居奇的“富裕的妇女”。H. H. 沃罗宁分析这次起义的原因时写道:“按动机而论,这次起义的原因和 1024 年起义的原因很相近。如同当时那样,起义和伏尔加河有联系——看来,伏尔加河流域的商业贸易格外加快了公社的解体和“富裕者”阶层的飞速形成;因而在这里公社内部的社会矛盾急剧尖锐化。根据民族学的对比情况判断,这一享有特权的公社上层分子“掌握公共积累”,目的是作为集体举行祭祀之用,而在饥荒岁月,就作为公共保险储存,以减轻“荒年”的灾难(H. Л. 冈达季:“曼兹人多神教信仰的痕迹”,《自然科学、人类学业余研究学会通报》,卷 46,第 4 分册,第 51 页)。但是这些公社的储备对于所有社员来说是可望而不可及的:“富裕的人们”篡夺了这些公共储备;用巫师的话说:“他们藏匿余粮等储备品”,可能利用这些储备品来奴役公社社员。这些储备物资由“富裕妇女”,即“富有的大家族”(1073 年《斯维亚托斯拉夫选集》用语)管理支配,因此起义者的矛头指向他们。按照巫师的观念,只有逐个消灭这些“富裕妇女”没收他们的“财产”,把“财富”重新归到公社所有制的怀抱,恢复父权制氏族社会的“黄金时代”,那时就不会再受财产不平等和压迫的痛苦折磨了”(H. H. 沃罗宁:“11 世纪斯麦尔德的起义”,《历史杂志》,1940 年第 2 期第 56 页)。参阅起义的文献:Б. Д. 格列科夫:《基辅罗斯》,莫斯科—列宁格勒 1949 年版,

第487—488页；A.B.阿尔齐霍夫斯基和C.B.基谢廖夫："1071年斯麦尔德起义史"，《物质文化史问题》1933年第7—8期；A.B.阿尔齐霍夫斯基："苏兹达尔—斯摩棱斯克的封建制产生的考古材料"，《资本主义以前的社会史问题》第11—12期，1934年；M.H.马尔蒂诺夫："11世纪后半期伏尔加和舍克斯纳一带斯麦尔德的起义"，《沃洛戈达师范学院学报》，1948年，卷4。

[664]这件事到底是怎样发生的，根据民族学的材料多多少少可以想象往年纪事出来。据П.И.麦利尼科夫（佩切拉修道院的修士）在"莫尔多瓦的概况"一文中说："为莫梁节"（为祭祀莫尔多瓦神的祈祷——作者）准备所需祭品的征集仪式很有特色。在我们看来，这一仪式有助于解开对涅斯托尔编年史中迄今还不理解的一个地方。酿酒人被派往乡村去征集祭品，并选出代表陪他前去，乡村中预先就知道他们来征收的日期，于是妇女们在到来的前夕就已进行准备。缝制3—4个或更多的粗麻布小口袋，口袋上钉2根长绦带或小线绳。女主人往一个口袋里装进1—2磅或更多的面粉，这要看在即将举行的祈祷仪式上有多少祈祷者；往第2个口袋里装进加蜜的红甜菜；往第3个口袋里装进几个格里夫纳钱；往第4个口袋里装进加奶油的红甜菜，往第5个口袋里装进加鸡蛋的红甜菜等。然后用干净的粗麻布蒙上桌子。整齐地摆放上为征集人准备的大小口袋……当代表打开小屋的门，屋里在炉口前的小平台上点着灯，炉前放一张桌子，桌子上摆着大小口袋。在他面前站着已出嫁的家庭主妇们，她们背朝着门；她们的肩和胸房直到腰部都裸露着……酿酒者和代表走进小屋，在门旁站下，一位拿着木桶，另一位拿着一把祭祀用的刀，他们大声地朗读恰姆—帕萨、安格—帕佳和尤尔托瓦—约扎伊萨的祈祷词。这时一位年长的出嫁主妇双手抓住装面粉的口袋绦带，经过头顶把它向后甩到自己裸露的肩膀上，不回头地退着走到门口。当她这样走到收集人的跟前时，酿酒人在她背后下面放上一只圣桶，而代表一只手拿口袋，另一只手5次轻轻刺那走近的女人的裸露的肩和背，向安格—帕佳念着祷词，然后割断绦带；口袋掉进木桶，而缎带的绳头还留在主妇的手里。她头也不回地走向桌子……（《全集》圣彼得堡1908年版，卷7，第451—452页）。罗斯年代记作了这样的解释："从皮下取出粮食。"

[665]斧头常常充当斯麦尔德或群众义勇军的武器（例如利皮查之战）。另一方面，扬无论对斯麦尔德，还是后来对格列勃王公都用过斧头。这是否

意味着起义的斯麦尔德被认为是不值得用剑去对付的敌人呢?

[666]这句威胁的话可以和智者雅罗斯拉夫对“法官”(《简本罗斯法典》第 42 条为“偿命金征收者”)的指令相比较。这指令中说,法官在审判地点和收取罚金(偿命金)地点停留时间不得超过一周,此令与法官及其助手、随从保卫人员的供奉完全由当地居民负担有关系(Б. А. 罗曼诺夫注释)。

[667]这些巫师坚持他们只能受王公本人的处置,而不是他的侍从——扬。这一般是根据雅罗斯拉维奇法典第 33 条(《罗斯法典》,教学参考书,苏联科学院出版社,列宁格勒 1940 年版,第 15 页和第 52 页)。这一条规定,如果有谁未奉王公的命令就“拘禁”(即将要审判和处罚)斯麦尔德,则处以 3 格里夫纳的罚金。《往年纪事》这段故事表明,巫师这一要求与他们的坚定想法有关。他们相信,王公本人的审判是他们的神灵对他们所作的保护。他们坚信扬拷打他们是非法的。[“你不能”在这里应该理解成不是指生理上办不到,因为巫师们坚持自己的要求(“我们应由斯维亚托斯拉夫来处置”)已经是在扬拷打了他们之后,即扬已经能够任意“处置”巫师了。]而扬(这整个故事就是以其话编写的)对“王公的旨意”不是理解为王公亲自审判,而是王公授意的全权法官的审判,而在这故事中他就是这样的法官。既然法典第 33 条以其立论是一种对斯麦尔德倾向性的保障,那巫师在本故事中的观点应看成是在罗斯封建国家初期的历史上一种具有很强的现实性表现(B. A. 罗曼诺夫注释)。

[668]古罗斯认为拔掉或剪掉胡须是对人格的最大侮辱。1174 年姆斯提斯拉夫·伊兹亚斯拉维奇极大地侮辱了安德烈·鲍戈柳勃斯基,命令把安德烈派来的使者——战士米赫纳的胡须剪掉。编年史家说:“安德烈听了米赫纳的汇报后,脸都气歪了,重新筹集军队”(伊帕季编写史 1174 年条)。《罗斯法典》简本第 8 条规定:损坏他人胡须,课以 12 格里夫纳:此数为砍断他人手指赔偿费的 4 倍多。

[669]M. H. 季霍米罗夫对此写道:《罗斯法典》简本第一条规定了为死者复仇的程序(如果某人杀害了某人,那么被害人的兄弟可为其兄弟复仇,儿子可为其父复仇,父可为其子复仇,或侄子为其叔伯,亦可外甥为其舅父复仇。如果没有复仇者,那凶手应处以 40 格里夫纳的罚金)。945 年罗斯和希腊的条约中对这一复仇习俗规定如下:“如果基督徒杀死罗斯人,或罗斯人杀

死基督徒，那受害者的近亲抓住凶犯就可将其处死。如果凶犯潜逃，一旦被抓住，就可没收其财产给死者的近亲；如果抓不住（凶犯），就一直到找到为止，找到后将其处死。”无论是《罗斯法典》简本，还是945年的条约，我们从中都看到血亲复仇的现象，但也不难看出法典和945年条约之间已有巨大的差别。条约讲的是由近亲复仇。因此我们面前还是氏族关系。古老法典规定只限于直系近亲复仇。K. C. 阿克萨科夫注意到古老法典的这一特点：“这里明显地表明家庭的界限，而不是氏族的界限”（K. C. 阿克萨科夫，全集卷1，第104页）。因此我们看到古老法典的规定和945年条约之间的重大差别。法典第一条和945年条约的类似条款相比，明显具有较后期的特征。不能说《罗斯法典》简本第一条就特别古老，甚至在11世纪后半叶对罗斯的一些州来说，它也不是古老的。1071年扬·维沙季奇在别洛奥泽罗镇压巫师的事件就证明了这一点。我们的编年史家借用扬的嘴向受到巫师加害的人提出的问题就很有特色：“你们之中有谁的亲属被他们杀害？”受害者回答：“我的母亲被他们杀了，另一个人有一个姐妹，还有一个人是女儿被害。”这正是死者近亲圈子里的人，按《罗斯法典》简本的说法：父亲（或母亲），兄弟（或姐妹），儿子（或女儿），家庭中的直系亲属都可复仇。扬说：“为自己的人复仇吧”，这只是补充说明复仇者的范围特征。（M. H. 季霍米罗夫：《罗斯法典研究》，莫斯科—列宁格勒1941年版，第52—53页）

[670]故事此处一般和《罗斯法典》详本，第2条相对比，其表明：智者雅罗斯拉夫死后，他的儿子们伊兹亚斯拉夫、斯维亚托斯拉夫和弗谢沃洛德——同自己的谋士（克斯尼亚奇科、佩列涅格和尼基福尔）一起聚会，决定废除“血亲复仇”（即“报杀亲之仇”）改为以罚金偿命。王公们这次聚会是在1072年（M. H. 季霍米罗夫：《罗斯法典研究》，莫斯科——列宁格勒1941年版，第65页）。我们故事的作者显然是十分同情扬对复仇的这一召唤，这反映了作者保守的立场，反对用罚金来代替复仇。这为一些研究人员（如Б. A. 罗曼诺夫：《古罗斯的人和习俗》，列宁格勒1947年版，第126等页）提供证据，认为我们的故事叙述者（和扬）在对待雅罗斯拉维奇法典第33条的立场是抨击性的，而巫师对第33条的认识相应是这些王公立法者的主张（Б. A. 罗曼诺夫注释）。

[671]格列勃是在什么时候开始担任诺夫哥罗德王公的呢？这在编年史

中没有记载。诺夫哥罗德第一编年史初级抄本于 989 年条在罗斯王公名单中提到:“斯维亚托斯拉夫立自己儿子格列勃(在诺夫哥罗德)为公。”从诺夫哥罗德第一编年史的西诺达尔抄本中得知,格列勃于 1069 年就已在诺夫哥罗德。格列勃曾在 1064 年被驱逐出特穆托罗坎。1067 年在诺夫哥罗德统治的是姆斯提斯拉夫。因此格列勃开始担任诺夫哥罗德王公是在 1068 年或 1069 年(1069 年姆斯提斯拉夫已在基辅)。

[672]源于 15 世纪 30 年代诺夫哥罗德—索菲亚汇编的各编年史指出了主教的名字是狄奥多尔:“于是打算杀死主教狄奥多尔”(索菲亚第一编年史,试比较叶尔莫林编年史、利沃夫编年史、年代记等)。在本故事及以后提到诺夫哥罗德主教时,都填写狄奥多尔的名字。

[673]特维尔汇编在此年条补充说:“伊赛亚被任命为罗斯托夫主教。”此报道来源于记述圣徒生平的文学。

[674]鲍里斯和格列勃的遗骨是从哪里迁来的呢?诺夫哥罗德第一编年史西诺达尔抄本对此作了回答:“鲍里斯和格列勃的遗体从里托迁至维什戈罗德安葬。”然而后来才确定鲍里斯和格列勃的遗体就在维什戈罗德本城从一个教堂迁至另一个教堂。尼康编年史是这样理解事情的,它指出:“圣殉教者的干尸从维什戈罗德迁葬。”

[675]M. H. 季霍米罗夫认为:“教堂庆典或许与解决纯政治问题有关系。”在此次维什戈罗德会议上制定了雅罗斯拉维奇法典(《罗斯法典研究》,莫斯科—列宁格勒 1941 年版,第 64—65 页)

[676]在源于 15 世纪 30 年代诺夫哥罗德—索菲亚汇编的各编年史中,这一名单有些不同:“总主教基辅的格奥尔基及另一位涅奥菲特——切尔尼戈夫的主教,佩列亚斯拉夫利的主教彼得,别洛戈罗德的主教尼基塔,尤里耶夫的主教米哈伊尔”(索菲亚第一编年史和其他一些编年史)。尼康编年史写的不是“别洛戈罗德的主教尼基塔”,而是“别洛戈罗德的主教斯捷凡”,在尤里耶夫的主教米哈伊尔之后,又加上“霍尔姆的主教伊凡”。史料中所作的这些更改原因不详。

[677]这里讲的是哪座“圣救世主”修道院,不清楚。看来,这是别列斯托沃救世主修道院(在基辅郊区别列斯托沃村)。可能,1096 年条提到的正是这座别列斯托沃救世主修道院。它用自己修道院长“格尔曼涅奇”或“格尔

曼”的名字而命名。(E. E. 戈卢宾斯基:《罗斯教会史》,卷 1,第 2 部,莫斯科 1904 年第 2 版,第 585—586 页)

[678]从这句话中可以看出,鲍里斯和格列勃干尸的迁葬不是当时马上写就的,而是后来,至少过了 20—30 年才写成的。“该教堂现在依然存在”这句话的插入才显得得体。此条是根据维什戈罗德教堂的笔记写成的,对此我们可根据附于涅斯托尔的传记性作品:《鲍里斯和格列勃的故事》的后期叙述中判断出来(《考证》……第 56—57 页)。在编年史 1072 年条中,对维什戈罗德的记载作了删减,删掉了切尔尼戈夫的主教涅奥菲特的名字和格列勃的指甲落到斯维亚托斯拉夫长帽上的情节(《鲍里斯和格列勃传记及为他们举行的宗教仪式》,Д. И. 阿勃拉莫维奇主编,彼得格勒 1916 年版,第 55—56 页)。

[679]关于鲍里斯和格列勃干尸的迁葬日期,伊帕季编年史提出另一个正确的日子——5 月 20 日。干尸迁葬只有礼拜天才能举行,而 1072 年 5 月 20 日(不是 5 月 2 日)正是礼拜天。涅斯托尔写的《鲍里斯和格列勃的故事》上提的也是这个日子——5 月 20 日。把日期改成 5 月 2 日是后期的编年史家干的,他把 1072 年的迁葬和 1115 年的迁葬搞混了,1115 年的迁葬的确是 5 月 2 日。

[680]特维尔汇编在这句话之后还有一个计算的年表:“从他(圣鲍里斯)被杀到迁葬为 57 年;从圣格列勃入殓到迁葬为 53 年,而未被安葬达 4 年,因为雅罗斯拉夫正和斯维亚托波尔克作战,所以顾不上圣者(鲍里斯和格列勃)的遗体,只考虑当场的战争。”

[681]拜占庭的编年史根据圣经的传说记载,塞特(亚当的第 3 子)的后代犹太人占领了巴勒斯坦后,残杀了其本土居民:似乎是含的后代——迦南人。

[682]下面讲的狄奥多西逝世的故事与基辅——佩切拉圣僧传中所讲的故事不完全一致(《基辅——佩切拉圣僧传》,Д. И. 阿勃拉莫维奇主编,基辅 1931 年版,第 71—74 页)。

[683]狄奥多尔·季隆周是大斋期的第一周。

[684]在礼拜五,即所谓拉撒路礼拜六(大斋期第 6 周的礼拜六)的前夕。

[685]指复活节前的礼拜日。

[686]指复活节。

[687]复活节是基督教的重要节日之一。据《新约圣经》载，耶稣被钉死在十字架后第3天复活了。教会认为，耶稣复活不是精神性的复活，而是死去那个肉身的复活，并于第40天以此肉身升入天堂。耶稣死而复活是基督教教义关键一环，表明基督“战胜了死亡”，确是上帝的儿子，世人的救主。据尼西亚宗教会议规定，每年春分月圆后第一个礼拜日(于3月21日至4月25日之间)为复活节。东正教的复活节在具体日期上常比西方天主教迟两个星期。(译者注)

[688]金钣(било)——这是一种金属板，小教堂用它来代替大钟。

[689]即阿利塔。

[690]доместник(来自希腊语 δομεστιχός)——教堂唱诗班的领班。

[691]然而，以下叙述的整段故事都不是发生在斯捷凡任修道院院长时期(他接替狄奥多西主持工作)，而是发生在佩切拉的狄奥多西时期：达米安去世比狄奥多西还早，叶列米亚还记得罗斯大地受洗礼的情况，即使如此也未必能活过狄奥多西。马特维生活在狄奥多西时期，不过他的寿命比狄奥多西长。伊萨基是在安东尼主持时被收进修道院的，死于修道院院长约安时期。对修道院教士们的整体描述(从“这些修道士就像星球一样光照全罗斯”开始)，看来也是对狄奥多西时期修道士情况的描述。但是关于佩切拉苦行者的故事中，有些情节是属于较后时期的。例如，马特维在教堂里尼康修道院长参加仪式迟到的地方看见驴子的故事，明显是在1038年(尼康于此年逝世)以后插进编年史的。修道院编年史在修道院长在世时是决不允许这么写的。在1074年的叙述中还有一处反尼康的越轨行为：在伊萨基的故事中说：“并因而受到尼康修道院长的殴打。”在伊萨基的故事中还有一处指出这个故事写于1088年之后：提到约安修道院长，他是1088年之后才被任命为院长的(“约安修道院长和众修道士为他遗体更衣整容后才安葬了他”)。

[692]关于杰米扬，在涅斯托尔写的狄奥多西传中有类似于编年史的叙述。在基辅—佩切拉圣僧传中直接证明，至少《往年纪事》的这一部分是出自涅斯托尔的手笔：“作为圣徒的涅斯托尔在编年史中记述了圣徒神父们：杰米扬、叶列米亚、马特维和伊萨基。”的确，在《往年纪事》中，讲述了杰米扬的故事之后，还讲了叶列米亚、马特维和伊萨基的故事。基辅—佩切拉圣僧传的编者在另一处谈到涅斯托尔时说：“他写了编年史。”这里说的“编年史”正是

指的《往年纪事》。根据上面说的这些情况，这里说涅斯托尔写编年史是完全可能的。因此，《往年纪事》在13世纪注明作者是涅斯托尔。(《基辅—佩切拉圣僧传》，Д. И. 阿勃拉莫维奇主编，基辅1931年版，第126页和第133页)

[693]这是一种粗毛衣服，有些修道士穿它是为了"磨炼身心"。

[694]洛科奇(肘尺)——古时的一种长度单位，即自肘到中指尖的长度，约合半米。详细可参阅注87(译者注)。

[695]圣饼是一种在举行圣餐祈祷时食用的面包；圣餐祈祷是基督教的圣礼仪式之一。

[696]鲍尔德山是切尔尼戈夫城西的山岗，在叶列茨修道院的后面。自从安东尼来到切尔尼戈夫后，有人就把叶列茨修道院的奠基和它联系起来。

[697]沃托拉(вотола)是一种用亚麻和雄麻(大麻雄株)所织的粗麻布料；用家织麻布做成的长袍，称为沃托拉长袍。即用那种粗麻织物所缝制的长袍。

[698]据格尔茨费尔德的拉姆别尔特"编年史"的记载，在1075年条说亨利四世派斯维亚托斯拉夫的内兄布尔哈尔德出使基辅，觐见斯维亚托斯拉夫："布尔哈尔德给国王带回那么多的金银和华贵的衣服，没有人记得以前什么时候一下子运回德意志王国如此大宗的财富。罗斯王公向国王奉献这些财物是为了使国王不再帮助被他驱逐出国的兄长。这批礼物就其本身而论更显珍贵，因为它的到来正是国库空虚的时候，不久前那场战争损耗巨大，而军队坚持要求支付服役费用。如果国王不履行诺言，不去满足他们的要求，那势必会在今后的斗争中得不到他们的效忠"。(Lambertus Herzfeldensis Monumenta Germaniae Historia，Annales，t. Ⅲ，第230页)

[699]Б. А. 罗马诺夫对此写道：11—12世纪重视贵金属储备的积累对各王公来说确实是必要的。封建割据和封建化时期，亲兵队把王公和亲兵队之间分配这一资产的问题提到显著的位置：一位王公如果很吝啬，不肯和亲兵队慷慨分享金银，就会在编年史上受到谴责。常言道，金银建不起亲兵队，可是借亲兵队之助可以得到金银，金银得不到亲兵队，亲兵队可得到金银。这句谚语已成为编年史出版物上惯用的公式。如果认为王公国库里这些珍宝(一般地说用于封建主日常经济生活)似乎是白白放在那里，是"死的东西"，这也未必正确。1075年来拜访伊兹亚斯拉夫的德国使者的故事似乎讲

的就是这个问题……这个故事与古罗斯社会地租的比重和意义问题没有关系,它并没有谴责动产的积累本身。它只是谴责这些积累在王公金库里不合理的停滞,没有进一步流通。这个故事的意义归结为王公们要不停止这种积累,使自己的亲兵队成员积极关心王公的政策,并借助亲兵队的帮助推行这种政策。号召“不吝惜财产”、“热爱亲兵队”和把金银“分发给”亲兵队并不是号召大手大脚地挥霍滥用,而是要进一步扩大这种类型的财富。那时衡量王公政治势力的强弱不是看他对“依附民村社”榨取的数量,而是看他国库中有多少动产。(《古罗斯文化史》,第 1 卷,莫斯科—列宁格勒 1948 年版,第 379 页)

[700]《往年纪事》的编年史家在此处也如同在其他地方一样,热衷于和世界历史的类比。看来,他是凭着记忆这样做的。编年史家在此处发生错误:不应该说是“亚述国王”,而是“巴比伦国王”。根据圣经传说,犹太国王希西家为自己的病神奇般的痊愈,不是去颂扬上帝,而是向巴比伦国王比罗达·巴拉但派来探望病情的使者展示自己的财宝。于是先知以赛亚来见希西家国王,对他说:你所拥有的一切财富都将被巴比伦人抢走,甚至他的孩子也将被押往巴比伦。

[701]伊帕季编年史的在本年条末增补了以下报道,它来源于《往年纪事》第 3 版:“是年,弗拉季米尔得子——姆斯提斯拉夫。”《往年纪事》第 3 版是为姆斯提斯拉夫·弗拉季米罗维奇——摩诺马赫的儿子编写的(参阅《文史概要》第 128 页);伊帕季编年史在此标明,所说的“弗拉季米尔”即弗拉季米尔·摩诺马赫;他的儿子姆斯提斯拉夫是后来的《往年纪事》第 3 版的倡导者。伊帕季编年史从这个标记开始,提供了许多补充编年史的材料,主要是有关姆斯提斯拉夫·弗拉季米罗维奇及其父弗拉季米尔·摩诺马赫的。

[702]摩诺马赫所进行的这次远征无疑是为了使波兰人不和伊兹亚斯拉夫结盟。摩诺马赫本人在其《训诫书》中也是这么说的:“斯维亚托斯拉夫派我去援助波兰人:我们越过格洛戈瓦,到了捷克森林地带,在那里转战了 4 个月。”至于什么是格洛戈瓦和捷克森林,可参阅以后的注释。B. H. 塔季谢夫关于弗拉季米尔·摩诺马赫和奥列格·斯维亚托斯拉维奇的远征,根据我们不知道的史料作了如下补充:“捷克王公弗拉季斯拉夫同意和大胆鲍列斯拉夫缔结和约,向他缴纳 1000 格里夫纳的白银。”大胆鲍列斯拉夫向摩诺马赫

和奥列格建议返回罗斯，但是罗斯的两位王公继续留驻捷克，直到弗拉季斯拉夫也向他们缴纳1000格里夫纳白银和丰富礼物后才撤回本土。(《远古以来的罗斯史》卷2，圣彼得堡1773年版，第130页)

[703]诺夫哥罗德第一编年史西诺达尔抄本和源于15世纪30年代诺夫哥罗德—索菲亚汇编的各编年史在此年条还有以下报道："诺夫哥罗德大主教狄奥多尔逝世"(西诺达尔抄本，索菲亚第一编年史等)。特维尔汇编还补充说："被自己的狗咬伤，任大主教职9年。"

[704]即罗曼·斯维亚托斯拉维奇，特穆托罗坎王公，他是斯维亚托斯拉夫·雅罗斯拉维奇的儿子(译者注)。

[705]沃伦城位于西布格河和古奇瓦河的交汇处。

[706]源于15世纪30年代诺夫哥罗德—索菲亚汇编的各编年史在此年条还有下面补充报道："格尔曼被任命为诺夫哥罗德的大主教"(参阅索菲亚第一编年史等；诺夫哥罗德第一编年史西诺达尔抄本却没有这个报道)。

[707]诺夫哥罗德各编年史在1079年条有较详细的报道："是年5月30日格列勃·斯维亚托斯拉维奇在扎沃洛奇耶被杀害"(索菲亚第一编年史、诺夫哥罗德第一编年史，还可参阅其他编年史)。在基辅—佩切拉《圣僧传》(Д. И. 阿勃拉莫维奇主编，基辅1931年版，第126页)中对格列勃之死的记载也是这一天。诺夫哥罗德第一编年史初级抄本989年条在罗斯王公名单中有关于格列勃之死的最重要的资料："他(指格列勃——原注)被赶出城，逃往扎沃洛奇耶，在楚德地界被杀害。"格列勃被赶出诺夫哥罗德是否意味着诺夫哥罗德居民于1078年最终取得胜利？诺夫哥罗德居民曾于1071年为巫师事件起来反对过格列勃(见前述)。

[708]索日查河是苏拉河的支流，大概就是现在的奥尔日查河。

[709]斯特里任河是切尔尼戈夫近郊的一条河流。

[710]诺夫哥罗德第一编年史西诺达尔抄本说，战斗是在"切尔尼戈夫附近"，因此涅扎京田野的一个村庄也应在切尔尼戈夫附近。

[711]关于鲍里斯·维亚切斯拉维奇之死，《伊戈尔远征记》有如下一段描述："鲍里斯·维亚切斯拉维奇因好胜求誉而被送上审判台，在卡尼纳河上为奥列格的受辱，为英勇年轻的王公，铺挂起绿色的丧罩。"因此，《远征记》把鲍里斯·维亚切斯拉维奇的死归因于他的"狂妄自大"、军人的极端的虚荣心。

[712]戈罗杰茨是罗斯的佩列亚斯拉夫利西北的一座城市。

[713]索菲亚第一编年史说的和《往年纪事》不一样,它说伊兹亚斯拉夫的遗体不是安葬在圣母什一教堂,而是安葬在基辅索菲亚教堂。《伊戈尔远征记》也同样说:“斯维亚托波尔克把父亲的遗体用乌果尔马拉到基辅圣索菲亚教堂”。(И. М. 库德里亚夫采夫注释:《伊戈尔远征记》……古代俄罗斯文学部著作集第7卷,1949年,第407页)

[714]沃因——佩列亚斯拉夫公国的一座边境城市。

[715]可萨人,又译哈扎尔人,为突厥族的一支,5—10世纪居住在欧俄东南部一带,曾在伏尔加河和顿河下游地区建立可萨汗国。中国《经行记》称为可萨突厥,《新唐书》称为突厥可萨(译者注)。

[716]根据修道院院长达尼尔的报道,他在1106—1108年间曾访问过巴勒斯坦(《12世纪初修道院院长达尼尔的圣地游记》,圣彼得堡1864年版,第7页)。奥列格·斯维亚托斯拉维奇(《伊戈尔远征记》里称其为“奥列格·戈里斯拉维奇”)被送出君士坦丁堡,流放到罗得岛。在那里,达尼尔被带领参观了奥列格住过“两夏和两冬”的地方。显然,希腊人不仅站在可萨人一边(可萨人对奥列格在特穆托罗坎的邻居不满),而且也站在弗谢沃洛德一边,弗谢沃洛德是拜占庭皇族的亲戚,奥列格于1083年回到罗斯(参阅《往年纪事》此年条),还从希腊带回自己的第二位妻子狄奥法尼娅·穆扎隆。她有个印章很有名,上有希腊文的题词:“主啊,帮助你的女奴——罗斯的女主狄奥法尼娅·穆扎隆吧”。(Н. И. 列平科夫:《论远古的特穆托罗坎》,俄罗斯社会科学研究所联合会考古部著作,1928年,第4卷)

[717]在第聂伯河流域、克里木沿岸和特穆托罗坎地区都发现了拉季鲍尔的铅铸图章,表明他的卓有成效的政绩(И. И. 托尔斯泰:“基辅大公国的古罗斯钱币”,载于《古代罗斯》第4卷,第172页;Н. И. 列普尼科夫:“古代特穆托罗坎”,载于《俄罗斯社会科学研究所联合会考古部著作集》,1928年,第4卷)。但是1081年拉季鲍尔在特穆托罗坎被达维德·伊戈列维奇和沃洛达尔·罗斯提斯拉维奇逮捕。他后来的活动情况在《往年纪事》的1095年条和1100年条中有所反映(1095年说他击溃了波洛韦次人;1100年说他执行了外交使命)。1113年他参加了摩诺马赫“法规”的制定。我们还知道他的儿子是奥利别格·拉季鲍里奇(参阅《往年纪事》1095年条)。

[718]我们知道，沃斯克列先编年史使用了相近于伊帕季编年史的《基辅编年史》最古老抄本的材料。在沃斯克列先编年史中，“грькы”（希腊人）这地方写的是“гречникы”，即“和希腊做生意的商人”。看来，正是“做希腊生意的商人”这一说法是正确的，因为只有这样才能理解达维德·伊戈列维奇的下列行动：“没收了他们的货物”（剥夺了他们的商品）。这一信息是这一时期罗斯在黑海沿岸进行频繁贸易的重要标志。奥列希耶是第聂伯河注入黑海前的河口地区边上的贸易转运站。

[719]多罗戈布日——沃伦公国戈雷尼河上游地区的城市，戈雷尼河是普里皮亚特河右岸的支流。（关于多罗戈布日城可参阅：M. H. 季霍米罗夫著：《古罗斯城市》，莫斯科 1946 年版，第 115—116 页）

[720]卢切斯克即现今的卢茨克，它是沃伦地区斯蒂尔河畔的一座城市。关于卢茨克可以参阅 M. H. 季霍米罗夫著：《古罗斯城市》，莫斯科 1946 年版，第 114 页。

[721]伊帕季编年史在此年条的开始有下面一段记载：“弗谢沃洛德在圣伊凡任总主教时，动工修建圣安德烈教堂；在该教堂附近又修建了一座修道院，他的名叫扬卡的未婚女儿就在此修道院削发为尼。这位扬卡收容了很多修女，和她们一起按修道院的教规生活。”拉夫连季编年史在 1089 年条对这一消息还做了摘录：“前面提到过的扬卡……”弗谢沃洛德为自己女儿安娜（即扬卡——译注）建造的这座修道院，在基辅的什么地方，不清楚。伊帕季编年史在此年条末尾还有下面一句补充报道，它来自《往年纪事》第 3 版：“是年，弗谢沃洛德发兵前往佩列梅什利。”这里说的弗谢沃洛德，指的是弗拉季米尔·摩诺马赫的父亲——弗谢沃洛德·雅罗斯拉维奇。

[722]兹维尼戈罗德——同名的城市有好几座：两座在加利奇地区，一座在基辅，还有一座在罗斯托夫—苏兹达尔地区。这里显然指的是南方切尔文的兹维尼戈罗德，处于谢列特河和兹勃鲁奇河二河河口之间。关于这座城市的情况可参阅 M. H. 季霍米罗夫的《古罗斯城市》一书，莫斯科 1946 年版，第 122 页。

[723]凶手涅拉杰茨受谁的指使不完全清楚。很可能是受罗斯提斯拉维奇家族指派。

[724]看来，是运到雅罗波尔克的父亲——伊兹亚斯拉夫所修建的基辅

德米特里修道院。如同《往年纪事》后文所报道的那样，在这座德米特里修道院里，雅罗波尔克被安葬在他生前建造的彼得教堂里，这件事后来引起了一场风波。1128年，显然是出于雅罗波尔克女儿的主意，德米特里修道院被移交给佩切拉修道院，从而引起维杜比茨编年史家的不满，这位编年史家捍卫的是伊兹亚斯拉夫其他继承者的利益："是年(1128年)，佩切拉修道院的人接收了德米特里教堂，并罪孽深重和非法地把它改名为彼得修道院"(参阅拉夫连季编年史)。佩切拉修道院的人把德米特里修道院改名为彼得修道院，显然是想强调他们继承了雅罗波尔克·伊兹亚斯拉维奇的事业，强调雅罗波尔克建立彼得教堂，使德米特里修道院从伊兹亚斯拉夫的修道院变成了雅罗波尔克的修道院，这是维杜比茨修道院的编年史家所难以认可的。

[725]佩切拉的编年史家对雅罗波尔克·伊兹亚斯拉维奇倍加赞扬的悼念条款和对他表现出异乎寻常的感情，部分地可用这样的事实来说明：雅罗波尔克、他的妻子和女儿(死于1158年)是佩切拉修道院的慷慨的大施主。伊帕季编年史在1158年条，说他的女儿表现出好像"与自己的父亲雅罗波尔克展开施舍竞赛"，她为佩切拉修道院倾囊施舍，甚至自己的"头巾"，而"这位雅罗波尔克向(佩切拉修道院)捐献了自己的全部地产——涅勃利乡、杰里维乡、卢奇乡以及基辅附近的领地"。

[726]即摩诺马赫的父亲弗谢沃洛德修建的维杜比茨的米哈伊尔修道院。米哈伊尔教堂建于1070年。

[727]源于15世纪罗斯托夫汇编的各编年史在此条报道之后写道："达维德·斯维亚托斯拉维奇坐镇诺夫哥罗德"(参阅特维尔编年史、利沃夫编年史、叶尔莫林编年史等)。但是，最后这一条报道和诺夫哥罗德第一编年史初级抄本的989年条记载的罗斯王公名单较为可信的材料有矛盾。根据这一名单，1088年坐镇诺夫哥罗德的是姆斯提斯拉夫·弗拉季米罗维奇，他在此统治了5年，然后于1095年又重新回到诺夫哥罗德执政。

[728]按伊帕季编年史的记载，佩切拉教堂是"由总主教伊凡、别洛戈罗德主教卢卡、罗斯托夫主教伊赛、切尔尼戈夫主教伊凡和古里戈夫修道院长安东尼"举行的圣洁仪式。

[729]拉夫连季编年史是第一次提到扬卡(安娜·弗谢沃洛多芙娜)，而伊帕季编年史在1086年条已曾提到过她。"以前提到过的"这话表明拉夫连

季编年史删掉了1086年条有关扬卡的文字，在《往年纪事》中最初曾对扬卡有所记载。

[730]在佩列斯拉夫利的所有主教中，只有叶弗列姆在此被称为“总主教”，仅此唯一的一次。

[731]尼康编年史(16世纪)补充说：“开办医院，所有来投医者都可免费得到治疗，这种医院还在自己故乡米利京及总主教区的其他城市开办，使人们从各县、乡、村都来医治。”尼康编年史这条在文化史上有重要价值的报道，如同此时期的其他报道一样，其史料来源不详。《往年纪事》的1090年条见于尼康编年史的1091年条。此年条以下面报道结尾，其来源还是不得而知：“同年，总主教希腊人狄奥多尔来自罗马教皇，带来很多圣徒的干尸。同年，各种果实得到丰收。”

[732]特维尔汇编对这条报道作了更正，认为南佩列亚斯拉夫利为石头城(即城堡的城墙)，奠基的是弗谢沃洛德(也是6598年〔1090年〕条，但位置较为提前)。

[733]此处讲的“关于寻得和转葬佩切拉的狄奥多西干尸的传说”，以某些更动的形式收入佩切拉《圣僧传》(卡西安第2版)中，并认为它属于编年史家涅斯托尔的手笔(“8月14日，圣言9，佩切拉修道院的修士涅斯托尔记述了我们的圣父佩切拉的圣徒狄奥多西的干尸移葬之事”)。大多数研究人员(Д. И. 阿勃拉莫维奇、A. A. 沙赫马托夫、B. Λ. 科马罗维奇、B. П. 阿德里亚诺娃—佩列特茨等)都认为编年史的这段故事出自涅斯托尔之手，但是另一些学者——И. П. 赫鲁肖夫(《古罗斯的历史小说和传说》，基辅1878年版，第16页)和E. E. 戈鲁宾斯基(《俄罗斯教会史》，第1卷，第2部，第945页)——则不承认涅斯托尔是此传说的作者。看来，前者是对的。

[734]关于狄奥多西干尸移葬的故事全都是用第一人称写成，有充分根据可以认为其作者是编年史家涅斯托尔。用第一人称讲述故事是涅斯托尔的典型风格(参阅他的传记作品)。修道院院长伊奥安去和涅斯托尔商议移葬干尸之事完全合乎情理，因为是涅斯托尔编写狄奥多西传记。

[735]《关于寻得和迁葬佩切拉的狄奥多西干尸的传说》，其作者是涅斯托尔这一推测，我们在沃斯克列先编年史中找到了旁证(近似伊帕季编年史的12世纪《基辅编年史》是沃斯克列先编年史的史料来源之一)。上述引文

之处，在沃斯克列先编年史里是这样写的："我这有罪之人，在撰写此编年史之时，拿起了锄头。"

[736]但是修道院院长伊奥安有言在先，命令本文作者只带一名"弟兄"（"找一个你想要找的人"），后来和本文作者一起干的也只有一个"兄弟"（"干累了，就让另一个兄弟接着挖"），（"我开始拼命地挖，而我的那位兄弟在洞前睡觉"）。因此，A. A. 沙赫马托夫的推测是完全可能的，他认为在初稿中写的不是"两名弟兄"，而是写"马尔克"。从《基辅—佩切拉的圣僧传》中知道：一般都是马尔克为修道士兄弟挖坟，在那书中也暗示是他参加了狄奥多西的迁葬（"与此同时，把圣狄奥多西遗体从洞中运出"），（A. A. 沙赫马托夫：《往年纪事》，卷 1，彼得格勒 1916 年版，第 26 页）。

[737]原文为"вариманътью"，此词源于希腊文 βάρύς 和 μαυδύας，意为"很厚很沉的""长袍"（修道士穿的无袖的外衣），此处为修道士外面穿的暖和的法衣。

[738]索菲亚第一编年史在这位主教后补充说："波罗斯的安东尼。"《基辅—佩切拉圣僧传》把安东尼较确切地称为"波罗斯的"（《基辅—佩切拉圣僧传》，Д. И. 阿勃拉莫维奇主编，基辅 1931 年版，第 81 页）。"波罗斯的"（"пороскый"）——即罗斯河流域各城市的主教。但是尤里叶夫的马林是罗斯河畔尤里叶夫城的主教，这似乎又和下面这一情况相矛盾：安东尼是罗斯河流域的主教。

[739]这一记载完全正确。按天文学家的资料，1091 年 5 月 21 日早上出现日环食（上午 2 点钟处于凌晨时分）。尼康编年史把这次日食错误地记在 1093 年，而沃斯克列先编年史记在 1088 年。（Д. О. 斯维亚茨基："以科学批判的观点看罗斯编年史中的天文现象"，《科学院俄语和文学部通报》，第 20 卷，第 1 册，1915 年版，第 104 页）

[740]这里指的是落下陨石。陨石在古罗斯通常被理解为火蛇。

[741]死者的灵魂称为"那维叶"。在古罗斯多神教时代，相信这种鬼魂的现象非常普遍。

[742]德鲁茨克或德柳捷斯克是德鲁季河上游的一座城市，离明斯克不远（М. Н. 季霍米罗夫：《古罗斯城市》，莫斯科 1946 年版，第 89 页）。

[743]佩列亚斯拉夫公国的 3 座城市，位于与波洛韦次草原交界的边境

上。普里卢克在伊帕季编年史中提到过(拉夫连季编年史未提它)。B. H. 塔季谢夫把普里卢克,称为乌斯季耶(也在该地区)。(《远古以来的罗斯史》,卷2,圣彼得堡1773年版,第144页)。

[744]指第聂伯河两岸。

[745]伊帕季编年史此处写的不是年轻人,而是“基温”(“тивунъ”——宫廷总管,宫廷仆从),这种拼写法和以前的文本不同,应认为是错误的。

[746]复活节后的第一个礼拜天称为倒复活节。

[747]托尔茨城或托尔切斯克是由托尔克人而得名,显然这里是托尔克人的居住区。此城的确切位置说不清楚。K. B. 库德里亚绍夫写道:“综观弗拉季米尔·摩诺马赫当年追击波洛韦次人的路线,先到托尔切斯克,然后到尤里叶夫,最后在克拉斯纳亚河一带击溃敌人,从而得出结论:托尔切斯克位于尤里叶夫的南面。1093年,当波洛韦次人包围托尔切斯克城时,罗斯王公自基辅出兵,先渡过斯图格纳河,然后路经特列波利,穿过土城,但由于被波洛韦次人所击败,罗斯王公败退,渡过斯图格纳河,撤回特列波利,而波洛韦次人见此情景,又返回托尔切斯克城。”这就是说,按所描述的路线,托尔切斯克城位于斯图格纳河和特列波利城以南(K. B. 库德里亚绍夫:《波洛韦次草原》,莫斯科1948年版,第135页)。也可参阅 И. М. 伊瓦金所引用的那些很有价值的资料。(《弗拉季米尔·摩诺马赫王公及其训诫》,莫斯科1901年版,第179—182页)

[748]伊帕季编年史、拉济维尔抄本和莫斯科科学院抄本的数字都是800名。尼康编年史(16世纪)的数字是700名和20000名(参阅1094年条)。

[749]在尼康编年史中,这一数字已接近了16世纪军队的规模:80000名。编年史的整个这一年条款见于尼康编年史的1094年条。

[750]这是除杀人外一切犯罪行为的罚金,它首先被提出来是在1072年前后制定的《雅罗斯拉维奇法典》中。看来,编年史讲的这段话反映了这一新法规颁布初期几十年执行的结果。只是在《详编法典》(最早是在摩诺马赫时期)中就已规定:征收者可以从犯罪的罚金(和命金)中提取的百分比(20%)。看来,以前在这方面是为所欲为的。有时因此使人“破产”(参阅伊帕季编年史的1174年条)。试比较诺夫哥罗德编年史(诺夫哥罗德第一编年史,圣彼得堡1888年版,第2页)关于“古代”王公与现代编年史家对立的著名争论:

“那些王公既不谋取很多领地，也不收取压在人们头上的命金和罚金，即使是法定的（即正当的，而不是‘创造的’，暗中安排的）命金，而在收取后也是给亲兵队购置武器”（Б. А. 罗曼诺夫注释）。

[751]位于基辅郊区的米哈伊尔——维杜比茨修道院附近。

[752]特列波利是第聂伯河支流斯图格纳河河口附近的一座城市，该城纳入该河流域城市防御体系。（М. Н. 季霍米罗夫：《古罗斯城市》，莫斯科1946年版，第107页）

[753]《伊戈尔远征记》的作者也以诗歌的形式回忆罗斯提斯拉夫·弗谢沃洛多维奇在斯图格纳河溺水身亡的事件：“据说，斯图格纳河并非如此；她原来只是一股涓涓细流，逐渐蓄纳别的大川小溪，在河口附近形成了宽阔的水域，她把罗斯提斯拉夫王公吞噬在自己的洪流之中。罗斯提斯拉夫王公的母亲在第聂伯河黝黑的河岸上为年轻的罗斯提斯拉夫王公哭泣。花儿也忧郁悲戚，树木悲痛地弯向地面跪拜。”《基辅—佩切拉圣僧传》把关于罗斯提斯拉夫淹死的传说看作是上帝对杀死基辅—佩切拉修士格雷高里的报应（Д. И. 阿勃拉莫维奇主编，基辅1931年版，第134—138页）。可参阅后文对摩诺马赫《训诫书》的一句话：“不管是无罪还是有罪之人都不要杀”的注释。

[754]《新约全书·路加福音》第23章41节：两个和耶稣同上十字架受戮的罪犯中的一位说：“我们是应该的，因我们所受的与我们所做的相称，但这个人没有做过一件不好的事”。（译者注）

[755]约伯——圣经中的人物，见《旧约全书·约伯记》（译注）。

[756]这几行讲述了罗斯的惨败和罗斯居民受到波洛韦次人蹂躏的痛苦，它激发了现今的崇高的爱国主义思想。编年史家认为罗斯的失利是暂时的，不会降低其人民的伟大形象及其光荣。编年史家充满自豪的信念：罗斯人民在世界民族之林中有自己的特殊地位。

[757]据В. Н. 塔季谢夫考证，在一些手抄本中这句话之后有结尾语“阿门”。根据А. А. 沙赫马托夫的意见，基辅的《初始汇编》（它先于《往年纪事》）是以这些话作结尾的。基辅的《初始汇编》较好地保留在诺夫哥罗德第一编年史初级抄本的开始部分中（参阅“考证”有较详细的叙述，第11页），然而从В. Н. 塔季谢夫文中可以看出，“阿门”在此是一般祈祷文的结尾语：“主啊，你慈悲为怀，拯救我们吧。你是唯一洁身自好、强大、仁慈，圣者中的最美

好者，愿你与世共存，阿门。”因此，在上下文中不能把“阿门”看成是编年史结尾的标志。Л. В. 切列普宁和 А. А. 沙赫马托夫、М. Д. 普里谢尔科夫的观点不同，他们推测“《初始汇编》应以描述 1097 年的柳别奇代表大会为结尾，因汇编大致也产生在此期间，并与上述事件有关系。”Л. В. 切列普宁对此论断作了有力的论证。他注意到这样一种情况：1097 年的柳别奇代表大会“是基辅罗斯政治史上一次重大事件，它确立了新的公国世袭领地制度。这一制度应该能制止王公的内讧，使罗斯国家有防御能力，团结其力量，首先是为了与波洛韦次人作斗争。由于这一切，自然会产生编写一部编年史的想法，这部编年史将会给罗斯历史确定总的观点体系，从这个角度来观察王公之间的关系和罗斯与波洛韦次人的关系。而《初始汇编》确实提供了这样一种思想体系。这样，《初始汇编》序言的内容就可以理解了。《初始汇编》曾按照索菲亚年鉴文本修改过。它的基本思想正是柳别奇代表大会及其以前各种事件所形成的局面而引起来的。”接着，Л. В. 切列普宁还注意到，编年史 1094—1097 年条和 1093 年条及《初始汇编》序言在内容上具有有机联系，还注意到 1054 年条智者雅罗斯拉夫的《训诫书》和柳别奇代表大会规定等也有联系。（Л. В. 切列普宁：《往年纪事》，《历史论丛》第 25 期，莫斯科—列宁格勒 1948 年版，第 321—330 页）

[758]尼康编年史在此年条还有下面的补充报道（在本年条的中间）：“格尔曼主教去世。该年格尔曼主教从诺夫哥罗德到了基辅，在那里逝世，当时任基辅和全罗斯总主教的是叶弗列姆。”

[759]拜占庭皇帝阿列克塞・科穆宁的女儿安娜・科穆宁关于立奥（列夫）・狄奥格诺维奇有一段记载。据她说，立奥・狄奥格诺维奇是罗曼努斯・狄奥格内斯皇帝的儿子，早在 1073 年就被杀。后来出现一位冒充立奥的人，声称自己是立奥，要求继承王位。伪立奥被关押在科尔松，但得以越狱潜逃，1095 年联合波洛韦次人进军拜占庭。当立奥围攻亚得里亚堡时，他中计被擒，双眼被弄瞎。安娜・科穆宁的这段记述早已引起俄国史学家的怀疑。问题在于立奥是弗拉季米尔・摩诺马赫的女婿（参阅 1116 年条：“是年，弗拉季米尔的女婿立奥王子突然进攻阿列克塞皇帝，多瑙河沿岸的几座城市归降”），摩诺马赫未必肯把自己的女儿许配给一个僭冒者（另一些人猜测嫁给立奥的是摩诺马赫的妹妹，参阅 В. Г. 瓦西利叶夫斯基写的“米哈伊尔七世

杜卡皇帝的两封信”,《著作选》卷2,第1部,第38—48页)。伊帕季编年史在1136年条谈到立奥·狄奥格诺维奇的儿子:“瓦西利科·马里季奇。”(参阅立奥·狄奥格诺维奇的材料简编:И. У. 布多弗尼茨:“弗拉季米尔·摩诺马赫及其军事学说”,《历史论丛》第22集,莫斯科1947年版,第96—98页)

[760]可比较摩诺马赫对盟誓的态度,见他《训诫书》中的说法。

[761]伊帕季编年史比较准确:“在干草棚里”(赫列勃尼克抄本和波戈金抄本都说:“在拉季鲍尔的干草棚里。”)

[762]尤里叶夫城位于罗斯河河畔,为雅罗斯拉夫所建。

[763]维季奇山岗位于第聂伯河的支流斯图格纳河河畔。

[764]关于达维德在诺夫哥罗德的行事在诺夫哥罗德编年史1095年条有所记载:“斯维亚托波尔克和弗拉季米尔出兵斯摩棱斯克攻打达维德,达维德则占领了诺夫哥罗德”(诺夫哥罗德第一编年史西诺达尔抄本,可比较源于15世纪30年代诺夫哥罗德—索菲亚汇编的各编年史)。

[765]诺夫哥罗德第一编年史初级抄本989年条的罗斯王公名录有一段非常重要的史料,从未见于其他编年史,说的是姆斯提斯拉夫如何在诺夫哥罗德开始执政的历史:“弗谢沃洛德派了自己的孙子、弗拉季米尔的儿子姆斯提斯拉夫,担任(诺夫哥罗德)王公5年后,去了罗斯托夫,而达维德来诺夫哥罗德任王公,统治2年后被驱逐,姆斯提斯拉夫重新回来,坐镇诺夫哥罗德达20年。”《往年纪事》1095年条讲的显然是姆斯提斯拉夫第二次在诺夫哥罗德称公,一直任职到1117年(在名录中差错一两年是可以理解的)。姆斯提斯拉夫第一次在诺夫哥罗德担任王公是在1088年(1095－7＝1088)。显然,它应和《往年纪事》1088年这一条的下列报道相对照:“那年,斯维亚托波尔克从诺夫哥罗德迁往图罗夫居住。”但是源于15世纪罗斯托夫汇编的各编年史与此不同,在谈到斯维亚托波尔克离开诺夫哥罗德后写道:“达维德·斯维亚托斯拉维奇坐镇诺夫哥罗德”(参阅特维尔编年史、利沃夫编年史、叶尔莫林编年史等)。显然,15世纪罗斯托夫汇编之一因疏忽出现了错误:编年史家在斯维亚托波尔克之后马上按上达维德,而没考虑到(或许是不知道)姆斯提斯拉夫第一次曾在诺夫哥罗德统治过5年。

[766]库尔斯克是谢姆河上游的一座城市,可参阅M. H. 季霍米罗夫的《古罗斯城市》,莫斯科1946年版,第96页。

[767]尼康编年史在此年条有下面的补充报道(在这一年条之始):“任尼基塔为主教,基辅及全罗斯的总主教叶弗列姆委任尼基塔为诺夫哥罗德的主教。”同样的报道还见于诺夫哥罗德第三编年史,那里还有下面一段有意思的补充,力图用歌颂这位尼基塔的教堂短歌当作史料阐述:“在尼基塔任主教时期,在其主持的第2年,诺夫哥罗德发生了一场大火,在其教堂短诗中写道:‘奋力精心地为自己的人民祈祷,终于熄灭了城中火灾’。”看来,这里谈到的正是诺夫哥罗德第一编年史西诺达尔抄本在1097年条所报道的那场大火……

[768]尼康编年史在此处作了16世纪很典型的正统思想的补充:“或是我们贵族的斯麦尔德。”因为提及斯麦尔德的文献极少,此文引起了我们学术界对它的评论,并且成为这一社会术语的两重含义的理论支柱——广义和狭义;狭义的斯麦尔德,是指农民,似乎除狭义的斯麦尔德之外,还存在一种广义的斯麦尔德,这就是指除神职人员和王公以外的所有人。这后一种含义从本文经过直接比较王公之间的对话就可以得出来:邀请的一方请奥列格当着“主教、修道院院长、我们父辈的群臣及市民”的面进行谈判,而对方在自己的回答中,单独提到神职人员后,就用斯麦尔德这一名称来概括表示其他所有人。对此答话的解释放掉了谈话的状态,因为在该编年史的叙述中,把奥列格的回答当成是傲气发作的证据(“态度傲慢,蛮横无理”):奥列格简单地用双方都感到是有损尊严的字眼“斯麦尔德”来称呼父辈的将官和基辅市民。(Б. А. 罗马诺夫:“编年史和罗斯法典中的斯麦尔德制度和斯麦尔德”,《科学院俄罗斯语言文学部通报》,1908年,卷13)

[769]斯塔罗杜勃——切尔尼戈夫附近的一座城市。

[770]别列斯托沃是基辅城郊的一座皇庄,属于基辅王公所有。

[771]乌斯季耶是佩列亚斯拉夫公国的一块领地,可能在特鲁别日河的河口处。

[772]特维尔汇编说的是转往“穆罗姆”。梁赞是现在的旧梁赞古城遗址。目前的梁赞是在18世纪由梁赞的佩列亚斯拉夫利改名而来。关于梁赞可参阅 A. Л. 蒙盖特:“旧梁赞”,《历史问题》杂志1947年第4期。

[773]伊帕季编年史和沃斯克列先编年史此处为“5月31日”。

[774]斯维亚托波尔克·伊兹亚斯拉维奇娶图戈尔坎的女儿为妻(见《往年纪事》1094年条)。

[775]扎鲁勃是佩列亚斯拉夫州，在第聂伯河河畔的一座城市，面向特鲁别日河河口。

[776]伊帕季编年史的说法较为准确："把他安葬在别列斯托沃的陵墓里。"

[777]《基辅—佩切拉圣僧传》中的叶夫斯特拉季·波斯特尼克传记较详细地记载了这次侵袭被劫掠的一些罗斯俘虏的命运。叶夫斯特拉季正是在这次鲍尼亚克偷袭中被波洛韦次人俘虏，然后和别的许多人一起被卖到科尔松的。传记中写道："没过多少天，大家就被饥渴折磨得筋疲力尽：有的人忍受了 3 天，有的人——4 天，有的人——7 天，身体健壮的达 10 天，最后所有人都被饿死和渴死了。他们共达 50 人：修道院的工作者 30 人，从基辅来的 20 人。"这里讲的只是卖给科尔松一位奴隶主的俘虏处境(《基辅—佩切拉圣僧传》，Д. И. 阿勃拉莫维奇主编；基辅 1931 年版，第 106—107 页；也可参阅《圣僧传》的其他版本)。

[778]伊帕季编年史在此处是这么写的："焚烧斯捷凡修道院，木质的和格尔曼的。""格尔曼的"或"格尔曼"应怎样理解呢——是村庄，还是修道院，不得而知。E. E. 戈鲁宾斯基推测："格尔曼的"是指别列斯托沃救世主修道院，以其修道院长格尔曼的名字命名，在前面 1072 年条曾提到过(E. E. 戈鲁宾斯基：《罗斯教会史》，卷 1 第 2 部，莫斯科 1904 年第 2 版，第 585—586 页)。很可能，"斯捷凡修道院"也是以其修道院长的名字命名：该修道院位于克洛夫(离佩切拉修道院和别列斯托沃救世主修道院不远)，其修道院长是斯捷凡(在此以前曾担任过佩切拉修道院院长)。此外还应指出，"деревня"一词在南方古文献中很少见，它未必是指村庄，而更可能是指"森林"，"树木"，"木房子"等意思。

[779]王公郊外的邸宅常称为"红的"，即美丽的，不仅是因为其建筑风格美丽，还由于它坐落在景色秀丽的处所。伊帕季编年史在讲到长手尤里死后基辅的骚动时指出："那天恶事多起：他的(尤里的)"红宅"被抢劫一空，他的第聂伯河对岸的另一处邸宅也遭洗劫，该处他本人曾称之为天堂。"南佩列亚斯拉夫利的"红宅"也坐落在城郊。

[780]耶特里弗荒漠位于"东方和北方之间"，史料上缺乏确定具体位置的根据。显然，编年史家推测，波洛韦次人来自东北，就以此来确定该荒漠的

位置。

[781]这段引文来自"帕塔尔的美多德的《天启》"。这是大约公元4世纪一位匿名作家的著作,被错误地说成是美多德的作品。美多德是吕基亚(在小亚细亚)的帕塔尔城的主教(公元3—4世纪)。这部著作讲的是从亚当到世界末日的世界历史事件,世界末日说是从"创世"起的第7000年。这就是《天启》的最后一部分,是讲世界末日的,使中世纪的读者特感兴趣。它不仅被用来解释波洛韦次人的起源(本文此处),还用来解释某些东北部族的起源(文中稍后的1096年条),后来又用以解释鞑靼人的起源(编年史中关于卡尔卡之战)。编年史家把此前引用的波洛韦次人的材料("他们来自东方和北方之间的耶特里夫荒漠……")看成是部分地应验了帕塔尔城的美多德关于世界末日的预言:"第7000年的末日来临,波斯王国毁灭,这时以实玛利部落走出耶特里夫荒漠,整个北方和从东到西全都受其统治……那时不再有供奉上帝的仪式,不再有教堂的歌声,人们备受凌辱……"帕塔尔的美多德的《天启》在罗斯有保加利亚翻译的两种译本。按 B. M. 伊斯特林推测(《拜占庭和斯拉夫—罗斯文献中的帕塔尔的美多德的〈天启〉和但以理伪经的幻想》,莫斯科1897年),编年史家知道的《天启》是第一种译本,第二种译本传入俄国是在13—14世纪。但是 П. И. 波塔波夫在"编年史中文献的成分问题"(《俄国语文学通报》,1911年第11期)一文中就曾指出编年史中的文字有的地方和第一种译本一致,有的地方和第二种译本一致。A. A. 沙赫马托夫又进一步发挥了 П. И. 波塔波夫的观点。(《往年纪事》及其史料,古罗斯文学部著作集,卷4,列宁格勒1940年版,第92等页)

[782]编年史家认为,东方的游牧和半游牧民族都起源于《圣经》中的以实玛利族,儿子阿夫拉玛及其女奴阿加里(由此而称为以实玛利人和阿加里人)。编年史家从格奥尔格·哈马托罗斯那里得知:以实玛利有12个儿子。编年史家上述的计算就由此而来:8支(即以实玛利8个儿子的后代)逃往荒漠,4支(即以实玛利的其他4个儿子的后代)被基甸杀戮(按《圣经》传说,基甸是以色列的一位法官,是东方游牧部落的战胜者)。这一数字是编年史家独自创造的,是违反帕塔尔美多德的《天启》的。在《天启》中,基甸把8支部落赶到荒漠,并没有提到其他的部落。

[783]看来,这里说的"另一些人"指的是格奥尔格·哈马托罗斯,因为下

文直到“而以实玛利生了 12 个儿子”为止，可以认为是从格奥尔格·哈马托罗斯编年史中引来的事实。（A. A. 沙赫马托夫：《往年纪事及其史料》，古罗斯文学部著作集，卷 4，列宁格勒 1940 年版，第 58 页）

[784]弗拉季米尔·摩诺马赫的《训诫书》只载于拉夫连季编年史。在此编年史中，《训诫书》被人为地插在对波洛韦次人起源的推论和关于编年史家与诺夫哥罗德人在古里亚塔·罗戈维奇谈话的中间。在其他的编年史中，这段行文是连贯的，完全没有割裂，不像拉夫连季编年史插进了这段《训诫书》（参阅伊帕季编年史、拉济维尔编年史等）。A. A. 沙赫马托夫对拉夫连季编年史为什么把《训诫书》插在 1096 年条中间的原因作了如下的解释。被收入《训诫书》中的摩诺马赫远征的大事记显然是他本人编写的。这份大事记写到弗拉季米尔·摩诺马赫征讨雅罗斯拉夫·斯维亚托波尔科维奇的 1117 年。由此可以明白，《训诫书》插进编年史正文绝不会早于这一年。《训诫书》所以写到（在这部编年史部分中）那一年，是因为《往年纪事》第 3 版写到 1118 年。看来，《训诫书》进入拉夫连季编年史正是由于这部《往年纪事》第 3 版和随后的编年史家与诺夫哥罗德人古里亚塔·罗戈维奇的谈话。如同从 A. A. 沙赫马托夫的著作中所知道的，拉夫连季编年史文本乃是《往年纪事》第 2 版和摩诺马赫的长子姆斯提斯拉夫·弗拉季米罗维奇的第 3 版的结合。《训诫书》首先是对他，这位基辅王位的继承人——姆斯提斯拉夫·弗拉季米罗维奇说的（1118 年姆斯提斯拉夫被摩诺马赫从诺夫哥罗德召回，准备在父亲去世后继任基辅王位）。那么，《训诫书》为什么被转移到正是 1096 年这个地方呢？A. A. 沙赫马托夫对此作了这样的回答。关于波洛韦次人起源的推断属于第 2 版，而和古里亚塔·罗戈维奇的谈话属于第 3 版。我们很清楚，1185 年整理弗拉季米尔文集，拉夫连季（或是他的前人，如果他只是抄写编年史，而不是由他编纂的话），在下列词句后作了一个明显的记号：“在这 8 支人之后，本世纪末将走出来的是被马其顿的亚历山大封锁在山中的不洁净的人”在这里做的记号（例如“зри”）用以表明此处应插进别处的资料。当抄写者抄到上述记号时，发现了相应的记号（也是“зри”），在有两篇辅助材料的情况下（A. A. 沙赫马托夫推测，它就是 14 世纪初的弗拉季米尔编年史〔владимирский полихрон〕，假设是他提议的，它就是《往年纪事》的第 3 版——原注），一篇是拉夫连季也想收入自己编年史的摩诺马赫的《训诫书》，

不过显然是要收到另一年条;另一篇是叙述编年史家和古里亚塔·罗戈维奇谈话的文章。拉夫连季或另一位抄写者没觉察到 6604(1096)年条上的符号正应该是只抄写第二篇文章,而错误地把抄写第 2 篇文章的地方抄上了摩诺马赫的《训诫书》,后来改正了自己的错误,在《训诫书》及其附带的文献之后,又重新抄上编年史家和诺夫哥罗德人古里亚塔的谈话(《罗斯编年史评述》,列宁格勒 1938 年版,第 23—24 页)。M. A. 普里谢尔科夫在其《拉夫连季编年史手稿及其出版史》(《赫尔岑师范学院学报》第 19 期,列宁格勒,1939 年)一文中对弗拉季米尔·摩诺马赫的《训诫书》为什么会落入拉夫连季编年史这个偶然的地方作了较为简洁的解释:"拉夫连季在自己的跋中……说自己有一部编年史原本。"他肯定地说,这部"编年史"在他工作时期已是一本破旧的书。正如拉夫连季所说的,这就使他从这部"编年史"抄写时出现了种种目前的笔误和残缺不全的重复现象。与此同时,他,拉夫连季,作为一位年轻而无经验的抄写者,就不可能总是令人满意地完成自己的任务:"手头是本破旧的书,而本人才疏学浅,考虑不周。"的确,可以想象往年纪事在拉夫连季的抄本中有他所说的抄写上的种种疏漏,其中最醒目的是他没抄上的,即他在书中空着的地方,当然他那上面空出的地方大小和拉夫连季所持原本的字母多少相符。其中我们现在深感遗憾的首先是拉夫连季在弗拉季米尔·摩诺马赫《训诫书》开头几行后空出的那 4 行半(《训诫书》流传至今只有拉夫连季编年史这一种版本),正如拉夫连季所说,拉夫连季编年史所用的原本已破旧不堪,很多地方连抄写者也难以辨认。有时,抄写者尽管不清楚,还是看出了应抄的文字,但是连他本人也感到他所抄下的地方还有拿不准和不明白的,这时他就把所写的和挨着的其他语句用许多圆点隔开……但拉夫连季又为什么在《训诫书》中干脆留下 4 行半的空行,而不作任何识别的努力呢?显然,答案是拉夫连季的破旧书中有需要重新抄写的地方,拉夫连季在这 4 行半,也像在其他许多地方一样……就连大致意思也难以识别。但是,正是在这里,在《训诫书》正文的开头部分出现如此弄脏或如此严重磨损的几行,是怎样发生的呢?早已查明,所谓弗拉季米尔·摩诺马赫的《训诫书》乃是这位作者的 3 篇独立的作品:一开始是对孩子们的教诲(没有结尾),接着是摩诺马赫写给叔伯兄弟奥列格的信(没有开头部分),最后是祭祀内容的文章,它可能是该作者的手笔。同样早已查明,这些包含摩诺马赫 3 篇作品的缺损页稿,在拉夫连季编

年史中或在它的原稿中不是放在应放的地方：要知道，摩诺马赫这3篇作品的文章割裂了1096年条编年史正文的叙述，如果把《训诫书》从现在的位置上拿走，那被割裂的1096年条编年史的叙述就紧密吻合，恢复一个完整连贯、循序相当的叙述……那些页稿在拉夫连季要抄写的书中已不在原来的位置上。实际上拉夫连季是有可能重新整理好已经多次抄写的旧书的：那么他果真不能把它放在比现在所处的更合适的位置吗？比如把它放在叙述的任何年条的结尾。但是给自己提出下面一个问题完全是适时的：那么，在拉夫连季所抄写的那本书里哪个地方对这些页稿才是适合的呢？既然这个称之为弗拉季米尔·摩诺马赫作品集虽现在已被收进，但它不能和拉夫连季编年史的任何文段相联系，即要联系得不致引起疑问，那么还是认为把这部摩诺马赫文集放在拉夫连季编年史全文之前，或之后更正确。由于《训诫书》第一页正面有4行半被磨损或弄脏的地方，这正是我们都已知道的不能令人满意的阅读情况，那连拉夫连季都不能为我们恢复原状，从而促使我们倾向于同意前两种推测的第一种。事实上如果我们设想拉夫连季所抄写的"编年史"这本破旧的书没有封皮，那么它的第一页由于手总拿它就确实很容易破损，因为查询的读者或阅读编年史的读者的左手大拇指总要压在它的正面（接近上方），即用自己的右手翻书。我们关于《训诫书》及摩诺马赫其他文章放在该编年史正文前面的推测未必是武断的。应该联想到在拉夫连季编年史正文之首的就是受摩诺马赫的委托西利维斯特修订的《往年纪事》。这部西利维斯特版《往年纪事》和弗拉季米尔·摩诺马赫的著作在一起，在佩列亚斯拉夫利（南佩列亚斯拉夫利）主教区的编年史传统中可以很自然地看到。西利维斯特在1119年被弗拉季米尔·摩诺马赫任命为佩列亚斯拉夫利的主教。如我们所知，12—13世纪苏兹达尔的弗拉基米尔的编年史家，从佩列亚斯拉夫利主教区得到许多编年史文本，用来补充自己报道南方事务或"罗斯大地"的材料。当一本不是精装的书现在脱落了前面或后面的一些书页，特别是当发现从书上脱落的有些书页已经破损，为使剩下的部分不致再遭损坏，一般都把它夹在书中，即放进随便翻开的地方。古代手抄本书当然也有这种情况。拉夫连季所抄写的那本破旧的编年史前面脱落的书页所遭遇的情况也是如此。这本破旧书的某位读者，在拉夫连季抄写它以前，发现书中脱落的有些书页已破损（我们可以联想到现在的《训诫书》没有结尾，摩诺马赫致奥

列格的信也没有开头部分)，为防止现存的书页以后不再遭受损坏，就把它夹在书中随便翻到的地方。拉夫连季只是抄写交给他的那本书：书中怎么放的书页，他就怎么抄写(上述著作，第186—188页)。尽管M.Д.普里谢尔科夫重新勾画摩诺马赫的《训诫书》是如何被放入1096年条中间部分的，说得相当清楚，并且几乎感觉得到当时的情形，但它还是引起了严重的反对意见。首先不明白的是，为什么从拉夫连季抄写的那本“破旧的编年史”的开头部分脱落下来的正好是有摩诺马赫著作的那几页，同时也没有丢失连着的《往年纪事》的文章，也没有把摩诺马赫文章留下一部分？其次搞不明白的是，拉夫连季怎么会没发现他所抄写的是偶然夹进手稿里的书页呢？况且，这里的页数并不少，用M.Д.普里谢尔科夫自己的话来说，它的第一页就遭到严重破损。近来，B.Л.科马罗维奇不容争辩地认定，拉夫连季不是一位普通的抄写者，他对待自己所抄写的原稿非常认真，凡有关他的修道院和他的故乡城市(下诺夫哥罗德)的奠基人——弗拉基米尔王公尤里·弗谢沃洛多维奇的稿子，他都作了重要修改(《俄罗斯文学史》，卷2，第1部，苏联科学院文学研究所，莫斯科—列宁格勒1945年版，第90—96页)。我认为，摩诺马赫的著作在《往年纪事》中所处的位置不是偶然的。拉夫连季或其前人极力想确定《训诫书》写作的时间，他们只能够确定摩诺马赫作品中的一篇——致奥列格的信的日期，这封信很可能写有日子，因此编年史家把摩诺马赫的文章放在1096年条。他所放的位置也不是偶然的，而是放在那相似的一般议论材料所在的地方。他把摩诺马赫的文章放在从一种议论转为另一种议论之处，虽然它割裂了原文之间的相互联系，但对前后也并无妨碍。摩诺马赫的文章也可放在“老朽编年史”的开头，但它总还是一个独立的部分。把它放在相对恰当的地方，当然不是随便就能做到的。Л.B.切列普宁也认为《训诫书》放在1096年条不是偶然现象。根据Л.B.切列普宁的意见，《训诫书》被插入《往年纪事》第3版，是和这第3版的任务紧密相连：在雅罗斯拉夫·斯维亚托波尔科维奇发动的内讧被平息以后，要用新的视角来观察弗拉季米尔·摩诺马赫和斯维亚托波尔克·伊兹亚斯拉维奇的相互关系。无论是《训诫书》，还是摩诺马赫致奥列格的信，就其内容而言都十分确切地回答了1118年摆在《往年纪事》第3版编者面前的政治任务。把《训诫书》放在记述柳别奇代表大会和那时的王公们纷争事件之前，就能使摩诺马赫得到对所有这种事件的关键作出他所需要的政治说明(Л. В. 切列普宁:《往年纪事》,《历史论丛》第25期,莫斯科,1948年,第319—321页)。——《训诫书》是在什么时候写成的? 关于这方面发表了大批文章,众说纷纭。第一次公布《训诫书》的穆辛—普希金(《弗拉季米尔·弗谢沃洛多维奇·摩诺马赫大公的遗嘱》,圣彼得堡,1793年)把它说成是1119年至1125年间写的(同上,第50页,注80)。Н. М. 卡拉姆津认为,摩诺马赫写《训诫书》时已年高望重,"不早于1117年,因为大公提到自己对弗拉基米尔公雅罗斯拉夫的征战"(《俄罗斯国家史》,卷2,附注230),把《训诫书》写成时间定得最早的是М. П. 波戈金——1099年。М. П. 波戈金对"坐在雪橇上"一语从字面上理解,认为《训诫书》是在路上写就的。他把《训诫书》中还有两处提到雪橇联系起来:一处是摩诺马赫谈到在伏尔加河上接见自己堂兄派来的使者;另一处是他谈到"现在前往罗斯托夫"。М. П. 波戈金说:"很明显,摩诺马赫是在去罗斯托夫的途中,由于兄弟派来使者建议驱逐罗斯提斯拉维奇而想写《训诫书》的,在到达该城之后才把它写完。我们只要找出兄弟们出征罗斯提斯拉维奇的时间就可以了。"这时间按М. П. 波戈金的计算是在1099年(М. П. 波戈金:"论摩诺马赫的《训诫书》",《科学院俄罗斯语言文学部通报》,卷10,圣彼得堡1861—1863年版,第265等页)。至于《训诫书》中提到1099年以后发生的事件(如1117年对弗拉基米尔城的雅罗斯拉夫的征战),М. П. 波戈金处理得很简单:他认为那是抄写者后加的。С. М. 索洛维约夫看来是同意М. П. 波戈金的观点,不过他顺便提出这样一个想法,《训诫书》是在和达维德·伊戈列维奇和解后写成的:"在维季奇代表大会上(1100年——原注),和达维德·伊戈列维奇的内讧结束后,他(摩诺马赫——原注)去了北方的罗斯托夫地区,当他在伏尔加河上时,接见了堂兄派来的使者,他们建议攻打加里奇的罗斯提斯拉维奇",并威胁说如不应允将断绝和摩诺马赫的关系。"兄弟威胁要和他断绝关系使摩诺马赫十分痛心;他在悲伤中翻开圣诗集,看到这几句:'心啊,你难过什么? 什么使你困惑?'等等。摩诺马赫经圣诗集的安慰,决定马上给自己的儿子们写训诫"(《俄罗斯史》卷1,《社会利益》出版社出版,第760页)。同意М. П. 波戈金意见的并非只有С. М. 索洛维约夫一人。提出这一时间(1099年)的还有С. 普罗托波波夫(《弗拉季米尔·摩诺马赫的〈训诫书〉是罗斯在鞑靼以前时期宗法观念和生活的文献》,国民教育部杂志,1874年,第2期,第232页,第

235—237 页)和古罗斯文学史共同课教程的作者们,有 И. 波尔菲里叶夫(《俄罗斯文学史》第 1 部,喀山 1897 年第 6 版)和 A. H. 佩平(《俄罗斯文学史》,卷 3,圣彼得堡 1907 年第 5 版,第 118 页)。A. A. 沙赫马托夫于 1897 年 1 月 31 日在"莫斯科古文献爱好者协会"上作了题为"编年史《往年纪事》是谁和何时编写的"报告,他讲了这样一种想法:摩诺马赫早在 1096 年就开始写自己的《训诫书》,一直写到《训诫书》被收入到编年史的那 1118 年。按 A. A. 沙赫马托夫的观点看来,《训诫书》是摩诺马赫的日记,他的大事记(参阅 1896—1897 年的古文献爱好者协会报告,第 23 页)。遗憾的是,A. A. 沙赫马托夫对《训诫书》并没有进行细致的研究,因而我们难以检验其全部论证。1900 年出版了 H. B. 什利亚科夫的著作:《论弗拉季米尔·摩诺马赫的〈训诫书〉》。H. B. 什利亚科夫在非常巧妙对比的基础上得出结论,《训诫书》是在离罗斯托夫不远的伏尔加村社里于 1106 年 2 月 8—10 日斋期第一周祈祷仪式的深刻影响下写成的。另一位研究人员 И. M. 伊瓦金的文章:"弗拉季米尔·摩诺马赫王公及其〈训诫书〉"(第 1 部,莫斯科 1901 年版)把《训诫书》写作的时间说成是在 1117 年讨伐雅罗斯拉夫·斯维亚托波尔科维奇(正如已指出的这次征讨,在《训诫书》中有所提及)及 1125 年(摩诺马赫逝世的日期)之间。B. Л. 科马罗维奇对《训诫书》写作的时间提出了新的假设。他对比了三件事:(1)《训诫书》中最后提到的摩诺马赫远征是 1117 年对明斯克的格列勃的远征;(2)《训诫书》是在大斋期仪式的强烈影响下写成的;(3)伊帕季编年史说,摩诺马赫在这次对格列勃的远征中在自己大斋期情绪的影响下产生了对格列勃的怜悯情绪。由此,B. Л. 科马罗维奇得出结论:《训诫书》是在 1117 年大斋期或大斋期后不久写成的,它被收进《往年纪事》的第 3 版是因为这第 3 版的编者表彰弗拉季米尔·摩诺马赫和格列勃的和解是在大斋戒期对摩诺马赫的影响下做到的,所以编者能够知道整篇《训诫书》的内容(《俄罗斯文学史》卷 1,苏联科学院文学研究所出版,莫斯科—列宁格勒,1941 年,第 295 页)。我们把 B. Л. 科马罗维奇关于《训诫书》正是写于 1117 年斋戒期,关于甚至连编者似乎都知道这种有争议的推测暂且放在一边,我们不能不同意他在这个问题上和他前人的一个观点,那就是《训诫书》写作的时间不能早于《训诫书》中提到的那些事件。换言之,《训诫书》中最后提到的一个事件是 1117 年对明斯克格列勃的远征,所以《训诫书》写成的时间决不能早于

1117年。И.Y.布多夫尼茨同时也提请上述作者注意,《训诫书》写成的时间也不能晚于1117年,因为摩诺马赫讲述自己和奥列格·斯维亚托斯拉维奇一起远征捷克时,他补充说此时“他在诺夫哥罗德的大儿子得子”。然而,姆斯提斯拉夫在诺夫哥罗德是从1095年到1117年。摩诺马赫在此以后未必会把他再称为诺夫哥罗德的。总之,《训诫书》写于1117年。各派“比较语言学”的文学家力图为弗拉季米尔·摩诺马赫的《训诫书》在世界上的一切文学中找到类似的典型,从拜占庭开始直到古法兰西终结。但是,除了每个父亲完全自然地父教子的思想本身之外,在各种《训诫书》、《遗训书》与摩诺马赫的《训诫书》之间,再也找不到,也不可能找到任何类同的地方。这是可以理解的。摩诺马赫出自本人的生活经验,出自11世纪末—12世纪初的罗斯历史的实际经验,他写了本人一生中经历的事件,并告诫自己的孩子们,考虑到他们的未来;同时还告诫罗斯的读者,充满对自己祖国利益的关心。11世纪末和12世纪初罗斯的现实,摩诺马赫的政治活动,他的世界观——这就是那些最重要的资料,这些资料首先应当成为评价《训诫书》的出发点。

[785]11—13世纪,某种程度上在此以后,罗斯王公通常都有两个名字:一个是基督教的名字,即受洗礼的名字,另一个是“罗斯的”、“世俗的”或“王公的”名字。例如,摩诺马赫的曾祖父有两个名字,分别为瓦西里(基督教的名字)和沃洛季麦尔(罗斯名)(后来由于开音节规律的作用,发展成现代俄语的弗拉季米尔——译注)。摩诺马赫的名字就是祖父雅罗斯拉夫为了纪念他(弗拉季米尔一世·斯维亚托斯拉维奇)而起的。雅罗斯拉夫自己也有两个名字:格奥尔基(教名)和雅罗斯拉夫(罗斯名)。双名并不局限于王公阶层。例如,诺夫哥罗德地方行政长官奥斯特罗米尔也有另一个名字(基督教的名字)约瑟夫(在奥斯特罗米尔经书的后记中说到这一点)。有时,如果孩子的母亲是外国人,还会给孩子起第3个名字,即母亲所属民族的名字。例如,摩诺马赫和他的第一夫人基塔(盎格鲁撒克逊国王哈罗德的女儿)所生的儿子就有3个名字:姆斯提斯拉夫(罗斯名)、格奥尔基(教名)和哈罗德(盎格鲁撒克逊名,即母系名)。安德烈·鲍戈柳勃斯基的母亲是波洛韦次人,他还有一个波洛韦次名字——基泰,如此等等。B.H.塔季谢夫不知有何根据断言,摩诺马赫洗礼名为费奥多尔。因此,《训诫书》的第一位出版者A.И.穆辛—普希金在“瓦西里”的地方代之以句号,并在附注中指出:摩诺马赫的名字“难以

搞清”,而自己的译文中写了名字“费奥多尔”。然而,“瓦西里”这个名字清楚地见于拉夫连季抄本。达尼尔修道院长在其《游记》一书中也称摩诺马赫的教名是“瓦西里”。

[786]弗拉季米尔被称为摩诺马赫显然是为了纪念拜占庭皇帝君士坦丁九世摩诺马赫。弗拉季米尔的母亲是希腊人,出身于皇族。“摩诺马赫”当然不是正名,而是别名:伊帕季编年史 1124 年条把它称为“外加的号”(绰号)。拉夫连季编年史在“摩诺马赫”这个单词后空了 4 行半。这空白显然是由于拉夫连季所抄原本已破旧不清。拉夫连季作此空白是想要某位读者日后能将它填上。他自己写道:“老爷和父兄们,本书由于原本破旧,而本人又才疏学浅,不到之处,未抄之处,望众填补之。”拉夫连季在《训诫书》的该处显然“没能抄上”,但他对读者说的“望众填补”也无人补遗。显然,《训诫书》在他当时已是稀缺之物。

[787]12—13 世纪的编年史都不止一次地提到祖辈(祖父或父亲)的半多神教的祈祷。例如拉夫连季编年史的 1171 年条说到上帝和“祖父的和父亲的”祈祷在战斗中帮助了佩列亚斯拉夫公米哈伊尔·尤里叶维奇和弗谢沃洛德·尤里叶维奇。后来在 14—15 世纪先辈们不合教规的祈祷态度来源于这样一些风俗习惯,比如有人说,祖辈们在阴间为其活着的后代祈祷。摩诺马赫提到“父辈的祈祷”特别有意思:它证明甚至在宗教领域仍和罗斯传统风俗有联系,这和有些学者(A. A. 沙赫马托夫、M. Д. 普里谢尔科夫)的观点相反,他们力图把摩诺马赫描述成希腊宗教在罗斯的拥护者。

[788]比较《训诫书》稍后的下文:“在长途的旅程中,坐在雪橇上,说出的一堆废话。”摩诺马赫这句话不能从字面上去理解:摩诺马赫在此话中讲他自己的《训诫书》,当然不可能是在冬天坐在雪橇上写的。因此,坐在雪橇上应看作是一种形象化的表达方式。它作为一种形象说法可能有两种意思:或是一般在“冬季的旅途中”,或是表示“年事已高”,“濒临死期”。这样表达的第一种理解对弄清《训诫书》的整个开头部分帮助不大:不明白为什么摩诺马赫在此上下文中要谈起自己的《训诫书》写于途中;同样也不明白,在途中写《训诫书》对某种“废话”能起什么辩解作用。然而,这样表达的第二种理解能给《训诫书》的整个意图透射出一定的亮光。摩诺马赫把自己的《训诫书》看作是一种“遗嘱”。他在《训诫书》中不仅总结了自己征战和狩猎方面的经验,而

且还总结了自己全部的人生体会和国家管理方面的经验，他以这种表达方式来强调自己这位即将度完一生的人所持的不偏不倚的公正态度。并请人们对他老人说出某些“废话”不要过分地指责。“坐雪橇”这话的意思是根据古罗斯殡葬的习俗而来，表示“在暮年”，“濒临死期”。把死者遗体放在雪橇上送葬是古罗斯殡葬习俗的主要部分。1015 年用雪橇送葬了弗拉季米尔·斯维亚托斯拉维奇；1078 年也如此安葬了伊兹亚斯拉夫·雅罗斯拉维奇；1113 年又这样安葬了斯维亚托波尔克·伊兹亚斯拉维奇等等。与此同时，放上雪橇的不仅可以是死人，也可以是濒临死亡的人。后一种情况也就适合摩诺马赫的这种形象的说法——“坐在雪橇上”，正是这种情况可以更好地解释这一形象。这就是编年史家讲述佩切拉的狄奥多西死时那样：狄奥多西感到自己死期将至，“吩咐把自己抬到院里，修道士弟兄们把他放在雪橇上，抬到教堂前”。然后，狄奥多西命令集合修道院全体弟兄，他就在这雪橇上向他们讲了自己最后的决定。

[789]这里当然应该看到摩诺马赫写这些话指的是年事已高。无论是年轻人，还是中年人的年龄都不能说感谢上帝的恩惠，“受其庇护”而活到这个年龄(“迄今”)。在《训诫书》末尾部分还有一处类似地指出摩诺马赫已经年迈：“我赞美上帝，颂扬他的仁慈，他使我这个有罪之人到此暮年还留于尘世。”摩诺马赫在晚年写自己的《训诫书》，总结自己的生活经验和国事经验。

[790]从这些话里可以看出摩诺马赫写这篇《训诫书》不仅仅是为了自己的孩子，他赋予它更广泛的社会意义。按其训导的性质而言，《训诫书》首先是针对那些将掌握王公大权的人，但同时其中也有对于每个封建主都必须遵循的规范。

[791]И. М. 伊瓦金注意到以这句话开头的这一段和上文不相连接。“是啊”一语，似乎是说这里对上面某种共同思想所举的例证。但这种思想以前并无交代。И. М. 伊瓦金推测此处缺了整整一页。抄写者连续转抄，没注意到已漏掉了一部分。(《弗拉季米尔·摩诺马赫及其训诫》，莫斯科 1901 年版，第 77—78 页)

[792]这里指的是摩诺马赫的堂兄弟斯维亚托波尔克·伊兹亚斯拉维奇和斯维亚托斯拉夫·达维多维奇。

[793]“ростиславича”此词在语法上是双数第二格形式——罗斯提斯拉

维奇兄弟。罗斯提斯拉夫·弗拉季米罗维奇有3个儿子：柳里克、佩列梅什利王公沃洛达里和捷列鲍弗利王公瓦西利科。柳里克死于1092年。因此这里说的只是沃洛达里和瓦西利科。看来，斯维亚托波尔克于1099年派使者来见摩诺马赫，建议把罗斯提斯拉维奇兄弟从他们领地上赶走。至少，在《往年纪事》1097年条，在记述捷列鲍弗利王公瓦西利科失明的《瓦西里故事》中谈的都是1099年事件："斯维亚托波尔克赶走了达维德后，开始考虑对付沃洛达里和瓦西利科，说：这是我父亲和兄弟的领地；于是发兵征讨他们。"

[794]在这种场合下，这一说法是表示拒绝结盟的一种通用格式（试比较西诺达尔第一编年史1232年条："他们坚决反抗他们，他们说：'把他们的妻子和货物送还给他们，我们也放回维亚切斯拉夫；否则你干你的，我们干我们的'。"等等）

[795]摩诺马赫在这里讲的是用《圣诗集》来占卜。在古罗斯经常用《圣诗集》来占卜。甚至有专门算命用的《圣诗集》，在它的本文下还有附注，解释那篇《圣诗集》的"预言"意思。占卜者随便打开《圣诗集》的一页，读那打开的地方，如果有注释，还要看它的解释。

[796]摩诺马赫写自己的训导从摘引"上帝的话"开始。摩诺马赫的所有摘录在一定程度上都有一个统一的话题，至少也有统一的意向。所有摘录都是表明在他拒绝发兵攻打罗斯提斯拉维奇兄弟后的心情。一开始摘录的是通常在教堂里或大斋戒前夕或其最初一礼拜颂读的赞美诗。在摘录这些忏悔性圣诗之后，接着抄录的是在古罗斯早已闻名的瓦西里一世大帝的《教诲》，它的译文于1076年收在斯维亚托斯拉夫文集里。然后摘录的是收入12—13世纪罗斯《预言集》中的一段《教导》、伊萨伊的预言和所谓《三重颂歌》中的祈祷词。不清楚摩诺马赫所说的把自己的摘录"按系列"排好是什么意思：可能摩诺马赫指的是按各本书摘录的顺序排列。

[797]摩诺马赫所说的"前面的语句"好像指的是他所摘抄的"上帝的话"，而"后面的语句"指的是在前者之后的自己的教诲。摩诺马赫想说，即使他的读者不喜欢他作的训导，那他提请读者至少应"接受"从"圣书"里抄录下来的内容。

[798]根据斯拉夫的一些民间传说，鸟类飞往乐土——神话中的国度过冬。那里没有冬天，整个生机勃勃的自然界一到冬天就躲到那里去……

[799]有些研究人员认为，这里的“首先”应改为“交到”，但论据不足。更好的应理解为“首先飞到我们手里”。这是因为：按中世纪的观念，乐土在东方；在基督教国家中，罗斯是最东面的国家；因此，鸟儿在春天从乐土飞出，首先飞到罗斯人的“手里”，然后并不在这里——在罗斯“这一国土”停留，而是“无论猛禽，还是弱雀都要飞往各国”。

[800]“грешить”(犯罪)这个词毫无疑问摩诺马赫在这里用的是其俄语意思：放过(试比较“грешиться”——即“промахнуться”落空，耽误)。摩诺马赫是想说：做祷告的事不要放过一个晚上(可参阅后文)。

[801]试比较拉夫连季编年史1212年条谈弗谢沃洛德·尤里叶维奇(大窝)公的情况：他“不允许自己那些有权势的大贵族欺凌弱小贫穷者和孤儿，予以公正、准确和真实的审判；”同样可比较摩诺马赫《训诫书》的下面一句：“不让权势者欺凌弱小的斯麦尔德和贫苦的寡妇。”和“不要随便就让地方长官代劳，需要的话就自己亲审”。雅罗斯拉维奇(其中包括弗谢沃洛德——摩诺马赫的父亲)《法典》第33条也谈到王公的亲审：“如某职未奉王公的命令擅自刑讯欺凌斯麦尔德，处以3格里夫纳的罚金”；关于亲审的事可参阅《往年纪事》1071年条的注释(Б. А. 罗马诺夫注)。

[802]这里讲的不是法庭判处的死刑，因为当时罗斯法律还没有死刑。这些话指的是封建主的独断专行。这种横行霸道的具体实例在《基辅—佩切拉修道院的圣僧传》中有所描述(圣彼得堡版，1911年，第199页)。1093年，摩诺马赫的弟弟——罗斯提斯拉夫在出征波洛韦次人之前，在亲兵队(青年侍从)的陪同下前往修道院请求祝福和祈祷。在第聂伯河河岸上他们碰上了前来取水的格雷高里修道士。青年侍从们开始戏弄他，而他对他们预言说：“你们所有人连同自己的主公都会淹死在水里。”这话传到罗斯提斯拉夫公那里，他勃然大怒，吩咐把他——格雷高里的手脚绑上，脖子上挂上石头，把修道士扔进水里，格雷高里也就被淹死了。《圣僧传》的作者此时责备地指出，罗斯提斯拉夫“由于愤恨”也没去出席淹死者的葬礼，而弗拉季米尔·摩诺马赫去“做了祷告”。随后不久，“当他们在特列波利附近遭到波洛韦次人的猛烈攻击(参阅1093年条)时，我们的王公们在敌人(波洛韦次人)面前败阵而逃。弗拉季米尔通过祈祷的保佑过了河，而罗斯提斯拉夫及其随从像仙逝的格雷高里所预言的那样，淹死在河中”(Б. А. 罗马诺夫注)。

[803]提温——管家,宫廷管事,总管,侍役。

[804]"出巡"除一般的意思外,还有其特定的意义:"征收贡物。"试比较《往年纪事》945年条,伊戈尔对自己的亲兵队说:"你们先把贡物运回家,我回去一趟,再收一次。"或伊帕季编年史1238年条:"达尼尔和瓦西利科让他(切尔尼戈夫城的米哈伊尔——原注)在自己地区巡行,并送给他很多小麦、蜂蜜和牛羊,满意而去。"摩诺马赫此处说的显然是征收贡物。

[805]摩诺马赫《训诫书》的此处应和他于1103年在多洛勃斯克的代表大会和1111年的代表大会上所表达的关心斯麦尔德经济的演说相比较。"弗拉季米尔说:'亲兵们啊,我真感到奇怪,你们竟吝惜用以耕种的马匹,可是你们为什么不去想一想,当斯麦尔德刚开始耕种,波洛韦次人杀来,会用箭射他,夺去他的马匹,然后闯进他的村庄,掳走他的妻子和孩子及他的全部财产呢?'"(1103年条)"弗拉季米尔还说:'你的亲兵队和我的亲兵队想蒙骗诬陷我,说我想危害斯麦尔德和斯麦尔德的耕地,可我又能怎么说呢?但兄弟啊,我奇怪的是你们吝惜斯麦尔德及其马匹,但却不想一想,春天斯麦尔德刚开始用马耕地,波洛韦次人会闯来向斯麦尔德射箭,夺走那马和他的妻室儿女,焚烧他的谷仓。对此为什么不去想一想呢?'"(1111年)。保护斯麦尔德的经济利益是摩诺马赫一项特别重要的政策。

[806]这里的"унеин"是指谁?这是一个什么字?这个问题引出了一系列文章,可至今还没得到解决。H. M. 卡拉姆津认为这个词来自卡巴尔达语(!)"унна",意为"房子"(《俄罗斯国家史》,卷2,注232)。A. И. 穆辛—普希金和C. П. 舍维列夫对此词也进行了解释。Ф. И. 布斯拉叶夫建议把这词分读为"уне ина",并译为"比别的好"(《历史文选》,476一栏)。在另一处Ф. И. 布斯拉叶夫认为这词来源于"унить":"请求",译为"行乞之人"(《罗斯文选》,莫斯科1894年版,第74页)。C. M. 索洛维叶夫在其《俄罗斯史》(社会利益出版社,卷1,第316页)中,此处按一般意思译为"无论去哪里,无论在什么地方住下,都要给穷人水喝,提供食物"。B. A. 沃斯克列先斯基主张把"унеин"一词看作是"унеиша"(年轻的,年幼的,弱小的),受损害过的样式(《弗拉季米尔·摩诺马赫对孩子们的训诫》,圣彼得堡1893年版,第15页)。И. M. 伊瓦金关于"унеина"写道:"能否把这'унеина'一词解释为纯粹是古字体的误解?因为后面提到的过路人,不用怀疑既属明显的客人,也属于不明

显的 унеина。如果过路人同样属于前者和后者,这就是说两者应是同类的东西。这样是否可以得出 унеина 是由于分辨不清而来自两个词:穷人和乞丐,或穷人和云游教徒呢?”。(《弗拉季米尔·摩诺马赫公及其训诫》,莫斯科1901 年版,第 134 页)

[807]试比较达尼尔·扎托奇尼克在其 12 世纪的故事中写道:“民间劝诫故事中说:……让老婆管得严严的男子,非男子也……”(《达尼尔·扎托奇尼克对 12—13 世纪作品编选的论述》,苏联科学院出版社,列宁格勒 1932 年版,第 26 页)(Б. А. 罗马诺夫注释)

[808]《训诫书》的第一位出版家 А. И. 穆辛—普希金对此写得好:“从此遗嘱(指《训诫书》——原注)可以看出我们的先辈虽然没有大批地到异国他乡去受想象往年纪事中的教育,但不能因此就得出结论,说他们似乎不懂外语,更不应以自己的天赋不好来解释。弗拉季米尔写道:我的父亲在家就学会了五种语言——这是对那种说我们先辈乐于无知的论调的有力反驳。”弗谢沃洛德·雅罗斯拉维奇究竟通晓哪些语言呢?对此问题众说纷纭,但所有的研究人员首先都一致指出的是希腊语(弗谢沃洛德娶希腊女人为妻)。研究人员提出弗谢沃洛德可能会的其他语言有拉丁语、德语、匈牙利语、波洛韦次语、伏尔加流域的保加尔语、立陶宛语、托尔克语、卡索日语、奥别兹语、“斯堪的纳维亚语”等。掌握 5 门外语在 11 世纪的西欧无论怎么说也是一种超群现象。欧洲作家把通晓 5 种外语的殊勋加在德意志皇帝查理四世的头上,甚至在 16—17 世纪,欧洲学者还记得这件事,并大加赞赏。

[809]试比较以后的 1103 年条和 1111 年条详细讲述王公在出征波洛韦次人的前夜都要和亲兵队进行这种商讨。关于和亲兵队商议立法事宜,可参阅《详编罗斯法典》第 53 条:“弗拉季米尔·弗谢沃洛多维奇(摩诺马赫)在斯维亚托波尔克死后(即 1113 年后),在别列斯托沃(基辅附近的王公皇庄)召集自己亲兵队将领开会:出席的有基辅的千人长拉提鲍尔、别尔戈罗德千人长普罗科皮、佩列亚斯拉夫千人长斯塔尼斯拉夫、纳日尔、米罗斯拉夫,还有奥尔加的丈夫伊凡克·丘季诺维奇(奥列格·斯维亚托斯拉维奇——摩诺马赫的叔伯兄弟),会上决定:……”(接着是关于限制高利贷的决议等)(Б. А. 罗马诺夫注)

[810]这里指的是审判。“Оправливати”——意思是恢复法律的公正,给

受冤屈的人维护公理(试比较945年《伊戈尔条约》:“罗斯人或希腊人有谁干了坏事,将予以公正裁决”)。

[811]此处写的是“С 13 лѣт”(从13岁起),但在拉夫连季编年史手抄本上写的是“13 лет”,这里没有前置词“С”(从……起)。然而在编年史中写摩诺马赫第一次出征是在1076年条,因此不管我们把《训诫书》的写作放在哪一年(1099年、1105年或1117年),说“四处征战和狩猎13年”,很明显均难以接受。И. М. 伊瓦金推测,抄写人把一面遭磨损的数字53(н̃г)当作13(ı̃г)了。但是即使作这样的更正也讲不通。句中“лет”(年岁)的格的形式也明显不当。因此,我们认为(随М. П. 波戈京之后)该句只是丢掉了“С”(从……起)字,应该读成“С 13 лет”(从13岁起)。实际上,年轻的王公在举行骑马仪式后才被认为是步入成年,该仪式一般都约在此年龄(12—14岁)举行。

[812]根据诺夫哥罗德第一编年史989年条上的罗斯王公名录所说,罗斯托夫是雅罗斯拉夫封赠给摩诺马赫的父亲——弗谢沃洛德的(“于是开始分封领地,分得最多的是伊兹亚斯拉夫:基辅、诺夫哥罗德及基辅地区的其他很多城市;而斯维亚托斯拉夫分得切尔尼戈夫及整个东部地区,直到穆罗姆;分封给弗谢沃洛德的是佩列亚斯拉夫利、罗斯托夫、苏兹达尔,别洛奥泽罗及伏尔加河中下游地区”)。像以前指出过的那样,这个名录有很大的历史价值,尽管《往年纪事》说,弗谢沃洛德只得了一座佩列亚斯拉夫利城,但名录所指出的是应该相信的。如果情况属实,即弗谢沃洛德确实领有罗斯托夫,那摩诺马赫去罗斯托夫就不应该看作出征,因为摩诺马赫去的是自己的领地。文中后一句也和该情况符合:“我父亲派我(到那里),而他自己去了库尔斯克(就任)。”

[813]维亚提奇人居住于奥卡河和捷斯纳河流域。前往罗斯托夫的水路是沿第聂伯河和伏尔加河上游而行。显然,摩诺马赫走的是直路,穿过维亚提奇森林,这虽为近道,但在11世纪是大胆的冒险行动。

[814]摩诺马赫的父亲弗谢沃洛德去库尔斯克,不是出征,而是前往自己的领地。库尔斯克在11世纪划归佩列亚斯拉夫公国管辖,它是弗谢沃洛德的领地。可以推测,弗谢沃洛德前往库尔斯克,而派儿子去罗斯托夫是在1068年。正是在这一年,伊兹亚斯拉夫和弗谢沃洛德被起义的基辅人赶出基辅。伊兹亚斯拉夫投奔波兰。弗谢沃洛德去往何方——编年史没有记载,

至少他没去波兰。很可能他躲在自己的库尔斯克，并把儿子打发到自己领地罗斯托夫。弗拉季米尔不能走第聂伯河的水路，因为第聂伯河水路控制在基辅人的手里，他只好冒险“经由维亚提奇人的土地”。

[815]拉夫连季编年史写的是“和斯塔弗科·斯科尔佳季奇”。斯科尔佳塔这个名字，如同科尔佳塔一样，令人怀疑。因此建议此处应是“和戈尔佳季奇”。“戈尔佳塔”这个名字见于《往年纪事》的 945 年条（“现今的戈尔佳塔邸宅和尼基福尔邸宅就在那里”）。“斯塔弗科”这个名字在编年史中任何地方再也没有提到，但在当时他显然是一位知名的人物，否则摩诺马赫不会不加解释他是何许人也。

[816]弗拉季米尔·摩诺马赫去斯摩棱斯克执政看来也是在 1068 年。他的随从斯塔弗科跟伊兹亚斯拉夫去了别列斯季耶，伊兹亚斯拉夫经由别列斯季耶前往波兰（50 年前另一位政治逃亡者——斯维亚托波尔克·弗拉季米罗维奇也是经由别列斯季耶逃往波兰的）。C. M. 索洛维约夫就是这样来理解这次斯摩棱斯克征战的历史背景的。И. M. 伊瓦金认为这次征战发生在较后的 1069—1070 年间。这时，伊兹亚斯拉夫已从波兰回国，并开始与弗谢斯拉夫发生冲突。（И. M. 伊瓦金：《弗拉季米尔·摩诺马赫公及其训诫》，卷 1，莫斯科 1901 年版，第 149 页）

[817]别列斯季耶——西布格河畔的一座城市，现今的布列斯特。

[818]指前往沃伦地区的弗拉基米尔城。关于摩诺马赫的这条“路线”，И. M. 伊瓦金作了下述推测：“摩诺马赫到沃伦的时间无疑是当罗斯不是有三个雅罗斯拉维奇兄弟，而是只有两兄弟的时候，即在 1073 年 3 月 22 日以后，此时伊兹亚斯拉夫被迫远走波兰，斯维亚托斯拉夫取代他在基辅执政。斯维托斯拉夫自己就任大公后，自然要给儿子们分封更好的领地。不过，他的大儿子格列勃早在伊兹亚斯拉夫统治年代就已坐镇诺夫哥罗德，在 1069 年春季或夏季是从特穆托罗坎调到那里的。他的第二个儿子罗曼看来接替了格列勃在特穆托罗坎的位置。那么，第三个儿子达维德应该推测斯维亚托斯拉夫按长幼顺序分给他斯摩棱斯克。但是，他是否把摩诺马赫调往弗拉基米尔（指沃伦地区的弗拉基米尔——原注）去了呢？有些材料似乎说明了这一点。看来，那年冬天‘两兄弟（即斯维亚托斯拉夫和弗谢沃洛德）调派’摩诺马赫从弗拉基米尔‘前往别列斯季耶’。看来，他从弗拉基米尔到父亲所在的

佩列亚斯拉夫利参加复活节，并从那里返回弗拉基米尔；看来，他作为离波兰最近的一名王公，受命到苏捷伊斯克和波兰人缔结和约。在这种情况下，斯维亚托斯拉夫的儿子奥列格又镇守何方呢？能否假设父亲不想封给他比达维德更好的领地呢？未必会这样。从《训诫书》中得知，奥列格于1077年镇守弗拉基米尔；那么他在那里镇守的时间还会更长（即从1073年起）。这么说来，摩诺马赫的领地又在哪里呢？在斯维亚托斯拉夫统治时期，他再也没提斯摩棱斯克。再重复一次——线索断了。在斯维亚托斯拉夫时期，摩诺马赫是什么领地的王公呢？我们不得而知。是不是在图罗夫？有一点是毋庸置疑的，那就是在伊兹亚斯拉夫从基辅逃往波兰，他的姻亲——大胆鲍列斯拉夫大概要采取威胁的态势时，摩诺马赫在沃伦活动。"（《乌克兰文集》，第150页）

[819]"兄弟"在这里用的是双数形式："брата"，指的是斯维亚托斯拉夫和弗谢沃洛德这两位雅罗斯拉维奇兄弟（即摩诺马赫的伯父和父亲）。

[820]波兰人为何和何时会焚毁别列斯季耶？伊兹亚斯亚夫于1073年逃往波兰，但他于1075年1月在美因兹就已投靠当时和波兰国王大胆鲍列斯拉夫关系远非友好的德国皇帝亨利四世。这是否表明伊兹亚斯拉夫和波兰人有某种不和呢？它的后果则是波兰人烧毁罗斯的城市别列斯季耶。（И. М. 伊瓦金的推测，《乌克兰文集》，第151页）

[821]《训诫书》的一些诠释者（米克洛希奇，И. М. 伊瓦金等）认为此处的"тихъ"（平静）应是"тѣхъ"（那些），指的是别列斯季耶附近的城市。本文在这里还是保留了拉夫连季编年史上的写法。

[822]去南方的佩列亚斯拉夫利父亲那里（弗谢沃洛德的公国）。

[823]苏捷伊斯克的具体地点不详。相似名称的地方有几处。

[824]指沃伦地区的弗拉基米尔城。

[825]摩诺马赫这次远征的目的是帮助波兰人对付捷克人。可参阅《往年纪事》的1076年条。

[826]捷克森林在波希米亚和摩拉维亚之间的埃格尔以南，分布在多瑙河和弗尔塔瓦河的分水岭地区。但是，这里说的捷克森林可能是指西里西亚—摩拉维亚山脉的森林。格洛戈瓦即奥德河畔的格洛加乌。

[827]弗拉季米尔·摩诺马赫的长子姆斯提斯拉夫于1076年出生。姆

斯提斯拉夫在1095—1117年担任诺夫哥罗德王公，此前在1088—1093年也曾在那里执政。

[828]可能是在1076—1077年。图罗夫是弗拉季米尔管辖的城市。

[829]斯维亚托斯拉夫·雅罗斯拉维奇死于1076年12月27日。看来，斯维亚托斯拉夫死后，又重新开始领地的分封。弗拉季米尔·摩诺马赫得到斯摩棱斯克。

[830]即援助诺夫哥罗德的格列勃·斯维亚托斯拉维奇，显然这是在1077年春出兵攻打波洛茨克的弗谢斯拉夫·勃里亚奇斯拉维奇。弗谢斯拉夫是格列勃的宿敌。

[831]斯维亚托波尔克·伊兹亚斯拉维奇在诺夫哥罗德公格列勃死后坐镇诺夫哥罗德，格列勃于1078年5月30日在扎沃洛奇耶被害。

[832]奥德列斯克这座城市的具体地点不详。H. M. 卡拉姆津认为奥德列斯克是德里尤捷斯克的笔误(《俄罗斯国家史》，卷2，注134)，这种说法根据不足。

[833]摩诺马赫宴请奥列格·斯维亚托斯拉维奇只能在1078年4月10日之前，因为在4月10日这一天奥列格逃往特穆托罗坎(参阅《往年纪事》1078年条)。这里说的父亲是摩诺马赫的父亲弗谢沃洛德。看来，摩诺马赫是在1078年4月8日(正好是复活节那天)摆设宴席(И. M. 伊瓦金:《乌克兰文集》，第159页)。据1078年条记载，奥列格于4月10日“从弗谢沃洛德那里”逃往特穆托罗坎。因此，在摩诺马赫举行的宴席上，奥列格和弗谢沃洛德发生争吵，其结果是奥列格在复活节后的第三天逃往特穆托罗坎。

[834]王公的红宅在编年史中不止一次地提到过。它都建在郊外：基辅郊外、佩列梅什利郊外、南方的佩列亚斯拉夫利郊外均有。切尔尼戈夫的红宅显然也在郊外。

[835]在1076年年初，摩诺马赫的父亲弗谢沃洛德在斯维亚托斯拉夫死后继任基辅王公。伊兹亚斯拉夫得知斯维亚托斯拉夫去世的消息后，从波兰返回。在沃伦达成协议：伊兹亚斯拉夫接收基辅，弗谢沃洛德前往切尔尼戈夫，而把斯摩棱斯克分封给摩诺马赫。摩诺马赫来到切尔尼戈夫后，转交给父亲300格里夫纳黄金，这很可能是摩诺马赫在斯摩棱斯克征收的贡物。这笔款项可折合为3000格里夫纳银子。下面有几个可作比较的例子：1)3000

格里夫纳——这是1150年斯摩棱斯克公国全部预算的收入(参阅斯摩棱斯克主教区罗斯提斯拉夫王公的文书,主教区是这预算的计算单位,《弗拉基米尔的布达诺夫文选》,卷1;2)诺夫哥罗德人远征弗谢沃洛德王公,共耗费了1500格里夫纳;弗谢沃洛德于1137年离开诺夫哥罗德,去了普斯科夫(参阅诺夫哥罗德第一编年史的1137年条);3)基辅王公弗谢沃洛德·奥利戈维奇和加利奇的弗拉季米尔王公于1144年"发生争执",并已准备和另外3名王公共同发兵,但在双方还未交火前敌对双方和解,弗拉季米尔被迫承担弗谢沃洛德动员费用,支付"劳务费"1400格里夫纳(伊帕季编年史1144年条);4)大家知道的明斯克王公格列勃·弗谢斯拉维奇在世时曾向基辅—佩切拉修道院捐赠了1100格里夫纳,在他死后他的妻子又捐赠给这个修道院600格里夫纳,即修道院总共收到1700格里夫纳,而40年后当格列勃妻子临终躺在病榻上所能捐给修道院的只有几个村庄及其奴仆和一些私人用品了(伊帕季编年史1159年条;这里已根本谈不上格里夫纳了)(Б. А. 罗曼诺夫注)。

[836]1078年8月25日,弗谢沃洛德在索日查败北后,波洛韦次人侵入罗斯国土。摩诺马赫一直拼杀到南方的佩列亚斯拉夫利,在那里碰上了战败回来的自己父亲弗谢沃洛德("遇上了远征归来的父亲")。

[837]指的是1078年10月8日发生在切尔尼戈夫附近的涅扎金田野上的战役。在此次战役中摩诺马赫,他的父亲弗谢沃洛德·雅罗斯拉维奇和伊兹亚斯拉夫·雅罗斯拉维奇共同战胜了鲍里斯·维亚切斯拉维奇和奥列格·斯维亚托斯拉维奇("戈里斯拉维奇")。伊兹亚斯拉夫和鲍里斯在战役中阵亡。弗谢沃罗德继任基辅王公,而摩诺马赫占有切尔尼戈夫,看来仍保留斯摩棱斯克。这就是为什么现已上任切尔尼戈夫公的摩诺马赫"率领切尔尼戈夫人"追击弗谢斯拉夫。

[838]奥勃罗夫在佩列亚斯拉夫公国,但具体地点不详。"奥勃罗夫"可能是南佩列亚斯拉夫利附近的一座土堡。

[839]这里是关于1078年冬弗拉季米尔·摩诺马赫追击波洛茨克的弗谢斯拉夫·勃里亚奇斯拉维奇到斯摩棱斯克的详细叙述。他在前面已经提到过这次远征:"斯维亚托斯拉夫去世,于是我又一次来到斯摩棱斯克"。(关于此事的详细情况可参阅 И. М. 伊瓦金的文章,《乌克兰文集》,第159页)

[840]卢科姆利和洛戈日斯克——波洛茨克公国的城市,属于波洛茨克

王公弗谢斯拉夫。

[841]即1078年冬季。

[842]И. М. 伊瓦金认为(《乌克兰文集》,第168页),阿萨杜克王公可能是奥列格·斯维亚托斯拉维奇的岳父,他娶波洛韦次姑娘为妻。但是这种说法缺少其他可靠的根据。波洛韦次王公萨乌克在别的地方再没有提及。

[843]指北诺夫哥罗德城。

[844]别尔卡特金在别处再也没有提及。

[845]这里原文为"семечи",那么"семечи"是什么呢?有的注释者把它分开读:"се мечи"(那些剑),于是可译为"缴获他们的剑和所有俘虏"(A. И. 穆辛—普希金,A. 克列瓦诺夫,И. 拉什纽科夫等)。И. М. 伊瓦金不认为是"се мечи",而是"вьсѣ вежи"(所有的帐幕)(《乌克兰文集》,第42页和第169页)。Н. 什利亚科夫认为"семечи"是谢米河流域的居民。更确切的为"семеци",但在《训诫书》手抄本中把"ц"和"ч"混淆了(Н. В. 什利亚科夫:"论弗拉季米尔·摩诺马赫的训诫",《国民教育部杂志》1900年第5期,第121页和第7期,第20—21页)。可能"семечи"(或"семеци")一词应和后面提起的"семцем"(奴仆)联系起来。

[846]科里德诺城只在《训诫书》中提到,它的具体地点不详。《往年纪事》1080年条提到摩诺马赫对托尔克人的远征("佩列亚斯拉夫的托尔克人进犯罗斯,弗谢沃洛德派自己的儿子弗拉季米尔迎敌。弗拉季米尔率兵打败了托尔克人")。远征科里德诺是不是就是这次对托尔克人的远征呢?在《训诫书》中从没有提到对托尔克人的远征,而摩诺马赫未必会忘记说一说这次胜利的远征。

[847]拉夫连季编年史记载:"追击伊兹亚斯拉维奇兄弟。"但是这里说的看来是罗斯提斯拉维奇兄弟(佩列梅什利的沃洛达里·罗斯提斯拉维奇和捷列鲍弗利的瓦西里科·罗斯提斯拉维奇),而不是伊兹亚斯拉维奇兄弟(雅罗波尔克和斯维亚托波尔克,他们是伊兹亚斯拉夫·雅罗斯拉维奇的儿子)。比较《往年纪事》1084年条:"此时二位罗斯提斯拉维奇兄弟自雅罗波尔克处逃出,返回赶走了雅罗波尔克,弗谢沃洛德派自己的儿子弗拉季米尔赶走罗斯提斯拉维奇兄弟,委派雅罗波尔克坐镇弗拉基米尔城。"

[848]米库林——加利奇州的一个城市,位于谢列特河畔。

[849]布罗迪位于沃伦地区，是罗斯和波兰交界的一座边境城市。看来是在1084年春摩诺马赫在此和雅罗波尔克·伊兹亚斯拉维奇会晤。

[850]霍罗尔河——普肖尔河的支流。戈罗申是佩列亚斯拉夫公国的一座城市，位于苏拉河和鲍里奇卡河的两河流域，在霍罗尔河的西南。

[851]关于在布罗迪和雅罗波尔克会晤的事前已提过。那么会晤是一次还是两次呢？И. М. 伊瓦金详细论证自己的观点，他认为只是一次(《乌克兰文集》，第171—173页)。但摩诺马赫在讲这些会晤的时间时所出现的差异与上一说法相违背：摩诺马赫说第一次会晤是在“那年春季……”，说第二次是在“是年冬季……”。我们不清楚摩诺马赫所有“征途”的顺序，因此只能加以推测。摩诺马赫自己在列举自己的“征战”时，不仅是为了历史的目的，而是为了教诲。他没有列举自己所有的“征战”活动；他甚至没提编年史上都已记载的一些远征。特别是在摩诺马赫和雅罗波尔克的关系上，应该指出摩诺马赫1085年那次对卢茨克的远征，当时雅罗波尔克为躲过摩诺马赫，甚至丢下自己的母亲和亲兵队，逃往波兰。《训诫书》连这次远征都没有提。对摩诺马赫来说，重要的是强调自己和雅罗波尔克的友好关系。

[852]C. M. 索洛维约夫认为此处有误，其根据是摩诺马赫已镇守切尔尼戈夫，而切尔尼戈夫的历史比佩列亚斯拉夫利更古老。И. М. 伊瓦金提出此处应作如下理解：“春季，父亲让我去佩列亚斯拉夫利”(《乌克兰文集》，第175页)。我认为这种更改是没有根据的，因为佩列亚斯拉夫利在12世纪，能取得那里王公位一般是在基辅大公死后应在基辅继任的人。佩列亚斯拉夫利——这是一块有其特色的“基辅的叩门砖”(B. B. 马夫罗金：《左岸乌克兰史纲》，列宁格勒1940年版，第157页)。因此弗谢沃洛德·雅罗斯拉维奇把自己的长子摩诺马赫调到这更接近基辅的地方是没有什么可奇怪的。“列在众兄弟之前”这种提法也使 И. М. 伊瓦金感到奇怪。И. М. 伊瓦金此时举出一个事实：摩诺马赫只有一位弟弟罗斯提斯拉夫。摩诺马赫的“众兄弟”显然应理解为所有罗斯的王公。可能，摩诺马赫想强调他被父亲委派主持佩列亚斯拉夫利，是为了使他在弗谢沃洛德归天之后能更容易地取得基辅王公的宝座，并使他在所有罗斯王公中更加突出，把他置于所有罗斯王公之首。

[853]苏帕河——第聂伯河左岸支流，在南佩列亚斯拉夫利注入第聂伯河。在苏帕河往下的另一条第聂伯河左岸的大支流是苏拉河。苏帕河和苏

拉河是罗斯和波洛韦次草原的界河。

[854]普里卢克城在佩列亚斯拉夫公国。在《往年纪事》的有些抄本中，佩列沃洛奇纳城被称为普里卢克。很可能，这是同一座城市。下面这一情况也可资证明："普里卢克"意思是"避难所"、"客栈"。旅店在"连水陆路"（两水路之间最近可以拉过船只的陆地，俄文为 переволок——译者）地区是完全必需的，由此而得名"佩列沃洛奇纳"（переволочна）。

[855]罗斯武器研究家 A. B. 阿尔齐霍夫斯基写道："军人在出征中一般不让甲胄成为自己的繁重负担，这从特别指出穿盔甲的征战中可以看出：'斯维亚托斯拉夫听说，保加尔人在伊萨德集结部队等他，就下令自己人马全穿上盔甲，竖起旗帜，军队从水陆并进，军队投入战斗，战鼓齐鸣，号声笛声震响，王公自己身临其间'（《罗斯编年史全集》，卷 7，第 127 页）"（A. B. 阿尔齐霍夫斯基："10—13 世纪的罗斯武器，"《国立莫斯科大学历史学院的报告和报道》，莫斯科，1946 年第 4 期，第 16 页）。头盔、环甲一般只在打仗前才穿上（"穿上盔甲"）。

[856]"семцю"一词是什么意思？有些研究人员以及拉夫连季编年史的出版者认为"семцю"是一个专有名词。这实际上没有解决问题，而是拒绝回答问题。看来 A. И. 索鲍列夫斯基正确解答了这个问题，他认为"семца"是"сѣмья"（家庭）的同族词。据他的推测，该词的词源形式为"сѣмьця"，其意义为"家庭最小的成员、仆役"（《敖德萨市高校学报》，人文社会科学版，卷 2，1922 年，第 61—62 页）。神秘不解的"семечи"一词的含义报道是否就是上面那个词呢？

[857]圣母升天节（8 月 15 日）或圣母诞辰（9 月 3 日）称为"圣母日"。

[858]这里指的是奥斯特尔河畔的奥斯捷尔白堡，而不是顿河上的白堡（萨尔克尔）。关于奥斯捷尔白堡可参阅 B. B. 马夫罗金：《左岸乌克兰史纲》，列宁格勒 1940 年，第 199—200 页。

[859]斯维亚托斯拉夫利的具体位置不详。

[860]托尔切斯克由当地居住的托尔克人而得名，它位于斯图格纳河和特列波利以南。

[861]罗斯河畔的城市。

[862]克拉斯恩城位于克拉斯恩河畔，此河在特列波利附近注入第聂伯河。

[863]指罗斯提斯拉夫·弗谢沃洛多维奇——摩诺马赫的弟弟。

[864]瓦林的所在地不详。

[865]指沃伦地区的弗拉基米尔城。

[866]雅罗波尔克·伊兹亚斯拉维奇于1086年11月22日被杀害(参阅《往年纪事》同年条关于他死的详细记述;伊帕季编年史是在1087年条)。他任沃伦的弗拉基米尔王公"不多几天"。因此,弗拉季米尔委任他去沃伦也是1086年。

[867]弗谢沃洛德·雅罗斯拉维奇死于1093年4月13日。

[868]拉夫连季编年史记载的"在斯维亚托波尔克以后"不对。这里所说的这件事发生在斯维亚托波尔克统治时期。

[869]拉夫连季编年史把"斯图格纳河"写成"苏拉河"。И. М.伊瓦金作此更改,其想法是:"如果这里提及的事件发生在'父亲死后',那就是说它发生在1093年4月13日之后,因为那正是摩诺马赫的父亲弗谢沃洛德·雅罗斯拉维奇去世的时间。但是,它不可能晚于1095年,因为《训诫书》接着就提到奥列格进犯切尔尼戈夫,那是1095年7月的事。我们从编年史上知道,波洛韦次人得知弗谢沃洛德逝世的消息后,派使臣来会见已登上基辅王公位置的斯维亚托波尔克,商议缔结和约的事。斯维亚托波尔克的鲁莽举动激怒了他们(斯维亚托波尔克扣留了来使——原注),于是导致斯维亚托波尔克、弗拉季米尔和罗斯提斯拉夫的联军于1093年5月24日耶稣升天日这一天在斯图格纳河畔惨遭失败。战斗结束后,弗拉季米尔在逃跑时亲眼见其弟弟罗斯提斯拉夫王公在斯图格纳河溺水身亡。显然,《训诫书》这里所说的正是这场战斗,或准确地说是在斯图格纳河上的惨败,甚至还提到了哈列普,即哈列皮耶,它在今天也离斯图格纳河不远,离特列波利不超过一俄里"。(И. М.伊瓦金:《乌克兰文集》,第183—184页)

[870]《往年纪事》1094年条对此说道:"斯维亚托波尔克和波洛韦次人缔结和约,他娶波洛韦次王公图戈尔坎的女儿为妻。"

[871]这里令人感兴趣的是某位身份高贵的波洛韦次人取了一个罗斯名字"格列布"。波洛韦次人取罗斯名已见过不止一次(如拉弗尔——1185年条,格列布·季里叶维奇——1185年条等)显然,这事本身证明罗斯文化对波洛韦次人的影响。《往年纪事》在描述斯图格纳河的战斗时说:"弗拉季米

尔率领少数亲兵队渡过了河，他的军队中很多人离散，损失惨重。”但是，从《训诫书》此处可以明显看出，弗拉季米尔亲兵队的损失说明不仅“阵亡”大部，而且一部分还沦为俘虏。

[872]奥列格·斯维亚托斯拉维奇于 1084 年率波洛韦次人进犯切尔尼戈夫，对此《往年纪事》有详细记述，在细节上均和《训诫书》讲的一致。

[873]切尔尼戈夫郊区有两座修道院：一座是在鲍尔达山上的三一修道院，大约在 1069 年为佩切拉的安东尼所建；另一座是伊利亚修道院，看来也建于同一时期。

[874]圣鲍里斯节是在 7 月 24 日，纪念鲍里斯·弗拉季米罗维奇的节日。在古罗斯，这是一个盛大的节日（试比较《往年纪事》1093 年条："这是全罗斯的新节日。"）此节日的意义如此重大，因为它是纪念罗斯圣徒的第一个节日。

[875]这里说的山显然指的是切尔尼戈夫近郊的鲍尔达山，渡口是捷斯纳河的渡口，切尔尼戈夫就位于捷斯纳河的右岸。摩诺马赫和亲兵队去南佩列亚斯拉夫利就得经过这个渡口。应注意摩诺马赫的生动的形象的语言，在这里他把波洛韦次人比作一群对离去的猎物垂涎三尺的狼。

[876]摩诺马赫在南佩列亚斯拉夫利担任王公的时间不是 3 年，而是 18 年（1095—1113 年）。显然，这里说的只是他在佩列亚斯拉夫利执政时期最艰难的前 3 年。

[877]里莫夫是与草原交界的边界河——苏拉河畔的城市，此河是第聂伯河左岸的支流。远征里莫夫的具体时间不详。屠杀伊特拉里的部队发生在 1095 年 2 月 24 日。远征里莫夫可能在此之前。

[878]关于屠杀伊特拉里部队的事件可参阅《往年纪事》1095 年条。

[879]戈尔塔夫——佩列亚斯拉夫公国的戈尔特瓦河流入普谢尔河入口处的城市。远征戈尔塔夫在《往年纪事》1095 年条有所记述。这次远征是弗拉季米尔和基辅王公斯维亚托波尔克共同完成的。

[880]斯塔罗杜勃——切尔尼戈夫公国的一座城市。摩诺马赫和斯维亚托波尔克远征奥列格见于《往年纪事》1095 年条。此次事件是由于奥列格拒绝参加摩诺马赫和斯维亚托波尔克前述的为争夺戈尔塔夫共同出兵攻打波洛韦次人而引起的。奥列格逃离切尔尼戈夫，躲藏在斯塔罗杜勃，它被围困

了 33 天。

[881]这里指的是布格河还是鲍古斯拉夫利城(罗斯河畔的),不详。很可能是指布格河。

[882]鲍尼亚克于 1096 年 6 月 20 日进犯基辅,但很快就撤走了。这里说的摩诺马赫去追击鲍尼亚克显然就在此时。罗斯河是第聂伯河右岸的一条支流。《训诫书》随后还提到两次对鲍尼亚克的追杀。И. М. 伊瓦金认为所有 3 次追杀均在 1096 年。(《乌克兰文集》,第 195—196 页)

[883]沃罗尼查——具体地点不详。

[884]看来,"去"罗斯托夫是在 1099 年,那么"去"斯摩棱斯克就分别在 1100 年,1101 年和 1102 年。据伊帕季编年史的记载,摩诺马赫于 1101 年在斯摩棱斯克为"石砌圣母"教堂奠基。

[885]拉夫连季编年史记载:"и се нынѣ иду Ростову."(我现在前往罗斯托夫)。在描述"路线的过程"中,讲述者前后用的全是过去时,唯有此处用现在时。我由于对这种用法的怀疑,也随其他研究专家把这句改为"и-Смолинска идох Ростову",把现在时改为过去时。М. П. 波戈金及其他一些学者认为这里用现在时是因为摩诺马赫在此途中写的自己的《训诫书》,而摩诺马赫随后列举的所有征途都是抄写者后来插进去的。但这未必可信。更可能的是只有这一句受损严重,因为拉夫连季所抄写的《训诫书》原稿是很破旧的。

[886]此处有严重的破损。

[887]1107 年的复活节是在 4 月 14 日。

[888]"尤里的母亲"是指摩诺马赫的妻子。这是按摩诺马赫最小的儿子——尤里的名字来称呼的。摩诺马赫这位妻子是盎格鲁撒克逊最后一位国王哈罗德的女儿。哈罗德于 1066 年与诺曼人征服者威廉在哈斯丁斯附近的战役中阵亡。他的女儿基塔受教育于丹麦,约在 1074 年或 1075 年嫁给摩诺马赫。М. П. 阿列克谢耶夫收集的有关基塔的情况(《古罗斯文学部著作集》,卷 2,莫斯科—列宁格勒 1935 年版,第 49 等页)。基塔死于 1107 年 5 月 7 日。尤里可能生于 1090—1095 年之间。

[889]摩诺马赫出兵攻打鲍尼亚克在《往年纪事》的 1107 年条有所记述。其参加者有:弗拉季米尔·摩诺马赫、斯维亚托波尔克·伊兹亚斯拉维奇、奥

列格·斯维亚托斯拉维奇，此外还有摩诺马赫的儿子——斯维亚托斯拉夫、维亚切斯拉夫、雅罗波尔克以及伊戈尔·雅罗斯拉维奇的孙子——姆斯提斯拉夫（他的父称不详）。

[890]关于与阿叶帕缔结和约及摩诺马赫的儿子——尤里·弗拉季米罗维奇和阿叶帕的女儿联姻的事，在《往年纪事》1107 年条有较详细叙述。摩诺马赫所说的年表（“在圣诞节后”）和编年史相符：尤里和阿叶帕女儿的婚礼在 1 月 12 日举行。

[891]编年史中没有关于摩诺马赫于 1107—1109 年远征乌鲁巴或乌鲁索巴的报道。《往年纪事》中只提到 1103 年对乌鲁索巴的远征。编年史上的“乌鲁索巴”要比《训诫书》中的“乌鲁巴”更准确。

[892]关于这次远征鲍尼亚克在编年史上没有记载。在《训诫书》中，1107 年弗拉季米尔及其他王公联合攻打鲍尼亚克，前已提及。

[893]拉夫连季编年史把“К Воиню”（去沃伊尼）写成“въ воину”（参战），但这是明显的错误。这里指的是《往年纪事》1110 年条提到的弗拉季米尔·摩诺马赫、斯维亚托波尔克·伊兹亚斯拉维奇和达维德·斯维亚托斯拉维奇的联合远征。沃伊尼城位于苏拉河注入第聂伯河的河口处。

[894]关于这次远征《往年纪事》第 3 版，1111 年条有详细记载。

[895]关于波洛韦次人进犯维拉（维拉河畔的一个居民点），《往年纪事》第 3 版 1113 年条有所记载：“波洛韦次人得知斯维亚托波尔克去世，就集合队伍前往维拉；弗拉季米尔召集自己儿子，并联合奥列格前往维拉迎战，波洛韦次人逃遁。”

[896]罗缅城位于苏拉河畔。

[897]拉夫连季编年史 1115 年条记载了摩诺马赫这次进军明斯克，讨伐格列勃·弗谢斯拉维奇，但更详细的记载见于伊帕季编年史 1116 年条。

[898]关于摩诺马赫进军沃伦的弗拉基米尔攻打雅罗斯拉维茨·斯维亚托波尔契奇的记载，见于拉夫连季编年史 1118 年条；而伊帕季编年史记于 1117 年条。这位雅罗斯拉维茨是斯维亚托波尔克·伊兹亚斯拉维奇和姘妇所生的儿子，显然因此在他的名字上加了表卑的后缀“ец”（耶茨）（试比较狄奥多列茨、涅拉杰茨等）。

[899]这里指的是教堂仪式——晚祷。在古罗斯一般按教堂的仪式来确

定一天的时间。古罗斯的晚祷约在现在时间下午 3 时左右或稍晚，但一定要在太阳落山以前。

[900]摩诺马赫在其《训诫书》中并未全部列举自己所经历的“大仗”，只讲了 69 次。至于有多少“小仗”，我们可以部分地从摩诺马赫提到从切尔尼戈夫到基辅达 100 次的走动中可以想象往年纪事出来，因而小“仗”达数百次。弗拉季米尔·摩诺马赫对波洛韦次人所取得的胜利受到后人高度的评价……（下略）

[901]有趣的是罗斯王公和沙皇向草原人民的统治者赠送衣服的习俗一直牢固地保持到 17 世纪末。

[902]编年史记载沙鲁坎于 1107 年被摩诺马赫所杀。《伊戈尔远征记》中说到要为沙鲁坎的失败进行复仇的事：“这些哥达族美丽的姑娘，在蓝色的大海的岸边歌唱：她们发出罗斯黄金的鸣响，赞颂布索时代，她们满怀为沙鲁坎复仇的志向。”谁是沙鲁坎的两位兄弟，不详。

[903]《训诫书》前已提到，在征战白堡时俘虏了两名波洛韦次人王公——巴古巴尔斯的两兄弟：阿西尼和萨克齐。巴古巴尔斯的第三个兄弟是谁，不详。

[904]拉夫连季编年史写的是“奥弗钦的四位兄弟”。看来，这是错误的。И. М. 伊瓦金建议把“奥弗钦”改为“奥谢尼”（《乌克兰文集》，第 271 页）。

[905]塔列夫是什么，不清楚。

[906]摩诺马赫俘虏、释放或杀戮的敌人的巨大数目证明，《训诫书》是摩诺马赫在 1103 年、1107 年和 1111 年几次胜利后写成的。

[907]关于“кметь”一词的意义，Б. Д. 格列科夫院士写道：“这一斯拉夫词的意思是自由人，后来‘кмет’在一些斯拉夫语中开始表示地位高于普通群众的人。（诺夫哥罗德第一编年史西诺达尔抄本写的是‘кьметьство’〔战士、勇士〕，在另一个——即科学院抄本上写的不同：把‘кьметьство’〔战士、勇士〕写成‘доброименитых’〔名门高贵的〕）”（Б. А. 格列科夫：《罗斯的农民》，莫斯科—列宁格勒 1946 年版，第 18 页）。《训诫书》在此处“кметь”一词的意义和《伊戈尔远征记》中说的意义相同：勇敢的战士、勇士。试比较《往年纪事》1076 年条，该词的意思是“自由人”、“战士”。

[908]拉夫连季编年史记的是：“抛入斯拉弗利河”，看来是笔误。“斯拉

弗利”小河的具体地点不详。显然，摩诺马赫说的是1111年的远征，是在萨利尼查河取得的胜利。

[909]关于古罗斯的“тур”（野牛），H. B. 沙尔列曼写道：“这一名称在古史料中大概指两种野牛：一种是原始的公牛、真正的野牛（Bos primogenius Bojan），家畜牛即由其驯化而来（灰毛的乌克兰牛被认为是野牛的直接后代）；另一种野牛是欧洲野牛，亦称‘欧洲鬃封’（Bison bonasus L.）。在乌克兰不久以前还把大公牛称为当地的野牛。乌曼一带把‘牛’都称为‘野牛’（турів）说：‘赶牛’（‘погнав турів’），‘大声吆喝牛’（‘напувати турів’）。这种对家养的公牛的称呼，一直保持在乌克兰西部加利奇地区。至于‘зубр’（欧洲鬃封）的名称在我们史料中看来没有提到，并且‘зубр’和‘тур’好像已无区别。下面一段真实情况可资证明。据编年史记载，当拜占庭皇储安德罗尼克·科穆宁于1154年访问加利奇王公雅罗斯拉夫·奥斯莫梅斯尔时，雅罗斯拉夫和基辅大公及其他王公一起为自己的客人举办一次狩猎‘野牛’的活动。当时拜占庭史家就此活动写道：安德罗尼克在罗斯杀死‘许多野牛’——这种野兽在该国很多，其体形比熊和豹都高大。基辅罗斯的真正野牛早已灭绝，但它的名称被转到欧洲鬃封身上。这种欧洲野牛大约在17世纪初消失。”（H. B. 沙尔列曼：《伊戈尔远征记》切合实际的《注释》，苏联科学院历史研究所古代手稿和文献部著作集，卷6，莫斯科—列宁格勒1948年版，第116—117页）

[910]这“猛兽”具体指的是什么兽，不清楚。有些研究者认为是狼——这不大可能：狼窜不了那么高，并且狼习性胆怯。看来，这是猫科类动物。“猛兽”在《伊戈尔远征记》中也曾提及，在谈到波洛茨克的弗谢斯拉夫时说：“半夜有一头猛兽从别尔戈罗德他们（指基辅人——原注）那里跃出，消失在黑暗中。”

[911]原文此处зима（冬天）只表示“寒冷”和“酷寒”。试比较《往年纪事》1093年条说5月被抓的俘虏“都冻僵了”，以及伊帕季编年史1187年条：“那年秋季，天气特冷”，用的都是зима（冬天）这个词。

[912]摩诺马赫这一文学自画像并不夸张。例如，一位不止一次和摩诺马赫有交往的来自希腊的基辅总主教尼基福尔（1104—1121年在职），在写给他的信中对摩诺马赫作了如此评价：“对这样的王公还有什么可说的呢？

他更多的时间睡在潮湿的土地，常不在家，不爱穿华丽的衣服。当穿行树林时，身着褴褛的衣裳。只是在需要时，进城才套上一身官服！……我们知道，你为别人举行丰盛的宴席，邀请大家——有身份的显贵，也有偶然被约请的人，以显示公国的强盛富足；你亲自主持工作，亲手干活，你的赈济工作十分周到，你所做的这一切都是为了公国和权力：当别人酒足饭饱，尽兴欢乐时，而你自己坐着，只是看着别人如何吃喝，而自己仅满足于很少的食物和水。你就是这样款待自己的臣民，耐心地坐观你的奴隶是如何得到欢乐，并以此真正取悦于他们而加以征服。你就是这样对待享受，我本身很了解……我知道你自出生之日起就充满智慧，当到了行善的年龄时，托上帝的恩赐，你的手伸向一切；你从来都不掩藏宝物，从来不看重金银，合起双手一把把地分掉……”（A. C. 奥尔洛夫翻译：《弗拉季米尔·摩诺马赫》，莫斯科—列宁格勒 1946 年版，第 51—52 页；《尼基福书函》，见于 16 世纪手抄本，载于 6 月 20 日《马卡里奥斯大主教日读月书》；出版于《罗斯重要文献》，卷 1，莫斯科 1815 年版）

[913]“отроки ”——王公身边的一种特殊侍役，他的“御林军”、“保镖”、“卫队”的年轻成员。（译者注）

[914]“бирич”——传审被告出庭的传审官，以及征收贡赋和罚金的征收官，维护秩序的监理官。

[915]玩猎鹞和猎鹰在罗斯是封建上层人物喜爱的娱乐活动。早在《罗斯法典》中就有规定：在他人之捕鸟地偷窃鹞和鹰，须付罚金 3 格里夫纳（《罗斯法典》简编第 37 条；详编第 81 条）。猎鹰的形象已收入编年史（可参阅《往年纪事》1097 年条：“把乌果尔人追杀得团团转，犹如鹰抓寒鸦一般”）和《伊戈尔远征记》。阿列克谢·米哈洛维奇时期的“猎鹰军士”是对猎鸟的一曲颂歌。其描述可参阅 C. T. 阿克萨科夫《带枪猎人笔记》。

[916]可能，摩诺马赫想起了 1093 年那件惨事，他的弟弟罗斯提斯拉夫当他的面溺死于斯图格纳河。显然，他本人也险遭厄运。

[917]从这句话开始了弗拉季米尔·摩诺马赫给自己堂兄奥列格·斯维亚托斯拉维奇（《伊戈尔远征记》称其为奥列格·戈里斯拉维奇）的信。摩诺马赫著作最权威的研究者 И. М. 伊瓦金证明，此信写于 1096 年（《弗拉季米尔·摩诺米赫公及其训诫》，卷 1，莫斯科 1901 年版）。如我在前面所推测的

那样，这个日期也就说明了《往年纪事》把摩诺马赫的所有著述都放在 1096 年条的原因。B. Л. 科马罗维奇是这样来说明摩诺马赫写此信的背景(《罗斯文学史》，卷 1，苏联科学院文学所，莫斯科—列宁格勒 1940 年版，第 295—296 页)："正如已经说过，摩诺马赫写给切尔尼戈夫的奥列格的信是被插进《训诫书》中的。正是那位奥列格在《伊戈尔远征记》中因他'制造'内讧而不被称为斯维亚托斯拉维奇，而被称为带有痛苦讽刺意味的'戈里斯拉维奇'(隐含有灾难之子的意思；'rope'(戈列)——'痛苦、灾难'——译注)。《训诫书》中插进这封给奥列格的信，看来是从《我啊，历经沧桑和苦难!》开始的。写信的时间要比《训诫书》本身早得多，正是写在那 1096 年。这一年发生了许多引发写这封信的事件。一场为争夺奥列格的世袭领地——切尔尼戈夫的斗争，如《训诫书》所说，在 1094 年又重新开始了。在过去切尔尼戈夫曾被不公正地分给弗拉季米尔，但如《训诫书》所说，弗拉季米尔又把切尔尼戈夫还给奥列格。在对付帮助奥列格的波洛韦次人方面，只因摩诺马赫联合斯维亚托波尔克才得以占据上风。被赶出切尔尼戈夫的奥列格躲进斯塔罗杜勃，在城市被围困后他被迫接受胜利者提出的条件。但是内乱像烈火一样，已蔓延到更远的地方。摩诺马赫的小儿子伊兹亚斯拉夫入侵穆罗姆——梁赞的奥列格领地，在此之前伊兹亚斯拉夫镇守库尔斯克，他曾一度占领了穆罗姆，但奥列格领兵赶到，在一场战斗中伊兹亚斯拉夫阵亡，时为 1096 年 9 月 6 日。正是这一事件成为摩诺马赫和奥列格通信的缘由。不过坐镇诺夫哥罗德的摩诺马赫的大儿子姆斯提斯拉夫对此倍加关切。他本来已从诺夫哥罗德出兵保卫本族在罗斯托夫的领地，只因奥列格在战胜了伊兹亚斯拉夫后已占领了它。姆斯提斯拉夫迫使奥列格撤出罗斯托夫和苏兹达尔，编年史上说：姆斯提斯拉夫，进入苏兹达尔，执政后派人和奥列格讲和，对奥列格说：'我愿意与你讲和，你要派使者去见我父亲。'他早在从诺夫哥罗德出兵前就曾给奥列格写过同样的信：'我和我的亲兵队可派人去劝说我父亲，让你和我父亲结好。如果说你杀死了我的弟弟，那也不是什么值得惊奇的事，自古以来有多少皇帝和勇士阵亡在疆场上。'显然，姆斯提斯拉夫从苏兹达尔就已给父亲写过这样的信，并促使摩诺马赫给奥列格写信。摩诺马赫在给奥列格的信中直接提到写此信是由于自己的大儿子的动议：'我给你写此信，是因为我儿子说动了我这么做……他派人送来书信说：让我们相互和好吧，我兄弟的

事还是让(上帝)来仲裁吧！我们不要去做他的复仇者，把这让上帝来裁判，让他们自己去站在上帝的面前，而我们不能让罗斯国土遭殃。'摩诺马赫采纳了自己大儿子的建议，给奥列格发出和解的信：'我听从了自己儿子的意见，写了此信。'因此，我们面前是三位人物相当频繁通信的一部分，他们是产生这样来回通信事件的直接参与者。”

[918]编年史中经常引用王公祖先们的爱国主义典范，通常借助王公或市民之口说出来。例如，1097 年摩诺马赫得知捷列鲍弗利王公瓦西利科被弄瞎双眼后说：“如此伤天害理的事，在罗斯国土上无论是在我们的祖父时代，还是我们的父辈时代都不曾有过。”同年，基辅民众对弗拉季米尔说：“王公啊，我们恳求你和你的兄弟不要毁灭罗斯国家。如果相互间兵戎相见，你争我夺，那蛮族会喜出望外，趁机抢夺我们的土地，那是你们的祖祖辈辈在罗斯土地上南征北战，英勇拼杀，并付出巨大心血才得来的。这些土地将归并入别人的疆土，而你们却想毁灭罗斯国家。”摩诺马赫听此话后：“放声大哭说：'那真是我们祖父和父辈开创的罗斯国土，而我们却想毁灭它。'”

[919]摩诺马赫在这里指的是自己的长子姆斯提斯拉夫，奥列格・斯维亚托斯拉维奇曾为他洗礼。

[920]1096 年 9 月 6 日，奥列格・斯维亚托斯拉维奇打败伊兹亚斯拉夫后(伊兹亚斯拉夫在此次战斗中阵亡)“占领了穆罗姆和罗斯托夫的全部土地”。姆斯提斯拉夫・弗拉季米罗维奇从诺夫哥罗德出兵，把奥列格从苏兹达尔赶往穆罗姆—梁赞地区，“坐镇苏兹达尔，并派使节去见奥列格，要求言和。”显然，姆斯提斯拉夫是在圣诞节和大斋戒之间坐镇苏兹达尔的。

[921]关于“复仇者”一词可参阅 911 年《奥列格条约》的注释。

[922]姆斯提斯拉夫在此及其他地方表现出来的对整个罗斯国土的关心使他更接近他的父亲摩诺马赫。“不要让罗斯国土遭殃”的号召也不止一次出于摩诺马赫之口(试比较，例如 1097 年条)。

[923]姆斯提斯拉夫出生在 1076 年，因此在 1096 年的下半年时，他才 20—21 岁。

[924]摩诺马赫的儿子伊兹亚斯拉夫死于 1096 年与奥列格的一次战斗中。看来，他也像姆斯提斯拉夫一样是奥列格的教子，因此说：“我的和你的孩子。”

[925]这里说的父亲，摩诺马赫指的是自己，而母亲指的是他的第一个妻子，即伊兹亚斯拉夫的母亲——基塔·哈罗多芙娜。

[926]谁是摩诺马赫的儿媳——他儿子伊兹亚斯拉夫的遗孀，情况不详。

[927]由此可见，伊兹亚斯拉夫是在死前不久结的婚，摩诺马赫未能出席婚礼，显然是因为他当时和斯维亚托波尔克在征讨奥列格·斯维亚托斯拉维奇。

[928]摩诺马赫在这里无疑是使用了民歌里的形象诗句，试比较哀诗：

我犹如森林中的一只不幸的杜鹃，
将咕咕地在窗下悲泣；
我坐在一棵枯树上，
坐在那可怜的白山杨树上。

[929]罗斯托夫是摩诺马赫的领地，他给了伊兹亚斯拉夫。因此，奥列格无权对罗斯托夫提出要求。

[930]“这里”指的是南佩列亚斯拉夫利。

[931]试比较前面姆斯提斯拉夫·弗拉季米罗维奇1096年给奥列格的信中说：“虽说你杀死了我的弟弟，但也不用惊讶，要知道有多少国王和勇士捐躯于疆场。”加里奇的达尼伊尔在鼓励士气低落的波兰将士时也说过军人的智勇气概：“为什么要害怕？你们不知道吗，战争不死人是不可能的？你们不知道吗，战场上要的不是女人，而是勇士？如果大丈夫战死在沙场，那有什么好奇怪的呢？其他人在家无谓地死去，而他们是光荣牺牲；下定决心，拿起武器，奋勇杀敌吧！”(《伊帕季编年史》，1254年条)。因此，摩诺马赫这句话反映了所有古罗斯战士的最喜爱的想法，表现他们视死如归的精神。

[932]“我们的”(“наю”)是人称代词的双数形式，即伊兹亚斯拉夫的父母之心，也就是指摩诺马赫及其妻子之心。

[933]1096年，斯维亚托波尔克和摩诺马赫将奥列格·斯维亚托斯拉维奇包围在斯塔罗杜勃。他们包围了33天后，放了奥列格。

[934]由于奥列格拒绝联合进攻波洛韦次人，斯维亚托波尔克和摩诺马赫于1096年讨伐奥列格，攻打切尔尼戈夫。

[935]指姆斯提斯拉夫·弗拉季米罗维奇和自己的弟弟尤里·弗拉季米

罗维奇（“长手”）。

[936]这是封建时代的说法，其意为坐镇于本族的封邑；在这种情况下，罗斯托夫—苏兹达尔地区，是姆斯提斯拉夫的世袭领地。

[937]指穆罗姆—梁赞世袭领地。

[938]这里指的是摩诺马赫和斯维亚托波尔克·伊兹亚斯拉维奇同奥列格的兄弟——达维德·斯维亚托斯拉维奇于1096年达成的协议。

[939]一部新作品——祈祷文用这句话作开头语。只因摩诺马赫写了前面的两部作品——《训诫书》和致奥列格·斯维亚托斯拉维奇的信，所以新的作品——祈祷文也认为是他写的。这篇祈祷文总的情调在某种程度上充满了克里特岛的安德烈忏悔教规的味道。在这篇祈祷文中提到的城市是基辅，它的“庇护神”被认为是圣母。

[940]编年史家的这句话很清楚是指他从事编纂本编年史工作以来的4年前。如果这是1118年《往年纪事》第3版的编者写的，那他听诺夫哥罗德人古里亚塔·罗戈维奇说这些话的时间应是1114年。《往年纪事》1114年条确实又一次提到编年史家和诺夫哥罗德地区的拉多加本地人交谈的事，又转述了关于北方各国类似的故事。又在学术引文中得到证实（请参阅1114年条）。

[941]苏兹达尔的佩列亚斯拉夫利编年史家是这样说明尤格拉给的是什么“毛皮”：是“黑貂皮、貂皮和松鼠皮”。

[942]整个下面这一段，直到“也有这帮深居北方深山里的未开化的部族”为止，是帕塔尔的美多德《天启》一书解释世界末日的。现在根据《天启》的两种俄文译本引用相应部分：“亚历山大之父腓力普是马其顿人，他和埃塞俄比亚皇帝的女儿福洛瓦生下亚历山大……亚历山大率军队大举东进，灭大流士，夺取了大片土地和城池，建立了统一的疆域，一直打到称为太阳故土的海边，见到了一群未开化的人，他们属雅弗族。他目睹了他们的肮脏习俗：吃各种动物，脏东西，腐烂的和恶臭的，蚊虫、苍蝇、猫、蛇、死人肉、女人的堕胎——不是男孩的胎儿及各种不洁净之物；死人不埋葬而吃掉。到了那里的亚历山大目睹这一切，害怕会蔓延而玷污自己统一的大地，就向神祈祷，把他们男女老少都集合起来，把他们从东方土地赶到北方边区……并马上向神祈祷，上帝听了他们的祈祷，下令把北方群山合拢……只留下12肘大的地方没

封死。上帝修一扇铜门，涂上一层松克利特。如果有人想用铁器劈开大门，那是办不到的，用火也毁不了它，因为松克利特这东西是铁攻不破，火烧不掉，火碰上马上会灭。魔鬼们费尽心机，束手无策，无论费多大力气，无论用火用铁及各种计谋也动不得大门，只好拔腿逃窜。近来，叶泽金预言：近期，在世界末日之际，多神教的首领戈格和马戈格将出山，来到以色列的土地，他们就是被亚历山大赶到北方，被封闭在大门里的人。"（《苏联科学院历史研究所古手稿和文献部文集》，卷 4，列宁格勒 1940 年版，第 98—100 页）

[943]肘尺——古罗斯长度单位，自肘到中指指尖的长度，约合半米，详细可参阅注 87（译注）。

[944]帕塔尔的美多德写的是："σύrχυτοσ"（非混合的）：这是一种神奇的化合物，它可以抵御火和铁器的破坏。

[945]大斋戒期的第一周。

[946]拉济维尔编年史和伊帕季编年史都没说"率罗斯托夫人"。很可能《往年纪事》拉夫连季抄本是在罗斯托夫把这个词加上的：拉夫连季于 1377 年为拉夫连季编年史抄写《往年纪事》之前，13 世纪在罗斯托夫曾不止一次地转抄过。无论是伊帕季编年史，还是拉济维尔编年史在自己的历史上都没有这个罗斯托夫阶段。不过，加上"率罗斯托夫人"并不违反事实，因为前面也曾提到："可是军队在那几天都向姆斯提斯拉夫那里集结，诺夫哥罗德人、罗斯托夫人和别尔奥泽尔人都来了。"

[947]弗拉季米尔大旗，即摩诺马赫大旗，挥舞弗拉季米尔大旗为的是造成一种摩诺马赫亲临战场的假象，以恫吓奥列格军队——译注。

[948]一百多年之后，诺夫哥罗德人在 1216 年的利皮查战役中还想起了他们在库拉奇查河战役的徒步战斗："诺夫哥罗德人说：'王公啊，我们不想让马匹多受损失，要知道我们父辈在库拉奇查的战斗中也是徒步作战的。'"我们面前见到的是在历史的口头传说中存在着人民强烈的历史意识的重要证据。

[949]库拉奇查河可能是科洛克沙河。

[950]从这句话开始讲述一个具有广泛联系的历史故事，其中心事件是瓦西里科·罗斯提斯拉维奇的不幸命运。此故事结束于编年史的 1097 年条。看来，它是一篇独立的传说，仅被编年史家插进自己著作中的。这一点

从下面情况就可以看清楚:这个故事被人为地放在1097年条,而实际上那是几年间发生的事(从1097年秋到1100年8月30日)。本故事的作者知道达维德·伊戈列维奇死在多罗戈布日,并认为沃伦的弗拉季米尔落在雅罗斯拉夫·斯维亚托波尔科维奇的手里(参阅1097年条末尾)。由此可见,故事写于1112年5月25日(达维德·伊戈列维奇逝世之日)之后和1118年之前,在那年雅罗斯拉夫·斯维亚托波尔科维奇从沃伦的弗拉基米尔城逃往匈牙利。然而很可能故事的结尾曾被编年史家修改过。这样一来,上面引用的日期应是这个故事被收入编年史的日期。后一日期更有可能使整段故事蒙上耸人听闻的色彩。故事作者以第一人称讲述自己的事。这是一位叫瓦西里的人,他有外交使命,并且故事部分内容直接取自瓦西里科·罗斯提斯拉维奇的亲口讲述。至少除了瓦西里科本人之外,没有人能向瓦西里讲出如此精确的失明和沿路遭遇的情况,还有瓦西里科那件血迹斑斑的衬衣的故事。大家一般认为瓦西里是位"神父",但在故事中我们并没有见到直接指出身份的地方。外交使命并不是只有神职人员才能担任(例如1151年条伊帕季编年史就讲过大贵族彼得·鲍里斯拉维奇执行出使波兰的使命)。同样还应指出,就瓦西里对瓦西里科的态度来说,他采取了独立的立场:他曾两次责备瓦西里科残忍成性("向无辜者复仇,使无辜者流血";另一处:"这是第2次复仇,他本不应这么做。")尽管有这种对瓦西里科的斥责,但总的来说他还是同情瓦西里科的,并积极为他的利益而奋斗。故事的目的是强调捷列鲍夫利的瓦西里科的正确及其敌人的罪孽。这是讲述"王公罪行故事"的最早的一篇,旨在揭露11—13世纪王公间封建内讧的这个或那个敌对一方的罪行。(参阅《罗斯编年史》,列宁格勒1947年版,第12章:《关于王公罪行的编年史故事》)

[951]柳别奇代表会议力图恢复王公们团结一致精神与波洛韦次人作斗争:"让我们从此精诚团结,共同保卫罗斯土地。"与此同时,正如Б. Д. 格列科夫院士写道:这次大会"已经完全确认现存的新的政治格局。大会正式声明和承认:'各自管理好自己的领地。'大会承认这一现实是今后王公间政治关系的基础。"(《基辅罗斯》,莫斯科1949年版,第494页)柳别奇会议的决议违背了雅罗斯拉夫的遗训(1054年),它不再奉行长者继承制。现在受欺凌者的权益不是由年长的王公来保护,而是由全体王公一起来保护。但是,无

论是雅罗斯拉夫的“遗训”，还是柳别奇会议的决议都难以阻止罗斯的分裂，无法恢复过去的统一。王公们刚散，就发生了编年史 1097 年条后一部分讲述的流血事件。此后又开过多次王公会议：“1097 年同年召开的戈罗杰茨会议，1100 年乌维季奇（维季切夫）会议，1101 年基辅近郊的佐洛季恰会议，1103 年多洛布湖会议。”Б. А. 格列科夫院士写道：“王公会议已不能调和封建领主的利益矛盾。他们之间继续起主导作用的是强权政治。势力强大的封建主可以鄙视王公会议的决议。封建割据已成为显而易见的事实，其不可避免的后果是连绵不断的封建战争。罗斯历史的基辅时期已一去不复返了”（同上，第 495 页）。按 Л. В. 切列普宁有趣的推测，先于《往年纪事》的初始汇编由于这次柳别奇会议而产生，也以对这次会议的记述而结束。М. С. 格鲁舍夫斯基认为，1097 年条说的不是切尔尼戈夫附近的柳别奇城，而是基辅附近第聂伯河左岸波德柳布湖畔的一个小镇。（М. С. 格鲁舍夫斯基：《乌克兰罗斯史》第 2 卷，利沃夫 1899 年版，第 66 页及第 329 页）

[952]捷列鲍弗利是谢列特河左岸支流格涅兹德河畔的一座城市。

[953]鲁季查的具体位置不详。

[954]斯维亚托波尔克·伊兹亚斯拉维奇的教名是米哈伊尔。大天使米哈伊尔的节日（即斯维亚托波尔克—米哈伊尔的命名日）是 11 月 8 日。

[955]图罗夫——在普里皮亚特河畔，它离戈雷尼河注入普里皮亚特河河口往下去不远。平斯克位于图罗夫之西（М. Н. 季霍米罗夫：《古罗斯城市》，莫斯科 1946 年版，第 109—110 页。）

[956]前廊——二楼的长廊，有屋顶，有楼梯通向前廊，廊下有柱子支撑（译者注）。

[957]伊帕季编年史把“别尔戈罗德”误认为是兹维尼戈罗德。沃斯克列先编年史在后面也有类似的错误。

[958]1 俄里相当于 1.06 公里（译者注）。

[959]对捷列鲍夫利的瓦西里科的惩罚在 11—12 世纪的罗斯现实生活中尚十分罕见。但是在拜占庭用剜眼的刑罚作为对付造反者的手段被广泛采用。И. У. 布多夫尼茨对此写道：“В. Г. 瓦西里叶夫斯基院士认为，他（瓦西里科）曾统率 5000 山民（来自喀尔巴阡山脉的罗斯人），据拜占庭编年史家的报道，这些山民于 1091 年和波洛韦次汗图戈尔坎和鲍尼亚克一起，援救帝

国免遭佩彻涅格人的侵犯。还是在1091年，他参加了波洛韦次人对匈牙利的侵袭（В. Г. 瓦西里叶夫斯基：《佩彻涅格人和拜占庭》著作第1卷，彼得堡1908年版，第100—102页）。尽人皆知，1092年瓦西里科曾和波洛韦次人一起远征波兰。他所遭受的悲剧正是在他策划更大行动的时刻。瓦西里科在被达维德·伊戈列维奇囚禁时，曾和瓦西里神父促膝谈心，对他讲了这些计划。原来，他在等待别连杰人、佩彻涅格人和托尔克人组成的一支雇佣军的到来，和他们集结在一起，准备首先征服波兰，以报昔日之恨，因为波兰人曾给罗斯土地带来很多痛苦；然后再把多瑙河的保加利亚人抓来，把他们迁往自己的公国。拜占庭人可能知道这位罗斯王公的计划，这位王公在君士坦丁堡附近对佩彻涅格人进行可怕的镇压时曾使拜占庭人有机会领略过他的蛮勇。罗斯王公的保加利亚计划一定会引起拜占庭政府的担心和恐惧，这就是自然产生的一个问题：在弄瞎瓦西里科双目的问题上，拜占庭政府是否有所参与呢？拜占庭的密使们会使达维德·伊戈列维奇关心将来夺取属于罗斯提斯拉维奇的切尔文城市。在瓦西里科失明后，达维德确实想占有这些城市，而对利欲熏心的斯维亚托波尔克，一定会用重金收买”（И. У. 布多夫尼茨：“弗拉季米尔·摩诺马赫及其军事学说”，《历史论丛》第22期，莫斯科1947年版，第78页）。基辅—佩切拉《圣僧传》中的普罗霍尔·列别德尼克的故事也讲述了在捷列鲍夫利瓦西里科双眼被弄瞎的事。（Д. И. 阿勃拉莫维奇出版物，基辅1931年版，第151页）

[960]沃斯克列先编年史把此桥称为“兹维尼戈罗德”桥（参阅前面说过的伊帕季编年史把别尔戈罗德误认为兹维尼戈罗德。因为沃斯克列先编年史在很多地方都取材于伊帕季编年史）。兹维日坚（又名兹别日坚或维兹德维任）是基辅西面兹维日河畔的一座城市。

[961]沃斯克列先编年史把它错误地说成：“在兹维尼戈罗德城。”

[962]“格鲁达”（груда）——冬天路上冻结的车辙。“格鲁坚”（грудень）按Н. В. 斯捷帕诺夫的说法是指古罗斯阴历的第13个月，它每隔2年加到第3个年头上。（《日历——年代顺序手册》，莫斯科古罗斯和历史协会读物，1917年，第1册）

[963]别列斯季耶——即现在位于西布格河畔的布列斯特城。波戈里纳——戈雷尼河的沿岸地区（伊帕季编年史叶尔莫拉叶夫手抄本的解释）。

[964]因此,此处说的是弗拉季米尔·摩诺马赫的继母。在其他地方都没有提到弗谢沃洛德·雅罗斯拉维奇曾结过两次婚。

[965]编年史家的这些话把我们又引回到故事中的那段情节:瓦西里科被押到沃伦的弗拉基米尔城,关在"瓦克耶夫邸宅里,派有30名勇士和王公的两名少年卫士——乌兰和科尔奇克看守"(参阅前文)。M. A. 普里谢尔科夫推测,包括在下列语句之间的整个这一段(在"派有30名勇士和王公的两名少年卫士——乌兰和科尔奇克看守"和"被关在前面提到过的那个地方时"后面的这一句之间),是编年史家加进瓦西里故事里去的("西乌克兰和白俄罗斯的编年史编纂",《国立列宁格勒大学学报》,历史专集第7期,列宁格勒1941年版,第6页)夹在中间这一段无论如何不能不承认是插进去的,旨在颂扬弗拉季米尔,从"弗拉季米尔以爱为本"到"我们还是言归正传吧"。

[966]舍波利——尼康编年史误为捷列鲍夫利,索菲亚第一编年史和沃斯克列先编年史误为奥波利。舍波利是沃伦地区的一座城市,位于斯塔瓦河河畔,距卢茨克不远。

[967]佩列米什利——沃伦地区的城市,位于斯蒂拉河畔。

[968]从《往年纪事》的此处及12—13世纪编年史的许多地方都可了解,古罗斯的外交谈判都是通过使者口头进行的。使者尽可能确切地用口述转达他们领受的"旨意"。使者完成使命后,对自己的谈判情况作出书面的汇报。(详情可参阅:Д. 利哈乔夫"11—13世纪罗斯使臣的习俗",《历史论丛》第18期,莫斯科—列宁格勒1945年版)

[969]别连季奇人——又称别连杰伊人,这是一支突厥血统的游牧部族;编年史在此处首次提到他们。编年史有时把别连季奇人称为托尔克人(例如:"托尔克人打来了,他们又名为别连季奇人")。后来,编年史像称呼其他托尔克人一样,也常常把他们称为戴黑筒高帽的人。

[970]布日斯克——沃伦地区的一座不大的边境城市。位于西布格河上游。关于布日斯克的情况可参阅M. H. 季霍米罗夫的《古罗斯的城市》,莫斯科1946年版,第114页。

[971]伊帕季编年史订正为:"敲钟召集市民会议。"

[972]卢切斯克——又名卢茨克,是沃伦地区的一座城市。

[973]图里斯克——沃伦地区的一座城市,位于图里亚河畔。

[974]看来，编年史家往瓦西里讲述捷列鲍夫利的瓦西里科被弄瞎双眼的故事中又插进了第二段话。这一段是从这话开始，一直到“达维德则逃往波兰”为止。这一段是第一段插话的直接继续：上段插话最后讲的是联合起来的王公们向斯维亚托波尔克建议，要么逮捕达维德，要么把他驱逐。这段插话和瓦西里讲的故事部分没有直接联系（M. Д. 普里谢尔科夫：“西乌克兰和白俄罗斯编年史的编纂”，《国立列宁格勒大学学报》，历史专集第 7 期，第 6—7 页，列宁格勒 1941 年版）。——后期的有些编年史就从此开始 6607(1099)年条。

[975]弗拉迪斯拉夫一世——波兰国王(1079—1102 年在位)，卡西米尔一世的儿子，继其兄鲍列斯拉夫二世（大胆者，1058—1079 年在位）为王（译者注）。

[976]切尔文——加利奇公国的一个城市，是切尔文城市群中的一座。

[977]罗日涅原野——西布格河上游的一个地区，距加利奇的兹维尼戈罗德不远。

[978]科洛曼——匈牙利国王(1095—1114 年在位)。

[979]瓦格尔河（又名维亚格尔河）在加利奇公国，于佩列梅什利附近从右侧注入桑河。

[980]阿尔图诺帕——波洛韦次的汗（译者注）。

[981]尼康编年史（16 世纪）写的是“12 万人”，尼康编年史这一更改的史料来源不详。

[982]关于在捷列鲍夫利的瓦西里科双眼被弄瞎的故事的作者瓦西里从这两个字上（“глаголаху бо”据说）暴露出其故事来自口头史料。这种口头史料还可以从上文中看得出来：1）夸大敌军的数字（两军力量的对比是匈牙利人 10 万对付达维德的 100 名兵士和鲍尼亚克的 300 名兵士，这是明显的夸张；2）夸大死亡的人数（4 万）；3）鲍尼亚克汗夜里占卦的场面；4）用诗歌的比较手法描述被打败的匈牙利军队，把它比作雄鹰“追捕”群鸦。据 M. Д. 普里谢尔科夫推测，瓦西里故事用作史料的是波洛韦次人歌颂阿尔图诺帕的“胜利赞歌”。试比较后来加利奇编年史在 1201 年条记载的波洛韦次赞歌（参阅伊帕季编年史），它歌颂奥特罗克汗和叶夫尚草地（M. Д. 普里谢尔科夫：“西乌克兰和白俄罗斯编年史的编纂”，《国立列宁格勒大学学报》，历史专集第 7

期，列宁格勒1941年版，第10—11页）。在1103年条，关于这位阿尔图诺帕写道："波洛韦次人进军，派阿尔图诺帕打先锋，他以自己的勇敢精神获得荣誉（'словяше'）。""словяше"这个字在当时语言中意思是为他唱"赞歌"。——尼康编年史在此故事中提供的数字有所不同。虽然匈牙利伤亡人数被夸大了，但他们确实遭到惨败。匈牙利自己的编年史家也承认这场败局。（参阅G. Pray:《Annales regnum Hungarlae》, p. I, Vindabonae, 1764年，第100页）

[983]苏捷伊斯克在摩诺马赫的《训诫书》中曾提及。

[984]维戈舍夫人是沃伦地区维戈舍夫城的居民，其准确地点不详。

[985]"забрала"——城上的木板台，守城的兵士就站在那上面作战，外侧有胸墙护围，胸墙有的用圆木造的，也有用木板钉的。此处的胸墙是用木板钉的，木板钉的胸墙有缝隙。

[986]瓦西里在捷列鲍夫利的瓦西里科失明的故事中谈到1098年摩诺马赫联合达维德和奥列格进攻斯维亚托波尔克的远征。瓦西里的故事包括几年来发生的事件。

[987]伊帕季编年史手抄本在6606年（1098年）条末尾补充说："同年，弗拉季米尔在王公官邸建造了佩列亚斯拉夫利的石砌圣母教堂。也在这一年，弗拉季米尔·摩诺马赫在沃斯特里河畔兴建了一座城市。"在此报道中的弗拉季米尔指的是弗拉季米尔·摩诺马赫。所有消息都来自《往年纪事》第3版。

[988]1099这一年的事件（斯维亚托波尔克征讨达维德，匈牙利人在佩列梅什利被歼，斯维亚托波尔克的儿子在弗拉基米尔城被杀）在上面1097年条瓦西里写的在捷列鲍夫利瓦西里科失明的故事中都已经被讲到。

[989]伊帕季编年史抄本在"赶往波兰"一句后补充了下面一段报道："同年4月，弗拉基米尔城上空出现一种征兆：两个圆圈，中间像太阳，继续到6点。夜里犹如3面很亮的旗帜，一直到黎明。"这里说的弗拉基米尔城指的是沃伦地区的弗拉基米尔。全部信息来自《往年纪事》第3版。

[990]基辅—佩切拉的《圣僧传》把姆斯提斯拉夫·斯维亚托波尔科维奇在沃伦的弗拉季米尔之死说成是上帝对他杀死佩切拉僧人瓦西里的惩罚。并且在那里对此事作了如下详细报道："姆斯提斯拉夫在和达维德·伊戈列

维奇战斗时……在弗拉基米尔城的战台上被射死。”(А. И. 阿勃拉莫维奇主编,基辅 1931 年版,第 170—171 页)

[991]伊帕季编年史记的是“8 月 14 日”。

[992]关于在乌维季奇召开的代表大会,在前面 1097 年条瓦西里写的捷列鲍夫利的瓦西里科失明的故事中已作报道,该故事包含几年的事件。

[993]城堡,原文为 острог,这是罗斯人最初在边区作为防御据点所建的(译者注)。

[994]现在搞不清“在布日斯克在城堡”讲的是两个地方还是一个地方(布日的城堡)。这两个(或一个)地方在这个地区中的准确位置不详。可能这里指的是后面提到的布热斯克。它是波尔特瓦河流入西布格河入口处的一座城市。杜宾是沃伦地区的城市。恰尔托雷斯克也在沃伦地区是斯蒂尔河畔的一个城市。

[995]达维德·伊戈列维奇于 1112 年 5 月 25 日死于多罗戈布日城。因此,编年史家是在此时期之后写的。这句话几乎一模一样重复了放在 1097 年条的瓦西里写的在捷列鲍夫利瓦西里科失明的故事的最后结语:“但是给了他多罗戈布日城,他也就死在那里。”显然,编年史家是在 1112 年 5 月 25 日之后写的,手头已有瓦西里的故事,这个故事正是讲到此事件发生前,或者瓦西里知道了《往年纪事》的文本。

[996]尼康编年史还补充一句:“雅罗斯拉夫为一名妾妃所生。”

[997]在 6609 年,3 月起算的年,4 月 14 日是礼拜六,而在 9 月起算的年 4 月 14 日是礼拜日。在 3 月起算的 6609 年,4 月 11 日和 4 日才是礼拜三。(按东正教纪年方式。——译者注。)

[998]别列斯季耶——现今的布列斯特,位于西布格河畔。

[999]佐洛季恰——第聂伯河支流,在基辅对面注入第聂伯河。

[1000]萨科夫——佩列亚斯拉夫公国的一座城市,在第聂伯河左岸,维季切夫稍北。

[1001]伊帕季编年史在 6609 年条末尾还有下面一段报道,信息来源于《往年纪事》第 3 版:“是年,弗拉季米尔为设主教区在斯摩棱斯克近郊为石砌的圣母教堂奠基。”这里说的弗拉季米尔指的是弗拉季米尔·摩诺马赫。尼康编年史还注有确切时间:“5 月 2 日,下午 3 点。”

[1002]努拉是西布格河的一条支流。

[1003]伊帕季编年史在“翌年”这个词组后面又补充下面报道：“同年，弗拉季米尔得子安德烈。”尼康编年史把这条报道直接放在8月11日雅罗斯拉夫·雅罗波尔季奇去世的消息之后，用“那一天”（即8月11日）开头。我们在特维尔选集中看到在8月11日生日之后还补充说：“8月18日给他起名为安德烈·斯特拉季拉季。”伊帕季编年史在该年条末还写道：“是年，波兰王公弗拉迪斯拉夫去世。”这两条消息均来自《往年纪事》第3版。

[1004]嫁给鲍列斯拉夫指的是嫁给波兰国王鲍列斯拉夫三世（1102—1138年在位，绰号“歪嘴”）。

[1005]诺夫哥罗德第一编年史的西诺达尔抄本在此年条还补充报道：“是年，姆斯提斯拉夫王公在古城遗址（诺夫哥罗德的留里克古城遗迹——原注）为报喜节教堂奠基”（可参阅诺夫哥罗德的其他编年史）。

[1006]《往年纪事》的这个故事描绘了斯麦尔德的社会经济地位。他们是自由的土地占有者一村民，拥有自己的经济，特别是耕马。Б. А. 罗马诺夫在这个故事中注意到：斯麦尔德本人没有参加对波洛韦次人的远征，但意思是只提供马匹（《斯麦尔德的马匹》，科学院俄语和俄罗斯文学部，1908年，卷13，第3部）。但是《往年纪事》后面的1111年条也是讲出征波洛韦次人的情况，开头部分是讲述出征前的王公会议，基本上和1103年的报道相同，但所不同的是这一次斯麦尔德不仅是马匹的提供者，而且是讨论当前这场远征的参加者。这段文字在苏联史学界成为争论的另一个焦点：这里说的斯麦尔德是直接租种封建土地而依附于私人土地所有者的人呢，还是自由的直接生产者和王公赋税的缴纳者呢？Б. Д. 格列科夫和 С. В. 尤什科夫主张第一种理解，理由是否则就很难解释亲兵队反对远征，并且王公自己出面争取亲兵队对远征的赞同。Б. А. 罗马诺夫则反对这种理解，他认为《往年纪事》1103年条上反映的不是王公利益和亲兵队利益的对立，而是斯维亚托波尔克的亲兵队考虑不周和摩诺马赫（而不是和斯维亚托波尔克）的才略的对立，因此这里和“斯麦尔德”这个专有名词的意义没有关系。（参阅 Б. Д. 格列科夫：《基辅罗斯》，莫斯科1949年版，第209等页；С. В. 尤什科夫：《基辅罗斯封建制度史纲要》，列宁格勒1938年版，第94页；Б. А. 罗马诺夫：《古罗斯的人和习俗》，列宁格勒1947年版，第130等页）

[1007]普罗托尔奇是第聂伯河河湾处的风景区，它位于浅滩激流的下游，但在霍尔季切夫岛的上游，"就是在那自古以来都是在此穿过第聂伯河的有名的过河浅滩徒涉处"。(K. B. 库德里亚绍夫:《波洛韦次草原》，莫斯科1947年版，第130—131页)

[1008]"苏坚"这个地名在编年史的别的地方再也没有提到。K. B. 库德里亚绍夫认为"苏坚"就是莫洛奇河(突厥语 süten——奶的)。莫洛奇河注入亚速海，它距浅滩激流正好是四天的路程。(参阅前面提到的"在霍尔季切夫岛附近的普罗托尔奇宿营……在田野上走了四天"。对此还可参阅 K. B. 库德里亚绍夫的《波洛韦次草原》，莫斯科1948年，第91—94页)

[1009]这是指一般在葬礼之后，用以飨客的蜜粥(译者注)。

[1010]1103年罗斯王公对波洛韦次人的胜利进军是弗拉季米尔·摩诺马赫组织的第一次向草原的远征。后来又进行了1109年、1111年及1116年的远征，这4次对游牧的波洛韦次人的远征使罗斯国土的疆域大大推进到远方。难怪编年史家在摩诺马赫死后对他大加赞赏，在1125年条对他这样评价道："他威震全国，名扬海外"(拉夫连季编年史)。看来，部分波洛韦次人被摩诺马赫的军队赶往北高加索。伊帕季编年史在1201年条谈到加里奇的罗曼，说他"非常尊敬自己的祖父摩诺马赫，因祖父把称为波洛韦次人的蛮人赶走，把伊兹马伊尔人歼灭，把阿捷拉克赶走……这样弗拉季米尔·摩诺马赫用金盔畅饮顿河水，赶走了蛮人，占领了他们的全部土地"。沙鲁坎汗的儿子阿捷拉克到了外高加索在格鲁吉亚的史料中也得到证实(《记述高加索地方和部落的史料集》，高加索教学区出版，第22期，第比利斯，1897年)。只在摩诺马赫的儿子姆斯提斯拉夫·弗拉季米罗维奇死(1132年)后，波洛韦次人的敌对行动又嚣张起来。基辅—佩切拉的《圣僧传》关于1103年的远征也有简要的叙述(Д. И. 阿勃拉莫维奇主编，基辅1931年版，第154—155页)。

[1011]普列德斯拉娃——斯维亚托波尔克·伊兹亚斯拉维奇的女儿，嫁给匈牙利王子洛迪斯拉夫为妻(译者注)。

[1012]诺夫哥罗德第一编年史西诺达尔抄本在此年条还补充报道："是年，(诺夫哥罗德人——原注)出兵拉多加作战；教堂起火，火势从(诺夫哥罗德的费多罗夫——原注)小溪旁经斯拉维诺，一直蔓延到圣伊利亚教堂(也可参阅其他诺夫哥罗德编年史)。"伊帕季编年史在此年条还有如下补充报道，

材料来自《往年纪事》第3版。在这条一开头写道:“圣安德烈(教堂)屋顶塌陷。”在这条末尾:“是年,西方天空出现了一个带尾巴的星,为时一个月。是年冬季,鲍尼亚克入侵,在扎鲁布(页边上还补充说:打败了)托尔克人和别连杰伊人。”

[1013]此处的扎列切斯克的具体位置不详。无论如何,它决不是(伊帕季编年史在1150年条提到的)沃伦地区的扎列切斯克。

[1014]源于15世纪30年代诺夫哥罗德—索菲亚汇编的各编年史说:“斯维亚托波尔克派扬·维沙季奇和兄弟普佳塔·伊凡克·扎哈里伊奇和科扎林前往迎敌(索菲亚第一编年史等)。”

[1015]伊帕季编年史补充说:“把波洛韦次人驱逐到多瑙河流域,夺取了大宗战利品,而波洛韦次人被砍杀无数。”

[1016]《往年纪事》中关于诺夫哥罗德的那些故事,看来是属于扬·维沙季奇及其父亲维沙塔的。维沙塔个人和诺夫哥罗德的关系是通过自己的祖先建立起来的。编年史上还谈到维沙塔家族的代表人物曾参与罗斯历史上的那些事件(维沙塔是诺夫哥罗德地方行政长官奥斯特罗米尔的儿子、诺夫哥罗德地方行政长官君士坦丁的孙子、弗拉季米尔的舅舅多勃雷尼亚的曾孙、姆斯提沙的玄孙、伊戈尔·斯维涅利德将军的玄后孙)。特别是关于斯维涅利德和姆斯提沙的故事、关于多勃雷尼亚(后来他成为罗斯壮士歌中的主人公,多勃雷尼亚在诺夫哥罗德地方行政长官的职位,帮助弗拉季米尔当上诺夫哥罗德王公,多勃雷尼亚和弗拉季米尔攻打保加尔人,多勃雷尼亚帮助弗拉季米尔向罗格涅达求婚)的故事、关于君士坦丁帮助雅罗斯拉夫的故事、关于弗拉季米尔·雅罗斯拉维奇于1043年远征拜占庭过程中维沙塔的英雄业绩的故事、关于扬·维沙季奇在别洛奥泽罗镇压术士起义的故事等等,都属于维沙塔和扬的。与此同时,《往年纪事》不仅讲述了编年史家从扬及其父亲的故事中汲取的材料,还反映了当时对新制度不满的老亲兵队队员的思想意识(更具体可参阅:Д. 利哈乔夫:“往年纪事中的口头编年史”,《历史文集》第17卷,莫斯科—列宁格勒1945年版)。Л. В. 切列普宁推测《伊戈尔远征记》中的鲍扬就是扬(Л. В. 切列普宁:《往年纪事》、它的版本及其以前的编年史,《历史文集》第25卷,1948年,第328—329页;试比较А. Ф. 维利特曼类似的假定:《伊戈尔远征记》中的“鲍扬”就是涅斯托尔提到的长老扬,《莫斯科

人》1842年版，第1卷)。

[1017]伊帕季编年史在此年条的“伊兹贝格涅夫逃亡，去投奔斯维亚托波尔克”这句话后补充说：“是年8月发生日食。”这一记载完全正确。日全食发生于1106年8月1日(Д. О. 斯维亚茨基：“以科学批判的观点看罗斯编年史中的天文现象”，《科学院俄罗斯语言和文学部通报》，第20卷，第1册，1915年，第105页)。伊兹贝格涅夫——波兰国王鲍列斯拉夫三世之弟，争夺王位失败后逃往罗斯(后者为译者注)。

[1018]诺夫哥罗德第一编年史西诺达尔抄本补充说：斯维亚托斯拉夫·达维多维奇(绰号为“斯维亚托沙”)在切尔尼戈夫剃度为修士。伊帕季编年史波戈金和赫列勃尼克抄本指出了他另一个新名——尼科拉。参阅关于基辅—佩切拉《圣僧传》中关于切尔尼戈夫—斯维亚托沙公的传说。(Д. И. 阿勃拉莫维奇主编，基辅1931年版，第113—119页)

[1019]齐麦戈拉人——居住在波罗的海沿岸西德维纳河下游的一支部落。

[1020]印刷的编年史根据古代某些记载在本年条还报道了保加尔人进犯苏兹达尔的事件：“是年，上帝和圣母在苏兹达尔大地创造了奇迹。保加尔人兵攻苏兹达尔，围困了城市，作恶多端，占领村庄和村社，杀死很多农民。城市里居民难以对抗他们的军队，当时他们的王公不在，他们就向上帝及圣母用忏悔和泪水祈祷，并紧闭城门坚守。大慈大悲的上帝听到了他们的祈祷和忏悔：像怜悯古尼涅弗格人一样，拯救他们脱离灾难，使保加尔军队失去视觉，他们被迫撤离，并被杀无数。”

[1021]6615年(1107年)是月晕的3年，而日晕是7年；在6616年(1108年)，月晕是4年，而日晕是8年。(关于月晕和日晕可参阅 Л. В. 切列普宁的著作：《罗斯的年表》，莫斯科1944年版，第39页和第53页)

[1022]卢宾在佩列亚斯拉夫公国，是苏拉河畔的一座城市。

[1023]霍罗尔河是普肖尔河的一条支流。

[1024]指波洛韦次汗奥谢涅夫的儿子阿耶帕和基尔格涅夫的儿子阿耶帕(译者注)。

[1025]诺夫哥罗德第一编年史西诺达尔抄本在此年条报道说：“1月30日，诺夫哥罗德大主教尼基塔逝世。春天，靠神圣君主的捐献，开始装修圣索

菲亚教堂。”在索菲亚第一编年史中更明确地指出：“在阿基姆和安娜的圣索菲亚教堂”(即在约阿基姆和安娜境内)。

[1026]尼康编年史说的日期不同：“3 月 9 日。”而特维尔汇编说得很简单：“春季。”

[1027]尼康编年史补充说：米哈伊尔修道院的金顶教堂有“15 个圆顶”，教堂装修“十分考究”。诺夫哥罗德编年史(特别是西诺达尔抄本)说教堂奠基于下一年，即 6617 年。近来，考古学家(例如 M. K. 卡尔格尔)提出了质疑的根据：到不久前一直很著名的名为米哈伊尔修道院金顶大教堂的基辅建筑确实建成于 1108 年，只是日期定得较早。

[1028]格列勃·弗谢斯拉维奇是佩切拉修道院的大施主。伊帕季编年史在 1158 年条说道(显然，它是根据佩切拉修道院的施主登记簿)：“格列勃在自己生前曾和夫人捐赠了 600 银格里夫纳和 50 金格里夫纳；王公夫人在王公生前，自己捐赠了 100 银格里夫纳和 50 金格里夫纳；王公夫人在自己生前还捐赠了 5 座村庄及其依附民，她捐献出一切，直到自己的头巾。”

[1029]伊帕季编年史写的不是“修道院长”，而是“修士大祭司”。佩切拉修道院院长只在 12 世纪后半叶才取得“修士大祭司”称号。显然《往年纪事》中的这一更改不会早于这一时期。

[1030]追荐亡灵名簿(希腊文为 συνοδτχόν)——这是登记已故的人名字的簿册，以便祷告时祈祷他们的灵魂得以安息。

[1031]伊帕季编年史上的日期有所不同：“7 月 24 日”。看来，伊帕季编年史所说的日子较为正确。拉夫连季编年史的一位编者在此不自觉地重复了米哈伊尔金顶教堂奠基的日子——7 月 11 日。

[1032]克洛夫是基辅附近的景区，处于基辅和基辅—佩切拉修道院之间。

[1033]伊帕季编年史在此年条的“在顿河河畔夺取了波洛韦次人的帐篷什物”这句话后补充说：“弗拉季米尔王公派来的人夺取了 1000 顶帐篷。”尼康编年史在此年条还收入了下面这个神奇故事：“在基辅的圣大天使米哈伊尔金顶教堂上飞来一只人们不认识的鸟：‘它有羊那么大，闪烁异彩，不停地鸣啭，身上散发出甜蜜的芳香。它站在教堂顶上长达 6 天，然后飞走，人们再也没有见到它’。”尼康编年史的编者在此及前一年条对米哈伊尔金顶修道院

十分重视。

[1034]德米特尔·伊沃罗维奇——基辅的将军(译者注)。

[1035]伊帕季编年史在此年条有下面的补充,它源于《往年纪事》第3版:“是年,入侵的波洛韦次人在佩列亚斯拉夫利附近、各村落一带作战。”“同年,波洛韦次人在撤退中夺取了很多村落。”B. H. 塔季谢夫认为此处是“在谢姆河一带”(《远古时代以来的俄罗斯史》,卷2,圣彼得堡1773年版,第206页)。伊帕季编年史的赫列勃尼克抄本记载的不是“撤退中夺取了很多村落”,而是“在丘钦附近集结”。诺夫哥罗德第一编年史西诺达尔抄本在此年条报道说:“12月20日大主教约安来到诺夫哥罗德”(诺夫哥罗德的很多其他编年史也都有此报道)。

[1036]拉夫连季编年史在1111年条又提到了罗斯王公们的这次远征:“斯维亚托波尔克、弗拉季米尔和达维德在春季对波洛韦次人用兵,一直打到沃伊尼而归。”类似的消息也会重见于拉夫连季编年史和以后的编年史里:奥列格·斯维亚托斯拉维奇之死记载于1115年条和1116年条;格列勃恢复在基辅的统治记于1168年条和1169年条;佩列亚斯拉夫的米哈尔卡的远征记于1169年条和1171年条等等。其原因在于扎列斯克的弗拉基米尔在12—13世纪初使用的是罗斯的佩列亚斯拉夫利的两种编年史:主教的和王公的,两者之间的年代顺序有所不同:双方的年代系统也不一样。此时,王公的编年史家有误,而主教的编年史家所写的日期是准确的。扎列斯克的弗拉基米尔的编年史编纂工作反映在拉夫连季编年史中(对此可参阅M. Д. 普里谢尔科夫:“拉夫连季编年史”,《国立列宁格勒大学学报》,历史专辑,列宁格勒1939年版,第92—93页)。1110年远征这个日期属于主教编年史家的手笔,因而明显是对的。

[1037]此文本的直接延续部分可见于伊帕季抄本。显然,西利维斯特手稿随着时间的推移,最后几页已经丢失。西利维斯特后来的记事有的记在最后记事本后的特殊附页上,有的记在封皮的背面,因此保存了下来。拉夫连季编年史、拉济维尔编年史和莫斯科科学院编年史中的《往年纪事》都写到1110年条就中断了。看来,它是这三位一体教堂遗失的。伊帕季编年史(及与其相关的抄本)中的《往年纪事》一直写到1117年,此后按年写的年条篇幅则明显减少。

[1038]西利维斯特是离基辅佩切拉修道院不远的维杜比茨的米哈伊尔修道院的院长。该修道院是弗拉季米尔·摩诺马赫的父亲弗谢沃洛德·雅罗斯拉维奇修建的，是他家族的一座"王公"修道院。A. A. 沙赫马托夫认为西利维斯特是《往年纪事》第 2 版的编纂者。但有些研究人员（如 C. A. 布戈斯拉夫斯基）认为西利维斯特只不过是《往年纪事》的一位普通抄写者。从 1118 年起，西利维斯特被任命为佩列亚斯拉夫（南佩列亚斯拉夫利）的主教。西利维斯特死于 1123 年。

[1039]耶皮法尼是塞浦路斯的大主教，是公元 4 世纪的作家。此处阐述的学说见于他的著作：《安科拉特》（《信仰之锚》）。

[1040]诺夫哥罗德第一编年史西诺达尔抄本在此年条补充报道说："是年，姆斯提斯拉夫（指诺夫哥罗德的弗拉季米罗维奇——原注）发兵奥切拉"（诺夫哥罗德第一编年史初级抄本也有此报道）。

[1041]1111 年远征波洛韦次人开端的记述，显露出其文学手笔来自于《往年纪事》1103 年远征开头的记述。现把两条文本引用如下：

1103 年	**1111 年**
上帝启示罗斯王公斯维亚托波尔克和弗拉季米尔在多洛勃斯克聚会。斯维亚托波尔克和自己的亲兵队，而弗拉季米尔和自己的亲兵队各坐在一个帐篷里。斯维亚托波尔克的亲兵队考虑说："现在春季出兵不合适，它会毁坏斯麦尔德及其耕地。"弗拉季米尔则说："亲兵们，我很奇怪你们吝惜耕地的马匹，而不去想一想这样的情景呢：当斯麦尔德开始耕种，波洛韦次人打来用箭射死他，夺走他的马，闯进他住的村庄，抢走他的妻子和孩子及他的全部财产。你们可惜马匹，却为何不怜悯一下自己呢？"斯维亚托波尔克的亲兵们无言	上帝使弗拉季米尔产生一个念头，促使自己的哥哥斯维亚托波尔克向蛮族发动春季攻势。斯维亚托波尔克则把弗拉季米尔的话告诉了自己的亲兵队，他们说："现在不是时候，这时让斯麦尔德离开耕地会毁了他们的。"于是，斯维亚托波尔克派人去见弗拉季米尔说："我们应聚在一起就此事和亲兵队商量。"使者来到弗拉季米尔那里，转达了斯维亚托波尔克的话。弗拉季米尔来到，他们相聚在多洛勃斯克。斯维亚托波尔克和自己亲兵队坐在一个帐篷里，而弗拉季米尔则和自己的亲兵队坐在一起。弗拉季米尔沉默一会儿说："兄

以对。于是，斯维亚托波尔克说："我已准备就绪。"斯维亚托波尔克起身，弗拉季米尔对他说："兄弟，你为罗斯国家做了件大好事。"于是派使者去见奥列格和达维德说："一起出兵攻打波洛韦次人吧，一定要决一死战。"达维德接受了建议，而奥列格对此不加理睬，推托说："我健康状况不佳。"弗拉季米尔吻别了自己的兄弟，去了佩列亚斯拉夫利，而斯维亚托波尔克随他动身，还有达维德·斯维亚托斯拉维奇，达维德·弗谢斯拉维奇，伊戈尔的孙子姆斯提斯拉夫，维亚切斯拉夫·雅罗波尔季奇，雅罗波尔克·弗拉季米里奇。

长啊，你年纪比我大，还是你先讲一讲，我们应怎样来保卫罗斯国土。"斯维亚托波尔克说："兄弟，还是你先说吧。"弗拉季米尔说："我怎么能说呢，你的亲兵队和我的亲兵队就会诬陷我，说我想伤害斯麦尔德和他们的耕地。但我惊奇的是你们吝惜斯麦尔德和他们的马匹，却不去想一想，这位斯麦尔德在春季用那匹马耕地时，波洛韦次人闯过来，把箭射向斯麦尔德，抢走那匹马和他的妻子儿女，放火烧掉他的谷仓。对于这种情况你们又为何不去想想呢？"于是，所有亲兵们都说："确实如此，事情真是这样。"斯维亚托波尔克说："兄弟，现在我准备和你（一起去征讨波洛韦次人）。"于是，派使者去见达维德·斯维亚托斯拉维奇，让他和他们一起出征。弗拉季米尔和斯维亚托波尔克从自己的座位上站起来，相互告别。斯维亚托波尔克率领自己的儿子雅罗斯拉夫，弗拉季米尔率领自己的儿子们，达维德率领儿子共同发兵征讨波洛韦次人。

第 2 个文本在文学描述上依赖于第 1 个文本是显而易见的。第 1 个文本简短而富有逻辑性（如第 1 个文本："现在春季出兵不合适，它会毁坏斯麦尔德及其耕地。"而第二个文本："现在（?）不是时候，这时让斯麦尔德离开耕地会毁了他们的。"再如第 1 个文本："亲兵们，我很奇怪你们吝惜耕地的马匹……"而在第 2 个文本："我们吝惜斯麦尔德和他们的马匹。"等等）。但是，这种文学的依赖性并不意味着有一次多洛勃代表会,(1103 年或 1111 年)就根本不存在了。编年史家只不过把第 1 次代表会的描述用来讲在意义和内容都和第 1 次代表会相近的第 2 次代表会。A. A. 沙赫马托夫对相互复杂的依赖关系作了推测:西利维斯特是根据 1111 年实际发生的事件来描述 1103 年代表会,以自己的描述来替代涅斯托尔编写的不利于摩诺马赫某一别的事件。而《往年纪事》第 3 版的编者根据西利维斯特描写的 1103 年代表会来描写 1111 年代表会(《往年纪事》,卷 1,彼得格勒 1917 年版,第 31 页)。如此复杂的解释未必有必要。

[1042]K. B. 库德里亚绍夫考证出罗斯军队 1111 年远征进军日程表:"2 月 26 日(礼拜日)——自佩列亚斯拉夫利出发远征。3 月 3 日到达苏拉河;3 月 4 日到达霍罗尔河;3 月 6 日到达戈尔塔河;3 月 7 日到达沃尔斯克拉河;3 月 8 日进入波洛韦次草原,'渡过众多的河流';3 月 19 日(礼拜日,即第 5 个礼拜日)逼近'顿河';3 月 20 日休息和筹措军备;3 月 21 日(礼拜二)'傍晚时分'向沙鲁坎进发,当夜就夺取城市;3 月 22 日(礼拜三)来到苏格罗夫,并焚毁它;3 月 23 日(礼拜四)离开'顿河';3 月 24 日(礼拜五)'在杰格亚湍流滩上'战斗;3 月 25 日(礼拜六)休整和庆祝报喜节;3 月 26 日(礼拜日)——在行军途中;3 月 27 日(受难周的礼拜一),早晨在萨利尼察激战。"详细叙述可参阅 K. B. 库德里亚绍夫写的《波洛韦次草原》一书中的"弗拉季米尔·摩诺马赫 1111 年对波洛韦次国的远征",莫斯科 1948 年版。

[1043]沃斯克列先编年史写的是"斋戒期的第 5 周"。正如 K. B. 库德里亚绍亚夫指出的:大斋期从礼拜一开始,而礼拜日结束一周。因此,斋戒期的第 5 个礼拜日是在第 6 周上(《波洛韦次草原》,莫斯科 1948 年版,第 113 页)。伊帕季编年史和沃斯克列先编年史的资料之间并没有矛盾。

[1044]沙鲁坎城是以其可汗沙鲁坎的名字命名。K. B. 库德里亚绍夫指出:"波洛韦次的城市往往以自己可汗的名字命名(如佩彻涅格人那样)。汗是城市的占有者,随汗位的更替,城市也以接替者的名字易名。有些编年史抄本把沙鲁坎称为奥谢涅夫,名为阿桑(奥谢尼)。奥谢尼死后,该城才以沙鲁克汗的名字命名。沙鲁克于 1107 年在霍罗尔河差点成为罗斯的俘虏"(K. B. 库德里亚绍夫:《波洛韦次草原》,莫斯科 1948 年版,第 119 页;书中此处力图确定该城的准确位置)。

[1045]在波洛韦次的城市里，罗斯居民的势力很大。И. У. 布多夫尼茨写道："显然，沙鲁坎城虽受波洛韦次人的统治，但城市居民不是波洛韦次人，而是斯拉夫人，至少也是基督教徒。波洛韦次人不住在城里。基督徒们隆重的祈祷仪式会给他们，也确实给他们留下了一定的印象"。（"弗拉季米尔·摩诺马赫及其军事学说"，《历史论丛》卷 22，莫斯科 1947 年版，第 84 页）

[1046]如 K. B. 库德里亚绍夫所指出的："苏格罗夫以苏格拉汗的名字命名，苏格拉汗在 1107 年罗斯王公进攻卢勃纳时被俘。"K. B. 库德里亚绍夫如研究沙鲁坎城那样，正确地考证出苏格罗夫的地理位置是在北顿涅茨地区。（《波洛韦次草原》，莫斯科 1948 年版，第 119 页）

[1047]维杜比茨的米哈伊尔修道院的编年史家在下面关于天使的整个故事和议论就是想把该修道院的庇护神，"无形体力量的领袖"大天使米哈伊尔说成是罗斯战胜波洛韦次人的造因者："我说，天使是我们对付敌军的保卫者，他们又有（领袖）大天使米哈伊尔"等等。编年史家发展了那种思想，认为每支部队都有天使，异教徒的军队也有天使，当天使本着上帝的旨意去引导异教徒时，异教徒也就取得胜利。应该把 1110 年条和整个 1111 年条相对比，1110 年条也是维杜比茨修道院编写的。1110 年条把佩切拉修道院上空出现的火柱现象也说成是天使所为，并继续发扬关于天使的学说。

[1048]K. B. 库德里亚绍夫把这个萨尔尼查确定为一条不大的小河，在伊久姆渡口区（在伊久姆和伊久麦茨之间），它流经北顿涅茨，但现在已不存在了。（《波洛韦次草原》，莫斯科 1948 年版，第 66 等页）

[1049]拉多瑟尼——戈罗杰茨附近的一个景区，而这里所说的戈罗杰茨离基辅不远，在基辅的东面。

[1050]伊波利特——公元 2 世纪末至 3 世纪初的作家。他著有《达尼尔预言释义》，该书有两种版本：一种是对预言家达尼尔著作的诠释；另一种是关于基督和反基督者的传说。这些著作的译本流传至今的有 12—13 世纪的手抄本。（И. 斯列兹涅夫斯基：《关于反基督者的传说》，圣彼得堡版，1874 年，第 10—11 页）

[1051]叶菲米娅——弗拉季米尔·摩诺马赫的女儿，嫁给匈牙利国王科洛曼（1095—1116 年在位。）

[1052]弗拉赫尔娜教堂在克洛弗小河畔，离基辅的佩切拉修道院不远。

它是前佩切拉修道院的院长斯捷凡为敬奉圣母“弗拉赫尔娜”而修建的。

[1053]安德烈教堂为弗谢沃洛德·雅罗斯拉维奇于1086年在基辅修建(参阅伊帕季编年史的1086年条:“弗谢沃洛德在总主教圣伊凡时期修建了圣安德烈教堂;在教堂附近修建了一座修道院,他的女儿扬卡在此处剃度出家。这位扬卡收容了很多和她一样来到修道院的修女”)。

[1054]在尼康编年史中,这条报道如同1112年条的其他报道一样,都收入到1113年条里,并且日期也有所不同:“1月11日。”

[1055]谢肉节——大斋前的一礼拜。这是欧洲民间的一个节日,亦称“狂欢节”。因斋戒期间教会禁止肉食,故称为“谢肉”。这也是斯拉夫人在基督教传入前的春天的一个节日,表示送走冬天迎来春天的古斯拉夫的一个传统节日(译者注)。

[1056]诺夫哥罗德第一编年史西诺达尔抄本在此年条补充报道说:“是年,姆斯提斯拉夫在鲍尔战胜了楚德人。”(诺夫哥罗德第一编年史初级抄本也有此报道)

[1057]这次日食发生在1113年3月19日,确实看见太阳犹如镰刀一般,弯头朝下(Д. О. 斯维亚茨基:“从科学批判观点看罗斯编年史中的天文现象”,《科学院俄罗斯语言文学部通报》,卷22,第1册,1915年,第105页)。拉夫连季编年史把这次日食记载在1114年条。

[1058]参阅正文6573年(1065年)条和注释〔627〕。

[1059]复活节——基督教纪念“耶稣复活”的节日。基督教称耶稣被钉死于十字架后第3日复活。公元325年尼西亚会议规定每年过春分月圆后第1个礼拜日为复活节,但东正教因改用格列格里历法,复活节的具体日期同天主教、新教相差一两个礼拜(译者注)。

[1060]Б. Д. 格列科夫清楚地揭示了起义的性质和原因,统治阶级为什么要求助于摩诺马赫以及弗拉季米尔·摩诺马赫所采取措施的性质(《基辅罗斯》,莫斯科—列宁格勒1949年版,第496—498页):“1113年,基辅爆发了一次大规模的起义:城市的小市民利用斯维亚托波尔克·伊兹亚斯拉维奇王公去世的机会,群起反抗,农村也支持他们的起义……斯维亚托波尔克刚一去世,基辅人民就发动起义,首先冲向基辅千人长普佳塔的邸宅,普佳塔一贯支持斯维亚托波尔克及其儿子。然后捣毁了百人长和高利贷者的府邸。有

产阶层惊恐万状，他们赶忙一批又一批地派人去求助弗拉季米尔·摩诺马赫。当时，摩诺马赫并不想积极干预基辅的事务。这样，陷于万分惊慌的统治阶级开始向摩诺马赫指出起义扩大的可能性。他们让人转告弗拉季米尔，如果他不马上出兵基辅，那将被抢劫的不仅仅是王公的一些亲属、统治的显贵和高利贷者的府邸，还会袭击修道院，摩诺马赫将为姑息抢劫在上帝面前承担责任。弗拉季米尔启程，被迫违反了柳别奇王公代表大会通过的协议：每位王公应该治理好自己的领地，而基辅不是摩诺马赫的世袭领地。维彻会议推举了弗拉季米尔为王公。这次维彻会议不是在广场召开，而是在圣菲亚教堂，因为起义的民众已占据了广场（B. H. 塔季舍夫：《俄罗斯史》，卷 2，第 211 页），圣索菲亚教堂收容了害怕人民怒火的'可靠的'群众。然而，这些'可靠的'群众在索菲亚教堂高墙的掩护下，却不肯正视基辅人民群众的愿望和要求。这位王公被选中是因为他能为这些人民群众所接受，他被认为是反对那些为所欲为的封建主的坚强斗士。弗拉季米尔·摩诺马赫以其所作所为确实表现出能迎合城乡下层的明显倾向。在 1113 年的基辅事件中很可能是第一次表现出市民和强大的大公政权联合的倾向，联合的矛头指向封建内讧。这种基辅市民的支持是弗拉季米尔·摩诺马赫政治力量的主要源泉。当时形成的局势使他明白，必须首先减轻受高利贷利息盘剥而处于水深火热之中的债务人的困境，也必须帮助那些向主人预借了钱款而不得不为老爷们当牛做马的人们，即债农。弗拉季米尔做到了这两点。"Б. Д. 格列科夫这样评价弗拉季米尔·摩诺马赫所采取的措施（同上，第 196—197 页）："弗拉季米尔·摩诺马赫是在基辅下层民众起义反对统治阶级，特别是负债者起来反对自己的债主的时候前来就任基辅王公的，他采取了一系列措施，其中包括一些妥协办法来平息叛乱。详编《罗斯法典》中标题为'弗拉季米尔·弗谢沃洛多维奇立此法'的那一部分是他在这个时期活动的非常生动的文献。这部《法规》各条的来源至今已难以确定，但无须怀疑它首先相关的主要内容是各种形式的债务问题，而债农，作为通过金钱和自己主人相联系的一个人，有充分法律理由写进《法规》……关于债农立法的革命渊源的痕迹十分明显。保证债农有和自己的债主一起受审的权利，'为筹措款项'有离开主人的权利；债农对债主财富应负的责任规定得相当明确，债农的财产权利和个人权利受到很多的保护。有关债农的一些条款旨在取得政治效果，具有明显的宣言

性：主人只能在‘有理’情况下才能殴打债农，不能‘无理’殴打，‘随便’殴打和酒醉后殴打。从所有这些保障中可以看出，债农在1113年揭竿举事之前处于水深火热之中，因此立法者想对债主们为所欲为的肆虐行径划定一个界限，有时哪怕纯粹是口头上的规定也好。总主教尼基福尔在一篇信函中非常清楚地指出，弗拉季米尔·摩诺马赫这一举措的性质，说弗拉季米尔‘为全国制订出一部法典，他是一位仗义执言的法官，捍卫流芳百世的真理’。如果有充分根据认为，这些‘保障’经一段时间推行后就已被遗忘，但还是可以完全确认出债农在主人庄园中那种处境的真实轨迹。”Б. Д. 格列科夫接着用专门一节来讲述被收入详编《罗斯法典》的摩诺马赫法规中的债农情况（同上，第197—204页）。M. H. 季霍米罗夫在《罗斯法典研究》一书中也相当详尽地叙述了摩诺马赫法规的内容。（莫斯科—列宁格勒1941年版，第206—211页）

[1061]维里——佩列亚斯拉夫公国的一条河流，是谢姆河左岸的支流。

[1062]拉扎列夫女修道院只在这里提到一次，有关的其他消息全无。

[1063]姆斯提斯拉夫·弗拉季米罗维奇于1113年所建的王公府邸地区的尼古拉大教堂是蒙古统治时期以前的最优秀的建筑之一。这是王公府邸的大教堂，教堂内装饰有大量华丽的壁画（对此可参阅M. K. 卡尔格尔的《大诺夫哥罗德》，莫斯科1946年版，第24—27页）。关于该教堂的修建还有一段特别的故事：“为纪念我们的尼古拉圣父，在大诺夫哥罗德为王公府邸区兴建一座以圣尼古拉命名的大教堂，教堂建成后许多人集聚在市场区，集聚在雅罗斯拉夫府邸，为教堂命名时在教堂内园版上出现了奇迹创造者尼古拉的形象。”H. K. 尼科利斯基院士发表了这一叙述故事。（《科学院俄语语言和文学部选集》，卷82，第4页）

[1064]尼康编年史在此年条补充了一段后期编写的关于摩诺马赫皇冠的故事，似乎它是拜占庭皇帝君士坦丁·摩诺马赫传给弗拉季米尔·摩诺马赫的，还有一长条“关于麦格林的主教伊拉里昂”的报道。尼康编年史在此年条（像伊帕季编年史一样不在1116年条）还谈到罗曼·弗谢斯拉维奇在梁赞去世，和报道派基里尔担任主教（没说在什么地方）的消息。尼康编年史在1116年条还报道了（含曲解之意）西利维斯特院长的有名的附记，说它是拉夫连季编年史中《往年纪事》的结尾。

[1065]这里说的是沃尔霍夫河水从拉多加的古文化遗迹层冲刷出来的

透明的“有眼的”珠子。透明的五颜六色的装饰品(珠串、手镯等)是古罗斯城市居民最普遍的饰物。它们是罗斯作坊的制品(Б. А. 雷巴科夫:《古罗斯的手工业》,莫斯科—列宁格勒1948年版,第152—155页)。拉多加早在12世纪初就已有几世纪的历史,如В. И. 拉夫多尼卡斯在1947—1949年的考古发掘证明,拉多加早在公元13世纪就已经有人居住。因此,在我们面前编年史上的这段记述是罗斯领土上“考古发掘”的最古老的证据。

[1066]古编年史1114年条关于幼鹿从云团中落到地面的美丽故事,很像斯季格·斯季格松所写的《瑞典故事集》中一个故事所说的拉普人的传说:“鹿不是大地的儿子,它是太阳的儿子,它属于上帝本人;许多老年人都可为此作证:他们知道,首批鹿群是从云彩中下来的”(С. Ф. 普拉托诺夫:《罗斯北方的往事》,彼得格勒1923年版,第14页。普拉托诺夫的引文中提到的斯季格·斯季格松这个人,是瑞典女作家A. T. 阿格列莉的笔名。A. T. 阿格列莉于1898年主要根据民间传说和民族学的材料以此笔名出版了一本书《从北方来》)。

[1067]这里指的是《希腊编年史》类型的根据别人著作改编成的《罗斯年代记》。《希腊编年史》的内容包括收集到的世界历史的各种翻译材料和罗斯材料。两位拜占庭编年史家——格奥尔格·哈马托罗斯和约翰·马拉拉斯为编成这种年代记的内容提供主要材料。1114年条在所引的这句话后可读到这段来自这本罗斯年代记的文字,其中是约翰·马拉拉斯编年史的文章被罗斯年代记的编者加以改编而成(特别是罗斯编者把格费斯特和格利奥利说成是罗斯神斯瓦罗格和达日博格)。

[1068]普洛布斯——罗马帝国皇帝(276—282年在位)(译者注)。

[1069]奥勒利安——罗马皇帝(270—275年在位)(译者注)。

[1070]罗斯神斯瓦罗格在这里与格费斯特等同起来——即火神、铁匠神。

[1071]罗斯神达日博格在这里和格利奥斯等同起来——即太阳神。

[1072]诺夫哥罗德第一编年史西诺达尔抄本在此年条补充说:“而在诺夫哥罗德,姆斯提斯拉夫及其亲兵队的所有马匹都死绝。同年夏季,知名商人沃伊于4月28日兴建圣费多尔·季隆教堂”。(诺夫哥罗德第一编年史的初级抄本也有此报道)

[1073]这里提到的“белъ”自然是指灰鼠皮，而不是银币，因为后文还提到银币（“сереσреники”）。

[1074]Л. В. 切列普宁出色地揭示出弗拉季米尔·摩诺马赫这一举措的政治含义：“弗拉季米尔·摩诺马赫十分重视干尸搬迁活动的巨大政治意义。”鲍里斯和格列勃是“罗斯土地的庇护者”，王公中的某一支系如得到他们的庇护，就会得到罗斯大地首领的权利。这方面值得注意的是维什戈罗德教堂发生的这场王公间的争论。弗拉季米尔·摩诺马赫想把鲍里斯和格列勃的干尸安放在教堂的中央，在它的上方造一个“银制的华盖”。但是，摩诺马赫这一愿望遭到切尔尼戈夫王公达维德和奥列格·斯维亚托斯拉维奇兄弟的反对。他们坚持要把干尸放在教堂的右侧，安放在“我父亲选中的拱门中”。这里指的是奥列格和达维德的父亲——切尔尼戈夫公斯维亚托斯拉夫·雅罗斯拉维奇。按总主教和主教们的建议，争议用抽签的裁决方式解决，结果中签的是斯维亚托斯拉维奇兄弟。可以十分肯定，这次争论决非偶然，而是政治上重大的原则性分歧，它在1115年并非初次发生，而有久远的渊源。智者雅罗斯拉夫后裔各支系间为争夺领先地位的斗争，使一些热衷于执牛耳的觊觎者力求得到全国最知名的圣者鲍里斯和格列勃的庇护。斯维亚托斯拉夫早“就想（在维什戈罗德）修建一座石结构的圣徒教堂，当教堂修到50肘尺（约25米）高时，他去世了。”弗谢沃洛德·雅罗斯拉维奇继承了他的事业，他基本建成这个教堂：“建成就立即把干尸护送进去，加以保护。”斯维亚托波尔克·伊兹亚斯拉维奇常“举办庆典，夏天，他常莅临维什戈罗德”。摩诺马赫和他争雄，摩诺马赫于1102年把鲍里斯和格列勃的干尸匣镀金。奥列格·斯维亚托斯拉维奇于1111年在维什戈罗德建成了石结构的教堂。摩诺马赫想超过奥列格·斯维亚托斯拉维奇，在新教堂里又建了一座富丽堂皇的“银楼”，目击者无不为之叫绝：“异口同声叫好，满意而归，很多从希腊及其他外国来的客人都说：哪里都没有如此华丽的，而他们可都是见过许多圣干尸匣的人。”（引自《关于鲍里斯和格列勃的传说》）尽管在1115年和斯维亚托斯拉维奇兄弟的较量，以抽签的方式扫兴而结束，但摩诺马赫仍继续处心积虑地传播对鲍里斯和格列勃的崇拜，把它看成是自己的一件政治大事。《往年纪事》指出，1115年在维什戈罗德隆重举行庆典之后，“他们各自返回老家，弗拉季米尔用白银包钉干尸匣，并镀金，装饰了他们的灵柩，同时也用

金银包钉了拱门。人们向他们顶礼膜拜，祈求恕罪。"1117 年，弗拉季米尔在阿利塔，即鲍里斯遇难的地方建造了一座石结构的教堂（Л. В. 切列普宁："《往年纪事》，它的出版及其以前的编年史"，《历史论丛》第 25 期，1948 年，第 309—310 页）。Л. В. 切列普宁认为对鲍里斯和格列勃的崇拜具有政治意义，据他推测《往年纪事》第 1 版的编写可能与 1115 年鲍里斯和格列勃的干尸被迁移到维什戈罗德新教堂，而教会举行的政治庆典有关系（因此，编写后来称为《往年纪事》的编年史，这一编写任务就交给了涅斯托尔，他是鲍里斯和格列勃的传记作者，为他们编写了名著《读本》）（同上）。关于 1115 年维什戈罗德事件的详情可参阅《鲍里斯和格列勃传记》："鲍里斯和格列勃传及对他们的奉祀"，Д. И. 阿勃拉莫维奇主编，彼得格勒 1916 年版。

[1075]在诺夫哥罗德各编年史中也有关于日食的记载。日食发生于 1115 年 7 月 23 日清晨，在奥列格·斯维亚托斯拉维奇逝世的前 9 天（Д. О. 斯维亚茨基："以科学批判的观点看罗斯编年史中的天文现象"，《科学院俄罗斯语言文学部通报》，第 20 卷，第 1 册，1915 年版，第 105—106 页）。拉夫连季编年史两次提到奥列格·斯维亚托斯拉维奇之死：在 1115 年条和 1116 年条。这是由于拉夫连季编年史掺和了两种不同年表的史料所造成的。这两种年表是：佩列亚斯拉夫王公编年史和佩列亚斯拉夫主教编年史。实际上，奥列格死于 1115 年，这可以从编年史家对奥列格之死和日食之间的联系中得以肯定。而日食如上文所述是发生在 1115 年。

[1076]斯卢切斯克——在沃伦地区，斯卢奇河畔的一座城市。

[1077]原文为 Ръша（罗沙）——即奥尔沙。科佩斯城在奥尔沙附近，位于第聂伯河左岸。

[1078]热尔季，又名热尔尼——佩列亚斯拉夫公国苏拉河畔的一座城市，距苏拉河注入第聂伯河河口处不远。

[1079]"熊首"是指爱沙尼亚的奥坚佩城堡。

[1080]立奥·狄奥格诺维奇（"德夫格尼奇"）是拜占庭王子，摩诺马赫的女儿玛丽娅嫁给了他。

[1081]德列斯特尔——即多瑙河畔城市多罗斯托尔。

[1082]在多瑙河下游曾有过一些罗斯的居民点。多瑙河流域的一些城市通常隶属于加利奇王公。试比较《伊戈尔远征记》中的描述："加利奇的奥

斯莫梅斯尔·雅罗斯拉夫啊！你高坐在包金的宝座上，你以自己的铁军，支撑住乌果尔的群山，挡住了国王的通道，关上了多瑙河的大门，你的利剑刺破云霄，将法庭建到多瑙河边。”16 世纪的沃斯克列先编年史在罗斯城市的名单上有多瑙河下游城市的名字。对多瑙河上罗斯城市的记忆因而一直保留到 16 世纪。在 17 世纪和 18 世纪，多瑙河沿岸的城市（主要是别尔拉德）聚集了一些不满现状的人和被驱逐的人等。弗拉季米尔·摩诺马赫在战胜波洛韦次人及把他们赶到草原深处以后，得以往多瑙河地区派遣自己的地方行政长官。然而，摩诺马赫的地方行政长官未能长期统治多瑙河城市。1116 年摩诺马赫派自己的儿子维亚切斯拉夫和福马·拉季鲍罗维奇到多瑙河区，但这两位“来到德列斯特尔，无任何建树而返”。

[1083]苏格鲁夫和沙鲁坎都是波洛韦次人的城市，位于北顿涅茨地区。巴林的具体位置不详。

[1084]看来，这里讲的是托尔克人和佩彻涅格人反抗波洛韦次人的起义。这次起义所以能发生是摩诺马赫远征后波洛韦次人的军事实力被削弱的结果。

[1085]诺夫哥罗德第一编年史西诺达尔抄本在此年条有下面一段补充报道：“是年 5 月 14 日 10 时，诺夫哥罗德圣索菲亚教堂出现雷击征兆。一位助祭在做晚祷时，被雷击倒，教堂唱诗班和在场的所有人吓得魂不附体，跪拜在地；而到晚上，月亮又出现征兆。同年，修道院长安顿为圣母修道院石结构教堂奠基。是年 12 月 6 日，诺夫哥罗德地方行政长官多勃雷尼亚去世”（诺夫哥罗德第一编年史初级抄本也有此报道）。

[1086]别洛维茨人是白堡城的居民。白堡（白维扎）又名萨尔克尔，它是可萨人的城堡，位于现今顿河下游，距齐姆梁斯卡雅镇不远。

[1087]拜占庭皇帝阿列克塞一世·科穆宁，死于 1118 年，继承人是伊奥安二世·科穆宁（1118—1143 年）。

人名索引

三　画

四　画

五　画

六　画

七 画

八　画

九　画

十　画

十 一 画

十 二 画

十 三 画

十 四 画

十 五 画

十 六 画

地名索引

六　画

七　画

八　画

九　画

十　画

十 一 画

十 二 画

十 三 画

十 四 画

十 五 画

十 六 画

译者后记

《往年纪事》是基辅罗斯传下来的最早而又最有价值的一部编年史书，它在俄国历史学上的地位与中国的《史记》有些相似。东斯拉夫人和古罗斯历史因有《往年纪事》才为人所确知。该书原作者一般被认为是基辅佩切拉（山洞）修道院的修士涅斯托尔，资料来源主要是拜占庭编年史、斯拉夫人历史著述、某些罗斯编年史手稿、王公贵族档案以及民间传说等。学者们认为这部编年史原本完成于1110—1113年，但这个原本没有保存下来。目前流传的是从14—16世纪编年史中恢复起来的两个修订本。1116年基辅维杜比茨基修道院院长西尔维斯特对原本进行了修订，完成了第2个版本，这个版本保存在弗拉基米尔修士拉夫连季在1377年手抄的编年史里。1118年佩切拉修道院又有人修订了涅斯托尔原本，完成了第3个版本。这个版本保存在科斯特罗马城伊帕季修道院的编年史里。这两个修订本，内容大同小异。只是到19世纪才为史学家从上述两部编年史中整理汇集单独出版问世。俄国的第一部完整的古代通史，是按年代顺序、不分章节详尽地阐述了斯拉夫人的起源、罗斯国家的诞生和发展，上溯到神话传说时代，下至公元1117年，主要记述：

一、关于斯拉夫人和罗斯的传说；

二、留里克即位称王公；

三、罗斯国的建立；

四、奥列格的征战；

五、伊戈尔远征；

六、斯维亚托斯拉夫的统治；

七、雅罗波尔克之死；

八、弗拉季米尔的统治；

九、斯维亚托波尔克的暴政；

十、智者雅罗斯拉夫的业绩；

十一、伊兹亚斯拉夫的统治；

十二、弗拉季米尔·摩诺马赫的政绩和家训；

十三、弗拉季米尔·摩诺马赫的征战。

《往年纪事》还详尽描述了斯拉夫人最早部落的分布和变迁、民族习俗、生产状况，古罗斯与外国的关系，尤其是和拜占庭的关系。该书不仅讲述罗斯的历史，还对当时的社会生活和思想文化作了真实的记述，进而反映了当时不同阶级、不同社会集团的政治趋向。

本书是根据苏联科学院1950年整理出版的《往年纪事》一书译出。该书主编是苏联科学院通讯院士B. П. 阿德里阿诺娃—佩列茨，这是按1377年拉夫连季编年史整理考证的最为详尽可靠的版本，还有苏联著名史学家A. C. 利哈乔夫的详细注释。利哈乔夫总结了俄国—苏联史学界和国外学者百年来对《往年纪事》研究的成果，客观介绍各派的观点，对大多数词句作了详尽注释，以便读者更确切地领会原词原句的意义和事件发生的背景、原因及其更深层次的含义。《往年纪事》在我国近年来曾有译本，但对照原文发现谬误太多，难以符合翻译经典之作的要求。该书注释中引用了很多古俄语，翻译难度较大。

我所研究人员在朱寰教授领导下，历经十余年的努力，终于完成了这部书的翻译和校订工作，这是历史学家和语言学家密切合作的结晶。有的译者现已不在人世。院校由俄语教授胡敦伟担任，他曾主编《俄汉词典》、《实用俄语》，编写《交际俄语》、《经贸俄语》、《中学俄语课本》，校对列宁的《国家与革命》，参加翻译《列宁文摘》等，并曾在莫斯科大学历史系进修过古俄语，他的导师是俄国编年史考证专家、科学院通讯院士米洛夫教授。

全书正文约 25 万字，译注约 40 万字。原作每句都经再三推敲而后审定，确确实实当作经典著作译出，决不亚于苏联学者当年对中国《史记》的翻译，质量有所保证，并能反映原著风格。该书如能出版，将会为中国学者对俄国古文献和历史的研究做出一定的贡献。

东北师范大学　世界中古史研究所

2009 年 1 月 8 日于长春

图书在版编目(CIP)数据

往年纪事:古罗斯第一部编年史/(俄罗斯)拉夫连季编;朱寰,胡敦伟译.—北京:商务印书馆,2017
(汉译世界学术名著丛书:120年纪念版:珍藏本)
ISBN 978-7-100-14409-4

Ⅰ.①往… Ⅱ.①拉… ②朱… ③胡… Ⅲ.①俄罗斯—中世纪史—编年史 Ⅳ.①K512.3

中国版本图书馆CIP数据核字(2017)第153914号

汉译世界学术名著丛书
(120年纪念版·珍藏本)
往年纪事
(古罗斯第一部编年史)
〔俄〕拉夫连季 编
朱 寰 胡敦伟 译

商务印书馆出版
(北京王府井大街36号 邮政编码100710)
商务印书馆发行
北京中科印刷有限公司印刷
ISBN 978-7-100-14409-4

2017年12月第1版 开本710×1000 1/16
2017年12月北京第1次印刷 印张35 插页1
定价:188.00元